Michael Möbius, Jahrgang 1955, und Annette Ster, geboren 1964, haben als »manisch Reisende« fast alle Länder Europas und Asiens kennengelernt und als freie Journalisten mehr als zwei Dutzend Publikationen insbesondere über den spanischen Sprachraum veröffentlicht. In Südspanien verbrachten sie insgesamt mehr als zwei Jahre, und Winter für Winter kommen sie wieder, um der Polarnacht in ihrer Wahlheimat Nord-Norwegen zu entfliehen.

- Thailand, selbst entdecken
- Südthailand, selbst entdecken
- Indonesien, selbst entdecken
- Bali, Java, Lombok, selbst entdecken
- Malaysia, selbst entdecken
- Südostasien, selbst entdecken
- Portugal, selbst entdecken
- Algarve/Alentejo, selbst entdecken
- Ostaustralien, selbst entdecken
- Westaustralien, selbst entdecken
- Südaustralien, selbst entdecken
- Sydney, Melbourne, Brisbane, Canberra, Adelaide, selbst entdecken

Michael Möbius, Annette Ster

Südspanien

selbst entdecken

Regenbogen Verlag, Zürich

Autoren und Redaktion dieses Reiseführers haben alle veröffentlichten Angaben nach bestem Wissen erstellt. Obwohl die Redaktion die Fakten mit größtmöglicher Sorgfalt überprüft hat, sind inhaltliche Fehler nicht vollständig auszuschliessen. Daher besteht für die Angaben keinerlei Garantie seitens des Verlages oder der Autoren.
Dies gilt insbesondere auch für die Preise; denn nach dem Recherchieren vor Ort dauert es einige Zeit, bis ein Reiseführer produziert ist und erscheinen kann. Hinzu kommt die schwer berechenbare Inflation. Wird aber auf die in diesem Buch angegebenen Preise ein Erfahrungswert draufgeschlagen, kommt man auch in den folgenden Jahren noch auf das dann herrschende Preisniveau.

Die Deutsche Bibliothek – CIP-Einheitsaufnahme:

Möbius, Michael, Ster, Annette::
Südspanien selbst entdecken / Michael Möbius ; Annette Ster.
6. Aufl. – Zürich: Regenbogen-Verl., 2002
(selbst entdecken)
ISBN 3-85862-082-3

6. überarbeitete und erweiterte Auflage 2002

Herstellung: Arcobaleno-Verlag (Heinz Scheidegger + Rolf Dreja)
Lektorat/Korrektorat: Rolf Dreja
© der Fotos: Annette Ster, Spanisches Fremdenverkehrsamt Zürich, Rolf Dreja
© der Karten: TypoVision AG, Zürich
Prepress-Produktion: TypoVision AG, Zürich
Druck: Tipolitografia Petruzzi Corrado & C., Città di Castello, Italia
Verlagsadresse: Arcobaleno-Verlag, Dubsstr. 36, CH-8003 Zürich,
Tel. 01/454 30 33, Fax 01/454 30 35, E-Mail: info@arcobaleno-verlag.ch,
Internet: www.arcobaleno-verlag.ch
Auslieferungen: Schweiz: AVA (buch 2000), Deutschland: Prolit,
Österreich: Freytag-Berndt & Artaria KG

Inhalt

Vorwort

Südspanien – dabei denkt man an: Gitarrenklänge, Flamenco, Sonne, Strand, Meer, wilde Steppen und Wüsten, saftig-grüne Wiesen, Olivenbäume und Weinreben, Schneeberge, einsame Dörfer, einmalige Baudenkmäler, Paella und Sherry. All diese Vorstellungen sind Wirklichkeit!

In diesem Buch sind die nötigen *Informationen, Hinweise* und *Tips* enthalten, damit der/die Individualreisende Südspanien abseits der gängigen Tourismus-Pfade entdecken kann. Wir informieren über Zug-, Bus-, Flugverbindungen, beschreiben von uns getestete Hotels und Restaurants und versäumen es nicht, auch die genauen Öffnungszeiten der Museen anzugeben. Wir haben auf unseren mehrmonatigen Reisen durch Andalusien so manche einsame Bucht entdeckt, aber auch verbaute Strände vor Betonwolkenkratzern kennengelernt.

Für diejenigen Leute, die es dahin verschlagen hat, bietet dieses Reisebuch eine Fluchthilfe, um durch die Tore der modernen Touristenstädte auszubrechen und das »andere« Südspanien kennenzulernen: z. B. eine Entdeckungsfahrt Richtung Sierra Nevada zu unternehmen, einen versteckten Landgasthof kennenzulernen, einmal zu versuchen, mit Spaniern auf spanisch ins Gespräch zu kommen. Wir möchten dazu animieren, die Grenze zum Ungewohnten hin zu überspringen – hinein in das ungekünstelte, vitale Südspanien. Gute Reise!

KARTENVERZEICHNIS

◄ Leuchtturm am Cabo de Gata

Südspanische Provinzen
Castellón
Teruel
Comunidad Valenciana
Valencia
Alicante
Región de Murcia
Murcia
Cuenca
Albacete
Castilla-La Mancha
Madrid
Toledo
Ciudad Real
Avila
Cáceres
Extremadura
Badajoz
Jaén
Granada
Almería
Cordoba
Andalucia
Málaga
Sevilla
Cádiz
Huelva
Portugal
Mittelmeer
Atlantik

Juan Goytisolo: Reise nach Almería

Von Juan Goytisolo

Es war ein glücklicher Zufall mit weitreichenden Folgen, daß die Kompanie, der ich als Unteroffizier zugeordnet wurde, großenteils aus Murcianern und Andalusiern bestand. Bis dahin hatten die Umstände mir eine unfreiwillige Ferne zu ihnen auferlegt: sie flohen vor Unrecht und Habsucht in ihrer Heimat in die Industriegebiete im Norden Spaniens; sie hofften, dort Arbeit und ein Dach über dem Kopf zu finden, stießen aber gewöhnlich nur auf eine Art der Ausbeutung, die der, vor der sie flohen, ziemlich ähnlich war. Sie wohnten zusammen mit Zigeunern in den Elendsvierteln am Rande Barcelonas, verachtet und diskriminiert von den Katalanen, die sie abfällig *xarnegos* nannten.

Trotz des Elends ihrer Lebensbedingungen riß der Strom der Zuwanderer nicht ab, und ich hatte mich schon oft gefragt, wie wohl ihre Lage in ihrer Heimat sein mochte; aber außer bei einigen Zufallsbegegnungen während meiner Streifzüge durch die Vorstädte, bot sich mir nie die Gelegenheit, sie näher kennenzulernen und mir ein Bild von ihren Problemen zu machen. Die negative Haltung meiner Gesellschaftsschicht ihnen gegenüber, einschließlich der nationalistischen Kreise, richtete sich gegen ihre mangelnde Bildung, ihre verkommene Lebensweise und ihre übergroßen Geburtenziffern, wo nicht gar gegen ihre unterstellte Neigung, bei der *Guardia Civil* und anderen repressiven Einrichtungen im Heer und bei der Polizei anzufangen. Ein Freund an der Universität hatte gesagt: ohne die andalusischen *Guardias*, die sie uns von Madrid schicken, wäre Katalonien frei.

Die Soldaten meiner Kompanie kamen aus den abgelegensten Gegenden des spanischen Südens. Ihre kulturelle und soziale Hilflosigkeit, die Streiche, die die anderen ihnen bisweilen spielten, nahmen mich von Anfang an wie selbstverständlich für sie ein: ich erinnere mich als wäre es heute, wie zwei von ihnen spazieren gingen und sich dabei am kleinen Finger hielten, so wie es früher in ihren Dörfern üblich war und wie es noch heute im gesamten Maghreb üblich ist, und ich erinnere mich an das Gelächter und die hämischen Kommentare, die ihr unschuldiges Verhalten auslöste. Die so unmittelbar vom Landleben ihrer Dörfer in die Stadt Verpflanzten schienen zu Tode erschreckt über den brodelnden Verkehr, gingen dumpf durch die Straßen und betrachteten erstaunt die ungezwungenen Umgangsformen der jungen Leute. Katalonien war ihr Eldorado, und die meisten wollten sich dort niederlassen. Fast alle hatten sie einen Verwandten oder Freund, in Somorrostro, Pueblo Seco, Casa Antúniez oder La Verneda; und selbst die Kenntnis der Umstände, unter denen ihre Landsleute sich alltäglich abrackerten, schreckte sie nicht ab. Wie sie mir nach und nach in Gesprächen erklärten, bedeutete die Armut der Barceloneser Baracken für sie, einer anderen Armut entkommen zu sein, einer Armut, die offensichtlich noch härter, unmenschlicher und gnadenloser war.

Nach dieser Entdeckung wollte ich ihre Heimat kennenlernen. Die Rekruten, mit denen ich bisweilen, in dienstfreien Stunden und entgegen den Vorschriften, ein Gläschen trank, erzählten mir etwas ungeschlacht, aber voller Gefühl von ihren Dörfern: Mazarrón, Aguilas, Totana, Pulpí, Huércal Overa, Garrucha, Lubrín, Níjar, Carboneras... Mich bewegte die Art, wie sie von ihrem Leben dort, von der Schönheit der Gegend, aber auch von ihrer Rückständigkeit erzählten. Zwar wollte ich nach Ende des Wehrdienstes Spanien so schnell wie möglich verlassen, aber Monique hatte sich gewünscht, die Ferien in der Sonne zu verbringen: Von den Berichten meiner Freunde neugierig geworden, schlug ich vor, wir sollten mit dem Autobus die Küste zwischen Murcia und Almería entlangfahren, und sie war begeistert von der Idee. Als endlich Schluß war mit der Kaserne, holte ich sie wie immer am Bahnhof ab, diesmal aber vergnügten wir uns nicht wie sonst im Barrio Chino (berüchtigtes Vergnügungsviertel in der Altstadt von Barcelona), auf den Ramblas oder im weichen Bett des Hotel Cosmos, sondern nahmen den Zug über Valencia nach Guardamar, Cartagena und zu den entlegenen Stränden des leuchtenden Südens.

Lichtbad, epiphanische Blendung: flüchtige Bilder legen sich übereinander, visueller Strudel, das Glück der Weite: umständlicher Versuch, den Schwall der einzelnen unscharfen Bilder zu kanalisieren: heftige Verwerfung der Schichten, nackter, reiner Kreideboden, zerstäubende Erosion, ockerfarbene Steine, die einer langsamen, tausendjährigen Folter unterworfen sind: durstige Wege, winziger Oleander, karge Vegetation, Allgegenwart der Sonne: flimmerndes Licht, das sich zu verdichten scheint, während der Wagen sich mühsam über den bleiernen Teer der Landstraße bewegt: niedrige Hütten unter einem glänzenden Firmament, zum Scheitern verurteilte Versuche frischen Grüns: ärmliches, abgerissenes Dasein, schäbige mineralische Pracht: kraftlose Ruhe der Berge, mit schmaler Kruppe, steilem, zerklüftetem Rücken und einem Nacken, der die launige Palette eines Malers geschmückt hat: bizarre Formen, rötliche Schrammen und Risse, schmutzig-weiße Narben: Trostlosigkeit, Hitze, Großartigkeit, beißender Schmerz, diaphane Fülle, unwillkürliche spontane Zuneigung zu einer verwaisten und prachtvollen Landschaft, reine Lust, sich zu identifizieren, Erkennen der eigenen räumlichen Eingrenzungen: Verwandtschaft, Unmittelbarkeit, Nähe zu einer fast afrikanischen Erde, die der Reise die Aura der Initiation, einer zweiten, aufgeschobenen Geburt verleiht.

Bitter wie die Koloquinte (wilder Kürbis): so bezeichnet der Junge seine Heimat, er liegt mit uns im Sand und umfährt mit einer unbestimmten Geste des Arms das rauhe und ausgeglühte Land, den im Dunst verschwimmenden Strand, das weiße kahle Dorf, das in der Lethargie der Siesta liegt: ausgelaugtes, ausgeplündertes Land, verlassene Minen, kaputte Schornsteine, schwärzlich wuchernde Schlackenhalden: Zeugen vergangener Euphorie, die durch den Kontrast den unwohnlichen Eindruck der Bedürftigkeit noch verstärken: horizontales Leben, gähnende Höhlen, kalkige Trostlosigkeit, seit Generationen festliegende Zuständigkeiten: Frauen in Schwarz, frühzeitig verbraucht, mit Krügen an der Wasserstelle: schlafwandlerische Bauern, Maul-

Detail an der Fassade der Kathedrale von Almería ▶

tierzüge, schweigende, bedrückte Männer, die irgendwo ein schattiges Plätzchen gefunden haben: Einsamkeit, Wiederholung, Monotonie, der Wunsch zu fliehen, den Staub von den Schuhen zu schütteln: nach Madrid, Barcelona, Frankreich oder sonst wohin zu gehen: der Preis für einen Koffer und eine Busfahrkarte sind ihr einziges Erbe: brutales Urteil und Hoffnung zugleich.

Eine verschlafene, verfallene koloniale Stadt: Wächter in Drillich und mit weißen Tropenhelmen: träge stehende Pferdekutschen: das wimmelnde Durcheinander auf dem Marktplatz: Hotel Simón mit uralten Zimmern.

Die Entdeckung von Rhythmen, Gerüchen, Stimmen, freundliche Unterweisung im Müßiggang: behutsame Erkundung der Stadt, eine Mischung aus Faszination und Schrecken, ein innerer Bürgerkrieg, unlösbarer Widerspruch.

Der rauhe, gutturale oder singende Akzent des Südens, durch den vielleicht in meine Zunge die Liebe fährt: Spanne um Spanne erobertes Gebiet, erschöpfte Stimmen voller Resignation und Armut im Ohr: doppeltes, schrittweises Begreifen einer möglichen Zugehörigkeit und der zufälligen ungewissen Natur meiner genehmigten, zweifelhaften Identität.

Die Gleichgültigkeit gegenüber Spanien – diesem fremden, fragmentarischen, unvollständigen, bisweilen stumpfen und starren, bisweilen brutalen und tyrannischen Land –, in dessen achtlosem Schoß ich aufgewachsen war, erhielt durch diesen kurzen, aber tiefwirkenden Aufenthalt in der Gegend von Almería einen Schlag: meinem jugendlichen Überdruß an dem Ort meiner Geburt, meinen Träumen von einer Flucht nach Norden, in ein Land, wo die Leute »offen und edel, kultiviert, reich, frei, fröhlich und glücklich« sind, trat hier eine gefesselte und strahlende Landschaft entgegen, deren Anziehungskraft mir eine andere Richtung gab und mir die gequälte Gestalt ihrer Wege, Steppen und Berge zeigte: die ersten Ferien mit Monique, kurz vor meiner Reise nach Paris, sind die Ursache einer unvorhergesehenen und fruchtbaren Verbindung: Gegenstand und Ursache einer Sehnsucht, Projektion eines enttäuschenden Vaterlandes, Anzeichen, Abglanz und Vorgefühl einer Welt, die noch chimärisch, aber in ihrer stummen Nähe bereits in mir war.

Juan Goytisolo, geboren 1931 in Barcelona, lebt als Romancier und Essayist in Paris und Marrakesch. Reise nach Almería ist ein Auszug aus »Coto vedado«; erstmals erschienen im »literarischen Führer durch das heutige Spanien« – Spanische Reise, Quartheft 155, Wagenbach Berlin.

EINREISEBESTIMMUNGEN

REISEDOKUMENTE: Für die Einreise nach Spanien benötigen Bürger der Bundesrepublik Deutschland, der Schweiz und Österreichs einen gültigen Personalausweis/Identitätskarte oder einen Reisepaß.

Wer mit dem eigenen Auto unterwegs ist, benötigt für die Einreise den nationalen Führerschein, die üblichen Zulassungspapiere sowie die Grüne Versicherungskarte, die zwar nicht zwingend vorgeschrieben ist, sich im Falle eines Unfalls aber als sehr hilfreich erweisen kann. Ein Nationalitätskennzeichen hat am Heck zu kleben. Für Boote, Wohnwagen und Anhänger sind keine besonderen Dokumente erforderlich, und um ein Auto vor Ort zu mieten, reicht der nationale Führerschein.

EINFUHR VON TIEREN: Für Haustiere wird ein amtstierärztliches Herkunfts- und Abstammungszeugnis verlangt. Für Hunde ist außerdem der Nachweis einer Tollwutschutzimpfung zu erbringen, die mindestens einen Monat zurückliegen muß, aber nicht älter als 12 Monate sein darf. Beglaubigung der Papiere durch ein spanisches Konsulat ist nicht mehr erforderlich, kann aber hilfreich sein, wenn es Probleme gibt (etwa mit einem Hundefänger).

AUFENTHALTSDAUER: Seit dem 1.1. 1996 dürfen sich Besucher aus EU-Ländern unbegrenzt lange in Spanien aufhalten; Schweizer können für 3 Monate einreisen.

DIPLOMATISCHE VERTRETUNGEN

Für besondere Fragen wendet man sich am besten an folgende Adressen:

IN DEUTSCHLAND

BOTSCHAFT DES KÖNIGREICH SPANIEN, *53115 Bonn, Schloßstr. 4, ✆ 0228/91 17 90.*

SPANISCHE GENERALKONSULATE:

- *Lichtensteinallee 1,* **10787 BERLIN,** *✆ 030/2 61 60 81–82, 🖷 2 62 40 32.*
- *Nibelungenplatz 3,* **60318 FRANKFURT A.M.,** *✆ 069/5 96 10 41, 🖷 5 96 47 24.*
- *Schwachhauser Ring 124,* **28209 BREMEN,** *✆ 0421/34 40 90.*
- *Homberger Str. 16,* **40474 DÜSSELDORF,** *✆ 0211/43 47 77, 🖷 45 37 68.*
- *Mittelweg 37,* **20148 HAMBURG,** *✆ 040/44 36 20, 🖷 41 74 49.*
- *Bödecker Str. 22,* **30161 HANNOVER,** *✆ 0511/31 10 85–86.*
- *Oberföhringer Str. 45,* **81925 MÜNCHEN,** *✆ 089/98 50 27–29.*
- *Lenzhalde 61,* **70192 STUTTGART,** *✆ 0711/22 50 91.*

IN DER SCHWEIZ

BOTSCHAFT DES KÖNIGREICH SPANIEN, *Kalcheggweg 24,* **3006 BERN,** *✆ 031/352 04 12/13, 🖷 031/351 52 29.*

SPANISCHE GENERALKONSULATE UND KONSULATE:

- *Hotzestr. 23/Eingang Riedtlistr. 17,* **8006 ZÜRICH,** *✆ 01/363 06 44, 🖷 01/361 41 37.*
- *Steinenring 42,* **4051 BASEL,** *✆ 061/281 04 54 und 281 06 42, 🖷 061/281 04 65.*
- *7, rue Pestalozzi,* **1202 GENÈVE,** *✆ 022/734 46 06.*

IN ÖSTERREICH

BOTSCHAFT DES KÖNIGREICH SPANIEN, *Argentinier Str. 34,* **1010 WIEN,** *✆ 0222/5 05 57 80–88.*

◄ Spektakuläre Landschaft: die Sierra de Gata diente auch als Filmkulisse für »Lawrence von Arabien« und »Spiel mir das Lied vom Tod«

INFORMATIONEN

Allgemeine Informationen sowie Hotel- und Campingverzeichnisse bei den Spanischen Fremdenverkehrsämtern:

DEUTSCHLAND:

- *Myliusstr. 14, 4. Stock,* **60323 FRANKFURT A.M.,** ✆ *069/72 50 33,* 📠 *72 53 13.*
- *Grafenberger Allee 100,* **40237 DÜSSELDORF,** ✆ *0211/6 80 39 80,* 📠 *6 80 39 85.*
- *Postfach 15 19 40,* **80051 MÜNCHEN,** ✆ *089/53 01 58 und 089/5 38 90 75,* 📠 *5 32 86 80.*
- *Kurfürstendamm 180,* **10707 BERLIN,** ✆ *030/8 82 65 43,* 📠 *8 82 66 61.*

SCHWEIZ:

- *Seefeldstr. 19,* **8008 ZÜRICH,** ✆ *01/252 79 31,* 📠 *252 62 04.*
- *67, rue du Rhône/Ecke 40, boul. Helvétique,* **1207 GENÈVE,** ✆ *022/735 95 94,* 📠 *022/736 87 66.*

ÖSTERREICH:

- *Walfischgasse 8, Tür 14, 1010 Wien 1,* ✆ *01/5 12 95 80,* 📠 *5 12 95 81.*

FÜR BEHINDERTE

Erster Ansprechpartner ist die *Bundesarbeitsgemeinschaft der Clubs Behinderter und ihrer Freunde e.V., Eupener Str. 5, D-55131 Mainz,* ✆ *06131/22 55 14.*

Hier bekommt man alle für den Urlaub wichtigen Informationen und kann auch eine Liste der Unterkünfte abrufen, die als behindertengerecht eingestuft sind.

Bücher und Karten

BÜCHER

Andalusien: **KNAURS KULTURFÜHRER,** München. Ein Standardwerk für Bildungsreisende, denen es eher auf Fakten und Akribie denn auf Lesbarkeit ankommt.

▼ Karneval in Cádiz

Bernecker, Walter: **SPANIENS GESCHICHTE SEIT DEM BÜRGERKRIEG,** C.H. Beck Verlag, München. Ein Lese-/Geschichtsbuch über die letzten 50 Jahre vom Bürgerkrieg bis zur sozialistischen Machtübernahme unter politischen und sozioökonomischen Gesichtspunkten.

Bernecker, Walter: **ANARCHISMUS UND BÜRGERKRIEG,** Hamburg. Alles über die Geschichte der sozialen Revolution in Spanien zwischen 1936 und 1939.

Bischoff, Helmuth: **ANDERS REISEN – SPANIEN,** Reinbeck. Kritisch aber nicht dogmatisch; kenntnisreich aber locker geschriebenes »Reisebuch in den Alltag« aus der bekannten rororo-Reihe, in dem jedoch der eigentliche Reiseteil eher ein kleines Anhängsel ist. Bringt viel Wissenswertes auch zu Südspanien.

Broné, Pierre/Témime, Émile: **REVOLUTION UND KRIEG IN SPANIEN**, Frankfurt. Die umfassendste Darstellung des spanischen Bürgerkrieges, die aus parteiischer Sicht auch die gesamteuropäische Bedeutung der »verratenen« Revolution deutlich macht.

Enzensberger, Hans Magnus: **ACH, EUROPA!** Frankfurt. Scharfsinnige Beobachtungen in Spanien nach dem Tod des Generalissimo Franco. Im gewohnt rüfligen (und literarischen) Reportagenstil.

Goytisolo, Juan: **SPANIEN UND DIE SPANIER,** Suhrkamp Taschenbuch, Frankfurt. Goytisolo konfrontiert (auf rund 300 Seiten, davon etwa ein Drittel qualitativ sehr hochstehende schwarz-weiß Fotos) mit zahlreichen anspruchsvollen Essays die in ganz Europa verbreiteten Klischees über Spanien und die Spanier, die Mythen und Selbsttäuschungen, die die Spanier im Laufe der Jahrhunderte sich und der Mitwelt eingeredet haben, mit der historischen Wahrheit und der spanischen Lebenswirklichkeit. Obwohl schon rund 20 Jahre alt, ist das Buch noch immer hoch aktuell.

Kapitzke, Gerhard: **SÜDSPANIEN FÜR PFERDEFREUNDE,** DuMont-Landschaftsführer, Köln. Wohl das umfassendste Werk in deutscher Sprache über die Kulturgeschichte des Pferdes und der Stierfechterkunst; durch zahlreiche schwarz-weiß Fotos und 42 Farbtafeln aufgelockert.

Kehr, Christof: **ANDERS REISEN – ANDALUSIEN,** Reinbeck. Eine prägnante, aber stellenweise etwas verbissen geschriebene Erweiterung des o.g. »Spanien – Anders Reisen«, das sich speziell mit der Alltagskultur von Andalusien befaßt.

Lowe, Alfonso: **SPANIENS SÜDEN,** Prestel Verlag, München. Aufwendig gestalteter Kunstreiseführer mit vielen persönlichen Anekdoten. Ein echtes, sehr anspruchsvoll geschriebenes Lesebuch, und ein »Muß« nicht nur für den erklärten Bildungsbürger. Das beste, was man über Südspanien bekommen kann.

Madariaga, Salvador de: **SPANIEN – LAND, VOLK UND GESCHICHTE,** Heyne Taschenbuch, München. Wen Konservativismus nicht stört, für den ist das (über 500 Seiten dicke) Buch dieses Exil-Historikers ein Standardwerk in Sachen Geschichte; Schwerpunkte sind das 19. und 20. Jh. bis einschließlich Franco-Diktatur.

Paeger, Jürgen: **RICHTIG WANDERN ANDALUSIEN,** DuMont Buchverlag, Köln. 17 Rund- und 15 Streckenwanderungen auf Maultierpfaden, Viehtriebswegen und Schmugglerrouten durch die Sierras (u.a. Sierra Nevada, Sierra Cazorla, Sierra Morena), die waldreichen Mittelgebirge, die Dünen und Sümpfe des Coto de Doñana.

Rhode, R./Dudek, B.: **SPANIEN – EIN POLITISCHES REISEBUCH,** Hamburg. Ein äußerst aktuelles und kenntnisreich geschriebenes Buch, das zu über drei Vierteln auch für Südspanien relevant ist.

Schreiber, Hermann: **HALBMOND ÜBER GRANADA,** Bastei-Lübbe. Das Standardwerk über die maurische Kultur in Südspanien; etwas billig gemacht, aber gut zu lesen.

Schreiner, Klaus: **FLAMENCO – GITANO ANDALUZ,** Fischer Taschenbuch, Frankfurt. Äußerst informative und mit viel Herz geschriebene Aufsatzsammlung über den Flamenco, seine Geschichte, spirituelle Aussage, Techniken, Stilformen, Arten, sowie über die Flamencogitarre, Kastagnetten und andere rhythmisch-perkussive Elemente. Im Anhang finden sich Listen über Flamenco-Festivals, Literatur, Gitarrenschulen und Gitarrenbauer; außerdem eine umfassende Flamenco-Discografie.

SPANIEN: *Grüner Michelin,* jährlich neu. Auch in Deutsch erschienener Reiseführer im Lexikonstil, der knapp aber umfassend die wichtigsten Städte und Sehenswürdigkeiten vorstellt; dem südspanischen Teil sind etwa 40 Seiten widmet.

Sprachführer

KAUDERWELSCH SPANISCH, *Peter-Rump-Verlag/Reise Know How.* Ganz und gar unkonventionelles Sprachbuch, das sinnvolle, alltägliche Beispiele fürs Spanische bietet und wirklich weiterhilft, wo herkömmliche Lehrbücher passen müssen. Sehr übersichtlicher Aufbau, günstig oben-
drein; auch mit Cassette lieferbar.

Spanisch: Langenscheidt Sprachführer. Konventionell aufgebaut, aber durchaus zu empfehlen. Sinnvolle Ergänzung dazu ist das Langenscheidt Universal-Wörterbuch Spanisch sowie eine Begleitkassette mit Redewendungen und Wörtern.

KARTEN

Kümmerly und Frey, **AUTOKARTE SÜDSPANIEN:** Diese sehr übersichtliche und großflächige Karte deckt den gesamten Rahmen des Buches ab, ist sehr genau und günstig, im Maßstab 1:500 000 gehalten.

RV Verlag, **EURO-REGIONALKARTE SÜDSPANIEN:** Diese Karte im Maßstab 1:300 000 halten wir für die übersichtlichste, genaueste und dabei billigste, die es zu Südspanien gibt.

RV Verlag, **EURO LÄNDERKARTE SPANISCHE MITTELMEERKÜSTE:** Wer weder an der Atlantikküste noch am Westen Andalusiens (Sevilla, Cádiz, Huelva) interessiert ist, fährt mit dieser Karte im Maßstab 1 : 800 000, die die gesamte spanische Mittelmeerküste abdeckt und bis hinter Córdoba ins Landesinnere reicht, sehr gut.

DISTANZTABELLE

Entfernung zwischen Provinzhauptstädten in Kilometern

	Albacete	Alicante	Almería	Avila	Badajoz	Barcelona	Burgos	Cadiz	Castellon	Ciudad Real	Cordoba	Coruña	Cuenca	Gerona	Granada	Guadalajara	Huelva	Huesca	Jaen	Leon	Lerida	Logrono	Lugo	Madrid	Malaga	Murcia	Orense	Oviedo	Pontevedra	Salamanca	San Sebastian	Santander	Segovia	Sevilla	Tarragona	Teruel	Toledo
Albacete																																					
Alicante	171																																				
Almería	369	294																																			
Avila	366	537	663																																		
Badajoz	525	696	604	318																																	
Barcelona	640	515	809	717	1022																																
Burgos	488	659	800	243	536	583																															
Cadiz	617	688	484	618	342	1284	900																														
Castellon	256	231	525	532	805	284	524	873																													
Ciudad Real	207	378	407	256	318	811	427	464	463																												
Cordoba	354	525	332	457	272	908	637	263	610	201																											
Coruña	860	1031	1172	538	772	1118	535	1072	1026	799	995																										
Cuenca	142	313	511	282	555	562	404	708	305	244	445	776																									
Gerona	640	615	909	817	1122	100	683	1384	384	911	1008	1218	662																								
Granada	363	353	166	534	438	868	671	335	584	278	166	1043	479	968																							
Guadalajara	309	480	621	173	459	563	238	721	396	248	458	667	186	663	492																						
Huelva	506	703	516	552	251	1140	781	219	856	433	232	1006	677	1240	350	690																					
Huesca	495	570	830	490	798	274	359	1060	355	587	797	905	406	374	831	339	1029																				
Jaen	264	415	228	435	376	804	572	367	520	179	104	944	380	904	99	393	336	732																			
Leon	584	755	896	255	496	784	201	796	725	511	733	334	500	884	761	391	730	560	668																		
Lerida	515	490	802	558	866	156	427	1128	259	655	865	973	472	256	861	407	1097	118	779	628																	
Logrono	578	653	899	358	676	468	115	999	455	526	736	650	464	568	770	278	968	244	671	316	312																
Lugo	762	933	1074	440	674	1020	437	974	928	696	897	98	678	1120	945	569	908	807	846	236	875	552															
Madrid	251	422	563	115	401	621	237	663	417	190	400	609	167	721	434	58	632	397	335	333	465	336	511														
Malaga	473	482	219	644	436	997	781	265	713	388	187	1153	615	1097	129	602	313	941	209	877	1009	880	1055	544													
Murcia	150	75	219	516	675	590	638	613	306	357	444	1010	292	690	278	459	628	611	340	734	583	694	912	401	407												
Orense	772	943	1084	443	645	1027	447	945	938	699	921	175	689	1127	955	579	879	803	856	271	871	562	95	521	1065	922											
Oviedo	702	873	1014	373	614	902	322	914	868	641	851	340	618	1002	885	509	821	626	786	118	703	391	242	451	995	852	337										
Pontevedra	874	1045	1186	545	747	1129	549	1047	1040	701	977	121	791	1229	1057	681	981	905	957	373	973	664	148	623	1153	1024	102	390									
Salamanca	463	634	763	97	299	778	237	599	629	353	529	473	379	878	631	270	533	554	532	197	622	352	375	212	756	613	346	315	448								
San Sebastian	691	766	1032	475	768	529	232	1132	551	659	869	763	636	629	903	441	1101	255	804	433	373	169	665	469	1103	807	679	423	781	469							
Santander	644	815	956	369	662	693	156	1056	680	583	793	547	560	793	827	394	962	430	728	293	537	225	449	393	937	794	544	207	666	363	227						
Segovia	338	509	650	67	385	650	197	750	504	277	497	560	254	750	521	145	619	426	422	245	494	299	462	87	631	488	467	363	569	164	429	359					
Sevilla	492	609	422	493	217	1046	775	125	762	339	138	947	583	1146	256	596	94	935	242	671	1003	874	849	538	219	534	820	789	922	474	1007	837	560				
Tarragona	443	417	711	649	935	98	518	1059	186	649	796	1064	464	198	770	476	1029	209	707	719	91	403	966	534	899	492	962	835	1064	713	464	628	585	949			
Teruel	242	317	577	417	703	409	372	873	152	397	596	907	153	509	605	244	842	253	506	573	319	336	809	302	715	358	805	694	907	514	449	528	389	748	311		
Toledo	240	411	526	137	368	692	308	583	437	119	320	675	187	792	397	129	552	468	298	392	536	407	577	71	507	390	580	510	682	234	540	464	158	458	605	340	
Valencia	191	166	460	467	716	349	517	808	65	398	545	961	220	449	519	410	791	398	445	658	324	481	863	352	648	241	873	803	975	564	594	673	439	697	251	145	372

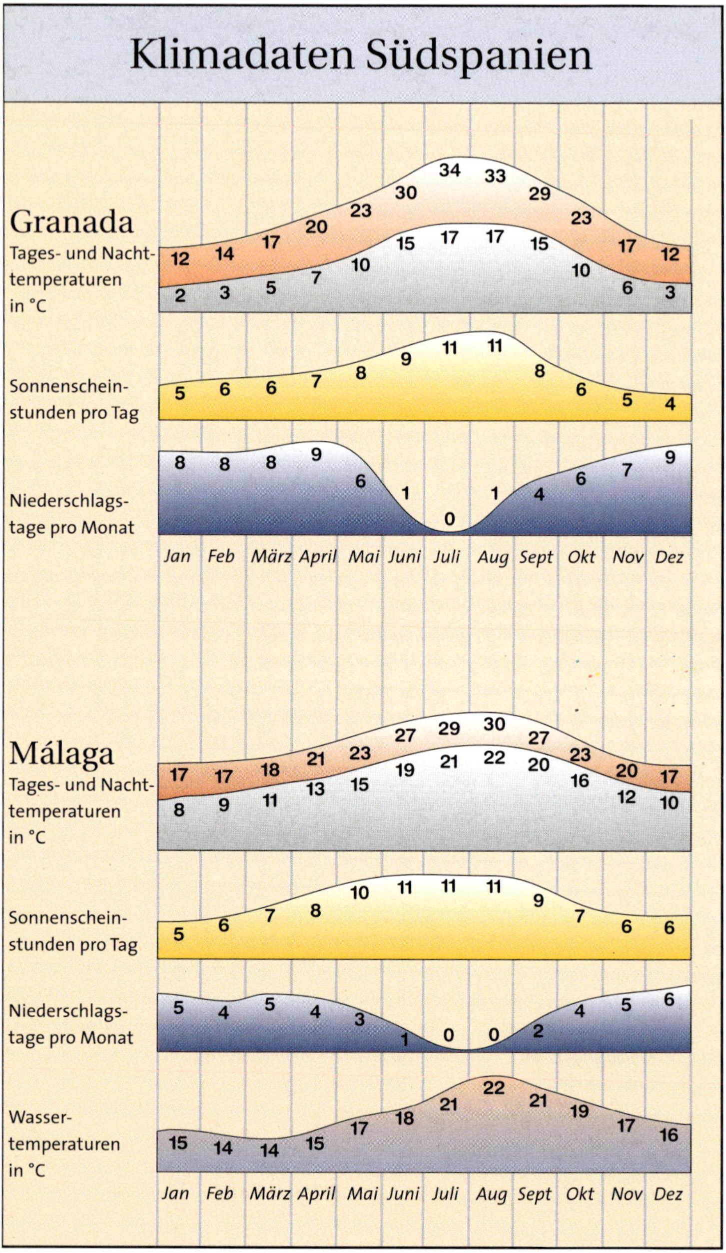
Klimadaten Südspanien
Granada
Tages- und Nachttemperaturen in °C
12 14 17 20 23 30 34 33 29 23 17 12
2 3 5 7 10 15 17 17 15 10 6 3
Sonnenscheinstunden pro Tag
5 6 6 7 8 9 11 11 8 6 5 4
Niederschlagstage pro Monat
8 8 8 9 6 1 0 1 4 6 7 9
Jan Feb März April Mai Juni Juli Aug Sept Okt Nov Dez
Málaga
Tages- und Nachttemperaturen in °C
17 17 18 21 23 27 29 30 27 23 20 17
8 9 11 13 15 19 21 22 20 16 12 10
Sonnenscheinstunden pro Tag
5 6 7 8 10 11 11 11 9 7 6 6
Niederschlagstage pro Monat
5 4 5 4 3 1 0 0 2 4 5 6
Wassertemperaturen in °C
15 14 14 15 17 18 21 22 21 19 17 16
Jan Feb März April Mai Juni Juli Aug Sept Okt Nov Dez

Auf dem Breitengrad von Alicante teilt sich die Iberische Halbinsel in die nördliche gemäßigte und die südliche subtropische Zone auf. Letztere wird sowohl von atlantischen und mediterranen als auch von kontinentalen Einflüssen geprägt und läßt sich grob in drei Großräume einteilen:

AM MITTELMEER

Die dem Mittelmeer zugewandte Region – also die *Costa Blanca* und *Costa del Sol* – hat extrem trockene Sommer praktisch ohne Niederschläge. Entsprechend ist zwischen Juni und Oktober die Vegetation abgestorben, das Land gibt sich dann braun und sonnenverbrannt und läßt jenen vielzitierten »harmonischen Liebreiz« der Prospekte vollständig vermissen; außerdem hängt ständig eine Dunstglocke über dem gemarterten Land, bieten auch die Nächte kaum Abkühlung, wimmelt es an den Stränden wie in einem Ameisenhaufen und sind die Preise überhöht. Die durchschnittlichen Minimaltemperaturen liegen bei 22°C, die maximalen um 30°C, und das Wasser erinnert mit rund 25°C Grad fast schon an die Badewanne.

Im Herbst ab etwa September sind die großen Ströme des Massentourismus versiegt, das Mittelmeer lockt noch bis November mit Wassertemperaturen zwischen 22 und 18°C, die Nächte werden kühler (September ca. 20°C, Oktober 16°C), die Tage sind zwischen 27 und 23°C erträglich, und die Küste ist rein menschlich wieder zu empfehlen. Das Land gibt sich freilich noch immer sonnenverbrannt, die Luft ist zumeist dunstig, und erst mit den ersten Regengüssen des Spätherbst gegen Oktober/November erwacht die Vegetation wieder zum Leben; die sintflutartigen Regenkatastrophen z.B. des November 1987 (hauptsächlich zwischen Alicante und Murcia) sind aber eher die Ausnahme.

Der südspanische Winter gilt mit Temperaturen zwischen 10 und 20° als der wärmste Europas, Frost gab es in den letzten 100 Jahren nur zweimal, und wer hartnäckig ist, der kann sich bei Wassertemperaturen um 16–18°C durchaus noch am Mittelmeer erfreuen. Touristen machen sich rar, die Preise bewegen sich nicht selten bis zu 50 % unter dem Sommerniveau, der Himmel zwischen »Sierra und Mar« ist klar und fast immer tiefblau, und die sprießende Vegetation verwandelt das Land in einen blühenden Garten. In der letzten Zeit allerdings gab es zahlreiche Ausnahmen von dieser Schönwetter-Regel, und nicht nur 1997/98 schüttete es an den Küsten von nahezu ganz Südspanien wochenlang »wie aus Eimern«, während im Landesinnern eine (für spanische Verhältnisse) eisige Kälte herrschte.

Der Frühling endet im Mai/Juni, die Wassertemperatur erreicht wieder die 18°C-Marke, und über dem immer noch saftig-grünen Land beträgt die Temperatur der äußerst klaren Luft angenehme 16–25°C. Die ersten Badetouristen werden eingeflogen, über Ostern eskaliert's ein bißchen, aber ansonsten bleibt's menschlich und auch für den Individualisten erträglich.

AM ATLANTIK

Die dem Atlantik zugewandte *Costa de la Luz* teilt sich in zwei Zonen auf – in die östliche zwischen Tarifa und Cadiz und in die westliche zwischen

Cadiz und der portugiesischen Algarve, wobei die Unterscheidungsmerkmale nicht die Jahreszeiten, die Luft- und Wassertemperaturen sind, sondern vielmehr der Wind. Der östliche Küstenabschnitt liegt – je östlicher man kommt – im Einflußbereich der »Winddüse« der Straße von Gibraltar, die als eine der windigsten Ecken Europas gilt. Hier wird selbst die sommerliche Hitze stets durch eine kühle Brise gemildert, die Luft ist meist klar, der Himmel blau, und das Land gibt sich durch die Luftfeuchtigkeit des Atlantiks nahezu ganzjährig grün und fruchtbar. Die Saison währt auch hier 12 Monate, das Touristenaufkommen – selbst im Hochsommer – hält sich aber in Grenzen.

Über dem westlichen Küstenabschnitt lastet im Hochsommer nicht selten eine drückende Hitze, die durchaus bis September/Oktober anhalten kann. Die Jahreszeiten und ihre Ausprägungen auf die Vegetation entsprechen in etwa denen am Mittelmeer, aber die Ströme des Massentourismus sind noch nicht bis hierher vorgedrungen, so daß es auch im Hochsommer angenehm menschlich zugeht, obwohl die Frühlings- und Frühsommermonate als die empfehlenswertesten gelten.

Beiden Küstenabschnitten der Costa de la Luz ist gemeinsam, daß die Lufttemperaturen ganzjährig etwa 3–4°C niedriger sind als am Mittelmeer, und daß die Wassertemperaturen zwischen 14°C im Winter, 16°C im Frühling, 18 bis maximal 20°C im Sommer und ca. 16°C im Herbst ungetrübte Badefreuden nur eingeschränkt ermöglichen. Zwischen Mai und September kommt es kaum zu Niederschlägen. In den übrigen Jahreszeiten regnet es an durchschnittlich 3 (Herbst) bis 7 Tagen pro Monat (Winter), doch wie schon am Mittelmeer, so kam es auch hier in den vergangenen Jahren zu außerordentlich hohen Niederschlagsmengen, die insbesondere in den Monaten zwischen November und Mitte Februar fielen.

IM LANDESINNERN

Hier macht sich die große Landmasse der iberischen Halbinsel bemerkbar. Das kontinentale Klima bringt extrem heiße Sommer und relativ kalte Winter, während denen in Höhenlagen über 1000 m Frost bis -5°C sowie gelegentliche Schneefälle keine Ausnahmen sind. In den »alpinen« Sierras (etwa *Sierra Nevada* und *Sierra Cazorla*) kann der Winter mit Dauerfrost und Schnee von November/Dezember bis Februar/März andauern, und in den Hochlagen der Sierra Nevada kann man in der Regel auch im Mai noch Skifahren. Der größte Teil des Binnenlandes freilich kennt keinerlei Frost, hat im Winter zwischen Dezember und Februar/März Tagestemperaturen zwischen 10 und 18°C (nachts bis 3°C) und gibt sich zu dieser Zeit üppig grün. Der Frühling, mit Temperaturen zwischen 15 und 25°C, reicht bis in den Mai, die Vegetation strotzt, das Land blüht auf. Der Sommer zwischen Juni und Oktober kann bis zu 45°C im Schatten bringen, auch nachts noch 28°C, hingegen keinerlei Regen, so daß weite Landstriche völlig wüstenhaft und öde wirken und jeglichen Liebreiz vermissen lassen. Ähnlich trostlos kommt auch der Herbst bei Temperaturen bis 30°C daher. Erst der Oktober/ November mit vereinzelten Regenfällen und relativer Kühle ist für den Mitteleuropäer wieder erträglich.

Trotz der unmenschlichen Sommerhitze wimmelt's zwischen Juni und August von Sightseeing-Touristen, steht man bei den Sehenswürdigkeiten Schlange; in den kühleren Höhenorten tummeln sich die spanischen Touristen. Im Herbst und Frühling sind die Kulturstädte ebenfalls voller Touristen, und so bietet sich der Winter als geeignete Zeit an, will man seinen Kulturhunger stillen, bzw. Frühling, Herbst und Winter, wenn man an Landschaftserlebnissen interessiert ist.

Pfefferschotenernte bei Cartagena (Murcia) ▼

HOSTAL
LA ESTRELLA
TEL. 110
4

Unterkunft

Wer im Hochsommer in *Benidorm, Torremolinos, Benalmadena* etc. auf eigene Faust eine Bleibe sucht, wird – wenn überhaupt – oft nur in den Luxushotels eine Möglichkeit zum Übernachten finden. Die günstigen Betten sind dann fast immer belegt (oft im Mai schon bis Oktober). Zudem werden die Häuser von Pauschalveranstaltern »geblockt«, was heißt, daß die Vertragshäuser in der Saison nicht in privater Regie vermieten dürfen. In diesem Fall hilft nur der Gang zum örtlichen Agenten des betreffenden Reiseunternehmens, der einem manchmal ein freies Zimmer/ein Apartamento zugesteht. Verläuft auch dieser Versuch fruchtlos, bleibt nur die Fahrt ins Abseits, wo sich, mit viel Glück, eventuell noch ein Quartier finden läßt.

Wer an der *Costa Blanca* und *Costa del Sol* die großen Touristenzentren zur Saison meidet, der hat hier, wie auch ganzjährig im restlichen Land, in aller Regel keine Probleme bei der Zimmersuche; telefonische Vorreservierung hilft freilich stets, Zeit und Frust zu sparen. Allerdings kann es passieren, daß ein Vermieter sein Haus als »besetzt« angibt, auch wenn noch genügend Zimmer vakant sind. Gibt man dann zu verstehen, daß man ein paar Tage zu bleiben gedenkt, ergeben sich nicht selten neue Perspektiven.

Die Unterkunftspreise sind – außer für (seltene) Privatzimmer – staatlich reglementiert. Jeder gewerbliche Vermieter ist verpflichtet, den staatlich genehmigten Tarif nicht nur einzuhalten, sondern auch beim Empfang und im Zimmer gut sichtbar auszuhängen. Einzelzimmer (EZ) und Doppelzimmer (DZ) in Hotels sind getrennt aufgeführt, oft sind die EZ gegenüber den DZ viel kleiner und an schlechter Wohnlage plaziert. Falls der Alleinreisende kein EZ findet, kann er ein DZ belegen, für das er dann nur 80% des Preises zu bezahlen braucht. Die Tarife sind nach Zimmerkomfort und Saison gestaffelt, aber einige Schlitzohren versuchen immer wieder, auf dem Hochsaisonpreis zu bestehen. Deshalb immer die verschiedenen Saisonzeiten auf dem Tarifblatt prüfen und auf dem Preis der gerade herrschenden Saison bestehen.

Wer sich übervorteilt fühlt, weil ihm zuviel Geld in Rechnung gestellt wurde, oder wer andere Reklamationen anbringen will, verfügt über ein vom Ministerium in Madrid verordnetes Beschwerderecht. Dieses, einmal angewendet, wird zügig behandelt. Besteht die Beschwerde zu Recht, hat das unangenehme Konsequenzen für den Vermieter. In jedem offiziell zugelassenen Berherbergungsbetrieb kann man Beschwerdeformulare *(hojas de reclamaciónes)* verlangen und an die örtliche Fremdenverkehrsorganisation oder an den *ayuntamiento* schicken. Wer sich über bereits verrechnete Preise beschweren will, muß als Beweisstück die Rechnung beilegen. Also diese zuerst zahlen und dann das Beschwerdeformular verlangen. Die grüne Kopie für sich behalten, die rote geht an den Direktor der betroffenen Firma, das Original an die Behörde.

◄ Typisches Hostal in Cazorla

Klassifizierung

Die Klassifikation der jeweiligen Unterkünfte wird in diesem Buch in Punkten angegeben, die sich jedoch nur auf den Hochsaisonpreis fürs Doppelzimmer (DZ) beziehen:
Ein Punkt • steht für **BILLIG**, bis **20 €**;
Zwei Punkte •• stehen für **PREISWERT**, bis **30 €**;
Drei Punkte ••• stehen für **MITTEL BIS ÜBERDURCHSCHNITTLICH**, bis **50 €**;
Vier Punkte •••• stehen für **TEUER UND LUXURIÖS.**
Einige Luxushotels mit besonderen Vorzügen, die bezüglich ihrer Preise aus der Reihe fallen, sowie insbesondere die (unten beschriebenen) **PARADORES**, werden zusätzlich aufgeführt. In einigen Fällen wird der Preis aus besonderen Gründen (z.B. extrem billig oder zwischen zwei Kategorien) ebenfalls angegeben. Auch werden auch die Preise von Ferienwohnungen und -häusern sowie für Campingplätze gesondert aufgeführt. Für die Genauigkeit der Preisangaben kann allerdings nicht garantiert werden, da sich hier aufgrund von Inflation, Preissteigerungen etc. vieles schnell ändert.

DIE KATEGORIEN

Die **FONDA** (kenntlich gemacht durch ein weißes **F** auf blauem Schild) und die **CASA DE HUESPEDES (CH)** auf blauem Schild) sind in der Regel die billigsten Unterkünfte – einfache Gasthäuser mit wenigen Zimmern ohne irgendwelchen Komfort. Die Einrichtung besteht lediglich aus einem Bett und – vielleicht – einem Schrank, aber oftmals ist es gemütlich und in jedem Fall interessanter als in vielen Touristenhotels.

In die nächste Kategorie kann man die **PENSIONES (P)** einstufen, die es, wie auch die Hostal-Residencias (s.u.), von schmucklos bis hin zu fast schon luxuriös gibt. Sie tragen einen oder zwei Sterne, kosten ab etwa 25 € bis hin zu 60 €, liegen im Mittel bei etwa 35 € (DZ) und sind in Stadt und Land zuhauf zu finden. Wie schon in der Fonda und Casa Huespedes wird man auch hier eher selten »Urlauber« als Zimmernachbarn antreffen, sondern Spanier und ab und zu einen Rucksackreisenden.

Die **HOSTAL-RESIDENCIA (HR)** gibt es von »einfachst« bis »fast luxuriös« (1 bis 3 Sterne), von »sehr billig« bis »teuer«. Sie bietet die beste Möglichkeit, bei einem gewissen Komfort wie Dusche, Bad/WC, teilweise Zimmertelefon relativ günstig zu leben. De facto handelt es sich bei diesen Unterkünften um Garni-Hotels, also Hotels, die lediglich Frühstück anbieten.

Ähnlich wie bei den Hotels und Hostales-Residencias gibt es auch bei den **APARTAMENTOS** eine Qualitätsabstufung (Schlüssel), die sich in der Anzahl der Symbole ausdrückt.

Als **HOTEL (H)** wird ein Haus erst dann bezeichnet, wenn man alle Mahlzeiten bekommt. Es ist normalerweise die Kategorie, in der Pauschaltouristen und vermögendere Individualurlauber zu nächtigen pflegen. Das bedeutet konkret, daß die Hotels ziemlich teuer und oft ausgebucht sind.

Zur **KLASSIFIZIERUNG** dienen Sternchen: * steht für untere Mittelklasse (kaum unter 50 €/Nacht), ** gelten als Mittelklasse (ab 60 €), *** zeigen ein Komforthaus an (ab etwa 75 €), **** versprechen ein Großmaß an Luxus (ab etwa 130 €) und wer in *****-Häusern übernachten will, muß mindestens etwa 250 € für ein Doppelzimmer berappen, bekommt dafür aber auch einen wirklichen Gegenwert.

Bleibt abschließend die Kategorie der **PARADORES,** bei denen es sich im großen und ganzen um staatlich geführte Herbergen handelt, die in historischen Baudenkmälern untergebracht sind. Mehr als 80 Häuser dieses Typs sind über ganz Spanien verteilt, rund die Hälfte entfällt auf Südspanien, und da residiert man dann in ehemaligen und stets landschaftlich einzigartig schön gelegenen Palästen und Burgen, Schlössern, Herrenhäusern, Kastellen und Klöstern in Zimmern von stilvollstem Ambiente zu Preisen, die zwar mit etwa 75 € bis 220 € (DZ) nicht gerade billig sind, aber wirklich adäquat.

Die schönsten Paradores werden im Reiseteil näher vorgestellt, auch eine Südspanienreise von Parador zu Parador bietet sich an, und wer weitere Informationen wünscht oder Reservierungen vornehmen will (Paradores sind häufig ausgebucht), wende sich an die zentrale Buchungsstelle in Deutschland:

- **IBERO-HOTEL-RESERVIERUNG (IHR),** *Steinstr. 21, 40210 Düsseldorf, ✆ 0211/8 64 15 20, 📠 32 89 05.*

FERIENHÄUSER/APARTMENTS

In Südspanien, insbesondere entlang der Costas, boomt nach wie vor das Immobiliengeschäft, und wie es heißt, kaufen insbesondere die Deutschen die Küste Quadratmeter für Quadratmeter auf. Da sich aber nur die allerwenigsten in der glücklichen Lage befinden, das ganze Jahr im Süden verbringen zu können, sind stets tausende solcher Unterkünfte vakant.

Wer als Tourist von dieser gleichermaßen praktischen, komfortablen wie auch recht günstigen Alternative Gebrauch machen will, sollte sich rechtzeitig informieren und beispielsweise die Immobilieninserate in den überregionalen deutschen Tageszeitungen studieren, wo nahezu stets entsprechende Ferienwohnungen angeboten werden.

Ferienanlagen im traditionellen andalusischen Baustil werden seit einigen Jahren von staatlicher Seite gefördert, sind selten größer als 40–50 Wohneinheiten und befinden sich stets in landschaftlich herausragender Lage. Folgende Anlagen kommen u.a. in Betracht:

- **VILLA TURÍSTICA DE CAZORLA,** *Ladera de San Isicio, 23470 Cazorla, ✆ 953/71 01 00, 📠 71 01 52* (in der Umgebung der Sierra de Cazorla);
- **VILLA TURÍSTICA DE BUBIÓN,** *Barrio Alto, 18412 Bubión, ✆ 958/76 31 12, 📠 76 31 36* (in der Alpujarra);
- **VILLA TURÍSTICA DE CAZALLA,** *Carretera Constantina, km 3, 41370 Cazalla de la Sierra, ✆ 95/4 88 33 08, 📠 4 88 33 12* (in der Umgebung von Sevilla);
- **TURISMO DE ANDALUCÍA,** *Edifivcio Europei, 41920 San Juan de Aznalfarache, ✆ 95/417 11 60* (ganz Andalusien).

URLAUB AUF DEM LANDE

Der Tourismus in Südspanien sucht nach Alternativen zu den »Bettenburgen« der Costas, und zur Zeit setzen mehr und mehr Spanier auf den »Qualitätstouristen«, der sich von einer Reise mehr verspricht, als die Ferienzentren und die üblichen Unterkünfte bieten können. Vielleicht eine Finca mit verwinkelten Patios in der *Alpujarra,* ein Landhaus hoch oben in der *Sierra Neva-*

da, eine stilvolle Hacienda bei *Córdoba*, eine renovierte Wohnhöhle oder auch nur ein gemütliches Zimmer in einem Privathaus mit oder ohne Küchenbenutzung... – *Turismo Rural* will all dienigen ansprechen, die in Südspanien ihre Ruhe finden wollen, die die Natur lieben, die unter Spaniern anstatt unter sonnenhungrigen Touristen leben möchten, die aber auch auf Komfort nicht verzichten wollen.

Zur Zeit verfügt die zentrale Vereinigung von Privatvermietern – die *Red Andaluza de Alojamientes Rurales (RAAR)* – bereits über hunderte Objekte im Landesinnern, und ständig kommen weitere hinzu. Unter den nachfolgenden Adressen kann man ausführliche Kataloge abrufen und auch Buchungen vornehmen:

RED ANDALUZA DE ALOJAMIENTES RURALES, *Apartado Correos 2035, 04080 Almería, ✆ 950/27 16 78 und 26 50 18, 🖷 27 04 31;*

HOTELES RURALES DE ANDALUCÍA, *Obispo Cobos 2, Centro Cultural, Hospital de Santiago, 3400 Ubeda/Jaé, ✆ 953/75 58 67, 🖷 75 60 99.*

Weitere Anbieter für Dorf- und Landhäuser sind u.a.

TURISMO RURAL, *Patronato de Turismo, Plaza de Cuba, 41011-Sevilla, ✆ 95/4 21 10 91, 🖷 42 18 61* (in der Umgebung von Sevilla);

RURAL ANDALÚS, *Armengual de la Mota, 14-1-2, 29007 Málaga, ✆ 95/2 27 62 29, 🖷 2 27 65 56* (in der Umgebung von Málaga);

CENTRO DE INICIATIVAS TURÍSTICAS DE LA SERRANÍA DE RONDA, *Palacio de Mondragón, 29400 Ronda, ✆ 95/2 87 07 47, 🖷 2 87 27 46.*

CAMPING

An Campingplätzen mangelt es in Südspanien wirklich nicht, im besonderen an manchen Küstenabschnitten, wo sich nicht selten einer an den anderen reiht. Im Landesinneren sind sie freilich spärlicher gesät, aber zumindest die größeren Kulturstädte warten stets mit einer, wenn nicht mit mehreren Anlagen auf. Die meisten sind ganzjährig geöffnet, gut ausgestattet und nehmen bis 23 Uhr Neuankömmlinge auf. Zwischen Juni und September wird's eng, selbst die unpersönlichen Mammutcamps sind dann oft bis auf die letzte Mini-Parzelle besetzt. In den restlichen Monaten gibt's viel freien Raum und auch erhebliche Preis-Nachlässe von bis zu 50% – je nach Saison und Aufenthaltsdauer. Das ist wesentlich, denn Campieren ist in Spanien schon längst keine billige Sache mehr, und rund 20 €) für ein Zelt, 2 Personen und ein Auto ist ein ganz normaler (und sogar noch relativ günstiger) Durchschnittspreis.

Jede größere Touristeninformation hält Gratis-Übersichtspläne (mit Komfort- und Preisangaben) bereit; wer die komplette Auflistung möchte, sollte sich vor der Abreise einen ADAC- oder ACE-Campingführer zulegen.

DER UMWELTBEWUSSTE WILDCAMPER

Wildcampen (im Wohnmobil oder Zelt) ist in Spanien grundsätzlich erlaubt; verboten und auch nicht geduldet ist es lediglich innerhalb geschlossener Ortschaften, in Wasserschutzgebieten und neben Campingplätzen. Offiziell verboten ist es direkt an den Stränden sowie in Nationalparks.

Doch die Offiziellen werfen ein immer schieferes Auge auf die Freunde des nicht organisierten

Campens. Der Grund für diesen Wandel ist im Umweltverhalten der Wildcamper zu finden (auch und insbesondere der einheimischen Wildcamper und Picknicker), die schon so manches idyllische Fleckchen in eine fäkalienverseuchte Müllgrube verwandelt haben. Deshalb an dieser Stelle ein paar Ökotips:

ABFÄLLE – sofern nicht verwert- oder vernichtbar – sollten weder achtlos fortgeschmissen noch vergraben, sondern gesammelt und in den nächsten Mülleimer geworfen werden.

BÄUME und **PFLANZEN** wollen wachsen, weder abgeschlagen, angeflämmt noch zertrampelt werden. Wer ein Feuer machen möchte, der findet (fast) überall genügend totes Holz und Gestrüpp, und wer überhaupt einen Stellplatz fürs Zelt, Auto oder Wohnmobil sucht, der sollte sich dabei von der Maxime leiten lassen, so wenig wie irgend möglich an Gewachsenem zu zerstören.

OFFENES FEUER zu entfachen ist (nicht nur im Sommer) stets ein großes Risiko. Wer dennoch nicht auf Lagerfeuer-Romantik verzichten will, der sollte den (möglichst kleinen) Holzstapel in einem geschlossenen Kreis aus Steinen errichten, stets einen Kübel voll Wasser bereitstellen, damit später auch ablöschen und zur Vorsicht noch zusätzlich Erde/Sand über die Asche häufen.

KOCHEN auf dem Lagerfeuer ist z.T. beschwerlich und nicht ökonomisch, da ein Großteil der Hitze (insbesondere bei Wind) wirkungslos verpufft. Abhilfe schafft ein selbstgebautes Öfchen. Zu diesem Zweck hebt man z.B. eine kleine und etwa einen Spatenstich tiefe Mulde aus, »ummauert« sie auf drei Seiten mit Steinen, läßt eine Seite für den Windzug und zum Nachlegen von Brennmaterial offen, und legt über die obere Öffnung ein einfaches Rost als Auflagefläche für den Topf (zwei lange Steine erfüllen aber auch den gleichen Zweck). Ein solcher »Ofen« arbeitet schon mit kleinsten Ästen, benötigt an Holz nur einen Bruchteil des offenen Lagerfeuers, zieht enorm, hält die Hitze lange an, eignet sich nicht nur zum Kochen, sondern auch zum Grillen, ist obendrein ziemlich sicher. Und romantisch ist's auch. Wer dann noch einen kleinen Topf (mit Teig darin) auf Steinchen in einen großen Topf stellt, diesen abdeckt und mit Steinen beschwert, der ist sogar in der Lage, seinen eigenen Kuchen zu backen.

WASCHEN: Das Waschen von Körper und Wäsche direkt im Stausee, Bach oder Fluß ist eine weit verbreitete Unsitte, und die häßlichen Schaumballen an vielen Ufern sind nur die sichtbaren Zeichen dieser Umweltverschmutzung. Viel weniger belastend ist es, wenn man Wasser abschöpft und hernach das benutzte Waschwasser in eine Mulde gießt.

TOILETTE: Wer nicht nur an sich und heute denkt, der verteilt seine Fäkalien nicht rings um den Stellplatz, sondern vergräbt sie z.B. mit Hilfe eines Klappspatens oder schichtet zumindest Steine bzw. einen Erdhaufen darüber.

Perla Valenciana

Die südspanische Küche

Südspanien und insbesondere Andalusien war und ist noch immer eine der ärmsten Regionen der iberischen Halbinsel, und so gilt auch die Küche als eine Arme-Leute-Küche, als Volksküche, die sich nicht auf kulinarische Finessen kapriziert. Dem Klima entsprechend – heiße Sommer, milde Winter – findet man traditionell auch keine schweren und deftigen Gerichte von enormer Quantität, wie etwa in Nordspanien, sondern vielmehr leicht bekömmliche Speisen von normaler Größe, an denen nur das oft im Übermaß verwendete Olivenöl und der Knoblauch gewöhnungsbedürftig sind. Von den Einflüssen der Küchen Amerikas und Asiens, denen Spanien angeblich kulinarische Finessen zu verdanken hat, liest man zwar in vielen Publikationen, aber auf dem Teller sucht man sie vergebens. Die einzigen »Exoten«, die ihre Spuren überdeutlich hinterlassen haben, sind die seit über 500 Jahren vertriebenen Mauren, denen das Land außer zuckersüßen Leckereien hauptsächlich seine Gewürzvielfalt zu verdanken hat.

Wie die Küche, so die Restaurants: es gibt ihrer erstaunlich viele – selbst in kleinen Städten hat man oftmals große Auswahl –, aber das Interieur ist schlicht und einfach, für Touristen zumeist »ungemütlich«. Wer das »typische« sucht, also etwa Rundgewölbe mit Kerzenlicht und Fischernetzen usw., der kommt nur in den Touristenzentren auf seine Kosten. Und dies auch im wörtlichen Sinn, denn in solchem *restaurante típico* zahlt man für auf Durchschnittsgeschmack heruntergekochtes Einerlei durchaus bis zu dreimal so viel wie im wirklich typischen Restaurant um die Ecke, dessen Qualität man niemals nach der Einrichtung beurteilen darf, sondern nur nach der Masse der dort bereits essenden Spanier.

Apropos Kosten: Die spanischen Restaurantpreise haben in den letzten Jahren enorm angezogen und liegen heute kaum noch unter deutschem Niveau. Selbst für Tapas, die kleinen Häppchen für zwischendurch, muß man gut 3 € ansetzen, schon der Kaffee kostet mindestens 1–2 €, Salate ab 4 €, einfache Fleisch- und Fischgerichte schon gut 10–15 €, und in den großen Fremdenverkehrsorten wird man für ein ganz normales Gericht durchaus mit 20 € rechnen müssen.

DIE MAHLZEITEN

Das **FRÜHSTÜCK** (*desayuno*) ist in Spanien – wie in den meisten südlichen Ländern – eine dürftige Mahlzeit, die man in der Regel in einem Café oder einer *Churrería* zu sich nimmt. Sie besteht aus Kaffee (fast niemals aus Tee), einem *tostado* (gebutterter Toast mit Marmelade), einem *croisant a la plancha* (getoasteter und mit Marmelade bestrichener Croissant), einem *bollo* (Hefegebäck) oder aus *churros* (fettgebackenes Spritzgebäck). Das kontinentale Hotelfrühstück besteht zumeist aus Toast mit Butter und Marmelade; Eier, Schinken, Käse etc. und ist nur gegen (hohen) Aufpreis erhältlich.

Später, so etwa ab 10 Uhr, darf es auch etwas Deftigeres sein: etwa ein *montado* (belegtes Brötchen), ein

◄ Die *Paella*, Nationalgericht und des Touristen »typischste« Speise *bocadillo* (belegtes Stangenbrot) oder ein *bikini* (Käse-/Schinkentoast). Beim Belag für *bocadillo* oder *montado* kann man u.a. wählen zwischen *tortilla* (Omelett), *queso* (Käse), *chorizo* (Salami) oder *jamón serrano/de York* (roher oder gekochter Schinken).

Das **MITTAGESSEN** (*almuerzo*) nimmt man zwischen 13 Uhr und 15.30 Uhr zu sich. Wer weder Wein (oder auch Bier) noch Gedeck bestellt (Brot, Butter, Oliven, manchmal Käse), muß ein Ausländer sein. Suppe, Vorspeise und Salat (letzteres meist sehr phantasielos) kann, ein (warmes) Hauptgericht muß sein, und etwas Süßes hinterher sollte sein. Mit einem *plato del día* (Tagesgericht) liegt man immer richtig und vor allem billig, und wer Opulentes in der Mittagshitze meiden möchte, der bestellt eine *ración*, eine kleine Portion. Fleisch, Fisch, Kartoffeln (meist als Pommes Frites) und Reis sind die Eckpfeiler solcher Mahlzeit; Gemüse als Beilage ist selten, als Hauptgericht eher unbekannt und traditionell mehr verkocht als zubereitet. Für Vegetarier ist Spanien wahrhaftig kein gelobtes Land.

Das **ABENDESSEN** (*cena*) wird selten vor 21 Uhr eingenommen, denn für diesen eigentlichen Höhepunkt des Tages muß man sich entsprechend vorbereiten: etwa ab 19 Uhr promeniert und flaniert man auf den *paseos* oder *plazas*, bummelt mit Freunden durch die Kneipen, trinkt Wein oder Sherry und holt sich an den *tapas* den nötigen Appetit. Die Speisefolge des *Cena* unterscheidet sich in nichts von der des *Almuerzo*, ist aber gerne (noch) üppiger, wird mit viel mehr Wein genossen, und dauert wesentlich länger.

SPEZIALITÄTEN

Die **PAELLA**, mittlerweile Nationalgericht und des Touristen »typischste« Speise, war als Resteneintopf ursprünglich ein Arme-Leute-Essen. Serviert wird sie grundsätzlich in einer flachen Eisenpfanne. Die Zutaten sind in erster Linie Reis sowie – ganz nach Belieben – Hühner- und/oder Schweinefleisch, Bohnen, Erbsen, Schinken, Miesmuscheln, Artischocken etc. Da der Geschmack maßgeblich von der Länge der Zeit abhängig ist, während der das Gericht »durchzieht«, sollte man darauf verzichten, es zu bestellen, wenn es nicht auf der Liste der *platos del día* (Tagesgerichte) aufgeführt ist.

Der **COCIDO** ist eigentlich ein katalanischer Eintopf, der aber auch in Südspanien auf wenigen Speisekarten fehlt: er ist deftig und schwer verdaulich und enthält je nach Rezeptvariation Kartoffeln, Kohl, Erbsen und sonstige Gemüse, aber in der Hauptsache Speck, Fleisch und Wurst sowie mitunter auch gefüllte Hühnermägen.

Auch die **FABADA** ist nichts für heiße Sommertage: dicke Bohnen, Speck, Schinken, Schweinswurst und Schweineohren werden mit Tomaten zu einer mächtigen Suppe gegart.

Die **GAZPACHO**, traditionelles Mittagsgericht der andalusischen Feldarbeiter, ist eine kalte Rohkost-Gemüsesuppe bestehend aus pürierten Tomaten, Gurken, Zwiebeln, Paprikaschoten und Knoblauch mit Weißbrotkrumen.

ARROZ A LA PESCADORA: Eine Reissuppe mit Knoblauch und Tomaten, Tintenfisch und vielen Meeresfrüchten wie Krebsen, Garnelen, Langustinos, Seeschnecken etc.

ZARZUELA DE MARISCOS: Meeresfrüchte und viel Fisch werden zuerst in Öl gebraten und dann in einer Sauce aus Zwiebeln, Knoblauch, Lorbeer, Öl, Wein und Tomaten gekocht; wird mit Reis serviert.

ALMEJAS A LA MARINERA: Muscheln werden in einer Sauce aus Weißwein, Knoblauch, Zwiebeln, Pfeffer, Petersilie, Zitrone und Tomaten gegart.

CALAMARES EN SU TINTA sind Polypen in der eigenen Tinte, die mit Zwiebeln, Knoblauch, Pfeffer, Petersilie und geriebener Muskatnuß verfeinert wird; optisch nicht jedermanns Sache, aber geschmacklich ausgezeichnet.

CHANGURRO ist eine Art Eintopf aus Taschenkrebsen mit Weinbrand, Sherry, Porree, Tomaten, Knoblauch, Cheyennepfeffer mit Weißbrotkrumen.

MERLUZA MARINERA: Verschiedene Fischfilets werden gebacken, mit gerösteten und blanchierten Mandeln garniert und mit einer Tomaten- und Mandelsauce serviert.

OLLA FRESCA: Tomaten, Bohnen, Kartoffeln und Birnen, Zwiebeln, Knoblauch, Paprika, Safran und Zimt machen diesen Eintopf aus.

LEGUMBRES RELLENAS: Gemüse (meist Auberginen, Paprika oder Zucchini) wird mit Fleisch, Schinken, Zwiebeln, Knoblauch und Petersilie gefüllt und gedünstet.

RIÑONES AL JEREZ sind Kalbsnierchen, die erst in kochendem Essigwasser blanchiert, dann in Olivenöl mit Knoblauch, Lorbeer, Zwiebeln, Pfeffer und Petersilie gebraten, schließlich mit viel trockenem Sherry abgelöscht werden.

POLLO AL JEREZ: Ein Hähnchen wird zuerst goldbraun gebraten; in die Bratensauce wird Senf, etwas Mehl, Champignons, ein bißchen Käse, Oliven, Pfeffer, Thymian, Knoblauch, Lorbeer und Petersilie und sehr viel Sherry gegeben und mit Eigelb und frischer Sahne angedickt.

HUEVOS AL FLAMENCO ist eine Spezialität aus Sevilla; der mit Eimasse bedeckte Boden eines Steingutpfännchens wird mit Tomaten, Schinken, Knoblauch und Zwiebeln belegt und gebacken und sodann mit Spargelspitzen, Paprika und diversen Gemüsen garniert.

CALLOS (»Hühneraugen«) sind Eier, die mit Gemüse, Wurst, Knoblauch und mitunter Kaldaunen in einer feuerfesten Form als Schnellgericht gebacken werden.

TORTILLAS sind profane Eierkuchen, rund und dick, und je nach Rezept mit Kartoffeln (*tortilla española*), Pilzen, Gemüse etc. verfeinert.

TAPAS

Die lange Wartezeit bis zum Abendessen überbrückt die segensreiche spanische Institution der *tapas*. Das sind kleine Häppchen, die auf winzigen Tellerchen serviert werden. Man sucht sich eine schöne Taverne aus, stellt sich an die Bar und schaut, was der Wirt an Tapas anzubieten hat. Da gibt es etwa marinierte Oliven, gebratene Paprikaschoten, Schinkenstücke, Klippfisch, kleine Omeletten, Schnecken; in der nächsten Taverne locken Fleischklößchen, Thunfischpastetchen, Garnelen; in der übernächsten Paprikawurst, Sardinen, geschmorte Wachteln; in der überübernächsten Tintenfisch, Hühnerleber…

FLÜSSIGE NAHRUNG

Skandinavier, die allerorten in Iberien ihren Urlaub verbringen, haben mit einer erstaunlich großen Quote hauptsächlich eines im Sinn: Saufen. Spanien ist für »Alkohol-Gourmets« tatsächlich ein Fest-Land: köstliche Schnäpse, grandiose Weine, ausgefallene Liköre, leckerer Cognac.

Aber auch Liebhaber **ALKOHOLFREIER GETRÄNKE** werden keinen Durst erleiden: Mineralwasser, Selters, Tonic, Coca Cola und Pepsi, Fanta usw. sind längst da, und das rote *Bitter Kas* holt mächtig in der Gunst der Durstigen auf. An heißen Tagen laben sich Spanier am *granizado de limón,* einem Eis-Zitronengetränk, oder am *granizado de café,* einem Kaffee mit gekörntem Eis. Auch *horchata,* ein Mandelmilch-Getränk, ist beliebt, gerät aber zuweilen zu süß.

Problematisch ist es mit frischen Säften. Sie kennt man praktisch nur in den Touristengebieten. Anderswo bekommt man beim Bestellen von *zumo de naranja* (Orangensaft) die kleinen Dosen mit konzentriertem Saft; selbiges auch bei anderen Sorten (etwa Tomatensaft).

TEETRINKEN ist nicht sonderlich »in«, und hat – trotz maurischer Vergangenheit – auch keinerlei Kultur, so daß, wer *té* bestellt, zumeist ein Glas Wasser mit Aufgußbeutel erhält. Anders das Kaffeetrinken, das in Südspanien eine eigene kleine Kultur ist, die nicht nur morgens, sondern zu allen Tageszeiten von jedem gepflegt und genossen wird; freilich nicht als Filterkaffee – das ist etwas für unwissende Ausländer. Das koffeinhaltige Gebräu kommt grundsätzlich aus der Espresso-Maschine und ist entweder nur schwarz und Sache für einen Schluck (*café solo*), ist hell und sanft und zum Frühstück beliebt (*café con leche*), ist hellbraun und mit einem Schuß Milch verfeinert (*café cortado*) oder wird als *carajillo* mit Cognac und Zucker serviert. Dann gibts noch den *café manchado,* was ein großer Kaffee mit wenig Milch ist (*la mancha* bedeutet »Flecken«).

BIER hat auch im zweitgrößten Weinland der Welt dem Rebsaft den Rang abgelaufen, und seit drei Jahren geben die Spanier erstmals mehr Geld für *cerveza* denn für *vino* aus. Der Gerstensaft wird eiskalt serviert, in den meisten Kneipen inzwischen auf »offen«, und heißt dann *cerveza de barril* bzw. – wenn's ein kleines Glas sein soll – *caña.* Es ist meist hell (*rubia*), kommt auch schon mal aus der Dose (*cerveza de lata*), häufiger aber aus der Flasche (*cerveza de botella*). Beliebte nationale Marken sind *San Miguel, Estrella Dorada,* in Lizenz gebraut wird *Henninger, Tuborg, Carlsberg,* und in den Touristenorten braucht der Liebhaber auch auf sein *Dortmunder* oder *Kölsch* nicht zu verzichten.

SPIRITUOSEN gibt es in delirierender Vielfalt. Es gibt kaum ein anderes Land, dessen Angebot an Schnäpsen (*aduardientes*) und Likören (*licores*) dem spanischen auch nur annähernd das (Feuer-)Wasser reichen könnte; lediglich beim portugiesischen Nachbarn mißt man den »scharfen Sachen« in etwa den gleichen Stellenwert bei. Count down ist oft schon frühmorgens, denn wer bereits zu solch übler Stunde zur Arbeit gehen muß, der genießt gerne vor dem Frühstück das erste Schnäpschen. Nach dem Frühstück kann ein Brandy niemals schaden, wie überhaupt einem kleinen Schlückchen vor und nach allen Speisen niemand abgeneigt ist.

Eher unbekannt sind Magenbitter (*estomacal*), denn ein *anís* (Anisschnaps) erfüllt den gleichen Zweck und schmeckt obendrein noch delikat; ein *ginebra* (Gin) kann niemals schaden, ein *kirsch* (Kirschlikör) ist eher etwas für Schleckmäuler, wie überhaupt die ganzen Fruchtliköre (bevorzugte Marke *Bols*) von unvergleichlicher Süße sind. Der Weinbrand (*brandy* oder *coñac* geheißen), genießt Weltruf; wer das teuerste mag, trinkt *Terry, Carlos I* oder, allen voran, *Magno*. Billig, aber ebenfalls köstlich, sind *Osborne, Fundador* und *Veterano* sowie *Bobadilla 103*. Rum, etwa den weißen *Bacardi* oder den dunklen (und extrem starken) *Negrita*, mischt man am liebsten mit anderen Alkoholika oder Soft Drinks zu den süffigen Longdrinks, von denen der *Cuba libre* nur der berühmteste ist. Tequila trinkt man stilecht mit Salz oder Zitrone oder ebenfalls als Longdrink (etwa als *Tequila Sunrise*). Whiskies sind nur dann erschwinglich, wenn sie aus Spanien kommen (etwa *DYC*).

WEIN (*vino*): Spanien rangiert hinter Frankreich und vor Italien auf Platz zwei der Weltrangliste in Sachen Weinanbaufläche, Produktion und Konsum. Seit die *Rioja*-Weine auch in Mitteleuropa eingeführt sind, ist das Selbstbewußtsein spanischer Weinbauern sehr gestiegen. Man kann von herben-trockenen Landweinen bis zu süßen-süffigen alles bekommen. Vor dem Genuß kommt die Bestellung, und dabei muß man eine ganze Reihe von Entscheidungen fällen. Soll es ein *añejo* (alter, reifer Wein) oder *nuevo* (»grüner«, also ein junger Wein) sein; ein *tinto* (rot), *blanco* (weiß) oder *rosado* (rosé)? Sind diese Würfel gefallen, geht's weiter: *seco* (trocken), *semiseco* (halbtrocken) oder *dulce* (süß)? Und schließlich: *forte* (schwer) oder *flojo* (leicht)?

Ist man sich über die gewünschten Eigenschaften des Weines einmal im Klaren, bleibt nur noch die Frage nach der Sorte offen, und diese Entscheidung überläßt man angesichts der Angebotsvielfalt am besten dem Ober, denn nur der Kenner vermag die einzelnen Marken zu unterscheiden. Wer es sich leicht machen will, bestellt einfach einen *vino de mesa*, den Tischwein des Hauses, und es muß schon ein besonders »schwarzer« Tag sein, wenn dieser nicht auch ganz vortrefflich mundet, denn ein Tischwein ist keineswegs ein Billigprodukt, sondern wird von den Wirten allermeist sehr sorgfältig für ihr Lokal ausgesucht.

Außer dem normalen Rebsaft gibt es in Spanien eine große Auswahl an Dessert- oder auch Aperitifweinen. Die schweren und süßen *Moscatel* (Muskateller) und *Malaga* werden hauptsächlich von älteren Damen und Touristen bevorzugt, wohingegen der Spanier eher einen mittelherben *Amontillado* oder einen trockenen *Manzanilla* bestellt, wenn nicht das berühmteste Exportprodukt des Landes, einen *Jerez*. Dieser ganz besondere Tropfen gedeiht weltweit nur in einem etwa 100 qkm großen geschützten Anbaugebiet rings um die Stadt Jerez und wird erst durch einen Brandy-Zusatz und zahlreiche langwierige Prozeduren zu dem, was wir in Mitteleuropa als Sherry bezeichnen. Man trinkt ihn aus kleinen Gläschen entweder als *fino* (leicht, trocken und von hellgelber Farbe), als *oloroso* (halbtrocken und bernsteinfarben) oder als *dulce* (dickflüssig, dunkel und süß, bei uns meist als »Cream« bekannt).

TIPS FÜR SELBSTVERPFLEGER

Lebensmittel aller Art (außer Getränken), auch Brot und Kuchen, kauft man am frischesten und billigsten auf dem *mercado* (Markt), der täglich (außer So) zwischen 8 und 12 Uhr in Stadt und Dorf abgehalten wird. Die Preise, die entweder auf großen Tafeln oder direkt an den Auslagen angeschrieben sind, sind stets auch Fixpreise – handeln ist nicht üblich.

Ansonsten kauft man Brot (*pan*) in der *panadería* (Bäckerei), Obst in der *frutería*, Fleisch in der *carnicería* (Metzgerei), Fisch und Meeresfrüchte in der *pescadería*, lecker Süßes in der *pastelería*, Gemüse in der *verdulería*, allgemeine Lebensmittel in der *tienda de comestibles*.

Wein und alle Spirituosen bekommt man ebenfalls in den meisten Lebensmittelgeschäften sowie in den *supermercados* (Supermärkten) oder in den monströsen *Hypermercados*, die allerdings keineswegs billiger als die »Tante-Emma-Läden« sind, sondern sich ihr großes Angebot an allem kräftig bezahlen lassen. Die größte Auswahl an Getränken aller Art hat man unbedingt in den reinen Spirituosengeschäften, den sogenannten *tiendas de bebidas, alcohólicas, licorerías* oder *botillerías* bzw. – für Wein – im *almacén de vinos*. In Stadt und Land läßt man billigst losen Wein aus dem Faß in einer *bodega* abfüllen.

Tabak (*tabaco*), Zigaretten (*cigarillos*) und Zigarettenpapier (*papel*) kauft man entweder in einem *estanco* (dort in den größeren Städten auch die holländischen Tabake) bzw. in Lebensmittelgeschäften und Cafés/Restaurants.

Auf den Märkten des Hinterlandes und in den kleinen Lebensmittelläden wird im allgemeinen nur angeboten, was die jeweilige Region produziert. Folge ist natürlich, daß das Angebot mitunter recht schmal ist, daß sich selten mehr als vier oder fünf Gemüse- und Obstsorten finden. In den Supermärkten (die zumeist nur eine winzige Obst- und Gemüseabteilung haben) stehen auch zahlreiche mitteleuropäische Waren wie Schweizer Käse, holländischer Gouda, deutsche Salami, französischer Camembert etc. in den Regalen. Das Preisniveau für solcherlei ist relativ hoch, wie überhaupt alles, was nicht im Land selbst produziert wird, für spanische Verhältnisse ziemlich teuer ist.

Wer sich selbst verpflegt und dabei auf Konserven und Fleisch verzichtet (z.T. bis dreimal so teuer wie bei uns; Fleisch etwa gleich teuer), der kann sich mit umgerechnet etwa 10 € durchaus drei Mahlzeiten pro Tag inklusive Wein erlauben.

»Mesón Jamónes« in den Alpujarras ►

APOTHEKEN

Die *farmacias* (Apotheken) in Spanien sind außerordentlich gut mit den üblichen pharmazeutischen Präparaten bestückt, die entweder importiert oder in Lizenz hergestellt werden und meist wesentlich billiger sind als in Deutschland. Die Abgabe vieler Medikamente erfolgt darüber hinaus rezeptfrei.

DIEBSTAHL/RAUB

(siehe auch unter »Transport«)

Direkter Straßenraub ist eher selten in Südspanien; dafür haben die Langfinger Hochkonjunktur. – Was tun, damit man gar nicht erst bestohlen wird?

WENIG BARGELD mit sich herumtragen. Wenn's trotzdem sein muß, dann im Geldgurt oder einer Geheimtasche.

KAMERAS, Uhren oder Schmuck nicht provokativ zur Schau stellen. Es gibt Leute, die **IM HOTELZIMMER** sogar Geld und Paß und Walkman und Kamera herumliegen lassen – eine Einladung an jeden unterbezahlten Hotelangestellten oder dessen Komplizen.

Es nützt schon, **WERTGEGENSTÄNDE** ins Gepäck einzuschließen oder in den Rucksack zu stopfen (noch besser: Rucksack mit Kette und Schloß in einen Schrank einschließen).

Auch Fenster und Balkontüren schließen, wenn man die Unterkunft verläßt. **EINSCHLEICHDIEBSTÄHLE** sind weitaus häufiger als Aufbrechen von Türen und Schlössern.

WENN ETWAS PASSIERT, keinen Widerstand leisten, sondern Wertsachen hergeben, besonders wenn die Gauner bewaffnet sind.

SOFORT POLIZEI, das Touristenbüro, die Botschaft oder das Konsulat verständigen – je nach Schwere des Falles. Die Versicherungen zu Hause zahlen nur, wenn ein Polizeirapport vorliegt oder zumindest eine andere offizielle Bestätigung des Delikts.

Doch soll man sich von alldem nicht verwirren und ängstigen lassen, sondern vielmehr seinem **GESUNDEN MENSCHENVERSTAND** folgen, nicht stets und ewig übervorsichtig sein, nicht zum Sicherheits-Neurotiker werden – sonst bringt man sich selbst um viele Reiseeindrücke.

WAS TUN, WENN MAN BESTOHLEN WURDE?

ZUSTÄNDIG für Diebstahlsdelikte ist in größeren Städten die *Comisaría de policía*. Wo die nächste ist, weiß jeder Anwohner zu sagen. Dort erwarten einen meist lange Schlangen und eine schlampige Abfertigung. Man sollte unbedingt darauf achten, daß man ein Protokoll mitbekommt. Man nehme – wenn man kein Spanisch spricht – mindestens ein Wörterbuch mit, um die gestohlenen Sachen beim Namen nennen zu können.

In kleineren Ortschaften – wo allerdings solche Delikte höchst selten bis unbekannt sind – ist in der Regel noch die *Guardia Civil* zuständig. Das nächste *cuartel* kann einem jeder Bürger nennen. Die Zivilgardisten sind meist noch arroganter als die Nationalpolizisten.

Kann man hoffen, Gestohlenes wiederzubekommen? – Nein! Wirklich einzige Möglichkeit, die auch von erfahrenen Polizisten angera-

◄ Gehört zum Straßenbild in Spanien: Ein Verkäufer der Blindenlotterie Once

ten wird, sind die **FUNDBÜROS** (*oficinas de objetos perdidos*) der Städte, weil auch Diebe manchmal nicht alles gebrauchen können. Wer in seiner Unglücksstadt bleiben kann, sollte dort rund 4 Tage nach dem Raub mal vorbeischauen.

ACHTUNG! Wenn das **AUTO** beim Aufbruch beschädigt wurde, darf man nicht vergessen, bei eventueller Reparatur den Schaden genau bezeichnen zu lassen, da sonst die Versicherungen nicht zu zahlen brauchen.

DIPLOMATISCHE VERTRETUNGEN

DEUTSCHLAND: Ein *Consulado de la República Federal de Alemania* (Konsulat) findet sich in

- **VALENCIA,** *Avenida Primado Reig 70,* ✆ *96/3 00 61 43,*
- **ALICANTE,** *Plaza Calvo Sotelo 1,* ✆ *96/5 21 70 60,*
- **JEREZ DE LA FRONTERA,** *Calle Pizarro 10,* ✆ *956/30 11 00,*
- **MÁLAGA,** *Paseo Limonar 28,* ✆ *95/2 21 24 42 und 2 22 78 66,*
- **GRANADA,** *Av. de la Constitución 20,* ✆ *958/29 33 52,*
- **SEVILLA,** *Avenida Ramón de Carranza 22,* ✆ *95/4 45 78 11.*

SCHWEIZ: Ein *Consulado Suizo* gibt's in Südspanien in

- **MÁLAGA,** *San Lorenzo 4,* ✆ *952/2 21 72 66,*
- **SEVILLA,** *Av. Luis Montoto 112A,* ✆ *95/4 57 53 55.*

ÖSTERREICH: *Consulado Austríaco* in

- **BENALMÁDENA COSTA** (südlich Malaga), *Calle Occidente s/n,* ✆ *95/2 44 39 52,*
- **SEVILLA,** *Marqués de Paradas 26,* ✆ *95/4 22 21 62.*

DROGEN

Was die sogenannten illegalen Drogen betrifft, besitzt Spanien seit 1983 das liberalste Gesetz in Europa zusammen mit den Niederlanden. Aber nicht erst seit dieser Liberalisierung, sondern schon seit ca. 1979 wurde Spanien – und insbesondere Südspanien – von Haschisch und Marihuana überschwemmt. An jeder Ecke konnte (und kann) man *chocolate* (wie die jungen Spanier das Haschisch nennen) erwerben. Diese »leichte« Droge ist legalisiert, das heißt, wer mit wenigen Gramm angetroffen wird, wandert nicht mehr ins Gefängnis.

Der Handel allerdings ist verboten (wodurch das blühende Geschäft in den Groß- und Touristenstädten natürlich keineswegs behindert wird), und seit Oktober 1991 ist es (wieder) verboten, Drogen in der Öffentlichkeit zu genießen.

FESTE/FEIERTAGE

Da die spanischen Fremdenverkehrsämter (siehe zu »Information«) im Ausland eine alljährlich aktualisierte (kostenlose) Festbroschüre herausgeben, außerdem die lokalen Touristik-Büros ebenfalls Fest-Informationsmaterial kostenlos vertreibenund die genauen Daten der meisten Feste sowieso jährlichen wechseln, soll hier auf eine Auflistung verzichtet werden.

Die gesetzlichen Feiertage verteilen sich wie folgt:

1. JANUAR: *Año Nuevo* (Neujahr)
6. JANUAR: *Los Reyes Magos* (Heilige Drei Könige)
19. MÄRZ: *San José* (Josephstag)
MÄRZ/APRIL: *Semana Santa* (siehe zu »Sevilla« und »Granada«), *Jueves Santo* (Gründonnerstag), *Viernes Santo* (Karfreitag), *Pascua de*

Resurreccíon (Ostern, aber nur Ostersonntag)

1. MAI: *Fiesta de trabajo* (Tag der Arbeit)

MAI/JUNI: *Corpus Cristi* (Fronleichnam), *Ascensíon* (Christi Himmelfahrt) und *Pentecostés* (Pfingstsonntag)

29. JUNI: *San Pedro y Pablo* (Peter und Paul)

18. JULI: *Fiesta Nacional* (Nationalfeiertag)

25. JULI: *Santiago Apostól* (Tag des Heiligen Santiago)

15. AUGUST: *Ascensión de la Virgen* (Maria Himmelfahrt)

12. OKTOBER: *Fiesta de la Hispanidad* (Amerika-Entdeckung)

1. NOVEMBER: *Todos los Santos* (Allerheiligen)

8. DEZEMBER: *Immaculada Concepción* (Maria unbefleckte Empfängnis)

25./26. DEZEMBER: *Las Navidades* (Weihnachten)

GLÜCKSSPIEL

Die Spanier sind regelrecht Glücksspiel-versessen, und verschiedene Glücksspiele haben sich breitgemacht, wobei das seit rund 10 Jahren legalisierte *BINGO* den Charakter einer nationalen Sucht angenommen zu haben scheint.

BINGO: Dieses Zahlenlotto wird in Städten und Dörfern in speziell dafür eingerichteten Bingo-Sälen gespielt. Es funktioniert so: Die Mitspieler kaufen sich sogenannte *cartones* mit 15 Zahlen von 1 bis 90 darauf. Dann wird aus einer Trommel eine Zahl nach der anderen gezogen. Wer als erster auf seinem Cartón eine Reihe mit fünf Zahlen abstreichen kann, ruft laut: »*Linea*«! Er erhält dann 10% des Gesamteinsatzes. Dann wird weitergezogen. Und wer als erster alle Zahlen auf seinem Cartón abstreicht, ruft laut: »*Bingo*«! Er erhält dann 60% des Gesamteinsatzes. Das können bei großen Spielsälen recht ordentliche Summen sein. 20% vom Einsatz bekommt der Staat. Der Eintritt in Bingo-Säle ist kostenlos, allerdings muß man über 18 Jahre alt sein. Bingo ist eine wichtige Realität in Spanien, ein Besuch scheint auch für Nicht-Spanier eine Erfahrung.

LOTTERIEN: Auf den Straßen in Städten wird man überall mit Lotterie-Losverkäufern konfrontiert. Dabei gibt es zwei »Sorten«. Laut schreiend machen die Verkäufer der Blindenlotterie (*ONCE*) auf sich aufmerksam. Diese Lotterie läuft als »Anstatt-Sozialhilfe« für Behinderte, insbesondere Blinde. Die Lose sind billig, und die gezogenen Nummern findet man in den Sportzeitungen des nächsten Tages. Die staatliche Lotterie, in der Regel einmal wöchentlich, verlangt für ihre Lose weit mehr. Dafür gibt es auch für gezogene Nummern höchste Gewinne bis zu 1 Millionen €. Staatliche Lotterielose sind quadratisch, die gezogenen Nummern findet man in den Sonntags-Ausgaben der Tageszeitungen.

CASINO: Immer in der Nähe von Großstädten oder Touristenzentren haben sich neuerdings Casinos (*Roulette, Bacara, Black-Jack*) etabliert. Das System entspricht den mitteleuropäischen Ausnehmerschuppen. Casinos können für Touristen (auch) dann interessant werden, wenn man spät abends noch Geld wechseln muß.

AUSSERDEM: In der Nähe von Großstädten gibt es Pferderennbahnen, die meist am Sonntag zu Rennen und Wetten einladen. Pferderennbahnen heißen *hipódromo.*

Noch eine wichtige Sache: die Ergebniswette der Fußball-Ligen. Sie heißt *UNA-X-DOS* (1,X,2). Entspricht unserem Fußballtoto, wobei das »X« für unentschiedene Spiele steht.

ÖFFNUNGSZEITEN

BANKEN: Mo–Fr 8.30 oder 9–13.30 oder 14 Uhr, Sa bis 12.30 oder 13 Uhr (oft und definitiv zwischen Juni und August auch ganztags geschlossen), So geschlossen;
POSTÄMTER: Mo–Fr 9–13 oder 13.30 Uhr und 16–19 Uhr, Sa bis 12.30/13 Uhr, So geschlossen; Pakete und Poste-Restante oft nur morgens;
TOURISTIK-BÜROS: Örtlich leicht verschieden, meist Mo–Fr 9/10–13 Uhr sowie 17–19 Uhr, Sa nur bis 13 Uhr, So meist geschlossen;
APOTHEKEN: Manche haben durchgehend geöffnet, manche nicht; ziemlich sicher sind die Zeiten von Mo–Fr 9.30–13.30 und 17–19 Uhr, Sa 9–13 Uhr;
GESCHÄFTE: öffnen und schließen sehr individuell, normalerweise Mo–Sa 9–13 und 17–19/20 Uhr, z.T. bis 22 Uhr, So geschlossen;
REPARATURWERKSTÄTTEN: Mo–Fr 9–13 Uhr und 16–19/20 Uhr, Sa meist bis 13 Uhr, So geschlossen;
MUSEEN: Mo fast immer geschlossen, an Feiertagen stets, ansonsten von 9/10–12/13 Uhr; nachmittags (bis 17 Uhr) gibt's verschieden angesetzte Siestas von 2 Stunden Dauer.
KIRCHEN: Nicht einheitlich geöffnet, in aller Regel aber morgens zwischen 7/8 und 12/13 Uhr, oft auch nachmittags zwischen 17 und 19/20 Uhr.

NOTFÄLLE

Spanienweit gilt die **NOTRUF-NUMMER 092,** über die man die *Policía Nacional* erreicht, die dann entweder einen Streifenwagen schickt, einen Rettungswagen (*ambulancia*) vermittelt oder die Feuerwehr (*bomberos*) alarmiert.
Die **DEUTSCHE FLUGRETTUNGSWACHT** erreicht man in Deutschland unter der ✆ *07 49/7 11 70 10 70,* der **DRK-NOTFLUGDIENST** hat die Nummer ✆ *07 49/2 28 23 00 23,* der **ADAC-NOTRUF** ist unter ✆ *07 49/89/22 22 22* zu erreichen, der **ADAC-TELEFONARZT** unter ✆ *07 49/89/76 76 22 44.*

POLIZEI

Damit man weiß, mit wem man es eventuell zu tun hat, werden hier die verschiedenen Typen der spanischen Polizei kurz vorgestellt:

Die **GUARDIA CIVIL,** erkenntlich an dunkelgrünen Uniformen und schwarzen Lachhüten, ist die frühere politische Polizei mit fast uneingeschränkten Machtbefugnissen unter Franco. Jetzt hat sie – höchst ungern – diese Rechte verloren. Ihre Zuständigkeit liegt heute in der sogenannten Terroristenbekämpfung und (vor allem in den Dörfern, wo sie noch immer stark präsent ist) in allgemeinen Polizeiaufgaben. Mit den Zivilgardisten ist auch als Ausländer nicht zu spaßen, obwohl sie heute zumeist locker auftreten, freundlich gesonnen sind, was noch vor wenigen Jahren ganz und gar nicht der Fall war.

Die **GUARDIA CIVIL DE TRÁFICO,** der verkehrsüberwachende Ableger der Guardia civil, erkennbar an den hellgrünen Uniformen und den schnellen Motorrädern, mit denen sie, gerne an uneinsehbaren Ecken postiert, den Verkehr kontrollieren. Bei Überschreitung von Verkehrsregeln gibt's gleich ordentliche Strafen. Es kann vorkommen, daß sie z.B. für das Überfahren einer durchgezogenen Mittellinine glatte 150 € abnehmen wollen. Nur gutes Zureden sowie – wichtig – die Siesta-Zeit, die auch die Beamten vor allzu großen Aktionen abhält, kann die Strafe ersparen.

Die **POLICÍA NACIONAL** trägt braune Uniformen und fährt braune Autos und entspricht unserer Kriminalpolizei. Sie ist in größeren Städten zuständig für Diebstahl, Raub etc.; ihr Standquartier heißt *comisaría.*

Die **POLICÍA MUNICIPAL** trägt blaue Uniformen und erfreut mit zuvorkommenden Beamten, die in städtischen Diensten stehen und zur Überwachung des ruhenden Verkehrs und für allgemeine Ordnungsaufgaben eingesetzt werden.

Dazu kommt noch eine **GRENZSCHUTZPOLIZEI** und verschiedene Zivil- und Geheimdienstfahnder, mit denen man aber hoffentlich nichts zu tun bekommt.

POST

Postämter heißen *correos,* finden sich auch im letzten Dorf und sind – wie bei uns – für alle gängigen Leistungen zuständig.

Die **BRIEFPOST** von und nach Südspanien funktioniert zuverlässig, die Beförderungszeit nach Mitteleuropa beträgt im Durchschnitt etwa 3 Tage von den großen Städten und 5–7 Tage aus der Provinz.

Briefmarken heißen *sellos* und sind auch in den meisten Tabak- und vielen Schreibwarenläden/Kiosken erhältlich. Briefe heißen *cartas,* Postkarten *postales,* ein Eilbrief heißt *carta expresa,* der Einschreibebrief *carta certificada.*

PAKETE (*paquetes*) können von allen Postämtern problemlos abgeschickt werden, und lediglich der damit verbundene Papierkrieg ist etwas mühsam. Anstatt irgendwo Kartons zu suchen, ist es einfacher, die genormten Postpakete direkt auf dem Amt für wenige Cents zu erstehen; dies ist obendrein auch empfehlenswert, da nicht jede x-beliebige Kartonschachtel von der Post befördert wird.

POSTLAGERNDE SENDUNGEN kann man sich an jedes Postamt schicken lassen. Sie sind mit der Aufschrift *Lista de Correos* zu versehen. Zum Abholen ist ein Ausweis notwendig, und bei postlagernden Paketen werden je Tag Verwahrdauer Gebühren von bis zu 0.5 € berechnet.

RADIO

Wer in Südspanien unbedingt deutsche Nachrichten etc. hören muß, ist auf die *Deutsche Welle* angewiesen. Was wann läuft, ist in einem kostenlosen Programmheft nachzulesen, das man unter folgender Adresse abrufen kann:
Deutsche Welle, Abt. Hörerpost, Postfach, 50588 Köln, ✆ *0221/3 89 41 41.*

SITTEN

Einige Hinweise auf Landessitten, die möglichst im eigenen Verhalten berücksichtigt werden sollten:

NACKTBADEN: Es gibt einige wenige gesondert ausgewiesene Strände (auf die im Text verwiesen wird), die für Nudisten gedacht sind. Außerhalb dieser Parzellen wird in den Touristenzentren meist oben-ohne gesonnt und gebadet, in rein-spanischen Strandabschnitten hingegen noch immer züchtig bedeckt.

ZÄRTLICHKEITEN: Noch vor rund 15 Jahren wurde man wegen öffentlicher Knutscherei zum Polizeiposten verfrachtet. Das ist vorbei, aber dennoch sollte man sich diskret »lieben«, wie es auch bei den Spaniern Sitte ist.

TISCHSITTEN: In Spanien ist es absolut unüblich, an einen besetzten Tisch zu gehen – dies auch, wenn nur einer daran sitzt. Ansprechen am Bartresen hingegen ist völlig o.k. An spanischen Tischen wird immer nur von einem bezahlt; das geht dann reihum, und auch der mit einbezogene Tourist sollte sich an der Runde beteiligen. Bei größeren Summen wird hinterher intern verrechnet. Spanische Kellner mögen es gar nicht, wenn alles getrennt bezahlt werden soll – Touristengebiete ausgenommen.

TRINKSITTEN: Unmäßig zu trinken in einem Lokal ist verpönt; der Spanier wechselt bei Sauf-Bedürfnissen lieber öfters die Bar, überschreitet aber auch dann nur selten seine innere Grenze. Wer volltrunken herumtorkelt, muß also mit ziemlich großer Sicherheit ein Ausländer sein. Wenn zu Getränken Nüsse, Sardellen etc. hingestellt werden, sind diese kostenlos. Bestellt man aber solche Kleinigkeiten nach, muß man sie auch bezahlen.

GRUSSFORMEL: Häufigst verwendet das schlichte *holá* (»hallo«). Unverbindlich ein *qué tal* (»wie geht's«; keine Antwort nötig). Um jemanden – etwa zur Auskunftserteilung – anzusprechen, wird verwendet: *oiga, por favor* (»hören Sie bitte«; sehr höflich).

SOUVENIRS

Soll ich, oder soll ich nicht? Wie oft steht man auf Reisen vor diesem Entscheid. Krieg ich das zu Hause auch? Ist es hier wirklich günstiger? Werde ich nicht reingelegt? – Einige Hinweise mögen helfen:

LEDER: Spanien galt lange als billiges Leder-Einkaufsland. Das ist zwar längst vorbei, aber ein Schnäppchen ist immer noch drin. Sowohl Schuhe wie wertvolle Jacken und Mäntel sind dann billiger, wenn sie hohe Qualität haben. Billigwaren hingegen bekommt man zu Hause zumeist günstiger. Nur wo Verarbeitung, Handwerk und exklusives Material eine Rolle spielen, ist es in Spanien billiger.

KLEIDUNG: Erstaunlich teuer; man zahlt mindestens ebensoviel wie bei uns. Aber: In den »In«-Orten wie Torremolinos, Marbella etc. wird mitunter die kommende Mode gemacht. Also schickes, aktuelles Zeug bekommt man hier rund ein Jahr, bevor es bei uns getragen wird.

SPIELWAREN: Ein Preishit. Zum Teil sehr originelle und starke Sachen, bis zu 50% billiger als bei uns.

KOSMETIKAS: Schwer zu vergleichen. Wem spanische (süße) Düfte, Seifen, Parfums liegen, wird Günstiges bekommen. Alles Ausländische (besonders Französische) ist teuer.

MUSIKINSTRUMENTE: Hierzu gilt etwa, was zu Leder bereits gesagt wurde. Qualität ist mitunter günstig, Mittelmäßiges und Ramsch eher teuer.

SCHMUCK/UHREN: Spanisches z.T. sehr günstig. Vor allem auch interessante Schmuckangebote von »Machern« in den »In«-Küstenorten.

MÖBEL: Bei exklusiven Stilmöbeln aus feinsten Edelhölzern in Handarbeit erstellt kann man noch immer so manchen Schnapper machen. Voraussetzung allerdings, daß man etwas vom Metier versteht und das Transportproblem gelöst hat.

ACHTUNG: »BUTTERFAHRTEN«: Ausdrücklich zu warnen ist vor den Werbe- und Verkaufsfahrten, in

Deutschland Butterfahrten geheißen und an den Costas als »Erdbeerfahrt«, »Tropenfahrt«, »Seeräuberfahrt« und ähnlich getarnt. Die überall in den Ferienorten verteilten Handzettel und Broschüren versprechen einem den »schönsten Urlaubstag des Jahres«, und das zudem noch kostenlos; sogar »Gratispräsente« werden auf solchen Fahrten verteilt, Kaffee und Gebäck, oft ist auch ein komplettes Mittagessen inklusive, zum Abschluß locken dann meist »Tombolas mit direkter Preisverteilung«, doch fällt man auf solche Angebote herein, geht's von einer »Hacienda« zur anderen, wo dann penetrante Verkäufer »Marken-Bettwäsche« oder esoterische Armbänder, »Zaubertöpfe«, »Anti-Magnetfelddecken«, »preiswerte Bestecke« offerieren. Zwar besteht kein Kaufzwang, aber Tatsache ist, daß das Gebaren der Verkäufer derart geschickt ist, daß am Ende einer solchen Tour rund drei Viertel aller Teilnehmer einen Kaufvertrag unterschrieben haben. Die so erstandene Ware wird dann später per Nachnahme an die Heimatadresse zugestellt, und spätestens dort wird offenbar, daß man nichts als »Schrott« gekauft hat, der zu Hause dummerweise auch noch wesentlich billiger ist.

STROM

Die Spannung beträgt wie bei uns in der Regel 220 Volt Wechselstrom. Da es in Spanien aber keine genormten Steckdosen gibt, empfiehlt es sich, einen Universaladapter mitzunehmen.

TOILETTEN

Öffentliche Toiletten sind in aller Regel mit *Servicios* angeschrieben, und ist für Männer die Tür mit der Aufschrift *Señores* oder *Caballeros* zuständig, so für Frauen diejenige mit *Señoras*.

TRINKGELD

In guten Hotels ist es üblich, dem Gepäckträger etwa 1,5 € zu geben, dem Zimmermädchen (bei längerem Aufenthalt) ca. 5 €, dem Portier einmalig 3 €, und in Restaurants sowie Bars 5–10% der Rechnungssumme. Einem Tankstellenwärter gibt man etwa 1 €, wenn er z.B. die Scheibe putzt; Parkplatzwärter erwarten ebensoviel, bei kurzen Taxifahrten rundet man nach oben auf, bei Rundfahrten kann man sich mit etwa 2–3 € erkenntlich zeigen.

WASSER

Selbst die Spanier vermeiden es tunlichst, ihr Leitungswasser zu trinken. Nicht weil es organisch verunreinigt wäre, sondern weil es schlicht grauenhaft nach Chlor schmeckt. In allen Hotels und Herbergen sowie Restaurants und Bars steht aus diesem Grund spezielles Trinkwasser zur Verfügung.

ZEIT

In Spanien gilt, wie auch bei uns, die Mitteleuropäische Zeit (MEZ), mitsamt Sommer- und Winterzeit, weshalb die Uhren nicht verstellt zu werden brauchen.

ZEITUNGEN

In den Touristenzentren entlang der Costas ist die gesamte deutschsprachige Presse reich vertreten. Auch Schweizer und österreichische Zeitungen sind erhältlich – allerdings meist erst ein bis zwei Tage nach Erscheinen.

Outdoor aktiv

Südspanien ist ein einziges Paradies für Naturfreunde, Sportbegeisterte und Abenteuerlustige! – Mögliche Wanderpfade aller Schwierigkeitsgrade führen über Alpenpässe, durch Wüsten und Halbwüsten, Kork- und Steineichen-Urwälder, auf bis über 3800 m hohe Gipfel sowie entlang menschenleerer Traumstrände im Klippen- und Dünensaum; die andalusische Gebirgswelt bietet dem alpinen Kletterer echte Herausforderungen, auch wer reitend ins Land vordringen will, findet alles zum Besten. Mit die fetzigsten Windsurf-Reviere Südeuropas locken hier ebenso wie atemberaubende Tauchgründe, und zudem kann man Drachenfliegen, Fallschirmspringen, Ballonfliegen, Paragliden, grandiose Höhlensysteme erkunden, Jeepsafaris unternehmen, natürlich Biken, schließlich Skifahren und... und... und.

Der Möglichkeiten sind wahrhaftig keine Grenzen gesetzt, doch wegen des breiten Spektrums möglicher Aktivitäten kann hier nur eine Auswahl unter den vielfältigen Outdoor-Möglichkeiten gegeben werden. Detailliertere Angaben finden sich im Reiseteil, und wer interessiert ist, sollte unbedingt und durchaus schon von zu Hause aus die jeweiligen Haupt-Touristenbüros der Regionen (siehe im Reiseteil) kontaktieren, die, stellt man konkrete Fragen, stellenweise wahre Fundgruben auch für den Outdoor-Freund sind. – So insbesondere die Oficinas de Turismo von Almería, Granada, Ronda, Cazorla und Tarifa. Am besten gleich nach einem *Guía Activo* fragen, einer »Outdoor-Broschüre«.

BERGSTEIGEN

Die Berge Andalusiens sind nicht nur geeignet, sondern geradezu wie geschaffen für Bergsteiger und solche, die es werden wollen, und dutzende Gipfel hier, die zu locken vermögen. Am spektakulärsten soll natürlich der Aufstieg zu den Gipfeln der Sierra Nevada sein – immerhin die höchsten Europas nach den Alpen –, doch auch viele kleinere Berge brauchen einen Vergleich mit denen der Alpenländer nicht zu scheuen.

Einige der besten Adressen für geführte Bergbesteigungen auf der gesamten Halbinsel finden sich in *Granada* (siehe dort), wo das *Turismo* Informationen bereithält, außerdem der Dachverband der südspanischen Bergsteiger niedergelassen ist. Auch von *Almería* (siehe dort) aus werden Bergtouren durchgeführt (u.a. vom *Club de Montañismo Condor, Calle Cuerva 5, ✆ 25 53 78; landesweit*), weitere Adressen finden sich im Reiseteil zu *Ronda* sowie *Cazorla*.

BUNGY-JUMPING

Das »ultimative Abenteuer«, wie es die Prospekte sagen, gilt als der »schnellste Weg zu mehr Selbstvertrauen« und hat seinen Ursprung in den Mannbarkeitsriten des Vanatu-Archipels, bei denen sich junge Männer mit einer Liane am Fuß von einem Bambusturm aus in die Tiefe stürzen. Auch in Europa wurde der »Ritus« eingeführt, doch wird hier

◄ Wandern in Südspanien: Unterwegs zwischen Torrox und Frigilania

ein elastisches Spezialseil aus Gummi verwendet, das den Luftsprung sanft abbremst und den Wagemutigen noch ein paarmal in die Höhe schnellen läßt, bevor er endgültig unten ist. Auch ist es längst nicht mehr nur den Männern vorbehalten, als menschliches Jojo durch die Luft zu rasen, und wie es heißt, gibt es nichts, was einem Körper einen derartigen, noch nach Tagen deutlich spürbaren Adrenalinstoß versetzt wie das Bungy-Jumping, das mittlerweile aus Höhen von bis über 100 m durchgeführt wird und dabei völlig sicher sein soll.

Ob es das ist, können wir als Laien kaum beurteilen, aber aus medizinischer Sicht ist es ganz und gar nicht so problemlos, wie die Veranstalter glauben machen wollen, denn der Zug an der Wade, an der das Seil befestigt ist, und dann natürlich am Kniegelenk sowie an der Hüfte, ist extrem, wie auch der gewaltige Adrenalinstoß selber, bei dem u.a. Kapillargefäße im Gehirn platzen oder porös werden können (was erst viel später Folgen zeigen wird), alles andere als harmlos sein soll. Doch wie auch immer: zur Hochsaison erfreut sich Bungy-Jumping Costa-del-Sol- und Costa-Blanca-weit heutzutage einer zunehmenden Beliebtheit, und wer die rund 60 €, die der einmalige Sprung kostet (Folgesprünge sind billiger), nicht scheut, auch angstfrei ist, der kann sich während der Sommermonate am Sprung von manchem mobilen Sprungturm erfreuen.

Informationen bei den Turismos der *Costa Blanca* (insbesondere *Benidorm* etc.) und *Costa del Sol* (*Torremolinos* etc.).

MOUNTAIN BIKING

Radfahren (siehe auch unter »Transport« im allgemeinen Teil) ist vielleicht die faszinierendste Art, Andalusiens grandiose Landschaft und seine Menschen kennenzulernen. Zwar muß der Untrainierte bei so mancher Steigung das Rad wohl schieben, aber anschließend geht es in rasantem Tempo bergab, und außerdem kennt ja die abwechslungsreiche Landschaft nicht nur anstrengende Berg- und Tal-, sondern auch relativ leicht zu bewältigende Wald-, Steppen- und Küstenstrekken. Ein wenig Kondition braucht man natürlich schon, aber die »große« stellt sich schon nach wenigen Radeltagen von ganz alleine ein.

Da das Land von einem äußerst dichten Netz an Schotterpisten, Nebenwegen, Landstraßen und Hauptstraßen durchzogen wird und in der Regel nur die großen Nationalstraßen im Bereich der größeren Städte stark frequentiert sind, ist es kein Problem, sich eine ruhige und relaxt befahrbare Traumroute zusammenzustellen. Unzählige Tips dazu finden sich in den Radbüchern zu Spanien und Südspanien, von denen es auf dem deutschsprachigen Buchmarkt mittlerweile schon einige gibt.

Ein MTB vor Ort zu mieten, ist nicht immer ganz leicht, da es noch keine entsprechende Infrastruktur gibt. Und wenn, sind die Preise teils recht hoch, weshalb anzuraten ist, das eigene Gefährt mitzubringen. Empfehlenswerte Verleihstationen fanden wir lediglich in *Tarifa* (siehe dort), in *Almería* (siehe dort), *San José/Cabo de Gata* (siehe dort) sowie insbesondere im *Alpujarra*, wo sich die beiden Ortschaften *Bubión* (siehe dort) und *Pampaneira* (siehe dort) als regelrechte kleine Outdoor-Zentren empfehlen.

REITEN

Ist Spanien schon ohnehin ein Land der Pferde, so erst recht Andalusien, wo es vielerorts Angebote gibt, die Landschaften reitend kennenzulernen, ausgedehnte Pferdetreks zu unternehmen oder überhaupt erst reiten zu lernen bzw. sein Können zu vertiefen.

Einschlägige Inserate finden sich zuhauf z.B. in deutschsprachigen Reitmagazinen, viele Reiseveranstalter haben sich auf **REITFERIEN** spezialisiert (Infos über die spanischen Fremdenverkehrsämter), und vor Ort halten insbesondere die Turismos von *Almería, San José/Almería, Granada, Ronda, Cazorla* und *Tarifa* sowie *Cádiz* Informationen bereit.

Wer am **DRESSURREITEN** interessiert ist, darf sich die Spanische Reitschule in *Jerez* (siehe dort) nicht entgehen lassen, Reiterurlaub am *Campo de Gibraltar* wird in *Jimena de la Frontera* (siehe dort) geboten, und für ausgedehnte Pferdetreks von bis zu zwei Wochen Dauer finden sich Anbieter insbesondere in *Ronda* (siehe dort) sowie im gesamten Bereich der *Las Alpujarras* (siehe dort).

TREKKING

Die Bergwelt Andalusiens, und sie macht den größten Teil des Landes aus, ist vollkommen ursprüngliches Land. Wer es wandernd betritt, der findet Sandwüsten und Canyons, aber auch liebliche Täler, tiefblaue Seen und uralte Steineichenwälder, gewaltige Berge aus Türmen und Spitzen, Pyramiden, Kegeln und Buckeln, Hochebenen im unwirklichen Licht von Walt-Disney-Farben, und schließlich, ganz oben und zumindest von November bis April, eisbekränzte Weiten…

Die **HAUPT-TREKKINGGEBIETE** von Südspanien finden sich am *Cabo de Gata* (siehe dort), in der *Sierra Nevada* (hier auch Wanderhütten; Informationen in *Granada*, s. dort), bei *Ronda* (*Serranía de Ronda*; siehe zu »Ronda«) sowie im Bereich des *Cazorla-Nationalparks* (s. unter »Cazorla«), doch *das* gelobte Land für den Trekkingfreund sind in Andalusien die *Alpujarras*, wo es sogar eine reine Wanderer-Herberge gibt (siehe dort unter »Pitres«) sowie zahlreiche Anbieter für bis zu zwei Wochen lange organisierte Touren.

WANDER-/TREKKINGFÜHRER: Wer auf eigene Faust losziehen will, benötigt gutes Karten- sowie Infomaterial, möglichst auch detaillierte Wegbeschreibungen, und das empfehlenswerteste Buch deutscher Sprache ist das *Richtig wandern Andalusien* des DuMont-Verlages in Köln, das sich auf fast 250 Seiten und in dutzenden von Touren ausschließlich diesem Thema widmet, dabei nur knapp 15 € kostet. Wer auch Englisch liest, sollte sich das 200 Seiten starke Buch *Trekking in Spain* zulegen, das Marc Dubin für den Lonely Planet Verlag geschrieben hat (auch über Buchhandlungen in Deutschland zu beziehen).

TIPS FÜR DIE BERGWILDNIS

Von der richtigen Einschätzung der eigenen Leistungsfähigkeit hängt alles ab. Dabei ist nicht das Alter, sondern die Kondition entscheidend, und so sollte, wer sich nicht sicher fühlt, zu Beginn den leichten

Touren den Vorzug geben. Warnen möchten wir vor zu großer Risikobereitschaft, denn sie kann schnell zu Leichtsinn verführen, und Leichtsinn ist der Ursprung der meisten Unfälle in den Bergen. Viele Regionen sind hier so einsam und damit so fern aller Einrichtungen der Zivilisation, daß bei Notfällen kaum oder zumindest nicht mit rascher Hilfe zu rechnen ist. Auch wer falsches Schuhwerk trägt, unzureichend bekleidet ist, ohne Orientierungsmittel aufbricht oder im Umgang mit ihnen keine Erfahrung hat oder wer gegen das »eherne« Gesetz der wandernden Zunft verstößt – niemals alleine wandern! –, der riskiert »Kopf und Kragen«. Deshalb ein paar Hinweise, die auch der erfahrene Wanderer nicht auf die leichte Schulter nehmen sollte:

- Bei Bergtouren niemals alleine wandern!
- Nicht von der Wanderroute abweichen!
- Auf Wegmarkierungen achten!
- Sollte man sich verirren, oder verläuft der Weg anders als es die Karte eigentlich anzeigt – nicht auf eigene Faust weitergehen, sondern umkehren bis zum letzten Orientierungspunkt und von neuem beginnen!
- Wetterbericht beachten; nach starken Regen- oder Schneefällen sollte man auf Bergtouren verzichten!
- In höheren Bergregionen kann das Wetter sehr launisch sein: bei plötzlichem Nebel die Wanderung sofort unterbrechen und so lange an derselben Stelle verweilen, bis die Sicht wieder gut ist!
- Auf Schneebrücken achten, sie möglichst gar nicht erst betreten (Einsturzgefahr)!
- Reichlich Proviant, gut 1 kg pro Person (gleich ca. 3000 kcal), sollte man einplanen!

AUSRÜSTUNG

Natürlich trägt zum Gelingen einer Wanderung u.a. auch die Ausrüstung bei. Aber früher, als sich Outdoor-Bekleidung noch nicht zum Selbstzweck entwickelt hatte und kein Statussymbol war, gelangen die Wanderungen genausogut wie heute. – Dies vorweg und nicht nur für jene, die ihre Barschaft betrachten und vor der Frage stehen: »Soll ich mir eine Ausrüstung kaufen oder wandern gehen...?« Ein gewisses Maß an Ausrüstung ist natürlich unabdingbar. Dazu ein paar knappe Hinweise.

Stellt man die modischen Aspekte zurück, so bleibt die Forderung, daß alles, was man an **KLEIDUNG** trägt, möglichst weit und bequem sein soll. Ganz unabhängig vom vielleicht herrlich warmen Wetter sollte man stets auch etwas Warmes dabeihaben, außerhalb des Sommers unbedingt auch einen Regenschutz.

An **KLEINUTENSILIEN** seien Karte und Kompaß genannt, eventuell ein Signalgerät (Leuchtpistole), Höhenmesser und Feldstecher. Natürlich Ersatzschnürsenkel, Toilettenpapier, Taschenmesser, Sonnenbrille, Plastiktüten für den Picknickmüll. Wasser-Entkeimungsmittel sollten obligatorisch sein, und damit das Wasser in Seen und Flüssen möglichst wenig belastet wird, sollte – wer Seife etc. mitnimmt – alkalifreie Produkte bevorzugen.

Das Sommerwandern mit Skistöcken ist in Andalusien zwar nicht in Mode, aber die (in ihrer Länge möglichst variierbaren) Skistöcke entlasten die Kniee beim Abstieg ganz ungemein, helfen beim Aufstieg Kraft sparen und bieten auch bei Flußquerungen eine wichtige Hilfe.

Um all dies sowie den Wanderproviant zu tragen, benötigt man einen Rucksack, der natürlich möglichst bequem sein und eine ausreichende Größe haben sollte. Ein sogenannter Day-Pack, ein Tagesrucksack, reicht hier völlig aus.

Ohne adäquate **SCHUHE** geht es nicht, und wer in Andalusien (oder sonstwo) wandern will, ist nur mit (eingelaufenen) Wanderschuhen (sogenannten *walkern*) bzw. Trekkingschuhen gut beraten.

LUFTSPORT

Wer Andalusien aus der Vogelperspektive sehen und genießen möchte, kann u.a. im Bereich der südlichen Costa del Sol fündig werden: Hier werden **RUNDFLÜGE** angeboten, meist vom Málaga-Flughafen aus.

Eindrucksvoller aber präsentiert sich das Land mit Sicherheit aus der Gondel eines **HEISSLUFTBALLONS,** und einzige Möglichkeit, Andalusien derart »vogelfrei« kennenzulernen, hat man in *Ronda* (siehe dort), wo sich ein Anbieter etabliert hat.

In *Bubión/Las Alpujarras* (siehe dort) findet sich seit neuestem auch ein Anbieter für **PARAGLIDING.**

Zentrum des **DRACHENFLIEGENS** ist der *Club de Parapente von Motril/Granada (✆ 958/32 36 90)* an der Fels-Costa sowie der gleichnamige *Club von Almuñecar (✆ 958/63 21 59).*

WASSERSPORT

Mit tausenden Kilometern Küstenlinie und unzähligen Stauseen bietet Andalusien eine unglaubliche Vielfalt an Möglichkeiten für den Wassersportler.

WINDSURFEN

Windsurfen ist in Südspanien schon seit vielen Jahren ein Begriff und hat sich sowohl am Mittelmeer als auch

am Atlantik recht früh als Sportart etablieren können. Insbesondere in **TARIFA** (siehe dort unter »Provinz Cádiz«) wuchs ein Kristallisationspunkt der neuen »Bewegung« heran, denn dort, an der Straße von Gibraltar, wo sich zwei Kontinente und Meer treffen, sorgt die Düsenwirkung der engen Passage für ganzjährige Super-Fun-Bedingungen.

Stetig bläst es, stellenweise so stark, daß kaum noch jemand aufs Brett steigen kann. Auch die Wellen kommen perfekt, die Gefahren halten sich in Grenzen, die Infrastruktur könnte besser gar nicht sein, und für Funboard-Einsteiger sowie insbesondere auch eingefleischte Könner finden sich auf dem südeuropäischen Festland kaum irgendwo sonst bessere Bedingungen.

Für alle anderen Windsurfer – also Anfänger, Einsteiger, Tourensurfer – hat sich ein weniger extremes Revier im südlichen Spanien einen herausragenden Namen gemacht: **LA MANGA,** in der Provinz Murcia gelegen. Diese Landzunge zwischen dem Mittelmeer der Costa Blanca und dem größten spanischen Binnenmeer (Mar Menor) bietet gleichermaßen Flachwasser und Brandung, Allround-Winde und Fun-Winde und wartet ebenfalls mit einer entsprechenden Infrastruktur auf.

SEGELN/YACHTING

Andalusien ist ein wahres Paradies für Segler, und am Mittelmeer offerieren dutzende Anbieter Segelkurse aller Schwierigkeitsgraden. Schwerpunkt sind die *Costa Blanca* bei *Alicante* (etwa *Benidorm, Denia, Calpe*) sowie *Almería* und insbesondere die *Costa del Sol* zwischen *Málaga* und *Estepona*. Die Turismos dieser Regionen halten dutzende Adressen bereit, auch Yachtcharter ist möglich, obwohl Interessenten besser daran tun, sich bei den spanischen Fremdenverkehrsämtern in Mitteleuropa nach Adressen umzutun oder in den einschlägigen Fachmagazinen zu blättern (wo sich oft zahlreiche Inserate finden).

TAUCHEN

Die spektakulärsten und beliebtesten Tauchreviere des Landes finden sich insbesondere im Bereich des zum Nationalpark erklärten *Cabo de Gata* (siehe dort unter »Provinz Almería«), wo das Wasser noch glasklar und die Unterwasserwelt noch in Ordnung ist.

Nur dort steht dem Taucher auch eine gute Infrastruktur zur Verfügung, und angeboten werden sowohl Schulung als auch Tauchexkursionen in verschiedenen Schwierigkeitsgraden.

WEITERE SPORTARTEN

Vogelbeobachtung

Zu den bekanntesten Vogelrevieren Europas zählt der *Coto-Doñana*-Nationalpark in der Provinz Huelva (siehe dort), wo, insbesondere im Winter, wenn die Zugvögel aus dem Norden eintreffen, selbst dem verwöhntesten Ornithologen die Augen übergehen werden. Auch die Infrastruktur ist gut, es werden organisierte Beobachtungstouren angeboten.

Durch den Dammbruch des Abwassersees in einer nahegelegenen Erzmine ergoss sich Ende April eine Schlamm-/Giftlawine in den Rio Guadalquivir und zog auch den angrenzenden Doñana-Nationalpark – wohl für Jahre – in Mitleidenschaft.

Skifahren

In der Sierra Nevada, dem südlichsten Skigebiet Europas, wo immerhin schon alpine Skiweltmeisterschaften stattfanden, herrschen in aller Regel bis in den April hinein tiptoppe Schneeverhältnisse; die Lifte reichen bis auf über 3500 m Höhe hinauf, die Pisten sind ausgezeichnet präpariert und teils durchaus auf Alpenniveau, und auch die Infrastruktur in Sachen Skischulen, Verleihstationen, Unterkunft etc. läßt nichts zu wünschen übrig.

Für Informationen ist das Turismo in Granada zuständig.

Höhlenexkursionen

Im Bereich der *Serranía de Ronda* sowie der Karstgebirge der Almería-Provinz bieten sich hunderte ausgedehnte Höhlensysteme an, und sowohl in *Ronda* als auch *Almería* halten die Turismos gutes Informationsmaterial sowie insbesondere Adressen von Exkursions-Anbietern bereit.

Als einer der erfahrensten Anbieter gilt *Espeleological Tourism and Adventure Caving (Barriada La Cumbre N-340, km 495, Sorbas/ Almería, ✆ 950/52 53 92)* sowie *Nature Sport* an der *Calle Terraplén 9 in Sorbas/Almería (✆ 950/36 44 81, 🖷 36 44 55).*

Sierra Nevada: Skifahren im südlichsten Skigebiet Europas ▼

Lage und Landschaft

Mit rund 500 000 qkm ist Spanien das drittgrößte Land Europas (bzw. das fünftgrößte, bezieht man die Ukraine und Rußland mit ein) und nimmt etwa vier Fünftel der *Iberischen Halbinsel* ein, die aus mitteleuropäischer Sicht wie ein Anhängsel Europas, ja fast wie ein eigener kleiner Kontinent erscheint. Diese geografische Isolation wird dadurch verstärkt, daß die Halbinsel durch die *Pyrenäen* vom restlichen Europa abgeschnitten wird, sich hingegen weit dem Mittelmeer öffnet und vom afrikanischen Kontinent nur durch die rund 15 km breite Straße von Gibraltar getrennt ist. So liegt Spanien »draußen vor der Tür«, nämlich vor der Tür Europas, und diese territoriale Randsituation ist es, die bis zum heutigen Tag Spaniens eigentümliche historische Entwicklung, sein gesamtes Schicksal, maßgeblich bestimmt hat.

Nach der Schweiz ist Spanien das gebirgigste Land Europas, eines der höchstgelegenen Länder des Kontinentes obendrein: Die durchschnittliche Höhe beträgt rund 600 m, und etwa 18% des Landes liegen oberhalb 1000 m. Geologisch besteht es zum größten Teil aus der *Iberischen Masse*, einem Komplex von altgefalteten Gesteinen, wie sie ähnlich auch das Französische Zentralmassiv oder den Kern der deutschen Mittelgebirge zusammensetzen, nur daß sie hier eine weitaus größere Ausdehnung besitzen.

Unter Südspanien verstehen wir im folgenden die Großregionen **VALENCIA** mit den Provinzen *Valencia* und *Alicante*, **MURCIA** mit *Murcia* und *Albacete*, sowie **ANDALUSIEN** mit den Provinzen *Almería, Cádiz, Córdoba, Granada, Huelva, Jaén, Málaga und Sevilla*. Beträgt die Größe von Valencia rund 23 000 qkm, die von Murcia 26 000 qkm, so mißt Andalusien bereits 87 000 qkm und ist damit allein schon in etwa so groß wie ganz Portugal oder Österreich. Die Regionen und Provinzen von Südspanien (wie auch von Spanien allgemein) entsprechen zum Großteil den historischen Landschaften, die aus der Entwicklung innerhalb der *reconquista* (siehe unter »Geschichte«) hervorgegangen sind. Sie stehen auch in enger Beziehung zur geografischen Gliederung des Landes.

In Südspanien kann man grob drei große Naturräume unterscheiden. Die **LEVANTE** (Provinz Valencia und Murcia) wird geprägt von überaus fruchtbaren Küstenebenen, landesüblich *huertas* geheißen, die von der *Costa Blanca* bis zu den parallel zur Küste verlaufenden Gebirgsketten reichen, und einen Großteil der beiden Regionen ausmachen. Andalusien mit den beiden Landschaften **NIEDER- UND HOCHANDALUSIEN** hat dagegen seine Gebirgszüge *Sierra Morena* im Nordwesten und *Betische Kordillere* im Südosten.

Die **SIERRA MORENA** (zu deutsch »schwarzbraunes Gebirge«) ist im Durchschnitt 800–1000 m hoch, verläuft auf über 500 km Länge in Ost-West-Richtung und bildet die natürliche Grenze (und auch Klimascheide) zwischen Südspanien und der zentralspanischen *meseta* (Hochebene). Ihr südliches Gegenstück ist ein durchschnittlich 150 km breites und über 600 km langes Kettengebirge, das vom Südzipfel Spaniens

◄ Landgut in der Sierra de Gata nahe Agua Amarga

bis nach Murcia reicht, und dessen mittleres Teilstück, die rund 90 km lange *Sierra Nevada* (»beschneites Gebirge«), sich im *Mulhacén* (3481 m) zur höchsten Erhebung der Iberischen Halbinsel auftürmt.

Niederandalusien – auch andalusisches Tiefland genannt – umfaßt das breit zum Meer sich öffnende Becken des *Guadalquivir* und gibt sich als welliges Hügelland, das im Norden zur *Sierra Morena* ansteigt, im Mündungsgebiet im Südwesten in große Sümpfe übergeht, die eine sandige Nehrungsküste vom Meer trennt. Hochandalusien schließlich bildet demzufolge den gesamten südlichen bzw. südöstlichen Rand der Halbinsel und besteht zum Großteil aus der *Betischen Kordillere* mit eingebetteten Hochbecken, zu der neben der *Sierra Nevada* insbesondere die *Sierra de Alhama* (2135 m), die *Sierra de Filabres* (2100 m) und die *Serranía de Ronda* (1900 m) gehören. Zum Mittelmeer hin brechen die Gebirgszüge meist steil und mit tiefen Schluchten ab und bilden dort die schmale Küstenebene der *Costa del Sol*.

▼ Olivenbaum-Landschaft in der Provinz Jaén

Flora und Fauna

DIE VEGETATIONSSTUFEN

Alexander von Humboldt war es, der die wissenschaftlich so bedeutsame Entdeckung machte, daß die natürliche Vegetation in ihrer ursprünglichen Ausprägung stets das vollkommene Abbild der klimatischen Gegebenheiten ist. Die Idee der Pflanzengeografie war gefaßt und bedeutet, daß jeder Klimazone auch eine ganz bestimmte, ihr eigene Vegetationszone entspricht, mit der natürlich die Tierwelt in Wechselbeziehung steht. – Dies das Idealbild, das hier durch menschliche Einflüsse freilich einer nahezu vollkommenen Veränderung unterlag; so sehr, daß heute diese »natürliche Vegetation« eigentlich nirgends in Spanien mehr unverändert erhalten ist. Wälder wurden gerodet, Kulturpflanzen angebaut, Strauchsteppen wurden der Weidenutzung unterworfen, ja in nahezu allen Landesteilen wurde die natürliche und teilweise endemische, also nur hier und nirgends sonst auf Erden vorkommende Vegetation so vollkommen beseitigt, daß man sich vom einstigen Zustand oft nicht mal mehr in den Nationalparks (s.u.) ein adäquates Bild machen kann.

Die erste Vegetationseinheit, die **KÜSTENZONE,** ist in Steil- und Sandküste gesplittet. Sie steht unter dem direkten Salzeinfluß der Brandung, der die Entwicklung von Wäldern nicht zuläßt, und ist überaus reich an Pflanzen, die sich durch ihre auffallende Verdickung von Pflanzenteilen auszeichnen, was der Wasserversorgung dient (Sukkulenz). Da diese Küstenzonen heute mit Badestränden identisch sind, sind sie als natürliche Biotope besonders gefährdet. Dieser Stufe gehören auch die großen Strand- und Sumpf-Pflanzengesellschaften im Bereich der großen Flußmündungen (*marismas*) an, die man aber Südspanien-weit heute nur noch im *Coto de Doñana* (siehe unter »Nationalparks«) in ihrem Urzustand kennenlernen kann.

Aufgrund des Klimas, vom Mittelmeer beeinflußt, bildete sich in Andalusien als natürliche Vegetation der unteren und mittleren Höhenzonen ein **WALD AUS IMMERGRÜNEN HARTLAUBGEWÄCHSEN,** der überwiegend von der Steineiche sowie, im atlantischen Westen, von der Korkeiche gebildet wird. Anhand der unterseits weißlich behaarten, dunkelgrünen Blätter ist die Steineiche leicht zu erkennen, und da sie sich durch die Fähigkeit auszeichnet, mit äußerst verschiedenen Umweltbedingungen zurechtzukommen – z.B. mit großer Trockenheit, aber auch hoher Feuchtigkeit –, war sie es, die bis in historische Zeit hinein der bestandbildende Baum der seinerzeit nahezu die gesamte Iberische Halbinsel bedeckenden Urwälder war. Noch der römische Geograph *Strabo* stellte fest, daß ein Eichhörnchen die Iberische Halbinsel von den Pyrenäen bis Gibraltar, vom Mittelmeer bis zum Atlantik durchqueren könne, ohne die Baumkronen verlassen zu müssen.

Heute finden sich von diesen Wäldern nur noch winzige Relikte in den Nationalparks (s.u.), denn schon zur Zeit der Phönizier begann die Vernichtung großer Waldflächen; auch die Römer hielten sich schadlos, zur Zeit der Reconquista fällten die Christen die Bäume zu hunderttausenden (da die Wälder den Mauren als Versteck dienten), es folgte der Kahlschlag für die gewaltigen Flotten der Spanier, doch dauerhafter war noch die Umwandlung der Wälder in Kulturland, die ja selbst in unserer Zeit noch immer nicht beendet ist.

Im Bereich des atlantisch geprägten und kalkarme Böden aufweisenden Südwestens von Südspanien dominieren als Vertreter der natürlichen Vegetation die Korkeichen, die dort, da wirtschaftlich nutzbar, noch immer große Landstriche mit dichten Wäldern bedecken. Südspanien ist einer der größten Korkproduzenten der Welt, und alle sieben bis 10 Jahre wird die immer wieder nachwachsende Korkschicht des Baumes mit Äxten geerntet. Die geschälten und entblößten Stämme mit ihrer rostbraunen Farbe bieten einen fremdartigen Anblick, der insbesondere in der Provinz Cádiz ganze Landschaften prägt.

Eine Sonderform des Steineichenwaldes sind aufgelockerte, vom Unterholz befreite Weidewälder, die *Las Dehesas,* die heute immerhin noch fast 20% der Landesfläche bedecken und überall dort entstanden, wo die Eichenwälder (bzw. die Eicheln) zur Mast von Rindern und Schweinen benutzt wurden.

Die Beweidung durch Schafe und Ziegen hingegen hat vor allem nach Bränden die Regeneration der Eichenwälder verhindert und dafür gesorgt, daß heute in allergrößten Teilen dieser Vegetationsstufe ein Gebüschland anzutreffen ist: das Matorral, unter dem in Spanien die im übrigen Mittelmeerraum als Macchia und Garrigue bekannte Vegetation zusammengefaßt wird. Das Matorral gilt als das übriggebliebene Unterholz der durch Raubbau zerstörten Wälder und bildet entweder regelrechte Buschwälder von bis zu 4 m Höhe oder aber, wenn durch menschlichen Einfluß weiter geschädigt, eine locker aufgebaute und selten mehr als 1,5 m hohe Kleingebüschformation.

Mit zunehmender Höhe wird die Vegetationsperiode immer kürzer, bis schließlich keine Laubbäume mehr gedeihen können. Daher folgen in diesen Lagen die **NADELWÄLDER,** in denen in Südspanien die Waldkiefer, Spanische Schwarzkiefer sowie die Schirmkiefer bestandsbildend sind. Insbesondere letztere zählt mit ihrer weit ausladenden, an einen Schirm erinnernden Krone zu den auffälligsten Charakterpflanzen des Landes. Da die Samen ihrer großen runden Zapfen haselnußartig schmecken (Pinienkerne) und die Schirmkiefer darüber hinaus für ihr äußerst schnelles Wachstum bekannt ist, wurde sie vielerorts gepflanzt und schmückt heute als Alleebaum viele Straßen.

Geht es nun noch höher hinauf, z.B. in die oberen Lagen der Sierra Nevada, so kommt man in Bereiche, in denen die Vegetationsperiode zu kurz ist, um die Entstehung von Wäldern zu ermöglichen. Stattdessen findet sich hier eine **HOCHGEBIRGSVEGETATION,** die im großen und ganzen aus kugelpolsterförmigen Sträuchern und Gräsern besteht, aber trotz ihres eher eintönigen Habitus noch wesentlich artenreicher ist, als irgend eine andere Vegetationszone in Südspanien. Mehr als die Hälfte der rund 4000 Pflanzenarten Südspaniens ist hier zu Hause, darunter auch rund 70 endemische, also nur hier vorkommende Arten.

DIE TIERWELT

Der wirtschaftende Mensch hat in Südspanien seine Spuren natürlich nicht nur im Bereich der Vegetation, sondern auch in der Tierwelt hinterlassen – sprich: die natürliche Fauna nahezu ausgerottet bzw. in die Schutzgebiete verdrängt. Vor allem die großen **SÄUGER** haben in der heutigen Kulturlandschaft einfach keinen Platz mehr, und es kommt nahezu einem Hauptgewinn im Lotto gleich, im Rahmen einer Reise Steinbock, Hirsch oder Mufflon, Luchs, Wolf oder Manguste (margroße Schleichkatze) in freier Wildbahn zu sehen.

Lediglich das Wildschwein (*jabalí*), das zu den Stein-und Korkeichenwäldern gehört wie das Salz in die Suppe, ist noch recht häufig anzutreffen, wohingegen die **VÖGEL** besonders artenreich vertreten sind. In den Sierras kann man mit ein bißchen Glück andernortes selten gewordene Greifvögel wie Mönchsgeier (mit bis zu 3 m Flügelspannweite der Gigant unter den Fliegern), Gänsegeier (bis 2,80 m Spannweite), Steinadler, Iberische Kaiseradler sowie Habichts-, Schlangen- und Zwergadler beobachten. Auch der Fischadler ist noch reich vertreten, wie auch zahlreiche Falkenarten und vor allem Entenarten sowie Reiher, Störche, Flamingos, Löffler, die sich zur Brutzeit zu tausenden in den andalusischen Feuchtgebieten versammeln. Allen voran der Nationalpark *Coto de Doñana* (s. dort) gilt als Refugium für sonst so selten gewordene Vögel, und insbesondere im Winterhalbjahr, wenn sich hier Millionen Exemplare 275 verschiedener Arten niederlassen, sollte niemand einen Besuch dieses Schutzgebietes verpassen.

Recht artenreich auch sind noch die **REPTILIEN** vertreten. Sogar Schildkröten leben hier noch wild, als besondere Rarität gilt das wegen seiner Farbwechsel-Fähigkeit berühmte Europäische Chamäleon, dessen »Vetter«, der possierliche Gecko, leicht zu beobachten ist, da noch millionenfach vertreten. Auch Skorpione gibt es reichlich, doch sind sie hier, wie auch die zahlreich zu findenden Schlangenarten, nicht sonderlich gefährlich. Ein Stich bzw. Biß ist in der Regel nicht tödlich, aber dennoch äußerst schmerzhaft, weshalb man insbesondere in Ruinen, unübersichtlichem Gelände etc. möglichst hohes Schuhwerk tragen sollte.

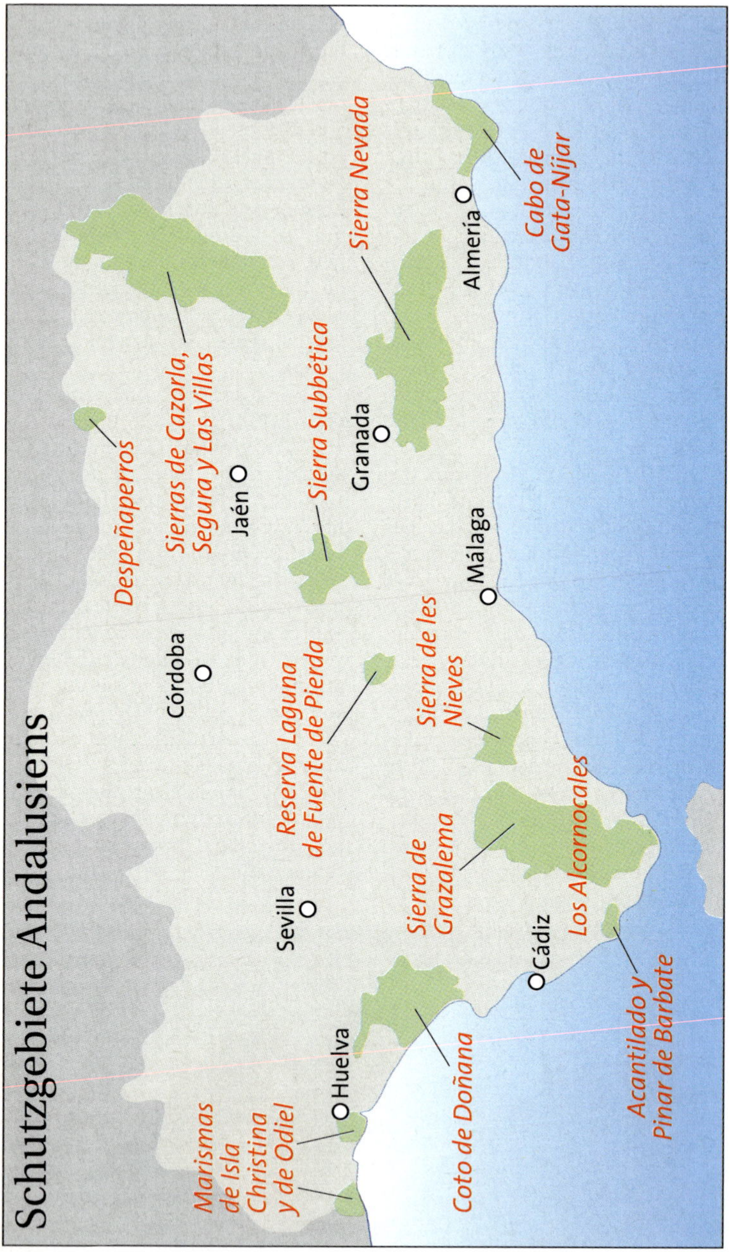
Schutzgebiete Andalusiens
Despeñaperros
Sierras de Cazorla, Segura y Las Villas
Sierra Subbética
Sierra Nevada
Cabo de Gata-Nijar
Reserva Laguna de Fuente de Pierda
Sierra de les Nieves
Sierra de Grazalema
Los Alcornocales
Acantilado y Pinar de Barbate
Coto de Doñana
Marismas de Isla Christina y de Odiel
Córdoba
Jaén
Granada
Almería
Málaga
Sevilla
Cádiz
Huelva

Refugien der Natur – Die Nationalparks

Ich bin überzeugt, daß der Mensch unter seiner Erdferne, seiner Trennung von den anderen Lebewesen dieser Welt leidet: Die Entwicklung seiner Bedürfnisse als Individuum hat mit der Evolution seines Intellekts nicht Schritt gehalten, und um sein Gleichgewicht nicht zu verlieren, muß er immer noch ab und zu ein Fleckchen Erde betrachten können, das von seinen Eingriffen verschont geblieben ist.

Cavin Maxwell
(»Ring of Bright Water«, 1960)

Verglichen mit seinem heutigen Zustand, war Spanien einst und teilweise sogar noch bis ins letzte Jahrhundert hinein eine Naturlandschaft von schier unvorstellbarer Vielfalt und Üppigkeit. Von den Pyrenäen bis zur Straße von Gibraltar, vom Mittelmeer bis nach Portugal hinüber lagen unregelmäßig verstreut riesige Wälder, Sümpfe und Moore, Gebirge, Steppen und Wiesen – Biotope, die von Lebewesen in einer heute unglaublichen Mannigfaltigkeit besiedelt wurden. Unter diesen Lebewesen war auch eine räuberische Art, deren Erfolg sich schon bald nachteilig auf die Geschicke aller anderen Arten auswirken sollte – der Primat, der als Homo sapiens oder Mensch bezeichnet wird. Sein Einfluß auf die Tierwelt war verheerend. Eine Art nach der anderen wurde ausgerottet, ganze Gattungen verschwanden, und alles in allem machte der wirtschaftende Mensch hier mehr als der Hälfte aller Tiere den Garaus – sei es durch die Jagd, sei es durch sein Geschick im Roden und Bebauen des Bodens.

Es ist nicht übertrieben zu sagen, daß Spanien wie auch Südspanien heute fast nur noch das sind, was die Menschen daraus gemacht haben, und bei allen Schutzmaßnahmen, die ergriffen worden sind, werden die wirklichen Wildnisgebiete Jahr für Jahr mehr beschnitten. Vor diesem Hintergrund ist es von eminenter Bedeutung, daß auch im »Großen Naturparadies Andalusien«, wie es die Prospekte sagen, mehr und mehr Nationalparks eingerichtet werden. Gebiete also, in denen der Urzustand erhalten bleibt, wo die dort ansässigen Lebewesen frei und ungehindert nach ihren eigenen natürlichen Gesetzen leben können, wo das natürliche Gleichgewicht nicht gestört ist und wo nicht zuletzt auch der Mensch die Freiheit, Ruhe und Einsamkeit finden kann, die er braucht, um zu begreifen, was das eigentlich darstellt, Natur, und wie wichtig ihre Erhaltung ist.

Man schrieb das Jahr 1870, als in den USA zum ersten Mal auf Erden ein besonders schönes Naturgebiet für und vor dem Menschen geschützt wurde: der Yellowstone-Nationalpark. Die Vereinigten Staaten waren Vorreiter für Kanada, Australien und Neuseeland, die bald ebensolche Parks einrichteten. Im Jahre 1910 dann wurde in Schweden der erste Nationalpark Europas errichtet, doch noch mehr als 50 Jahre mußten vergehen, bevor 1969, nach einem erbitterten Kampf von Umweltschützern (der übrigens zur Gründung des WWF – World Wildlife Fond führte), der Parque Nacional Coto de Doñana in Südspanien gegründet wurde. Insgesamt 80 Schutzgebiete, davon 28 Naturreservate *(Paraje Natural sowie Reserva Natural)* nebst 22 Naturparks

(Parque Natural) sind seitdem hinzugekommen, und insgesamt stehen heute in Andalusien sage und schreibe 17,2% der gesamten Landesfläche unter Naturschutz. Das ist ein in Süd- und auch Mitteleuropa sonst unerreichter Wert (selbst das vielzitierte Norwegen kann da nicht mithalten). Erklärtes Ziel ist, das Leben in freier Natur zu sichern, die biologische Vielfalt zu bewahren, und im Gegensatz zu vielen anderen Ländern ist das Etikett »Schutzgebiet« in Andalusien wirklich ein »Gütesiegel« für den Schutz der Landschaft. Eben deshalb ist auch die Zahl der touristischen Einrichtungen vergleichsweise gering. Zwar bieten die Parks häufig gute Wander- und teils auch Unterkunfts-Möglichkeiten, aber generell wird nur ein Minimum an Infrastruktur zur Verfügung gestellt, denn ein Naturschutzgebiet soll nach Meinung der spanischen Naturschutzbehörde ICONA immer auch eine möglichst weitgehende Wildnis sein, also eine Region im Urzustand.

Dementsprechend wurden für die ausgewiesenen Gebiete (siehe im Reiseteil) besondere Bestimmungen erlassen. Die einzelnen Verordnungen können zwar von Park zu Park variieren (Sonderregelungen für einzelne Parks sind getrennt erlassen und durch besondere Beschilderung mitgeteilt), aber insgesamt sind die folgenden Sondervorschriften von Bedeutung.

Im Bereich der Nationalparks ist es untersagt,
- die natürliche Beschaffenheit der Erdoberfläche oder fester, natürlich entstandener Gegebenheiten zu zerstören oder zu beschädigen und Mineralien zu entnehmen;
- lebende oder abgestorbene Bäume und Büsche zu fällen oder zu beschädigen und andere Pflanzen oder Teile von Pflanzen zu entnehmen;
- ohne besondere Genehmigung Fischfang zu betreiben;
- wildlebende Tiere zu jagen, zu fangen und vorsätzlich zu töten oder getötete oder gefangene Tiere von einem Ort zu einem anderen zu bringen und Eier, Nester und Rogen zu beschädigen oder zu entnehmen.

◄ Im Parque Nacional de Doñana in der Provinz Huelva

DIE ERSTEN SIEDLER

Um **3000 V. CHR.** wanderten über die damals noch bestehende Kontinentalbrücke aus Nordafrika die *Iberer* ein. Sie mischten sich ab etwa **1000 V. CHR.** mit den aus Norden vorstoßenden *Kelten* zu den *Keltiberern*, die ihrerseits seit den Punischen Kriegen **(3.–1. JH.)** allmählich von den *Römern* überlagert wurden, die in der Folge die gesamte Iberische Halbinsel okkupierten und durchgreifend romanisierten. Als sich im **4. JH.** das Christentum breit machte, läutete der römischen Weltherrschaft die Todesglocke immer lauter. Der Zerfall des Imperium Romanum ermunterte offenbar die Steuerbeamten zu regelrechten fiskalischen Plünderungsaktionen. Zu Beginn des **5. JH.** war das Land völlig verarmt.

Im gleichen Zeitraum drangen im Zug der germanischen Völkerwanderung die *Vandalen, Alanen* und *Sueben* aus Norden vor. Als wenig später der große Heerbann der *Westgoten* unter *König Eurich* nachstieß, war es um die fast 600 Jahre währende römische Herrschaft geschehen: die Legionen wurden restlos aufgerieben, und der größte Teil der Iberischen Halbinsel wurde einem unabhängigen Westgotenreich einverleibt, dessen Hauptstadt Toledo wurde.

Bedeutete die Befreiung vom römischen Joch zuerst noch eine Erleichterung für die Bevölkerung, so verkehrte sie sich schon bald ins Gegenteil: die Westgoten übernahmen nämlich von ihren Vorgängern nicht nur Sprache, Rechtsprechung, Kultur und Glauben, sondern eben auch das Steuersystem. Als Zugabe führten sie das Gefolgschafts- und Lehnwesen ein, wodurch der Grundstein für feudale Verhältnisse gelegt war. An ihnen hat Spanien heute noch zu beißen, vorab in den südlichen Landesteilen, wo Großgrundbesitz als entscheidender Hemmschuh des sozialen Fortschritts gilt. Und auch die systematische Judenverfolgung unter der fast 250 Jahre währenden Herrschaft der Westgoten sollte sich später in Form der Inquisition bitter rächen.

AL-ANDALUS

Um **700** hatten die vom Heiligen Krieg beflügelten »Kinder des Propheten«, die *Muslime*, ganz Asien bis nach Indien und die gesamte nordafrikanische Mittelmeerküste überrannt, die heidnischen Berber zum Islam bekehrt. Sie standen damit – im Raum des heutigen Marokko – an der Pforte nach Europa. Im **APRIL 711** setzten sie mit 20 000, meist berittenen Mannen über die Straße von Gibraltar, sicherten sich dort das Land um Algeciras, zogen dann weiter Richtung Cádiz und Jerez de la Frontera, wo sie am **19. JULI 711** das vereinigte Gotenheer unter *König Roderich* vernichtend schlugen. Schon wenige Monate später war ganz Südspanien fest in ihrer Hand, und im Jahre **717** hatten sie sich trotz zahlenmäßiger Unterlegenheit die gesamte Iberische Halbinsel unterworfen. Zum Erfolg führte nicht nur ihre Kampfeslust. Sie wurden – bekannt für ihre Toleranz gerade in Glaubensfragen – auch von einem Großteil der jüdischen Bevölkerung und von einer byzantinisch-römisch orientierten Oberschicht unterstützt. Nicht zuletzt war auch das einfache Volk – oft verarmt oder leibeigen – nur zu ger-

◄ Innenhof der Alhambra in Granada

ne bereit, die westgotische Knechtschaft gegen eine möglicherweise mildere maurische Regentschaft einzutauschen.

Die orientalischen Eroberer waren schlau genug, das Land nicht auszuplündern und zu verwüsten. Sie garantierten jedem, der rechtzeitig kapitulierte, das Recht auf seinen Grund und Boden und auf freie Religionsausübung und schufen so in Verbindung mit ihrer hochstehenden Kultur und der Aufhebung des Großgrundbesitzes die Grundlagen für ein friedliches Zusammenleben, für ein innerlich starkes und über Jahrhunderte hinweg unantastbares Reich.

Mauren und Juden waren die Träger der Wissenschaft, des Handels, der Verwaltung, der Technik und des Handwerks. Die Christen hielten sich vornehmlich an die Kriegskunst und den Ackerbau. Dank der weitreichenden Kenntnisse der Mauren wurde das größtenteils unfruchtbare Land in einen blühenden Garten verwandelt. Die Seiden-, Woll- und auch Papierprodukte Andalusiens galten als die feinsten der Welt, und bis dato unbekannte Kulturpflanzen wie Dattelpalme, Apfelsine, Zitrone, Granatapfel, Reis, Zuckerrohr, Baumwolle und viele mehr bedeckten bald schon die kleinen, von selbständigen und freien Pächtern bebauten Felder.

Im Jahre **929** wurde Córdoba zum selbständigen *Kalifat* (Sitz des Vertreters Mohammeds) und damit zur Hauptstadt des Islam erhoben. Mit über 1 Million Einwohnern überflügelte sie einwohnermäßig Bagdad und Damaskus und avancierte zur größten Stadt der damals bekannten Welt.

RECONQUISTA

Wenn zuvor gesagt wurde, daß die Mauren die gesamte Iberische Halbinsel okkupierten, so ist das nur für einen kurzen Zeitraum richtig, denn der obere Nordwesten, das von den Eroberern vernachlässigte Gebiet um das Kantabrische Gebirge, diente bald schon den geschlagenen und von den Franken (*Karl der Große*) unterstützten Westgoten als Unterschlupf. Hier entstand die Keimzelle der *Reconquista*, der Rückeroberung. Ihr Heerführer *Pelayo* behauptete **718** in der Schlacht von Covadonga die Selbständigkeit, und seine Nachfolger *Alfons I.* und *Alfons III.* erweiterten bis zum **10. JH.** das winzige Reich *Asturien*, bis es schließlich den gesamten Nordwesten der Halbinsel umfaßte; Hauptstadt war zunächst Oviedo, später dann León. Im Gebiet der westlichen Pyrenäen entstand das Königreich *Navarra*, östlich davon das Königreich *Asturien*, in dem im **11. JH.** *Sanco Garcés III.* als erster den Titel »König von Spanien« annahm. Im Nordosten unternahm Karl der Große im Jahre **778** den Versuch, Teile der christlichen Bevölkerung zu »befreien« und gründete dadurch die *Spanische Mark* mit der Grafschaft Barcelona (*Katalonien*). Aus dem Königreich Navarra bildete sich im Jahre **1230** das Doppelkönigreich *Kastilien-León*, und im Osten wurde **1137** Aragón und Katalonien zu einem Doppelstaat vereint. Und als schließlich im Jahre **1469** *Ferdinand* von Aragón und *Isabella* von Kastilien heirateten, entstand zum erstenmal in der Geschichte ein geeintes spanisches Königreich.

Während sich also im Norden der Iberischen Halbinsel bereits seit dem **8. JH.** die Kräfte die Widerstandes mehrten, verloren die maurischen Eroberer im Süden nach und nach ihren Kampfesgeist und pflegten mehr Kultur und Wissenschaft denn die Kunst der Kriegsführung. Innerer Streitigkeiten wegen zerfiel im Jahre **1031** das Kalifat von Córdoba in zahlreiche, untereinander verfeindete *Taifas* (Kleinstaaten).

Diese Schwäche machten sich die wiedererstarkten christlichen Königreiche im Norden zunutze. – Die entscheidende Phase der *Reconquista* begann: **1085** wurde Toledo von *Alfons VI.* von Kastilien und León erobert, was die Besiedlung von nahezu ganz Zentralspanien erlaubte; im Osten gelang *Alfons I.* von Aragón **1118** mit der Eroberung Zaragozas der entscheidende Durchbruch, wodurch das von den Mauren dicht besiedelte Ebrobecken an Aragón fiel. In der Schlacht von Las Navas de Tolosa wurde **1212** der Widerstand der Mauren endgültig gebrochen: **1236** fiel Córdoba, **1246** Jaén, **1248** Sevilla, **1235** die Balearen und **1238** Valencia.

Lediglich das Königreich Granada konnte sich noch weitere 250 Jahre halten, wurde aber bald schon lehnsabhängig von Kastilien-León und fiel im Jahre **1492** vollends an die katholischen Könige Isabella und Ferdinand. Damit war ganz Spanien zum ersten Mal seit über 800 Jahren wieder geeint. Im gleichen Jahr läutete *Columbus* mit der Entdeckung Amerikas eine neue Epoche ein.

INQUISITION

Isabella und Ferdinand vertraten zwar nach außen hin ein einheitliches spanisches Königreich, doch dieses war in Wirklichkeit noch ein recht loses Gefüge von vielen kleinen Königreichen, das durch bestehende Machtstrukturen, unterschiedliche Gesetze und Auffassungen etc. auf reichlich wackeligen Beinen stand. Außerdem hatten die jahrhundertelangen Kriege enorme Geldsummen verschlungen: Um überhaupt zum letzten vernichtenden Schlag gegen das maurische Königreich von Granada ausholen zu können, mußten sich die *Reyes Católicos,* die Katholischen Könige, bei den Reichsten des Landes, also bei den Juden, verschulden, sie waren finanziell de facto von diesen abhängig. Und schließlich übten sie über das zurückeroberte Land zwar die militärische Kontrolle aus, aber keineswegs die geistige, da ein Großteil der Einwohner insbesondere des Südens andersgläubig, also meist jüdisch oder islamisch war.

Isabella war eine zutiefst gläubige Regentin, die sich zudem als direkte Beauftragte Gottes auf Erden verstand. Ferdinand hingegen, mit dem sie gleichberechtigt regierte, war ein höchst listiger Vollblutpolitiker vom Range etwa jener Fürsten, die später *Macchiavelli* so klassisch gezeichnet hat. Auch sein Denken war universal, freilich weniger auf religiöser, als viel eher auf weltlicher Ebene. Beiden gemeinsam war der Wunsch nach Einheit, und so bedienten sie sich der Kirche als bindender Institution, indem sie den Staat zur Kirche machten. Man könnte sagen, zur »Spanischen Kirche«, denn sie identifizierte sich zwar mit dem katholischen Glauben, unterwarf sich aber nicht der Römischen Kirche. *Salvador de Madariaga,* einer der bekanntesten Historiker seines Landes, formulierte treffend: der spanische Staat war selbst eine Kirche, »insofern für ihn

Nationalität und Religion eins wurden und religiöse Interessen, die geistliche Wohlfahrt seiner Untertanen, Staatsinteressen waren«.

So gründete das Königliche Duo **1484** mit Zustimmung des Papstes den *Obersten Rat der Inquisition*, der als staatliche Institution vollkommen unabhängig von der Gerichtsbarkeit der Kirche und ihrer Würdenträger war. Ihm allein stand es zu, über gut (=spanisch) und böse (=un-spanisch) zu entscheiden. Als nicht »gut« galten ab sofort die (reichen) Juden, natürlich die Muslime, unbotmäßige Adelige, aber auch Bischöfe, selbst Kardinäle; selbstverständlich die konvertierten »Neuchristen« und schließlich eigentlich alle im Land, die nicht ihr »reines spanisches Blut« nachweisen konnten. Schon der geringste Vorwurf der Ketzerei reichte aus, selbst bedeutendste Familien auf immer zu ruinieren (die Vermögen wurden eingezogen) und auf den Scheiterhaufen zu bringen. Das Denunziantentum blühte, der Willkür waren Tür und Tor geöffnet, denn selbst wer Schweinefleisch nicht mochte, wer samstags das Tischtuch wechselte, wer das Bad liebte... war höchst verdächtig. Das ging schließlich so weit, daß definiert wurde, was ein spanischer, und ein un-spanischer, also ein böser Wesenszug sei: so galt der Handel, die wissenschaftliche Forschung, das Handwerk als jüdisch und somit böse; wer lesen und schreiben konnte, war gefährdet, wer gar gebildet war, spielte mit dem Tod, und entsprechend gereichte das Analphabetentum zu allerhöchster Ehre; die klassischen Wissenschaften wurden an den Universitäten verboten, selbst das Studium des Griechischen war verpönt, nur die Theologie konnte bestehen, und im Handwerk galt bald lediglich das Waffenhandwerk als edel und eines Spaniers würdig. *Cervantes* prägte den klassischen und hoch ironischen Satz, Wissenschaften sind »Hirngespinste, welche die Menschen ins Kohlebecken führen«...

Vergegenwärtigt man sich, daß die spanische Inquisition nicht nur im 15. Jh. wütete, sondern bis ins frühe 19. Jh., wird offensichtlich, warum die Welt Spanien nahezu keinerlei wissenschaftliche Entdeckungen verdankt und das Land noch immer eine der höchsten Analphabetenquoten Europas hat.

WELTMACHT

Die Thronerbin von Ferdinand und Isabella, *Johanna die Wahnsinnige*, wurde **1496** mit *Philipp dem Schönen*, dem Sohn *Maximilians I.* von Habsburg, vermählt, der jedoch bereits **1506** starb. *Karl V.*, Sohn dieser Heirat, erhielt als Erbe nicht nur das spanische Königreich, sondern auch Habsburg und Burgund und wurde **1519** zum deutschen Kaiser gekrönt, als der er u.a. auch über Österreich, die Niederlande, Neapel, Sizilien und Sardinien herrschte, des weiteren ab **1525** über ganz Italien und ab **1535** auch über Teile von Nordafrika.

Den Besitzungen in der »alten« Welt fügte Columbus mit seinen Entdeckungsreisen zwischen 1492 und 1502 eine Reihe weiterer Herrschaftsgebiete in der »neuen« Welt bei: San Salvador, Honduras und Venezuela. **1519** wurde Panama gegründet, **1526** Nicaragua, **1519** eroberte *Cortés* mit 11 Schiffen und 400 Soldaten Mexiko, **1521** wurde San Francisco gegründet und das Innere

Nordamerikas erforscht, **1526** fiel das Inkareich, **1534** entstand Buenos Aires, **1570** wurden die Philippinen okkupiert…

Sevilla war die Hauptstadt dieses Reiches, in dem »Sonne nie unterging«. Das mit diesem Reich stets in einem Satz genannte »Goldene Zeitalter« bezieht sich insbesondere auch auf die aus den neuen Kolonien gepreßten Edelmetalle. **1503** wurde in Sevilla die *Casa de la Contratación* gegründet, die »Handelskammer«, zur Ausbeutung des Weltreiches, und bis 1660 erreichten offiziell 185 Tonnen Gold und 1700 Tonnen Silber die Stadt am Guadalquivir, bevor die Handelskammer wegen Versandung des Flusses nach Cádiz verlegt wurde.

NIEDERGANG

Die Reichtümer aus den neuen Untertanengebieten flossen größtenteils in die königlichen Schatzkammern. Wie unermeßlich sie auch waren, sie reichten dennoch kaum aus, um die Staatsausgaben zu decken. Der bürokratische Wildwuchs und die zahllos neu entstehenden Prunkbauten, insbesondere aber die Machterhaltung und -erweiterung verschlangen Unsummen: Allein zur Sicherung seiner Kaiserwahl in Deutschland mußte Karl V. einen Großteil des Kronschatzes an die Handelshäuser, z.B. der *Fugger*, verpfänden. Gleichzeitig führte der enorme Gold- und Silberimport aus den Kolonien zu Inflation und Preissteigerungen, die Steuern mußten ständig erhöht werden, die Landwirtschaft wurde vollständig vernachlässigt, große Teile der Bevölkerung litten unter Hunger, und wer immer es sich leisten konnte, kaufte einen Adelstitel, da Adlige von der Steuer befreit waren. Da ein anderes Gesetz aber vorsah, daß derjenige, der Geld in Handel und Industrie investierte, seinen Adelstitel wieder verlor, blieb Spanien bis in die Neuzeit hinein eines der unterentwickeltsten Länder Europas: Jeder, der Geld hatte, wurde Adeliger, und kein Adeliger getraute sich, in Geschäfte zu investieren.

So geschah es, daß *Philipp II.*, der **1556** nach der Abdankung seines Vaters König wurde, auf dem Höhepunkt der Machtentfaltung Spaniens den Staatsbankrott anmelden mußte. **1581** sagten sich die Niederlande von Spanien los, **1588** wurde von *Sir Francis Drake* die größte Flotte der damaligen Welt, die *Armada* versenkt, wodurch Spanien seinen Rang als erste Seemacht Europas an die Engländer verlor. Die Nachfolger von Philipp II., *Philipp III.* und *Philipp IV.*, waren nichts als Figuranten, die die Mißwirtschaft ihrer Väter munter fortsetzten und das Reich immer mehr schwächten. **1627** kam es erneut zum Staatsbankrott, **1640** führten Steuererhöhungen zu bürgerkriegsähnlichen Ausschreitungen, **1659** mußte Spanien im Pyrenäenfrieden die Vormachtstellung Frankreichs in Europa anerkennen. Nach dem Tod des letzten Habsburgers (*Karl II.*) im Jahre **1700** bestieg ein Enkel des französischen »Sonnenkönigs« *Ludwig XIV.* den spanischen Thron und gründete damit die Dynastie der *Bourbonen*. Doch mit denen war auch nicht viel los, und während ihrer Regentschaft bis ins 19. Jh. büßte Spanien hauptsächlich Macht ein.

AUFBRUCH IN DIE MODERNE

Der amerikanische Unabhängigkeitskrieg und die französische Revolution wirkten auch im absolutistisch regierten Spanien nach, und so wurde die Zeit zwischen dem Ende des 18. und dem Ende des 19. Jh. zum Zeitalter des politischen (und auch industriellen) Aufbruchs. Unter dem engstirnigen und unfähigen *Karl IV.* wurde Spanien in die *Napoleonischen Kriege* gegen England verwickelt, verlor **1805** die Seeschlacht von Trafalgar, wodurch den Engländern der Weg in die spanischen Kolonien geöffnet wurde. Spanien war zu jener Zeit mit *Napoleon* verbündet, doch nutzte dieser einen Aufstand von **1808** gegen einen von ihm eingesetzten Günstling, um in die spanische Innenpolitik einzugreifen. In der Folge zwang er *Karl IV.* zum Verzicht auf die spanische Krone, besetzte das Land und ernannte am **6. JUNI 1808** seinen Bruder *Joseph Bonaparte* zum König.

Das war zweifellos ein Fehler, denn die Fremdherrschaft mobilisierte den spanischen Nationalstolz, der in unzähligen Aufständen und Revolten von Regionen, Provinzen, ja selbst einzelnen Städten eskalierte und in die sogenannten *Unabhängigkeitskriege* mündete, während derer es einem andalusischen Bauernheer gelang, zum ersten Mal einer Armee des großen Korsen eine entscheidende Niederlage beizubringen. Zur gleichen Zeit arbeitete eine Befreiungsjunta in Cádiz eine liberale Verfassung aus, die die freiheitlichste in ganz Europa war, sah sie doch Gewaltenteilung und freie Wahlen vor und insbesondere Abschaffung der Inquisition, teilweise Einzug der Kirchengüter, Entmachtung des Adels und der Großgrundbesitzer etc. (siehe auch unter »Cádiz«).

1813 wurde Napoleon mit Hilfe der Engländer unter *Wellington* aus Spanien vertrieben, und die Verfassung von Cádiz trat für knapp ein Jahr in Kraft. Doch das soeben leidlich befreite Volk hatte – wie so oft – seine Erwartungen zu hoch geschraubt, sah das Übel nicht sofort verschwinden und entschied sich anläßlich der allgemeinen Wahlen von **1814** für die *Servilen*, die Konservativen. Diese holten den Bourbonenkönig *Ferdinand VII.* (Sohn von Karl IV.) wieder ins Land, der die verfassungsmäßig garantierten Freiheiten versprach, bald aber seine Eide brach, die Liberalen inhaftieren ließ, alle freiheitlichen Rechte wieder entzog und in bewährt absolutistischem Stil regierte. **1820** entluden sich die Gegenkräfte in einer liberalen Revolution, die wiederum von Cádiz ausging. Und Ferdinand wurde erneut auf die Verfassung von 1812 vereidigt. Doch wie schon zuvor kümmerte er sich nicht um seinen Schwur, sondern rief ganz im Gegenteil französische Truppen ins Land, die die absolute Monarchie in einem blutigen Krieg wiederherstellten.

Ein bunter Reigen von Revolutionen und Gegenrevolutionen kennzeichnete auch die folgenden 40 Jahre. Erst **1868** führte die »glorreiche Revolution« unter den Generälen *Prim, Serrano* und *Topete* zum vorläufigen Ende der Bourbonen-Dynastie; das allgemeine Wahlrecht wurde eingeführt, und mit der neuen Verfassung von **1869** wandelte sich Spanien zur parlamentarischen Monarchie. Auch das mißlang, der gewählte König dankte **1872** ab, woraufhin am **11.2.1873** die erste spanische Republik proklamiert wurde. Doch die Präsidenten wechselten wie die Tage und nach zwei kurz aufeinanderfolgenden Staatsstreichen wurde **1874** *Alfons XII.*, schon wieder ein Bourbone, zum König gekrönt.

Unter seiner Herrschaft nahmen die Repressalien gegen Liberale, überhaupt gegen alle Nicht-Konservativen stetig zu. In gleichem Maße wuchs im repressiven Klima der Halbillegalität die Arbeiterbewegung zu einer Massenbewegung heran. Diese, bereits 1868 der *I. Internationale* beigetreten, wurde hauptsächlich von den Anarchisten beherrscht, deren Basis die Bauern und Landarbeiter waren. Sie strebten die Abschaffung aller Staatsautoritäten an, boykottierten drum die (ohnehin gefälschten) Wahlen, riefen in Dorf und Stadt und Land zu Lokal-Revolutionen auf. Sie organisierten Generalstreiks, versuchten ganze Regionen in autonome Staaten umzuwandeln und vermehrten mit Plan die Planlosigkeit dieses chaotischen Zeitalters. Richtig heiß wurde die Situation, als die Anarchisten zu der Auffassung kamen, daß jegliche Reformpolitik mit einer kollektivistischen Revolution unvereinbar sei. Dieser kühne Gedanke machte das Attentat »salonreif«, und bescherte Spanien zwischen **1918** und **1922** im sogenannten *Krieg der pistoleros* gleich über 700 politische Attentate. Die Unruhen nahmen bürgerkriegsähnliche Zustände an, in nur acht Jahren zählte man 43 erfolglose Staatsstreiche. Der von **1923** brachte den General *Primo de Rivera* an die Macht. Der wollte was erneuern und machte sich zum Diktator. Das nahm man ihm übel, die Auswirkungen der Weltwirtschaftskrise taten ein Übriges, und **1930** wurde er vom König zum Rücktritt gezwungen. **1931** war's dann der Monarch selber, der den Hut nehmen und das Land verlassen mußte, denn die Republikaner, die aus den Gemeindewahlen als souveräne Sieger hervorgegangen waren, riefen die zweite Republik aus.

DIE ZWEITE REPUBLIK

Im Juni des gleichen Jahres ging man erneut an die Urne: diesmal um eine verfassungsgebende Nationalversammlung zu wählen. Die Republikaner blieben top, mußten sich aber mit den Sozialisten den Mehrheitskuchen teilen. Es kam zu einer Koalitionsregierung. Ihr erklärtes Ziel war die bürgerlich-demokratische Revolution, und um den Weg dahin zu ebnen, wurde die Kirche entmachtet, Katalonien mit Autonomie beschenkt und viele progressive Gesetzesvorlagen eingereicht. Doch das Kapital war sauer und flüchtete ins Ausland; die Weltwirtschaftskrise tobte noch immer, die Arbeitslosenquote kletterte in die Höhe, die Reformen konnten die Startlöcher nicht verlassen. Das nutzte die Rechte, ballte sich zur moralistisch-katholischen *CEDA* zusammen und formierte bald schon eine überstarke Opposition. Linksaußen aber standen die Anarchisten, die in der Republik nur eine erste zu überwindende Etappe auf dem Weg zum freiheitlichen Kommunismus sahen und die jetzt mehr Chaos produzierten als je zuvor. Für **JANUAR 1933** schließlich planten sie einen Aufstand in Barcelona, der durch einen Generalstreik in Andalusien unterstützt werden sollte. Beides wurde in letzter Sekunde abgesagt, und nur ein einziges Dorf – *Casas Viejas* –, das hierüber keine Information erhalten hatte, proklamierte den Streik, woraufhin die Armee ein Massaker unter den »Putschisten« veranstaltete. Wie sich bald herausstellte, zeichnete der Ministerpräsident für diese Verfehlung verantwortlich, und die Konsequenz war der Rücktritt der Regierung.

Bei den Neuwahlen nahm die CEDA die Hürde, siegte überragend und ging alsbald daran, den guten alten Status Quo wieder herzustellen. Die Preise stiegen, die Löhne schraubten sich in den Boden, die arbeitende Bevölkerung hatte schon 6 Monate später ein um 45% geringeres Realeinkommen als zuvor. Die faschistische Falange schwang die Knüppel für Moral und Vaterland, die Anarchisten gaben Stoff, selbst die Sozialisten wurden militant.

1936: Neue Wahl, neues Glück! – Die vereinigte Linke bekam das Staatsruder zugewiesen, rief erneut die Republik aus und ging hart auf Backbord-Kurs. Die Reaktion bekam's mit der Angst ums Vermögen zu tun, organisierte die Kapitalflucht, versuchte so ihr Vaterland in den Staatsbankrott zu treiben und bereitete sich derweil bei Champagner- und Austernschlürfen an der Côte d'Azur auf einen baldigen Putsch vor. In Spanien eskalierte die Gewalt von rechts und links, und als mitten in dieser explosiven Spannung am **18.7.1936** *Calvo Sotelo*, der Monarchistenführer, einem Attentat zum Opfer fiel, war damit für eine Gruppe von Generälen (*Movimiento Nacional*) die Zeit reif zum Sturm gegen die junge Republik.

BÜRGERKRIEG, DIKTATUR, DEMOKRATIE

Was nun folgte und drei Jahre währte, wird heute der »Spanische Bürgerkrieg« genannt. Und dieser Begriff ist falsch, impliziert er doch, daß Bürger gegeneinander kämpften. Doch genau das war eben nicht der Fall: nicht das Volk erhob sich gegen das Volk, sondern vielmehr erhob sich ein Großteil der Generäle der spanischen Armee mit Hilfe ausländischer Söldner und insbesondere mit Unterstützung von Nazideutschland und Mussolini-Italien gegen die vom Volk gewählte Links-Regierung.

Von Spanisch-Marokko kommend überquerten die Putschtruppen von General *Franco* (meist Fremdenlegionäre und maurische Söldner) unter italienischem Fliegerschutz die Straße von Gibraltar und schlugen sich nach Sevilla durch, das schon im Handstreich eingenommen war. Die Truppen *General Molas* hatten bereits große Teile des nördlichen und westlichen Spaniens erobert. Durch die Einnahme von Badajoz und Irún unterbrachen die Franquisten die Verbindung der Republikaner mit Katalonien über die Pyrenäen und Frankreich.

Am **1. OKT. 1936** wurde Franco in Burgos zum *Caudillo* (Staatsoberhaupt) und *Generalísimo* (Oberbefehlshaber der Truppen) ernannt, Salamanca zum Hauptquartier der Nationalisten erkoren. Die republikanische Regierung zog sich nach Valencia zurück. Den Angriff der Franco-Truppen unter General *Mola* auf Madrid konnten Milizen der *Internationalen Brigade*, zu der Intellektuelle, Schriftsteller, Sozialisten und Anarchisten aus der ganzen Welt zusammengeschlossen waren, abwehren.

1937 besetzten die Franco-Truppen Málaga und versuchten, Madrid von Süden her anzugreifen; ihre Niederlage in der Schlacht bei *Jarama* vereitelte den Vorstoß. Die italienische Armee, die kurz zuvor Ibiza besetzt hatte, sollte Madrid von Norden her nehmen, wurde aber in der Schlacht um Guadalajara nahezu aufgerieben. Die Front verlagerte sich ins Baskenland, wo General Mola unter aktiver Hilfe der deutschen Legion *Condor* (Bombardierung von Guernica und Durango) eine Großoffensive startete und bald schon Nordspanien für die Faschisten in Besitz nehmen konnte.

Die republikanische Regierung verlegte ihren Sitz im **HERBST 1937** nach Barcelona. An der Front von Teruel und Aragón kam es zu schweren Materialschlachten, in deren Verlauf es Franco gelang, das Gebiet der Volksfront durch einen Ausfall nach Osten zu zerschneiden, mithin Valencia von Katalonien abzutrennen. In einer verzweifelten Schlacht am Ebro versuchten die Republikaner ihre Fronten wieder zu vereinigen – erfolglos! Nur Valencia konnte vorerst gerettet werden. Doch die Ebro-Schlacht hatte die Republikaner derart geschwächt, daß sie nicht mehr genug Kraft zur Verteidigung von Barcelona und Katalonien besaßen. Wenig später fiel Barcelona, der Präsident flüchtete ins Exil nach Frankreich, das bald schon – wie auch England – das Franco-Regime offiziell anerkannte. Am **28. MÄRZ 1939** wurde Madrid besetzt, zwei Tage später ergab sich auch Valencia.

Was folgte, war ein »Holocaust«, eine ungeheure Vernichtungsaktion freiheitlicher Denker: von **1939** bis **1943** wurden u.a. rund 200 000 Gefangene hingerichtet; durchschnittlich 400 Exekutionen gab es täglich. Hunderttausende wanderten in die Kerker, eine halbe Million Republikaner flüchtete ins nahe Frankreich, nach Lateinamerika, in die Sowietunion, und über 20 000 von ihnen wurden schließlich in deutschen Konzentrationslagern vergast. Franco wurde zum unumschränkten Herr über Leben und Tod, wandelte die katholische Kirche in guter alter Tradition in einen Staatsapparat um, gab den Großgrundbesitzern alle Macht zurück, verbot jegliche Art der Versammlung, löschte alle Spuren der vorhandenen politischen Parteien und Organisationen aus und bildete die Einheitspartei der Falange, ernannte sich selbst zum Staats- und Regierungschef, Befehlshaber der Streitkräfte und Führer der Falange auf Lebenszeit.

Bald schon gab es kräftige Wirtschaftshilfe aus dem Ausland, allein die USA spendeten 100 Millionen Dollar für die Zusage eines Luftwaffen- und U-Boot-Stützpunktes. Mit Hilfe dieser Gelder und den ab den frühen 60er Jahren reichlich fließenden Devisen aus dem Touristikgeschäft konnte der Diktator den Übergang zur Konsumgesellschaft einleiten. Auch mit dem Vatikan kam es zu Verhandlungen, schließlich zu einem Konkordat: die Zivilehe wurde der kirchlichen untergeordnet, die Kirche erhielt für Enteignungen aus dem 19. Jh. Entschädigung, es wurde eine klerikale Pressezensur eingeführt, der Staat hatte alle kirchlichen Einrichtungen (insbesondere Schulen) zu unterstützen. Als Gegenleistung versprach die Kurie, täglich für Francos Seelenheil beten zu lassen.

Spanien war der Zeitsprung zurück in dunkle Vergangenheit gelungen, und erst nach dem Tod Francos im Jahre **1975** war das Mittelalter endgültig überwunden: König *Juan Carlos I.* (gekrönt im Nov. 1975) leitete umgehend mit dem von ihm ernannten Ministerpräsidenten *A. Suárez González* den Aufbau einer parlamentarischen Demokratie ein, erließ **1976** die ersten Reformgesetze, setzte **1977** die Zulassung aller politischen Parteien durch und beraumte noch für das gleiche Jahr Wahlen zu einer verfassungsgebenden Versammlung an. Aus diesen Wahlen ging die *Unión de Centro Democrático – UCD* als Sieger hervor; stärkste Oppositionspartei wurde die neukonstituierte sozialistische *PSOE*, die bei den Parlamentswahlen von **1982** die absolute Mehrheit erhielt. **1989** konnte sie sich bei den Neuwahlen erneut behaupten.

In ihren 14 Jahren an der Macht unterzogen die Sozialisten zwar ihr Land einem rasanten Modernisierungsprozess und machten Spanien fit für die **EURO-ZONE** der Europäischen Union, diskreditieren sich selbst aber mit Skandalen, Korruption und Vetternwirtschaft beim Volk. So übernahm nach den Wahlen **1996** die konservative Volkspartei *Partido Popular* die Macht, und Parteichef *José María Aznar* wurde Ministerpräsident. Seither hat sich die wirtschaftliche Lage Spaniens weiter konsolidiert, die Regierung schaffte einen Rückgang der weiterhin äußerst hohen Arbeitslosigkeit und die Positionierung Spaniens unter den wirtschaftlich stärkeren Ländern der Europäischen Union.

Spanien nahm ab **1. JANUAR 2002** ebenso wie Belgien, Deutschland, Finnland, Frankreich, Irland, Italien, Luxemburg, Niederlande, Österreich und Portugal an der Einführung des Euro teil.

▲ José María Aznar mit Gattin
▼ König Juan Carlos I. und NATO-Generalsekretär Javier Solana

Wirtschaft

Zur Zeit der Maurenherrschaft war Südspanien eines der wirtschaftlich reichsten Gebiete des gesamten Kontinentes. *Córdoba, Sevilla, Cádiz, Almería* und *Málaga* waren bedeutende »Industrie«-Zentren, aus denen Seiden- und Baumwoll-, Papier- und Glaswaren sowie Metallprodukte nach ganz Europa und in den Orient exportiert wurden. Das Land wurde mit Hilfe eines weit verzweigten Bewässerungssystems kultiviert, und die einst riesigen Großgrundbesitze aus der Zeit der Römer und Westgoten wurden in kleine Besitztümer aufgeteilt, was eine relativ gerechte Verteilung des Wohlstandes mit sich brachte.

Doch das ist dunkelste Vergangenheit, denn nach der Eroberung durch die kastilischen Könige im Rahmen der Reconquista wurden die kunstvollen Bewässerungsanlagen als »Werke des Bösen« zerstört und die Kleinbauern enteignet bzw. zu Pächtern oder Leibeigenen derer gemacht (Adelige und Kirche), denen die Könige das Land schenkten. Andalusien, einst ein »blühender Garten Eden«, verödete und wurde größtenteils zur Halbwüste, die gerade noch ein paar Schafe, Ziegen und Rinder ernähren konnte. Die vollständige Verelendung der Landbevölkerung war die Folge, und während Spanien zum größten und mächtigsten Reich der Welt aufstieg, ging hier der Hungertod um. Da es für die kurzsichtige Oberschicht günstiger war, Lebensmittel und sonstige Waren aus den Kolonien bzw. aus dem benachbarten Ausland zu importieren (Geld gab's ja genug), wurde weder die Landwirtschaft intensiviert noch später eine erste Industrie aufgebaut. Ein Gesetz, das den Adeligen und der Kirche untersagte, Land zu verkaufen, tat ein übriges.

Diese Besitzstrukturen wurden erst vor knapp 100 Jahren durch liberale Reformen zerstört, indem u.a. das Kirchenland enteignet und zum Verkauf feilgeboten wurde. Da die Pächter jedoch mittellos waren, kauften sich jetzt reiche Städter ein, und auch der Adel erweiterte seine ohnehin immensen Landgüter. Für die restlichen 80% der südspanischen Bevölkerung änderte sich hingegen gar nichts, und so ist es nicht weiter verwunderlich, daß die Landarbeiter die Ideen des Anarchismus aufgriffen und in den Jahren bis zur Franco-Diktatur unzählige Revolten und spontane Landbesetzungen organisierten. – Ohne Erfolg, wie wir wissen.

Auch Franco hielt es bekanntlich mit den Großgrundbesitzern, und so gibt sich Südspanien heute als eine Region, in der sich Landverteilung und Sozialstruktur seit dem Mittelalter nicht mehr wesentlich verändert haben. Die von der sozialistischen Regierung 1985 eingeleitete Agrarreform, die vorsah, den Landarbeitern (teure) Nutzungsrechte anstatt das Eigentum am bebauten Land zu übertragen, schlug in die gleiche Kerbe, und verändert haben sich lediglich die Anbaumethoden, die seit den 60er Jahren größtenteils mechanisiert wurden. Über 1 Million Arbeitsplätze ging so verloren, rund eineinhalb Millionen Andalusier emigrierten in die Industriezentren Nordspaniens, und heute sind im Durchschnitt nicht mal mehr 15% der Bevölkerung in der Landwirtschaft tätig. Damit ist Südspanien zwar eindeutig kein

Agrarland mehr, industrialisiert ist es aber auch nicht. Es ist in erster Linie ein Dienstleistungsland, denn über 50% aller Südspanier sind im Tertiärsektor tätig. Weitere 25–30% (in der Provinz Sevilla über 40%, andernortes bis 50%) sind überhaupt nirgendwo tätig, weil Südspanien, und insbesondere mal wieder Andalusien, eben auch ein Arbeitslosenland ist. Gleichzeitig ist Spanien aber – dies nur zur Veranschaulichung – die zehntstärkste Industrienation der Welt.

Bildung

Seit dem Erziehungsgesetz von 1970 besteht eine allgemeine Schulpflicht vom 6. bis zum 14. Lebensjahr. An die Kindergärten und Vorschulen für die 4–6jährigen schließt sich die 8jährige, zweistufige (5- und 3jährige) Grundschule an, die zum Besuch von Berufs- oder Oberschulen berechtigt. Beide dauern 3 Jahre. Der Abschluß der Oberschule berechtigt nach einem allgemeinen Orientierungsjahr zum Besuch einer der 24 Universitäten des Landes. Das Hochschulstudium gliedert sich in ein 3jähriges Grundstudium, das mit einem Diplom endet, und ein jeweils 2jähriges Spezialstudium (Lizentiat) und weiterführendes Studium (Doktorat).

Die vorschulische Erziehung und die allgemeine Grundschulung sind kostenlos, sofern sie in staatlichen Einrichtungen erfolgen. Doch gerade mit diesen staatlichen Einrichtungen, insbesondere mit den Schulen, liegt so vieles im argen: die Klassengröße beträgt nicht selten über 100 Kinder, die Ausbildung ist miserabel, denn qualifiziertes Lehrpersonal ist knapp, wie überhaupt auch Schulen an sich nicht in der erforderlichen Menge zur Verfügung stehen – insbesondere auf dem Land nicht. So sind die staatlichen Schulen im Prinzip die Auffangbecken für die unteren Schichten. Denn wer etwas auf sich hält und über die nötigen Mittel verfügt, schickt seine Kinder auf die privaten Schulen, die – Erbe der Franco-Diktatur – zumeist fest im Griff der Kirche sind.

1960 betrug die Anzahl der Analphabeten noch 13,3%, 1970 waren es noch rund 10%. Neuere Angaben sind statistisch nicht verbürgt, aber Schätzungen zufolge beträgt die Analphabetenrate in Andalusien wahrscheinlich noch immer rund 10%, und in den abgelegenen Regionen des Hinterlandes dürften auch 20% keine Übertreibung sein. Dort nämlich ist es für viele Familien lebenswichtig, ja oft sogar überlebenswichtig, daß die Kinder in der Landwirtschaft mithelfen, mithin der Schule oft fernbleiben.

Kirche

»Ein Volk, ein Staat, ein Glaube« – dies der erklärte Leitspruch des katholischen Spanien seit der Reconquista; dies auch die Erklärung dafür, daß zwischen 1492 und 1550 rund 1,5 Millionen Juden und Muslime das Land, vorab das südliche Land, verlassen mußten, daß unzählige Millionen Menschen während der bis ins späte 18. Jh. andauernden Inquisition (siehe unter »Geschichte«) den Ketzergerichten zum Opfer fielen, und daß Spanien heute zu über 99% ein katholisches Land ist: auf rund 40 Millionen Katholiken kommen nur rund 32000 Evangelisten, 1000 Muslime und 7000 Juden. So gilt die katholische Religion als das Herz der spanischen Kultur und Zivilisation schlechthin. Sie übt auch heute noch – trotz des sozialen Wandels und der gesetzlichen Anerkennung der Glaubensfreiheit (1967) – einen nicht zu unterschätzenden Einfluß auf das öffentliche Leben aus. Ihr Einfluß auf Meinung und Gewissen ist – gerade auf dem Land in Andalusien – ungebrochen. Ihre Trennung vom Staat hat die Verankerung der Kirche im Diesseits kaum gelockert. Unübersehbar ist ihre weitreichende weltliche Macht insbesondere im Bildungswesen. Rund 25% aller Schulen werden von der Kirche geführt. In diesen Schulen, wie auch im allgemeinen, gilt der eherne Grundsatz: Je weniger die »Schäfchen« wissen, desto weniger verlangen sie, je weniger sie verlangen, desto weniger Schaden können sie auch anrichten. So ist die Kirche, die zur Franco-Zeit offen die Diktatur unterstützt hat, ja deren Mythen und Stereotypen der faschistischen Ideologie erst ihr eigenes Gepräge gegeben haben, das konservativste Element in Spanien. Sie steht erklärtermaßen auf der Seite der politischen Rechten, ist reformfeindlich und passiv, wie sie es – da sie nie Opposition hatte, bzw. sich dieser stets radikal entledigte – auch in den vergangenen Jahrhunderten war.

Über die eigentliche Religiösität des »Spaniers von heute« ist schwer zu urteilen, denn zum einen kommen z.B. den religiösen Festen noch immer höchste Bedeutung bei, sind die religiösen Formen fest ins Alltagsleben integriert, werden die Heiligen wie eh und je verehrt. Man sieht heute aber auch mit Graffiti besprühte Kathedralenmauern, in den Messen hocken hauptsächlich alte Frauen, dieweil sich das junge Volk in den Städten auf höchst unkatholische Art und Weise verlustiert, und anläßlich einer Meinungsumfrage zum Abtreibungsparagraphen haben sich über 50% der Bevölkerung zumindest für eine weitreichende Indikationslösung ausgesprochen. Vielleicht verliert der Einfluß der Religion auf die Bevölkerung von Jahr zu Jahr mehr an Bedeutung. Vielleicht trifft aber auch *Salvador de Madariaga* den Kern der Sache, daß nämlich der Spanier niemals ungläubig wird, wenn er das Dogma der katholischen Kirche aufgibt, sondern höchstens »privatgläubig«, will heißen: er macht seine Frömmigkeit zur strikten Privatangelegenheit.

STILE UND EPOCHEN

Bauwerke aus der vorrömischen Zeit finden sich insbesondere in Andalusien relativ häufig. Dabei handelt es sich einerseits um Megalithbauten – zumeist *Dolmen* – aus der Steinzeit, um Galeriegräber (hauptsächlich bei Huelva, Sevilla und Antequera) sowie Kugelgräber (Antequera) die aber weder sonderlich eindrucksvoll noch kunstfertig sind und so eigentlich nur den engagierten Kunstliebhaber interessieren. Von den Zyklopenbauwerken der Iberer sind heute in Südspanien nur noch Rudimente zu besichtigen, von denen die bekanntesten die Ruinen bei Alcoy (Alicante) und bei Villaricos (Almería) sind. Die spärlichen Bodenfunde aus der phönizischen und karthagischen Epoche sind über die Museen des Landes verteilt, und die Griechen haben lediglich in Nordspanien (Ampurias/Costa Brava) sichtbare Zeichen ihres Daseins hinterlassen. Gleiches gilt für die Römer, und auch aus der westgotischen Zeit sind in Südspanien nur wenige Überreste, meist Fundamente, vorhanden.

Die **MAURISCHE KUNST** hingegen entwickelte sich in Andalusien unter den Herrschergeschlechtern der *Omaijaden, Almohaden* und *Nasriden* wie nirgends sonst auf der iberischen Halbinsel und prägt den größten Teil der sehenswerten architektonischen Bauwerke aus der Zeit zwischen dem 8. und dem 15. Jh. Dabei ist unter maurischer Kunst ein Zweig der islamischen Kunst zu verstehen. Diese wurde von den Omaijaden (661–750) aus Syrien (Damaskus) zur Zeit der epochalen Eroberungszüge der Araber in Nordwest- und Nordafrika und insbesondere in Andalusien eingeführt und konnte sich dort so unbeeinflußt von anderen islamischen Strömungen entwickeln, daß sie heute als die reinste Hinterlassenschaft der islamischen Formensprache überhaupt gilt.

Da der Koran, das Heilige Buch des Propheten Mohammed, die Basis des gesamten islamischen Denkens war, wurden seine Postulate auch für die Kunst maßgebend, was sich insbesondere im von ihm geforderten Figurenverbot von Mensch und Tier niederschlug (nur Allah hat das Recht, Körper zu formen). Aus dieser Anschauung heraus fehlt der maurischen Kunst das figürliche Element ebenso wie eine Portrait- und Tafelmalerei, und die schaffenden Künstler waren so gezwungen, sich auf Dekorationen zu beschränken. Solche Begrenzung schuf Schmuckformen (*Arabesken*), die in ihrer Sublimität nirgends sonst auf der Welt erreicht wurden. Ihr Ziel war nicht – wie in der abendländischen Baukunst – die Betonung der statischen Struktur, sondern die Darstellung der Schwerelosigkeit, um dem Betrachtenden Signale aus dem Transzendenten zu vermitteln. Die Arabesken sind geometrische Muster oder stilisierte Blattrankenornamente, die durch fortlaufende rhythmisch geschwungene Ranken und durch Wiederholung, Aufrollung und Überschneidung zu dekorativem Füllwerk werden und in denen künstlerisch gestaltete Koransuren oft wie Medaillons eingeflochten sind.

◄ In der Alhambra, dem vielleicht schönsten Bauwerk der westlichen Welt.

Da im Koran auch das Verbot niedergeschrieben ist, Gold- und Silbergeräte herzustellen (sie sind den Seligen im Paradies vorbehalten), entwickelte die islamische Kunst auch eine einzigartige Verfeinerung unedler Materialien durch Kaschieren, Ziselieren und Tauschieren: So wurden die Ornamente entweder reliefartig in Stein gehauen oder in Gips geschnitten, in Holz geschnitzt, und ab dem 8. Jh. wurden die meisten maurischen Bauten an Sockeln und Paneelen mit den aus Persien entlehnten ornamentalen und glasierten Schmuckkacheln (*Azulejos*) verziert.

Als die beispielhaftesten Bauwerke aus der Omaijaden-Epoche gelten die einzige in Spanien erhaltene Moschee – die *Mezquita* von Córdoba – sowie die Ruinen der Palaststadt *Medina Azahara* bei Córdoba. Unter dem eher puritanischen Geschlecht der Almohaden (ab 12. Jh.) entstanden nüchternere und monumentale Bauten wie die *Giralda* (Minarett) und der *Torre del Oro* von Sevilla. Und die granadinischen Nasriden schließlich (bis Ende 15. Jh.), unter deren Herrschaft die Verfeinerung des Geistes nie dagewesene Blüten trieb, liebten Üppigkeit und Farbenpracht flächenfüllender Arabeskendekors und bezogen auch prachtvolle (und bis dahin in Europa unbekannte) Garten- und Teichanlagen in die Baukonzepte mit ein. So entstand die *Alhambra* von Granada, die heute als das beste Beispiel einer Palastanlage in der gesamten islamischen Welt gilt.

Die erste Stilepoche des frühen Mittelalters, die **ROMANIK** (ca. 1000–1250), die in Nordspanien so überaus stark vertreten ist, findet sich im Süden des Landes nahezu überhaupt nicht, da sie zur Zeit, als die Frontlinien der Reconquista Andalusien erreichten, bereits im Abklingen war.

Die **GOTIK** hingegen, die zweite Stilepoche mittelalterlicher Kunst (etwa 1250–1500), geboren aus dem mystischen Geist der Kreuzzüge und Sinnbild der Überwindung der Erdenschwere und des Strebens nach dem Transzendenten, ist in Südspanien in den meisten Städten vertreten, auch wenn sie – entstanden in Frankreich – alles andere als rein südspanisch ist. Imposanteste Zeugen dieses durch Spitzbögen, Strebepfeiler und Strebebögen grob gekennzeichneten Stils sind die (meist auf den Fundamenten zerstörter Moscheen entstandenen) Kirchen und Kathedralen, von denen die fünfschiffige Kathedrale von Sevilla mit 142 m Länge und 75 m Breite nicht nur das monumentalste Gotteshaus der Halbinsel ist, sondern als eines der größten der Welt gilt. Eine spanische Besonderheit sind die mächtigen Gestühle für die Chorherren, die sich im Zentrum des Hauptschiffes finden. Auffallend auch, daß die Altarräume zumeist durch fein gearbeitete *rejas* (Ziergitter) abgetrennt sind und daß sich die Altaraufsätze (*retablos*) oft als gewölbehohe Bildwände über dem Altar erheben; ebenfalls als rein spanische Spielart der Gotik gelten die zahlreichen Seitenkapellen (die Kathedrale von Sevilla hat z.B. 54 Stück), die meist den Heiligen angesehener (adeliger) Familien geweiht waren/sind.

Der **MUDÉJAR-STIL** ist eine rein andalusische Variante der Gotik und bezeichnet eine Mischform des maurischen Stils mit der durch die Reconquista eingeführten Gotik durch die *mudéjares* – maurische Handwerker, die den kastilischen Eroberern ihr Können zur Verfügung stellten. Seine Kennzeichen sind stark ausgeprägte Hufeisenbögen, reiche Stuckornamente sowie geschnitzte und kolorierte Holzarbeiten; als die herausragendsten Bauten gelten der *Alcázar* in Sevilla sowie die *Casa de Pilatos* (ebenfalls in Sevilla).

Der Mudéjar-Stil entwickelte sich im Laufe des 16. Jh. zum üppig-ornamentalen **PLATERESK-STIL**, der seinen Namen in Anlehnung an die filigranen Erzeugnisse der Silberschmiede (*plateros*) erhielt und der insbesondere Altaraufsätze prägte (etwa den der *Capilla Real* in Granada).

Gotische, mudéjare und platereske Formen verschmolzen zur Zeit der kastilischen Königin *Isabella I.* (1471–1504) zum sogenannten **ISABELLINISCHEN STIL,** in dem die Dekorformen – ganz ähnlich wie im zur gleichen Zeit in Portugal entstehenden *Manuelinischen* Stil – direkte Bezüge zu amerikanischen und asiatischen Schmuckformen bzw. auch Elemente der Seefahrt (Entdeckungsreisen) enthalten.

Der Plateresk-Stil gilt als Beginn der in Italien entstandenen Kunstrichtung der **RENAISSANCE**, dessen Ursprung in der etwa im 15. Jh. aufkommenden Bewegung des Humanismus zu suchen ist. Entsprechend seiner Entstehungsgeschichte war sie nicht nur ein sakraler, sondern insbesondere auch ein weltlicher Stil, in dem die durch die Entdeckungsfahrten des »Goldenen Zeitalters« immens reich gewordenen andalusischen Adelsgeschlechter ab dem 16. Jh. ihre Palastbauten erstellen ließen. Die Renaissance ist charakterisiert durch eine betont horizontale Schichtung der Frontflächen, breite Fensterbänder, mythologisch inspirierte Figurationen und römisch-antike Zierleisten.

Rein renaissancene Gotteshäuser sind die Kirche *San Jerónimo* und die *Kathedrale von Granada*; die beachtenswertesten Profanbauten sind die *Paläste in Ubeda, Baeza und Ronda* sowie der Innenhof des Schlosses von *La Calahorra* (bei *Guadix*).

In der Spätzeit der Renaissance überwog in Südspanien das nüchtern-rationale Element vor der Dekorfreudigkeit, wie man insbesondere am *Alhambrapalast Karls V.* sowie an den *Kathedralen von Jaén und Málaga* unschwer erkennen kann.

Der **BAROCK**, der Kunststil des 17. Jh., hat die Merkmale bewegter, kraftvoll-plastischer Formen, durch die alle Bauelemente zu höchster Steigerung vereint werden und entweder kirchlich-himmlische Größe oder weltlich-absolutistische Machtfülle betonen. Die Baukörper sind bewegt, gerade Linien werden zu Kurven, Dächer zu Kuppeln, und Spiegel, Kartuschen, »gedrechselte« Säulen sowie stuckgearbeitete Muscheln und Knorpeln bestimmen das Bild pompöser Raumgestaltung.

Die *Cartuja* in Granada und *San José* in Sevilla gelten als die reinsten barocken Werke von Südspanien, obwohl sich die Kunsthistoriker uneins sind, ob die Cartuja dem Barock oder vielmehr dessen Spätform, dem **CHURRIGUERISMUS** (17./18. Jh.), zuzurechnen ist, der im sonstigen Europa eher als *Rokoko* bekannt ist.

Als Reaktion auf den barocken Prunk und die ornamentale Verspieltheit des Churriguerismus entstand im letzten Drittel des 18. Jh. der klare und strenge **KLASSIZISMUS**, der als erneuter Rückgriff auf die Antike gilt (Säulen, »Tempelhallen«, Triumphbögen etc.) und innen wie außen durch Monumentalität geprägt ist.

Sehenswert sind insbesondere die Kirche *Santa Victoria* in Córdoba sowie der Retablo von *San José* in Granada.

MALEREI

Da das im Koran festgeschriebene Bildnisverbot die Entfaltung von Portrait- und Tafelmalerei verhinderte, sind in Südspanien bis zum Ende des 15. Jh. keine nennenswerten Gemälde entstanden. Etwa zu Beginn des 16. Jh. entanden die Schulen von Sevilla und Valencia, die zuerst noch vom italienischen Manierismus und insbesondere auch vom flämischen Romanismus abhängig waren und deren Werke erst mit *Pedro de Villanueva* und *Juan de Roelas* eine gewisse Eigenständigkeit aufwiesen. Davon inspiriert entstanden im 16. Jh. von Erlebnistiefe (Verzweifelung, Melancholie, Glaubensglut) und Daseinsfragen geprägte Gemälde, die zwar noch nicht provozierten, aber zumindest Anstöße zum sogenannten »Goldenen Zeitalter« gaben, das mit dem 17. Jh. begann und während dem Südspanien zu einer der führenden Kunstregionen ganz Spaniens aufstieg.

Die Malschule von Sevilla übernahm die führende Rolle und brachte die berühmtesten Maler hervor, deren ausgewogene und durch kraftvolle Pinselführung sowie reiche Erfindungsgabe charakterisierten Kompositionen ihre regionale Note durch eine Mischung von Realismus, Dramatik, Mystik und Naturalismus erhielten. Als die berühmtesten Vertreter dieser Schule gelten *Diego Velázquez de Silva, Francisco de Zurbarán, Bartolomé Esteban Murillo* sowie dessen Schüler *Juan de Valdés Leal.*

Velázquez, der als der bedeutendste Maler ganz Spaniens gilt, war schon im Alter von 24 Jahren Hofmaler von *Philipp IV.,* gilt als der »Entdecker« des Einflußes der Atmosphäre, von Licht und Luft, und wird heute von vielen als der Vorläufer der späteren Impressionisten betrachtet. Seine Hauptwerke sind *Las Lanzas* und *Las Meninas* (beide hängen im Prado von Madrid) sowie *Venus mit dem Spiegel* (National Gallery/London), das als der einzige weibliche Akt der älteren spanischen Malerei gilt.

Zurbarán, der naturalistische »Maler der Kartäusermönche«, wird oft als der spanischste Maler Spaniens bezeichnet, auch wenn vielen seine von Engelserscheinungen geprägten Bilder zu kitschig und insbesondere zu »fotografisch« sind. Die meisten seiner Werke finden sich im Prado, im Museo de Bellas Artes in Sevilla sowie in Cádiz.

Murillo, der Maler aus dem Barrio Santa Cruz von Sevilla, ist der Maler der *vaporosa,* der »Duftigkeit«, sowie der Lieblichkeit und der durch die Erschütterung des religiösen Erlebens inspirierten unberührten Schönheit. Doch dieser am meisten gefeierte Vertreter der Schule von Sevilla malte nicht nur Engel und Madonnen, sondern auch Gassenszenen mit sich balgenden Buben und wird eben deswegen in Andalusien auch gerne »Murillo der Volkstümliche« genannt. Seine Hauptwerke hängen in Kirchen, Kathedralen, Klöstern und Kunstsammlungen sowie hauptsächlich im Museum von Sevilla.

Valdés kehrte die Weltbejahung seines Lehrmeisters in Verneinung um und schuf so düstere, symbolisch-realistische Werke über die Vergänglichkeit, die Verwesung und damit über die Unerbittlichkeit des Todes, die man im Museum von Sevilla sowie im *Hospital de la Caridad* in Sevilla betrachten kann.

Das Ende der Renaissance bedeutete auch gleichzeitig das Ende der eigenständigen andalusischen Malerei, und bis in die Jetztzeit hinein vermochte der Süden des Landes keine Meister vom Range etwa eines *Zuloaga* oder gar *de Goya* hervorzubringen.

Die Zeit der Franco-Diktatur war eine kunstlose Zeit, da die meisten Modernisten ins Ausland fliehen mußten, Kunst im Land weder gefragt noch unterstützt wurde und außerdem einer gestrengen und engstirnigen Zensur unterlag. Im Exil lebende spanische Maler gelangten zwar teilweise zu Weltruhm (etwa *Tápies, Milares* und *Saura*), doch stammten sie aus Madrid bzw. Barcelona. Auch *Picasso*, der zwar in Málaga geboren wurde und dort auch seine allerersten Werke schuf (siehe unter »Málaga«), hatte kaum etwas mit seiner Heimat gemeinsam, sondern arbeitete und lebte als Wegbereiter der modernen expressionistischen bzw. abstrakten Kunst hauptsächlich in Katalonien bzw. – nach Francos Machtergreifung – in der Provence.

Seit Spanien wieder eine Demokratie war, wurde die Malerei von der »Kunst der Straße« geprägt, die eine sozialistisch inspirierte Kunst war, deren Wandmalereien *(murales)* insbesondere in Andalusien von einer ungerechten, fremdbestimmten Welt berichteten und deren Themen etwa die der Ausbeutung des Landproletariats, der Friedensbewegung, des Umweltschutzes, der Anprangerung des Kapitalismus etc. waren. Farbenfroh und von Parolen unterstützt, zeichneten sie teils dramatische Visionen einer verdinglichten Welt, aber teils auch von Hoffnung geprägte Utopien einer potentiellen menschlichen Zukunft. Doch je mehr sich der Sozialismus der PSOE »sozialdemokratisierte«, je »normaler« die politische Situation wurde – also je bedrohlicher die soziale und wirtschaftliche Situation des Landes –, desto mehr verlor sich der Enthusiasmus jener Werke, die heute, wo in Madrid die Konservativen herrschen, fast schon wieder einer vergangenen Ära zuzurechnen sind.

Zwischen Ritual und Massenshow

Antiker Mythos und dunkle Schicksalsgewalt verkörpern sich im Stier, der männlichste Tugenden in der Bewährungsprobe eines zuchtvollen Rituals herausfordert. Das Pferd als hilfreicher Gefährte, der das Selbstbewußtsein unterstützt, der Stier als gefürchteter Kontrahent, dessen Überwindung höchsten Selbstwert verheißt – beide prägen untrennbar die männliche Vorstellungswelt

(*G. Kapitzke*, Spanien für Pferdefreunde, Köln 1984, Seite 137).

Wer der Corrida näherkommen will, der begreift sie am besten als »zuchtvolles Ritual«. Kein *aficionado* (Liebhaber der Corrida) wird je auf die Idee kommen, die Corrida einen Sport zu nennen, und auch die deutsche Übersetzung »Stierkampf« impliziert einen gänzlich falschen Sinngehalt des eigentlichen Geschehens, das treffender mit »Lauf der Stiere« zu bezeichnen wäre (*course de taureaux* sagen entsprechend die Franzosen). Die Corrida ist weder Kampf noch Sport, sondern ein Ritual, das in den Stieropfern der Vorzeit fußt.

Wie uns die Geschichte lehrt, reicht der »Stierkampf« bis in die graue Vorzeit des kretischen *Mithraskultes* zurück, der einen akrobatischen Stiertanz ebenso kannte wie die anschließende Tötung des Tieres durch einen Priester. Das Mysterium dieses Kultes (der im Rom des 3. Jh. sogar Staatsreligion war) ist der Sieg des Liebesgottes *Mithras* gegen die Mächte des Bösen, die sich im Stier versinnbildlichen. So war die Tötung des Stieres ein Symbol der Fruchtbarkeit, und noch im Mittelalter war in Südspanien der Umgang mit dem Stier Teil einer Hochzeit. Die Freunde des Bräutigams zogen aufs Land, um den wildesten Stier zu suchen und – wenn gefunden – in die Stadt zu führen. Hier mußte sich der Zukünftige vor den Augen seiner Braut bis auf Tuchfühlung dem Stier nähern, wodurch sich – so der Glaube – erst die Fruchtbarkeit des Tieres auf den Mann übertrug. Die Braut warf in freudiger Erregung vom Fenster aus einen kleinen Speer auf den Stier, um ihm eine blutende Wunde beizubringen. Und dem Kindersegen des Paares stand nichts mehr im Weg, die Hochzeit konnte vollzogen werden.

Aus diesen Riten entstand im 9. Jh. n. Chr. der »Stierkampf«; allerdings nicht, wie oft falsch berichtet, in Südspanien, sondern vielmehr in den nördlichen Provinzen Navarra und Aragón. Noch tötete der *torero* jedoch nicht, sondern parierte nur geschickt die Angriffe des Stieres, wie es heute in Portugal üblich ist. Warum es in Spanien nicht dabei blieb, weiß niemand genau zu sagen. Jedenfalls entstand daraus im 18. Jh. die bis heute gültige Form der Corrida. Zwar hat das Fußballstadion der *plaza de toros*, der Stierkampfarena, auch in Südspanien mittlerweile den Rang abgelaufen, ist Fußball und nicht die Corrida des Spaniers liebstes Kind. Aber noch immer fiebert das Volk der *temporada* entgegen, der Corrida-Saison, die stets am Ostersonntag beginnt und am 12. Oktober endet.

◄ Zuschauer bei einem dörflichen Stierkampf (oben); in der Arena (unten)

Moral und Opfer

»Der Stier hat doch überhaupt keine Chance!« – So hört man aufgebrachte Touristen nach einem Corrida-Besuch urteilen, und so formuliert es auch die heimische Presse mit fast schon peinlicher Impertinenz. Die freie Meinung in Ehren, aber es sei doch erlaubt, die Gretchenfrage zu stellen, welche Chance von den erklärten Stierkampfgegnern denn eigentlich gemeint ist. Etwa die des Todes aus Altersschwäche? Wo auf der Welt gibt's denn solch paradiese Zustände für Rinder außerhalb der hinduistischen Welt? In welchem Land wandert das Vieh denn nicht zur von Menschen bestimmten Zeit in die Kochtöpfe und Bratpfannen?

Der »zivilisierte Mitteleuropäer« bläht sich stets mit erstaunlich spontaner Bereitschaft zum Moralapostel auf und stempelt die Corrida als unwürdige Tierquälerei ab. Gehen wir doch mal in die aus Profitgierde geborenen Mastanstalten unserer Lande, uns anzuschauen, wie das saftige Steak, die zarte Roulade mit Hormonbehandlung, Kraftfutter, Bewegungslosigkeit und in immer dunklen Zellen heranwächst. Wo das Vieh auf Fließbändern von elektronisch gesteuerten Messern portionsweise zerhackt wird. Fragen wir uns doch mal, ob es nicht unsere lieben Gewohnheiten sind, die dazu beitragen, daß täglich ungezählte Rinder, und nicht nur Rinder, viehisch vergewaltigt werden. Und rufen wir uns jetzt einmal das Leben der Kampfstiere in Erinnerung. Vielleicht revidieren wir dann unser in überheblicher Selbstgefälligkeit gegebenes Urteil:

Das Dasein der Kampfstiere ist vorbehaltlos glücklich zu nennen. Er verbringt seine vier bis fünf Lebensjahre auf endlosen Weidegründen, eingegliedert in die soziale Ordnung seiner Herdengenossen, unter natürlichen Lebensbedingungen in völliger Freiheit, vom Menschen nahezu unbehelligt. Erst am letzten Tag seines Lebens sieht er sich dem totalen Zugriff des Menschen ausgeliefert. Er bezahlt sein herrliches Leben mit der Freiheitsberaubung für die Länge eines Tages im Transportwagen und 20 Minuten Angst und Aggression in der Arena, die mit seinem Tod enden.

(G. Kapitzke, a.a.O., Seite 193 ff.).

Die Regeln der Corrida

Die Regeln des modernen »Stierkampfes« wurden in der andalusischen Stadt Ronda (siehe dort) vom legendären *Pedro Romero* entwickelt, der heute (nicht nur in Andalusien) als der Gesetzgeber und Theoretiker der Corrida gilt. Er wurde 1754 in Ronda geboren und starb 1839 (allerdings nicht durch einen Stier), nachdem er in 22 Jahren als Torero 5530 Stiere tötete, ohne auch nur ein einziges Mal verletzt worden zu sein.

In seiner 1831 gegründeten Stierkampfschule wurde hauptsächlich Wert auf Nüchternheit, Verhaltenheit und Mut gelegt, während die später entstandene Schule von Sevilla dem äußeren Prunk und der verspielten Effekthascherei den Vorzug gab.

TERCIO DE VARAS (1. Gang)
Im 1. Akt des 1. Ganges, im sogenannten *suerte de capa*, beginnen die *peónes* (Helfer zu Fuß), die Aufmerksamkeit des Stieres auf die *capa*, das rote Tuch zu lenken, woraufhin der Torero mit eben diesem Tuch die Reaktionsfähigkeit seines vierbeinigen Gegners testet.

Im 2. Akt, dem *suerte de varas*, reitet der *picador* auf einem gepanzerten Pferd in die Arena und bohrt dem Stier eine Lanze in den Widerrist, um dessen Angriffslust zu steigern.

TERCIO DE BANDERILLAS (2. Gang)
Um die Kampfeslust des Stieres noch zu erhöhen, tritt der *banderillo* auf, der dreimal je zwei mit Bändern geschmückte *banderillas*, mit Widerhaken versehene Spieße, von vorne in den Stiernacken stößt.

ULTIMO TERCIO (3. Gang)
Der letzte Gang wird durch die sogenannte *suerte de muleta* eröffnet. Der Torero mit der *muleta*, dem roten, an einem Stab befestigten Tuch, in der linken Hand und der *espada*, dem Stoßdegen in der rechten, neckt den Stier und treibt ihn je nach Kaltblütigkeit bis zur Raserei. Erst wenn der Stier eine ganz bestimmte Stellung eingenommen hat, mit gesenktem Kopf und parallel stehenden Vorderbeinen, stößt ihm der Torero von vorne den Degen zwischen die Schulterblätter bis ins Herz. Gemäß der Gesetze gibt es zwei Arten des Todesstoßes (*estocada*): die *estocada da volapié*, bei der der Stier steht, und die *estocada da recibir*, wo der Torero den Angriff des Stieres abfangen muß. Hat der Torero alle Passagen (*pasos*) vorbildlich gemeistert, erhält er als Siegeszeichen ein Ohr des Stieres oder sogar beide; gelegentlich noch den Schwanz. Eine Begnadigung des Tieres, was der Kampfleiter durch Schwenken eines grünen Taschentuches anzeigt, kommt nur dann vor, wenn der Torero miserabel kämpft. Besonders tapfere (aber tote) Stiere werden in einer Art Ehrenbezeugung einmal durch die Arena geschleift, was durch ein blaues Taschentuch signalisiert wird.

Dénia
Jávea
Oliva
Gandía
Cabo de la Nao
Gata de Gorgos
Ondara
Pego
Villalonga
Orba
Moraira
Lorcha
Vall de Ebo
Coll de Rates
Calpe
Bernia
Callosa de Ensarriá
Benimantell
Altea
Guadalest
Cocentaina
Alcoy
Relleu
Benidorm
Torremanzanas
Villajoyosa
Llacunes
Ibi
Cuevas de Canalobre
Jijona
Castalla
Montnegre
Costa Blanca
San Vicente
Alicante
Monforte del Cid
Novelda
Aspe
Elche
Santa Pola
Crevillente
0
20 km
Guardamar del Segura
Albatera
Almoradí
Provinz Alicante

Costa Blanca

Die Costa Blanca beginnt am **CABO DE LA NAO** zwischen **DÉNIA** und **CALPE** im Norden und endet am **CABO DE GATA** bei Almería im Süden. Einig ist man sich da nicht, denn Costa Blanca ist kein historisch gewachsener Name, sondern eine Erfindung der Strandpromoter, die seit Anfang der 60er Jahre bemüht sind, diese viele hundert Kilometer lange Küste zu vermarkten.

Insbesondere **BENIDORM** (51 km nördlich Alicante) sowie **CALPE** (16 km nördlich Benidorm) genießen einen Ruf als horrible Ferienzentren, was allein schon die Zahl 5 Millionen verdeutlicht, die für die Anzahl der jährlichen Besucher dieser zusammen nur knapp 50 000 Einwohner zählenden Städte steht. Die Hotelkapazität von Benidorm ist die größte von ganz Spanien, beeindruckend hier insbesondere die »New York«-Skyline, wohingegen in Calpe Bungalowanlagen überwiegen.

Südlich von Alicante ändert sich das Bild. Auch hier sind zwar Hochhäuser überall da wohl unentbehrlich, wo ein Ferienort entstehen will, aber so viele wollen nicht entstehen, ist doch die Landschaft flach und eintönig und wird von vielen unschönen Salinen durchzogen. Die Strände sind zwar fein, doch grau, und dienen der Wegwerfgesellschaft teils als Mülldepots. Noch am angenehmsten präsentiert sich der 21 km südlich Alicante gelegene Ort **GUARDAMAR DE SEGURA,** der von schönen Dünen sowie ausgedehnten Wäldern umgeben ist, ein paar einfache Hostales sowie zwei Campingplätze besitzt, aber – dank der Flußmündung des *Río Segura* – nur sehr bedingt zum Baden geeignet scheint.

Cabo de la Nao

Empfehlenswert ist auf jeden Fall ein Ausflug zum **CABO DE LA NAO**. Die kurvige Straße von Jávea hierher ist für sich schon sehr reizvoll – wenn man den Leuchtturm sieht und die Straße zur Sackgasse wird, hat man das Gefühl, am Ende der Welt zu sein. Hier hat man einen wunderbaren Blick über die Steilküste und das Meer.

VERPFLEGUNG

Über krumme Holzbohlen gelangt man zum Restaurant **CABO LA NAO**, wo es für die einmalig schöne Lage erstaunlich delikate Gerichte gibt. An Wochenenden Reservierung empfohlen, *✆ 577 18 35. Geöffnet 13-16 Uhr und 19-22 Uhr.*

Im Restaurant **MIRADOR** direkt neben dem Leuchtturm ist das Menü des Tages incl. Wein recht günstig. Beim Blick durch die großen Panoramascheiben über das Meer kann man sich leicht mit etwas Phantasie einbilden, man wäre auf einem Schiff. *✆ 577 08 11. Geöffnet 12.30-16 Uhr und 19-22 Uhr.*

Moraira

Die Stadt gehört zu der Gemeinde *Teulada* mit ca. 6.500 Einwohnern. Viele Hotels sind hier nicht zu finden, da die meisten der in den letzten zwanzig Jahren erbauten Hochhauswohnungen Privatleuten gehören. Der Wachturm aus dem 18. Jh. erinnert an die Zeiten, als hier Besucher lediglich in räuberischer Absicht aufkreuzten. Die *Playa Portet* im Nordwesten lohnt durchaus für einen badenden Aufenthalt.

UNTERKUNFT

Jugendherberge: **ALBERGUE JUVENIL LA MARINA** am *Camino del Campamento, 31.* ✆ *649 20 30.*
Camping: **LA COMETA**, *Camino del Campamento, 5,* ✆ *574 52 08.*

Calpe

Das Wahrzeichen Calpes ist der *Peñon del Ifach,* ein 332 m hoher Felsklotz auf einer vorgelagerten Halbinsel, der unter Naturschutz steht und lediglich von Möwen und Wanderfalken bewohnt wird. Durch einen Tunnel oberhalb des Hafens gelangt man zu einem relativ leichten Aufstieg – doch auch von der Meerseite kann der Felsen erklommen werden, allerdings nur von erfahrenen Kletterern mit entsprechender Ausrüstung. Für eher ruhige Gemüter empfiehlt sich die Umwanderung des Vulkanfelsens, für die etwa zwei Stunden veranschlagt werden sollten. Bei guter Fernsicht verwöhnt die Silhouette Ibizas am Nordosthorizont.

Die ursprüngliche Stadt Calpe ist kaum noch auszumachen, der Weg zu Resten der Stadtmauer und zur *Iglesia de la Mare de Déu de les Neus,* die im 18. Jh. erweitert wurde, ist ausgeschildert. Heute lebt ein Großteil der 12.000 Einwohner des ehemaligen Fischerdorfes von den Touristen, die sich an dem 3 Kilometer langen Sandstrand tummeln. Auffallend in Calpe ist die Vielzahl der Makler sowie der Möbel- und Einrichtungsgeschäfte, die darauf schließen lassen, daß sich hier viele Touristen den Traum vom Zweitwohnsitz im sonnigen Süden erfüllen.

Darauf weist auch der *Carneval Club Calpe 1982 e.V.* hin, der jedes Jahr ein großes Oktoberfest auf dem Parkplatz vor der Sporthalle veranstaltet. Ob man das als eine zünftige Gaudi oder eine hochpeinliche Sache empfindet, muß man mit sich selbst ausmachen...

Seit Jahren versucht die Touristikbehörde Valencia den Reisenden auch das Hinterland der *Costa Blanca* schmackhaft zu machen. So wird zum Beispiel eine Wanderbroschüre herausgegeben, die Trips unterschiedlicher Schwierigkeitsgrade und Dauer im Hinterland vorschlägt. Kostenlos zu beziehen ist der Prospekt *Calpe Senderismo* bei der Touristinfo.

UNTERKUNFT

Jugendherberge: **ALBERGUE JUVENIL ABARGUES**, an der *Avda. de la Marina* gelegen. Für Reservierungen: ✆ 583 43 96.
CENTRICA•,wie der Name schon sagt, liegt das Hotel zentral am *Plaza Ifach 5,* ✆ *583 55 28.*
VIEUX BRUXELLES••, *Avd. Isla de Formentera,* ✆ *583 43 57.* Familiäre Atmosphäre.
PORTO CALPE•••, *Explanada del Puerto 7.* ✆ *583 73 22,* ein nettes Hotel in Hafen- und Strandnähe mit Pool.
Camping: **LA MERCED** an der *Ctra. La Cometa,1-E. Urb La Merced 32,* ✆ *583 00 97,* in Strandnähe gelegen.

ESSEN UND TRINKEN

In der Pizzeria **GARIBALDI** herrscht eine Stimmung wie in einer Piratenkneipe aus vergangenen Zeiten – rotgetünchte Wände, Deckenbeleuchtungen mit Ventilatoren und die teilweise antiken Einrichtungsgegen-stände verzaubern den Gast. Bei Pizza, Pasta oder Steaks vom heißen Stein wird man hier sehr zuvorkommend von freundlichen Kellnern bedient. *Avenida Gabriel Miró 32,* ✆ *583 12 14.*

EL PÒSIT in der *C. Sant Isimo Cristo 2,* ✆ *583 82 33* ist für Freunde guter Küche sehr zu empfehlen. Spezialitäten des Hauses sind die Landpastete und die herzhaften Pfannkuchen mit Thunfisch und Paprika.

MIKES'S SPAGHETTI FACTORY direkt an der *Playa Levante* bietet 21 verschiedene Spaghetti-Variationen zu angemessenen Preisen. ✆ *583 84 25.*

Russische Küche bietet das **ACUARELA**. Hier gibt es neben landestypischen Gerichten Tagesmenüs mit Salat, Suppe, Fisch oder Fleisch und Wein. Ein Gläschen Wodka erhält jeder Gast ungefragt – Gastfreundschaft auf russisch! Freundliches Ambiente, für Reservierungen: ✆ *583 82 11.*

In der **BAR AL PUNT** an der *C/. del Mar 49,* ✆ *583 59 01* kann man sich für wenige Cents an den köstlichen Teigwaren des Hauses laben und dabei das Treiben auf der Straße beobachten.

VERSCHIEDENES

INFORMATION: *Oficina de Municipal de Turismo, C. Ejércitos Espanoles 66,* ✆ *583 12 50,* Öffnungszeiten: Mo–Sa von 9–21 Uhr, So 10–14 Uhr.

Für gesundheitsbewußte Reisende gibt es am *Plaza del Mar 37,* ✆ *583 35 56* die *Herboristeria Viola,* ein **REFORMHAUS** mit allen üblichen Waren, wo man auch Heilmassagen bekommt oder an Kursen für vegetarisches Kochen teilnehmen kann.

Wer in Calpe einen **JEEP** mieten will, kann sich an den Verleiher *Auriga* wenden *(✆ 583 00 91)* oder an *Pierre (✆ 583 74 70).* Bei Letzterem kann man seit Kurzem vierrädrige Geländemotorräder ausleihen. Lustig ist auch eine geführte Tour in die Berge einschließlich Mittagspause in einem spanischen Lokal. Infos über organisierte Jeep-Abenteuer in die Sierras nahe Calpe erhält man bei *Gandía Travel, Avda. Gabriel Miró 25,* ✆ *583 04 12.*

Das Cabo de la Nao ▼

Altea

Altea (13.000 Einwohner) gilt an der *Costa Blanca* als Ort der wohlhabenden Künstler, Schriftsteller und gutsituierten Familien aus Spaniens Großstädten. Die Altstadt liegt malerisch an einem Berghang und wird von kleinen Gäßchen durchzogen. Auf dem *Plaça de la Eglesia* vor der Kirche mit blauer Ziegelkuppel findet in regelmäßigen Abständen ein interessanter Kunstmarkt statt – dabei immer gegenwärtig: das phantastische Panorama über die Bucht.

Der untere Teil des Dorfes, getrennt durch die Durchgangsstraße, besteht aus der Strand- und Hafensiedlung. Eine breite Promenade lädt zum Flanieren ein. Hübsch ist hier das Geländer zwischen Promenade und Strand, deren obere Kanten mit gerundeten azurblauen Fliesen abgesetzt sind. Eine vorgezogene Mole schützt den Ort vor den heranrollenden Wellen. Bei starkem Seegang erhalten allerdings die dahinter parkenden Autos trotzdem eine Meerwasserdusche gratis.

Der helle Sandstrand, der sich durchaus sehen lassen kann, wurde vor wenigen Jahren angeschüttet und machte dem touristisch unattraktiven Vorgänger aus Kies den Garaus. Apartmentanlagen und Bungalowparks wie die *Altea Hills* wurden gebaut – und so manch Alteingesessener fürchtet, daß der Ort bald wie die Nachbarorte seinen stillen Charme durch die Invasion der Touristen verliert.

Nicht zuletzt lohnt eine Reise nach Altea des Einkaufens wegen – unter anderem wegen der Vielzahl an preiswerten, handgefertigten Lederartikeln. Qualitativ hochwertige Schuhe erhält man z. B. im *Centro de Calzado* an der *Ctra. Nacional 332, km 153,* Oberbekleidung aus Leder bei *Creaciones Antilope,* ebenfalls an der *Ctra. 332, in der Nähe der C/. La Luz.*

UNTERKUNFT

Die **PENSIÓN LA MAR 82•** liegt an der vielbefahrenen *Calle La Mar.* Preiswerte Doppelzimmer mit Bad, jedoch zum Teil recht lärmig.

Das **HOTEL ALTAYA••**, an der Promenade gelegen, ist ganzjährig geöffnet. Alle Zimmer nur mit seitlichem Meerblick, die Zimmer zur Promenade hinaus werden nicht vermietet. *Paseo San Pedro 113,* ✆ *584 08 00.*

Camping: **CAP BLANCH**, *Playa del Albir,* ✆ *584 59 46.* Der saubere, gut ausgestattete Platz wird nur durch die Küstenstraße vom Strand getrennt. Preise pro Person, Zelt und Auto. Der Platz mit einer Aufnahmekapazität von über 600 Personen ist ganzjährig geöffnet.

ESSEN UND TRINKEN

Aufgrund des hohen Aufkommens an gutsituierten Besuchern, die sich in oder nahe Altea mit eigenen Immobilien niedergelassen haben, hat die Stadt ihr Angebot an guten Etablissements kontinuierlich entwickelt. Dem Besucher steht die Qual der Wahl ins Haus:

Das indonesische Lokal **DES INDES** bietet Satés sowie vorzügliche Gemüsegerichte, direkt an der Promenade gelegen.

Das Restaurant **RACÓ DE TONI** in der *C. la Mar 127, Bajo (Parallelstr. zur Promende),* ✆ *584 17 63* ist sehr zu empfehlen für Freunde der guten Küche. Das Kaninchenemblem im Logo läßt zunächst einseitige Schlüsse zu, doch bei Seehecht mit Artischocken in grüner Soße oder Entenkeule mit Linsen und Pilzen sitzt es sich hier sehr gemütlich in dem liebevoll gestalteten Lokal.

Besonders wohl fühlen wir uns im romantischen Vorgarten des **GULA GULA** an der *Calle San Pedro 1,* ✆ *584 22 81,* geöffnet von 19–24 Uhr. Auf Korbflechtstühlen sitzt man hier zwischen Oleanderbüschen und genießt die mediterrane Küche. Zu dem Wein des Hauses sind das Kaninchen provencal oder der Teufelsfischspieß mit Garnelensoße wahre Geschmackserlebnisse. Zum Abschluß sollte man sich das Früchtesorbet nach Art des Hauses nicht entgehen lassen!

Originell ist das **EL AUSTRIACO**, an der Promenade gelegen. Hier schwelgt man in original österreichischen Genüssen. Wiener Schnitzel, Palatschinken, Kaiserschmarrn, allerdings auch Thüringer Rostbratwurst, dazu ein Paulaner Hefeweizen, so kann man sich auf den nächsten Urlaub in Österreich einstimmen.

Abends trifft sich die Szene im **BODEGON DE PEPE**, wo man bei lauter Musik und kühlen Drinks über Gott und die Welt spricht.

Von der Terrasse in der ersten Etage der **BAR MIRAMAR** hat man einen herrlichen Blick auf die Promenade, die Mole und das Meer. Hier kann man bei einem Glas *Pina Colada* den Tag langsam ausklingen lassen.

HELADERIA VENECIA, am nördlichen Ende der Promenade gelegen, verwöhnt mit ausgesuchten Eisspezialitäten. Serviert werden ebenfalls kleinere Snacks und natürlich der obligatorischen *Café con Leche.*

VERSCHIEDENES

INFORMATION: *Oficina de Turismo, Paseo San Pedro 9,* ✆ *584 41 14.* Geöffnet Mo–Fr. 10–14 Uhr und 17.30–20.30 Uhr, Sa 10–13 Uhr.

Eine 650 Meter lange Rennstrecke und deutsche Markenkarts bietet die **KARTBAHN ONDARA**. Geöffnet ist von 11 Uhr morgens bis tief in die Nacht, wo man bei Flutlicht seine Runden drehen kann. Man nimmt die Ausfahrt 62 der Autobahn A7 Richtung *Ondara/Dénia,* danach ist der Weg ausgeschildert.

Die Altstadt von Altea liegt malerisch an einem Berghang und wird von kleinen Gäßchen durchzogen ▼

Benidorm

Benidorm zählt etwa 48.000 Einwohner, pro Jahr wird die Stadt jedoch von 4 Millionen Touristen heimgesucht! Man sagt, daß an einem durchschnittlichen Augusttag 185.000 Menschen die Strände in Benidorm belegen (wobei sie natürlich noch nie tatsächlich gezählt werden konnten!). Etwa 60 % der Touristen kommen aus Spanien, 30 % aus Großbritannien. Die deutschen Feriengäste sind mit 4 % in der verschwindenden Minderzahl.

Wer hier seinen Urlaub verbringt, muß Action und Trubel in Kauf nehmen, denn Benidorm ist so berühmt für seinen Rummel, daß jeder Reisende wissen sollte, worauf er sich bei einem Urlaub in dieser Stadt einläßt. Nicht weniger als 1.700 Geschäfte, 1.000 Restaurants einschließlich Bars und Diskotheken, 60 Banken und 145 Hotels – von denen der Großteil Wolkenkratzer sind – entstanden hier in den vergangenen 40 Jahren. Das »Bali 3« ist mit 175 Metern Höhe und 52 Stockwerken das höchste Ferienhotel Europas. Stolz vergleichen die Einwohner Benidorms heute die Skyline ihrer Stadt mit der Manhattans. Ihrer Stadt, die noch in den 50er Jahren ein unscheinbares Fischerdorf mit gerade einmal 2.600 Einwohnern war…

Der alte Ortskern Benidorms ist absolut sehenswert. Am *Plaza del Castell* steht die *Iglesia de la Virgen del Sufragio*, wo der begeisterte »Türsteher« Ansichtskarten der heiligen Jungfrau verkauft und jedem Besucher seine Bewunderung für die Madonnenstatue in der Kirche mitteilt. Auf der anderen Seite des Platzes befinden sich hübsche Restaurants und Hotels mit herrlichem Blick auf die Bucht von Benidorm. Durch ein altes Stadttor, neben dem heute das Museum »Fauna de Hierro« (Ausstellung von Tierskulpturen aus Eisenblech, ✆ *680 28 11*) liegt, erreicht man den »Balcón de Europa«. Die große sechseckige Aussichtsterrasse mit Bänken zum Ausruhen bietet eine Rundsicht über die Strände Benidorms und das Meer.

Erstaunlicherweise ist es hier im Gegensatz zu dem lautstarken Treiben im neuen Teil der Stadt – wo man das Gefühl hat, jeder dritte Verkehrsteilnehmer sitzt auf einem Moped mit elementar defektem Auspuff – relativ beschaulich und ruhig. Als grüne Fluchtburg dient der *Parque de l«Aiguera*, in dem es ein modernes Amphitheater von *Ricard Bofill* gibt.

Benidorms Strände, die *Playa de Levante* im Osten und die *Playa de Poniente* im Westen, werden täglich gereinigt und einmal wöchentlich mit Spezialmaschinen tief umgegraben, was der Stadt letztlich die »Blaue Umweltflagge« für die Sauberkeit ihrer Strände eingebracht hat.

UNTERKUNFT

HOSTAL LA SANTA FAC•••, *C/La Santa Fac, 18,* ✆ *585 40 63,* einfaches Haus, zentral gelegen, Billardtisch vorhanden.

HOTEL ASTURIAS••, *C/. Garita 6,* ✆ *585 14 56,* zentral gelegen, saubere Zimmer mit Bad und Balkon.

HOTEL LAS VEGAS••, *C/. Tomas Ortuno,* ✆ *585 40 04 oder* ✆ *585 57 00,* typisch spanisches Haus, nur 100 Meter vom Strand entfernt. Zimmer mit Bad, Balkon und Telefon, Swimmingpool.

HOTEL CANFALI•••, familiär geführtes Haus, auf den Felsen oberhalb der Playa Levante gelegen. Über eine kleine Treppe erreicht man den Strand. Alle Zimmer mit Bad, Telefon,

Heizung und Fernsehen. Zum Hotel gehören Restaurant und Bar mit Terrasse, die eine großartige Sicht über die Bucht bietet. *Plaza San Jaime 5, ✆ 585 08 18.*

HOTEL VORAMAR•••, *Avda. de los Almendros 6, ✆ 585 51 50.* Die recht komfortablen Zimmer verfügen über Bad, Fernsehen, Telefon und Balkon, teilweise mit Meerblick. Auch vom Swimmingpool kann man den Ausblick über das Meer genießen.

VILLA VENECIA••••, *Plaza San Jaime 1, ✆ 585 54 66,* hoch über der Playa Levante gelegen, Zugang zum Meer vorhanden, mit Bad, Telefon, Heizung und TV. Einstimmend wirkt hier schon die Empfangshalle mit den blauen Sofas vor den Panoramascheiben, durch die man eine grandiose Aussicht auf den Ozean hat.

CAMPING: Wer weniger Geld ausgeben möchte, kann auf einen der Campingplätze ausweichen, z.B. der Platz **VILLASOL**, jeweils ca. 1,5 Kilometer vom Strand und Zentrum entfernt. Sehr guter Platz, der sogar über ein Hallenbad verfügt. Von der N 332 Abzweig Richtung »Playa Levante«, von der Straße her ausgeschildert. *Avda. de L'Admirall Bernat de Sarria, ✆ 585 04 22*

CAMPING DON QUIJOTE: *Pda. Derramador, ✆ 585 50 65,* kein Pool vorhanden, dafür äußerst preiswert.

ESSEN UND TRINKEN

LA RANA, in der Altstadt gelegen, bietet bei gemütlichem Ambiente Spezialitäten der spanischen Küche, besonders hervorragende Fischgerichte. *Costera del Barco, für Reservierungen ✆ 586 81 20* (hier ist es oft bis auf den letzten Tisch ausgebucht).

ACUARIO, in der Querstraße zum *Plaza San Jaime gelegen,* hier erhält man bei grandioser Aussicht auf die Bucht von der verglasten Terrasse ein preiswertes, aber gutes Mahl.

YE OLDE MAGPIE'S NEST, gegenüber des Acuario, ist ein herrlich gemütlicher Family-Pub, wo man kleine Snacks zu sich nehmen kann, gute Drinks genießt und sich die Zeit mit Gesellschaftsspielen wie *Vier gewinnt* oder *Backgammon* vertreiben kann.

Zu empfehlen ist auch der **VINCENT'S CORNER PUB**, bei »Tony & Jane«, *Ecke Carrer del Mercat/Av. de los Almendros* – hier geht es bei Live-Music und freundlichen Gastgebern locker zu.

LA CAYA ARAGONESA, *Plaza de la Constitución,* hier sitzt man unter den an den der Decke über dem Tresen hängenden Schinken und hält ein Pläuschchen mit den Ortsansässigen. Vielleicht nicht jedermanns Sache, aber doch ein uriges Erlebnis.

ABENDS

Musikpubs gibt es entlang der *Playa Levante* massenhaft – am besten, man schaut einfach mal hinein, um die Stimmung in sich aufzunehmen. Die Pubs **PENÉLOPE** und **EL BIKINI** sind im Augenblick recht angesagt, was sich natürlich in dem schnellebigen Ort täglich ändern kann.

In den riesigen Diskotheken **PENÉLOPE** (nicht mit obigem Pub zu verwechseln!) und **STAR GARDEN** (*beide Ctra. València*) tummeln sich interessante Leute. Hier kann man sich informieren, was in der Musik- und Modebranche gerade in ist und locker die ganze Nacht durchtanzen.

Wer eine Transvestitenshow erleben möchte, ist bei **SABRINA**, *Avda. Jaime I. 9, ✆ 585 36 06* gut aufgehoben. Gewagte Bühnenbilder und Showeinlagen, die teilweise sehr humorvoll dargeboten werden, zeigen, daß die Damen – oder Herren? – die

Sache nicht so ernst sehen und auch über sich selbst lachen können.

SEHENSWERTES

Langeweile braucht hier wirklich nicht aufzukommen, für Abwechslung ist in und um Benidorm stets gesorgt. Ein lohnender Ausflug ist z. B. die Fahrt mit dem **LIMON-EXPRES** von Benidorm nach *Gata*. Die Schmalspurbahn fährt an der Küste entlang und bietet Aussicht auf *Altea*, den *Penón de Ifach* und *Teulada*. Nach der Ankunft in Gata de Gorgos können eine Gitarrenfabrik und die Fertigung von Bastkörben besichtigt werden. Infos und Reservierungen unter ✆ *680 31 03*.

Ungewöhnliche Ausblicke bietet eine Fahrt mit dem **GLASBODENBOOT** zum vorgelagerten Felsen von Benidorm (*Islote de Benidorm*). Ab 10 Uhr morgens fahren die Boote vom Hafen aus stündlich hin und zurück.

Ist man mit **KINDERN** unterwegs, kommt man wohl um den Besuch eines der vielen Freizeitparks nicht herum, da die Werbeplakate für diese Zentren nicht zu übersehen sind. Gut angelegt und nicht nur für Kids ein Spaß ist der **PARQUE ACUÁTICO AQUALANDIA** an der *Rincón de Loix*. *Rasant* und nur für starke Nerven – die »Kamikazebahn«.

In der gleichen Straße liegt der Park **MUNDOMAR**, auf den ersten Blick vielleicht ein wenig kitschig mit nachgebildeten Dörfern und Schiffen. Es läßt sich gewiß auch darüber streiten, ob die Delphine und Seelöwen bei Ihren Darbietungen genausoviel Spaß haben wir die Dompteure und Touristen, doch der Park ist immer gut besucht.

Abends ab 21 Uhr bietet sich der Besuch des **BENIDORM PALACE**, schräg gegenüber dem Aqualandia, Reservierungen unter ✆ *585 16 61* an. Großes Abenddinner mit Tanz zu Orchestermusik und eine Show mit mehreren Ballettensembles und Magiern. Für Kinder ermäßigter Preis.

SEHENSWERTES IN DER UMGEBUNG

Ein schöner Tagesausflug von Benidorm aus ist die Fahrt nach **CALLOSA D'EN SARRIÀ**. Eingebettet zwischen den immergrünen Tälern der Flüsse *Algar* und *Guadelest*, umgeben von den Bergen *Sierra de Aitana* (1.558 m), *Serrella* (1.360 m) und *Bernia* (1.128 m), liegt der malerische Ort mit ca. 7.700 Einwohnern. In dieser fruchtbaren Gegend gibt es riesigen Obsthaine, hauptsächlich werden hier Mispeln angebaut, die in die ganze Welt exportiert werden. Viele kleine Quellen formieren sich zu den *Fuentes del Agar* – einem Wasserfall, an dessen Fuße man ein Bad nehmen kann. In der Umgebung gibt es gut ausgeschilderte Wander- und Reitwege, die durch die wunderschöne Natur der Gebirgslandschaft führen. Wer sein Zelt dabei hat, sollte auf dem gepflegten Campingplatz des Ortes ein paar Nächte verbringen.

VERBINDUNGEN

BUS: Bushaltestellen der UBESA Richtung *Alicante* (14x) und *Valencia* (8x) findet man an der Durchgangsstraße Alicante-Valencia bei der TANKSTELLE »La Isleta« und an der *Avenida Europa*.

ZUG: FEVE-Bahnhof nördlich des Zentrums, in die Stadt Bus-Nr. 7, Gegenrichtung Nr. 1. Die Züge verkehren jeweils 7x täglich Richtung *Alicante* und *Dénia*.

FLUGZEUG: Der nächste Flughafen ist Alicante, zu erreichen mit Bus, Zug oder Taxi .

VERSCHIEDENES

INFORMATION: Es gibt mehrere Büros in Benidorm, das *Oficina de Turismo* an der *Avda. Europa,* ✆ *582 00 95,* 🖷 *585 59 39,* hat auch am Sonntag geöffnet.

AUTOVERMIETUNG: *AVIS* bietet Autos jeder Klasse und guten Kundenservice in der *Avda. Ametlla de Mar, Ed. Coblanca 8,* ✆ *585 23 11*. Oder bei *SOL-MAR, Avda. de Europa, 18,* ✆ *680 96 00.*

Wer in Benidorm ein **MOTORRAD** für Ausflüge mieten will, hat die Auswahl zwischen sehr vielen Anbietern. Zu empfehlen ist *Bikers Escape* in der *Avda. Europa,* wo es neben gepflegten gut gewarteten Maschinen sogar Trikes zu mieten gibt

Mehrere **KARTBAHNEN**, deren Werbungen und Hinweisschilder nicht zu verfehlen sind, versprechen ebenfalls Abwechslung.

Viele Langzeiturlauber oder Residenten möchten ihre **HAUSTIERE** bei Flügen in ihre Zweitheimat nicht mitnehmen. Für diese Fälle gibt es einige Hunde- und Katzenpensionen, z. B. das *»Caraby«* in Benidorm – in dem Hundehotel mit separater Katzenpension wird das Haustier artgerecht und verantwortungsbewußt betreut. Hier gibt es Einzelzwinger mit Ozonzufuhr, Musik, Heizung und Auslauf. Infos unter ✆ *585 59 81.*

▼ Playa de Levante in Benidorm

Villajoyosa (La Vila Joiosa)

Einen Besuch dieses Fischerortes mit etwa 23.500 Einwohnern sollte man keinesfalls versäumen. Schon von der Durchgangsstraße aus sieht man die ersten mediterran-farbenfrohen Häuser, die sich bis zum Hafen mit seiner palmengesäumten Promenade hinunterziehen.

Obwohl nur zehn Küstenkilometer von Benidorm entfernt, offenbart sich dem Reisenden eine ganz andere, ruhigere Welt, vom Massentourismus ist hier nichts zu spüren. Die Leute dieses Ortes sind sehr freundlich, auch wenn man sich meistens nur auf spanisch oder mit deutschen Händen und Füßen verständigen kann. Überall sieht man die Rentner des Ortes, die sich für ein Pläuschchen auf dem Bürgersteig niedergelassen haben, zu einem Gruß für vorbeigehende Fremde jedoch stets zu einer Unterbrechung ihrer Gespräche bereit. Dösende Hunde und Katzen sowie fußballspielende Kinder bestärken das Gefühl, hier um Jahrzehnte zurück in ein beschauliches Dorfleben hineingeraten zu sein.

Rund um die Altstadt sind die Reste der historischen Stadtmauer auszumachen. Sehenswert ist die gotische Pfarrkirche *Mare de Déu de la Assumpicó* und der *Torre de Hércules*, ein Turm aus römischer Zeit, der bei der Playa de Torres steht.

In der gesamten Region ist das Fest der *Moros y Cristianos* am 29. Juli sehr beliebt. Es erinnert an den Angriff der Mauren, die im Jahre 1538 meerseits über den Ort herfielen.

Spezialität des Ortes sind die Köstlichkeiten aus Schokolade. Ein Besuch der *Chocolatería Clavileno, Colón 187,* lohnt sich für jeden Feinschmecker.

An der N-332, KM 141, Richtung Benidorm liegt das *Casino Costa Blanca/Villajoyosa,* wo es außer Roulette, Karten- und Automatenspielen jeden Abend eine Show (23.30 Uhr) gibt. Reservierung unter ✆ *589 07 00.*

UNTERKUNFT

PENSIÓN BIENVENIDO•, *in einer Parallelgasse zur Strandpromenade, Calle Pal 4,* ✆ *589 00 05,* gemütlich gelegene Unterkunft. Wer vom zärtlichen Zwitschern der beiden Kanarienvögel auf den gegenüberliegenden Balkonen geweckt werden möchte, ist hier genau richtig. Kleine saubere Zimmer mit winzigen Balkonen, Dusche auf dem Flur. Die Wirtin erzählt nette Geschichten von ihren Enkelkindern.

EL MONTÍBOLI••••, in maurischem Stil auf einem Felsen direkt am Meer erbaut, zählt dieses Hotel zu den schönsten an der Costa Blanca. Sehr luxuriös und ruhig gelegen. *Partida Montíboli s/n,* ✆ *589 02 50.*

ESSEN UND TRINKEN

Direkt an der Promenade gelegen, lädt das blau-weiß eingerichtete **LE CABANON**, ✆ *685 06 87* zum Verweilen ein. Zu empfehlen sind hier die *Sardinas á la Plancha* und die reichhaltige Tapasauswahl.

SEHENSWERTES IN DER UMGEBUNG

Über *Orcheta* und *Sella* gelangt man nach *Penaguila,* wo sich der **SAFARIPARK AITANA** befindet. Mit dem Jeep fährt man durch ein 1.500.000 m² großes Freigehege, um Giraffen, Elefanten, Nashörner und Tiger von Nahem zu betrachten. Für Kinder sicherlich ein eindrucksvolleres Erlebnis als im Zoo der Heimatstadt.

Ausflüge

Wer ausschließlich auf öffentliche Verkehrsmittel angewiesen ist, kann nicht viel vom Kernland der Provinz entdecken, weil sich das, was es zu sehen gibt – hauptsächlich Landschaft – nur mit dem eigenen Fahrzeug erschließen läßt; Busse fahren zwar auch ins Hinterland, aber eben nur auf den großen und schnellen Nationalstraßen.

Wir werden im folgenden eine Rundreise beschreiben, die am Nordrand der Provinz beginnt, im Süden endet und die sehenswertesten Ortschaften miteinander verbindet: **PEGO – CALLOSA – GUADELEST – ALCOY – VILLENA – ELCHE.**

Wer weder Alicante selbst noch der Costa Blanca in diesem Abschnitt einen Besuch abstatten will, kann die Route, oder Teile davon, auch als Transitstrecke übernehmen, fährt so zwar ein paar Kilometer mehr, sieht jedoch viel, verliert ein wenig Zeit, aber kaum die Nerven.

VALL DE EBO

Von *Pego* aus (zu erreichen ab *Oliva* – zwischen Gandía und Dénia an der Autobahn gelegen) folgt man den etwas chaotischen Hinweisschildern Richtung *Callosa* und zweigt ca. 1 km hinter der Ortschaft scharf rechts ab: ausgeschildert nach »Vall de Ebo«. Die schmale Asphaltstraße (die auf vielen Karten nicht eingezeichnet ist) zieht sich über unzählige Serpentinen den mit Pinien bewachsenen Steilhang hinauf, bietet vom »Paß« ein außerordentlich imposantes Panorama auf die Orangenebene und das Meer im Hintergrund und windet sich dann durch eine grauweiße »Mondlandschaft« bis an den Rand des Vall de Ebo (Ebotal), das an dieser Stelle einen etwa 200 m tief ausgewaschenen Cañon bildet – spektakulär!

Folgt man der Straße ins breiter werdende Tal, ist bald ein kleines Dörfchen erreicht, vor dem eine Straße scharf links ab ins eigentliche Flußtal führt. Der Asphalt wird zur Kiesdecke, und nach ein paar km, direkt vor der Cañon-Schlucht, ist das Wegende erreicht. Hier bietet sich eine hübsche Wiese zum Wildcampen an, zumal oberhalb eine kleine Quelle das nötige Trinkwasser liefert. Wer jetzt noch Schuhwerk dabei hat und gut zu Fuß ist, der kann von hier aus zu ausgedehnten Wanderungen durch die Klamm oder auf die (bis rund 1000 m hohen) Berge starten.

NACH CALLOSA

Die Gesamtstrecke von Pego nach Callosa ist rund 40 km lang, wofür man allerdings in Anbetracht der Straßenführung mindestens 1,5 Std. einplanen muß.

Fährt man bis *Orba* noch durch flache Orangen- und Zitronenebene, so wird die Landschaft hinter diesem Ort (der zum Großteil ein Touristenvillen-Ort ist) wild und wüst und steigt erst sanft, dann steil und kesselförmig an bis zum rund 800 m hohen **COLL DE RATES** – einem windumpeitschten Paß. Romantiker sollten es sich nicht nehmen lassen, zur Dämmerung im Paßrestaurant über der Steilwand das Abendessen einzunehmen.

Von jetzt an geht es in Berg- und Talfahrt durch ein verwirrendes Labyrinth der bis 1300 m hohen Felsketten **SIERRA DE BERNIA, SIERRA DE AIXORTA** und **SIERRA DE ALFARO,** zwischen denen saftig grüne Täler einen satten Kontrast bilden. Zahlreiche Aussichtspunkte laden zu Tief- und Weitblicken ein, und wen das durstig macht, der findet ein paar Panoramabars.

GUADALEST

Dieses Bergdorf muß man einfach gesehen haben! Über die Ctra. 3313 gelangt man zu dem Ort mit nur 165 Einwohnern. Vom Parkplatz im Ort geht es dann zu Fuß weiter über den zickzackförmigen Weg zu dem hundertjährigen Tor, das in den Felsen eingemauert ist und durch einen Tunnel den Zugang zur Festung freigibt. Hier taucht man ein in eine Stimmung aus dem Mittelalter. Steigt man ganz nach oben, an die Stelle, wo ehemals die Burg stand und heute der Friedhof an die vergangenen Tage erinnert, hat man einen grandiosen Ausblick über das ganze Tal, die Obsthaine, Pinienwälder, in weiter Ferne das Meer und direkt unter sich einen langgezogenen, grünen Stausee.

In den kleinen Gassen des Örtchens kann man über Kitsch, Postkarten, hübsche handgefertigte Keramikutensilien, Korbwaren, Snacks und Eis so ziemlich alles erstehen. Es ist auf jeden Fall zu empfehlen, hier erst nach 17 Uhr aufzutauchen, um die Bustouristen, die in Massen »die Festung stürmen« nicht zu treffen. Unvergessen bleibt die Stimmung, wenn es langsam dunkel wird über dem Tal, die Händler ihre Waren in die Shops tragen, und die Einwohner die Gassen für den nächsten Tag fegen.

ESSEN UND TRINKEN

Die Bar **REST L'HORT** bietet gute Gerichte, z. B. Kaninchen in Knoblauchsoße – und einen kostenlos-herrlichen Blick über das Tal.

▼ Callosa de En'Sarria

Sierra de Alfaro bei Vall de Ebo ◀

SEHENSWERTES

Die Geschäftstidee in Guadalest heißt: Museum! So gibt es derer gleich sieben in dem Ort, interessant ist vor allem das **MUSEO MUNICIPAL**, *Case de Orduna*, Öffnungszeiten 10.15 bis 14 Uhr und 15.15 bis 20 Uhr, mit einer religiösen Pinakothek aus dem 18. Jh. und einer Keramiksammlung.

Außerdem gibt es zwei Museen, die Werke des spanischen Künstlers **MANUEL USSÀ** zeigen. Ziel der künstlerischen Tätigkeit des Bildhauers ist es unter anderem, auf Relationen hinzuweisen, die man normalerweise nicht wahrnimmt. So hat er z. B. eine Elefantenskulptur auf ein Mückenauge modelliert, oder auf Blüten und Fliegenflügeln menschliche Figuren gemalt. Die Freiheitsstatue und ein Kamel hat er in ein Nadelöhr versetzt. Durch Lupen kann man seine Kunstwerke betrachten. Der Eintritt ist nicht gerade billig und die ganze Sache sowieso eine Frage des individuellen Geschmacks, aber uns hat die Ausstellung einige Zeit fasziniert.

BENIMANTELL

Das Bergdörfchen erreicht man auf der Fahrt nach *Benidorm*. Im gemütlichen Ortsinneren geht alles seinen gewohnten Gang, man fühlt sich leicht um Jahrhunderte zurückversetzt. Rund um den Kirchplatz drängen sich die Häuschen, und mit dem Auto wird es in den schmalen Gäßchen gelegentlich mehr als eng.

Restaurants und Snackbars sucht man im Ortskern vergebens. An der oberhalb des Dorfes gelegenen Durchgangsstraße jedoch gibt es einige nette Gasthöfe; z.B. das *Venta La Montana*, wo man Kaninchen oder Lammkoteletts in Knoblauchmarinade genießen kann oder das *Kilometro 13*, eine Bar direkt neben dem Zeitschriftenhändler des Ortes, wo man auf der kleinen Terrasse inmitten der Dorfjugend ein erfrischendes Eis löffelt.

Zwischen Benimantell und Guadalest gibt es die Möglichkeit zur Erkundung der Sierras in der Umgebung auf einem Esel.

Alcoy (Alcoi)

Alcoy (64.000 Einwohner) ist bei Spaniern heute vor allem für die Herstellung von Zigarettenpapier bekannt und liegt eingebettet in eine wilde Berglandschaft. Die Stadt an sich ist allerdings eine gestandene Industriestadt und nicht unbedingt der romantischste Touristik-Hit.

Interessant ist die Stadt in jedem Fall; wie viele andere historische Industriestädte umgibt Alcoy ein fast melancholisches Flair. In den steilen Gassen der Altstadt gibt es viele Jugendstilhäuser, die allerdings größtenteils verfallen oder zumindestens arg verschmutzt sind. Geradezu aufregend präsentiert sich die Stahlbrücke *Viaducto de Canalejas* von 1907 über den *Río Molinar*, ein beeindruckendes Monument spanischer Industriearchitektur.

In Alcoy hat Stadtverwaltung von »links« Tradition, denn hier wurde 1873 zum ersten revolutionären Streik in ganz Spanien aufgerufen, dem sogleich 13 Fabriken und der Bürgermeister zum Opfer fielen. In den Jahren bis zur Franco-Diktatur befand sich hier die Zentrale der spanischen Anarchisten, und trotz der auch heute noch sehr lebendigen antiklerikalen Stimmung wird hier alljährlich eine der prächtigsten religiösen Fiestas von Südspanien ausgerichtet – die *Fiesta de Moros y Cristianos.*

Im **MUSEO DE LA FIESTA** wird die Geschichte des Christen- und Maurenfestes dokumentiert. Untergebracht im **CASAL DE SANT JORDI**, *Calle San Miguel 62.* Öffnungszeiten: Mo–Fr 11–13.30 und 17.30 bis 20 Uhr. Sa/So nur vormittags.

Das ehemalige Rathaus in der *Calle San Miguel 20,* beherbergt das **MUSEO ARQUEOLÓGICO** mit Keramikfunden aus der nahen Iberersiedlung **LA SERRETA**. Öffnungszeiten: Mo–Fr 9–14 Uhr, im August geschlossen.

MOROS Y CRISTIANOS

Das große Fest *Moros y Cristianos* (Mauren und Christen) gehört neben der *Semana Santa* (Karwoche) zu den am häufigsten gefeierten spanischen Fiestas im ganzen Land; allein in der Region Valencia, von Andalusien ganz zu schweigen, wird dieses Fest in über 35 Städten mit Prozessionen und Feuerwerk begangen.

Ursprung für alle ist der Sieg der Christen über die islamischen Mauren. So auch in Alcoy, wo die Fiesta vom 22.–24. April dauert und mit dem St. Georgstag zusammenfällt. Nicht ohne Grund natürlich, denn die Stadt war 1276 bereits seit 32 Jahren durch *Jaime I.* von Aragonien für die Christenheit zurückgewonnen, als sie erneut durch den Maurenfeldherrn *Al-Azray* angegriffen wurde. In dieser kritischen Phase jedoch griff der heilige *St. Georg* persönlich ins Kampfgetümmel ein und versprengte die Ungläubigen in alle Himmelsrichtungen.

Seither wird in Alcoy alljährlich Moros y Cristianos mit ungeheurem Prunk und Aufwand gefeiert. Die ganze Stadt ist auf den Beinen, Reiterhorden preschen durch die Straßen, alle sind in Kostüme des Mittelalters gekleidet. Es gibt nächtliche Prozessionen, Fackelzüge, der Wein fließt in Strömen, und der Abschluß wird durch ein monumentales Feuerwerk eingeleitet, bei dem allein über 5 Tonnen Pulver verschossen werden.

Die Fiesta »Moros y Cristianos« in Alcoy ►

UNTERKUNFT

Das **HOSTAL SAVOY**•-•• in der kleinen Calle Casablanca gelegen, erinnert tatsächlich ein wenig an nordafrikanische Herbergen. Doch die Zimmer sind sauber und nett möbliert, die hinteren bieten den Blick auf die *Pont Sant Jordi 9,* ✆ *554 72 72.*

Das **HOTEL RECONQUISTA**•• ermöglicht einen schönen Blick auf die Altstadt und die Berge. *Avda. Pont Sant Jordi 1,* ✆ *533 09 00,* 📠 *533 09 55.*

NACH ELCHE

Während der folgenden 90 km bis Elche – quer durch sonnenverbranntes, braunes Ödland – empfiehlt es sich, zumindest zwei kurze Stopover einzulegen:

BIAR

ist ein ursprüngliches Lehm- und Ziegeldorf, das eine einsame Hügelkuppe wie einen Kranz umgibt, auf dem der ockerfarbene Mauergürtel der

▼ Die Burg von Biar

Burg von *Biar* recht beeindruckend thront. Die zahlreichen Rundtürme unterstreichen den wehrhaften Anblick, und der Ausblick von hier aufs Dorf und in die weite Ebene lohnt den kurzen Aufstieg.

VILLENA

wird vollständig von der mächtigen Burg der *Grafen von Villena* dominiert, die mit einem doppelten Mauermantel, halbrunden Türmen und einem monumentalen Bergfried die gesamte Stadt dominiert. Sehenswert auch die spätgotische *Santiago-Kirche* aus dem 15. Jh., in der sich der Kunstreisende an einer der prächtigsten *Reja* der Provinz erfreuen kann. Feinste Renaissance prägt den *Palacio Municipal* (Rathaus), und rund 10 kg Gold in Form von Schmuckstücken, Ritualgefäßen, Schalen und Flakons kann man im hiesigen *Museo Arqueológico* bestaunen: Der Goldschatz geht auf die Iberer zurück, wird auf 1.000 v.Chr. datiert und wurde erst 1963 (vom Gründer des Museums) gefunden.

Elche

Elche, rund 25 km südwestlich von Alicante und nur ein paar Kilometer vom Meer entfernt, hat ein Bevölkerungswachstum, das zu den höchsten in Spanien zählt. Wie es heißt, resultiert diese sprichwörtliche Fruchtbarkeit (vor 30 Jahren hatte Elche 15000 Einwohner, heute 210000) daraus, daß die Stadt den größten Palmenwald Europas hat. Einen Wald, der bis auf die Karthagener zurückgeht, überall um und in der Stadt wuchert und aus 100000 bis 250000 Dattelpalmen besteht (je nach Statistik).

Wer unter solchen Palmen schlafen will, sollte den im Ort ausgeschilderten *Camping El Palmeral* anfahren (siehe zu »Unterkunft« unter Alicante), der mitsamt Swimming-Pool mittendrin liegt.

Wer das Glück hat, in der ersten August-Hälfte in der Nähe von Elche zu verweilen, sollte die unten näher vorgestellte Fiesta *Misterio de Elche* nicht versäumen.

AN-/WEITERREISE

Stündlich Zugverbindungen von/nach *Murcia* sowie *Alicante*. Der **RENFE-BAHNHOF** befindet sich an der *Av. de la Libertad*, wo auch der Busbahnhof (ebenfalls stündliche Verbindungen mit *Murcia* und *Alicante*) gelegen ist.

Wer mit dem eigenen Fahrzeug anreist und insbesondere den Palmenwald besichtigen will, folge den Schildern Richtung »Huerta del Cura«.

UNTERKUNFT

Der Unterkunftstip in Elche lautet **CAMPING EL PALMERAL** (siehe unter«Alicante«).

Soll's ein Zimmer sein, bietet sich die **HOSTAL RESIDENCIA DON JAIME** ••-••• an *(Av. Primo de Rivera 5, ✆ 96/5 45 38 40)*, die direkt im Zentrum liegt und zweckmäßig/steril eingerichtet ist.

Wesentlich eindrucksvoller freilich wohnt man im wunderschön zwischen Palmen gelegenen Parador-Hotel **HUERTA DEL CURA** *(Porta de la Morera 14, ✆ 96/5 45 80 40, 📠 5 42 19 10)* nahe dem berühmten Palmenwald; das Haus bietet jeden erdenklichen Komfort, auch ein beheiztes Schwimmbad, ist freilich auch entsprechend teuer (ab 100 €).

Sehenswert

So exotisch auch der Touch, den all die Dattelpalmen der Stadt verleihen, so störend sind doch all die Industrieanlagen und Betonbauten, die überall im großen gefächerten Grün aufragen. Palmen pur, zudem noch besonders ausladende und bis zu 200 Jahre alte Exemplare, sind im überall ausgeschilderten **HUERTA-DEL-CURA-PARK** zu betrachten, wo sich u.a. auch die berühmte **PALMA IMPERIAL** erhebt, die immerhin 7 Stämme zählt.

Verschiedenes

OFICINA MUNICIPAL DE TURISMO, *Placa del Parc,* ✆ *96/5 45 38 31,* 🖷 *5 45 78 94;* Mo–Fr 9–14 und 17–20 Uhr, Sa bis 13 Uhr.

Misterio de Elche

Vor vielen Jahrhunderten begab es sich am Tage von Maria-Himmelfahrt, daß ein gottesfürchtiger Mann namens *Francisco Canto* in der Nähe von Elche auf dem Meer einen merkwürdigen Gegenstand erblickte, der schon bald darauf an

Die Fiesta Popular Las Palmas in Elche ►

▼ Das Restaurant vom Camping El Palmeral in Elche

Land gespült wurde. Francisco öffnete das Strandgut, eine Kiste, und fand zu seinem Erstaunen das Abbild der Jungfrau Maria. Schnellen Schrittes eilte er nach Elche, um Kunde zu tun von diesem beachtlichen Fund: »Kommt zum Strand, Einwohner von Elche, eine Jungfrau wurde uns heute geschenkt« – so soll er gerufen haben.

Das Volk eilte, und bald schon stand alles, was dem rechten Glauben angehörte, am Meer und bestaunte den heiligen Fund, der – wie sich herausstellte – ausschließlich für Elche bestimmt war, und zwar von Gott persönlich. Denn ein beigelegter Zettel trug die Aufschrift: »Soc pera Elig», »Dies ist für Elche«.

Seit diesem Tag nun, wahrscheinlich einem Tag zu Beginn des 14. Jh., wird jedes Jahr am 13.–15. August das sogenannte Mysterienspiel von Elche aufgeführt, das unter Verwendung überlieferter Texte und Melodien Tod, Himmelfahrt und Krönung der Jungfrau Maria veranschaulicht. Kurioserweise werden bei diesem mittelalterlichen Krippenspiel auch die weiblichen Rollen ausschließlich von männlichen Akteuren dargestellt.

Alicante

Wie die meisten spanischen Großstädte, so hat sich auch Alicante – Provinzhauptstadt der gleichnamigen Region und rund 280 000 Einwohner groß – in einen gesichtslosen, grauen Vorstadtmantel gehüllt. Eingebettet zwischen kahle Hügel, wuchert sie in eine schwarzbraune Landschaft hinein und scheint so ihrem schmückenden Beinamen *Preciosa* – die »Kostbare« – Hohn zu sprechen. Doch wie die köstliche Mandel – neben dem Wein das Hauptexportgut dieser wichtigsten Hafenstadt der Comunidad Valenciana – von einer unscheinbaren Hülle umgeben ist, so verhält es sich auch mit Alicante: wer in ihren Kern vordringt, wird mit reinstem südspanischem Ambiente belohnt und findet viel Sehenswertes, auch wenn es keine großen Sehenswürdigkeiten im eigentlichen Sinn zu betrachten gibt.

Die *Explanada de España*, die rund 1 km lange palmengesäumte Prachtpromenade mit ihrem mehrfarbigen, wellenartig gemusterten Mosaikboden, gilt als eine der prunkvollsten Bühnen quirliger Alltagskultur von ganz Spanien. Sie mündet an ihrem Nordende in einen Strand von feinstem goldenen Sand und gewährt aus ihrer Mitte einen Blick auf das aufreizende Geschaukel mondäner Yachten vor der blauen Kulisse des Mittelmeeres. Stadteinwärts erreicht man von hier die *Rambla de Méndez Núñez*, die elegante und durch Wasserspiele aufgelockerte und von Straßencafés gesäumte Einkaufsstraße. Die ostwärts verlaufende *Calle Mayor* mit ihren unzähligen Tapa-Bars und Bodegas ist das Refugium der Hungrigen sowie – mit kleinen palmenüberschatteten Plazas, über denen weiße Tauben gurren – das Viertel, in dem Müßiggänger die heißen Tagesstunden verdösen. In ihrem Verlauf passiert man die Renaissance-Kathedrale *San Nicolás de Bari* sowie die Kirche *Santa María de la Asunción* mit reich geschmücktem Portal. In herrlichem Gegensatz künden weiß getünchte und geranienbehangene Hausfassaden das verwinkelte Viertel des *Barrio Santa Bárbara* an, das den ockerfarbenen und festungsgekrönten Burgberg der Stadt hinaufwächst. Hier vermengt sich das Gestern mit dem Heute, mischt sich urbane Subkultur unter das fast schon dörfliche Idyll der an dieser Stelle vor rund 2300 Jahren von den Karthagern gegründeten Stadt.

ANKUNFT

BUS: Die Busse aus allen Landesteilen stoppen am zentralen Busbahnhof an der *Calle Portugal*, von wo aus die Herbergen in wenigen Minuten zu Fuß erreichbar sind. Rechts im Bahnhofsgebäude ist das *Turismo* (Mo–Sa, 9–13 und 16.30–19.30 Uhr) untergebracht, wo man einen guten Stadtplan erhält.

ZUG: Alicante hat gleich zwei Bahnhöfe: *Estación Término (RENFE), Avenida de Salamanca*: für Züge aus Mitteleuropa, aus allen spanischen Städten außer den nördlichen Küstenorten an der Costa Blanca. Recht weit außerhalb gelegen; ins Zentrum mit einem Stadtbus oder Taxi, zu Fuß sind's gut 20 Minuten.

Estación de la Marina (FEVE), Avenida Villajoyosa: für Züge aus dem nördlichen Bereich der Costa Blanca (Dénia, Calpe, Benidorm etc.). Ca. 10 Gehminuten außerhalb.

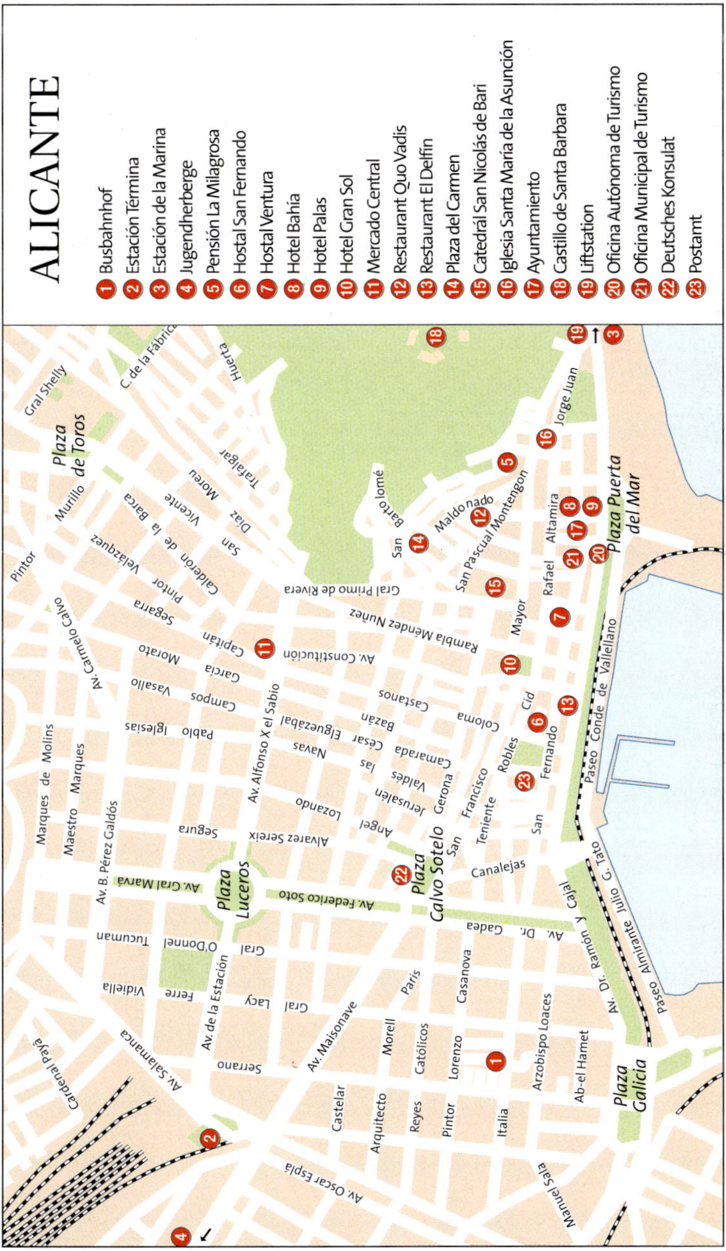
ALICANTE
1 Busbahnhof
2 Estación Término
3 Estación de la Marina
4 Jugendherberge
5 Pensión La Milagrosa
6 Hostal San Fernando
7 Hostal Ventura
8 Hotel Bahía
9 Hotel Palas
10 Hotel Gran Sol
11 Mercado Central
12 Restaurant Quo Vadis
13 Restaurant El Delfín
14 Plaza del Carmen
15 Catedrál San Nicolás de Bari
16 Iglesia Santa María de la Asunción
17 Ayuntamiento
18 Castillo de Santa Barbara
19 Liftstation
20 Oficina Autónoma de Turismo
21 Oficina Municipal de Turismo
22 Deutsches Konsulat
23 Postamt
Plaza de Toros
Plaza Luceros
Plaza Calvo Sotelo
Plaza Puerta del Mar
Plaza Galicia
Av. Constitución
Rambla Méndez Nuñez
Av. Alfonso X el Sabio
Av. Federico Soto
Av. Gral Marvá
Av. de la Estación
Av. Maisonave
Av. Salamanca
Av. Oscar Esplá
Av. Dr. Ramón y Cajal
Paseo Almirante Julio G. Tato
Paseo Conde de Vallellano
Gral Primo de Rivera

FLUGZEUG: Der *Aeropuerto Internacional de El Altet* ist 12 km südlich von Alicante gelegen. In die Stadt gibt es zwischen 6.30 und 22.30 Uhr einen Zubringerbus, der vor dem Busbahnhof/Calle Portugal stoppt.

MIT EIGENEM FAHRZEUG: Es gibt gut ausgeschilderte Umgehungsstraßen. Wer ins Zentrum will, sollte nicht den Schildern Richtung »Centro Ciudad« folgen, sondern vielmehr den mit »Puerto« angeschriebenen, die direkt an die »Explanada de España« führen, entlang der es zahlreiche bewachte Parkplätze gibt.

ORIENTIERUNG: Alles für den Touristen Wesentliche findet sich etwa in dem Geviert *Explanada de España* (Banken, Reisebüros), *Avenida de Gadea* (Straßencafés und Shopping), *Calle San Francisco* und *Calle Mayor* in der Verlängerung (Pubs, Restaurants, Tapa-Bars, Herbergen) sowie *Barrio Santa Bárbara* (Viertel unter dem Burgberg; Treffs).

UNTERKUNFT

JUGENDHERBERGE *(Residencia Juvenil Lucentum), Casa Prisión José Antonio, Avenida Orihuela 97,* ✆ *96/5 28 12 11.* Am nördlichen Stadtrand gelegen; hin am schnellsten mit Stadtbus »G« ab *Avenida Maissonave* (dritte Querstraße oberhalb Busbahnhof) mit dem unübersehbaren Kaufhaus *El Corte Inglés.* Neuer Outfit, für eine Jugendherberge recht komfortabel, aber eben sehr weit »weg vom Schuß«.

PENSIÓN LA MILAGROSA •, *Calle Villavieja 8,* ✆ *96/521 69 18.* Die Altstadtgasse ist prospektreif und nahezu autofrei, das Haus, mit Blumen geschmückt, hat eine große Dachterrasse mit Panoramablick und schlichte kühle Lavabo-Zimmer mit Blick auf die *Iglesia Santa Maria.*

HOSTAL SAN FERNANDO •-•• *Calle San Fernando 34,* ✆ *96/521 36 56.* Die Wirtin ist schüchtern, die Zimmer sind schlicht doch wohlig und haben als DZ auch eine Badewanne, teils Balkon. Zwei, die knapp bei Kasse sind, können auch zusammen ein EZ belegen, wie auch die Zimmer ohne Bad günstiger sind.

HOSTAL VENTURA •-••, *Calle San Fernando 10 (hinter der Explanada),* ✆ *96/520 83 37.* Gut eingerichtete Zimmer mit und ohne Bad, teils mit 3 Betten, freundliche Besitzerin, die auch deutsch spricht.

HOTEL BAHIA ••-•••, *Calle Gravina 14,* ✆ *96/520 65 22.* Nüchterne Zimmer, alles ein wenig verwohnt, aber sehr zentrale Lage und niedrige Preise für den gebotenen Komfort.

HOTEL PALAS ••••, *Plaza Puerta del Mar (Explanada)/Ecke Calle Cervantes,* ✆ *96/5 20 93 10,* 📠 *5 14 01 20.* Charmantes Haus in Top-Lage aus der Zeit der Jahrhundertwende; ein Tip für Nostalgiker. Das Haus hat eine eigene bewachte Garage, und die altväterlich eingerichteten Zimmer gibt es ab umgerechnet rund 70 €.

HOTEL GRAN SOL ••••, *Rambla Méndez Núñez 3,* ✆ *96/5 20 30 00,* 📠 *95 21 14 39.* Gleiche Klasse wie das *Hotel Palas,* aber steril-modern; dennoch empfehlenswert; insbesondere von den Zimmern in den oberen Stockwerken (Hochhaus) genießt man teils eine reizvolle Aussicht.

CAMPING

Alicante selbst verfügt über keinen eigenen Campingplatz. Dafür gibt es aber entlang der von Norden kommenden Küstenstraße gleich drei Stück in *Benidorm* (31 km), drei in *Villajoyosa* (21 km), einen in *Campello* (5 km) und zwei in *Playa*

◄ Alicante: Oben Blick auf die Altstadt, der Yachthafen

de San Juan (3 km); von den drei letztgenannten gibt's Buszubringer bis 22 Uhr ins Zentrum. Alle sind ab Hauptstraße gut ausgeschildert und ganzjährig geöffnet.

Am empfehlenswertesten ist **CAMPING BAHIA** in *Playa de San Juan*, ca. 4 km nordöstlich Alicante, zwischen Schnellstraße und Küste, ✆ *96/6 26 23 32*. Terrassenareal am recht sauberen Badestrand, teils schattig, gute Einrichtungen, auch Shop und Bar. Zwei Personen mit Zelt und Auto zahlen rund 15 €.

Etwas weiter entfernt (ca. 25 km) ist der **CAMPING EL PALMERAL** *in Elche (südlich Alicante, ab Hauptstraße ausgeschildert,* ✆ *96/5 42 27 66)*, der im größten Palmenwald Europas liegt, modernste Ausstattungen hat und auch über ein beheiztes Schwimmbad verfügt (Benutzung kostenlos). Die meisten Alicante-Besucher wohnen hier. Die Preise sind hoch (2 Pers. mit Zelt und Auto um 20 €), aber adäquat.

WILDCAMPER finden sowohl südlich als auch nördlich an den Stränden der Costa Blanca ruhige Stellplätze. Südlich, etwa bei *Los Arenales* und *Sta. Pola*, freilich ist die Küste arg schmuddelig (was sich erst ab Playa de la Marina wieder ändert). Nördlich hingegen – insbesondere zwischen Benidorm und Villajoyosa – spart die Felsküste zahlreiche saubere Sandbuchten aus.

ESSEN UND TRINKEN

SELBSTVERPFLEGER: Die riesigen Hypermercados (Supermärkte) finden sich an der Peripherie der Stadt, entlang der ausgeschilderten Umgehungsstraßen.

Der *Mercadillo de Campoamor*, der täglich (Mo–Sa) von 8–12 Uhr geöffnete Markt, liegt ebenfalls sehr weit außerhalb an der *Avenida Jijona* im nördlichen Stadtrand, und so bleiben dem Selbstverpfleger ohne eigenes Fahrzeug nur die Minimercados im Stadtzentrum (*Calle San Francisco/Mayor/Rambla*) sowie der *Mercado Central* an der *Avenida Alfonso El Sabio*.

Für **TAPAS** sind die *Calle San Francisco* zuständig sowie die *Calle San Fernando* und die Passage von der *Plaza Ayuntamiento* zur *Calle Mayor*, auf der sich ebenfalls zahlreiche Tapa-Bars finden. Am gemütlichsten saßen wir in o.g. Passage vor *Tapas Gallegas*, die ausgefallensten Häppchen (etwa Knoblauchkaninchen-Schenkel, Spinat-Schinkenröllchen) aßen wir bei *Mesón de Jamón*, wo über 40 Tapas zu haben sind.

QUO VADIS, *Plaza de la Santísima Faz 3*. Man sitzt im rustikalen, holzverkleideten und messingverbrämten Innenraum oder unter einer Markise mit Palmenpanorama und Taubengegurre als Zugabe. Das Restaurant ist berühmt für seine (über 30) Vorspeisen (etwa kleine Aale in Knoblauchtunke) sowie für die in verschiedenen Variationen angebotenen Paellas. Die Karte ist auch in deutsch verfaßt, wer sich ein Menu zusammenstellt, muß mindestens 15 € ausgeben; normale Gerichte gibt es ab 8 €.

EL DELFÍN, *Explanada de España 12,* ✆ *96/2 21 49 11*. Die drei Gabeln im Michelin versprechen ein Maximum an (modernem) Komfort, und das Sternchen steht für erlesene Küche. Für alle, die es sich leisten können, denn im besten Restaurant der Stadt geht's ab rund 25 € aufwärts. Spezialitäten des Hauses sind *Arroz a banda, Lubina en costra con mousse de langosta* und *Rajitas de* *pato salvaje*, und auch die *Paellas* in der angeschlossenen *Arrocería del Delfín* können sich sehen lassen.

UNTERHALTUNG

Die Bühnen, auf denen sich das Bürgertum allabendlich zum Paseo zeigt, sind die *Explanada de España*, die *Avenida Dr. Gadea* und insbesondere die *Rambla de Méndez Núñez*. Wer genug gesehen hat und genügend gesehen wurde, der schlendert in die Tapa-Gassen (s.o.) oder nimmt Platz in einem der zahlreichen Straßencafés oder Eisdielen, die die *Av. Dr. Gadea* und die *Rambla* säumen. Reine Männersache sind die ziemlich fade wirkenden »Nightclubs« in der *Calle Fernando*.

Das Jungvolk aller Schattierungen hat seine Domäne im Altstadtviertel *Barrio Santa Bárbara* unterhalb des Burgberges; die ganz oben gelegene *Plaza Carmen* ist der »Rauchertreff« der Stadt. Bevor es aber im Barrio so richtig losgeht (ab 22/23 Uhr), tummelt man sich in der Unterstadt in der *Calle San Fernando* oder auf der *Plaza Doctor Balmis*.

Zwischen Juli und September verkehrt zwischen Alicante und Altea im Norden der *trensnochador* (*tren* = Bahn; *trasnochar* = die Nacht durchmachen), der als Disko-Zug bekannt ist und ab der FEVE-Station (s.u.) von 21 Uhr bis 7 Uhr morgens die Strände und Ferienzentren der Costa Blanca abklappert und dabei an den beliebtesten Szene-Stränden und Diskotheken anhält.

SEHENSWÜRDIGKEITEN

Alicante ist sehenswert, wenn auch die großartigen Sehenswürdigkeiten fehlen.

Wer Lust auf Kultur-Sightseeing hat, kann die an der *Calle Mayor* gelegene **KATHEDRALE SAN NICOLÁS DE BARI** (zu den Gottesdienstzeiten) besichtigen, die freilich – da im Bürgerkrieg restlos zerstört – keinerlei bedeutende Kunstwerke enthält.

Lohnender scheint ein Besuch der in die *Calle Villavieja* romantisch integrierten **IGLESIA SANTA MARÍA DE LA ASUNCIÓN** mit ihrem eindrucksvollen Barockportal, einem renaissancenen Marmor-Taufbecken, einem Tafelbild, das Johannes den Täufer darstellt, und fein gearbeiteten Altären.

Von hier sind es nur ein paar Meter zum plateresken **AYUNTAMIENTO** (Rathaus), in dem man zwischen 9 und 14 Uhr eine Rokokokapelle sowie den *Salón Azul* (Blauen Salon) mit Spiegelgalerie besichtigen kann.

Am **CASTILLO DE SANTA BÁRBARA** lohnt weniger das weitgehend zerstörte Gemäuer als vielmehr der imposante Ausblick auf Alicante und – an klaren Tagen – bis Mallorca. Hinauf gelangt man entweder bis auf halbe Höhe mit dem Auto (bewachter Parkplatz) und ab dort weiter mit dem Fahrstuhl oder ganz mit dem Fahrstuhl ab Strandstraße Richtung Norden; das Laufen spart man sich am besten für den Rückweg auf.

WEITERREISE

Vom sehr übersichtlich aufgebauten **BUSBAHNHOF** *(✆ 96/5 13 07 00)* in der Calle Portugal werden sowohl die regionalen und nationalen als auch die internationalen Destinationen bedient. Viele Male täglich geht's u.a. nach Valencia, Murcia, Córdoba, Sevilla. In der Regel täglich fahren Busse nach Frankreich, in die Schweiz und nach Deutschland.

Die **ESTACIÓN RENFE** (oder *Término*) an der *Avenida de Salamanca (✆ 96/5 92 02 02)* ist für alle nationalen (Ausnahmen s.u.) sowie für die internationalen Zugverbindungen zuständig; Tickets und Informationen im Bahnhof, in den großen Reisebüros auf der *Explanada de España* sowie im RENFE-Informationsbüro an der *Explanada 1, ✆ 96/5 22 68 40.*

Von der **Estación** FEVE an der *Av. Villajoyosa (✆ 96/5 26 26 78)* aus verkehren Züge Richtung *Dénia*: 8mal täglich, 16mal täglich bis *Altea.*

FLUG: Der *Aeropuerto Internacional de El Altet* liegt 12 km südlich Alicante *(hin über die N-340 und N-332), ✆ 96/5 28 50 11.*

Hin per Bus ab *Calle Portugal* vor dem Busbahnhof (verkehren stündlich zwischen 6.30 und 22.30 Uhr) sowie ab der *Plaza Puerta del Mar.*

Tickets in den zahlreichen Reisebüros an der Explanada sowie bei *Iberia* am *Paseo de Soto 9, ✆ 96/5 20 60 00 und 96/5 21 44 14.*

Die deutsche *LTU* (Flüge nach Deutschland) wird vertreten von *Viajes Costablanca, Avenida Mediterraneo, Casa de las Flores, Benidorm, ✆ 96/5 85 08 63, 🖷 96/5 86 46 87.*

Wer mit dem **EIGENEN FAHRZEUG** den Weg aus Alicante raus sucht, findet an der *Explanada de España* alle Richtungsweiser.

VERSCHIEDENES

TELEFONVORWAHL: Die Vorwahl von Alicante lautet **96.**

INFORMATION: Zusätzlich zu dem *Turismo* im Busbahnhof gibt es noch ein Büro am Flughafen sowie die Hauptzentrale *Oficina Autónoma de Turismo* an der *Explanada de España 2, ✆ 5 20 00 00 und 5 21 22 85 (Mo bis Fr 10–19, Sa 10–14 und 15–19 Uhr), 🖷 5 20 02 43;* zuständig für Stadt und Provinz.

Lediglich Alicante-Stadt betreffendes Informationsmaterial in der *Oficina Municipal de Turismo* an der *Plaza de Ayuntamiento, ✆ 521 78 35; Mo–Fr 9.30–15 Uhr.*

KONSULATE: Das **DEUTSCHE KONSULAT** findet sich an der *Plaza Calvo Sotelo 1, ✆ 5 21 70 60.*

SCHWEIZER KONSULAT, *Explanada de España 29, ✆ 5 21 83 00.*

POST: *Plaza del Gabriel Míro 7, bei der Explanada; Mo–Fr 8–20 Uhr, Sa bis 19 Uhr.*

BADEN: Für Sonnenhungrige bietet sich der Stadtstrand *Playa del Postiguet* beim Kastell an, aber Baden möchte man dort wohl kaum (zu nahe am Hafen). Das geht besser und vor allem in saubererem Wasser an der mit der »Blauen Umwelt-Flagge« der EU gekennzeichneten *Playa de San Juan,* rund 5 km nördlich Alicante.

FIESTAS: In der ersten Dezemberwoche wird auch hier das in ganz Südspanien populäre *Moros y Cristianos* gefeiert, am Donnerstag nach der *Semana Santa* (ebenfalls sehenswert) lädt ein Pilgerzug zu einem außerhalb Alicante gelegenen Kloster ein, doch *das* Stadt-Festival überhaupt ist *Hogueras de San Juan,* das vom 15.–29. Juni begangen wird und ein einziges Riesengaudi für Jung und Alt ist.

Umgebung Alicante

In der Umgebung von Alicante locken einige Orte, die eine nähere Betrachtung lohnen. Vier davon sollte sich der Alicante-Besucher auf keinen Fall entgehen lassen:

JIJONA (XIXONA)

Über die N 340 gelangt man nach Jijona (8.000 Einwohner). In ganz Spanien ist die Stadt als die Hauptstadt des *turrón* bekannt. Hergestellt wird diese köstliche Süßigkeit aus Honig und Mandeln und ist sowohl in harter als auch in weicher Version erhältlich. Den größten Absatz macht die Süßigkeit rund um Weihnachten, aber hier an der Quelle ist sie selbstverständlich ganzjährig verfügbar.

Das Rezept für die Köstlichkeit wurde wahrscheinlich von den Mauren importiert, die maurische Burgruine über der Stadt zeugt von ihrer Anwesenheit. Teilweise sind die Fabriken zu besichtigen. Interessant ist ein Besuch des städtischen **MUSEO DEL TURRÓN**, *Avda. Alcoy 62.* Öffnungszeiten 9.30–13.30 und 16–20 Uhr

CUEVAS DE CANALOBRE

In der bedeutendsten Tropfsteinhöhle der gesamten Levante-Region oberhalb des Dörfchens **BUSOT** finden aufgrund der vorzüglichen Akustik und der besonderen, fast sakralen Stimmung auch Konzerte statt. Gerade für Kinder ist ein Besuch der Höhle mit den unzähligen Stalagmiten und Stalaktiten, die sich im Laufe der Jahrtausende zu phantasievollen Gebilden entwickelt haben, mehr als interessant. Vom Eingang in 700 Metern Höhe genießt man traumhafte Blicke über die Küste. Öffnungszeiten: Oktober bis Juni 11–17.30, übrige Monate 10.30–19.50. ✆ *(96) 569 92 50.*

Fiesta popular »Moros y Cristianos« in Alicante ▼

Provinz Murcia
La Roda
Mahora
Alatoz
Ayora
Barrax
Munera
Albacete
Almansa
Alcaraz
Peñascosa
Vianos
Bogarra
Yecla
Liétor
Talave
Hellín
Emb. de Talave
Jumilla
Fábrica
Elche de la Sierra
Emb. de la Fuensanta
Emb. del Cenajo
El Chopillo
Cieza
Calasparra
Moratalla
Caravaca de la Cruz
Molina
Mula
Bullas
Alcantarilla
Murcia
Puebla de Don Fadrique
Aledo
Totana
Vélez Blanco
Vélez Rubin
Lorca
Mazarrón
Bolnuevo
Puerto de Mazarrón
Cartagena
Huércal-Overa
Cope
Aguilas
Olula del Río
Playa de la Calabardina
Costa Blanca
N
Vera
Garrucha
0
50 km

Murcia

Daß Murcia – im 9. Jh. von den Mauren gegründet – inmitten einer *huerta* liegt, einer gartenhaften, fruchtbaren Ebene, kann man leicht übersehen, denn das flache Land ist extrem dicht besiedelt und von den unzähligen Fabrikationshallen einer beachtlichen Konservenindustrie zersiedelt. Auch der Stadt selbst, die mit rund 350 000 Einwohnern mittlerweile schon die zehntgrößte ganz Spaniens ist, hat die Industrie ihren Stempel aufgedrückt.

Der *Río Segura* teilt die Provinzmetropole in Neu- und Altstadt. Die weit ausladenden Uferboulevards sind mit klassizistischen Repräsentationsbauten gesäumt. Herausragende Sehenswürdigkeiten sucht man vergebens, und entsprechend selten wird die Stadt von Touristen besucht. Das Hinterland aber sowie – aber mit Einschränkungen – die Küste der Murcia-Provinz bieten einiges an Abwechslung, weshalb die Metropole hier kurz vorgestellt werden soll.

ANKUNFT

BUS: Die Busse aus allen Landesteilen stoppen am modernen Busterminal im weitab vom Zentrum gelegenen *San Andrés* an der *Plaza Casanova*. Von hier aus zu Fuß ins Zentrum sind's mindestens 30 Minuten: aus dem Gebäude raus, nach links bis auf die *Avenida García Alix*, hier rechts bis zum Ende, dann links und immer geradeaus bis zu den Schildern Richtung »Catedral«, die direkt ins Zentrum führen. Alternativ bieten sich Stadtbusse an.

ZUG: Die *Estación del Carmen* an der *Plaza Perea* ist noch weiter außerhalb in einem Neustadtviertel gelegen; am besten per Stadtbus Richtung »Catedral«.

MIT EIGENEM FAHRZEUG: Von den chronischen Verkehrsstaus mal abgesehen, ist das Zentrum recht einfach zu finden – immer den Schildern »Catedral« oder »Turismo« folgen und am sichersten auf dem bewachten Platz vor der Kathedrale parken.

ORIENTIERUNG: Die Orientierung ist denkbar einfach, da sich die meisten Unterkünfte und Sehenswürdigkeiten im Altstadtviertel zwischen dem *Río Segura* und der *Universidad* beidseitig der an der Kathedrale endenden *Calle Trapería* finden.

UNTERKUNFT

HOSTAL CONSUELO •, *Calle Alfaro 14, ✆ 968/21 18 23.* Die Calle Alfaro ist nicht ausgeschildert und zweigt von der *Plaza Julian Romea* direkt gegenüber *Teatro Romea* ab. Die Besitzer sind mürrisch, die Zimmer mit Lavabo groß, bieder und sehr ruhig; akzeptable sanitäre Einrichtungen auf dem Flur.

HOSTAL RES. PACOCHE ••, *Avenida de Cartagena 23, ✆ 968/21 76 05.* Komfortable Neubauzimmer, sehr angenehm; mit Restaurant und Garage.

HOSTAL HISPANO 1 ••-•••, *Calle Trapería 8, ✆ 968/21 68 59.* Zentraler geht's nicht, im gepflegten Haus hat's ein sehr empfehlenswertes Restaurant sowie eine Cafeteria und einen Aufenthaltsraum. Die großen Zimmer sind gutbürgerlich eingerichtet, haben Bad/WC und TV. Achtung: die Herberge ist nicht zu verwechseln mit dem *Hispano II* (doppelt so teuer).

HOTEL RINCÓN DE PEPE ••••, *Apóstoles 34, ✆ 968/21 22 39, 🖹 22 17 44.* Direkt bei der Kathedrale gelegenes

Schmuckhotel aus den Anfängen dieses Jahrhunderts; stilvoll renoviert, äußerst luxuriöse Zimmer und u.a. ausgestattet mit einem weithin berühmten Restaurant. – *Der* Tip in Murcia, wenn Geld eher eine untergeordnete Rolle spielt.

CAMPING

Der nächstgelegene Campingplatz heißt **CAMPING TOTANA** (Ortsausgang Totana; beschildert), liegt an der N-340 Richtung Almería und ist rund 35 km entfernt; recht ordentlich geführt.

Weitere Camps finden sich in *Cartagena* sowie an der Costa Blanca (siehe unter »Ausflüge«).

WILDCAMPEN kann man noch am ehesten an der N-301 Richtung Cartagena bzw. an den von dieser Hauptstraße abzweigenden Feldwegen.

ESSEN UND TRINKEN

SELBSTVERPFLEGER: Der monumentale Wochenmarkt *Mercado de Verónicas* liegt zwischen der *Calle Verónicas* und der *Plaza San Francisco* nahe dem *Río Segura* und ist vom Zentrum etwa 15 Gehminuten entfernt; geöffnet Mo–Sa von 9–13 Uhr. Das Angebot, insbesondere an Gemüse und Obst, ist wahrscheinlich das größte von ganz Südspanien.

Die Hypermercados finden sich wie üblich an der Stadtperipherie, und im Zentrum gibt's viele kleine Minimercados mit guten Sortimenten, aber so gut wie keinem Obst oder Gemüse.

MESÓN EL FELIPE, *Calle González.* Im Barraum duftet eine Vielzahl delikater Tapas vor sich hin, im angrenzenden Speiseraum sitzt man gemütlich an karierten Tischdecken unter Bastdekor. Die durchaus sättigenden Hauptgerichte kosten um 8 €.

HISPANO, *Calle Arquitecto Cerdan (Gasse ab Trapería);* ✆ *21 61 52.* Das Hispano ist eines der besten Restaurants der Stadt und entsprechend stark von Murcianern frequentiert; an Sa-/So-Abenden ist Tischreservierung zu empfehlen. Was in den unzähligen Pfannen und Schüsseln an der Tapa-Theke vor sich hinduftet, gehört mit zum Köstlichsten, was wir an Häppchen in Südspanien gegessen haben.

RESTAURANTE LOS APÓSTOLES, *Plaza Apóstoles.* Gilt als das beste Restaurant der Stadt und ist – mit Menüpreisen von 20 € aufwärts – definitiv das teuerste.

SEHENSWÜRDIGKEITEN

UNIVERSITÄT: Murcia als traditionelle Studentenstadt ist eines der geistigen Zentren der Levante. Das an der *Calle Santo Cristo* gelegene Universitätsgebäude wirkt zwar von außen wie ein klassizistisches Gefängnis, bietet aber im Innern viel Atmosphäre: große Innenhöfe, nach maurischem Muster angelegt, mit kleinen Rundbögen und Arkaden auf drei Stockwerken; die Wände der Hörsäle sind z.T. mit dunkelblauen Azulejos verziert, mit Stuck bedeckt, mit Eichentischen möbliert und lassen jene Sterilität vollständig vermissen, die mitteleuropäische Auditorien kennzeichnen.

CATEDRAL SANTA MARÍA (tgl. 10–13 und 17–19 Uhr): Am Ende der *Calle Trapería* gelegen, flankiert von zahlreichen Orangenbäumen, gibt diese ehrwürdige Kathedrale aus dem 14./15. Jh. mit ihrem 92 m hohen Turm und den überreichen Portalverzierungen ein ganz bemerkens-

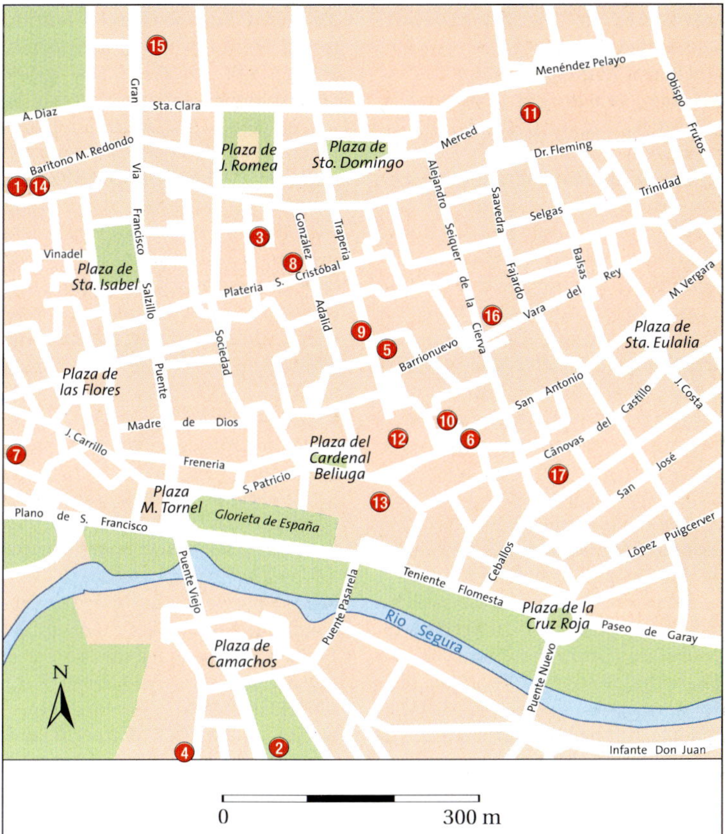

MURCIA

1. Richtung Busbahnhof
2. Richtung Bahnhof
3. Hostal Consuelo
4. Hostal Pacoche
5. Hostal Hispanol
6. Hotel Rincón de Pepe
7. Richtung Mercado de Verónicas
8. Mesón El Felipe
9. Calle Trapería
10. Restaurant Los Apóstoles
11. Universität
12. Catedral Santa María
13. Palacio Episcopal
14. Richtung Museo Salzillo
15. Richtung Museo Arqueológico
16. Oficina de Turismo
17. Postamt

wertes Bild ab. Und das Stilgewirr: Die Kathedrale ist im Kern gotisch, ihr Portal barock, Teile der Seitenfassaden sind renaissancen, andere plateresk, und auch der Rokoko ist vertreten!

Im kühlen und elfenbeinfarbenen Innern verdient neben der Goldgirlande, die die *reja* des Hochaltares krönt, insbesondere die achteckige *Capilla de los Vélez* (im Chorumgang) der Betrachtung: Ein Steinskelett steht im Hintergrund, die üppigen Wanddekorationen verraten einen manuelinisch angehauchten Mudéjarstil, und am Retabel prunkt eine bemerkenswerte Darstellung des Heiligen Lukas.

Am Turm mit seinen 5 Stockwerken sind Elemente der Renaissance, des Barock und Klassizismus verarbeitet. Er kann bestiegen werden.

Sehenswert ist auch das durchs nördliche Querschiff zu betretende Museum (Öffnungszeiten wie die Kathedrale), in dem Knochensplitter der meisten spanischen Heiligen ebenso aufbewahrt werden wie etliche gotische Altaraufsätze, fein gearbeitete Handschriften, goldene Ritualgefäße, Juwelen, Goldkronen und eine sich automatisch drehende Silbermonstranz sowie zahlreiche Stein- und Holzskulpturen.

Der gegenüberliegende **PALACIO EPISCOPAL** lohnt wegen seiner barocken Fassade, und wenn man schon mal hier ist, kann man auch auf die klassizistische Hauptfassade des **AYUNTAMIENTO** einen kurzen Blick werfen.

Von den Museen der Stadt ist das **MUSEO SALZILLO** *(Avenida García Alix; Mo–Sa, 9.30–13 und 16–19 Uhr, So bis 13 Uhr)* ein Muß für Skulptur-Liebhaber: Hier werden hauptsächlich bemalte Schnitzfiguren von *Francisco Salzillo*, dem berühmtesten Sohn der Stadt, ausgestellt; Salzillo gilt als der letzte große spanische Holzschnitzer und soll in seinem Leben insgesamt über 1800 Figuren gefertigt haben.

Das **MUSEO ARQUEOLÓGICO** ist in der *Casa de la Cultura, Avenida Jaime El Conquistador* untergebracht (Mo–Fr, 9–14 Uhr) und beherbergt eine umfangreiche Sammlung von (meist maurischen und einigen wenigen römischen) Keramiken und Münzen.

VERSCHIEDENES

INFORMATION: Die *Oficina de Turismo* befindet sich an der *Calle Alejandro Seiquer 4 (bei der Kathedrale ausgeschildert), ✆ 968/21 37 16, 📠 216690; Mo bis Fr von 9–14 und 17–19 Uhr, Sa nur vormittags.*

POST: Sehr weit außerhalb des Zentrums im Norden der Stadt an der *Plaza Circular* gelegen; *Mo bis Fr von 8–20 Uhr, Sa bis 19 Uhr.*

UNTERHALTUNG: Die »Promeniermeile« ist die *Calle Trapería* samt Verlängerung *Avenida Alfonso X. El Sabio.* Beide sind gesäumt von Straßencafés, Eisdielen und Tapa-Bars, und ab ca. 20 Uhr ist es hier schier unmöglich, noch einen Sitzplatz zu bekommen.

Die junge Generation schart sich im Viertel rings um die Universität mit dem Zentrum *Plaza Beato* und Calle Saavedra Fajardo, wo sich unzählige Kneipen und Cafés finden.

FESTE: Die *Semana Santa* (Karwoche) von Murcia ist weithin berühmt, wie sich hier auch *Moros y Cristianos,* begangen in der ersten Septemberhälfte, einen herausragenden Namen als Riesen-Volksgaudi gemacht hat.

Die *Fiesta de Primavera,* das

Frühlingsfest, findet alljährlich im April statt. Es lockt zahlreiche Besucher in die Stadt. Man feiert auf den Straßen, abends werden große Umzüge mit Musik- und Tanzgruppen veranstaltet. Höhepunkt bilden die Motivwagen mit historischen, bzw. mythologischen Figuren.

WEITERREISE

BUS: Der Busbahnhof an der *Plaza Casanova* ist modern und übersichtlich, mit einem Informationsschalter *(✆ 968/29 22 11)* ausgestattet und für alle Destinationen in Spanien zuständig. Stündlich fahren Busse nach *Alicante, Cartagena, Lorca* und *Almería*, mehrmals täglich nach *Valencia* und *Albacete, Málaga, Jaén* sowie nach *Sevilla* via *Baza* (Anschluß nach *Cazorla*), *Guadix* und *Granada*. Von den Orten an der *Costa Blanca* gibt's mehrmals täglich Direktverbindungen nach *Aguilas, Bolnuevo, Mazarron* und *La Manga*.

ZUG: Bahnverbindungen bestehen mit *Albacete, Almería, Valencia, Barcelona* und *Madrid*; ab *Estación Carmen (✆ 968/25 21 54)*.

Windmühle in der Provinz Murcia ▼

Costa Blanca

DIE NÖRDLICHE COSTA

Der etwa 150 km lange zur Provinz Murcia gehörige Teil der Costa Blanca kann topografisch in zwei deutlich zu unterscheidende Teile zerlegt werden: in einen ausdruckslosen flachen nördlichen von *San Pedro de Pinatar* bis *Cartagena* und in einen Kakteen- und Agavenreichen, wild zerklüfteten und an Afrika erinnernden südlichen von *Cartagena* bis *Aguilas*. Die Zweiteilung entspricht auch dem Touristenaufkommen, denn während man im Süden nahezu ausschließlich auf Spanier und vereinzelte Individualreisende aus dem Ausland stößt, wird der Norden und insbesondere *La Manga* zwischen Frühling und Herbst alljährlich vom Massentourismus heimgesucht.

Das hinterläßt Spuren, sprich Narben: es wird fieberhaft gebaut, halb Fertiges mischt sich mit halb Verfallenem, und was fertiggestellt ist, gammelt oftmals vor sich hin. Bestes Beispiel dafür ist *La Manga*, eine kilometerlange Silostadt, bewohnt von spanischen Kellnern und Putzfrauen und ein paar zigtausend Touristen, die sich im Sommer um die noch freien Strandparzellen »prügeln«. Daß der gleichnamige Isthmus das 200 qkm große *Mar Menor* vom Mittelmeer abtrennt, ist für die Windsurfer von Interesse. Sie finden auf dem riesigen, doch nur maximal 5 m tiefen Binnenmeer alle Voraussetzungen für ihren Sport. Die Infrastruktur ist entsprechend, es gibt reine Surfhotels, viele Schulen und Verleihstationen, Surfercafés, Surferpubs, Surferdiscos – kurz und gut: ein Surferghetto im Touristenghetto.

DIE SÜDLICHE COSTA

Wir überspringen die nördliche Costa, machen einen Bogen um Cartagena (Hochofen-, Raffinerie- und Chemiestadt sowie spanischer Flottenstützpunkt) und trauen uns erst in der Höhe von **MAZARRÓN** wieder an die Küste, die wir bei *Puerto de Mazzarón*, einer jungen und ziemlich verbauten Strandsiedlung, erreichen. Von hier bis zum ca. 50 km entfernten *Aguilas* findet der Freund von Einsamkeit und Ruhe was er sucht.

Die **SIERRA DE ALMENARA** reicht mit wahren Mondgebirgen bis an die Küste, spart zum Teil kilometerlange Sandstrände aus, zum Teil nur winzige und nur zu Fuß erreichbare Buchten, türmt mächtige Tafelberge auf, die von über 200 m Höhe schroff ins Meer stürzen. Kleine Dörfer schmiegen sich an steile Hänge, die oft von archaischen Wohnhöhlen durchbohrt sind. Das Land ist arm und unfruchtbar, seine Bewohner sind freundlich, aber verschlossen, und die wenigen Reisenden, die den Weg hierher finden, flüchten entweder wegen Vereinsamung oder bleiben gleich für die Zeit ihrer Reise und kommen jedes Jahr zurück, froh, hier ein stilles Paradies gefunden zu haben.

Doch auch dieses Paradies hat – zumindest für viele – eine Schattenseite: Es gibt nämlich nur wenige Unterkünfte, und entsprechend stark ist das Aufkommen an Wildcampern, was so manchen optisch einwandfreien Strand in ein von Wohlstandsmüll übersätes Dreckloch verwandelt hat.

In **PUERTO DE MAZARRÓN** finden sich überwiegend recht teure Strandhotels. Günstige Unterkünfte gibt es, bis hinunter nach *Aguilas*,

eigentlich nur im rund 7 km vom Meer entfernten *Mazzarón,* wie auch nur in **BOLNUEVO,** etwas südlich *Puerto de Mazzarón* gelegen, Campingplätze einladen. *Bolnuevo* präsentiert sich als ein bescheidener Strandort an einem kilometerlangen Sandstrand, an den sich, hinter seiner südlichen Felsbegrenzung, unzählige Minibuchten anschließen. Ein paar einfache Restaurants, Bars sowie ein Supermarkt machen die Infrastruktur aus, und nördlich der Ortschaft findet sich der direkt am Strand gelegene *Camping Playa de Mazzarón (✆ 968/15 06 60),* der ganzjährig geöffnet, sehr gut ausgestattet ist (u.a. Bar, Restaurant, Shop, Tennis) und eben direkt ans Meer angrenzt.

Folgt man nun der N-332 über Mazarrón hinaus nach Süden, so schließen sich rund 20 km Einsamkeit an, bis schließlich eine kleine Seitenstraße einlädt, nach links, Richtung *Calabardina,* abzubiegen. Dieser Straße sollte man folgen, denn auf den nun anstehenden Kilometern bis zur Küste geht es über die *Sierra de Cantar* hinüber, von der aus man teilweise wirklich atemberaubend schöne Ausblicke auf das Meer, kleine Buchten und wilde Felsklippen am **CABO COPE** genießen kann. Die nahebei gelegene Urbanisation *Calabardina* bietet zwar keinerlei Reize für Reisende aus Mitteleuropa, aber die zahlreichen Strände in diesem Küstenabschnitt zwischen dem Kap und dem rund 10 km südlich gelegenen *Aguilas* sind für Badefreuden gut.

Dann kommt die ehemalige Grubenstadt **AGUILAS** ins Bild, rund 28 000 Einwohner groß. Der Ort ist bei Spaniern als Urlaubsort beliebt undder einzige Platz weit und breit, wo es Herbergen gibt. Die meisten liegen im Stadtzentrum, bieten wenig für relativ viel Geld und sind zudem weit von den Stränden entfernt. Am angenehmsten noch fanden wir die bescheidene, aber saubere und sehr günstige *Pensión Vilar* • *(Calle Málaga, ✆ 968/41 00 21)* sowie die an der Uferstraße gelegene *Pensión Cruz de Sur* •• *(Av. de la Constitucion 37, ✆ 968/41 01 71).*

Was man in Aguilas sehr gut kann, ist essen: Die halbe Hafen-»Promenade« ist eigentlich eine Aneinanderreihung von Restaurants, in denen man Fisch und Meeresfrüchte und auch Paella so schmackhaft und in so großen Portionen bekommt, daß man das touristische Ambiente dieses Ortes schon wieder gerne in Kauf nimmt.

Wohl dem, der eine Zeltausrüstung dabei hat oder im Wohnmobil reist: Ein paar Kilometer südlich liegt der ganzjährig geöffnete Campingplatz *Camping Bellavista (✆ 968/41 27 46).* Sein weitläufiges Terrain füllt den Bereich eines Sandstein- und Dünentals aus, reicht direkt an den puderzuckerfeinen Breitstrand, bietet gepflegte, wenn auch schlichte sanitäre Einrichtungen und ist mit rund 15 € für 2 Personen, Auto und Zelt relativ billig.

Folgt man der Küstenstraße weiterhin nach Süden, passiert man auf den folgenden rund 10 km noch viele solcher Sandstein-/Dünenbuchten, die allerdings ausschließlich dem Wildcamper ein Ferienzuhause bieten können. Wie es im Bereich der Costa weitergeht, ist unter »Almería« nachzulesen.

◄ Der Hafen von Aguilas

Ausflüge

Murcia präsentiert sich nur um Murcia-Stadt als Huerta. Der allergrößte Teil der Provinz besteht aus kargen Steppen, skurrilen Sandsteinformationen, und mitten in diese relativ bizarre Landschaft sind immer wieder liebliche Stauseen eingebettet. – Oasen in der Wüste, die jedem, der die Costa Blanca nicht mag, alternative Badefreuden bieten können.

Die nachfolgend beschriebene Rundreise – der man leider nur mit dem eigenen Fahrzeug folgen kann – verbindet die spektakulärsten Landschaften, Stauseen und Städte miteinander, reicht bis in die benachbarte *Provinz Albacete* hinein und bietet gute Anschlußmöglichkeiten zur *Provinz Jaén* (siehe dort).

EMBALSE DE ALFONSO XIII

Rund 30 km sind es von Murcia auf der C-415 via *Alcantarilla* nach *Mula,* einer staubigen Industriestadt inmitten einer weißgrauen Mergelwüste, über der sich beeindruckend und schwer das halbverfallene Kastell der *Grafen von Mula* erhebt. Spektakulär ist der Ausblick, mindest ebenso spektakulär ist die Weiterfahrt zum *Embalse de Alfonso XIII* durch ein Gewirr von Tausenden von Sandsteinhügeln in allen denkbaren und undenkbaren Formen. Die Landschaft ist cremefarben und nur spärlich mit vereinzelten Sträuchern und Kakteen gespickt. Unwirklich und wie eine Fata Morgana erstreckt sich mitten in diesem vor Hitze flimmernden Nichts die spiegelglatte und dunkle Wasserfläche des von grünem Schilf gesäumten Stausees mit dem königlichen Namen. Ein paar Pisten führen direkt ans Seeufer, hier und da spendet ein einsamer Olivenbaum Schatten, und wer mag, kann sich hier »häuslich« niederlassen.

NACH ALCARAZ

Über *Calasparra* und *El Chopillo* geht es weiter Richtung **EMBALSE DEL CENAJO**, der nach ca. 40 km erreicht wird. Das Chaos der Sandsteinformationen ist einer düsteren schwarzen Steinwüste gewichen, die vom Kranz einer zerfressenen Felskette, der *Sierra del Viso,* umgeben ist. Den Rand dieses Gebirgszuges bilden steile Abbruchkanten und tief eingewaschene Cañons, die in ihrer Gesamtheit ein Labyrinth von Tälern bilden, das vom stahlblauen Wasser des Stausees ausgefüllt wird. Das Panorama ist filmreif und wäre geeignet für den »Schatz im Silbersee«. Und wer die kühlen, weil tiefen Fluten genießen will, der findet am Kilometerstein 5 ein paar befahrbare Pisten, die direkt am Fels-/Wiesenufer enden.

Rund 13 km hinter dem Stausee erreicht man die C-3212, auf die man nach rechts abzweigt, um bald schon einer links mündenden Straße nach *Talave* zu folgen. Talave selbst ist ein uninteressanter kleiner Ort, aber der hier beginnende **EMBALSE DE TALAVE**, ein rund 4 x 1 km großer Stausee mit rostroten Ufern und dunkelgrünem Wasser, setzt einen lieblichen Akzent in die hügelige und zum Teil mit Pinien bewachsene Landschaft. Der Wildcamper findet reichlich und zum Teil auch schattigen Platz direkt am Ufer.

Auf Nebenstraßen geht es via *Liétor, Bogarra* und *Penascosa* über die Ausläufer der *Sierra de Alcaraz* nach **ALCARAZ**. Wie ein Kranz umgibt das kleine Städtchen einen rui-

Oben: Der Embalse de Cenajo; unten der Embalse de Talave ►

nenbestandenen moosgrünen Hügel, hinter dem sich die dunkelrote Tonerdenebene der *Mancha* bis zum Horizont erstreckt.

Die *Calle Mayor* prunkt mit vielen gut restaurierten Renaissancefassaden und endet auf der *Plaza Monumentas*, dem Herz der Ortschaft, wo man ein platereskes Tor, ein wappengeschmücktes Rathaus und insbesondere die spätgotische *Iglesia de la Trinidad* mit feinem Renaissance-Taufbecken und sehr gut erhaltenen Chorgemälden besichtigen kann. Wer hier die Nacht verbringen will, findet mehrere schlichte Pensionen im Ort sowie an der Kreuzung mit der N-322.

EMBALSE DE LA FUENSANTA

Verläßt man Alcaraz über die C-415, erreicht man bei *Vianos* ein Hochplateau, das über eine 500 m tiefe Abbruchkante in einen monströsen Cañon abfällt. Nach Norden hin öffnet er sich zur roten Mancha, in der kegelige Bergstümpfe an erloschene Vulkane erinnern. Das Panorama gehört mit zum spektakulärsten, was man in diesem Teil Spaniens betrachten kann.

Durch eine Endmoränenwelt mit Ginster, Moos und Heidekraut erreicht man ein Sandstein-Hügelland, an das sich eine weite Trockensavanne anschließt. Die Straße windet sich einen über 1000 m hohen Paß hinauf, führt jetzt durch Pinienwälder und bietet bald schon Ausblicke auf nahezu alpine Felsmassive mitsamt »Almwiesen«.

In *Fabrica de San Juan de Alcaraz* kann man nach rechts Richtung *Sierra Cazorla y Segura* abbiegen und erreicht ansonsten nach rund 50 km (eine Abkürzung führt per Piste über *Molinicos*) den vom *Río Segura* gespeisten *Embalse de la Fuensanta*. Der Anblick ist spektakulär, denn dieser Stausee windet sich fjordgleich durch tief eingewaschene Schluchten, die wie Risse in der Erde das Ockerbraun einer völlig vegetationslosen Landschaft durchfurchen. Da im nördlichen Seeteil dank einer Staustufe der Wasserstand niedriger ist als im südlichen, schimmert's dort zart lindgrün, während es hier erst türkis, dann dunkelblau leuchtet. So mag sich manch einer das Tote Meer vorstellen. Wer schwimmen und campieren will, findet dazu reichlich Gelegenheit.

NACH ALEDO

In die *Sierra Segura* gelangt man via *Yeste*. Wer die Rundreise beenden will, fährt nach *Elche de la Sierra* und biegt hier auf die C-3211, die Hauptstraße nach *Lorca* via *Mortalla* und *Caravaca* ab. Die Landschaft ist herb und einsam und wird von zernarbten Felsketten gesäumt.

In **CARAVACA** kann man in der *HR Victoria* •• *(✆ 968/70 86 24)* übernachten, mehrere Renaissancepaläste und Barockbauten sowie ein trutziges Kastell besichtigen.

Die *Oficina de Turismo* befindet sich im Rathaus, *✆ 968/70 75 28.*

In *Caravaca* kann man auch auf die C-415 Richtung *Mula* abbiegen, die man aber schon nach rund 14 km in *Bullas* wieder verläßt, um **ALEDO** zu erreichen. Hier ist man nur noch ein paar Kilometer von der Hauptstraße *Murcia –Almería* entfernt, und kann vom Dorf, das auf einem schräg liegenden Tafelberg errichtet ist, mal wieder eine grandiose Aussicht auf das ringsum zartgrün schimmernde Gartenland genießen.

Der Embalse de la Fuensanta ►

Provinz Almería
Puerto Lumbreras
Oria
Taberno
Albox
Olula del Río
Huércal-Overa
Emb. de Cuevas del Almanzora
Macael
Cuevas de Almanzora
Vera
Sa. de los Filabres
Los Gallardos
Garrucha
Mojácar
Sorbas
Sa. Cabrera
Tabernas
Sa. de Alhamilla
Carboneras
R. Andarax
Níjar
Agua Amarga
Benahadux
Porta de la Polacra
Las Negras
Rodalquilar
La Isleta
Los Escullos
Almería
El Cabo de Gata
San José
Costa Blanca
Golfo de Almería
Cabo de Gata
N
0
25 km

Almería

Die rund 180 000 Bürger von Almería wissen, daß das Dunkel der Erde unter ihrer Stadt von unzähligen Gängen und Grabkammern durchzogen ist, in denen Archäologen wertvolle Artefakte aus neolithischer, phönizischer und auch römischer Zeit fanden. Entsprechend sagen sie voller Stolz: *Cuando Almería era Almería, Granada era su alquería* – »Als Almería schon Almería war, war Granada noch ein Bauernhof«. Doch in diesem Spruch schwingt auch Bedauern mit; Bedauern darüber, daß die Vergangenheit glanzvoller ist als die Gegenwart; daß mächtige Erdbeben im 16. Jh. restlos zerstörten, was unzählige Menschengeschlechter in Jahrtausenden geschaffen hatten; daß heute nur noch die mächtige Alcazaba, die maurische Festung, die zu den größten und best erhaltenen Spaniens gehört, von der ehemaligen Größe der Stadt berichtet. Zu maurischen Zeiten, in der Epoche des ersten Kalifates von Córdoba, war Almería nicht nur Hauptstadt eines selbständigen Königreiches, sondern auch mächtiger als Sevilla, Granada, Jaén, Murcia und war obendrein das Handelstor nach Nordafrika sowie zum Vorderen Orient.

Nach der Eroberung der Stadt durch die Katholischen Könige im Jahre 1489 fiel Almería in einen Dornröschenschlaf, aus dem es erst in den 60er Jahren unseres Jahrhunderts durch die Italo-Western-Filmhelden wachgeküßt wurde: Almería war das Zentrum des europäischen Hollywood geworden, und in der Halbwüste des Umlandes wurden Django-Streifen am Fließband produziert. Auch das ist vorbei, und heute ist die Stadt in ganz Spanien für seine Treibhausgemüse bekannt, die unter quadratkilometergroßen Plastikfeldern in der gesamten Provinz gedeihen.

Hält man sich an Goethes Empfehlung, jede Stadt zunächst von oben kennenzulernen, in diesem Fall von den Zinnen des maurischen Kastells, so wird das Auge nicht nur vom Weiß der Häuserhaufen geblendet, sondern insbesondere vom Grell der Plastikplanen. Die eigentliche Bedeutung des Stadtnamens – »Spiegel des Meeres« – erlebt dadurch eine zeitgemäße Wiedergeburt.

Um die weit geschwungene Hafenbucht windet sich im Norden die gezackte Felsküste des *Cabo de Gata* wie ein braunroter Bart um die ursprünglichsten Gestade, die es heute in ganz Südspanien noch zu entdecken gibt. Ins Landesinnere versperren nur ein paar Hügel den Ausblick auf die bis in den Mai hinein oft schneebedeckte *Sierra de Gádor*. Die Stadt selbst wirkt nur von der Durchgangsstraße aus wie ein Hexenkessel. Sie ist großzügig angelegt und hat sich eine durchaus sehenswerte Altstadt erhalten. Da Almería obendrein über eine Vielzahl ausgesprochen guter Unterkünfte und Restaurants verfügt, ist die Stadt idealer Ausgangspunkt für Entdeckungsfahrten ins spektakuläre Umland.

ANKUNFT

BUS: Der Busbahnhof liegt an der *Plaza Barcelona*, ist nur ein paar Schritte vom Bahnhof und etwa 10 Gehminuten vom Stadtzentrum entfernt: aus dem Gebäude raus, der Hauptstraße nach rechts und dann den Schildern folgen; oder entlang der *Avenida Estación*, über den Kanal, dahinter rechts und dann auf die *Rambla del Obispo Obrera* nach links.

ZUG: Die *Estación RENFE* liegt schräg gegenüber dem Busbahnhof; ins Zentrum ebenfalls rund 10 Gehminuten.

FLUG: Der *Aeropuerto Internacional de Almería* liegt etwa 8 km außerhalb. Der Flughafenbus verkehrt zwischen 7 und 21 Uhr alle 30 Minuten, Taxi kommt auf etwa 10 €.

FÄHRE: Die Fährschiffe von *Melilla*, der spanischen Enklave in Marokko, legen direkt am Pier an der Uferpromenade an. Ins Stadtzentrum sind es etwa 15 Minuten zu Fuß; gut beschildert.

MIT EIGENEM FAHRZEUG: Die Hauptdurchgangsstraße verläuft entlang der Uferpromenade, von der der Paseo Almería rechts hinter dem Kanal abzweigt (wenn man aus Richtung Murcia kommt) und direkt ins Zentrum führt. Da dort die Parkplätze rar gesät sind und in Almería die Autoknacker Hochkonjunktur haben, empfiehlt es sich, das Fahrzeug in einem Parkhaus abzustellen: etwa in dem an der Uferpromenade hinter dem Kanal, das mit einem weißen »P« auf blauem Untergrund ausgeschildert ist.

ORIENTIERUNG: Der Kanal *Rambla del Obispo* teilt die Stadt in die (uninteressante) Neustadt und die westlich gelegene Altstadt. Diese wird begrenzt durch die Uferpromenade (diverse Kneipen und Restaurants) und den *Alcazaba-Hügel* (Alt-Almería). Ihre Achse ist der *Paseo Almería* (Nobelshops, Luxushotels, Reisebüros, Banken), durchschnitten von der *Rambla del Obispo Obrera* (Billigherbergen/-Restaurants, Markt, Geschäfte), die beide im Herzen der Stadt, auf dem zentralen Doppelplatz *Plaza Purchena* (oder *Puerta de Purenena*) und *Plaza Manuel Garcia*, enden.

UNTERKUNFT

JUGENDHERBERGE (*Albergue Juvenil*), *Calle Isla Fuerteventura 6*, ✆ *950/26 97 88*, 🖷 *27 17 44*. Ziemlich weit vom Zentrum entfernt (rund 20 Gehminuten) beim Stadion gelegen.

HOSTAL ALCAZABA •, *Calle Antonio Vico, 1*, ✆ *951/23 44 22*. Große, aber dunkle und muffige, teils auch schäbige Zimmer; billigst in Almería.

HR NIXAR ••, *Calle Antonio Vico 14*, ✆/🖷 *950/23 72 55*. Die Barrio-Gasse ist malerisch und prospektreif, und die Zimmer sind gutbürgerlich und massiv-hölzern möbliert, behaglich und mit kleinem Kachelbach ausgestattet. Wer hier wohnen will, sollte als Aufenthaltsdauer stets mindestens 3 Tage angeben, weil die Dame des Hauses sonst ein *completo* verkündet.

HOSTAL AMERICANO ••, *Av. de la Estación 4*, ✆ *950/25 80 11*. Nahe Bahnhof und Busbahnhof gelegen, bietet es sich für eine Zwischenübernachtung an.

HOSTAL LA PERLA •••, *Plaza del Carmen 7*, ✆ *950/23 88 77*, 🖷 *27 58 16*. Die Einrichtungen (etwa Cafeteria, Aufenthalts- und TV-Raum) dieses zentralsten Hauses der Stadt entsprechen einem 3-Sterne-Hotel, und die eleganten Zimmer mit Telefon, Bad und WC gehören zum Besten, was Almería zu bieten hat.

HOTEL TORELUZ I, II, III •••-••••, *Plaza Flores 1*, ✆/🖷 *950/23 43 99*. Drei Hotels an einem Platz, Zimmer in verschiedenen Komfortstufen; Garage vorhanden.

GRAND HOTEL ALMERÍA ••••, *Av. Reina Regente 8*, ✆ *950/23 80 11*, 🖷 *27 06 91*. Umfassend restaurierter Prunkbau an der Promenade mit stilvollen Luxuszimmern und allem, was das Herz begehrt. Zimmer ab etwa 70 €.

ALMERÍA

1. Busbahnhof
2. Bahnhof
3. Fährterminal
4. Hostal Alcazaba
5. Hotel Costasol
6. Hostal Nixar
7. Hostal Americáno
8. Hotel La Perla
9. Hotel Torreluz I, II, III
10. Grand Hotel Almería
11. Mercado Central
12. Calle Tenor Iribane (Tapabars, Restaurants)
13. Rambla del Abispo Obrera (Restaurants)
14. Restaurant Casa Puga
15. Restaurant El Alcázar
16. Restaurant Valentín
17. Rincón de Juan Pedro
18. Club de Mar
19. Paseo de Almería
20. Plaza Purchena
21. Calle de las Tiendas
22. Alcazaba
23. Kathedrale
24. Oficina de Turismo
25. Postamt

CAMPING

4 km westlich von Almería an der Küstenstraße Richtung *Málaga* liegt rechts unterhalb der Straße in einem kleinen Tal am Meer der ganzjährig geöffnete **CAMPING LA GARROFA** (✆ *950/23 57 70*). Die Stellplätze sind teils staubig, teils nett begrünt, die sanitären Anlagen sind ausreichend, und am kleinen Kiesstrand kann man auch baden gehen. Die Busverbindungen von Almería (Richtung *Aguadulce*) sind gut, und nur die Wochenenden sollte man möglichst meiden, da dann die Städter zum Zelten kommen und das mit 200 Plätzen recht kleine Camp schnell belegt ist.

ESSEN UND TRINKEN

Almería liegt am Meer, das hat die regionale Küche deutlich geprägt. An Olivenöl und Gewürzen – Knoblauch voran – wird nicht gespart. Sardinen bekommt man hier vor allem mariniert; Tintenfische gibt's in Tintensauce und mit viel Muskat als *calamares en su tinta*; Reis gibt's nicht nur in der ewigen Paella, sondern als *arroz a la pescadora* auch in einer sämigen Suppe zusammen mit Meeresfrüchten aller Art. Genießer ohne Furcht vor Mundgeruch lieben *ajo colorado*, ein reines Knoblauchgericht. Schinken (*jamón*) kommt hier aus *Serón* und schmeckt nicht nur auf dem Bocadillo. Hauptsächlich süß und vergleichbar mit »Baisers« sind *tocinos del cielo* sowie *soplillos* und *merengues*.

SELBSTVERPFLEGER finden ein überreiches Angebot auf dem riesigen Wochenmarkt an der *Rambla del Obispo Obrera* im Zentrum der Stadt (Mo–Sa 9–13 Uhr). Rings um die Markthalle bieten darüberhinaus viele Erzeuger ihre Waren direkt (und billigst) an, und auf der Rambla selbst gibt's viele Mini- und Supermercados.

Billige Restaurants finden sich hauptsächlich auf der **RAMBLA DEL OBISPO OBRERA.**

Für Tapas und insbesondere auch Fisch und Meeresfrüchte ist hingegen die **CALLE TENOR IRIBARNE** nahe *Plaza Purchena* zuständig, wo sich die Bars und Restaurants aneinanderreihen. Darüber hinaus können wir empfehlen:

RESTAURANTE CASA PUGA, *Calle Jovellanos 7.* Mit Abstand das beste Tapa-Restaurant der Stadt: Nicht weniger als 5 Dutzend unterschiedliche Tapas duften hier verführerisch vor sich hin, und da auch die Einrichtung sehr geschmackvoll ist, zahlt man gerne ein wenig mehr als sonst üblich.

EL ALCÁZAR, *Calle Tenor Iribarne Ecke Paseo de Almería.* Schlichte Einrichtung, aber vortreffliche Tapas aus Fisch und Meeresfrüchten.

RESTAURANTE VALENTÍN, *Calle Tenor Iribarne 7,* ✆ *950/26 44 75;* Mo–Sa. Alle Köstlichkeiten aus dem Meer in angenehmer Atmosphäre; teuer.

RINCÓN DE JUAN PEDRO, *Plaza del Carmen 5,* ✆ *950/23 53 79;* montags geschlossen, ansonsten abends erst ab 20 Uhr geöffnet. Die dunkle Holzvertäfelung und das Balkenwerk vermitteln Schwere und Eleganz, die Eichentische sind stilvoll gedeckt. Livrierte Ober, in ihrem Auftritt ein wenig arg steif, servieren erlesene Kompositionen. Das Rincón ist *das* Spitzenrestaurant von Almería und Umgebung, hat u.a. zwei Gabeln im Michelin, ist aber mit Preisen für Fisch- und Fleischgerichte ab 10 € noch relativ günstig. Wer eine Paella probieren will, sollte hier die *Paella á la Rincón* kosten. Dem Freund der Meeresfrüchte werden frische Hummer, Langusten, Krabben und Crevetten geboten, die nach Gewicht abgerechnet werden.

Im **CLUB DE MAR** *(Yachthafen, Muelle 1, ✆ 950/23 50 48)* sind die Tische festlich dekoriert, die Ober zuvorkommend. Schnelle Segler bilden die Kulisse. Der Speiseraum ist elegant, die überdachte Veranda luftig. Fleischgerichte sind eher mittelprächtig, aber Fisch und Meeresfrüchte machen den Mangel mehr als wett. Empfehlungen des Hauses: *merluza marinera* (gebackene Fischfilets mit blanchierten Mandeln) und *sopa de mariscos* (vergleichbar mit der Bouillabaisse).

Im **LA REJA** *(Calle Arapiles 7)* gehen nur Fremde direkt ins rustikale Restaurant-Gewölbe. Insider holen sich zuvor Appetit bei Sherry und kleinen Häppchen in der reich bestückten Tapa-Bar.

RESTAURANTE LA GRUTA, *N-340 Richtung Aguadulce, km 436, ✆ 950/23 93 35; tgl. ab 19 Uhr.* Herrliche Lage in einer Höhle, rustikale Einrichtung, deftiges Essen; teuer.

UNTERHALTUNG

Fürs Sehen und gesehen werden sind die Palmenallee am Hafen sowie der *Paseo Almería* und das geografische Zentrum der Stadt, die *Plaza Purchena,* zuständig. Die Shoppinggasse ist die stets stark frequentierte *Calle de las Tiendas,* wo sich viele sündhaft teure Boutiquen aneinanderreihen. Straßencafés und Eisdielen säumen die Promeniermeilen, und fürs Trinken und Snacken trifft man sich in den Bars der *Calle Tenor Iribarne.*

Der labyrinthene und durchaus an eine marokkanische Medina erinnernde Altstadtkern ist tagsüber von quirligem Leben erfüllt, nach Einbruch der Dunkelheit aber wie ausgestorben; anders als z.B. in Alicante oder Málaga laden hier auch keinerlei Kneipen zum Verweilen ein, und so trifft sich auch die Stadtjugend vorzugsweise im eher kommerziellen Zentrum rings um den *Paseo Almería.*

SEHENSWÜRDIGKEITEN

Da Almería im 16. Jh. durch ein fürchterliches Erdbeben nahezu dem Boden gleichgemacht wurde (nur 500 Menschen überlebten die Katastrophe), ist die Gegenwart der Stadt – wie schon gesagt – weit weniger glanzvoll als die Vergangenheit. Sehenswert in Sachen Kultur ist nur die *Kathedrale* sowie die komplett restaurierte *Alcazaba.*

Hübsch und wie ein kubischer Haushaufen gibt sich die am Fuß der Festung gelegene Altstadt, das ehemals den *gitanos* (Zigeunern) vorbehaltene Viertel *La Chanca,* in dem die Touristen täglich scharenweise nicht nur die verwinkelten Gassen, sondern auch knallhart die ganze Armut ablichten, die sie für so »typisch spanisch« halten.

ALCAZABA: im Sommer täglich von 10–14 und 17–20 Uhr geöffnet, im Winter vom 9–13 und 15–19 Uhr. Rotbraun und wehrhaft erhebt sich diese mit 36000 qm kolossal große maurische Festungsanlage auf einem 91 m hohen Felssockel über Stadt und Meer. Über 20000 Menschen konnten bei Gefahr hinter den drei zinnenbewehrten Mauerringen Zuflucht finden. Heute ist der Burghof zu einem lauschigen Park mit Wasserspielen, Blumenrabatten und Palmen umgebaut. In Spitzenzeiten besuchen ihn bis zu 10 000 Touristen täglich.

Die **KATHEDRALE** (Mo bis Fr 10–12 und 17.30–19.30 Uhr) steht – wie in den meisten andalusischen Städten – auf dem Platz der ehemaligen Freitagsmoschee, deren über 800 Säulen hier noch bis zum verheerenden Erdbeben vom 16. Jh. gestanden haben sollen. *Catedral Fortaleza* nennen die Almerianer diesen mächtigen Baukörper, der von *Diego Siloé*, dem Erbauer der Kathedrale von Granada, im Jahre 1522 in Anlehnung an die französischen Wehrkirchen konzipiert wurde, da die Stadt zu jener Zeit unter zahlreichen Piratenüberfällen zu leiden hatte.

Das Portal prunkt in reinster Renaissance und wird von korinthischen und ionischen Säulen flankiert. Das Innere ist dreischiffig, mit 16 wuchtigen Pfeilern versehen und streng gotisch, während die filigranen Verzierungen des Netzgewölbes der Renaissance zugesprochen werden. Sehr sehenswert ist der *coro* der Hauptkapelle, dessen geschnitztes Walnußgestühl, mit 48 Basreliefs versehen, Szenen aus dem alten und neuen Testament darstellt. Seltenheitswert haben die edlen Alabasterarbeiten am Hochaltar und am Altar der zweiten (rechts vom Eingang gelegenen) Kapelle sowie der reich verzierte Sarkophag in der Christuskapelle des Chorumlaufs.

Im **MUSEO ARQUEOLÓGICO** an der *Calle de Javier Sauz 8 (geöffnet Di–So 10–14 Uhr)* kann der Liebhaber prähistorischer Funde eine Reihe sehr gut erhaltener phönizischer Skulpturen betrachten, die in den bereits angesprochenen »Katakomben« unter der Stadt gefunden wurden.

VERSCHIEDENES

INFORMATION: *Oficina de Turismo, Parque Nicolás Salmerón, Ecke Calle Martínez Campos, ✆ 950/27 43 55, 🖷 27 43 60; Mo bis Fr 9–14 Uhr und 16.30–19 Uhr, Sa nur vormittags.* Zweigstelle am Flughafen.

POST: An der *Plaza del Ecuador, Paseo de Almería, Mo bis Fr von 9–20 Uhr, Sa bis 19 Uhr.*

SPORT: Die Gewässer im Bereich des *Nationalparks Cabo de Gata* sind für ihre Tauchgründe bekannt, und Tauchkurse sowie geführte Tauchgänge und auch Unterwasserfotografie-Exkursionen bietet u.a. *Almerisub (Parque Nicolás Salmerón 11, ✆ 950/26 35 78).*

Auch für geführte Wanderungen sowie Radtouren in den Nationalpark ist *Almerisub* zuständig, wie auch *Viajes Koral (Paseo de Almería 47, ✆ 950/25 11 33)* Wanderungen anbietet: in den Nationalpark, aber insbesondere in die Sierra Nevada der Almería-Provinz. Ebenso auch *Consultores de Desarollo Rural (Calle Sagunto 13, ✆ 950/26 42 40),* wo man sich auf Wanderungen durch die Sierra Nevada spezialisiert hat.

FIESTAS: Am 5. Januar wird anläßlich der Wallfahrt *Virgen del Mar* das Bildnis der »Meerjungfrau« zur *Ermita Torre García* überführt.

Die *Fiesta de San Juan* wird in der Nacht zum 24. Juni mit einem riesigen Feuerwerk gefeiert.

Die letzte Augustwoche steht ganz im Zeichen von *Las Fiestas en Almería,* auch genannt *Feria de la Virgen del Mar.* Bei diesem Fest wird die ganze Stadt zum Jahrmarkt, es werden Flamenco und Stierkämpfe, Konzerte und folkloristische Tänze geboten.

WEITERREISE

BUS: Die *Estación de Autobuses* (*✆ 950/21 00 29*) ist für alle Destinationen innerhalb und außerhalb der Provinz zuständig. U.a. bestehen Verbindungen nach *Adra, Benehadux, Berja, El Cabo de Gata, Carboneras, Gador, Guadix* und *Granada, Jaén* und *Sevilla, Málaga, Motril, Murcia, San José (Cabo de Gata), Valencia* und *Córdoba.*

Täglich außerdem Busse nach Mitteleuropa.

ZUG: Obwohl das Schienennetz im (schön verklinkerten) Sackbahnhof von Almería endet, bestehen Verbindungen in alle Landesteile: täglich nach *Murcia, Madrid, Granada und Barcelona, Córdoba* und *Sevilla.*

Tickets entweder vor Fahrtantritt direkt in der Estación kaufen (*✆ 950/23 12 07*) oder im RENFE-Büro an der *Calle Alcalde Muñoz 1, ✆ 950/25 11 35.*

FÄHRE: Vom 15. Juni bis 15. September bedient die staatliche Fährgesellschaft *Transmediterranea* täglich die Strecke *Almería–Melilla* (Nordafrika); in den restlichen Monaten gibt's nur drei Abfahrten je Woche (Mo, Mi, Fr). Die Fährzeit beträgt rund 6 Std., die Tickets kauft man bei Transmediterranea am *Parque Nicolás Salmerón 19, ✆ 950/23 63 56* (Mo–Fr von 8–14 Uhr).

FLUGZEUG: Die spanische Staatsairline *Iberia* fliegt von *Almería* aus täglich nach *Madrid, Barcelona* und *Melilla.* Buchen bei Iberia auf dem *Paseo Almería 42, ✆ 950/22 44 08 und 23 09 33.*

Die deutsche *LTU* fliegt von Almería aus Richtung Heimat und wird vertreten von *Viajes Rossell,* Avenida Faro Sabrial, Roquetas de Mar (rund 20 km südlich Almería), *✆ 950/33 30 01, 🖷 33 30 07.*

Costa Blanca

MOJÁCAR

Man ist der E-15, der großen »Sonnenstraße« des Tourismus, in *Vera* entkommen. Die relative Häßlichkeit hat ein vorläufiges Ende: *Mojácar* bzw. die *Playa de Mojácar* ist erreicht. Einst war es ein Insider-Treff für Kenner der Costa Blanca, heute ist es ein beliebter Badeort für Pauschalreisende aus Mitteleuropa sowie für (meist männliche) Touristen aus gutem spanischem Hause. Da die rege Bautätigkeit der letzten Jahre ziemlich planlos verlief, sich jeder Bauherr möglichst strandnah etablieren wollte, erstreckt sich der neue Ort lediglich, aber für rund 10 km, beidseitig der Küstenstraße. Doch die Bebauung erfolgte nicht flächendeckend, die Gebäude sind im Durchschnitt nur zwei Stockwerke hoch, und der alte Ortskern, landeinwärts über dem Meer gelegen, entpuppt sich als ein herausgeputztes Schmuckstück voller malerischer Winkel.

Der tadellos gewartete Stadtstrand *Playa del Descargador* ist rund 50 m breit, mal fein, mal kiesig oder von Steinen durchsetzt, in der Grundfarbe aber stets blaßgrau und wird in der Saison stark von Sonnenhungrigen frequentiert. Wer Ruhe sucht, kann sie auch heute noch finden, und zwar am per pedes erreichbaren Nacktbadestrand *Macenas.*

Für den Touristen ist glänzend gesorgt. Unterkünfte und Restaurants der gehobenen Art reihen sich aneinander. Die Zahl der Bars ist nur zu schätzen, und etwas abseits, um die Schläfer nicht zu stören, dröhnt des Nachts der heiße Discosound bis in die frühen Morgenstunden.

UNTERKUNFT:
Mehrere Dutzend Herbergen aller Kategorien (im Schwerpunkt aber erst ab •••) finden sich im Ort, eine Liste kann man in der **OFICINA DE TURISMO** (*Plaza Nueva s/n,* ✆/℻ *950/47 51 62;* alltags 10–14 und 17–19.30 Uhr, Sa nur morgens) bekommen.

Das Billige macht sich sehr rar, empfehlen können wir nur **HOSTAL LA ESQUINICA** •-•• *(Calle Cano 1,* ✆ *950/47 50 09)* sowie das **HOSTAL CASA JUSTA** ••-••• *(Calle Morote 7,* ✆ *950/47 83 72).*

Darf es auch etwas Besseres sein, bietet sich an die **PENSIÓN EL TORREÓN** ••• *(Calle Jazmin 4, Altstadt,* ✆ *950/47 52 59),* die mit ihren schmukken und panoramareichen Zimmern besticht.

In der Topklasse dann empfiehlt sich der gar nicht einmal sooo teure **PARADOR DE MOJÁCAR** *(Playa de Mojácar,* ✆ *950/47 82 50,* ℻ *47 81 83).* Die Architektur (erbaut 1966) ist modern, aber ansprechend, die Zimmer mit Liebe und viel Holz eingerichtet, und obwohl das Haus ganz und gar nicht mehr alleine am Strand liegt, kann man hier dem bunten Strandgewimmel entkommen. Mit Bar, Restaurant, Tennis, Swimmingpool – und dabei lediglich ab 70 € teuer.

CAMPING: EL CANTAL, *Puerto Mediterráneo, Richtung Carboneras,* ✆ *950/47 82 04*; ganzjährig. Sehr große Anlage, 70 m vom Strand entfernt.

▼ Am Cabo de Gata

Parque Natural Cabo de Gata

Was sich östlich an Almería an Küste anschließt, und zwar bis hinauf nach *Agua Amarga*, das sind die einsamsten und wildesten Gestade, die man heute am spanischen Mittelmeer noch finden kann. *Cabo de Gata*, das ist nicht nur das Südwestkap der Iberischen Halbinsel, das ist auch die *Sierra de Gata*, die dem gesamten Landzipfel zwischen *Almería* und *Agua Amarga* ihren Namen gegeben hat. Da finden sich weite pastellfarbene Steppen, Kakteen- und Agavenfelder, drohend lastende Kegelstümpfe über braunen Sand- und Staubwüsten, Ziegenherden in steinerner Einöde, und Dörfer, so klein und entrückt, daß man glauben könnte, über Jahrhunderte in die Vergangenheit gesprungen zu sein.

Diese imposante Landschaft vulkanischen Ursprungs, seit 1988 zu einem rund 26 000 ha großen Naturpark erklärt (Bauverbot, Verbot auch wild zu campen), gab die Kulisse für den Kinofilm »Lawrence von Arabien« und »Spiel mir das Lied vom Tod« ebenso wie für unzählige Django-Reißer, und die über 60 km lange Küstenlinie, die als die unberührteste und beeindruckendste sowie auch als die größte naturbelassene von ganz Spanien gilt, ist so wild, daß sie ohne weiteres den Hintergrund für einen Film über das »Ende der Welt« abgeben könnte.

»Entdecker« stoßen noch auf manche einsame Bucht, auf menschenleere und kilometerlange Feinsandstrände, können in den »Geisterstraßen« ehemaliger Minendörfer (Gold, Kupfer, Blei, Achat) herumstöbern, mit einem Ziegenhirt durch die »Mondlandschaft« ziehen und sich zu unvergeßlichen Wanderungen aufmachen, für die es hier sogar teilweise sehr genaues Kartenmaterial gibt. Auch geführte Wanderungen und Fahrradtouren stehen im Programm, Schnorchler und Taucher sowie Botaniker und Ornithologen finden hier ebenfalls ihr Paradies, und alles in allem gehört ein Besuch des Schutzgebietes ganz bestimmt zu den Höhepunkten jeder Südspanien-Reise.

INFORMATION

Zuständig ist die *Oficina de Turismo* in Almería (s.o.), wo auch Wanderkarten etc. vertrieben werden. Weitere Informationen sind in der *Oficina de Turismo* von San José (s.u.) erhältlich (dort auch Fahrradverleih sowie Organisation von Wanderungen und Radtouren) sowie im *Centro de Visitantes Las Amoladeras* an der Straße von Almería Richtung San José *(✆ 950/16 04 35; im Sommer 9–14 und 17–20 Uhr, sonst 10–15 und 16–18 Uhr);* ein zweites Dokumentationszentrum ist in *Rodalquilar* (s.u.) geplant.

AN-/WEITERREISE

Wer mit öffentlichen Verkehrsmitteln reist, muß in jedem Fall erst nach *Almería*, da alle Busse von dort aus verkehren. Es bestehen Verbindungen nach *San Miguel de Cabo de Gata* (zweistündlich bis stündlich), nach *San José* (zwei- bis viermal tgl.) sowie nach *Las Negras* (ein- bis zweimal täglich) und *La Isleta/Los Escullos* (im Sommer tgl., sonst nur ein- bis zweimal pro Woche).

UNTERKUNFT

Das Angebot an Herbergen ist vergleichsweise bescheiden, weshalb es während der Hochsaison sehr problematisch ist, ohne Reservierung ein Zimmer zu bekommen. In der Nebensaison freilich ist immer etwas frei, und auf den Campingplätzen wird man stets noch eine Nische fürs Zelt finden. Wildcampen allerdings ist streng untersagt, und wer im Parkbereich dabei erwischt wird (im Zelt, Caravan oder auch Wohnmobil), muß mit drastischen Strafen rechnen.

In den nachfolgenden Abschnitten werden alle im/am Schutzbereich gelegenen Orte genau vorgestellt:

Agua Amarga

Die Strecke von *Mojácar* nach *Carboneras* beträgt rund 22 km, ist aber nur an ihren Kurven zu ermessen. Die Straße ist aus dem kahlen, graubraunen Fels gesprengt, dreht und windet sich, als wolle sie der beängstigenden Nähe dunkler Schluchten entfliehen. Die Fahrt ist ein Höhepunkt, aber hinter Carboneras befinden sich ein paar Fabriken mit qualmenden Schloten.

Erst Richtung Agua Amarga kann sich das Auge wieder so recht entspannen. Die Landschaft verändert sich, die *Sierra de Gata* bringt neue Formen ins Spiel: hellbraune Sandsteinhügel prägen das Bild, üppiggrüne Oasenfelder mitsamt Dattelpalmen bieten Kontrast. Ein paar wenige Häuser ducken sich eingeschossig und als schneeweiße Tupfen an die wie gehobelt wirkenden Hänge. Die Tupfen mehren sich, bilden plötzlich den blendenden Traumhaufen eines kubistischen Malers. Der Anblick ist prall organisch, ein Straßenschild gibt ihm den Namen »Agua Amarga«.

▼ Agua Amarga (unten)

Carboneras (ganz unten) ▼

Cabo de Gata
Mar Mediterraneo
Costa Blanca
Carboneras
Agua Amarga
Rodalquilar
La Isleta
Los Escullos
San José
Fernán Pérez
Albaricoques
Níjar
Cabo de Gata
Sierra Alhamilla
Sierra de Gata
Punta de Loma Pelada
Morrón de los Genoveses
Faro de Gata
Richtung Almería
N
0
25 km

UNTERKUNFT
Es gibt nur eine günstige Unterkunft, das **HOSTAL FAMILY** (Neben- ••, Hochsaison ••••; ✆ *950/13 80 14)*, ein von einem Garten umgebenes, schmuckes Häuschen.

In der gehobenen Preisklasse bietet sich an das **HOTEL MIKASA** ••••, *Ortsausgang Richtung Carboneras,* ✆ *950/13 80 73;* Januar bis März geschlossen: Kleines Hotel mit elegant-gemütlichen Zimmern und Schwimmbad.

Las Negras

Von Agua Amarga nach *Las Negras* im Süden sind's 10 km Luftlinie, doch rund 50 km für das Auto. Die staubige Fahrt in das Fischerdorf rentiert sich allemal: Bunte Bötchen schaukeln im Wellenschlag, die Küste ist wild und herb, mit schwarzen Klippen bespickt. Baden möchte man hier zwar nicht, aber vielleicht hat man Hunger! Direkt über dem »Hafen« lädt ein Restaurant zum Verbleib. Die Speiseterrasse bietet Panorama, und aus der Küche kommt, was das Meer die letzte Nacht bescherte: Seezunge und Meerhecht, Brasse und Hummer, Krebs und Languste – das gibt's fast immer.

UNTERKUNFT
Vom Tourismus ist Las Negras noch ziemlich unbeleckt, und lediglich ein paar Apartment- sowie Ferienhäuser nebst einem Campingplatz sind vorhanden. Herbergen fehlen bislang ganz, und nur in der Nebensaison kann man mit ein bißchen Glück eine Ferienwohnung anmieten (am besten in den Bars nachfragen, im Restaurant etc.).
Der **CAMPING NAUTICO CALETA** *(✆ 950/52 52 37,* 📠 *27 28 11)* erstreckt sich rund 1 km südlich des Ortes, besticht mit seiner eindrucksvollen Lage, bietet gute Einrichtungen, auch einen Laden sowie teilweise schattige Stellplätze und ist insbe-

sondere bei Wassersportlern sehr beliebt (Tauchkurse, Kanu- und Segelboot-Verleih). Die Preise sind moderat, und zwei Personen mit Zelt und Auto müssen um 15 € bezahlen.

Rodalquilar

Hinter *Las Negras* führt die Straße wieder in die Halbwüste des Landesinneren hinein, und erreicht nach wenigen Kilometern den ehemaligen Grubenort *Rodalquilar*, der hier nur deshalb erwähnt wird, weil er Standort des Dokumentationszentrums des *Parque Natural Cabo de Gata-Níjar* ist.

La Isleta

Wieder ein paar Kilometer weiter und nach Bewältigung einer Paßhöhe (spektakuläre Aussicht auf die Küste) erstreckt sich das aus lediglich ein paar Häusern sowie – seit neuestem – auch einer kleinen Apartmentanlage bestehende Dorf *La Isleta*. Ausländische Touristen verirren sich kaum je hierher, und wer seine Ruhe sucht, im Bereich des Naturparks auf Exkursionen gehen, aber auch verschwiegene kleine Sandbuchten nicht missen möchte, der kann hier sein kleines Urlaubsparadies finden.

UNTERKUNFT
Die Apartments sind in Privatbesitz, können aber, zumindest in der Nebensaison, gemietet werden (in der Dorfbar nachfragen, im Geschäft).

Ansonsten bietet sich nur das **HOSTAL ISLETA DEL MORO** •• an (✆ *950/38 97 13):* korrekte Zimmer mit Bad und Balkon, alles sehr gepflegt; angeschlossen ist ein Restaurant mit außerordentlich leckeren Fisch-Spezialitäten.

▶ Auf dem (Fuß)weg von San José zum Cabo de Gata.
Phantastische Strände und bizarre Felsformationen. ▼

Los Escullos

Die Berge schimmern weiß und grau. In geschwungenen Talsohlen wogt ockerfarbenes Steppengras, ein paar Palmen und viele Agaven runden das Bild ab. Die Straße hat sich in ein surreales Band verwandelt, das sich am pastellenen Südhimmel verliert. Ein lose dahingewürfelter Ort – *Los Escullos,* nur ca. 2 km südlich von La Isleta gelegen – stellt den Bezug zur Realität wieder her. Ein verfallenes Fort thront über menschenleeren Buchten, Strände gibt's in den Farben weiß und gelb, golden, grau bis schwarz. Sie sind meist menschenleer (nur an den Sommer-Wochenenden nicht) und enden vor gigantischen Felsklötzen. Das Meer schimmert kristallklar blau und grün.

UNTERKUNFT

Noch vor wenigen Jahren gab es hier keinerlei Infrastruktur, aber schon haben sich zwei Herbergen sowie ein Campingplatz etabliert: Die **PENSIÓN CASA EMILIO** •• *(✆ 950/38 97 61)* bietet ein paar einfache Zimmer mit Bad, wohingegen das benachbarte **HOTEL LOS ESCULLOS** •••-•••• *(✆ 950/38 97 33)* der Mittelklasse zuzurechnen ist und sich recht komfortabel vorstellt. Es liegt direkt am Meer, und störend wird hier manch einer nur die angeschlossene Disco empfinden.

Bleibt der bestens ausgestattete **CAMPING LOS ESCULLOS** *(✆ 950/38 98 10, ganzjährig geöffnet),* Swimmingpool und Restaurant ebenso offeriert wie einen Supermarkt; sogar eine eigene Tauchstation, Rad- und Pferdeverleih. Der einzige Nachteil ist seine Lage im Landesinnern, rund 1 km vom Meer entfernt.

San José

Wer das Wilde liebt, aber auf Komfort und Infrastruktur nicht verzichten will, der mag *San José.* Der rund 500 Einwohner große Ort füllt einen berggerahmten Taleinschnitt, besteht am Breitstrand aus schlichten Fischerhäusern und hintendran aus schmucken Pueblo-Villen und »Chalets«. Zwar mischen sich auch hier immer mehr Ferienhäuser und Apartments ins Bild, auch die Zahl der Restaurants, Bars und Geschäfte nimmt Jahr für Jahr deutlich zu, schon schaukeln Yachten in einer mondänen kleinen Marina, aber noch immer geht es – im Vergleich mit anderen Strandorten der Costa Blanca – doch recht geruhsam zu.

INFORMATION

Ein kleines *Oficina de Turismo* ist nun auch zu finden *(Calle Correo, ✆ 950/38 02 99),* und hier kann man auch Wanderkarten kaufen, sowie Mountain Bikes ausleihen und sich auch für organisierte Jeep-, Wander- sowie Bike-Touren anmelden.

UNTERKUNFT

Mehr als ein Dutzend Herbergen steht schon zur Verfügung, außerdem natürlich hunderte Ferienwohnungen und -häuser (über Bars etc.) nebst einer Jugendherberge und einem Campingplatz:

ALBERGUE JUVENIL DE SAN JOSÉ (im Ort ausgeschildert), *✆ 950/38 05 33, 📠 38 02 13;* Okt. und Nov. geschlossen: moderne Anlage, neu und gepflegt, gute Gemeinschafts-Einrichtungen und Betten zu rund 10 € in verschieden großen Zimmern.

PENSIÓN EL PARAÍSO I & II •-••, etwas außerhalb am Ortsrand in einer namenlosen Querstraße gelegen,

✆ *950/38 03 80.* Einfache Zimmer mit Bad im Ableger II, solche ohne Bad im älteren Haus nebenan.

PENSIÓN BAHÍA •••-••••, *Calle Correo,* ✆ *950/38 01 14.* Im Zentrum gelegenes, modernes, aber sehr ansprechendes Komforthaus mit funktionellen Zimmern (sogar Aircon), die zwischen 50 € und 60 € kosten.

HOSTAL ALOHA ••-•••, *Cala Higuera s/n,* ✆ / 🖷 *950/38 04 61.* Angenehmes Haus mit Garten und Pool (nur im Sommer) sowie zweckmäßig eingerichteten Zimmern mit Bad oder Dusche.

Soll's das Außergewöhnliche sein, empfiehlt sich das **HOTEL SAN JOSÉ** •••• *(✆ 950/38 01 16),* hoch über Dorf und Meer gelegen. Von außen scheint's ein »Schwarzwaldhaus«, im voll verglasten Foyer und Aufenthaltsraum glaubt man sich in einer mondänen Gallerie. Es überraschen surrealistische Gemälde zwischen Marmor, Rattan und geschmackvollen Polsterelementen. Auf den Fluren prunken Eichentruhen, die großen Zimmer (zwischen 90 € und 120 € teuer – je Saison) sind altspanisch und pompös möbliert, mit modernen Grafiken und pastellenem Dekor aufgelockert. Im Restaurant untermalt klassische Musik internationale Gerichte. Mai bis September Zimmerreservierung dringend empfohlen.

CAMPING

Camping Tau Tau, am Ortsrand, ✆ *950/38 01 66;* April bis September geöffnet. Ziemlich schmuddelige Anlage, kaum als Urlaubsdomizil zu empfehlen.

WEITERREISE/AUSFLUG

Auf älteren Karten ist noch eine Fahrstraße von *San José* Richtung *Cabo de Gata* verzeichnet. Diese ist schon seit längerer Zeit für motorisierten Verkehr gesperrt. Per pedes jedoch sowie mit dem Fahrrad kann man der Staubpiste folgen, entlang derer sich phantastische Strände im Felsensaum aneinanderreihen. Der Weg führt schließlich zum panoramareichen Kap hinauf und sodann – wieder motorisiert befahrbar – über zwei kleine Dörfer nach *San Miguel de Cabo de Gata,* von wo es, durchs Landesinnere, nach San José zurückgeht. Mit dem Fahrrad kann man diese Strecke gut in einem Tag schaffen, zu Fuß hingegen wird man nach Erreichen des Kaps wieder zurücklaufen müssen (nicht vergessen, ausreichende Mengen Trinkwasser mitzunehmen!).

San Miguel de Cabo de Gata

Westlich vom Kap, und der Provinz-Metropole Almería schon ziemlich nahe, erstreckt sich dieser von außen betrachtet recht triste Ort, der in der Umgangssprache schlicht »Cabo de Gata« genannt wird. Überall wachsen unschöne Betonbauten in den Himmel, am Ufer prunkt eine überdimensionierte Promenade, und nur der alte Ortskern erinnert, was der Ort bis vor kurzem ausschließlich war: ein Fischerdorf.

Urlaub machen möchte man hier kaum, doch da die Strände, die sich Richtung Kap anschließen, von teilweise wirklich atemberaubender Schönheit sind, ist es wohl keine schlechte Idee, hier auf der Weiterreise nach Almería einen Bade-Stopover einzulegen: Sehr sauberes Wasser, auch im Ortsbereich; Süßwasserduschen stehen zur Verfügung.

Ausflüge

VÉLEZ BLANCO

Wer aus Richtung Murcia in die Provinz Almería einreist und ein Freund alter Gemäuer ist, sollte 17 km hinter **LORCA** nach rechts auf die N-342 nach *Vélez Rubio* (ca. 20 km) abbiegen (oder in Lorca den Bus dorthin besteigen). Die monumentale klassizistische Kirche des Ortes ist nicht sonderlich interessant. Ganz anders das 8 km nördlich im Zentrum der *Sierra de María* gelegene *Castillo de Vélez Blanco*. Erbaut von einem Italiener im frühen 16. Jh., dominiert es mit seinem doppelten Zinnenkranz und den wehrhaften Türmen das weiße Bilderbuchdorf zu seinen Füßen vollständig. Das Innere der Feudalburg ist leider nicht annähernd so sehenswert, weil der weithin berühmte Säulenpatio (neben dem von *La calahorra* der schönste des Landes; siehe dort) 1904 an einen französischen Antiquar verkauft wurde, der das marmorne Prachtstück abbaute und im *Metropolitan Museum of Arts* in New York originalgetreu wieder aufbauen ließ; dort ist er noch heute zu bewundern.

WILDWEST

Vor wenigen Jahren noch ritten die Spaghettiwestern-Helden Marke Django und Charles Bronson durch die *Sierra de Alhamilla,* wenn sie auf dem Weg nach Tuscon/Arizona waren, um dort Marshall White Earp ausfindig zu machen. Auch Lawrence von Arabien galoppierte durch die Sierra de Gata. Was geblieben ist aus der Zelluloidzeit des »Hollywood in Spanien«, das kann man heute in Form maroder »Ghosttowns« rings um *Tabernas* an der N-340 nördlich von Almería betrachten. – Oder auch nicht, denn die Kulissenstädte sind mittlerweile

▼ In der Sierra de Alhamilla

zu einem »Phantasialand« für Pauschal-Touristengruppen verkommen. Man postiert sich umter'm Galgen fürs Foto, bestaunt »Rodeo-Shows«, Saloons, mietet sich vielleicht mal einen müden Klepper und wird im Kreis herumgeführt...

Wesentlich eindrucksvoller ist es da schon, von Tabernas aus zur oberhalb gelegenen Kastell-Ruine hinaufzusteigen: Die Aussicht über das Wüstenland ist wahrhaft beeindruckend!

WÜSTENWANDERUNGEN

Was ziemlich authentisch geblieben ist, das ist die Landschaft, in der unsere Helden ihre Abenteuer bestanden. Wer gegen Gluthitze resistent und ein Freund gnadenlos wilder Wüsteneien ist, der kann in der *Sierra de Gata* (siehe unter »Parque Natural Cabo de Gata«) zu weglosen Entdeckungsmärschen aufbrechen. Oder in der *Sierra de Alhamilla*, wo man am besten in *Nijar* startet (auch per Bus ab Almería erreichbar), um das *muy salvaje paisaje*, das »sehr wilde Land«, wie die Andalusier dieses Mondgebirge nennen, zu erkunden.

Wege gibt es keine, Vegetation auch nicht, weil hier schon vor über 2000 Jahren die Wälder für den Schiffsbau abgeholzt wurden, so daß geschah, was *Platon* 500 v.Chr. in seiner »Kritias« über Griechenland schrieb: »In den Bergen wird der fruchtbare Boden immer mehr fortgespült; unaufhörlich gleitet er herab und verschwindet in der See. Was bleibt ist ein ausgemergelter Leib.«

Ebenso ausgemergelt ist auch der Leib des Wanderers, der diese Wüsteneien per pedes für ein paar Stunden durchschritten hat. Aber kommt er dann nach **Nijar** zurück, kann er sich am Fuß der Stadt am Wasserstrahl einer Fontäne laben,

Westernstadt bei Tabernas ▼

in vielen kühlen Bars etwas Kaltes zu trinken bekommen, kann sich in einer der fünf einfachen Herbergen des Ortes (•-••) einquartieren und obendrein noch Shoppen gehen: Nijar ist berühmt für seine Töpferwaren, die z.T. noch heute mit Farben aus zerstoßenen Mineralien verziert werden – Blau wird aus Lapislazuli gewonnen, Grün aus Kupfer, Gelb und Braun aus Eisenoxid.

IN DIE SIERRA NEVADA

Das Zentrum der Sierra Nevada, der höchsten Gebirgskette der Iberischen Halbinsel, liegt zwar innerhalb der Provinz Granada und wird dort auch ausführlich beschrieben, aber ihre östlichen zu Almería gehörigen Ausläufer, immerhin bis 2600 m hoch, haben alpinen Charakter und sind es wert, entdeckt zu werden: entweder mit dem Auto oder – besser und eindrücklicher – zu Fuß.

Ausgangspunkt ist das Tal des *Río Andarax*, der in der Sierra Nevada entspringt und zwischen dieser im Norden und der *Sierra de Gádor* im Süden ein mächtiges Tal ausgewaschen hat. Die eigentliche Talsohle präsentiert sich als ein grüner und fruchtbarer »Garten Eden«, malerische Dörfer schmiegen sich wie Bienenwaben an die Steilhänge, die in die glattgeschliffenen Felsflanken der beiden Sierras übergehen, auf denen bis in den Frühsommer hinein schneebedeckte Berggipfel thronen.

Die Straße trägt die Bezeichnung C-332, beginnt 12 km nördlich von Almería bei *Benahadux* und umrundet, wenn man sie denn ganz verfolgt, die gesamte Sierra Nevada auf ihrer Südseite bzw. überquert sie auf dem 2000 m hohen Paß *Puerto de la Ragua*, bevor sie in die Lößebene von *Guadix* und *Lacalahorra* führt. Diese Routen werden unter »Granada« näher beschrieben.

In diesem Kapitel folgen wir dem Tal des *Río Andarax* nur bis *Laujar de Andarax* (täglich Busverbindung ab Almería), der »Hauptstadt« dieses Teils der Sierra Nevada und dank seines sprichwörtlichen Wasserreichtums (mehr als ein Dutzend Quellen) ein Kleinod unter den Städten der Provinz Almería (siehe auch unten unter »Unterkunft«). Hier biegen wir nach rechts ab auf die C-331 (Richtung *Paterna del Río*) bis zu einem Schild mit der Aufschrift »Mirador de Sierra Nevada«, dem Ausgangspunkt für eine ca. 40 km lange Wanderung, die direkt auf dem Paß Puerto de la Ragua endet. Wer knapp an Zeit ist und seinem Auto eine beschwerliche Pistenfahrt zumuten will, kann's auch motorisiert machen.

WANDERUNG: Zur Ausrüstung gehören Wasserflasche, Wegzehr für mindestens einen Tag sowie Schlafsack für die kühlen Nächte.

Man folgt der Bitumstraße zum Mirador mit Fernblick, geht dann weiter bergauf, später auf der linken Seite an einem Steinhaus vorbei. An einer Kreuzung mit einer besser ausgebauten Piste geht's rechts ab, und ein paar km weiter an einer größeren Gabelung nach links. Hier stößt man bald auf die Ruinen einer verlassenen Erzmine (gut zum Übernachten), hinter der man auf die nächste, nach rechts hoch abbiegende Piste abzweigt. Der Weg umrundet einen kahlen Berghang, verläuft dann auf einer Art Grat und schlängelt sich in vielen Serpentinen aus einer Höhe von ca. 2500 m bis zum Paß hinunter. Wer nicht zu

Fuß nach Lacalahorra laufen will (15 km; ab dort Busanschluß nach Guadix und Granada), muß trampen.

UNTERKUNFT: Nur in *Laujar de Andarax* (s.o.). Mehrere Kilometer vor Laujar an der Straße von Almería lädt der gepflegte und schattenreiche, mit einem Swimmingpool ausgestattete, sehr billige (zwei Personen, Auto, Zelt kosten etwa 12 €) *Camping Puente Colgante (✆ 950/51 4291; ganzjährig geöffnet)* ein.

Im Ort selber dann bietet sich in der unteren Preisklasse das *Hostal Fernández* • an (*Calle General Mola 4, ✆ 950/11 31 28;* Zimmer ohne Bad) und die Mittelklasse wird u.a. vom *Hotel Almirez* •• *(2 km außerhalb Richtung Ugíjar, ✆ 950/16 40 33)* vertreten.

Die Costa del Sol ist in Verruf geraten. Sie sei touristisch zersiedelt und nachhaltig zerstört. – Sagt man ihr nach. Aber man muß differenzieren. Wie es nämlich zwei Costa Blancas gibt, so unterscheidet man auch zwei »Sonnenküsten«. An der einen, der südlichen, erscheint das Ausmaß des Tourismus längst riskant. An der anderen hingegen, der nördlichen, hat der Fremdenverkehr in aller Regel noch nicht die Grenzen gewachsener Ortschaften gesprengt. Zwar sind auch hier die Hochhäuser überall da wohl unvermeidlich, wo ein Ferienzentrum entstehen will. Aber ganz so viele wollen nicht entstehen. Das hat verschiedene Gründe.

Im nördlichsten Abschnitt dieser Costa, von *Almería* bis *La Rábita*, ist das Land karg und wüstenhaft und von Treibhäusern zersiedelt. Die Strände geben sich kiesig und schmuddelig. – Hier möchte man keinen Urlaub machen.

Von *La Rábita* bis *Torrox Costa*, im mittleren Abschnitt, stürzen sich die Ausläufer der Sierra Nevada ins Mittelmeer. Das sieht z.T. wildromantisch und spektakulär aus, hat aber den Haken, daß es nicht viele zugängliche Strände gibt. Die schönsten sind obendrein in den privaten Händen millionenschwerer Müßiggänger.

Und mit dem letzten Küstendrittel, das sich bis nach *Málaga* hinzieht, hat es Mutter Natur nicht allzu gut gemeint. Ihm schenkte sie nur schmale Kiesflächen. Die machen nichts her, sind obendrein oft verschmutzt und im Sommer von anspruchslosen Großstädtern aus Málaga übervölkert.

Im Plastikland

Für den Ästheten können die 70 km von *Almería* bis *La Rábita* eine Zumutung sein. Es ist nicht von Nachteil, wenn man z.B. bei Almería dem Tal des *Río Andarax* folgt (s.o.) und dann etwa ins Las Alpujarras abbiegt (siehe unter »Sierra Nevada und Las Apujarras«), erst bei *La Rábita* wieder die Küste erreicht. Weil alles, was man verpaßt, zur Landschaft des *Campo Dalías* gehört. Und in der wird Gold geschürft – *Oro verde*: »Grünes Gold«, wie die Bauern es nennen.

Das Land, noch vor wenig mehr als einem Jahrzehnt eine Wüste, ist heute auf über 150 qkm mit Plastik bespannt. Unter dem Plastik gedeiht »bodenloses«, weil aus mit Sand gefüllten Plastiktüten wachsendes Gemüse. Damit sie sprießen – die Tomaten und Gurken, Paprikas und Auberginen, Zucchini und Bohnen –, »füttert« man sie mit Nährstoffinfusionen. Das erforderliche Wasser bezieht man aus natürlichen unterirdischen Speichern. Und weil die feuchte Hitze in den Treibhäusern ein Eldorado für alle Schädlinge ist, werden nirgends in Europa mehr Pestizide versprüht als hier. Eine Lebensmittelkontrolle gibt es nicht. Was zählt, sind die Erträge, und die liegen bei über 1 Million Tonnen Gemüse pro Jahr. Damit ist der Campo Dalías die größte Gemüsekammer Europas. Über drei Viertel von dem, was im Winter in deutschen Landen »frisch« auf den Tisch kommt, stammt von hier.

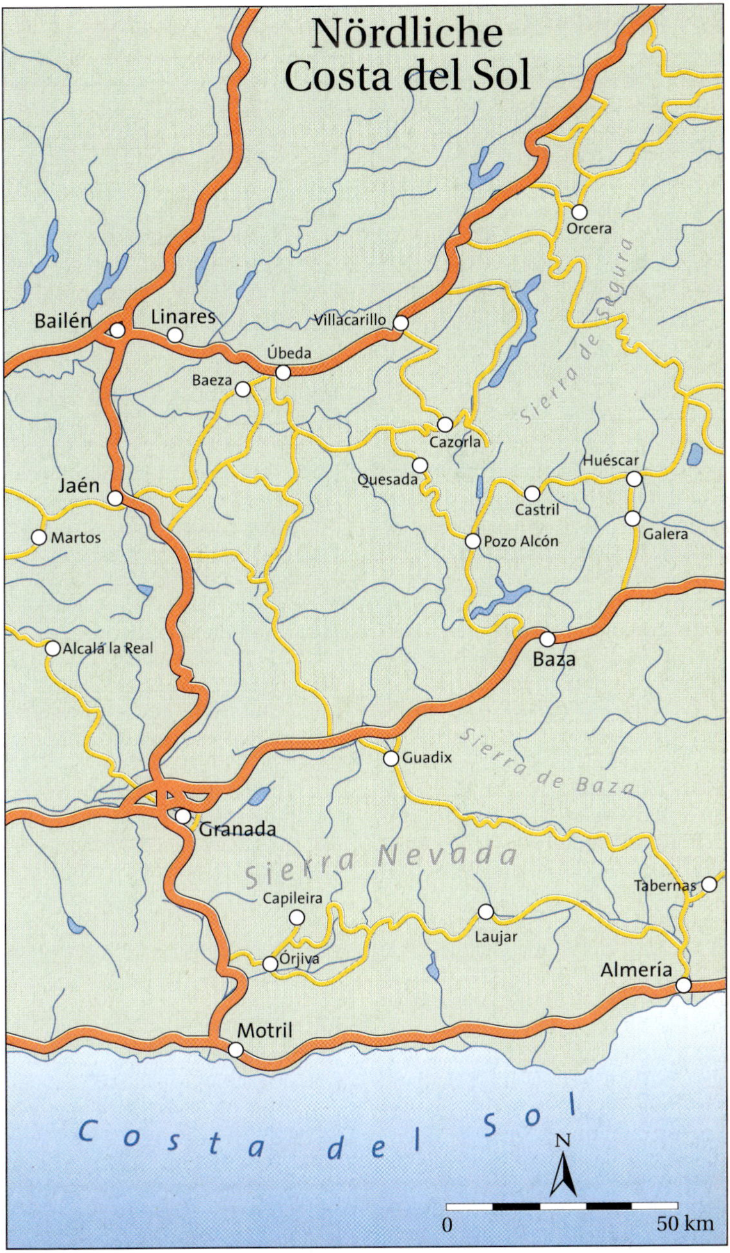

◀ Typische Plastikplanen-Landschaft südlich von Adra

Die Fels-Costa

Rund 120 km Länge mißt die schöne Strecke entlang der felsigen Costa del Sol zwischen *La Rábita* im Norden und *Torrox Costa* im Süden. Die Ausläufer der Betischen Kordillere mit den *Sierras de la Contraviesa, del Chaparral* und *de Tejeda*, strecken sich hier bis ans Meer und bilden nicht selten mehrere hundert Meter hohe Steilklippen. Die Straße ist in den nackten Fels gesprengt, Kurve folgt auf Kurve, Panorama auf Panorama.

Wen Kletterpartien nicht stören, wer keine Infrastruktur zum Sich-in-der-Sonne-Braten benötigt, wer einsame Stunden zwischen Sierra und Mar verbringen will, ist hier richtig: Gezeiten und steter Wogenschlag haben Überhänge und Minibuchten in den Fels genagt. Sandanschwemmungen schufen winzige Badeplätze. Kristallklar blau und grün schimmert das Meer, und über den Klippen hallt das Kreischen der Seeschwalben.

Zu den größeren Buchten winden sich oft halsbrecherische Holperpisten in die sandige Tiefe. Ein Erfrischungsschuppen aus Strohmatten und Segeltuch ist an solchen Stellen fast schon obligatorisch. Es gibt gebratene Sardinen und herben Landwein. Und stets auch picknickende spanische Familien. Die Kinder bauen Burgen, die Frauen sorgen für die Kinder und das Essen, und die Männer versuchen sich mit langen Bambusgerten im Fischfang von den Klippen aus. Abends kommt das jüngere Volk; meist pärchenweise. Lagerfeuer flackern, Julio Iglesias besingt Liebe und Einsamkeit. Gegen Mitternacht schaut die Guardia Civil vorbei. Und schickt alle nach Hause: wildes Campen ist hier meist verboten.

Ferienorte gibt es auch. Aber da geht's eng zu. In den Orten wie auch an den Stränden. Es gibt zu viele Urlauber und viel zu wenig Platz.

CASTELL DE FERRO

Noch relativ beschaulich säumt das 2300 Einwohner große ehemalige Fischerstädtchen einen leidlich sauberen Strand.

UNTERKUNFT

Herbergen gibt es über ein Dutzend in der Stadt. Empfehlen möchten wir die **CASA SUIZA** ••-••• *(✆ 958/65 60 26)*, wo man in kleinen Einzelbungalows nahe Meer und Campingplatz wohnt; mit Swimming-Pool und einem Restaurant.

Ansonsten bietet sich das **BAHIA** •• *(Plaza de España 12, ✆ 958/65 60 60)* an sowie das **HOTEL PAREDES** ••-••• *(N 340, ✆ 958/65 61 59)*, wo auch für sichere Parkplätze gesorgt ist und man sich am hauseigenen Swimmingpool erfreuen kann.

CAMPING: Vier Plätze nahe dem Ort. Am empfehlenswertesten ist der Camping **LAS PALMERAS** (1.5.–1.9.), der ortsnah in einer Art Villenviertel liegt, vom Strand ein paar Meter entfernt ist, viel Schatten auf staubigem Terrain bietet und relativ günstig ist (um 15 € für 2 Personen, Auto und Zelt).

CALAHONDA

Warum dieses 10 km weiter südlich gelegene 1500-Seelendorf »Schleuderbucht« heißt, weiß niemand zu sagen. Vielleicht, weil einem der Wind den Sand ins Gesicht schleudern kann? Möglich. Denn es gibt viel Sand. Der Strand beginnt ein paar hundert Meter weiter nördlich der langgezogenen Ortschaft, ist durchschnittlich 150 m breit und endet erst ein paar Kilometer weiter südlich am *Cabo Sacratif.* Seine Qualität variiert je Abschnitt: mal ist er fein, mal grob, mal steinig, ist hier sauber, dort eine Müllhalde. Vor Calahonda selbst ist er akzeptabel und wird von meist zweigeschossigen Häusern begrenzt, wie das Städtchen überhaupt die niedrige Bauweise bevorzugt.

Unterkunft

Die Herbergssituation ist mager. Nur wenige Häuser stehen dem Gast zur Verfügung. Das **HOTEL EL ANCLA** •••• *(Avenida Geraneos 1, ✆ 958/62 30 42)* hat komfortable Balkonzimmer, einen Tennisplatz und blickt über eine Bungalowreihe aufs Meer. **HOTEL LAS PALMERAS** •••• *(Arvera del Mar s/n, ✆ 958/62 30 11;* geöffnet nur vom 15.6.–15.10.) liegt direkt hinter dem Strand, ist in Fertigbauweise erstellt; die Zimmer (mit Balkon) sind schlicht. Ebenso gut, aber nicht direkt am Strand, wohnt sich's im **HR MIRAMAR** ••-••• *(Ctra. del Mar s/n, ✆ 958/62 31 11; 15.3.–15.10.).*

Camper finden auf dem rund 3 km entfernten und insbesondere in Kreisen deutscher Rentner sehr beliebten **CAMPING DON CACTUS** *(✆ 958/62 31 09)* alles nach ihrem Geschmack. Die Ausstattung ist sehr gut, und nur die Treibhäuser rings umher kann man als störend empfinden.

SALOBREÑA

Um *Motril,* eine rund 50000 Einwohner große und ausgesprochen lausige Industriestadt, kann man getrost einen Bogen machen, falls man sich nicht auf dem weiträumigen und üppigen Markt mit Lebensmitteln eindecken will.

Weiße Hauskuben schachteln sich charmant den Fels hinauf. Auf seinem Gipfel thront eine Maurenburg, das Umland ist fruchtbar, läßt Zuckerrohr gedeihen. – Von der Straße sieht Salobreña enorm romantisch aus, doch das Näherkommen birgt Enttäuschung. Apartmentarchitektur hat einen Betonwulst um den 8000 Einwohner großen Ort gelegt, und in den Gassen herrscht so drangvolle Enge wie auf einer Einkaufsstraße zum Sommerschlußverkauf: Urlauber schieben sich in Eisdielen, Cafés, Bars, Boutiquen und Restaurants, und den rund 2 km entfernten Graustrand entstellt die Skyline einer ständig größer werdenden Urbanisation.

Dennoch aber erfreut sich dieser beliebteste Badeort der Einwohner von Granada auch in Kreisen ausländischer Touristen einer großen Beliebtheit, weshalb nachfolgend kurz das Wichtigste gesagt sein soll:

An-/Weiterreise

Zahlreiche Busverbindungen täglich von/nach *Almería, Granada* und *Amuñecar.* Bushaltestelle an der *Av. Lorca,* nahebei das Infoamt (s.u.) sowie auch die *Plaza de Fontanilla,* von wo aus Stadtbusse ins Zentrum sowie an die Playa fahren.

Information

OFICINA DE TURISMO, *Plaza de Goya, ✆ 958/61 03 14.*

Unterkunft

Im außerordentlich günstigen **HOSTAL MARI CARMEN** • *(Calle Nueva 30, ✆ 958/61 09 06)* kann man sich wohlfühlen, wie auch das **HOSTAL ARNEDO** •-•• *(Calle Nueva 15, ✆*

958/61 02 27) mit seinen hübsch möblierten Balkonzimmerchen recht gut gefällt.

Die **PENSIÓN MARI TERE** •• *(Antigua Carr. de la Playa 94, ✆ 958/61 01 26)* repräsentiert die Mittelklasse, und das **HOTEL SALOBREÑA** •••-•••• *(Ctra. Cádiz–Barcelona, ✆ 958/ 61 02 61, 📠 61 01 01)* bietet sich in der Komfortklasse an: Garten und Liegewiese, Tennisplatz und Schwimmbad blicken zum Meer, die Zimmer haben internationalen Standard und kosten von umgerechnet rund 50 € an aufwärts.

ALMUÑECAR

Die Skyline von *Salobreña* ist ein Klacks, vergleicht man sie mit der von Almuñecar. Hier wie da verschandelt sie aber nicht das eigentliche Stadtzentrum, sondern den etwas außerhalb gelegenen Strand. Der ist dunkel, auch irgendwie schmuddelig, zwischen Ostern und September aber trotzdem so stark besucht, daß man bedacht sein muß, nicht irgend jemandem auf den Körper zu treten. Im Ortskern herrscht Chaos, man glaubt sich in Ibiza-Stadt.

An Herbergen herrscht kein Mangel. In denen wohnen aber vor allem spanische Touristen. Wer aus dem Ausland kommt, hat ein Apartment. Und die sind fest in den Händen der landläufig bekannten Reiseveranstalter. Hotels findet man wenige, Residencias, Hostales und Pensionen hingegen in recht großer Zahl.

AN-/WEITERREISE

Busverbindungen viele Male täglich u.a. von/nach Almería, Málaga, Granada, Salobreña und Nerja.

INFORMATION

OFICINA DE TURISMO, *Av. de Europa, Palacio de la Najarra, ✆ 958/63 11 25 und 63 03 33.*

UNTERKUNFT

Die günstigen Herbergen finden sich allesamt am Rande bzw. im Bereich der Altstadt, die Hotels hingegen sind im Neubauviertel gelegen.

In der unteren Kategorie bietet sich u.a. die **PENSIÓN VICTORIA I & II** •-•• an *(Plaza de la Victoria, ✆ 958/63 17 34),* die einfache und recht sterile Zimmer bietet, auch über eine eigene Garage verfügt.

In der Mittelklasse empfehlen sich das **HOTEL CARMEN** ••-••• an der *Av. de Europa 19, ✆ / 📠 958/63 14 13* (rund 2 Dutzend Zimmer, familiäre Atmosphäre) sowie das **HOSTAL ALTAMAR** ••• an der *Alta del Mar 19, ✆ 958/63 03 46.*

Für die gehobene Klasse steht das **HOTEL SAN CRISTÓBAL** *(Plaza San Cristóbal, ✆ 958/63 11 12);* am besten gefiel uns das maurisch angehauchte **HOTEL CASABLANCA** *(Plaza San Cristóbal, ✆ 958/63 55 75, 📠 63 55 89)* mit Preisen ab umgerechnet 60 €.

CAMPING

Empfehlenswert ist der Platz **LA HARRADURA** am *Paseo Marítimo Andrés Segovia, ✆ 958/64 00 56* (April bis Sept.), der nur ein paar Meter vom Strand entfernt ist.

STRÄNDE finden sich in und um Almuñecar gleich ein rundes Dutzend, und am beliebtesten ist im Sommer die rund 1 km lange *Playa de San Cristóbal* (Restaurants, Bars, Strandbuden); wer das Ruhige sucht, wählt die Richtung Osten angrenzende *Playa de la Galera* oder die *Playa del Tesorillo,* wohingegen die Nudisten die mit dunklem, grobem Sand bedeckte *Playa del Muerto* bevorzugen bzw. die weiter südlich gelegene *Playa de Cantarriján.*

NERJA

Was Nerja von den meisten anderen Ferienorten an der Costa del Sol unterscheidet, ist sein gewachsenes Zentrum. Der rund 14 000 Einwohner große Ort hat sich viel Charme behalten, hat Atmosphäre, die zum Schlendern einlädt. Strände gibt es auch, einen kleinen direkt vor dem Ort, größere am Rand. Wenn sie leer sind – etwa von Oktober bis Ostern –, kann man sie als schön bezeichnen. Ansonsten sind sie nur voll, denn in Spitzenzeiten leben nicht weniger als 60 000 Touristen in Nerja. Aber selbst das muß ja nicht stören – zumindest den Wanderfreund nicht –, denn das Umland ist vielseitig, auch für viele Tagestouren gut.

Das internationale Publikum reist weniger pauschal als vielmehr individual an, man sucht nicht das Billige: das Gute, das Luxuriöse, ist gefragt. Die Unterkunftssituation ist entsprechend. Die Hotels liegen alle am Meer, prunken mit drei oder vier Sternen. Sogar Hostales haben manches Mal einen eigenen Swimming-Pool, und im Sommer ist definitiv noch das letzte Zimmer belegt.

AN-/WEITERREISE

Sehr gute Busverbindungen täglich u.a. von/nach *Almería, Málaga, Granada* sowie *Córdoba, Sevilla* und *Cádiz;* Bushaltestelle an der Durchgangsstraße.

INFORMATION

OFICINA DE TURSIMO, *Puerta del Mar 2,* ✆ *95/2 52 15 31;* alltags 10–14 Uhr und 17–20 Uhr, Sa 10–13 Uhr.

UNTERKUNFT IN NERJA

Das Günstige macht sich rar – wie gesagt –, und empfehlen können wir nur die **PENSIÓN NERJASOL** •• *(Calle Arropieros 4,* ✆ *95/2 52 21 21)* die **PENSIÓN DON PEQUE** •• *(Calle Diputación Provincial,* ✆ *95/2 52 13 18)* sowie insbesondere das **HOTEL CALA BELLA** ••• *(Puerta del Mar 10,* ✆ *95/2 52 07 00),* das direkt neben der Oficina de Turismo (s.o.) liegt.

Strandleben in Nerja ▼

Der **PARADOR NACIONAL DE NERJA** •••• *(El Tablazo s/n, ✆ 95/2 52 00 50, 📠 2 52 19 97)* ist das angenehmste, aber mit Preisen zwischen 90 und 120 € (je Saison) nicht das teuerste Haus am Platz. Tennisplatz, Schwimmbad, Garten und Liegewiese sind ebenso selbstverständlich wie elegante Zimmer, feine Aussicht und noble Gemeinschaftseinrichtungen. Von den Strand-Paradores am andalusischen Mittelmeer ist dieser bestimmt der empfehlenswerteste.

Unterkunft in Frigiliana

Das große Plus von Nerja ist seine reizvolle Umgebung mit zahlreichen »Weißen Dörfern«, deren ansprechendstes vielleicht das nur 6 km landeinwärts von Nerja gelegene *Frigiliana* ist, das 1981 zum schönsten Dorf ganz Spaniens gekürt wurde. Alle 2 Stunden verkehren Busse in diesen 2500 Einwohner großen Bergort, das Taxi kostet 8 €, auch eine Informationsstelle ist vorhanden (**INFORMACIÓN TURÍSTICA**, *Rathaus, Calle Real 118, ✆ 95/2 53 30 02*) sowie mehrere einfache Herbergen, deren empfehlenswerteste das **HOSTAL LAS CHINAS** •-•• ist *(Plaza Capitán Cortés 14, ✆ 95/2 53 30 73)*.

Essen und Trinken in Nerja

In der Restaurant-Gasse *Calle Cristo* reihen sich dutzende gastronomische Betriebe nebeneinander, und hier ist es nie ein Problem, etwas für jeden Geldbeutel zu finden. Wer das Besondere sucht, sollte das **MERENDERO AYO** am Ende der Playa aufsuchen *(✆ 95/2 52 22 89)*, das landesweit für seine *Paella* berühmt und teils beim illustren Publikum der Costa beliebt ist. Sehr populär auch die im andalusischen Stil glänzende **MESÓN PATANEGRA** *(Pl. La Marina 1, ✆ 95/2 52 02 22)* mit Köstlichkeiten aus Lamm und insbesondere Schinken.

Essen und Trinken in Frigiliana

Schöner als in Nerja aber speist man fraglos im Bergort Frigiliana (s.o.), wo sich insbesondere das hoch oben im Dorf gelegene **EL MIRADOR** anbietet (*✆ 95/2 53 32 91;* 18–24 Uhr von Juni bis Sept.): Es ist direkt in einen Felsen hineingebaut, besticht mit Panorama über Dorf und Meer und offeriert u.a. herrliche Steaks aus Argentinien.

Wer das Urig-Günstige sucht, findet es hier in der **LA BODEGUILLA** (Plaza bei der Kirche), wo deftige andalusische Hausmannskost zu günstigen Preisen serviert werden.

CUEVA DE NERJA

Die touristische Attraktion der Umgebung von Nerja steckt in der Tiefe. 1959 hat man hier eine der größten Tropfsteingrotten der Halbinsel entdeckt. Felsmalereien aus der Zeit von 20 000 bis 5000 v.Chr. gibt es auch – ähnlich denen in der *Cueva de la Pileta* (siehe dort). Aber für die hat kaum jemand ein Auge. Weil Tausende von Glühbirnen in allen Farben des Regenbogens eine phantastische Szenerie ausleuchten. Die Grotte, Ausschwemmung eines ehemaligen unterirdischen Flusses, mißt über 800 m Länge und bis zu 60 m Höhe und ist mit bizarren Tropfsteingebilden so überladen wie eine barocke Kathedrale mit Schmuckwerk. Betonierte Pfade führen durch das Labyrinth, und wenn die Anlage mal gerade nicht kaputt ist, hallen Sinfonien durch die eindrucksvolle, aber auch kitschige Stätte, die in der gängigen Reiseliteratur einen Platz unter den 12 besuchenswertesten Sehenswürdigkeiten von ganz Andalusien innehat. Geöffnet ist sie von täglich 10.30–14 und 15.30–18 Uhr.

RESERVA NACIONAL SIERRA DE TEJEDA

Es ist ein Trost zu wissen, daß man dem internationalen Trubel dieser Costa del Sol jederzeit den Rücken zukehren kann. Die Bergwelt des Hinterlandes ist bis heute ein Refugium der Stille geblieben. Kleine Dörfer liegen wie frischgefallener Schnee auf grünen Hügeln, Greifvögel kreisen über 1500 m hohen Felsschroffen, von denen Wasserfälle in bodenlose Schluchten stürzen. Man ist nur ein paar Kilometer von der Küste entfernt, hat Baukräne und Betonfinger im Blick und steht mitten in einer anderen Welt. Welch ein Kontrast!

Am größten ist er vielleicht in der *Sierra de Tejeda,* die vor wenigen Jahren zur *reserva nacional* erklärt wurde: zum Naturschutzgebiet. Dem Villentourismus, der sich immer tiefer auch ins Landesinnere frißt, ist hier ein Riegel vorgeschoben.

8 km hinter Nerja, bei *Torrox-Costa,* einem außerordentlich unschönen Ferienort, führt die MA-137 in die Berge. Ein Schild hat der Route einen klingenden Namen gegeben: *Routa de Vinos.* Ein paar Weinberge kann man sehen – aber darum geht es nicht. Der erste Ort auf der Strecke heißt *Torrox.* Er liegt der Küste noch zu nah, ist Ziel von »Butterfahrten«.

17 kurvige Kilometer über weite Olivenhänge sind es bis zur nächsten Ortschaft. Ihr Name: **CÓMPETA.** Das Ortsbild ist geschlossen, organisch gewachsen. Blendend weiße Hausschachteln wachsen aus einem Bergsattel die Hänge empor. Nur ein Kirchturm, der über dem roten Meer der Ziegeldächer thront, gibt aus der Ferne Kunde, daß Cómpeta nicht im marokkanischen Rif-Gebirge liegt. Im Zentrum des Dörfchens (das von Torrox und Málaga täglich auch per Bus zu erreichen ist), an der *Plaza Generalisimo,* kann man auch wohnen. Das **HOSTAL LOS MONTES** •• *(Plaza Generalisimo 2, ✆ 95/2 51 60 15)* ist schlicht, doch sauber und ein ideales Standquartier für Wanderer.

Wer nur zu einer Auto-Rundreise aufgebrochen ist, kann weitere Dörfer entlang der MA-126 entdecken. Sie führt von *Cómpeta* nach *Archez* und via *Salares* und *Sedella* nach *Canellas,* erreicht nach rund 40 prächtigen Berg-Kilometern bei *Torre del Mar* wieder die Costa del Sol.

NACH MÁLAGA

Die letzten 32 km der nördlichen Costa del Sol haben es in sich. Der Massen- und Picknick-Tourismus hat der Küste seinen Schmuddel-Stempel aufgedrückt. *Torre del Mar* übt sich verzweifelt, ein zweites Torremolinos zu werden.

Kleiner, aber beileibe nicht feiner, geben sich *Benajarafe, Torre del Benagalbón, Rincón de la Victoria* und wie die chaotisch verbauten und allesamt häßlichen Orte Richtung Málaga alle heißen.

Provinz Granada
Piñar
Benalua de las Villas
Fonelas
Iznalloz
Darro
Deifontes
Diezma
Guadix
Pinos-Puente
Albolote
Granada
Santa Fe
Jerez del Marquesado
Güéjar-Sierra
Huétor-Vega
La Zubia
Malá
Dílar
SIERRA NEVADA
Padul
Dúrcal
Cádiar
Lanjarón
Albuñuelas
Órjiva
Vélez de Banaudalla
Otívar
Ítrabo
Molvízar
Albuñol
Salobreña
Motril
Almuñecar
Castell de Ferro
Torrenueva
Calahonda
N
Mar Mediterráneo
0
25 km

Granada

Granada, zwischen 600 und 800 m hoch über dem Meeresspiegel am Westrand der Sierra Nevada in einer ausgedehnten Orangenebene angesiedelt, ist unbezweifelbar ein Höhepunkt jeder Andalusien-Reise! Die Stadt ist die angenehmste und freundlichste des Südens, ihre Lage auf und zwischen zwei Hügeln ist von unnachahmlicher Schönheit, und nicht erst durch den weltbekannten Song ist diese wichtigste Universitätsstadt Andalusiens und eines der großen geistig-kulturellen Zentren Spaniens zum Ziel der Sehnsüchte vieler Reisender geworden.

Die schon vor über 3000 Jahren gegründete Siedlung ist voller weltberühmter Schönheiten, von denen der steingewordene Paradiestraum der Alhambra sowie das von der UNESCO zum Weltkulturerbe ernannte Albayzín lediglich die bekanntesten sind: Wie ein orientalisches Märchenschloß erhebt sich dort der rote Palast der Nasriden, und golden und scharf heben sich seine Türme gegen den Himmel sowie die nahe Bergkulisse ab. Seine Säulen und Bögen, Arabesken, Wasserspiele und Gärten vereinigen sich zu einem Bild großartiger Harmonie, die im von verwinkelten Gassenstiegen durchzogenen alten arabischen Viertel des gegenüber liegenden Albayzín ein Gegenstück findet.

Man steht hier vor gleich zwei der ganz großen kulturgeschichtlichen Sehenswürdigkeiten unserer Erde. Dutzende weitere Highlights laden auf einen Besuch ein, allein schon der Wechsel von Licht und Farben über der Stadt wäre Grund genug für einen längeren Aufenthalt, und dank einer äußerst vitalen Studentenszene und dutzenden Schlemmer-Restaurants bleibt auch in den Abend- und Nachtstunden jeglicher Gedanke an Langeweile ausgespart. Das Umland ist für zahlreiche Ausflüge gut, und selbst heute noch ist nicht verwischt, warum die Maurendichter in Granada »den ewig blühenden Blumengarten des Paradieses« sahen, den »prachtvollen Obsthain«, das »Entzücken aller Lebewesen« und nicht zuletzt die »gütige Mutter der Reisenden aus aller Herren Länder«, wie es *Ibn al-Chatib* in »Vollmondglanz über der Nasriden-Dynastie« beschrieb.

Dennoch aber bleibt uns Nachgeborenen nur der Neid auf die Vergangenheit und das Bemühen, die Augenblicke nicht durch das Profane der Moderne verwischen zu lassen. Denn davon gibt es auch in Granada genug, und es bedarf schon einer gewissen Anstrengung, den Lärm der rund 280 000 Einwohner, die klickenden Kameras und das Geplapper der etwa 30–50 000 Touristen zu ignorieren, die im Sommer täglich durch die Stadt und ihre Kunstdenkmäler geschleust werden.

Stadtgeschichte

Schon gut 1000 Jahre vor unserer Zeitrechnung existierte hier eine Stadt, genannt *Iliverir*, was Humboldt mit »die neue Stadt« übersetzte. Iliverir, das war die Metropole der *Turduler*, dem »zivilisiertesten« Volk des alten Iberien. Die Griechen nannten die Stadt *Elybirge*, es folgten Phönizier und Römer. Letztere tauften Elybirge um in *Municipium Florentinum Iliberitanum* –

»Blühende, fruchtbringende Stadt« –, legten die ersten Bewässerungssysteme an und leiteten im Jahre 62 die Christianisierung ein. Im frühen Mittelalter besetzten die germanischen Stämme das heutige Granada, das damals nur aus dem Siedlungskern *Albayzín* und *Alcazaba* bestand.

Kurz darauf ließen sich die ersten Juden nieder, die ihr Viertel *Garnatha Alyehud* nannten, worin der Ursprung des heutigen Namens zu sehen ist. Die Juden waren es auch, die im Jahre 711 den heranstürmenden Arabern unter *Tarik* die Einnahme der Stadt ermöglichten – wahrscheinlich, weil sie der schon damals sehr ausgeprägten Intoleranz der Christen überdrüssig waren. Damit begann die Blütezeit Granadas, denn die Mauren sahen hier die Verkörperung des im Koran verheißenen Paradieses.

Wurden zuerst noch mächtige Bollwerke errichtet, gaben sich die einst kriegerischen Heerscharen in dieser blühenden Umgebung rasch sanfteren Beschäftigungen hin, schufen Gärten, Paläste, Moscheen, Schulen und Universitäten. Granada wurde das geistige und kulturelle Zentrum Spaniens; zuerst noch unter den Kalifen von Córdoba, dann als Vasall von Sevilla. Im Jahre 1238, die Katholischen Könige hatten inzwischen fast die ganze Halbinsel wieder unter Kontrolle, besetzte *Mohammed Ibn Al-Ahmar* die Stadt und bildete so das einzige und letzte maurische Königreich auf der Iberischen Halbinsel. Das Geschlecht von Al-Ahmar, die *Nasriden*, regierten von hier aus bis 1491 und schufen das weltweit einzigartige Kleinod der Alhambra.

Es war die schönste Stadt der damaligen Welt, gleichzeitig die gelehrteste und in Glaubensfragen toleranteste. Doch der Druck des katholischen Spanien wurde übermächtig, und 1492 zogen *Isabella* und *Ferdinand*, Herrscher über Aragonien und Kastilien, in die letzte maurische Bastion auf europäischem Boden ein. Später regierte von hier aus *Karl V.* sein Weltreich. Doch der Glanz des »Goldenen Zeitalters« war unwiederbringlich vergangen, und mit Beginn der Inquisition ging auch die einstige Toleranz dahin: Juden und Mohammedaner wurden gezwungen, die Stadt zu verlassen bzw. sich taufen zu lassen (was sie aber auch nicht vor dem Scheiterhaufen rettete).

Granada, Metropole der Welt, eine halbe Million Einwohner groß, degenerierte zur Provinzstadt mit 60 000 Menschen, bis im 20. Jh., nicht zuletzt durch die Touristenströme, ein neuer Aufstieg begann.

SEMANA SANTA

Wie überall in Spanien, wird auch in Granada das Karwochenfest, die *Semana Santa*, mit unglaublichem Prunk gefeiert: Prozessionen, Selbstgeißelungen, Fackelzüge, Messen. Und am Ende der Fastenwoche, nach einer kurzen Ruhepause dann die riesige Fiesta – eine Explosion, fast so wie der Tag nach Ramadan in der islamischen Welt. Die Semana Santa in Granada ist zwar nicht so populär wie jene in Sevilla, aber vielleicht ist sie hier wegen der Schönheit der Stadt die eindrucksvollste. Oder auch nicht, wie *Federico García Lorca* in seiner *Karwoche in Granada* formulierte: *»Ich möchte von meinen Landsleu-*

Blick auf Granada von der Alhambra aus ►

ten verlangen, daß sie die alte Karwoche wieder herstellen und des guten Geschmacks wegen diesen haarsträubenden Umzug des Heiligen Abendmahls unterlassen; und daß sie mit dem Prozessionsklimbim nicht die Alhambra profanieren, da sie weder christlich ist noch je sein wird, zumal das, was sie für guten Geschmack halten, Kitsch ist, nur dazu nütz, daß die Menge Lorbeeren abreißt, Veilchen zertritt, und daß man zu Hunderten an die illustren Mauern der Dichtung pißt.«

Diesem Verlangen des weithin berühmten Dichters wurde nicht nachgegeben, und so wird das heilige Fest wie eh und je vier Tage vor der Prozession durch den *chia* eingeleitet, einen ganz in schwarz gekleideten, vermummten Mann, der das Ereignis überall in den Straßen durch laute Trompetensignale ankündigt; ein symbolischer Bote des Todes. Dann ist es so weit. Aus den verschiedenen Stadtteilen ziehen die Bruderschaften, die *confradías* und eigentlichen »Träger« des Festes, mit ihren reich geschmückten *pasos* (Tragebühnen mit Szenen aus der Passionsgeschichte) durch die Stadt. Von der *Plaza Central* geht es nach *San Miguel de Alto* und hinauf zur *Alhambra*, wobei die Bußgänger immerzu die *saeta* murmeln:

»Dónde va hermoso clave
caminado, gran Jesús
Ya no puedes con la cruz
siendo tú el del gran poder...«

was so viel heißt wie »Wohin gehst du, erleuchteter großer Jesus? Das Kreuz ist auch für dich zu schwer, obwohl du der Christ der großen Macht bist...«

WEITERE FIESTAS/ VERANSTALTUNGEN

Am **2. JANUAR** wurde Granada einst von den Reyes Católicos zurückerobert; den Tag feiert man mit der *Fiesta de la Reconquista.*

Der **2. FEBRUAR** ist der Geburtstag des Stadtheiligen, der mit der Wallfahrt *Romería de San Cecilio* gewürdigt wird.

Folkloristisch geht es am **3. MAI** zur *Dia de la Cruz* zu.

Im Mai lädt das **FESTIVAL INTERNACIONAL DE TEATRO** ein.

FRONLEICHNAM ist ein Volksfest mit Stierkämpfen, Konzerten, Prozessionen und Jahrmarkt, und während des Festes läuft gleichzeitig das große **FLAMENCO-FESTIVAL** der Stadt.

In den **LETZTEN JUNITAGEN** findet das *Festival Internacional de Música y Danza* in der Alhambra und in den Gärten des Generalife statt; *Telefonauskunft unter ✆ 958/22 21 11, Eintrittskarten reserviert man unter ✆ 958/22 18 44.*

Der **29. SEPTEMBER** ist der Namenstag aller Michaels; Grund genug für die Wallfahrt *Romería San Miguel* im Albayzín.

In der **LETZTEN SEPTEMBERWOCHE** wird zur Kirche der Stadtpatronin *Virgen de las Angustias* gewallfahrt.

Den Jahresabschluß der großen Festivitäten bildet das **FESTIVAL INTERNACIONAL DE JAZZ** im November *(Information über ✆ 958/27 40 00).*

ANKUNFT

BUS: Der zentrale Busbahnhof heißt *Estación de Autobuses* (auch: *Esta-*

◄ Die Alhambra: was die unvergleichliche Schönheit dieses »8. Weltwunders« ausmacht, nämlich Ruhe und Stille, kann man nur ungestört genießen, wenn man das Bauwerk frühmorgens, vor den großen Touristengruppen betritt.

GRANADA
1 Bisheriger Busbahnhof
2 Neuer Busbahnhof (soll ab 1998/99 zuständig sein)
3 Bahnhof
4 Jugendherberge
5 Plaza Nueva/Cuesta de Gomérez (Pensionen, Restaurants, Cafés)
6 Fonda Europa
7 Pensión Zacatín
8 Pensión Almería
9 Pensión Romá
10 Pensión Rodrí
11 Hostal Nizza
12 Hotel Los Tilos
13 Motel Sierra Nevada
14 Hotel Inglaterra
15 Hostal América
16 Hotel Washington Irving
17 Parador San Francisco
18 Camping Sierra Nevada
19 Camping El Ultimo
20 Restaurante Sevilla
21 Restaurante Casa Cristóbal
22 Restaurante Chikito
23 Restaurante Cunini
24 Restaurante Bogavante
25 Mirador de Morayama
26 Plaza Mayor
27 Plaza San Miguel Bajo
28 Campo del Principe
29 El Generalife
31 Alhambra
32 Casa del Chapiz
33 Sacromonte
34 Albayzín
36 Casa del Castril
Richtung Murcia
Madrid, Jaén
Richtung Córdoba
Sevilla, Malaga
Paseo de la Cartuja
Avenida de Pulianas
A. des San Idelfonso
A. de Capuchinos
Avenida de Madrid
Avda. del Doctor Oloriz
Avenida de la Constitution
Dr. Severo Ochoa
Santa Barbara
Juan de Dios
R. Lopez Aguilera
Avenida Coronel Muñoz
Avenida del Sur
Av. de Andalucia
Camino de Ronda
M. Almagro
Zenete
Gran Via
N

- El Bañuelo
- Murallas del Albayzín
- Monasterio Santa Isabel la Real
- Hospital Real
- Monasterio de la Cartuja
- Puerta de Elvira
- Basilica de San Juan de Dios
- Iglesia de San Jerónimo
- 45 Iglesia de los Santos Justoy y Pastor
- 46 Museum Manuel de Falla
- 47 Capilla Reyes Catolicos
- 48 Iglesia de la Magdalena
- 49 Kathedrale
- 50 Alcaiceria
- 51 Palacio de la Madraza
- 52 Corral del Carbon
- 53 Palacio de Congresos
- 54 Alcazar Genil
- 55 Torres Bermejas
- 56 Real Chancilleria
- 57 Paronato de Tourismo

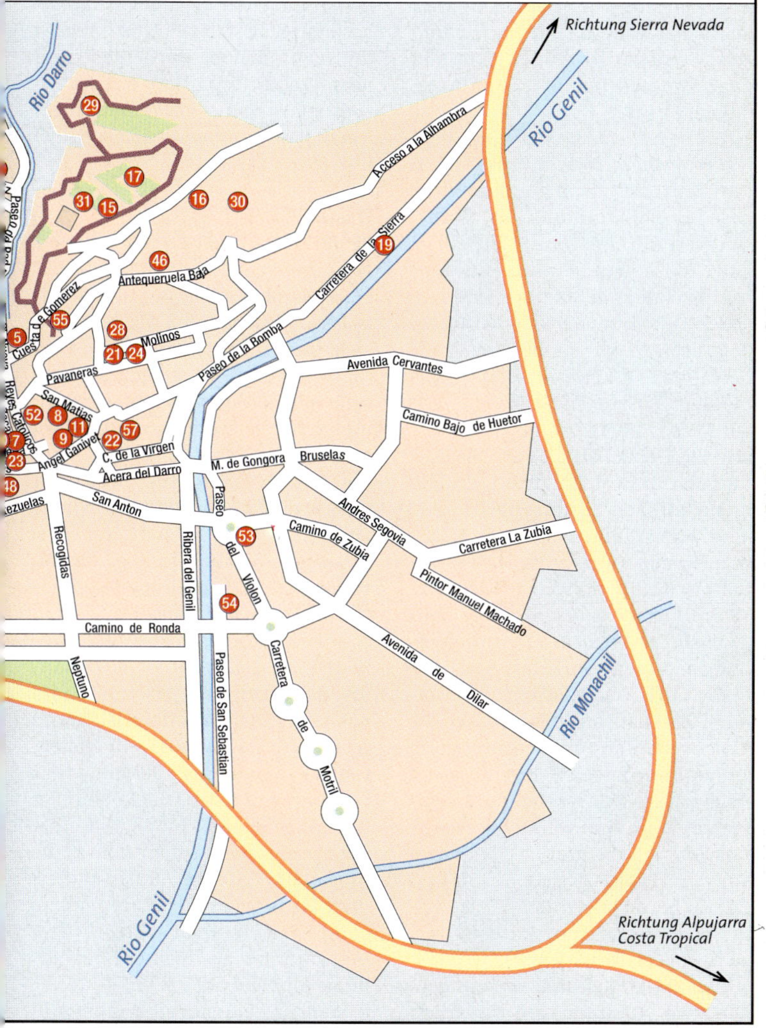

ción Alsina Graells) und liegt weitab im südlichen Neustadtviertel am Camino de Ronda. Zur Jugendherberge geht's nach links (zu Fuß ca. 15 Minuten), ins Zentrum gelangt man entweder per Taxi oder per Stadtbus Nr. 11.

Der Busbahnhof liegt an der N-232 Richtung Jaén beim Camping Sierra Nevada (s.o.), die Entfernung zum Zentrum ist größer, aber alle paar Minuten pendeln Stadtbusse auf der Strecke.

ZUG: Die *Estación de Ferrocarril* liegt an der *Avenida Andaluces* am Rande der Neustadt, zur Jugendherberge ca. 10 Gehminuten, ins Stadtzentrum um die *Plaza Nueva* aber gut 25 Minuten. Dorthin entweder mit Taxi oder mit Stadtbus Nr. 11.

FLUG: Der *Aeropuerto de Granada* liegt etwa 17 km südlich der Stadt bei *Santa Fé* nahe *Armilla*; regelmäßiger Buszubringer in die Stadt zur *Plaza Isabel la Católica*.

MIT EIGENEM FAHRZEUG: Die Einfahrt ist unproblematisch, da alle Ausfallstraßen bestens beschildert sind. Zuerst immer Richtung »Centro Ciudad« oder auch »Catedral« halten. Dann entweder Richtung »Puerto Real«, wo's gegenüber dem *Luxushotel Victoria* ein durchgehend geöffnetes Parkhaus gibt, oder in die *Calle Recogi*das mit zwei weiteren Parkhäusern beim *Presidente Hotel*, oder den Schildern Richtung »Alhambra« folgen: Über die *Plaza Nueva* (tagsüber bewachte Abstellplätze) fährt man weiter bis zur *Alhambra*, wo die großen Parkplätze vor dem Palast zwischen 9.30 und 20 Uhr bewacht werden; es gibt keine festen Gebühren, der Preis versteht sich als Trinkgeld.

Die **ORIENTIERUNG** ist einfach: Die zwei Hauptachsen der Stadt sind die sich nahe der Kathedrale und direkt im kommerziellen Zentrum kreuzenden *Gran Via de Colón* und *Calle Reyes Católicos*. Unterhalb der Kathedrale (mit den vielen Shopping-Gassen und Restaurants rings herum) liegt die *Plaza de Bib Rambla*, das Herz der Stadt. Am östlichen Ende der *Calle Reyes Católicos* erstreckt sich die *Plaza Nueva* mit zahlreichen Herbergen und Restaurants, Tapa-Bars etc. im Tal zwischen dem *Alhambra*-Hügel (rechts) und dem *Albayzín*-Hügel (Altstadt).

UNTERKUNFT

RESIDENCIA JUVENIL *(Jugendherberge), Camino de Ronda 171, ✆ 958/27 26 38;* nahe Busbahnhof und Bahnhof. Vom Busbahnhof aus hält man sich nach links, geht geradeaus, bis die Straße leicht ansteigt und oberhalb eines Sportplatzes verläuft; hier links die Treppen runter, links halten. Vom Bahnhof geht man auf die *Avenida Andaluces*, biegt nach links in die *Calle Tortola*, folgt ihr bis zum Ende, hier links auf die *Calle Alonora* (am Kanal entlang) auf den *Camino de Ronda*; Straße überqueren; noch ein paar Meter.

Für Ausländer ist das erste Gebäude auf der linken Seite zuständig, das (theoretisch) von 9–10 und nach 14.30 Uhr geöffnet ist. Wenn nicht, zum Haupthaus weitergehen, Gepäck deponieren oder hinter das Gebäude gehen und die Köchinnen ums Aufschließen bitten. Geschlafen wird in Mehrbettzimmern, die Preise sind niedrig, doch addiert man die nötigen Busfahrten hinzu, kann ein Aufenthalt teurer zu stehen kommen als in einer Billigherberge im Zentrum.

Wer länger als nur ein paar Tage in

Granada bleiben will, sollte sich an die **MITWOHN-ZENTRALE** der Stadt wenden (auch Mitfahrer-Zentrale), die teilweise äußerst günstige Zimmer vermittelt: *Calle Elvira 85,* ✆ *958/29 29 20;* geöffnet Mo bis Fr von 11 bis 13 und 17 bis 20 Uhr.

Schlichte und günstige (•-••) Zimmer bieten insbesondere die vielen **PENSIONEN** rings um die zentrale *Plaza Nueva* sowie die an der (Richtung *Alhambra* abzweigenden) *Cuesta de Gomérez.*

FONDA EUROPA •, *Calle Fábrica Vieja 6 (bei der Pl. Trinidad),* ✆ *968/27 87 44.* Etwas angegammelte, aber sehr atmosphärische Zimmer mit Möbeln aus »Opas Zeiten«; nur Gemeinschaftsbäder.

PENSIÓN ZACATÍN •, *Calle Ermita 11 (schmale Passage, die von der Plaza Bib Rambla abzweigt),* ✆ *958/22 11 55.* Angegammelte Herberge in schöner Lage in der Alcaicería. Billigst in Granada für Zimmer mit sowie auch ohne Bad.

PENSIÓN ALMERÍA •-••, *Coches de San Matías 4,* ✆ *958/22 48 33.* Sehr ruhig in einer autofreien Gasse gelegen. In den Fluren hängen Heiligenbilder, im Aufenthaltsraum prunkt das Heilige Abendmahl, über den Betten ist's ein Jesus am Kreuz. Man wohnt in mittelgroßen und sehr ordentlichen Lavabozimmern mit Gassensicht.

PENSIÓN LANDAZURI •-••, *Cuesta de Gomérez 24,* ✆ *958/22 14 06.* Man spricht Englisch, das Publikum setzt sich weniger aus Rucksackreisenden als aus mittelständischen Autotouristen zusammen; die Zimmer haben Lavabo und Telefon, sind etwas »gehobener« eingerichtet; Aufenthalts- und TV-Raum ist angeschlossen.

PENSIÓN ROMA ••, *Calle Navas 1,* ✆ *958/22 62 77.* Nette Vermieter, das ältere Haus ist ruhig gelegen, hat ansprechende, wenn auch kleine Zimmer.

PENSIÓN RODRI ••, *Calle Laurel de las Tablas 9 (ab Pl. Trinidad zu erreichen),* ✆ *958/28 80 43.* Edles Haus, das einen sehr gepflegten Eindruck macht, eine Garage bietet sowie ansprechende Zimmer; je Etage eine kleine Aufenthaltsterrasse, auf dem Dach eine schön begrünte Terrasse.

HR BRITZ ••-•••, *Cuesta Gomérez 1,* ✆ *958/22 36 52.* Die Zimmer (teils mit, teils ohne Bad) sind angenehm und recht groß, aber nichts besonderes, doch die Aussicht auf die *Plaza Nueva* und das *Albayzín* rechtfertigt den Preis.

HR NIZZA •••, *Calle Navas 16,* ✆ *958/22 54 30.* Der Aufenthaltsraum ist stilvoll in graue Seidentapete gekleidet. Die Zimmer sind groß und schick möbliert, haben moderne Kachelbäder.

HOTEL LOS TILOS •••, *Plaza Bib-Rambla 4,* ✆ *958/26 67 12,* 📠 *26 68 01.* Tolle Lage am Platz, komfortable Zimmer, teils mit Balkonen zum Platz hin. In dieser Klasse sehr zu empfehlen.

HOTEL MACIA •••, *Plaza Nueva 4,* ✆ *958/22 75 36,* 📠 *22 75 33.* Komfortzimmer mit Aircon, TV und Bad in Spitzenlage direkt an der *Plaza Nueva.*

MOTEL SIERRA NEVADA •••, *Avenida Madrid 74,* ✆ *958/15 00 62;* 📠 *15 09 54* nur 15.3.–15.10 geöffnet. Eine Empfehlung für alle, die ihr Auto sicher parken möchten, nicht im Zentrum, doch nahe davon wohnen wollen: Das Motel liegt rund 3 km außerhalb direkt neben dem gleichnamigen Campingplatz, hat Buszubringer in die Stadt, ein kleines Schwimmbad, ein Restaurant.

HOTEL INGLATERRA, •••, *Cettie Merien 4,* ✆ *958/22 15 58.* Das Inglaterra ist ein ehrwürdiges und komplett restauriertes Patrizierhaus mit GrandHotel-Atmosphäre im von Säulen getragenen Marmorfoyer und im stuckverbrämten Speisesaal; das Mobiliar ist museal. Nostalgische Zimmer mit Brokatvorhängen, plüschenen Sitzgelegenheiten, dezenten Tapeten und modernen Kachelbädern. Eine Garage (mit bewachten Parkplätzen) liegt schräg gegenüber.

HOSTAL AMERICA ••••, *Real de la Alhambra 53,* ✆ *958/22 74 71,* 📠 *22 74 70;* geöffnet März bis November. Die englische Landhaus-Architektur steht in Kontrast zur Alhambra, an die sich dies höchst komfortable, aber familiäre Haus anschmiegt. Die Zimmer (ab 75 €) bieten mit altväterlichem Mobiliar ein Höchstmaß an Gemütlichkeit. Die Aufenthaltsräume sind rustikal, und ein mit Weinreben überwucherter Innenhof lädt zum sich Entspannen ein.

HOTEL WASHINGTON IRVING ••••, *Paseo del Generalife 2,* ✆ *958/22 75 50.* Von der Stadt ist nichts zu sehen und zu hören, denn das 3-Sterne-Hotel liegt am Waldrand des Alhambra-Hügels, von den Palästen nur ein paar Gehminuten entfernt. Klassisch und stilvoll präsentieren sich Bar, Restaurant, Foyer, die Salons sowie die Zimmer (ab 80 €) mit z.T. schöner Aussicht. Parken kann man direkt vor dem Haus – der Portier hat ein waches Auge.

PARADOR SAN FRANCISCO, *Alhambra,* ✆ *958/22 14 40,* 📠 *22 22 64.* Man wohnt mitten in der Alhambra, da wo früher ein maurischer Palast und später ein Franziskanerkloster stand, blickt auf ehrwürdige Gemäuer, auf den Generalife und die in der Tiefe liegende Stadt mit dem Albayzín, kann in einem Garten von parkähnlichen Dimensionen schlendern und auch frühstücken. Die Aufenthalts- und Speiseräume gehören zum Feinsten, was Granada zu bieten hat. Die 32 Zimmer (ab 175 €) entsprechen höchstem Standard, die »Schlichtheit einer Mönchszelle«, so der Prospekt, entpuppt sich jedenfalls als glatte Untertreibung. Reservierung ist für jede Jahreszeit zwingend notwendig.

CAMPING

Rings um Granada liegen gleich mehrere Campingplätze; empfehlenswert sind:

CAMPING SIERRA NEVADA, *Avenida Madrid 74,* ✆ *958/15 00 62;* 15.3.–15.10 geöffnet. Sehr gepflegte und ruhige Anlage auf großem, zumeist schattigem Wiesenterrain. Ein kleines Schwimmbad (gebührenpflichtig) ist ebenso angeschlossen wie ein gut bestückter Supermarkt, ein Restaurant sowie Fahrradverleih; in der Rezeption wird Englisch gesprochen. Buszubringer alle paar Minuten ins Zentrum.

CAMPING GRANADA, *an der N-323 Richtung Jaén, 6 km außerhalb Zentrum,* ✆ *958/34 05 48;* ganzjährig geöffnet. Eher für Wohnmobilisten zugeschnittener, gerade neu eröffneter Platz im Grünen mit guten Einrichtungen, Restaurant, Pool, grandioser Aussicht und günstigen Preisen (um 15 € für 2 Pers., Zelt und Auto); mehrmals täglich Busverbindungen ins Zentrum.

CAMPING EL ULTIMO, *nahe Carretera de Sierra Nevada und Avenida Cervantes,* ✆ *958/12 30 69;* ganzjährig geöffnet. Ab Zentrum den Schildern »Sierra Nevada« folgen, rund 4 km außerhalb. Die Anlage ist parkähnlich und leidlich gepflegt, hat teilweise Wiese und Schatten, einen kleinen Swimming-Pool und einen Supermarkt; Bus ins Zentrum.

ESSEN UND TRINKEN

Granadas Küche hat ausgesuchte Spezialitäten zu bieten: Aus *Trevélez*, dem höchsten Dorf Spaniens, kommt der zarteste und köstlichste *jamón* des Landes: er wird im Schnee der Sierra Nevada gepökelt. Hähnchen ißt man mit Tomaten, Paprikaschoten und Reis. Oder als Frikassee, wobei die Fleischstückchen in Knoblauch gegart werden. Knoblauch sowie Mandeln und Zwiebeln sind Hauptbestandteile der *sopa de ajo blanco. Migas alpujarreñas* ist eine Brotkrumensuppe mit Tomaten und Eiern, natürlich auch mit Knoblauch. In ganz Andalusien rühmt man die *tortilla del Sacromonte*, eine Eierspeise, die mit Schinken, Hirn, Wurstscheiben, Bohnen, Spargel und anderen Gemüsesorten gefüllt ist. Die Süßspeisen gehören, wie stets in Andalusien, zu dem Erbe, das die Mauren der Küche hinterlassen haben: Die *torta del cielo* (Himmelstorte) ist in Guadix beheimatet. Die *torta de aceite* ist ein mit Olivenöl, Sesam und Anis bereiteter Kuchen. *Yemas del tajo* sind Pralinen aus Eigelb und Zucker.

All diese Spezialitäten und viele andere Köstlichkeiten aus der regionalen, nationalen und internationalen Küche werden in den unzähligen Restaurants der Stadt serviert. Sie zu finden, benötigt man keinen Reiseführer, sehr wohl aber, wenn es das Besondere sein soll:

Die ausgetüftelten Menüs im altehrwürdigen **RESTAURANTE SEVILLA** *(Calle Oficios 12, ✆ 958/22 12 23; sonntagabends geschlossen)* sind stadtbekannt. Der Speiseraum, in dem einst schon García Lorca und Manuel de Falla speisten, ist holzgetäfelt und von Balken getragen, mit *decoración típica regional* ansprechend geschmückt. Menü ab 25 € aufwärts, normale Gerichte auch ab 10 €.

Im **COLOMBIA** *(Antequeruela Baja 1, ✆ 958/22 74 33; So geschlossen)* gibt's Ornamentalschmuck à la Alhambra, Azulejokacheln an den Wänden, eine grandiose Aussicht auf Granada und die Sierra Nevada. An warmen Tagen wird auch auf der Dachterrasse serviert. Das Preisniveau ist hoch (ab 17 €). In den Mittagsstunden tafeln hier Gruppenreisende zu hunderten. Dazu gibt's *ambiente musical*: folkloristische Untermalung.

CHIKITO, *Plaza de Campillo, südliche Stirnseite, ✆ 958/22 33 64;* Mi geschlossen. Wer's stilecht will, der stellt sich erst mal an die rustikale Holztheke und holt sich mit ein paar Tapas (hier *aperitivos* geheißen) Appetit, bevor er sich im noblen Speisezimmer an festlich gedeckten Tischen niederläßt. Alte Ölbilder und Stiche prunken an den cremefarbenen Wänden, vor den Fenstern hängen Brokatvorhänge, unter der von Säulen gestützten und von Balken getragenen Decke baumeln Kronleuchter; freundliche und distinguierte Bedienung.

RESTAURANTE CUNINI, *Calle Pescadería 14 (nahe Plaza Bib Ramla), ✆ 958/25 07 77;* Mo geschlossen. *Das* Restaurant in Granada, wenn es um köstliche Kreationen aus Fisch und Meeresfrüchten geht. Das hat seinen Preis, und unter 25 € etwa wird man kaum satt werden.

RESTAURANTE BOGAVANTE, *Calle Duende 15,* ✆ *958/25 91 12;* So geschlossen, außerdem auch im August. Fleischgerichte, Marinaden und Desserts, alle arabisch verfeinert, sind die Spezialitäten dieses – wieder einmal – angeblich besten Restaurants der Stadt.

MIRADOR DE MORAYAMA, *Calle Pianista Carcía Carillo 2,* ✆ *958/22 82 90;* So geschlossen. Außerordentlich ansprechendes Restaurant in einem Haus aus der Mauren-Zeit mitten im Albayzín. Von der Terrasse und dem Garten aus genießt man ein traumhaftes Panorama auf die Alhambra, und Spezialitäten des Hauses sind regionale sowie insbesondere arabische Gerichte nebst arabischen Desserts. Die Preise sind dabei noch relativ moderat (Gerichte ab etwa 10 €).

PLAZA MAYOR, Albayzín. Hoch über dem Verkehr, auf dem Zentralplatz der romantischen Altstadt, trifft sich in der Dämmerung das Volk zum Fischessen. Man sitzt auf Gartenstühlen unter nackten Glühbirnen und kann sich in einer der vielen offenen Fischbratereien ein delikates Gericht bestellen.

Weitere Restaurants und Tavernen im **ALBAYZÍN** säumen insbesondere die schöne Plaza San Miguel Bajo, und empfehlen können wir hier u.a. die *Meson Yunque.* Die Gerichte liegen üblicherweise zwischen 7 und 10 €, und die meisten Restaurants bieten auch Sitzplätze draußen auf der Plaza.

Der **CAMPO DEL PRINCIPE** ist ab 20 Uhr – und nur dann – der Insider-Tip für alle, die Volksküche, kumpelhafte Atmosphäre und wirkliches *ambiente típico* mögen. Man sitzt, ißt, zecht und kommuniziert an langen Tischreihen auf der Plaza.

SELBSTVERPFLEGER

haben's leicht in Granada, da alle Märkte direkt im Zentrum liegen: auf der *Calle de La Carcell* (links neben der Kathedrale) gibt's einen Obst-, Gemüse- und vor allem Kräutermarkt, auf der *Plaza de San Agustín* zwischen Gran Via de Colón und Calle San Jerónimo einen großen Lebensmittelmarkt, und in der *Calle de San Juan de los Reyes* im Albayzín kann man ebenfalls täglich kaufen, was man an Lebensmitteln benötigt.

Wer gerne auf der Vollkornwelle schwimmt und Nachschub an Makrobiotischem braucht, der kann sich in der **CALLE CALDERÍA NUEVA** (Seitenstraße ab *Calle Elvira*) mit allem eindecken.

UNTERHALTUNG

Die Monatszeitschrift *Guía del Ocio* (»Was ist los in Granada«) informiert ausführlich über alle Veranstaltungen sowie kulturelle Aktivitäten und gibt Treff-Tips.

Auf der **PLAZA DE BIB RAMBLA** trifft sich das Bürgertum zum allabendlichen Paseo, während sich das einfache Volk auf dem **CAMPO DEL PRINCIPE** zu Bier und Wein, Musik und Essen vergnügt; die Stimmung ist deftig-herzlich und erinnert ein wenig an ländliche Sommerfeste.

Die Bewohner des Albayzín bleiben gerne unter sich (auch wenn sie keine *gitanos* sind) und bevölkern ab Dämmerung (erst dann, wenn die Touristengruppen alle durchgeschleust sind) die romantischen Plätze ihres Barrio: etwa die **PLAZA MAYOR** ganz oben im Albayzín, oder die **PLACETA DE SAN MIGUEL** oder die **PLAZA LARGA,** wo abends ein Lautsprecher in die Platanen gehängt wird.

Geschichte in Granada: Blick auf den Albayzín, der von der UNESCO zum Weltkulturerbe ernannt wurde. ►

Liebespärchen, Romantiker und Fotografen lockt die **CALLE DE LA LONA** an, da man von hier den Sonnenuntergang und die in der Tiefe liegende Stadt betrachten kann. Reisende aus aller Herren Länder treffen sich auf der **PLAZA NUEVA** in einem der vielen Straßencafés und suchen hier meist »chocolate«, das aber eher an der oberhalb angrenzenden **PLAZA DE STA. ANA** angeboten wird.

An der autofreien Treppengasse **CALDERÍA NUEVA,** die hinter der Plaza Nueva beginnt, finden sich dutzende Tapa-Bars, Kneipen und Teestuben, das Ambiente ist in nahezu allen Treffs arabisch, und los ist hier eigentlich jeden Abend und zu jeder Jahreszeit etwas.

Da die Studenten von Granada meist in den (billigen) Karnickelverschlägen der Neustadt mit Zentrum *Camino de Ronda* leben, muß sich, wer Kontakt zur akademischen Jugend aufnehmen will, auch hierher begeben. Und zwar in die parallel zur Camino de Ronda verlaufende **CALLE PEDRO ANTONIO ALARCÓN,** wo sich unzählige Pups und Bars, Musikkneipen und Tascas, Discos und Cafés aneinanderreihen.

Auf dem **SACROMONTE**, dem heiligen Höhlenberg der Gitanos, trifft man zwar auch heute noch ab und an einen Zigeuner, aber in der Hauptsache wird man – zumindest abends und nachts – auf Reisegruppen stoßen, die auf dem Weg in einen *tablao flamenco* sind. Die Aufführungen sind farbenfroh und kitschig, auf Hollywood-Unterhaltungsniveau zurechtgestutzt; man zahlt zwischen 25 und 40 € Eintritt, sitzt auf langen Bänken neben der Frau Meier von nebenan und kann hernach eigentlich nur enttäuscht sein. Interesse? Dann nix wie los, z.B. ins *Reina Mora* am *Mirador de San Cristóbal (✆ 958/20 20 06)* oder ins *Coral del Principe* an der *Plaza Mayor 1 (✆ 958/22 80 88);* Reservierungen auch über die Herbergen und Reisebüros.

Wer einer authentischen, also nicht für Touristen gemachten Flamenco-Aufführung beiwohnen will, sollte das **JARDINES NEPTUNO** in der *Calle Arabial (✆ 958/25 11 12)* aufsuchen. Mi bis So von 22–3 Uhr wird hier, wie es heißt, noch echter Flamenco geboten.

Die **BODEGA CASTENEDA** an der *Calle Almireceros* nahe der Plaza Nueva gilt mit ihren alten Weinfässern, den von der Decke baumelnden Schinken sowie der rustikalen Dekoration als urigste Kneipe von Granada und ist entsprechend beliebt; insbesondere am frühen Abend geht »man« hierher, um sich Appetit zu verschaffen.

Lockt das Tanzbein, geht man in Granada ins **GRANADA 10** *(Calle de la Cárcel Baja 13;* geöffnet Di bis So ab 22.30 Uhr), die größte Disko der Stadt.

SEHENSWÜRDIGKEITEN

Die Zahl der Sehenswürdigkeiten in dieser, wie viele meinen, sehenswertesten Stadt ganz Spaniens ist groß genug, um sich auch viele Tage lang dem Sightseeing hingeben zu können, und auf den Stadtteilkarten sind 62 Highlights verzeichnet, die man im Rahmen von fünf Rundgängen besichtigen kann. Diese Rundgänge verbinden die Bauwerke und Tempel der Kunst, die eindrucksvollsten Parkanlagen, Brunnen und Teiche, die malerischsten Straßen sowie Gassen und sollten, weil Granada auch und gerade eine

◄ Granada: Der Generalife

Stadt zum Spazierengehen und zum Träumen ist, per pedes begangen werden.

Natürlich kann hier nicht detailliert auf alles eingegangen werden, was sehenswert ist – dafür gibt es umfangreiche Kunstreiseführer –, so daß nachfolgend entsprechend nur die wichtigsten Sehenswürdigkeiten näher vorgestellt werden. Schon diese zu besichtigen, nimmt etwa wenigstens drei Tage an Zeit in Anspruch, wovon man allein der Alhambra einen geschlagenen Tag widmen sollte. Für die Kathedrale und ihr Umfeld sowie das Albayzín mit Sacromonte muß man einen weiteren Tag einplanen, so daß der dritte Tag den restlichen Haupt-Monumentos verbleibt.

ÖFFNUNGSZEITEN DER MONUMENTOS

Wesentlich bei der Sightseeing-Planung ist natürlich die Berücksichtigung der Öffnungszeiten, weshalb hier die Daten für die Haupt-Sehenswürdigkeiten kurz zusammengefaßt sind:

ALHAMBRA UND GENERALIFE: Die *Alhambra* ist vom 1.4.–1.10. von 9–20 Uhr geöffnet, So nur bis 18 Uhr; in den restlichen Monaten von 9.30 Uhr bis 17.45 Uhr; Di, Do und Sa ist die Anlage auch nachts von 22–24 Uhr geöffnet und herrlich ausgeleucht (im Winter nur Sa). Über die Öffnungszeiten informiert ✆ *958/22 09 12.*

MUSEO DE LA ALHAMBRA/MUSEO DE BELLAS ARTES: Im Sommer Di–Fr von 9 bis 20 Uhr, So–18 Uhr; sonst nur Di –Sa von 9 bis 14.30 Uhr).

KATHEDRALE/CAPILLA REAL: Täglich geöffnet von 10.30–13 und 16.30–19 Uhr bzw. 15.30–18 Uhr (im Winter). Über die Öffnungszeiten der Kathedrale informiert ✆ *958/22 29 59,* über die der *Capilla Real* ✆ *958/22 92 39.*

CARTUJA *(✆ 958/16 19 32):* täglich von 10–13 und 16–19 Uhr bzw. 18 Uhr (im Winter).

HOSPITAL DE SAN JUAN DE DIOS: Mo–Sa, 10–13 und 15–18 Uhr; ✆ *958/27 57 00.*

Kloster **SAN JERÓNIMO** *(✆ 958/27 93 37):* tgl. 10–13.30 und 15–18.30 Uhr.

CORRAL DEL CARBÓN (ehemalige Karawanserei, ältestes Relikt der Maurenzeit; mit Fremdenverkehrsamt sowie Artespaña): Mo–Sa 9–20 Uhr, So 10–14 Uhr.

EL BAÑUELO (*Carrera del Darro 34, Albayzín;* sehr gut erhaltene maurische Badeanlage): Di–Sa 10–14 Uhr.

MUSEO DE LA CASA DE LOS TIROS (*Plaza Padre Suárez 19;* Sammlungen zur Stadtgeschichte): Mo–Fr 11–13.30 Uhr, 16–21 Uhr.

MUSEO ARQUEOLÓGICO (*Carrera del Darro 41, Albayzín;* Waffen und Gebrauchsgegenstände aus der Frühgeschichte): Di–So von 10–14 Uhr.

MUSEO CASA DE LOS PISA (*Calle Convalescencia 1;* Silberschmiedekunst, Gemälde, Skulpturen).

CASA MUSEO MANUEL DE FALLA (*Calle Antequeruela Alta;* ehemalige Wohnung des Komponisten): Di–Sa von 10.15–14.45 Uhr.

CASA MUSEO FEDERICO GARCÍA LORCA (*Calle Virgen Blanca;* ehemaliger Wohnsitz des Dichters, Ausstellung zu seinem Leben und seinen Arbeiten): Di–Fr 10–13.30 Uhr und 17–20 Uhr.

DIE ALHAMBRA

ÖFFNUNGSZEITEN: Die Alhambra ist vom 1.4.–1.10. von 9–20 Uhr geöffnet, So nur bis 18 Uhr; in den restlichen Monaten von 9.30 Uhr bis 17.45 Uhr; Di, Do und Sa ist die Anlage auch nachts von 22–24 Uhr

GRANADA
Alhambra und Generalife

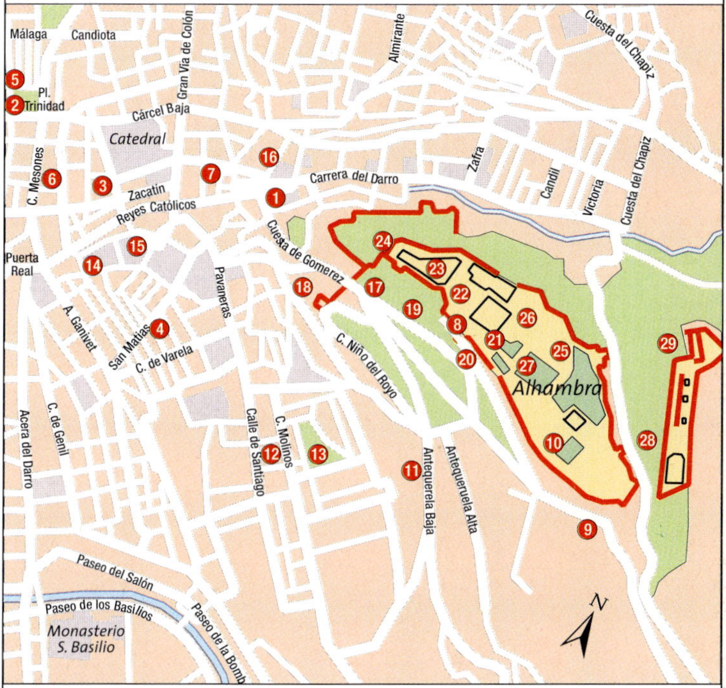

1. Plaza Nueva/Cuesta de Goméréz
2. Fonda Europa
3. Pensión Zacatín
4. Pensión Almería
5. Pensión Rodrí
6. Hotel Los Tilos
7. Hotel Inglaterra
8. Hostal América
9. Hotel Washington Irving
10. Parador San Francisco
11. Restaurant Colombia
12. Restaurant Bogavante
13. Campo del Principe
14. Rathaus
15. Corral del Carbón (Haus der Kohlenbrenner)
16. Real Chancillería
17. Puerta de las Granadas (Eingangstor)
18. Torres Bermejas (Festungstürme)
19. Pilar de Carlos V. (Brunnen)
20. Puerta de la Justicia
21. Palast Karls V.
22. Puerta del Vino
23. La Alcazaba (Königsburg)
24. Torre de la Vela (Wachtturm)
25. Paläste der Nasriden-Könige
26. Torre de Comares
27. Löwenhof
28. Generalife
29. Palast

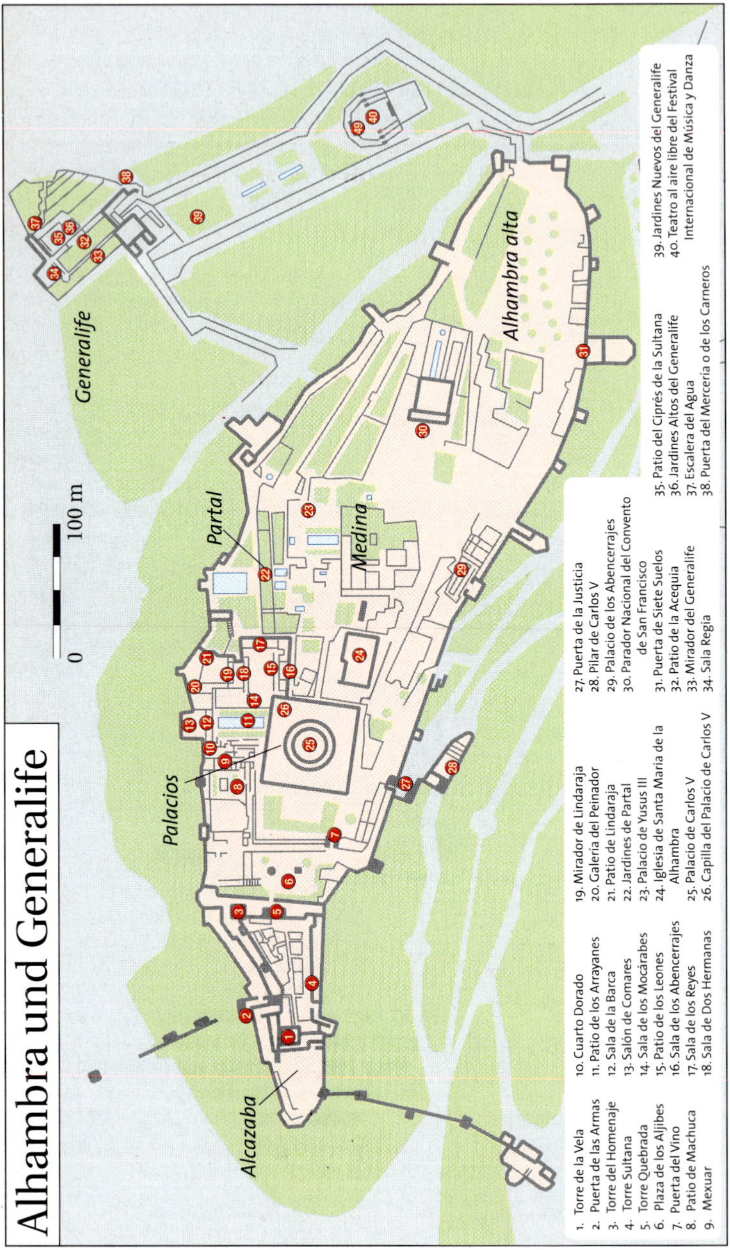
Alhambra und Generalife
0
100 m
Alcazaba
Palacios
Partal
Medina
Alhambra alta
Generalife
1. Torre de la Vela
2. Puerta de las Armas
3. Torre del Homenaje
4. Torre Sultana
5. Torre Quebrada
6. Plaza de los Aljibes
7. Puerta del Vino
8. Patio de Machuca
9. Mexuar
10. Cuarto Dorado
11. Patio de los Arrayanes
12. Sala de la Barca
13. Salón de Comares
14. Sala de los Mocárabes
15. Patio de los Leones
16. Sala de los Abencerrajes
17. Sala de los Reyes
18. Sala de Dos Hermanas
19. Mirador de Lindaraja
20. Galería del Peinador
21. Patio de Lindaraja
22. Jardines de Partal
23. Palacio de Yusus III
24. Iglesia de Santa María de la Alhambra
25. Palacio de Carlos V
26. Capilla del Palacio de Carlos V
27. Puerta de la Justicia
28. Pilar de Carlos V
29. Palacio de los Abencerrajes
30. Parador Nacional del Convento de San Francisco
31. Puerta de Siete Suelos
32. Patio de la Acequia
33. Mirador del Generalife
34. Sala Regia
35. Patio del Ciprés de la Sultana
36. Jardines Altos del Generalife
37. Escalera del Agua
38. Puerta del Mercería o de los Carneros
39. Jardines Nuevos del Generalife
40. Teatro al aire libre del Festival Internacional de Música y Danza

geöffnet und herrlich ausgeleuchtet (im Winter nur Sa). Über die Öffnungszeiten informiert ✆ *958/22 09 12.*

Da die Anzahl der täglich zugelassenen Besucher beschränkt ist (z.Zt. auf 6800 Personen/Tag), ist es keine schlechte Idee, per Fax (nicht per Telefon möglich) eine Reservierung vorzunehmen: mindestens 7 Tage vor Besuch, 📠 *958/21 05 84.*

Kein Berg in Spanien, der geschichtsträchtiger ist als die *Sabika* (oder, auf arabisch: *Assabika*), diese aus der Ebene von Granada aufsteigende Anhöhe, gekrönt mit dem vielleicht schönsten Bauwerk der westlichen Welt – der Alhambra, dem roten Palast der Nasriden.

Er ist besser erhalten als die meisten maurischen Bauwerke in Spanien, weil der letzte Nasridenkönig *Boabdil* die Stadt lieber kampflos übergab, als sie in heldenhafter Verteidigung zerstören zu lassen. Hunderte maurische Dichter haben diesen Berg in den anmutigsten Lobeshymnen besungen, und was einst der größte Poet der damaligen Zeit, *Aben-Zamrak*, dichtete, das könnte ein Romantiker angesichts der Alhambra auch heute noch empfinden:

»Verweile auf der Explanada de Assabika und blicke auf deine Umgebung: Die Stadt ist eine Dame, die sich mit dem Berg vermählt. Betrachte die von Bächen umfriedeten Haine: sie sind wie Gäste, denen die Rinnsale ihren Wein kredenzen. Die Assabika ist eine Krone auf Granadas Haupt, in die sich die Sterne einzufügen wünschten. Und die Alhambra – Allah schütze sie – ist der Rubin, der diese Krone abschließt.«

Wer verstehen will, was diese Lyrik beschreibt, der stehe früh auf, lasse das Auto in der Stadt und besteige den Alhambrahügel in den noch ruhigen Morgenstunden, wenn keine Reisebusse und kein Stoßverkehr die friedliche Waldatmosphäre stören. Nur das Rauschen der Bäche und des Windes, nur Vogelgezwitscher aus den Kronen der jahrhundertealten Ulmen begleiten den Wanderer.

So erspart man sich die Warterei und das Gerempel am Ticketschalter und betritt zudem als erster den Palast. Das kann wesentlich sein, denn Minuten später schon stürmen unübersehbar große Reisegruppen die Alhambra und zerstören mit ihrem Geschrei und ihrem Geplapper all das, was die unvergleichliche Schönheit dieses »8. Weltwunders« ausmacht: die Ruhe und Stille, die friedliche Atmosphäre, mit der zusammen die Architektur erst den vielgepriesenen harmonischen Gleichklang bilden kann. Später, wenn sich tausende Menschen in der Anlage befinden, wird die Alhambra zum Jahrmarkt. Man tippelt in endlosen Schlangen verschwitzter Menschen von Halle zu Halle, von Garten zu Garten, kann kaum betrachten und muß sich stets bemühen, die aufsteigende Klaustrophobie nicht durchbrechen zu lassen.

Doch nun hat man den Palastbereich durch die **PUERTA DE LA JUSTICIA** beschritten, folgt den Hinweisschildern und erreicht so die **PLAZA DE LOS ALJIBES,** den »Zisternenplatz«, wo früher das Regenwasser gespeichert wurde. Geradeaus ein Mirador, und auf der linken Seite der älteste, noch vor-nasridische Teil der Alhambra aus dem 8. Jh.: die **ALCAZABA**, die aus roten Tonziegeln erbaute Zitadelle in einem doppelten Mauerring und bewehrt von zahlreichen Türmen. Der nächstgelegene ist der **TORRE DE LA VELA;** er kann bestiegen werden. Oben gibt es eine 12 Tonnen schwere Glocke zu bewundern, insbesondere aber ein fantastisches Panorama: Die gesamte Stadt und die Weite der *Vega*-Ebene breiten sich vor einem Auge aus.

Man kehrt zurück zur Plaza de los Aljibes, überquert sie und betritt das ortsfremde Steinmonstrum des im 16. Jh. erbauten renaissancenen **PALASTES KARLS V.;** von außen eigentlich nur eckig, erinnert das Innere, ein kreisrunder Riesenpatio mit übereinanderliegenden Säulengängen, stark an eine Stierkampfarena. Im Erdgeschoß, wo das **MUSEO DE LA ALHAMBRA** eingerichtet ist, werden wertvolle Exponate spanisch-islamischer Kunst sowie orientalischer Kunst ausgestellt (im Sommer: Di–Fr 9–20 Uhr, So–18 Uhr; sonst nur Di –Sa 9–14.30 Uhr), und das Obergeschoß mit dem **MUSEO DE BELLAS ARTES** (wie das Alhambra-Museum) bewahrt kostbare Skulpturen sowie vor allem Gemälde von *Siloé, Carducho, Cano, Cotan* und *de Mena.*

Von der nordwestlichen Ecke dieses Palastes betritt man den **PALACIO REAL**, den Palast der Nasridenkönige, und erreicht als erstes den **MEXUAR**, den ältesten Teil des Alcázar, der der Rechtsprechung diente und an Sehenswertem nur ein paar schön gearbeitete Mudéjar-Azulejos zu bieten hat. Die linke der zwei Türen führt zum **PATIO DE LOS ARRAYANES** (»Myrthenhof«) und damit ins Herzstück des Tausendundeinenacht-Klischees. Hier, im »Paradies auf Erden«, kann man zum ersten Mal etwas vom Geist der Alhambra verspüren. Leicht verliert man sich im Netzwerk der Ornamentik, die wie Tropfsteine Decken und Wände verziert und recht trefflich »Spinnweben Gottes« genannt wird. Die stille Oberfläche eines rechteckigen Teiches in der Mitte des Innenhofes reflektiert die Hufeisenbögen und Arkadenreihen rings umher und wird so zu einem eigenen architektonischen Element, aus dem von Zeit zu Zeit eine Wasserfontäne in den Himmel steigt.

Durch die sich nördlich anschließende **SALA DE LA BARCA** gelangt man – wie auch eine kufische Inschrift kundtut – in das »Herz des Palastes«, in die **SALA DE LOS EMBAJADORES** oder auch **PALACIO DE COMARES,** wie der »Gesandtensaal« oder auch »Thronsaal« bezeichnet wird. Die Decke ist ein Traum aus Zedernholz, über der eine »Tropfsteinkuppel« thront, die Wände mit verschlungenen Arabesken, Koransuren und geometrischem Spitzenwerk wirken wie Goldteppiche mit Kristallen und Diamanten, und der Blick aus den Stuckfenstern – wo früher der Nasridenthron stand –, ist wahrhaft königlich.

Man glaubt, niemals etwas schöneres gesehen zu haben, und hat doch den **PATIO DE LOS LEONES,** den »Löwenhof«, noch nicht betrachtet. Hier wird ein Märchentraum war, hier schufen die Nasriden ein Weltwunder, »dessen Schönheit selbst Allah nichts gleichzusetzen wünscht«, wie sich der Dichter *Ibn Zamrak* ausdrückte. Zu beschreiben, was man sieht – Einzel- und Doppelsäulen, Stalaktitenbögen, Spitzbögen, »Honigwaben« und Fresken, Azulejo und Stuck, Fayencemosaike und Reliefs, Skulpturen, Kapitelle und Wasserspiele…

Der Patio de los Leones ►

GRANADA
Die Kathedrale und Umgebung

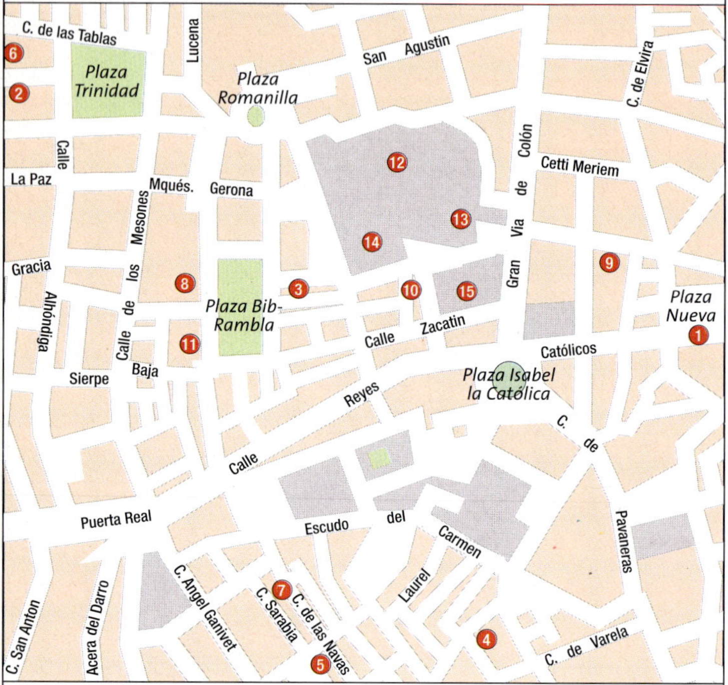

1 Plaza Nueva/Cuesta de Gomérez
2 Fonda Europa
3 Pensión Zacatín
4 Pensión Almería
5 Pensión Romá
6 Pensión Rodrí
7 Hostal Nizza
8 Hotel Los Tilos
9 Hotel Inglaterra
10 Restaurant Sevilla
11 Restaurant Cunini
12 Kathedrale
13 Königliche Kapelle
14 Iglesia del Sagrario (Pfarrkirche)
15 Antigua Madraza (ehemalige Koranschule

– um das zu beschreiben, fehlen uns die Adjektive. Nichts kommt diesem ehemaligen Haremssaal gleich, und nirgends auf der Welt präsentiert sich die islamische Formensprache so einzigartig wie hier!

Durch eine Vielzahl weiterer Salas und Palacios erreicht man entlang der Markierungen schließlich die ausgedehnten **JARDINES DE PARTAL,** die Palastgärten, die zum **PALACIO DEL GENERALIFE** führen, zum Lustschloß der Nasridendynastie, dessen Reiz nicht in der Architektur (die zum Vorbild der andalusischen *Haciendas* wurde), sondern im Zusammenklang von Bauten, Labyrinthgärten, Wasserspielen und Panorama liegt. Seine Betrachtung allein kann gut und gerne einen ganzen Tag in Anspruch nehmen.

WEITERE SEHENSWÜRDIGKEITEN

CAPILLA REAL: *Calle de Oficios, links neben der Kathedrale,* ✆ *958/22 92 39; Zugang ab Gran Via de Colón.* Täglich geöffnet von 10.30–13 und 16.30–19 Uhr bzw. 15.30–18 Uhr (im Winter). Zwölf Jahre nach Eroberung Granadas beschlossen die *Reyes Católicos* (Ferdinand und Isabella) am Ort ihres endgültigen Sieges über die Mauren begraben zu werden und gaben so im Jahre 1504 den Befehl, ein Mausoleum für sich und ihre Familie in Granada errichten zu lassen – eine Ehre, die ursprünglich Toledo zugedacht war. Man betritt die einschiffige Capilla Real durch ein verschnörkeltes Plateresk-Portal, in das die Initialen der Könige – »F« und »I« – eingearbeitet sind.

Im Innern fällt sofort die riesige und vergoldete *reja* auf, das Trenngitter, das das Querschiff vom Chor trennt. Sie soll mit ihren verstrickten Mustern, mit dem Nebeneinander von horizontalen und vertikalen Linien die am reichsten verzierte Reja Spaniens sein. Dahinter erhebt sich das eindrucksvolle Grabmal, ein isabellinisches Marmorwerk des Genueser Bildhauers *Fancelli*: Isabella hat die Hände zum Gebet gefaltet, und Ferdinand umschließt ein Schwert. Das Grabmal links davon ist im gleichen Stil gearbeitet und trägt die liegenden Gestalten von *Johanna der Wahnsinnigen* und *Philipp dem Schönen,* den Nachfolgern der Katholischen Könige und Eltern von *Karl V.*

Der hinter den Grabmälern aufragende und durch figürliche Szenen sehr plastisch wirkende Hochaltar wird wegen der vergoldeten Pflanzenornamente der reinsten Renaissance zugerechnet; kunstvolle Flachreliefs zeigen Szenen aus der Eroberung Granadas, der Übergabe der Stadt durch *Boabdil,* dem letzten Nasridenkönig, der Taufe der Mauren etc.

In der Sakristei ist ein kleines Museum untergebracht, in dem neben der Goldkrone und dem Zepter von Isabella und dem Schwert Ferdinands insbesondere Gemälde niederländischer, italienischer und spanischer Meister ausgestellt sind (*van der Weydens, Bouts, Memling, Berruguete, Perugino, de Sevilla etc.*).

KATHEDRALE: *Öffnungszeiten wie Capilla Real,* ✆ *958/22 29 59.* Die Kathedrale, die man von der *Gran Via de Colón* aus betritt, wurde nach dem Vorbild derjenigen von Toledo im gotischen Stil begonnen und von *Diego de Siloé,* dem berühmten Baumeister Andalusiens, im Renaissancestil vollendet, auch wenn die Gesamtheit der Arbeiten erst im 18. Jh. abgeschlossen werden konnte. In der wohl proportionierten Renaissancekathedrale sehen manche Kunsthistoriker das Spitzenwerk der spanischen Renaissance schlechthin. Das weit gespannte Innengewölbe – 116 m lang, 76 m breit und 47 m hoch – wird von wuchtigen Bündelpfeilern getragen und vom Rundbau der *Capilla Mayor* dominiert, die wiederum von 12 mächtigen Pfeilern gebildet wird. Die Capilla steigt geschoßartig auf, bildet in ihrer Mitte einen säulengestützten Baldachin und ist mit viel figürlichem Schmuck und Gemälden verziert.

ALCAICERÍA: So heißt das Viertel rings um die *Kathedrale* und die *Capilla Real*, das zu maurischen Zeiten den Seidenbazar der Stadt beherbergte. Die Gassen sind noch heute schmale Gänge. Die Läden häufig nur Gelasse, die durch Marmorsäulen voneinander getrennt sind. Aber echt ist freilich nicht, was man sieht: Ein Großbrand vernichtete gegen Mitte des 19. Jh. das damals wirklich noch alte Gesicht der einstigen *Souks*. Auch über die Qualität der feilgebotenen Waren kann man streiten: anstatt feiner Stoffe quellen Flamenco-Kleider, Postkarten, Alhambra-Reproduktionen, Fächer und Stoff-Kampfstiere aus den Regalen. Die Alcaicería hat sich zum Souvenirbazar für Touristen gewandelt.

Das von der UNESCO zum Weltkulturerbe erklärte **ALBAYZÍN** ist neben der *Judería* von Córdoba und dem *Barrio Santa Cruz* von Sevilla zweifellos eines der sehenswertesten Altstadtviertel von Andalusien. Aber dort wie hier gilt, daß man es nicht wie eine Sehenswürdigkeit besichtigen kann, sondern entdecken muß, indem man zu verschiedenen Tages- und Nachtzeiten mit Muße durch die Gassen schlendert; denn sonst läßt sich die Atmosphäre nicht einfangen, sonst bleibt das Albayzín nichts als eine Ansammlung vieler weißer Häuser rings um einen Hügel.

SACROMONTE: An den Hügel des Albayzín schließt sich ein brauner Hang mit weißen Tupfen an. Das ist Sacromonte, der heilige Berg der Zigeuner. Und die Tupfen entpuppen sich als die getünchten Eingänge zu den berühmten Höhlen des »Fahrenden Volkes«. Doch wer hinaufsteigt, um heißblütige Schönheiten zu sehen, wird Punkies und Grufties und andere Randgruppen aus den Subkulturen der mitteleuropäischen Industriestädte finden. Auch ein paar Freaks, ein paar Studenten. – Aber kaum noch »echte« Zigeuner. Die wurden umquartiert in die Karnickelverschläge eines »sozialen Wohnungsbaus« am Rande der Neustadt. Der Mythos lebt nur noch in den Touristenbroschüren. Und natürlich in den Prospekten diverser Flamenco-Etablissements.

Die **CARTUJA** (✆ *958/16 19 32;* täglich von 10–13 und 16–19 Uhr bzw. 18 Uhr im Winter, die Kirche des Kartäuserklosters, gilt als das reinste Beispiel des *Churriguerismus* (übersteigerter Barock) in Südspanien, wurde im 17. Jh. vollendet und lohnt einen Besuch insbesondere wegen der prachtvollen und lichtdurchfluteten Sakristei, deren Üppigkeit ihr den Beinamen »Alhambra der Christenheit« beschert hat.

HOSPITAL DE SAN JUAN DE DIOS (Mo–Sa, 10–13 und 15–18 Uhr; ✆ *958/27 57 00*): *San Juan* war ein portugiesischer Schaf- und Rinderhirte, der sich auch aufs Lesen frommer Traktate verstand. Das Studium beflügelte seinen Glaubenseifer,

GRANADA
Von der Klosterkirche San Jeronimo zum Kartäuserkloster

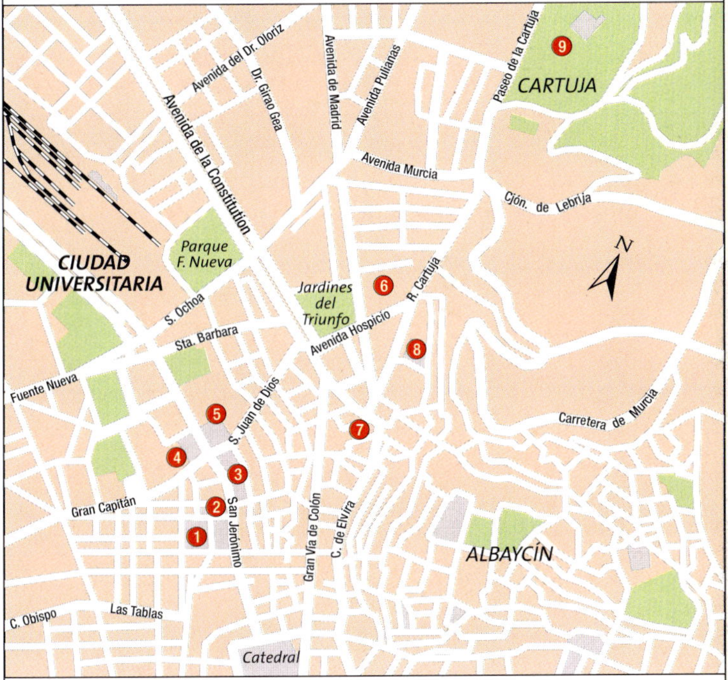

1. Universidad Literaria (ehemalige arabische Universität)
2. Kirche der Heiligen Justo und Pastor
3. Palast Caicedo
4. Kirche Los Jerónimos
5. Hospital San Juan de Dios
6. Königliches Hospital
7. Puerta de Elvira (Stadttor)
8. Kirche San Ildefonso
9. Kartäuserkloster (Cartuja)

GRANADA
Sacromonte und Albayzín

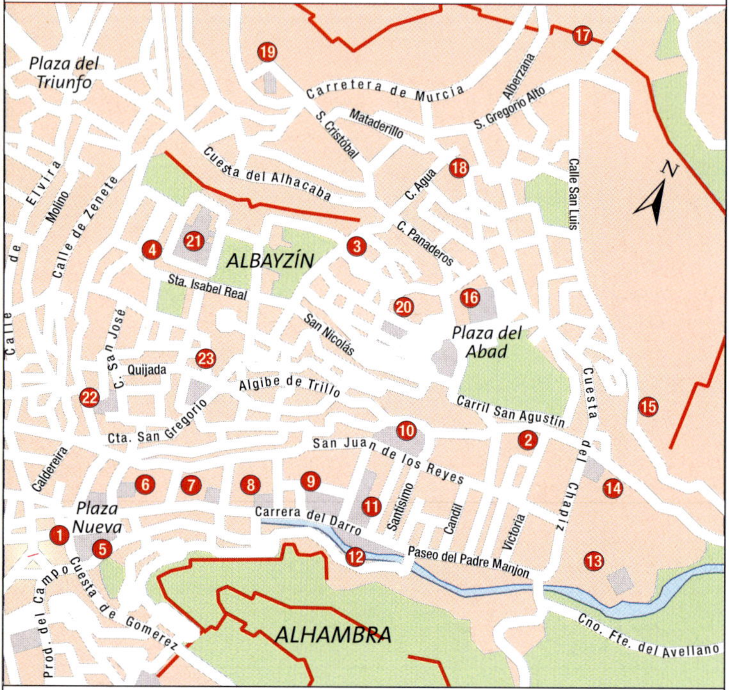

1 Plaza Nueva/Cuesta de Gomérez
2 Mirador de Morayama
3 Plaza Mayor
4 Plaza San Miguel Bajo
5 Kirche Santa Ana
6 Museum Casa de los Pisa
7 Kloster Santa Inés
8 Arabische Bäder – El Bañuelo
9 Kloster Santa Catalina de Zafra
10 Kirche San Juan de los Reyes
11 Archäologisches Museum
12 Kirche San Pedro
13 Palast – Palacio de los Córdova
14 Casas de Chapis (Schule für arabische Studien)
15 Sacromonte
16 Kirche El Salvador
17 Kloster San Gregorio Magno
18 Placeta de las Estrellas
19 Kirche San Cristóbal
20 Mirador de San Nicolás
21 Kirche Santa Isabel la Real
22 Kirche San José
23 Kirche San Gregorio Bético

und so zog er aus, gegen die Türken zu kämpfen, die an den Toren Wiens standen. Dann kam er nach Granada, gründete den Bettelorden der Barmherzigen Brüder und ein Hospital für die Armen und Siechen. Und das Hospital bzw. die dazugehörige Kirche kann man besichtigen. Zu sehen gibt's eine zweitürmige Fassade mit Säulenportal und insbesondere einen mit Kacheln verkleideten Renaissancehof sowie eine schmucke Artesonado-Decke im Treppenhaus.

Das Kloster **SAN JERÓNIMO** (✆ *958/27 93 37;* tgl. 10–13.30 und 15–18.30 Uhr) liegt nur ein paar Gehminuten entfernt und ist – 1496 gegründet – das erste in Granada errichtete Gotteshaus. Bemerkenswert ist der Kreuzgang, ein Patio mit Orangenhain und Arkaden, sowie das einschiffige Kircheninnere mit einem plateresken Hauptaltar in Kassettenform; die Decke der Querschiffe sind mit Hochreliefs geschmückt, die die Figuren antiker Helden wiedergeben.

SHOPPING

GITARREN: Wer in Sachen *música* in Granada ist, für den sind *Cuesta de Gomérez* sowie auch die *Placetar Aliatar* magische Wörter: hier reihen sich viele Gitarrenwerkstätten aneinander, hier kann man den Meistern, den *guitarreros*, beim Gitarrenbau zuschauen, kann zupfen so viel man mag und trifft Gitarrenfreaks aus aller Welt, die eigens wegen der handgearbeiteten Solistengitarren hierher kommen. Die Ware ist absolut hochwertig, die besten Gitarren sind diejenigen, die aus Zypressenholz gebaut sind, und die Preise, die auch Verhandlungssache sind, belaufen sich auf etwa 900 bis 1500 € für ein richtig gutes Instrument.

KUNSTHANDWERK: *Artespaña,* eine Vereinigung von Kunsthandwerkern, bietet fraglos die besten und stilechtesten Arbeiten der Stadt und ist äußerst stilvoll im *Corral del Carbón,* der ehemaligen maurischen Karawanserei, untergebracht (dort auch ein Touristen Informationsbüro; s.u.). Zum Verkauf stehen Arbeiten aus ganz Andalusien, die Preise sind nicht gerade niedrig, aber angemessen. Adresse: *Albayzín, Corral del Carbón 1,* ✆ *958/22 45 50.*

KERAMIK: Die größtenteils in Blau- und Grüntönen gehaltene und auf maurischen Ursprung zurückgehende *fajalauza*-Keramik, für die Granada ebenso berühmt ist wie für seine Gitarren, bekommt man u.a. in der kleinen namenlosen, aber gut bestückten *Ceramica* an der Plaza Isidro. Ein weiterer Laden ist *Ceramica Aliatar* an der Plaza Aliatar, und weitere Geschäfte finden sich insbesondere im Zacatín hinter der Kathedrale sowie im Bereich zwischen der Alcaicería und der Calle Mariana Pineda.

ANTIQUITÄTEN und »Antiquitäten« werden in Granada in dutzenden Läden angeboten, und empfehlen können wir *La Diligencia* an der Calle Reyes Católicos 63, wo alte Möbel, auch Bilder sowie insbesondere Schmuck zum Verkauf stehen.

Die üblichen **SOUVENIRS** finden sich zuhauf in dutzenden Geschäften und an hunderten Ständen in der im Schatten der Kathedrale gelegenen Alcaicería.

KARTEN: Außerordentlich gutes Kartenmaterial, teils im Maßstab 1 : 25 000, ein »Muß« für Wanderer, bekommt man im **INSTITUTO GEOGRÁFICO NACIONAL** in der *Avenida*

Divina Pastora 7 (zweigt von der Av. Constitución ab).

VERSCHIEDENES

INFORMATION

OFICINA DE TURISMO DE LA JUNTA DE ANDALUCÍA, *Corral de Carbón, ✆ 958/22 59 90, 📠 22 89 18;* alltags 10–13.30 und 16.30–19 Uhr, Sa nur 10–13 Uhr. Informationen über die Stadt, aber insbesondere über Gesamt-Andalusien.

OFICINA DE TURISMO DEL PATRONATO PROVINCIAL, *Plaza de Mariana Pineda 10, ✆ 958/22 66 88, 📠 22 89 16;* gleiche Öffnungszeiten. Informationen über die Stadt und Provinz.

POST: Die Hauptpost befindet sich an der Ecke *Puerta Real/Calle Angel Ganivet* (8–21 Uhr).

SPRACHKURSE

Granada ist *die* Stadt in Südspanien schlechthin für Spanisch-Sprachkurse, und dutzende Schulen sind hier niedergelassen.

Empfehlen können wir u.a. **ESCUELA CASTILLA** (*Calle Carmen de los Gatos, Albayzín, ✆ 958/20 58 63, 📠 27 72 40;* Klassen mit max. 5 Personen, Kurse ab 2 Wochen zu 4–6 Std./ Tag), **ESCUELA MONTALBÁN** (*Calle Conde Cifuentes 11, ✆/📠 958/ 25 68 75;* Klassen mit max. 10 Pers., Kurse ab 2 Wochen zu 4–6 Std. täglich; diese Schule, wie viele meinen, die beste der Stadt, bietet zu den Sprachkursen auch zahlreiche Nebenkurse an: Klettern, Gitarrenspiel, Tanz etc.).

AUSFLÜGE/SPORT

(weitere Informationen s.u. unter »Sierra Nevada und Las Alpujarras«): Bergsteiger sollten sich wenden an die **FEDERACIÓN ANDALUZA DE MONTAÑISMO,** *Camino de Ronda 101, Edificio Atalaya 1, Oficina 76, ✆ 958/29 13 40;* es werden auch Exkursionen organisiert, Kontakte vermittelt.

Zahlreiche Reisebüros organisieren Wanderungen in den Bereich von Sierra Nevada sowie Alpujarras, und mit am längsten im Geschäft ist **VIAJES GRANATUR** *(Calle Fontiveros 42, ✆ 958/12 43 91):* vom Touristenbüro empfohlen.

Über Wintersportmöglichkeiten kann man sich in den o.g. Info-Büros erkundigen sowie bei der **FEDERACIÓN ANDALUZA DE DESPORTES INVIERNO** in der *Calle Arabial 32, ✆ 958/25 08 62,* und über den Zustand der Skipisten in der Sierra Nevada informiert *✆ 958/24 91 19.*

WEITERREISE

MITFAHRZENTRALE

IBERSTOP, *Calle Elvira 85 (nahe Plaza Nueva), ✆ 958/29 29 20.* Mitfahrgelegenheiten, aber auch Berge an Informationen bzgl. Sprach-, Gitarren-, Flamencoschulen sowie zu Billgflügen; steht unter deutscher Leitung.

BUS

Achtung! Alle nachfolgend gemachten Angaben können sich ändern sobald der neue zentrale Busbahnhof an der N-323 Richtung Jaén (beim *Camping Sierra Nevada*) fertiggestellt ist. – Vor dem Gang zu einem der u.g. Busbahnhöfe also zuvor unbedingt das Turismo kontaktieren oder in der Herberge nachfragen.

Die Busse zum **PICACHO DE VELETA** (Sierra Nevada; siehe dort) starten nicht am Busbahnhof, sondern weit außerhalb der Stadt (Turismo oder Herberge kontaktieren). Im Winter gibt's mehrere Busse, die alle zwischen 8 und 9 starten, im

GRANADA
Von der Plaza del Campillo zum Realejo

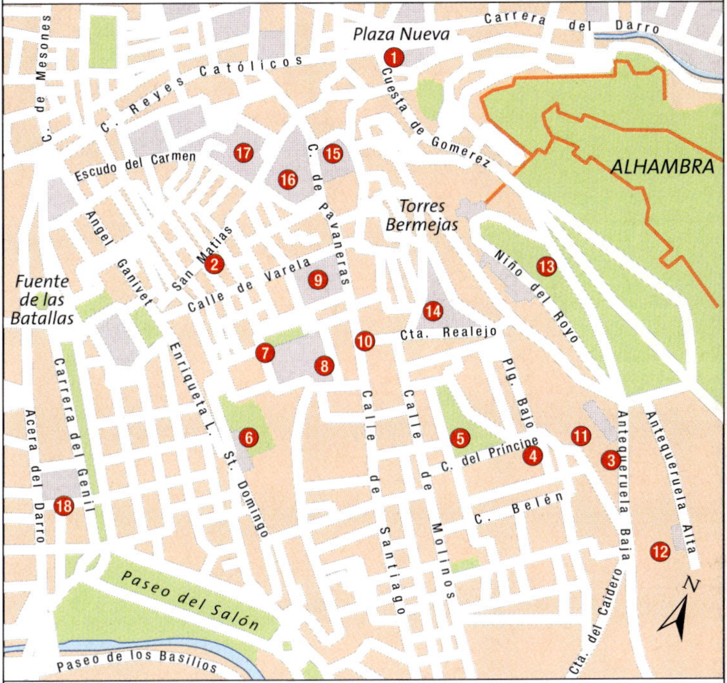

1 Plaza Nueva/Cuesta de Gomérez
2 Pensión Almería
3 Restaurant Colombia
4 Restaurant Chikito
5 Campo del Principe
6 Cuarto Real de Santo Domingo
7 Kloster Santa Cruz la Real
8 Kirche Santo Domingo
9 Casa de los Girones (Palast)
10 Cristo de los Favores (Statue)
11 Museumswohnung des Komponisten Manuel de Falla
12 Auditorium Manuel de Falla
13 Carmen de la Fundación Rodríguez-Acosta (Landsitz)
14 Kloster Santa Catalina de Siena
15 Casa de los Tiros (ehemalige Festung)
16 Capitanía General
17 Convento de las Carmelitas Descalzas
18 Iglesia de Nuestra Señora de las Angustias

FARMACIA

Sommer gibt's nur einen einzigen Bus um 9 Uhr; retour geht's um 17 Uhr, Fahrzeit je eine Stunde, so daß genügend Zeit zum Skifahren oder Wandern bleibt.

Busse **RICHTUNG GUADIX/BAZA:** Die Busse nach *Guadix* (stündlich; via *Purullena*), *Darro* (dreimal), *La Calahorra* (zweimal) und *Baza* (neunmal) starten ebenfalls nicht am Hauptterminal, sondern in einer kleinen Nebengasse der *Avenida Constitución* am Parque Universitario *(Calle Rector Martín Ocete 10)*, und die Gesellschaft heißt **EMPRESA AUTEDIA** *(✆ 958/28 05 92)*.

Busse **INS RESTLICHE LAND:** Der Busbahnhof liegt in der Neustadt am *Camino de Ronda*, ist für alle Destinationen (außer *Picacho de Veleta* und Richtung *Guadix/Baza*) zuständig und kann unter ✆ *958/25 13 58* erreicht werden. Es gibt täglich zwei Verbindungen nach *Almería*, drei nach *Córdoba*, vier nach *Jaén*, sieben nach *Málaga*, zwei nach *Murcia*, zwei nach *Algeciras*, zwei nach *Madrid*, fünf nach *Sevilla*, sechs nach *Motril*, eine nach *Nerja*, zwei nach *Almuñecar*, eine nach *Salobreña*, eine nach *Capileira* (Alpujarras) und eine nach *Murtos* via *Trevélez* und *Bérchules* (Alpujarras/Sierra Nevada).

Zug

Die **ESTACIÓN RENFE** liegt an der *Avenida Andaluces*. Es gibt Züge in Richtung *Algeciras, Alicante, Almería, Barcelona, Córdoba, Guadix, Loja, Málaga, Madrid, Murcia, Sevilla* und *Valencia*.

Tickets und Informationen auch im Stadtbüro der **RENFE** an der *Calle Reyes Católicos 45,* ✆ *958/27 12 72.*

Flug

Der **FLUGHAFEN** liegt außerhalb bei Santa Fé an der N-342, hat die *Rufnummer* ✆ *958/24 52 37 sowie* ✆ *24 52 38.*

IBERIA hat ein Büro an der *Plaza Isabel la Católica 2,* ✆ *958/22 75 92 und 22 14 52.* Geflogen wird nach *Barcelona, Las Palmas, Madrid, Palma de Mallorca, Teneriffa* und *Valencia.*

Die deutsche **LTU,** die nach Düsseldorf fliegt, wird vertreten von *Servisair,* Flughafen, ✆ / 🖹 *958/24 52 45.*

Der **FLUGHAFENBUS** *(Info-✆ 958/27 86 77 und 13 13 09)* startet an der *Plaza Isabel la Católica* (Mo bus Sa 8.15/9.15/17.30 Uhr, So 17.30 und 19.30 Uhr).

◄ Granada: oben die Plaza Mayor von Granada; unten der Generalife mit der Sierra Nevada im Hintergrund

Sierra Nevada

Spanien ist das gebirgigste Land Europas – nach der Schweiz. Die durchschnittliche Höhe beträgt 600 m, und fast 20 Prozent des Landes liegen oberhalb 1000 m. Würde man eine solche Berechnung auf Andalusien beziehen, käme man schnell auf noch extremere Werte. Allein die Betische Kordillere – das Hauptmassiv Südspaniens – ist rund 600 km lang, durchschnittlich 150 km breit. Und die Sierra Nevada, mit den höchsten Gipfeln der iberischen Halbinsel, ist ihr Zentrum. Der Name bedeutet »beschneites Gebirge«, eine sprechende Bezeichnung, denn vom Herbst bis in den späten Frühsommer hinein sind die Gipfelzonen mit Schnee bedeckt. So etwa der 3484 m hohe *Mulhacén*, der *Pico de Veleta* (3398 m), der *Horcajo de Trevélez* (3182 m). Man fährt Ski im Angesicht des Mittelmeeres, und wenn an der Costa del Sol die Badesaison erste Blüten treibt, kann man hier noch dem Wintersport nachgehen. Oder wandern, bergsteigen, mit dem Mountain Bike fahren.

PARQUE NATURAL DE LA SIERRA NEVADA

Über 1700 Pflanzenarten, davon allein 65 endemische, sind in diesem 170 000 ha großen und kürzlich zum UNESCO-Biosphärenreservat erklärten Schutzgebiet beheimatet, und auch Königsadler, Mönchsgeier und viele andere Greifvögel mehr haben hier, wo die höchsten Gipfel der Iberischen Halbinsel aufragen, ein Refugium. Eben drum empfanden es auch die Naturschützer als einen »Schlag ins Gesicht«, daß hier im Jahre 1996 die Ski-Weltmeisterschaft ausgetragen wurde. Zu diesem Zweck baute man die Zufahrtsstraße dreispurig aus, schleppte über 150 Schneekanonen heran, planierte Pisten, errichtete Skilifts und baute nicht zuletzt den WM-Austragungsort *Pradollano* zu einem Monument des Größenwahnsinns aus. – Über 2 Milliarden Mark kostete dieses prestigeträchtige Spektakel, das nicht im Zeichen des Naturschutzes stand und, wie Spezialisten meinen, der Landschaft sowie Flora und Fauna irreparable Schäden zugefügt hat.

WANDERHÜTTEN/INFORMATION

Zum Trost sei gesagt, daß der in pflanzen- und tiergeografischer Hinsicht bedeutsamste Teil des Schutzgebietes erst westlich des Mulhacén beginnt, also im Bereich der zum Mittelmeer hin abfallenden Steilhänge. Dort hat das WM-Großereignis keine Schäden hinterlassen, und in diesem Kerngebiet finden sich auch die meisten der im Park eingerichteten *refugios de montaña* (Schutz-/Wanderhütten), über deren Lage man sich bei der *Federación Andaluza de Montañismo* in Granada (siehe dort unter »Verschiedenes«) informieren kann. Diese Vereinigung gibt auch Wanderkarten aus, eine andere Adresse für solches Material ist das Turismo in Granada (siehe dort unter »Verschiedenes«), das auch allgemeine Literatur sowie Informationsbroschüren das Schutzgebiet betreffend bereithält.

WANDERUNGEN bieten sich zahlreiche an, doch verlaufen die meisten im Bereich des südwestlich der Hauptgipfel gelegenen Kerngebietes, und Ausgangspunkte für Touren sind insbesondere die Bergdörfer,

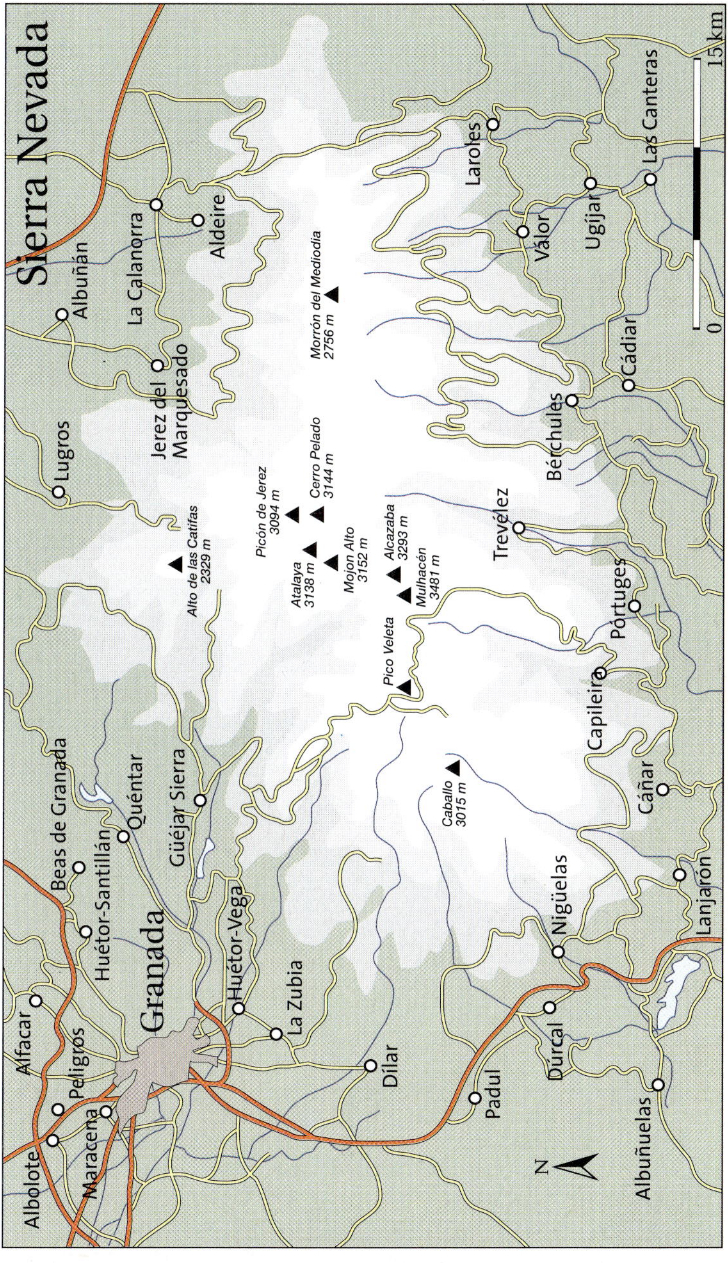

Sierra Nevada
Albuñán
La Calanorra
Aldeire
Lugros
Jerez del Marquesado
Alto de las Catifas 2329 m
Picón de Jerez 3094 m
Cerro Pelado 3144 m
Atalaya 3138 m
Mojon Alto 3152 m
Alcazaba 3293 m
Mulhacén 3481 m
Pico Veleta
Caballo 3015 m
Morrón del Mediodía 2756 m
Laroles
Válor
Ugíjar
Las Canteras
Cádiar
Bérchules
Trevélez
Pórtuges
Capileira
Cáñar
Lanjarón
Nigüelas
Dúrcal
Padul
Albuñuelas
Dílar
La Zubia
Huétor-Vega
Güéjar Sierra
Quéntar
Beas de Granada
Huétor-Santillán
Granada
Alfacar
Peligros
Maracena
Albolote
N
0
15 km

die wir nachfolgend unter »Las Alpujarras« vorstellen. Lediglich eine Route gibt es, die man auf der Granada zugewandten Seite beginnen sollte: nämlich den Abstieg vom auch per Auto erreichbaren *Pico de Veleta* (s.u.) ins Alpujarras-Dorf *Capileira*: Der 32 km lange Weg (perfekt auch für das Mountain Bike!) folgt der nicht asphaltierten Piste der ehemaligen GR-411 – einst eine Traumstrecke für Auto- und Motorradfahrer –, die nun wegen starker Umweltbelastung für den motorisierten Verkehr gesperrt ist.

DIE HÖCHSTE STRASSE EUROPAS

Welcher passionierte Mobilist möchte sie nicht einmal befahren, die GR-420, bekannter als *La carretera más alta de Europa* – »Die höchste Straße Europas« –, die sich auf einer Distanz von rund 50 km von Granada aus bis auf den Gipfel des 3398 m hohen *Pico de Veleta* hinaufzieht?! Für etwa 15 km verläuft die durchgehend asphaltierte Straße noch durch flaches Land, doch dann, ab Pinos Genil, geht es serpentinenreich und teilweise mit bis zu 12%iger Steigung hinauf in die Landschaft der Sierra Nevada mit ihren eindrucksvollen Felsformationen.

Ab 2000 m Höhe etwa können nur noch wenige Dornengewächse gedeihen, auf 2100 m (nach rund 30 km erreicht) liegt der zentrale Skiort *Pradollano* am Weg (s.u.), es folgt bald die ebenso häßliche *Hotelsiedlung Boreguilés* – beide sind ausschließlich für Skifahrer von Interesse –, bald folgt der Abzweig zum rechterhand gelegenen (2 km) Schmelzwasser-Bergsee *Laguna de las Yeguas* (2900 m), bevor es, so der Schnee schon gänzlich abgeschmolzen ist, direkt auf das Plateau des *Pico de Veleta* hinaufgeht.

Und da steht man dann, auf der ganzen Iberischen Halbinsel nur noch vom benachbarten Mulhacén überragt, und genießt, so das Wetter gnädig, ein Panorama, von dem heißt, daß es europaweit kein Pendant kennt. An klaren Tagen kann man in der Ferne sogar die Konturen der afrikanischen Küste sowie die Straße von Gibraltar erkennen, natürlich das Mittelmeer, die riesigen Lößebenen der Provinz Granada im Rücken...

INFORMATION

Für generelle Fragen ist das **TURISMO IN GRANADA** zuständig, über den Zustand der Skipisten informiert ✆ *958/24 91 00,* und den Straßenzustand kann man unter ✆ *091/535 22 22* abrufen.

AN-/WEITERREISE

Die GR-420 ist in Granada hinreichend ausgeschildert; die früher vom *Pico de Veleta* nach *Capileira* hinabführende GR-411 ist für motorisierte Fahrzeuge gesperrt, so daß man den gleichen Weg wieder hinabfahren muß. Sollte übrigens das letzte Teilstück der Straße zugeschneit sein (in der Regel von Oktober bis Ende Juni), kann man auch mit einer Seilbahn die letzten Meter bewältigen.

Bei Mountain Bikern ist die Strecke hinauf sowie hinab nach Capileira und entlang der Südhänge der Sierra Nevada äußerst beliebt, und wer eine »bärige« Kondition hat, mag es so tun (Adressen von Bike-Verleihstationen im Turismo von Granada; weitere Rent-a-Bike-Station im Alpujarras, s.u.).

Täglich um 9 Uhr fährt in Grana-

◄ Auf dem Pico de Veleta mit der »Carretera más alta de Europa«

da ein Bus ab (siehe unter »Weiterreise«), der bis auf 2800 m Höhe zum Skiort *Solynieve* hinauffährt. Retour geht's um 17 Uhr, so daß genügend Zeit für ausgedehnte Wanderungen bzw. – im Winter – für Skitouren verbleibt.

Unterkunft

Günstig wohnt man in *Pradollano* nur in der **ALBERGUE JUVENIL** (✆ *958/48 03 05)*, der Jugendherberge, mit Zeltmöglichkeit nebenan. Obwohl das Haus über 100 Betten groß ist, gibt es, aber nur im Winter, immer wieder Engpässe.

Wer ab 90 € pro Nacht ausgeben möchte, präferiert den **PARADOR SIERRA NEVADA** (✆ *958/48 02 00)*. Der Betonklotz liegt auf 2400 m Höhe über der Ortschaft an einem Hang, bietet eine Aussichtsterrasse, Kaminraum und ziemlich schlichte Räume.

Alle anderen Unterkünfte (dutzende Hotels zwischen gehobener Mittel- und Luxusklasse) sind oft nur im Winterhalbjahr geöffnet und zentral zu buchen über **CENTRAL DE RESERVAS SIERRA NEVADA CLUB,** ✆ *958/24 91 11,* 🖹 *48 06 06.*

Wintersport

Normalerweise bietet die Sierra Nevada gute Wintersportmöglichkeiten zwischen Mitte/Ende November und Anfang/Mitte Mai (als beste Monate gelten März/April), und 20 Lifte sowie 34 Pisten von insgesamt 60 km Länge stehen zur Verfügung. Des weiteren Langlaufloipen nebst zwei Skistadien, das Angebot umfaßt auch Fun-Skiing, Snowboarding sowie Drachenfliegen, und da es hier keinerlei Lawinengefahr, Spalten oder sonstige Gefahrenherde gibt, ist das insgesamt rund 2600 ha große Gebiet auch für Anfänger ideal.

Über Schnee- und Wetterverhältnisse kann man sich informieren über ✆ *958/24 91 00* sowie ✆ *48 01 53* (auch auf Englisch, aber nicht auf Deutsch), die Tageskartenpreise entsprechen mit rund 25 € etwa Alpenniveau, und für umgerechnet 75 € kann man eine einfache Skiausrüstung wochenweise ausleihen.

Die weißen Dörfer der Alpujarras: Bubión ▼

Las Alpujarras

Las Alpujarras, das zerfurchte Bergland an der Südflanke der Sierra Nevada, gilt als eine der unzugänglichsten und wildesten Regionen von Süspanien. Hierhin zogen sich nach der Rückeroberung von Granada durch die *Reyes Católicos* die nicht konvertierten Mauren zurück, hier konnten sie für fast ein ganzes Jahrhundert ihren Glauben leben, und erst nach ihrem großen und fehlgeschlagenen Aufstand von 1571 wurden sie von den Christen endgültig vertrieben bzw. restlos niedergemetzelt.

Geblieben ist aus jener Zeit die Struktur der Bergdörfer, die man heute noch ähnlich z.B. im Rif- oder Atlasgebirge von Marokko sehen kann. Geblieben ist auch das maurische Bewässerungssystem der Terrassenfelder, die wie eh und je nur mit Maulesel und Pflug bestellt werden können und bislang und wohl auch in Zukunft keinen rationellen Ackerbau mit Maschinen ermöglichen. Nur die Menschen muten alles andere als maurisch an, eben weil nach der Vertreibung der Muslime rund 50000 Galicier und auch ein paar tausend deutschstämmige Bauern hier angesiedelt wurden.

In unseren Tagen sind weitere Deutschstämmige hinzugekommen, die von der Weltabgeschiedenheit, wild-herben Schönheit und auch der klimatischen Gunst der Alpujarras angelockt wurden, hier ein alternatives Leben als »Aussteiger« zu beginnen. In touristischer Hinsicht lag die hochgelegene Region lange Zeit im Schatten von Granada sowie der nahen Costa del Sol, doch hat sich auch in dieser Hinsicht viel getan, und mittlerweile schmücken sich die ohnehin schon denkbar schmucken Dörfer auch für den Fremdenverkehr, der nun zu einem wichtigen Erwerbszweig aufgestiegen ist. Kaum noch ein Ort ohne gute touristische Infrastruktur, auch die Straßen sind heutzutage tiptop in Ordnung, und weil die wilde Berglandschaft mit der Sierra Nevada im Rücken und dem Mittelmeer voraus ein Paradies auch für Aktivurlauber ist, hat sich hier der sogenannte Outdoor-Tourismus ein neues Zentrum geschaffen.

INFORMATION

Zwar hat jede größere Ortschaft am Weg ein eigenes Turismo, aber ausführlichere Informationen zum gesamten Großraum bekommt man in Granada (siehe dort).

AN-/WEITERREISE

PER BUS: Die Busgesellschaft *Alsina Graells* bedient von Granada aus zwei- bis dreimal täglich die Strecke quer durch die Alpujarras über die C-332 bis Berchules; von dort hat man Anschluß nach Ugíjar und weiter über Laujar de Andarax (siehe unter »Ausflüge Almeria«) nach Almeriá sowie Guadix, von wo aus man problemlos wieder nach Granada zurückkehren und auch die unter »Provinz Jaén« beschriebenen Ausflüge anschließen kann.

Wer **MIT DEM EIGENEN FAHRZEUG** fährt, folgt von Granada aus der N-323 für rund 40 km und biegt dann auf die C-332 ab, die für 137 km quer durch das Bergland verläuft, bevor sie 9 km vor Almería auf die nach Guadix führende N-324 stößt. Der zur Provinz Almería gehörige Streckenabschnitt (die letzten 47 km) wurde unter »Ausflüge Almería« beschrieben, und wer eine Rundreise beschreiben möchte, sollte hinter *Ugíjar*, nach rund 81 km, von der C-332 nach Norden abbiegen, um über den Paß *Puerto de la Ragua* (siehe unter »Ausflüge Almería«) via *Lacalahorra* (siehe unter »Jaén«) nach Guadix zu gelangen; von dort aus geht es retour nach Granada oder weiter durch die Jaén-Provinz.

Alternativ kann man von Granada aus auch **ÜBER DEN KAMM DER SIERRA NEVADA** anreisen, indem man per Bus oder Mountain Bike (Bike-Transport in der Regel auch im Bus möglich) zum *Pico de Veleta* (s.o.) hinauffährt und dann der 32 km langen Piste zu Fuß oder per Rad nach Capileira folgt (für Motorfahrzeuge gesperrt). Dieser Ort liegt so ziemlich am Westrand der Alpujarra, so daß man von dort aus die Rundreise in beide Richtungen problemlos antreten kann.

DIE WEISSEN DÖRFER DER ALPUJARRAS

LANJARÓN liegt der von Granada nach Motril verlaufenden Hauptstraße am nächsten und hat sich in Südspanien einen guten Namen als Kurort und Mineralwasserquelle gemacht. Es geht beschaulich zu, das Publikum ist mittelalt bis alt, und eine große Auswahl an Unterkünften steht zur Verfügung.

In der unteren Preiskategorie empfiehlt sich die **PENSIÓN EL DÓLAR** • (nur im Sommer geöffnet) an der *Av. Andalucía 5, ✆ 958/770183*. Die Mittelklasse wird vom günstigen **HOTEL ESPAÑA** •• *(Av. Andalucía 44, ✆ 958/770187)* repräsentiert, und als Top-Adresse gilt das **HOTEL MIRAMAR** •••• *(Av. Andalucía 10, ✆ 958/77 01 61)*, das höchsten Komfort bietet (auch Swimming-Pool) mit Zimmern zu rund 70 €.

▼ Capileira: Mit 1436 m das höchstgelegene Dorf Spaniens

Von den zahlreichen Restaurants sei hier nur das kleine, aber feine **EL CLUB** *(Cabo Moreno 18)* empfohlen, das trotz seiner recht niedrigen Preise (opulentes Menü um 15 €) als die beste Adresse gilt.

ORJIVA, nur wenige Kilometer weiter östlich gelegen, ist rund 5000 Einwohner groß und rühmt sich damit, »Hauptstadt der Alpujarras« zu sein. Ein Besuch ist insbesondere donnerstags lohnenswert, wenn in der Stadt ein großer Straßenmarkt abgehalten wird.

Unterkunft hier u.a. im **HOSTAL MIRASOL ••** *(Calle Gonzáles Robles 3, ✆ 958/78 51 59)* und im **HOTEL ALPUJARRAS •••** *(Empalme Orjiva, ✆ 958/78 55 48)* sowie im **TARAY ALPUJARRA ••••** *(2 km außerhalb an der Richtung Aluñol ausgeschilderten Straße, ✆ 958/78 45 25, 🖷 78 45 31),* einer im klassisch maurischen Stil errichteten Anlage mit Pool und Komfortzimmern ab 50 €.

PAMPANEIRA, das nächste Dorf, rühmt sich, der »Balkon zur Küste Granadas« zu sein, und in der Tat ist die Lage dieses touristisch bereits gut entwickelten Ortes schlicht wunderschön. Aus über 1000 m Höhe hat man ständig das Mittelmeer im Angesicht, doch die Berge im Rücken, und viele Wanderwege gibt es, die von hier aus ins Bergland hineinführen. Entsprechend beliebt ist der Ort, der sogar ein Informationsamt hat:

In der *Oficina de Información del Parque Natural de Sierra Nevada* an der *Calle Verónica (✆ 958/76 31 27)* bekommt man Auskunft über Wandermöglichkeiten auch im Bereich der Sierra Nevada, kann außerdem geführte Touren buchen und eine Liste von zur Vermietung stehenden Bauernhöfen abrufen.

Unterkunft u.a. in der **PENSIÓN PAMPANEIRA ••** (*Calle José Antonio 1, ✆ 958/76 30 02;* überaus angenehm!) sowie in der **PENSIÓN RUTA DE MULHACÉN ••** *(Calle José Antonio, ✆ 958/76 30 10).*

BUBIÓN, bereits auf 1300 m Höhe gelegen, präsentiert sich ebenfalls als ein pittoreskes Dorf aus engen Gassen und weiß gekalkten Häusern, die über Obst- und Gemüseterrassen Richtung Meer blicken. Und doch kann es geschehen, daß einem hier, ein bißchen Glück vorausgesetzt, nicht alles spanisch vorkommt, denn in diesem Dorf wurde eine Junge geboren, der als Reinkarnation des tibetischen Dalai Lama gilt. Entsprechend weilen mitunter tibetische Gelehrte im Ort bzw. im buddhistisch-lamaistischen Kloster, das nahebei errichtet wurde.

Ansonsten ist der Ort ein Zentrum des Outdoor-Tourismus mit entsprechender Infrastruktur.

Gut und günstig wohnt man hier in der **PENSIÓN LAS TERAZAS ••** *(Plazeta del Sol, ✆ 958/76 30 54),* doch romantischer ist es fraglos in der **VILLA TURÍSTICA DE BUBIÓN ••••** *(✆ 958/76 31 12, 🖷 76 31 36),* einer der Landschaft angepaßten Anlage im Alpurreño-Stil. Das ganze sieht uralt aus, zählt aber erst knapp 10 Jahre, und zu bedauern ist eigentlich nur die relativ karge Möblierung; die Einheiten bestehen zumeist aus Wohnzimmer mit Kamin, Schlafzimmer und Kochnische, und die Preise für ein 2er-Apartment belaufen sich auf rund 70 €. Hier werden auch zahlreiche Exkursionen angeboten.

Restaurants gibt es viele gute im Ort, und steht das **ALGAJA** *(Calle Estación 4)* für deftige andalusische

Hausmannskost, so das **CAFÉ DE ARTISTAS** (*Ctra. de la Sierra;* im Winter geschlossen), das man durch eine Kunstgalerie betritt, für leckerste marokkanische Gerichte, insbesondere Couscous; die Preise sind recht günstig, dezente Jazzmusik untermalt das relaxte Ambiente, und angeschlossen ist eine kleine Kunstliteratur-Bibliothek.

CAPILEIRA, auf 1436 m Höhe gelegen, gilt nach Trevélez (s.u.) als das höchstgelegene Dorf Spaniens und hat sich insbesondere bei Wanderern einen herausragenden Namen gemacht. Auch für andere Outdoor-Aktivitäten ist der hübsche Ort gut, und hier ist es auch, wo die vom Pico de Veleta (s.o.) her kommende Piste auf die C-332 einmündet.

Schlicht, doch gemütlich, sind die Zimmer in der **MESÓN POQUEIRA** •-•• *(Calle Castilla 6, ✆ 958/76 30 48),* doch *der* Tip in Capileira ist *Turismo Rural,* also »Ferien in einem Bauernhof oder Dorfhaus«, was ab etwa 50 €/Haus und Tag kostet und vermittelt wird über **SOLAIR** an der *Callejón de las Campañas, ✆ 958/76 33 03.*

Gute Hausmannskost bietet u.a. die *Fica Los Llanos* (Stra. de la Sierra), doch beliebtestes Restaurant ist die o.g. *Mesón Poqueira* mit einem panoramareichen Speiseraum, in dem leckerste Alpujarra-Spezialitäten für wenig Geld zu kosten sind (etwa ab 7 €).

PITRES, »nur« rund 1350 m hoch gelegen, steckt in touristischer Hinsicht noch ein wenig in den Kinderschuhen, obwohl die Landschaft keineswegs weniger spektakulär ist und sich das Umland ebenfalls für ausgedehnte Wanderungen anbietet.

Der **CAMPING BALCÓN DE PITRES** (*✆ 958/76 61 11),* der einzige Platz in den Alpujarras, besticht mit seiner herrlichen Lage ebenso wie mit der Ausstattung und ist vergleichsweise billig.

Nicht nur Wanderer werden in der Wanderherberge **LOS ALBERGUES** (rechts der Hauptstraße, ausgeschildert, nur zu Fuß erreichbar, kein Telefon), einem herrlichen, von Gärten umgebenen alten Haus, alles zum Besten finden. Es ist urgemütlich, der große Gemeinschaftsraum ist mit Kamin ausgestattet, und die Bettenpreise (Etagenbetten) sind mit rund 8 €/Nacht wirklich unschlagbar.

Mit **TREVÉLEZ** nun ist es erreicht, das höchstgelegene Dorf Spaniens (1476 m), das sich in ein tiefgelegenes, teilweise baumbestandenes Tal schmiegt und dank des von hier kommenden *jamón serrano* (luftgetrockneter Schinken; um 15 €/kg in dutzenden Läden zu kaufen) sogar europaweit bekannt ist. Tagsüber wird der Ort entsprechend stark von Reisegruppen frequentiert, und im Vergleich mit den anderen »Weißen Dörfern« hinkt Trevélez in Sachen »malerisch« ein wenig hinterher.

Für die Nacht bieten sich u.a. an die **PENSIÓN REGINA** •• *(Plaza Francisco, ✆ 958/85 85 64)* sowie die höher, schöner und wesentlich ruhiger gelegene **PENSIÓN FERNANDO** •• *(Calle del Barrio Medio, ✆ 958/85 85 65).*

Restaurants gibt es auffallend viele im Ort, alle bieten natürlich auch den berühmten Schinken an, doch fraglos am schönsten und aussichtsreichsten speist man in der *Mesón La Fragua* im hochgelegenen Barrio Medio an der Calle San Antonio 4: Der Speisesaal ist auf drei Seiten verglast, und die Schinken-,

Reis-, Rebhuhn- sowie Lamm- und Kaninchengerichte (ab 7 € etwa) können sich sehen lassen.

Ausflüge/Sport

Wie bereits mehrfach betont, haben sich die Alpujarras in Kreisen des Outdor-Tourismus einen herausragenden Namen gemacht, und zahlreiche Veranstalter gibt es mittlerweile, die Wander-, Mountain-Bike- und Jeep-Touren sowie auch Pferde-Treks und Klettertouren anbieten. – Eine Auswahl:

In **ORJÍVA** offeriert **AVENTURA** *(Aportado 21, ✆ 958/78 52 53)* mehrtägige Pferdetreks durch die Alpujarras sowie auch die Sierra Nevada; englischsprachige Führer.

In **CARATAUNAS,** einem kleinen Dorf zwischen Orjiva und Pampaneira, hat sich das sehr empfehlenswerte **HOTEL MONTAÑERO ••** *(Cruce de Carataunas, ✆ 958/78 43 28)* auf geführte Wanderungen und Rad- sowie auch Jeep-Touren spezialisiert.

Mountain-Biking steht auf dem Programm des **in PAMPANEIRA** zu findenden **NEVADENSIS** *(Calle Verónica, ✆ 958/76 31 27),* wohingegen **DALLAS LOVE SIERRA TRAILS** *(Calle Verónica, ✆ 958/76 30 38)* Reit- und Jeeptouren veranstaltet und das **CENTRO DE VISITANTES DEL PARQUE NATURAL DE SIERRA NEVADA** (s.o.) geführte Wanderungen.

BUBIÓN dann hat mit **GLOBAL SPIRIT** *(Ctra. de la Sierra, ✆ 958/76 30 54)* ebenfalls eine Mountain-Bike-Organisation, und auch Paragliding steht hier im Programm nebst Wander- und Reittouren. Erfahrenster Anbieter für Pferde-Treks aber ist **CABALGAR – RUTAS ALTERNATIVAS** *(✆ 958/76 31 35),* auf dessen Programm bis zu 2 Wochen lange Ritte stehen, die durch die Alpujarras, die Sierra Nevada und bis hinunter zum Cabo de Gata bei Almería führen.

Erste Adresse für Wanderer ist in **PITRES** die Wanderherberge **LOS ALBERGUES,** und im nahe gelegenen Dörfchen Ferreirola bietet das unter deutscher Leitung stehende **SIERRA Y MAR** *(✆ 958/76 61 71; Anmeldung auch über Sierra y Mar, Daiserstr. 45, 85371 München, ✆/📠 089/7 25 63 62)* geführte Wanderungen von bis zu mehreren Wochen Dauer.

In den Alpujarras ▼

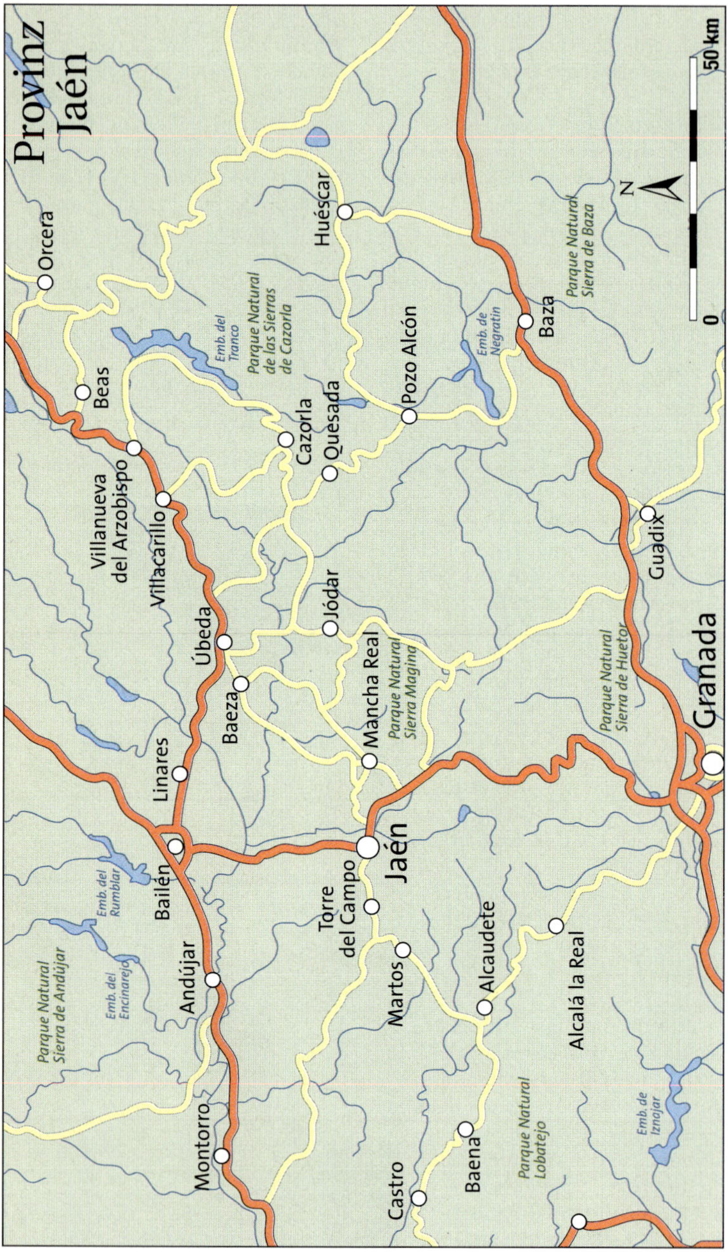
Provinz Jaén
Orcera
Beas
Villanueva del Arzobispo
Villacarillo
Úbeda
Baeza
Linares
Bailén
Andújar
Montorro
Cazorla
Quesada
Huéscar
Pozo Alcón
Baza
Jódar
Mancha Real
Jaén
Torre del Campo
Martos
Alcaudete
Alcalá la Real
Castro
Baena
Guadix
Granada
Emb. del Tranco
Parque Natural de las Sierras de Cazorla
Emb. de Negratín
Parque Natural Sierra de Baza
Parque Natural Sierra Magina
Parque Natural Sierra de Huetor
Emb. del Rumblar
Emb. del Encinarejo
Parque Natural Sierra de Andújar
Parque Natural Lobatejo
Emb. de Iznajar
N
0
50 km

Provinz Jaén

Jaén ist mit über 200 Millionen Olivenbäumen nicht nur die »Ölkammer« der Nation, sondern eines der größten Oliven-Anbaugebiete der Welt überhaupt. Das kann man sehen, und hügelauf, hügelab fallen dem Reisenden hier in manchen Regionen ausschließlich die geometrischen Muster der riesigen Ölbaumpflanzungen in die Sinne.

In touristischer Hinsicht führt die rund 700 000 Einwohner große Region ein Schattendasein, was verwundert, da sich hier doch der rund 2100 qkm große *Parque Natural Sierras de Cazorla, Segura y Las Villas* findet, der ein bis über 2000 m hohes Drillingsgebirge umfaßt und als eines der großen Refugien der Iberischen Halbinsel überhaupt gilt. Hier ist sie zu finden, die Quelle des *Guadalquivir,* des Lebensspenders Andalusiens und eigentliche Wiege des Landes, hier locken idyllische Stauseen und saftigen Wiesen ebenso wie alpine Felsmassive, und nur einen »Katzensprung« entfernt bieten die, wie es heißt, sehenswertesten Renaissancestädte ganz Spaniens auch dem Kulturfreund alles, was das Herz begehrt.

Jaén-Ciudad, die Hauptstadt der gleichnamigen Provinz, wird hier nicht näher vorgestellt, weil die rund 100 000 Einwohner große Metropole weder ein spezifisches Ambiente noch herausragende Sehenswürdigkeit zu bieten hat. Auch als Verkehrsknotenpunkt ist die Stadt für den Touristen bedeutungslos, weil *Baeza* und *Ubeda,* die Renaissancestädte, täglich viele Male von Granada aus mit Bussen angefahren werden und der oben genannte Naturpark wiederum am leichtesten von Baeza und Ubeda aus erreicht werden kann.

In der Folge beschreiben wir eine Rundreise, die von Granada quer durch die schönsten Regionen des Jaén führt, dabei die sehenswertesten Städte tangiert, schließlich wieder nach Granada zurückführt. Koppeln läßt sich die Tour mit der Fahrt durch die Alpujarras (siehe letztes Kapitel), indem man über die Puerto de la Ragua nach Lacalahorra bzw. Guadix fährt. Aber auch von Almería aus (siehe dort) kann man via die Puerto de la Ragua Anschluß an diese Route nehmen.

Zur Pforte von Tiscara

Guadix

Dieses etwa 30 000 Einwohner große und recht angenehme Städtchen liegt rund 50 km nordöstlich von Granada inmitten der braunroten Lößebene der *Hoya de Guadix* in einem breiten und fruchtbaren Orangental und ist über das Land hinaus für seine Höhlenwohnungen berühmt geworden.

AN-/WEITERREISE: Der zentrale Busbahnhof liegt rund 1 km vom Zentrum entfernt an der Straße nach Almería, und Verbindungen bestehen u.a. mit *Granada* (stündlich), *Almería, Murcia, Málaga, Sevilla, Jaén, Madrid* nebst *Barcelona.*

Der Bahnhof liegt 2 km außerhalb an der nach Murcia führenden Straße; Verbindungen bestehen insbesondere mit *Almería* sowie *Granada.*

Wer mit dem eigenen Fahrzeug anreist, nimmt ab Granada die N-342 via den 1280 m hohen Paß *Puerto de la Mora* (schöne Aussicht auf die Lößebene) und dem »Höhlendorf« *Purullena,* in dem sich aber kein Stopover lohnt.

Unterkunft

Mehrere einfache Herbergen stehen zur Auswahl, und empfehlen können wir das **HOSTAL RÍO VERDE** •-•• *(Ctra. de Murcia 1, am großen Kreisverkehr vor der Kathedrale,* ✆ *958/66 45 81)* sowie das **HOTEL COMERCIO** ••-••• *(Calle Mira de Amezcua 3, Gasse ab Hauptdurchgangsstraße gegenüber dem Banco Español,* ✆ *958/66 05 00).*

Anfang September ist in Guadix **FERIA** mit Kirmes, Puppentheater, Fußball, Stierkampf etc. Tolle Stimmung bis in die frühen Morgenstunden.

Unübersehbar ist die **KATHEDRALE,** ein braunes und wuchtiges Steinmonstrum mit einem dicken Renaissanceturm. Die Fassade gibt sich barock, sehenswert ist ein überladenes Chorgestühl im spätbarocken Churriquerismus-Stil sowie das Sterngewölbe, das von Bündeln korinthischer Säulen getragen wird.

Vom Kathedralenplatz gelangt man durch einen Rundbogen auf die **PLAZA AYUNTAMIENTO,** den renaissancenen Rathausplatz mit eleganten Arkaden und Galerien.

Ein ausgeschilderter Weg führt ab hier durch die mittelprächtigen Altstadtgassen zur **ALCAZABA** (tgl. 9–13 und 16–18 Uhr), zur alten Stadtfestung, die heute allerdings durch eine vorgebaute Schule verdeckt wird.

Unbedingt sehenswert ist das ab Alcazaba (Treppen runter, rechts um die Ecke) zu erreichende **BARRIO SANTIAGO,** das mit rund 5000 Einwohnern als die größte bewohnte Höhlenstadt der Welt gilt. Die Wohnhöhlen befinden sich in einem Labyrinth aus Hunderten von zuckerhutförmigen Sandsteinkegeln, haben alle einen kleinen grünen Garten vorneweg, weiße oder bunte Tür- sowie Fensteröffnungen und Fernsehantennen auf den »Dächern«. Die Idee zu solchen *Troglodyten* entstand in prähistorischen Zeiten, aber ihre heutige Ausprägung ist komfortabel und modern. Daß hier hauptsächlich Zigeuner wohnen sollen, ist ein Märchen.

LACALAHORRA

Wenn man schon in Guadix ist, darf man auf keinen Fall versäumen, dem 20 km entfernten Dörfchen Lacalahorra am Fuß der Sierra Nevada einen Besuch abzustatten; mit dem Auto über die N-324 zu erreichen, mit dem Bus ab Granada und ab Guadix. Der Ort selbst präsentiert sich als eine bitterarme Granit- und Lehmsiedlung, über der, auf einem abgestumpften grauen Kegel, das braune Ungetüm einer zinnenbewehrten und von Türmen umgebenen Burg thront. Der Anblick ist düster und schwer, das Panorama mit der schneebedeckten Sierra Nevada, die aus wüstenhafter Steppe im nahen Hintergrund jäh aufsteigt, mutet imposant an, und das Innere der rund 500 Jahre alten Burg gibt sich anmutig und lieblich, heiter und verspielt und von reinster Renaissance (zu besichtigen ausschließlich mittwochs von 10–12 Uhr). Hinter ihren Mauern entpuppt sich die Renaissance-Festung als Schloß, dessen Patio jenem von Vélez Blanco (siehe unter »Almería/Ausflüge«) täuschend ähnlich sieht.

Blick auf Lacalahorra ►

Wer ein eigenes Fahrzeug hat, kann die im letzten Kapitel (siehe »Provinz Granada«) beschriebene Rundreise entlang der Südflanke der Sierra Nevada auch hier beginnen, indem er den 12 km entfernten Paß *Puerto de la Ragua* überquert und dann nach rechts auf die C-332 abbiegt, um schließlich über eine serpentinenreiche Panoramastraße nach *Trevélez* zu gelangen. Außerdem besteht Anschlußmöglichkeit an den unter »Almería« beschriebenen Ausflug in die Alpujarras.

GALERA

Östlich von Guadix, wo die N-342 eine weiße Mergelwüste durchquert, kann man die Fahrt durchaus als langweilig empfinden, wie auch das nach rund 50 km erreichte Städtchen *Baza* keinerlei besondere Reize aufweist. Hier, bzw. kurz vor dem Ort aber, muß man sich entscheiden, ob es über die *Puerto de Tiscara* (s.u.) direkt in Richtung auf den Naturpark der Sierra Cazorla gehen soll, oder ob zuvor ein Abstecher angestrebt wird, der das 44 km entfernte Höhlendorf *Galera* (s.u.) zum Ziel hat. Wir würden unbedingt für Letzteres plädieren, denn der in einem saftig-grünen Tal gelegene und etwa 1500 Einwohner große Ort lockt mit der in ganz Spanien wohl einzigartigen Möglichkeit, sich in Höhlenwohnungen einzumieten. Außerdem hat das Turismo des Dorfes ein rundes Dutzend Wandertouren ausgearbeitet, auf denen man per pedes oder aber per Esel die landschaftlichen Highlights der Region kennenlernt.

An-/Weiterreise

Per Bus via *Guadix* nach *Baza*, hier umsteigen in den Bus nach *Huescar*, das 8 km nördlich *Galeras* liegt. Von Huescar aus mindestens einmal tgl. Busverbindung Richtung *Ubeda* mit Umsteigemöglichkeit nach *Cazorla* am Rande des Naturparks.

Wer mit dem eigenen Fahrzeug unterwegs ist, erreicht *Galera* von *Baza* aus über die gen Murcia ausgeschilderte N-342, von der nach 24 km in Cúllar die C-3329 nach links Richtung Galera abzweigt. Anschluß mit der u.g. Route besteht, indem man via *Huescar* (8 km) und die C-330 zum 50 km entfernten *Pozo Alcón* (s.u.) fährt.

PROMOCIONES TURÍSTICAS DE GALERA *(Avenida Nicasio Tomás 12, ✆ / 📠 958/73 90 68)* ist zuständig für alle Informationen, vermittelt ansonsten Eselführer, verleiht Fahrräder, gibt Wanderkarten aus und versteht sich als zentrale Buchungsstelle für die rund 25 zur Verfügung stehenden Höhlenwohnungen. Die Mietpreise belaufen sich auf rund 50 € für eine 4er-Höhle und auf 80 € für eine 8er-Höhle. Ausgestattet sind die *casas cueva* mit allen Bequemlichkeiten, die Möbel sind geschmackvoll ausgesucht, und alle besitzen neben Küche und Bad sowie Schlafzimmer ein mit offenem Kamin ausgestattetes Wohnzimmer.

IN DIE SIERRA

So langweilig wie die Strecke von Guadix nach Baza sind auch die von dort aus folgenden 33 km bis *Pozo Alcón* entlang der C-323. Ab dort aber geht es steil und aussichtsreich bergan. Die erst braunroten Hänge der Südflanke der *Sierra de Pozo* werden grauer und steiniger und sind in geschützten Mulden dicht mit Pinien bestanden. Je höher desto schroffer die säumenden Felswände, aber desto lieblicher die darin eingebetteten Wiesen- und Butterblumentäler. Schließlich ist die Straße in den Berg gesprengt und umrundet so die Steilhänge eines gewaltigen Felskessels. In der Tiefe klammern sich winzige Dörfer an terrassierte Hänge, in der Höhe ziehen Greifvögel ihre Kreise, und in der Ferne thront ein Kastell auf einem Granitfinger. Das ist *Tiscara*, und dahinter liegt die *Pforte von Tiscara*: ein Paß in grün bemooster Heidewelt zwischen grauen Schroffen.

Parque Natural Sierras de Cazorla, Segura y Las Villas

Mit dem Paß ist auch das Naturschutzgebiet zwischen der *Sierra de Cazorla*, der *Sierra de Segura* und der *Sierra de las Villas* erreicht, das mit einer Fläche von 2140 qkm das größte Schutzgebiet von ganz Spanien ist. Auf rund 110 km Länge und 20 km Breite erstreckt es sich gen Nordosten in Höhen zwischen rund 700 m und über 2100 m. Die Ostgrenze wird durch die wild gefaltete Sierra de Segura gebildet, parallel dazu verläuft die Sierra de Cazorla, und der dazwischenliegenden Senke folgt der hier entspringende *Río Guadalquivir* – die Lebensader Andalusiens.

Die Eindrücke wechseln ständig. Markante Bergmassive, gezackte Höhen, tiefe Schluchten, Engpässe und Täler erinnern an die Alpen. Kiefern-, Eichen- und Erlenwälder lassen an den Schwarzwald denken. Weite Seen im Wiesensaum können an Mittelengland erinnern, und der intensive Duft nach Rosmarin, Thymian, Majoran und Lavendel gemahnt an die Provence. Stets ist es kühl, lädt die klare Luft zum bewußten Atmen ein. Entlang schattiger Pfade blühen Lilien, Jasmin und Veilchen. Hier, und nur hier, gedeiht das »Riesen-Edelweiß des spanischen Südens« – *Viola carzolensis*. In den Wäldern tummeln sich Dachs und Wildschwein, Hirsch, Reh und Damwild, Fuchs und Wildkatze. Gemsen, Mufflons und Steinböcke bewohnen die felsigen Regionen, über denen Falken, Königsadler und Lämmergeier ihre Kreise ziehen.

Die Unterkunfts-Situation – auch mitten in der Natur – ist erstaunlich gut (siehe unter »Nach Cazorla« und »Embalse del Tranco«), der Wanderlust sind keine Grenzen gesetzt (Informationen und auch geführte Touren über das *Turismo* in Cazorla, siehe dort), und in den Gasthäusern lockt die gehaltvolle und kalorienreiche regionale Küche. Unverwechselbar ist *gachamiga*, ein Gericht aus Mehlkrumen mit Speck und Pfefferschoten; oder *rinrán*, mit Kartoffelbrei gestopfte Pfefferschoten. Teigpasteten verfeinern Hasen-, Rebhuhn- und Taubengerichte, Forelle ißt man hier mit Mandelsauce, und selbst profane Spiegeleier würden noch Lukull erfreuen, weil sie mit Spargel und Pilzhaufen garniert sind.

INFORMATIONEN und verschiedene Karten bekommt man in den Turismos von *Baeza* und *Ubeda* (siehe dort) sowie auch *Cazorla*, wo die Parkverwaltung ein eigenes Informationsamt unterhält. In Cazorla, dem eigentlichen »Tor zum Park«, werden Mountain Bikes vermietet und auch geführte Wanderungen, Pferdetreks, Bike- und Jeep-Touren in den Bereich des Parks angeboten.

ZUR QUELLE DES RÍO GUADALQUIVIR

Hinter *Quesada*, einem schmucken Treppenstädtchen am Granithang, macht ein grünes Schild auf eine Bitumenstraße nach »El Chorro« und »Nacimiento del Guadalquivir« aufmerksam. Diese Straße führt in ein Ölbaumtal, wird zur Schotterpiste (Achtung: nicht mit Wohnmobilen befahren) und windet sich durch tiefe und nach Harz duftende Kiefernwälder in eine Zone nackten Gesteins, in die es auf bis über 2000 m hinaufgeht. Dort wird der Paß *Puerto Llano* erreicht, und nach insgesamt knapp 24 km, direkt vor einer Pistenkreuzung, weist ein Schild zur Flußquelle, die man nach rund einstündigem Fußmarsch erreicht.

UNTERKUNFT: Im Bereich des Fußweg-Abzweiges zur Quelle finden sich mehrere Picknickplätze, und folgt man der von nun an parallel zum *Guadalquivir-Bach* verlaufenden Piste weiter, werden bald 2 herrlich am Waldrand gelegene Wiesen erreicht, die als **NATUR-CAMPINGPLÄTZE** ausgewiesen sind.

NACH CAZORLA

Auf dem Weg in dieses rund 40 km entfernte Städtchen ist der noch junge Río Guadalquivir ein ständiger Begleiter. Von allen Seiten münden kleine Bäche in den anschwellenden Fluß, und bald schon hallt der ganze Taleinschnitt vom Gurgeln des Wildwassers wider. Solcherart ist auch die Kulisse vor der staatlichen Luxusherberge **PARADOR EL ADELANTADO** *(Cazorla/Jaén, ✆ 953/72 10 75, 📠 72 13 03)*, die sich in einem wildromantischen Seitental an den Waldrand schmiegt. Der wiesengesäumte Komplex bietet einen im Jägerstil eingerichteten Speisesaal, ein Kamin- und Lesezimmer sowie eine Rustikalbar. Die Zimmer (um 80 €) gibt's in düster-museal bis hell-modern, und die Kompositionen des Küchenchefs sind unter Gourmets weithin bekannt. Da es nur 27 Zimmer gibt, sollte man unbedingt zuvor eine Reservierung vornehmen.

Bald stößt man auf eine Kreuzung: rechts führt die Talstraße *Carretera del Tranco* weiter Richtung *Embalse del Tranco* (siehe unten) mit dem Infozentrum **TORRE DEL VINAGRE** (Di bis So 11–14 und 16/17–19/20 Uhr) und mehreren Campingplätzen. Nach links hingegen steigt die Straße bald steil zum *Puerto de las Palomas* an, einem 1290 m hoch gelegenen Paß. Von hier sind es noch rund 13 km bis Cazorla, und während der gesamten Strecke genießt man eine atemberaubende Aussicht auf das tief unten liegende Ölbaumland.

CAZORLA

Drohend lastet die Felsspitze der *Peña de los Halcones* über dem wie geknetet wirkenden Labyrinth von Ecken und Stiegen, Gassen und Plätzen dieses blühenden Städtchens, dessen malerische Erscheinung der herben Berglandschaft viel von ihrer Schwere nimmt. Die Lage ist es, die den Ort so reizvoll macht. Die Lage, und nicht – wie das ehrwürdige Alter von über 2500 Jahren vermuten ließe – herausragende Kulturdenkmäler. Die sucht man vergebens. Davon, daß Cazorla möglicherweise eine der Wiegen des Christentums in Spanien war, zeugen heute nur noch sehr spekulative Schriften im Stadtarchiv. Belegte Tatsache aber ist, daß flüchtende Soldaten während des napoleonischen Krieges (1808) in den angrenzenden Bergen maurische »Refugees« aufstöberten, die dort für fast 600 Jahre in völliger Isolation ihr allahgefälliges Dasein gefristet hatten.

An-/Weiterreise

Busstop an der *Plaza de la Constitución*, Verbindungen nach *Granada, Baeza, Jaén, Ubeda* sowie zweimal täglich (Sommer) in den Nationalpark nach *Coto de Rios* (Naturcampingplätze).

Information

Cazorla hat gleich drei verschiedene Infostellen, und für den Ort, das Umland sowie auch den Naturpark zuständig ist die **OFICINA MUNICIPAL DE TURISMO** am *Paseo de Santo Cristo 17 am Stadtpark*, ✆ *953/71 01 02.*

Die mit **INFORMACIÓN TURÍSTICA** angeschriebene Infostelle an der *Calle Juan Domingo 2* (✆ *953/72 01 15;* täglich 10–14 und 17–20 Uhr) ist privatwirtschaftlich, hält viele Informationsbroschüren etc. zum Naturpark und der Umgebung bereit und veranstaltet insbesondere Ausflüge zu Fuß, per Pferd, Bus oder Geländewagen in den Nationalpark.

Die **OFICINA DEL PARQUE NATURAL** (Naturschutzamt u. Parkverwaltung) an der *Calle Martínez Valero 11* (✆ *953/72 01 25)* informiert über den Naturpark, seine Flora Fauna sowie über Wandermöglichkeiten.

Unterkunft

Zahlreiche Herbergen aller Kategorien stehen zur Verfügung, aber während der Sommermonate kann es trotzdem zu Engpässen kommen.

Billigst wohnt man hier in der **ALBERGUE JUVENIL** (Jugendherberge) an der *Plaza Mauricio Martínez 6,* ✆ *953/72 03 29,* die aber nahezu stets von spanischen Jugendgruppen belegt ist.

In der günstigen Kategorie bieten sich u.a. an die **PENSIÓN BETIS** • an der Plaza Corredera 19 *(✆ 953/72 05 40)* sowie die **PENSIÓN LA ESTRELLA** • *(Calle Tercia 1, nahe der Plaza Corredera,* ✆ *953/72 02 08),* die beide sehr schlichte Zimmer vermieten.

Das **HOTEL CAZORLA** •• *(Plaza Corredera 4,* ✆ *953/72 02 03)* liegt im blumengeschmückten Zentrum der Stadt und bietet bei billigen Preisen einen erstaunlichen Komfort, wie auch das **HOTEL ANDALUCÍA** ••• *(Calle Martínez Fallero 42,* ✆ *953/72 12 68),* ein modernes Haus (mit Garage), recht komfortabel eingerichtet.

Wer das Besondere sucht, findet es in der **VILLA TURÍSTICA DE CAZORLA** die etwas außerhalb des Ortes gelegen ist *(✆ 953/71 01 00, 📠 71 01 52)* und mehrere dutzend architektonisch sehr ansprechende Bungalows umfaßt, die komfortabel möbliert sind und bis zu 6 Personen Platz bieten. Die Preise variieren je nach Größe der Einheit und Saison und liegen zwischen 75 und 90 €.

Etwa 2 km außerhalb des Ortes am sehr steil ansteigenden (und daher nicht für Gespanne sowie Wohnmobile befahrbaren) Camino de San Isicio erstreckt sich der liebevoll in einen Obstbaum-Hain integrierte *Camping Cortijo* (kein Telefon), der unter Leitung eines netten holländischen Pärchens steht.

EMBALSE DEL TRANCO DE BEAS

Man fährt von Cazorla aus die gleiche Straße zurück, die man auch gekommen ist, und erreicht so nach 17 km eine mit »Embalse del Tranco« ausgeschilderte Straße. Hier links ab (rechts geht's zur Quelle des Guadalquivir; s.o.), und plötzlich hat es den Anschein, als hätte man Andalusien verlassen: Man steht am Südrand eines langgestreckten Trogtals, in dessen Mitte der jetzt schon sehr ansehnlich gewordene Guadalquivir fröhlich, aber nicht mehr wild und schäumend, dahinplätschert. Alte Weidenbäume neigen sich über sein blaues Band, in hoch aufgeschossenen Pappeln raschelt der Wind, und saftige Auen rahmen wogende Kornfelder, die von Birnen-, Kirsch- und Pflaumenbaum-Hainen umgeben sind.

So bleibt's für etwa 20 km. Bis sich der Guadalquivir verbreitert und schließlich zum See wird: zum *Embalse del Tranco de Beas*. Mal schimmert er tiefblau, mal zart- oder hellgrün, türkis, in seiner Mitte spart er Inseln aus, und an den Ufern wuchert der dichte Wald.

Information

CENTRO DE INTERPRETACIÓN TORRE DEL VINAGRE, *Carretera del Tranco, km 18 (kein Telefon);* tgl. 11–14 und 17–20 Uhr. Informationen über den Park, die Wander- und Ausflugsmöglichkeiten; hier werden auch Touren organisiert.

Unterkunft

Entlang der Carretera del Tranco finden sich zahlreiche Herbergen: Empfehlen können wir das **HOSTAL LA GOLONDRINA** •• *(Carretera del Tranco, km 22, ✆ 953/72 13 20)*, das **HOTEL COMPLEJO TURÍSTICO LOS ENEBROS** •••• (*✆ 953/72 71 10;* großzügig mit Schwimmbad und Tennisplatz ausgestattete Ferienanlage) und insbesondere das außerordentlich behaglich eingerichtete **HOTEL NOGUERA DE LA SIERPE** •••• *(Carretera del Tranco, km 15, ✆ 953/71 30 21).*

CAMPING: Innerhalb des Naturparks ist Wildcampen verboten, aber mehrere Zonen sind fürs freie Campen freigegeben (im Infozentrum *Torre del Vinagre* sowie in den unter Cazorla genannten Adressen kann man Karten abrufen, in denen alle Zonen eingetragen sind). Campingplätze gibt es entlang der *Carretera del Tranco* gleich mehrere, und die größte Konzentration findet sich um das Dörfchen *Coto-Ríos.*

SEGURA DE LA SIERRA

Hinter der Staumauer des Embalse folgt man der F-704 nach rechts, hält sich später erneut in diese Richtung und erreicht so das Dörfchen *Hornos.* Von Ruinen gekrönt, von Mauern umgeben, klammert es sich wie ein Adlerhorst an einen Felsen. Es riecht nach Vergangenheit, und von der Brüstung aus umfaßt der Blick den in der Tiefe schimmernden See.

20 km Bergwelt trennen noch von Segura de la Sierra. Schon vor der Zeitwende haben die Dichter im fernen Athen diese Bergfeste besungen. Heute ist es das Ministerium für Tourismus, das reiches Lob spendet: Das Dörfchen wurde in den Stand eines »Malerischen Ortes« erhoben. Die wenigen baulichen Veränderungen der Neuzeit respektieren das Gewachsene, dessen bedeutendstes Denkmal die im Mudéjarstil erbaute Burg ist.

Wer das Glück hat, hier zwischen dem 4. und 8. Oktober zu verweilen, kann an den Festlichkeiten der Wallfahrt *Virgen del Rosario* teilnehmen. Dann verbindet sich religiöse Inbrunst mit Tanz, Gesang und Stierkampf. Ganzjährig gibt's Traditionelles aus der Küche. Nur hier und nahebei ißt man *ajo atao,* ein Knoblauchgemüse zum Lammbraten; oder *ajo pringue*, eine Knoblauchspezialität als Beilage zu Schweineleber; *andrajos* ist ein deftiger »Stew«, *morcilla blanca* ein Pudding aus Pinienkernen und Eigelb.

ORCERA

Orcera heißt das nächste und nur 8 km entfernte Ziel, von wo aus es nur noch rund 10 km bis zur N-322 sind, über die, nach weiteren 80 km die Renaissancestadt *Ubeda* (s.u.) erreicht wird.

Wie eine Bienenwabe hängt das Dorf am Grauhang des *Peñalta-Berges*, und manch einer mag die weißen Kopfsteingäßchen noch malerischer als die von *Segura de la Sierra* finden. Weil die Häuser einfacher sind, ärmlicher aber auch bodennäher wirken. Rote Paprikagirlanden, grüne Weinreben und bunte Topfblumen verzieren Türen, Fenster und Balkone. Wer kann, der sollte Orcera zwischen dem 13. und dem 15. August besuchen. Dann feiert die Stadt den Namenstag ihres Heiligen. Das gipfelt im *encierro*, einem Pamplona-ähnlichen Spektakel im kleinen: Stiere rasen durch die Gassen, mehr oder weniger angesäuselte Dörfler versuchen, ihnen zu entkommen.

Die Renaissancestädte

UBEDA

Neu-Ubeda, eine gesichtslose Betonstadt, kann man getrost vergessen. Die Altstadt hingegen, die hochmütig auf einem Felsplateau über Ölbaumebenen thront und kürzlich von der UNESCO zum Weltkulturerbe der Menschheit erklärt wurde, darf man selbst als »Kulturmuffel« nicht verpassen. Sie gilt als das »Salamanca Andalusiens«, als ein Hort der Renaissance,

Orcera (Sierra de Segura) ▼

dessen über 43 *monumentos* sie zu einer der an Baudenkmälern reichsten Städte Spaniens machen.

Man schrieb das Jahr 1234, als Ubeda, damals noch Maurenfestung, von *Ferdinand III.* den »Ungläubigen« entrissen wurde. In der Folge baute er die Stadt zum wichtigsten Stützpunkt der christlichen Armeen im Kampf gegen das immer noch größtenteils maurische Andalusien aus. *Nido Real de Gavilanes* – »Königlicher Falkenhorst« – war ihr Titel (und der des benachbarten Baeza), »Hüter und Verteidiger des Katholischen Reiches« ihr Beiname.

An-/Weiterreise

Der Busbahnhof befindet sich westlich vom Zentrum, es gibt u.a. Verbindungen nach *Jaén, Baeza, Granada, Cazorla, Sevilla, Málaga* und *Almería.*

Wer von Norden kommt, aus Richtung *Orcera,* der biegt von der N-322 auf die mit »Centro« ausgeschilderte *Avenida de la Libertade* ab. Bald weisen Schilder auf den »Parador« hin, die – vorbei am Turismo – direkt ins Herz der Altstadt führen, wo ausreichend viele Parkplätze zu finden sind.

Information

OFICINA DE TURISMO, *Plaza Ayuntamiento (Rathaus), ✆ 953/75 08 97;* Mo bis Sa 9–14 Uhr.

Unterkunft

Lange kann man in der musealen Stille von Alt-Ubeda dahinschlendern. Aber irgendwann muß man in die wuchernde Neustadt hinüber, die sich mit ihrer Stillosigkeit moderner Schaufenster immer weiter in den gewachsenen Kern hineinfrißt. Man muß hinüber, wohnt und verköstigt man sich nicht im unvergleichlich exlusiven **PARADOR NACIONAL CONDESTABLE DAVALOS** *(Plaza de Vázquez Molina, ✆ 953/75 03 45, 📠 75 12 59)* im Zentrum des Schönen. Vornehm und schlicht präsentiert sich die horizontale Fassade dieses zweigeschossigen Renaissancepalastes aus dem 16. Jh. Hinter schmiedeeisernen, mit Geranien geschmückten Fenstern und Balkonen warten stilvoll und klassisch möblierte Prachtzimmer (110–135 €) auf den Reisenden. Der Empfang ist warm und herzlich, der Patio zeichnet sich durch Eleganz aus, der Weinkeller gibt sich rustikal, und das Restaurant ist das beste der Stadt.

Alle anderen Herbergen befinden sich, wie gesagt, in der unschönen und lauten Neustadt: Etwa die **PENSIÓN SEVILLA** •• *(Av. Ramón y Cajal 9, ✆ 953/75 06 12)* oder das **HOTEL LA PAZ** ••• *(Calle Andalucía 1, ✆ 953/75 21 40).* – Da all diese Häuser relativ laut und steril sind, empfiehlt es sich, nicht hier zu übernachten (es sei denn, im Parador), sondern im benachbarten Baeza.

Sehenswürdigkeiten

Aus Gründen der Orientierung empfiehlt es sich, mit dem Stadtrundgang an der *Plaza de Vázquez* Molina zu beginnen.

Direkt neben dem Parador findet man die **SACRA CAPILLA DEL SALVADOR:** Ihr Äußeres wirkt schwer und wird von wuchtigen Ecktürmen dominiert. Die ornamentalen Themen der Renaissance schmücken die Fassade. Das Kirchenschiff mag man nobel oder auch protzig nennen. Ein Goldgitter trennt es vom *Retablo Mayor* – ein filigranes Schnitzwerk –, das von einem barocken Baldachin gekrönt wird.

Prozession während der Semana Santa in Baeza ►

Früher gab es mehr zu sehen. Insbesondere eine Alabasterplastik von *Michelangelo.* Aber die »Pfaffenfresser« während des letzten Bürgerkrieges haben auch in Ubeda verheerend gewütet.

Von den anderen Baulichkeiten, die die weite und aufgelockerte Plaza eng umschließen, ist die **IGLESIA DE SANTA MARÍA DE LOS REALES ALCÁZARES** die wichtigste. Die Kirche ist ein Stilmix aus Romanik, Gotik, Renaissance und Plateresk. Ihre drei Schiffe behüten die feinsten Rejas der Stadt.

Zwischen der *Sacra Capilla* und dem Parador beginnt die *Calle Horno Contado.* Sie führt – vorbei an erhaben wirkenden Palais – direkt auf die *Plaza 1 de Mayo.* Unverwechselbar ist hier die **IGLESIA SAN PABLO.** Ein Renaissancebrunnen schmückt eine gotische Apsis. Die Westfassade ist isabellinisch und wird von einem barocken Balkon beschattet. Das Kircheninnere ist von Stilübergängen geprägt, bietet viel erdenschwer Romanisches zwischen lastenlos Gotischem. Beachtenswert insbesondere die Seitenkappelen, von denen die *Capilla de las Calaveras* ins Auge sticht: Totenköpfe schmücken die Reja.

Von der Plaza 1 de Mayo ist es nur ein Sprung zum **TORRE DEL RELOJ.** Vor diesem Turm leisteten die Katholischen Könige den Eid, die Stadtrechte von Ubeda niemals zu verletzen.

Gen Süden erreicht man die **CASA DE LAS TORRES.** Sie ist berühmt für ihre Westfassade, die hinter einem wahren Wust an plateresken Verzierungen nahezu verschwindet.

Die *Calle Luna y Sol,* die »Mond- und Sonnenstraße«, führt zurück zur *Plaza de Vázquez de Molina.*

BAEZA

Bewohnt seit der frühen Bronzezeit, gilt *Baeza* als eine der ältesten Siedlungen des Landes. Zusammen mit dem nur 8 km entfernten *Ubeda* trug sie während der Reconquista den Titel »Königlicher Falkenhorst«. Im Reich *Karls V.* dann spielte Baeza, an der Grenze zwischen der Mancha und Andalusien, die Rolle einer aufstrebenden Handelsmetropole. Sie wurde Bischofssitz, Universitätsstadt, geistiges und religiöses Zentrum der Provinz.

AN-/WEITERREISE

Es bestehen die gleichen Verbindungen wie ab *Ubeda.*

INFORMATION

OFICINA DE TURISMO, *Plaza del Pópulo,* ✆ *953/74 04 44;* alltags 9.30–13.30 und 17–19 Uhr, Sa nur vormittags.

UNTERKUNFT

In der unteren/mittleren Preislage empfehlen sich u.a. die **PENSIÓN COMERCIO** •-•• (*Calle San Pablo 21,* ✆ *953/74 01 00;* altmodische, aber nette Zimmer), die **HOSTAL EL PATIO** •-•• (*Calle Conde Romanones 13, nahe Turismo,* ✆ *953/74 02 00;* altes Palastgebäude, nostalgische Zimmer, großer Patio).

Moderne, aber stilvolle Zimmer (ab 60 €) in einem alten Renaissancebau mit schönem Patio offeriert das **COMFORTEL** an der *Calle Concepción 3,* ✆ *953/74 81 30.*

ESSEN UND TRINKEN

Die regionale Küche ist von Übergängen geprägt. Deftige und gehaltvolle Gerichte erinnern an die kastilische Mancha, leichte und kalorienarme Kost ist ein Kind Andalusiens, und die zuckersüßen

◄ Baeza: Der kolossale Brunnen auf der Plaza de Santa María. Im Hintergrund das »Seminario«

Backwaren sind ein Relikt aus der Maurenzeit, die hier immerhin bis ins späte 13. Jh. währte.

Patatas con pimentón ist ein scharfer Eintopf aus Kartoffeln, Paprika und diversen Gewürzen; *habas con jamón* sind dicke Bohnen mit geräuchertem Schinken; der *bacalao* (Stockfisch) wird hier mit gebratenen Zwiebeln, Tomaten, rotem Pfeffer und Pinienkernen serviert; Artischocken bereitet man mit Eigelb, Petersilie und Safran; in die *cazuela* gehören Bohnen und Kichererbsen, Kürbis und Auberginen, Sesam und Pinienkerne; *gachas* – ein köstlicher Pudding; *pipirrana minera* ist eine Kalorienbombe aus Kastanien.

Bekommen kann man diese Lekkereien u.a. im Restaurant des *Hotel Juanito* (an der Ausfallstraße nach Ubeda, der Av. Arca del Agua), das als eines der besten der Stadt gilt. Weitere Restaurants (billig) finden sich rings um die Plaza de España.

Sehenswürdigkeiten

Kommt man aus Ubeda, durchquert man Baeza in Richtung Jaén, erreicht so den Südrand der Stadt mit der markanten

PLAZA DE LOS LEONES: Der Platz verdankt seinen Namen der *Fuente de los Leones*, dem Löwenbrunnen. Das steinerne Bassin ist von Löwenskulpturen umgeben, bei denen es sich angeblich um die karthagischen »Löwen der Kybele« handeln soll. Links daneben ein elegant und harmonisch wirkendes Renaissancegebäude: die *Antigua Carnicería* – das wohl schönste Schlachthaus Europas. Von 1550 bis 1962 diente es seinem blutigen Zweck. An der Stirnseite der Plaza erhebt sich die ruhevolle Horizontale der ebenfalls renaissancenen *Casa del Pópulo* – dem ehemaligen Gericht. Verwaschene Medaillons zieren die Fassade, die Fensterstürze und das Gesims sind plateresk verziert.

Rechts neben der Casa schließen sich zwei zinnenbewehrte und wappengeschmückte Bogentore an. Hier hindurch, dann nach links, und man erreicht den düster und lieblos wirkenden Steinkoloß **ANTIGUA UNIVERSIDAD.** 1538 gegründet, 1824 geschlossen und zu einem Gymnasium umfunktioniert. Zwischen 1912 und 1919 lehrte hier niemand geringerer als der große Poet *Antonio Machado* französische Grammatik.

Am Ende der gleichen Straße steht die **IGLESIA DE LA SANTA CRUZ.** Erbaut im Jahre 1227, ist sie das älteste und schlichteste Gotteshaus der Stadt (romanisches Portal).

Dazu als Kontrast die reiche Ornamentik des isabellinischen **PALACIO DE JABALQUINTO** direkt gegenüber. Mit seinen gotischen Fensteröffnungen und einem Patio in reinstem Barock gilt er als der vortrefflichste Adelspalast der Provinz Jaén.

Hügelaufwärts führt die *Cueste de S. Felipe* auf die nobel proportionierte **PLAZA DE SANTA MARÍA.** Ein kolossaler Brunnen wird von einem säulengetragenen Triumphbogen überschattet.

Oberhalb angrenzend die **KATHEDRALE**. Ihre Fassaden sind schmucklos. Einen längeren Blick wert ist nur die *Puerta de la Luna* an der Westfront – ein Hufeisenbogen im Mudéjarstil aus dem frühen 13. Jh. Das einschiffige Innere wirkt hell und heiter, ist vortrefflich restauriert. Sehenswert die Seitenkapellen und eine sechseckige Kanzel vor dem Hochaltar. Ein paar Cents, in einen Automaten geworfen, bieten für wenige Minuten die *illumination* des Retablo Mayor. Auf ebenso profane Weise erreicht man, daß sich eine Madonnenmonstranz zu automatischem Orgelkonzert im Kreise dreht.

Nach Granada

Die N-321 führt nach **JAÉN**. Die Provinzhauptstadt, über 100 000 Einwohner groß, ist ganz bestimmt kein »Muß«.

Man biegt entweder vor Jaén auf die N-323 ab – die direkt und schnell nach Granada führt –, oder folgt der N-321 durch die Stadt, um **MARTOS** zu erreichen. Der Ort ist schon aus der Ferne als blendende Anhäufung unterhalb eines ruinenbedeckten Graufelsens zu erkennen. Oberhalb der Durchgangsstraße liegt die zentrale Plaza de la Fuente Nueva. Hier kann man parken. Enge Gassen und Treppenwege steigen zur Plaza Ayuntamiento hinauf, wo Palmen und Rosenbüsche mit dem kargen Felshang kontrastieren, der sich anschließt. Eine Aussichtsterrasse gewährt reiches Panorama auf die fruchtbare Tiefebene. Herausragende Bauwerke gibt es keine; die Lage und der Blick sind das, was reizt.

20 km südlich wird die N-321 zur N-432, der alten Poststraße zwischen Córdoba und Granada. Obstgärten und Olivenhaine säumen den Weg nach **ALCALÁ LA REAL.** Der Ort gruppiert sich um einen steilen Fels, ist von der trutzigen *Fortaleza de la Mota* gekrönt. Von der Brüstung dieser wehrhaften Festungsanlage kann man in die Tiefe blicken, während am südöstlichen Himmel das Schneeband der Sierra Nevada glitzert.

Nur 50 schnelle Kilometer sind es noch bis ans Ziel der Rundreise – nach Granada.

Blick von der Puerta de la Ragua auf die Hoya de Guadix) ▼

Provinz
Málaga
Santa Fé
Loja
Sierra de Loja
Sierra de
Sierra de Tejeda
Vélez-
Málaga
Torrox
Nerja
Colmenar
Montes de Málaga
Málaga
Torremolinos
Costa del Sol
N
0
50 km
Emb. de
Iznajar
Archidona
Lucena
Antequera
Torcal
Emb. de
Guadalhorce
Álora
Coín
Sierra de Mijas
Marbella
La Roda
S. de Fuente
de Piedra
Campillos
Osuna
Sierra de Tolox
Ronda
Atajate
Algatocín
Gaucín
Olvera
Morón
Marchena
Ubrique
Sierra de Ubrique

Málaga

Málaga, die Drehscheibe des Costa-del-Sol-Tourismus, hat mit fast schon 600 000 Einwohnern längst jene Zeiten hinter sich gelassen, als britische Pensionäre hier zu urlauben pflegten. Als zweitgrößte Stadt Andalusiens und bedeutendster Hafen der Region, ist Málaga in allererster Linie ein von Hektik geprägtes Industriezentrum, in dessen betongefaßten Straßen Urlauber vergeblich dem Klischee des »herrlichsten Fleckchens Erde« hinterhersuchen.

Wer vom Meer her anreist, der mag die Stadt noch betörend finden, denn hinter der weitgeschwungenen Bucht steigen romantisch die Ruinen der maurischen Alcazaba zum Kamm eines niedrigen Küstengebirges empor; das Häusermeer wird dann durch die Palmen der Promenade verdeckt, und nur der 92 m hohe Kathedralenturm stürmt den Himmel. Doch von welcher Richtung aus auch immer man anreisen mag: einmal mittendrin, unterliegt man den Gesetzen der schiebenden und rempelnden Masse und entlarvt die »bezwingende Schönheit« der Prospekte mit eigenen Augen als dreiste Lüge. – Die Alcazaba entpuppt sich als mittelprächtige Gartenanlage im Mauersaum; die Aussicht vom Gibralfaro, dem Leuchtturmberg, wäre ganz nett, wenn sich nicht wahre Horden von »Neppern, Schleppern, Bauernfängern« an die Fersen eines jeden Touristen heften würden; die Kathedrale spottet mit ihrer architektonischen Masse der Ästhetik, in den Einkaufsstraßen toben permanent Konsumorgien, und den Gassen der Altstadt entströmt nicht etwa jener Duft nach Jasmin, den hier noch der Dichter *Antonio Machado* wahrnahm, sondern vielmehr der Gestank schlecht eingestellter Vergaser.

ANKUNFT

BUS: Zentraler Busbahnhof am *Paseo de los Tilos*, nur ein paar Gehminuten vom Bahnhof entfernt, von wo aus man ca. 20 Minuten bis ins Zentrum laufen muß; man kann aber auch in direkter Nähe des Bahnhofes Quartier nehmen (siehe unter »Unterkunft«). Zu Fuß hält man sich vor dem Ausgang rechts, und folgt dann der Hauptstraße *Héroes de Sostoa Cuarteles* nach links bis zur Brücke über den Río, die direkt auf die *Alamada Principal* mündet. Von den in die Stadt verkehrenden Bussen bietet sich die Nr. 3 an, die etwa halbstündlich zum *Paseo del Parque* fährt.

FÄHRE: Die Transmediterranea-Schiffe legen im nur wenige Gehminuten vom Zentrum entfernten Hafen an.

FLUGZEUG: Man landet auf dem *Aeropuerto Internacional.* Taxi nach Málaga (ca. 10 km) kostet ungefähr 12 €, ein Zehntel davon gibt man aus, fährt man mit der Eisenbahn in die Stadt: Beim Terminal findet sich eine Haltestelle, die alle 30 Minuten angefahren wird; Endstation ist die Estación RENFE (s.o.). Außerdem verkehrt alle 20 Minuten ein Buszubringer (Bus Nr. 19), der am Busbahnhof hält und weiter bis zur Kathedrale fährt.

MIT EIGENEM FAHRZEUG: Wenn man sich an den Schildern »Centro« oder »Puerto« orientiert, gelangt man nach mehr oder weniger langwierigen Staus irgendwann auf den *Paseo* *del Parque,* die Promenaden- und Prachtstraße mit den Palmenalleen und zahlreichen bewachten Parkplätzen.

ORIENTIERUNG: Der *Río Guadalmedina* teilt Málaga in ein uninteressantes Neuviertel und das Altstadtviertel; letzteres wird vom *Paseo del Parque* und dessen Verlängerung, der *Alameda Principal,* durchschnitten: südlich davon findet sich das unschöne und stinkige Hafenviertel, nördlich breitet sich der Stadtkern aus, der im Osten durch das Rathaus und im Westen durch den *Río Guadalmedina* begrenzt wird. In diesem im Norden durch die *Carretera Alamos* eingegrenzten Viertel findet sich alles, was für den Touristen wesentlich ist.

UNTERKUNFT

Gute und günstige Privatzimmer in Málaga (und auch an der gesamten Costa del Sol) vermittelt die Mitfahr-/Mitwohn-Zentrale **IBERSTOP** an der *Calle María 13/2, ✆ 95/2 25 45 84.*

Bahnhofsnähe

Auf der **CALLE CUARTELES** (aus dem Bahnhof raus, rechts, an der Hauptstraße nach links) finden sich auf der linken Straßenseite mehrere Herbergen, von denen uns das **HOTEL LAS AMÉRICAS** ••-••• *(Nr. 62, ✆ 95/2 31 93 74)* am sympathischsten war; die Zimmer haben Klimaanlage, sind gepflegt und sauber, angeschlossen ist eine sonnige Cafeteria.

PENSIÓN LA HISPANIDAD •-•• liegt direkt gegenüber des Bahnhofausgangs an der *Explanada Estación 5 (✆ 95/2 31 11 35)* und erinnert im schicken Foyer und in den Fluren an eine Galerie – so viele Fotos, Bilder und afrikanische Masken hängen an den Wänden. Die Zimmer sind geräumig und komfortabel, haben braun-beige Tapeten, Telefon, Thermopaneverglasung, Bad und WC.

PENSIÓN ACAPULCO •-•• liegt 30 m links vom La Hispanidad in einem recht trostlos aussehenden Hochhaus an der *Explanada Estación 3 (✆ 95/2 36 08 21.* Die Zimmer haben Kachelboden, sind steril; in der Tiefgarage des Hauses kann wer hier wohnt einen Autoparkplatz mieten.

Die **ALBERGUE JUVENIL** (Jugendherberge) befindet sich nördlich vom Busbahnhof an der *Plaza Pio XII 6 (Endstation der Buslinie Nr. 18, ✆ 95/2 30 85 00, 📠 2 30 85 04),* ist ganzjährig geöffnet und bietet Billig-Betten in Ein-, Zwei- sowie Vierbettzimmern.

Im Zentrum

PENSIÓN MONTAÑESA •, *Calle Correoviejo 8, ✆ 95/2 21 31 61.* In den Fluren hängen vergilbte Spanien-Poster, die Zimmer sind hauptsächlich taubenblau und mit altväterlichem Mobiliar bestückt. Schlicht auch die sanitären Gemeinschaftseinrichtungen, und das freundliche alte Vermieterehepaar ist allerherzlichst.

HOSPEDAJE CÓRDOBA •, *Calle Juan Díaz Bolsa 9 (ab Calle Molina zu erreichen), ✆ 95/2 21 44 69.* Kleine Pension, die Zimmer sind so schlicht wie eine Mönchszelle eingerichtet, aber sehr sauber und eben billigst.

HOSTAL LARIOS ••, *Calle Marqués de Larios 4 (nahe Ecke Alameda), 3. Etage, ✆ 95/2 21 15 31.* Cremefarbenes Schleiflackmobiliar, auf Marmortischchen stehen frische Blumen.

PENSIÓN CHINITAS ••, *Pasaje Chinitas 2, ✆ 95/2 21 46 83.* Von den anheimelnden Lavabo-Zimmern (z.T. mit Stehbalkonen) dieses frisch

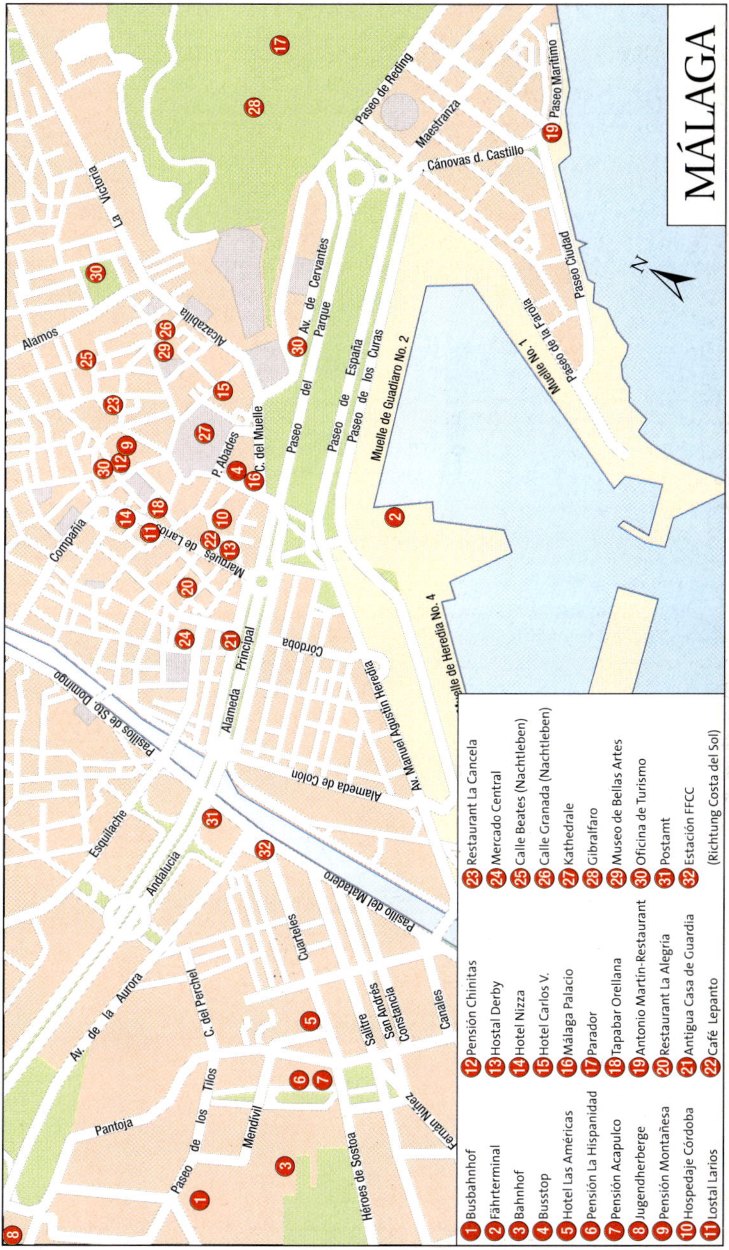
MÁLAGA
N
1 Busbahnhof
2 Fährterminal
3 Bahnhof
4 Busstop
5 Hotel Las Américas
6 Pensión La Hispanidad
7 Pensión Acapulco
8 Jugendherberge
9 Pensión Montañesa
10 Hospedaje Córdoba
11 Lostal Larios
12 Pensión Chinitas
13 Hostal Derby
14 Hotel Nizza
15 Hotel Carlos V.
16 Málaga Palacio
17 Parador
18 Tapabar Orellana
19 Antonio Martín-Restaurant
20 Restaurant La Alegría
21 Antigua Casa de Guardia
22 Café Lepanto
23 Restaurant La Cancela
24 Mercado Central
25 Calle Beates (Nachtleben)
26 Calle Granada (Nachtleben)
27 Kathedrale
28 Gibralfaro
29 Museo de Bellas Artes
30 Oficina de Turismo
31 Postamt
32 Estación FFCC
(Richtung Costa del Sol)
Paseo de Reding
Maestranza
Cánovas d. Castillo
Paseo Marítimo
La Victoria
Alamos
Alcazabilla
Av. de Cervantes
Paseo del Parque
Paseo de España
Paseo de los Curas
Muelle de Guadiaro No. 2
Paseo Ciudad
Paseo de la Farola
Muelle No. 1
C. del Muelle
P. Abades
Compañía
Marqués de Larios
Alameda Principal
Córdoba
Av. Manuel Agustín Heredia
Muelle de Heredia No. 4
Pasillos de Sto. Domingo
Alameda de Colón
Esquilache
Andalucía
Pasillo del Matadero
Cuarteles
Av. de la Aurora
C. del Perchel
Salitre
San Andrés
Constancia
Canales
Pantoja
Paseo de los Tilos
Mendivil
Héroes de Sostoa
Fernán Núñez

getünchten »Patrizierhauses« aus blickt man auf die Plaza de la Constitución.

Wer im **HOSTAL DERBY** ••-••• wohnt *(Calle San Juan de Dios 1, ✆ 95/2 22 13 01)*, kann nicht nur viel Geld sparen und dennoch trefflich wohnen, sondern sich auch an der Aussicht auf die Hauptstraße und die Palmenpromenade erfreuen.

Das **HOTEL NIZZA** ••• *(Calle Larios 2, ✆ / 🖷 95/2 22 77 04)* hat zwar seine besten Tage hinter sich, ist aber ordentlich geführt. Die Zimmer folgen dem Geschmack der 50er Jahre.

HOTEL CARLOS V. •••-••••, *Calle Císter 6, ✆ / 🖷 95/2 21 51 20.* Zentral nahe Kathedrale gelegenes Mittelklassehotel mit guten, teils ruhigen, teils etwas lauten Zimmern.

Top-Publikum aus aller Welt wohnt im Glas- und Marmorturm des **MÁLAGA PALACIO** •••• *(Cortina del Muelle 1, ✆ / 🖷 95/2 21 51 85).* Auch der Standard ist international, die Preise für dieses Höchstmaß an Luxus in der Stadt aber eher günstig.

PARADOR NACIONAL DE GIBRALFARO, *Apd. de Correos 274, ✆ 95/2 22 19 02. ✆ 2 22 19 04.* Wer rechtzeitig reserviert (es gibt nur 38 Zimmer), der kann hier stilvolle Genußtage verbringen. Die aussichtsreichen Zimmer bieten gediegenen Komfort, im Restaurant ißt man regionale Spezialitäten aufs trefflichste zubereitet, und im Garten kann man vergessen, daß man nur ein paar Gehminuten von einer Halbmillionenstadt entfernt wohnt.

CAMPING

Der frühere **CAMPING BALNEARIO DEL CARMEN** existiert nicht mehr, so daß man auf die Plätze von Torremolinos oder Torre del Mar ausweichen muß. Es bietet sich an der 3 km vor Torremolinos nahe der N-340 gelegene **CAMPING TORREMOLINOS** (*✆ 95/2 38 26 02;* teuer: etwa 20 € für 2 Personen), von dem aus man auch gut mit öffentlichen Verkehrsmitteln nach Málaga gelangen kann.

Geeignete Plätze für **WILDCAMPER** konnten wir in direkter Nähe der Stadt keine finden.

ESSEN UND TRINKEN

Auch Málaga hat sein *ajo blanco,* Knoblauchsuppe. Hier wird sie aber hauptsächlich aus Mandeln bereitet und mit Weintrauben serviert. *Espetones* oder *moragas* nennt man die leckeren Sardinen, die auf Holzkohle gegrillt werden und die die Malagueños durchaus als eine Spezialität ihrer Stadt ansehen. Überhaupt nehmen Fisch und Meeresfrüchte in der regionalen Küche einen hohen Stellenwert ein. Wo man *fritura* (große Fischplatte mit diversen Filets) auf der Speisekarte sieht, sollte man nicht lange zaudern. Wer seinen Lieblingsfisch schon kennt, bestellt etwa *besugo* (Brasse) oder *lenguado* (Seezunge), *mero* (Heilbutt), *salmonetes* (Rotbarben). Thunfisch ißt man hier als *atún mechado a la Malagueña,* die Fischsuppe heißt *sopa de rape.* Bekannt für ihre Qualität sind auch die *langostas* (Langusten) und *gambas* (Garnelen) von Málaga. Mit Fleischgerichten tut man sich eher schwer. Herausragend nur der *choto* und *chivo frito,* eine Komposition mit Öl, Knoblauch, Mandeln und Essig.

Top für Tapas (über 60 stehen zur Auswahl) ist das **ORELLANA** an der *Calle Moreno Monroy 5* (Mi geschlossen), das allerdings nur Stehplätze bietet.

◀ Oben: Der Paseo in Málaga; unten: die Kathedrale

Im **LA RAYA** (*Calle San Rafael 4*; Mo geschlossen), einer Bodega aus dem letzten Jahrhundert, dreht sich ebenfalls alles um Tapas sowie natürlich um Wein, und Fotos sowie alte Zeitungsausschnitte spiegeln hier Málagas Geschichte wider.

Nirgends sitzt sich's so romantisch wie im Restaurant des **PARADOR NACIONAL DE GIBRALFARO** (s.o.), wo auch das Essen – wie in den Paradores üblich – nur vom Feinsten ist.

Das **ESCORPIO** *(Ventaja Alta 11, ✆ 95/2 25 84 94)* am Weg zum Gibralfaro bietet regionale Spezialitäten ebenso wie (leidlich gute) französische Küche (Gerichte ab 15 €).

Im **ANTONIO MARTIN** (*Paseo Maritímo 4, ✆ 95/2 22 21 13;* geschlossen im Juli sowie sonntags) gibt's den besten Fisch und die frischesten (freilich auch teuersten) Meeresfrüchte.

Im **LA ALEGRÍA** *(Calle Marín García 10, ✆ 95/2 22 41 43)* schließlich erfreuen sich die Honoritäten der Stadt an ihrer geliebten *cocina malagueña.* Hier sind die Ober so steif wie die Tischdecken, aber die Gerichte so gut, wie die Preise es vermuten lassen (Menüs ab etwa 22 €).

Als das charmanteste aller Restaurants von Málaga gilt vielen die **ANTIGUA CASA DE GUARDIA** an der *Alameda Principal 18/Ecke Calle Pastoral:* 150 Jahre altes Gemäuer, Wein vom Fass, Muscheln, Garnelen, generell Meeresfrüchte.

CAFÉ LEPANTO, Calle Marqués de Lario/Ecke Calle Bolsa. Das mondänste Café (und Straßencafé) der Stadt bietet klassische Kaffeehausatmosphäre in stuckverbrämten hohen Räumen und eine enorme Auswahl an Kuchen, Sahnetorten, Eisspezialitäten, Pralinen, Trüffeln sowie Süßigkeiten.

RESTAURANTE LA CANCELA, Calle José Belgrano 3. Wem der weiß getünchte Innenraum mit Rundbögen und Schmiedeeisen-Dekor zu nüchtern ist, der kann auf der winzigen und autofreien Plaza vor dem Haus ruhig und entspannt die günstigen Gerichte dieses 2-Gabel-Restaurants kosten. Fisch gibt's schon ab 10 €, Fleisch kann bis 15 € kosten; Spezialität des Hauses: Reiseintopf mit Meeresfrüchten.

SELBSTVERPFLEGER: Der *Mercado Atarazanas* liegt an der Calle Atarazanas und ist Mo–Sa von 8–12.30 Uhr geöffnet.

Wenn's was Ausgefallenes sein soll, lohnt ein Besuch in der üppig bestückten Lebensmittelabteilung des Nobelkaufhauses *El Corte Inglés* (Verlängerung der Alameda Principal hinter der Brücke über den Río Guadalmedina).

UNTERHALTUNG

Die »Raucher« amüsieren sich tagsüber vor dem *Gibralfaro* über Stadt und Meer, die Konsumenten feiern ihre Orgien im *Corte Inglés* oder, mondäner, in den Boutiquengassen *Calle Nueva* und *Calle Santa María,* die sich von der *Plaza de la Constitución* bis zur Kathedrale hinziehen. Die Müßiggänger schlafen sich im *Paseo del Parque* aus oder hängen in den dortigen Straßencafés herum, und wenn die Dämmerung hereinbricht, flaniert halb Málaga auf eben diesem Paseo, der von Skatern gerne zum Speedtrail mißbraucht wird.

Ab 21/22 Uhr dann ist's Zeit für die Action, die hauptsächlich in der *Calle Granada, Calle Beata* und *Calle Franquelo* abgeht und stets mit süßlichen »Chocolate«-Düften verbunden ist. Top sind hier das **EL**

LICEO (*Calle Beata 41;* alter Stadtpalast, in jeder Etage lockt ein anderes Flair) sowie das **WALL STREET** (*Calle Beata 22;* sehr junges Publikum).

Seit Jahren gleich, und stets auch gleich angenehm, ist's im **EL PIMPI** *(Calle Granada 62).* Das ist eine Institution. Nicht nur für berühmte Maler und Literaten aus Stadt und Land und Ausland, die sich auf Weinfässern mit ihrem Namenszug verewigen dürfen. Hier trifft man nicht nur eine, hier trifft man stets mehrere Szenen. Die »Schluckspechte« und Thekensteher hängen in der weiß gekalkten Kneipe im Erdgeschoß rum. Auch die Disco-Generation hat ihren eigenen Raum; ab Mitternacht freilich ist es Rock Andaluz und Flamenco, was aus der Konserve dröhnt. Und unterm spitzgiebeligen Balkendach laden flauschige Polster, Kerzenlicht und softige Musik zum Gespräch ein.

FIESTAS

Der **DREIKÖNIGS-TAG** wird mit Reiterprozessionen gefeiert.

Die **KARWOCHE** (*Semana Santa*) von Málaga ist neben denen von Sevilla und Granada die berühmteste in Andalusien.

Der **JUNI** ist der Monat für das Straßentheater-Festival *Jornadas Malagueñas de Teatra en la Calle.*

In der **1. AUGUSTHÄLFTE** findet die *Feria* statt, ein Riesenspektakel mit Umzügen, Stierkämpfen und Jahrmarkt.

Zwischen Weihnachten und Neujahr, am **28. DEZEMBER,** treffen sich Sängergruppen aus der ganzen Provinz zur Pflege der Folklore im Gasthaus »El Tunél«, 8 km außerhalb vom Stadtzentrum: *Consurso de Verdiales.*

SEHENSWÜRDIGKEITEN

Málaga ist keine Stadt mit großartigen Sehenswürdigkeiten. Von den über 2000 Jahren Stadtgeschichte sind keine sensationellen Bauwerke erhalten geblieben. Das ist charakteristisch für alle Hafenstädte in Südspanien, die – da dem offenen Meer zugewandt – stets eine leichte Beute für Piraten und Plünderer waren.

Wer auf Sightseeing aus ist, mag die gotisch begonnene und renaissancen vollendete **KATHEDRALE** (10–13, 16–18 Uhr) besichtigen, die mit 117 m Länge, 72 m Breite und 48 m Höhe zumindest eines der größten Gotteshäuser ist, die man in Spanien besichtigen kann. Der Betrachtung wert sind die von monumentalen korinthischen Säulen getragenen und mit Flachreliefs verzierten Gewölbekuppeln sowie der zentrale Chor, der als ein Meisterwerk spanischer Schnitzkunst gilt. Wer sich für religiöse Ikonographie begeistern kann, versuche doch, all die vielen Heiligen zu identifizieren, die die Hauptdekoration des 103-sitzigen Chorgestühls bilden. In der Sakristei werden die üblichen geschmacklosen Ritualgefäße und Monstranzen auf Samtdeckchen präsentiert, und im Kathedralenmuseum sind holzgeschnitzte Kapellengitter und eine Tabernakeltür ausgestellt.

Vom **GIBRALFARO** aus, dem »Leuchtturmberg«, kann man in die Ferne spähen, und in der 100 m tiefer gelegenen **ALCAZABA** (Di–Fr, 10–13 und 17–20 Uhr, So 10–14 Uhr) duften in peinlich gepflegten Ziergärten Jasmin und Rosen neben Buchsbaumhecken, Geißblattranken und Pergolen vor sich hin; Zypressen und Palmen bringen

Schatten, Wasserfontänen plätschern, und in einem kleinen, aber wohlfeilen Museum ziehen Exponate aus vorgeschichtlicher, römischer und maurischer Epoche des Besuchers Aufmerksamkeit an.

PABLO PICASSO

Pablo Ruiz Picasso, der Universalmaler, das Genie, das Vorbild einer ganzen Künstlergeneration, wurde 1881 in Málaga an der *Plaza de la Merced Nr. 15* geboren. Hier besuchte er die Kunstschule an der *Plaza Constitución,* hier entdeckte er seine Leidenschaft fürs Zeichnen und Modellieren. Die erste Ausstellung des erst 16jährigen fand allerdings in Barcelona statt, wohin die Familie inzwischen gezogen war.

Die Biographen unserer Zeit haben die verschiedensten Behauptungen über Picassos Abstammung aufgestellt – mal hat er baskisches Blut, mal ist er halber Orientale, mal Italiener. Sein vielleicht bester Kenner, *Sabartés,* hat verstanden, vor welchem Hintergrund das Gesamtwerk zu begreifen ist: »Picasso ist nicht nur Andalusier, sondern Spanier und empfindlich für das Elend, weil es ihn bekümmert, wie es vorher die spanischen Maler bekümmert hat: Entmündigung, Krankheit, physische Verkommenheit, das alles sind Motive, die nur von spanischen Malern für malenswert befunden wurden.«

Manolo Huhúe schließlich meinte: »Wenn das Elend zu kaufen wäre, würde sich Picasso ruinieren.«

Auch wer schon große Ausstellungen Picassos und die reichhaltige Galerie in Barcelona besucht hat, sollte als Kunstfreund nicht versäumen, sich im Kunstmuseum von Málaga für ein paar Stunden umzutun. Hier kann man die ersten zwei Bilder des Künstlers betrachten:

MUSEO DE BELLAS ARTES, *Calle San Agustín*; 10.30–13.30 Uhr und 17–20 Uhr, Sa/So nur morgens, montags geschlossen. Neben den Erstlingswerken von Picasso stehen hier auch sentimentale Gegenstände aus seinem Geburtshaus zur Besichtigung: der Stuhl, auf dem seine Mutter zu sitzen pflegte, Gemälde, die die Wände seines Zimmers schmückten etc. Außerdem gibt es noch mehrere Bilder von *Ribera, Morales, Cano, Jordán* und *Murillo* sowie von Picassos Lehrmeister *Muñoz Degrain.*

VERSCHIEDENES

INFORMATION

OFICINA MUNICIPAL DE TURISMO im Busbahnhof *(✆ 95/2 35 00 61)* und am Flughafen.

Hilfreicher ist die **OFICINA DE TURISMO DE LA JUNTA ANDALUCÍA** in der *Avenida Cervantes 1 (✆ 95/260 44 10, 📠 2 21 41 20);* Mo–Fr 9–14 Uhr sowie 17–19.30 Uhr, Sa bis 13 Uhr.

Die **POST** findet sich an der *Avenida Andalucía* direkt jenseits der Brücke über den Río Guadalmedina.

KONSULATE

Das **DEUTSCHE KONSULAT** ist niedergelassen am *Paseo del Limonar 28 (✆ 95/222 78 66),* das **SCHWEIZERISCHE KONSULAT** findet sich an der *Calle San Lorenzo 4 (✆ 95/221 72 66),* und das **ÖSTERREICHISCHE KONSULAT** liegt außerhalb in *Benalmadena-Costa* zwischen *Torremolinos* und *Fuengirola (✆ 95/244 39 52).*

SPRACHKURSE

Nach Granada und Sevilla erfreuen

Pablo Picasso – Wegbereiter der modernen Kunst...

Pablo Picasso (1881-1973), eigentlich *Pablo Ruiz y Picasso*, war als Maler, Graphiker und Bildhauer einer der bedeutendsten Repräsentanten der Kunst des 20. Jahrhunderts, Begründer neuer Stilrichtungen sowie innovativer technischer Verfahren von einzigartiger Produktivität. Sein Gesamtwerk umfaßt die unglaubliche Zahl von 20.000 Kunstwerken.

Picasso wurde am 25. Oktober 1881 in *Málaga* als Sohn des Kunstlehrers *José Ruiz Blasco* und dessen Frau *María Picasso y López* geboren, mit deren Mädchennamen er ab 1898 seine Bilder signierte. Aufgrund seine künstlerischen Begabung besuchte er schon mit fünfzehn Jahren, d.h. vor Erreichen des vorgeschriebenen Alters, die Kunstschule *La Lonja* in Barcelona, ab1897 die *Academia San Fernando* in Madrid. Sein im selben Jahr entstandenes Gemälde *Wissenschaft und Nächstenliebe* (*Museo Picasso*, Barcelona) wurde mit einer Goldmedaille ausgezeichnet.

1901 gründete er die Zeitschrift *Arte Joven* (Junge Kunst) und hielt sich mehrmals in Paris auf, wo er sich 1904 endgültig niederließ. Durch eine Ausstellung 75 seiner Werke bei dem prominenten Kunsthändler *Ambroise Vollard* lernte er den Dichter *Max Jacob* kennen, mit dem er das *Bâteau-Lavoir* (»Wäschekahn«) genannte Atelierhaus an der *Place Emile Goudeau* bezog, das zu einem »Tempel des Kubismus« und Zentrum der zeitgenössischen *Boheme* wurde.

Picasso nahm in dieser Schaffensphase zahlreiche Stilelemente des Spätimpressionismus, Jugendstils und Symbolismus auf und verdankte neben *Paul Gauguin*, *Eugène Delacroix* und *Edgar Degas* vor allem dem Werk *Henri de Toulouse-Lautrecs* vielfältige Anregungen. Melancholische Bilder von Außenseitern der Gesellschaft entstanden, von Bettlern, Obdachlosen, Blinden, Prostituierten und vereinsamten Menschen. Picasso reduzierte seine Darstellung in Form und Farbe auf ein Minimum.

Die Bilder der Jahre 1901 bis 1904 entstanden in bläulich-grünlichen Tönen, weshalb man den Zeitraum «Blaue Periode« nennt. Das *Blaue Zimmer* macht diesen Einfluß deutlich und demonstriert zugleich die Entwicklung eines ersten eigenständigen Stiles, der in den folgenden Jahren sein Werk beherrschte.

Nach der Übersiedlung nach Paris blieb die schwermütige Stimmung seiner Malerei erhalten, Farbskala und Thematik wurden jedoch in der «Rosa Periode« (1905/06) wieder reicher. Picasso war fasziniert von den Gauklern, Artisten und Harlekinen in dem Künstlerviertel *Montmartre,* die er in seinen Bildern festhielt.

Der Wechsel von Stoffwahl und Kolorit ging u. a. auf Anregungen seiner Weggefährtin *Fernande Olivier* zurück, in Bildern wie Die *Gaukler* ist zudem der Einfluß von *Gauguin* spürbar.

Eine wichtige Förderin der frühen Pariser Jahre wurde die reiche, extravagante Amerikanerin *Gertrude Stein*, die zu den ersten Sammlern seiner Werke gehörte. In ihrem gastfreundlichen Haus schloß Picasso u. a. enge Freundschaft mit *Henri Matisse*.

1906, nachdem sein Freund, der Kunsthändler Vollard alle Werke der «Rosa Periode« gekauft hatte und Picasso dadurch ein sorgenfreies Leben ermöglichte, vollzog sich während eines Sommeraufenthalts in *Gosol* (Spanien) eine Stilwende in Picassos Schaffen. Nach dem Vorbild der schwarzafrikanischen Plastik und der Gemälde *Cézannes* gelangte er zu einer radikalen Reduktion des Gegenständlichen auf geometrische Strukturen. Exemplarisch für diesen Stilwandel ist sein zum Maskenhaft-Anonymen tendierendes Porträt von *Gertrude Stein* und vor allem sein epochales Werk *Les Demoiselles d'Avignon*.

Cézannes Forderung von der Reduktion auf Kreis, Oval und Rechteck steigerte Picasso durch radikale Geometrisierung und Verformung der Körper und die Auflösung des perspektivisch gegliederten Raumes. Ab 1908 schufen Picasso und sein Freund *Braque* eine Reihe von Landschaftsbildern, die später von einem Kunstkritiker als aus «Kuben«, also würfelartigen oder zylindrischen Bildteilen bestehend, beschrieben wurden. Daraus leitete sich der Begriff Kubismus ab, der einer ganzen Kunstepoche den Namen gab.

1912 erfand Picasso die «Papiers collés« (Klebebilder). Picasso klebte Papier und ein Stück eines Öllappens auf die Leinwand, stellte durch gemalte Flächen eine Verbindung her und gab dieser Collage den Titel *Still Life with Chair.*

Zwischen 1917 und 1924 schuf Picasso sechs Bühnenbilder für *Serge Diaghilews Balletts Russes.*

In der Werkphase zu Beginn der dreißiger Jahre dominieren harmonische, geschwungene Linien, die in ihrer latenten Erotik auf die glückliche Liebesbeziehung mit seiner neuen Partnerin *Marie Thérèse Walter* verweisen, mit der er bis 1935 zusammenlebte. Sie wurde zum Modell zahlreicher Bildnisse, häufig in schlafender Pose. Zu einem wichtigen Thema entwickelte sich der Stierkampf, dem Picasso 1935 eine Folge von Radierungen widmete.

Picasso war der Meinung, daß die Malerei nicht erfunden worden sei, um Wohnungen auszuschmücken, sondern daß sie als Waffe zum Angriff und zur Verteidigung gegen den Feind genutzt werden konnte. Es war für ihn eine Selbstverständlichkeit, politisch Stellung zu beziehen. Zu seinen berühmtesten und ergreifendsten Arbeiten zählt das Gemälde *Guernica*, mit dem der Künstler die barbarische Vernichtung der baskischen Stadt Guernica durch Kampfflugzeuge der *Legion Condor* am 26. April 1937 dokumentierte. In seinem anklagenden Bild brachte er das Entsetzen und die Trauer über dieses furchtbare Ereignis zum Ausdruck. Mensch und Tier wurden zu einem einzigen Schrei.

Picassos auch gegen den Krieg im Allgemeinen gerichteter Protest mündete in ein intensives pazifistisch-politisches Engagement. 1944 wurde er Mitglied der Kommunistischen Partei Frankreichs und schuf das weltweit bekannte Symbol der Friedenstaube (1949).

Nach dem 2. Weltkrieg experimentierte Picasso, der nun vorwiegend in Südfrankreich lebte, vermehrt mit neuen Techniken und Themen. Neben der Lithographie (1945-1949), wurde die figürliche Keramik zu seinem zentralen Betätigungsfeld. Im Töpferdorf *Vallauris* schuf er nahezu 2.000 Stücke.

◄ Picassos Harlekin mit Spiegel

Die während des Krieges zunehmend düsterer gewordene Farbpalette und die zeitweise vorherrschende Todesthematik *(Still-Leben mit Stierschädel, Das Beinhaus)* wichen einem heiteren Stil. In den vierziger Jahren ging Picasso eine neue Verbindung mit der Malerin *Françoise Gilot* ein, mit der er zwei Kinder, *Claude* und *Paloma,* hatte. Seine letzte Lebensgefährtin war *Jacqueline Roque*, die er 1961 heiratete. Noch im selben Jahr übersiedelten die beiden nach *Mougins* in Südfrankreich, wo Picasso am 8. April 1973 starb.

Picasso wurde mit seinem Lebenswerk zu einem der bedeutendsten Anreger der modernen Kunst. Viele seiner Gemälde und Plastiken wurden zu Schlüsselwerken, an denen Generationsgefährten und Zeitgenossen sich orientierten. Er war der erste Künstler, der zu Lebzeiten mit einer Werkschau im *Louvre* geehrt.

Dem für die Kunst der Moderne so charakteristischen Glauben an die Eigengesetzlichkeit des Kunstwerks hielt der Künstler Zeit seines Lebens die Treue. Mit Selbstironie und nicht ohne Stolz sagte Picasso über sein Leben: «Ich wollte Maler werden, und ich bin Picasso geworden.«

sich in Andalusien insbesondere die Sprachschulen von Málaga einer großen Beliebtheit, und die bekanntesten Institute sind **MÁLAGA PLUS** *(Pasaje Antonio, Barceló Madueño 8, ✆ 95/2 29 93 30, ℻ 229 70 00)* sowie **AL-ANDALUS** *(Calle Herrera 12, ✆ 95/2 29 17 41, ℻ 2 20 37 85).*

Dem etwa 10 km außerhalb vom Zentrum gelegenen **MÁLAGA INSTITUTO** *(Cerrado de Calderón, Calle Cortada 6, ✆ 95/2 29 32 42, ℻ 2 29 61 16)* ist auch eine Schulresidenz angeschlossen, in der man gut und günstig wohnen und auch Halbpension bekommen kann.

WEITERREISE

Die Zug-, Flug- und Fährtickets wie auch die Bustickets nach Mitteleuropa (über 50 Städte werden angefahren) kann man streßfrei und schnell auch in den **REISEBÜROS** der Stadt erstehen, wo man sich auch mit Englisch, z.T. sogar mit Deutsch, sehr gut verständlich machen kann.

Iberstop, die **MITFAHRZENTRALE,** vermittelt nicht nur Mitfahrgelegenheiten, sondern hält auch Infos für Billigflüge, Billigbusse bereit: eine echte Infobörse, zu finden an der *Calle María 13 (nördl. des Gibralfaro-Hügels, mit Bus Nr. 1 bis Fernando El Católico, dann fragen), ✆ 95/2 25 45 84;* Mo bis Fr 11–13 Uhr und 17–20 Uhr, Sa 9–14 Uhr.

BUS: Der zentrale Busbahnhof am *Paseo de los Tilos* hat einen Infoschalter *(✆ 95/2 35 00 61),* und Verbindungen bestehen u.a. zu den Touristenstädten der Costa del Sol (*Fuengirola, Benalmadena, Torremolinos, Marbella*), nach *Estepona, Ronda, Algeciras, Cádiz* sowie nach *Velez Málaga, Granada, Sevilla, Almería, Lanjaron (Sierra Nevada), Badajoz* (Portugal-Grenze), *Córdoba, Nerja* und *Torox.* Außerdem nach *Valencia, Barcelona, Madrid, Murcia, Alicante, Castellón* und *Tarragona* sowie nach *Mitteleuropa.*

ZUG: Die Estación RENFE liegt an der Calle Cuarteles 2, hat die Telefonnummer 95/2 36 02 02. Information und Reservierung auch im RENFE-Büro in Málaga-Zentrum an der *Calle Strachan 2, ✆ 95/260 23 66* (Mo–Fr von 9–13.30 und 16.30–19.30 Uhr).

Wen es nach den Touristenzentren der Costa del Sol gelüstet, kann links neben der Estación RENFE in einer Unterführung die Küsten-Schnellbahn besteigen; vorbei am Flughafen.

FLUG: *Iberia* bedient ab **MÁLAGA-FLUGHAFEN** *(✆ 95/2 04 88 04)* täglich per Direktflug u.a. *Alicante, Barcelona, Bilbao, Brüssel, Casablanca, Frankfurt, Genf, Las Palmas, Madrid, Melilla, Palma de Mallorca, Paris, Teneriffa, Valencia* und *Zürich.* Ticketkauf bei Iberia in der *Molina Lario 13, ✆ 95/213 61 66.*

Die deutsche *LTU,* die ab Málaga u.a. nach Düsseldorf fliegt, wird vertreten von *Viajes Urbis,* an der *Avenida Carlota Alessandri 57* im *Centro Comercial Montemar* von *Torremolinos, ✆ 95/2 38 45 99, ℻ 2 38 82 24.*

Zum nationalen und internationalen Flughafen fahren Busse ab Alameda Principal sowie Züge ab Unterführung links neben dem Bahnhof (s.o.).

FÄHRE: Die *Transmediterranea* verbindet Málaga einmal wöchentlich mit *Mallorca* sowie drei- bis fünfmal wöchentlich mit *Melilla.* Die Tickets gibt's im Hafen in der *Estación Marítima, ✆ 95/2 22 43 91* (Mo–Fr, 9–13 Uhr).

Die südliche Costa del Sol

Es war einmal vor 50 Jahren ein einsamer und in seiner Naturbelassenheit auch schöner Küstenstreifen ohne Namen im Süden Spaniens, mit den drei Fischerdörfern *Torremolinos, Fuengirola* und *Estepona* sowie der Kleinstadt *Marbella.* Die verschlafenen Nester dämmerten friedlich vor sich hin, bis eines denkwürdigen Tages eine vermögende Dame namens *Doña Carlota Alessandria* für 100 000 Pesetas mehrere qkm Küste erstand, um – wie sie sagte – den Grundstein für eine neue Côte d'Azur zu legen. Und wirklich: nach kurzer Unterbrechung durch den Bürgerkrieg wurden die ersten Hotels, Restaurants, Bars und Tanzlokale erstellt. Die ersten Adeligen tauchten mit vollen Taschen auf. Der charmante *Marqués de Nájera,* der *Marqués de Ivanrey* und natürlich die *Prinzen von Hohenlohe* investierten, u.a. ins Marbella Clubhotel.

So begab es sich, daß 1 qm Land 1950 schon 6 Cent kostete, 1970 180 €, 1980 bis zu 480 € und heutzutage gar noch ein Vielfaches davon. Doch bald kam auch der »Plebs«, und die Reichen der Welt zogen sich nach Marbella zurück, denn die Geldgier der Baulöwen, Bankiers und internationalen Konzerne verschandelte alles, was einstmals schön war, zu einem gigantischen Rummelplatz. Torremolinos wurde zum Vergnügungspark des Mittelmeeres, zum Inbegriff der »3-Wochen-Freiheit«, während Marbella als Treffpunkt der millionenschweren Müßiggänger, der Orden- und Titelhändler, der Raffkes und Adabeis, zur »Glorie Andalusiens« und zum »Stolz Spaniens« erstrahlte, wie sie König *Juan Carlos* mit Worten adelte.

Das war der Anfang des Märchens oder der Tragödie »Costa del Sol«, die sich ab Torremolinos als eine über 120 km lange, also fast schon bis Algeciras reichende Agglomeration darstellt, in der jährlich viele Millionen Touristen ihren Urlaub verbringen. Man kommt pauschal oder gar nicht erst hierher, denn auf Individualreisende sind die Badeorte nicht eingestellt. Deshalb nachfolgend nur das Wichtigste zu den beliebtesten Ferienzentren:

TORREMOLINOS

Vorbei, die Zeiten, da der Ort aus 15 Häusern bestand (50er Jahre), vorbei auch die Zeit, da der in Hippie-Kreisen beliebte Ort (Ende der 60er Jahre) in A. Micheners Roman »Die Kinder von Torremolinos« beschrieben wurde. Heute zählt der kilometerlang sich an der Küste hinziehende Stadt-Komplex aus Hochhäusern, Apartmentsiedlungen und Supermärkten rund 35 000 feste Einwohner sowie jährlich mehrere Millionen Touristen, denn nicht weniger als fast 50% aller an der Costa del Sol vorhandenen Hotelzimmer sind hier zu finden. Entsprechend eng geht es in den Straßenschluchten zu sowie am 7 km langen Strand, und man muß schon ein Freund hautnaher Vergnügen sein, um sich hier wohlfühlen zu können.

INFORMATION

OFICINA DE TURISMO, *Plaza de las Comunidades Autónomas,* nahe *Paseo Marítimo* an der *Playa del Bajondillo,* ✆ *95/237 19 09;* tgl. 10–14 Uhr, im Hochsommer auch 17-20 Uhr.

Unterkunft

Etwa 7000 Apartments und 150 Hotels bieten sich an, doch in der günstigen Kategorie ist es schwer, etwas zu finden. Empfehlenswert sind u.a. das **HOSTAL MICAELA** •• (*Bajondillo 4, ✆ 95/238 33 10, 📠 237 68 42;* angenehme Zimmer, recht ruhige Lage, nette Atmosphäre, nur 100 m vom Strand entfernt) sowie das rund 70 m vom Strand entfernte **HOTEL CABELLO** ••-••• (*Calle Chiriva 24, ✆ 238 45 05;* schlichte Zimmer, ein Ausweichquartier).

Größere Auswahl besteht an Apartments, und attraktiv sowie recht günstig sind u.a. die **APARTAMENTOS ALEGRÍA** (*Calle Carmen 23, ✆ 95/238 02 73, 📠 237 27 35;* 2-Personen-Studios) sowie **APARTAMENTOS LAS VEGAS** (*Calle Luzcozán 5, La Carihuela, ✆/📠 95/238 05 39),* wo man ab 25 € kleine, ruhig gelegene Apartments rings um einen Innenhof mieten kann.

FUENGIROLA

Nur ein paar Kilometer südlich von Torremolinos gelegenes, nahezu nahtlos mit diesem Ferienzentrum zusammengewachsenes Städtchen, das rund 45 000 feste Einwohner zählt und »nur« etwa 1–2 Millionen Touristen jährlich. Die Bebauung ist flächendeckend, die Apartment- und Hotelblocks haben gewaltige Ausmaße, das Vergnügungsangebot ist top, doch alles in allem geht es hier spürbar geruhsamer zu als in Torremolinos.

Information

OFICINA DE TURISMO, *Av. Jesús Santos Rein 6, ✆ 95/2 46 74 57, 📠 2 46 51 00;* Mo bis Fr 9–14 Uhr sowie 16/17–20 Uhr, Sa von 10–13 Uhr.

Unterkunft

Günstig (••-•••, je nach Saison) wohnt man u.a. im **HOSTAL SEDEÑO** (*Calle Don Jacinto 1, ✆ 95/2 47 47 88;* strandnahe Lage, viele junge Reisende, empfehlenswert auch wegen der Terrasse und dem Garten) sowie im etwas teureren **HOSTAL AGUR** (*Calle Tostón 2, ✆ 95/247 47 66;* 200 m vom Strand, nette Zimmer).

Wer zelten will: **CAMPING FUENGIROLA** an der *Ctra. N-340, km 207, ✆ 95/247 41 08;* schattig und strandnah, Top-Ausstattung (u.a. mehrere Schwimmbäder), aber extrem laut.

MARBELLA

Rund 20 (nahezu nahtlos bebaute) Kilometer südlich Fuengirola erstreckt sich das im Schutz der Berge und an einem 26 km langen Strand gelegene Marbella, das aus einem noch recht angenehmen Ortskern besteht, um den herum riesige Hotelkomplexe ins Land wuchern. Noch immer gilt dieses nahezu 100 000 Einwohner große Städtchen als Treffpunkt der »Schönen und Reichen« aus aller Welt, und entsprechend hoch sind die Preise, denen Marbella den Beinamen *milla de oro,* also »Goldene Meile«, verdankt.

Information

OFICINA DE TURISMO, *Glorieta de la Fontanilla, ✆ 95/277 14 42, 📠 2 77 94 57.* Außerdem an der *Plaza de los Naranjos 1, ✆ 95/282 35 50.* Öffnungszeiten: jeweils Mo–Fr 10–20 Uhr, Sa bis 14 Uhr.

Unterkunft

Die meisten noch relativ günstigen Herbergen finden sich im Stadtteil *El Barrio;* so u.a. das **HOSTAL ENRIQUETA** •• (*Los Caballeros 18,*

✆ *95/282 75 52;* ein Dutzend Zimmer, sehr einfach, aber recht ruhig gelegen) sowie das **HOSTAL BERLIN** ••• (*Calle San Román 21,* ✆ *95/282 13 10,* 📠 *282 66 77;* strandnah, ruhig, angenehme Zimmer mit Bad).

Top-Adresse für das kleine Budget aber ist die **ALBERGUE JUVENIL** (Jugendherberge) an der *Calle Trapiche 2,* ✆ *95/2 77 14 91,* 📠 *2 86 32 27,* die immerhin 120 Zimmer groß ist, sogar einen Pool besitzt.

Campingplätze bieten sich mehrere an, so u.a. der **CAMPING CABOPINO** an der *N-340, km 194,7,* ✆ *95/283 43 73* (schattige Plätze, gute Einrichtungen, Pool, Zugang zum Strand und Sporthafen) sowie der ebenfalls strandnahe **CAMPING MARBELLA PLAYA** an der *N-340, km 192,8,* ✆ *95/283 39 98.*

ESTEPONA

Von allen größeren Ferienorten an der Costa del Sol präsentiert sich dieses gewachsene Städtchen, rund 40 000 Einwohner groß, noch am entspanntesten, und verläßt man die auch hier von Hochhäusern gesäumte Strandpromenade, findet man sich im recht angenehmen und relativ untouristischen alten Ortskern wieder. Die Küste ist hier mit über 20 km Strand gesegnet, Golfplätze gibt es gleich ein halbes Dutzend, und auch den Wassersportmöglichkeiten sind keine Grenzen gesetzt.

INFORMATION

OFICINA DE TURISMO, *Av. de San Lorenzo 1,* ✆ *95/2 80 20 02;* Mo–Fr 10–20 Uhr, Sa bis 13 Uhr.

UNTERKUNFT

Das **HOSTAL MALAGUEÑA** •• *(Calle Castillo 1,* ✆ *95/280 00 11)* liegt recht ruhig im alten Ortskern bei der *Plaza de las Flores* und bietet angenehme Zimmer mit Bad. Nahebei, *Plaza de las Flores 22,* lädt die **PENSIÓN EL PILAR** •• ein (✆ *95/280 00 18;* nette Zimmer mit Bad, teils Balkon); Campern sei der **PARQUE TROPICAL** *(N-340, km 162,* ✆ *95/279 36 18)* empfohlen: 250 m vom Strand, gute Ausstattung, nett begrünt.

Durch die Sierras in den Süden

Grob vereinfacht gesagt, wird Andalusien durch drei große Landschaften gebildet: durch die *Sierra Morena* im Nordwesten, die *Betische Kordillere* im Südosten und das weit zum Meer geöffnete *Becken des Guadalquivir* in der Mitte zwischen den beiden parallel verlaufenden Höhenzügen.

»Durch die Sierras«, das bezieht sich hier auf den südlichen Teil der Betischen Kordillere. Auf die Gebirgswelt von den *Montes de Málaga* im Norden bis zur *Sierra de Ojén* bei Tarifa an der Straße von Gibraltar. Die beschriebene Route bildet eine Alternative zur Fahrt entlang der Costa del Sol, die vielen zu ermüdend und deprimierend ist. Auch die Sierras können ermüden. Aber anders: weil Kurve auf Kurve folgt. Deprimieren hingegen können sie nie. Dafür sind die Bilder zu prall an Abwechslung. Saftige Nußbäume, Agaven, mit vollen gelben Blüten, weißer und roter Oleander säumen die Wege durch eine wild belassene Landschaft. Violette Bougainvilleas überwuchern die Hauskuben der Bergbauern wie Perücken, weltferne Dörfer wachsen wie frisch gefallener Schnee die Felsen hinauf. Holprige Gäßchen, Maultiere, Wä-

Málaga – Hinterland
0
25 km
N
Costa del Sol
Archidona
Antequera
Málaga
Torremolinos
Fuengirola
Cártama
Álora
Coín
Marbella
Estepona
Ronda
Atajate
Algatocín
Gaucín
Olvera
Morón
Ubrique
Villamartín
Arcos
Alcalá de los Gazules
Parque Natural El Torcal
S. de Fuente de Piedra
Emb. del Conde de de Guadalhorce
Parque Natural Sierra de las Nieves
Sierra de Tolox
Sierra de Mijas
Sierra Bermeja
Parque Natural Pinar
Reserva Nacional de Cortes de la Frontera
Emb. de los Hurones
Emb. de Bornos
Emb. de Torre del Aguila
Emb. de Guadalcacín
Emb. de Barbate

scherinnen am Dorfbrunnen, ein schwarzhaariges Mädchen in einem Hauseingang. Bodenlose Schluchten, reißende Wildwasser, wüste Ebenen, ein türkisfarbener See im Mittagsvakuum.

PARQUE NATURAL EL TORCAL

Verläßt man Málaga über die »MA-432« Richtung Antequera, liegen bald schon das blaue Band des Mittelmeeres im Rücken und Weinfelder, Gemüsegärten und Obsthaine voraus. Und vegetationslose, organisch geformte Bergkuppen, die auf drei Seiten den flirrenden Horizont begrenzen. Die fruchtbaren *huertas* um Málaga werden zur grauen Kalksteinwüste der Montes. Hoch aufgeschossene Agavenblüten sind die einzigen Farbtupfer, und man kann sich hier durchaus nach Mexiko versetzt fühlen.

Nach etwa 50 km leuchtet ein Schild in der Öde. Es weist den Weg nach *El Torcal* (das mit öffentlichen Verkehrsmitteln kaum erreichbar ist). Der ist steil und windet sich an der Flanke eines weißgrauen Felsbuckels hinauf. Je höher man kommt, desto mehr Formen erkennt man im nackten Gestein. Und dann ist das Ziel erreicht. Ein Felsenmeer. Der steingewordene Traum eines phantasiebegabten Schöpfers. Eine labyrinthene Komposition aus Tausenden und Abertausenden von hellgrauen Marmor- und Kalktürmen. Wasser und Wind haben in Äonen den Fels erodieren lassen und die Illusion einer surrealistischen Baumkuchen-Stadt heraufbeschworen. – Ein faszinierendes Spiel der Natur auf diesem über 1000 m hohen Bergrücken zwischen Ginster, Krüppelkiefern und erstaunlich grünem Gras.

Daß es hier einen Parador gibt – wie auf vielen Karten verzeichnet, stimmt nicht. Aber es gibt ein Infocenter (Di bis So 10–14 und 16–18 Uhr). Und da werden auch kalte Getränke ausgeschenkt. Die kann man brauchen, denn die Wanderwege, die durch das Labyrinth führen, dauern entweder 30 Min. (grüne

▼ Das »Felsenmeer« von El Torcal

Pfeil-markierungen), 1,5 Std. (gelbe Pfeilmarkierungen) oder 3 Stunden (rote Markierungen). So ein Marsch ist nicht beschwerlich, aber schweißtreibend und macht durstig.

ANTEQUERA

Nicht mal eine halbe Stunde dauert die Fahrt von El Torcal zum Provinzstädtchen Antequera an der Hauptstraße Sevilla – Granada. Der rund 45 000 Einwohner große Ort hat nur wenige Bauzeugnisse seiner Vergangenheit bewahrt. Zu oft wechselte er die Besitzer. Zum letzten Mal im Jahre 1410, als *Ferdinand von Aragón* (später mit dem Beinamen *El de Antequera* geschmückt) die Mauern angeblich mit Schießpulver zum Einsturz brachte, die Mauren vertrieb.

Lohnenswert ist ein Abstecher zum Kastell bzw. dem, was davon übrig ist. Der Aussicht wegen. Ein paar Kirchen kann man auch besichtigen. Aber die meisten Fremden kommer her, um einen Blick in die prähistorischen Grabhöhlen am Rande der Stadt zu werfen. Diese Megalithbauten – *cuevas* geheißen – gehören zu den bedeutendsten Zeugnissen der iberischen Jungsteinzeit und werden auf 2500 v. Chr. datiert. Es sind sogenannte Galeriegräber, die aus einem gedeckten Gang bestehen und mit einem Erdhügel bedeckt sind. Schilder weisen den Weg zur *Cueva de Menga* sowie zur *Cueva de Viera* (täglich 10–14 und 15–18 Uhr, Sa/So nur morgens).

AN-/WEITERREISE

ZÜGE verkehren vom 1 km außerhalb der Stadt gelegenen Bahnhof *(✆ 95/284 32 26)* mehrmals tgl. nach *Málaga, Granada und Sevilla;* über den Knotenpunkt *Bobadilla* hat man Bahnanschluß in alle Teile Andalusiens.

Vom **BUSBAHNHOF** (*✆ 95/284 18 57)* nahe dem Parador bestehen mehrmals tgl. Verbindungen mit *Almería, Málaga, Granada, Córdoba und Sevilla* sowie *Ronda.*

INFORMATION

OFICINA DE TURISMO, *Palacio de Nájera, Plaza Coso Viejo, ✆ 95/284 21 80 und 284 18 27;* Mo geschl., Di–Fr 10–10.30, Sa/So 11–13 Uhr.

UNTERKUNFT

PARADOR NACIONAL DE ANTEQUERA, *Calle García del Olmo s/n, ✆ 95/284 00 61, 📠 284 13 12.* Modernes Haus der Mittelklasse mit Pool, Restaurant und einem schönen Garten. Zimmer um 80 €.

Ansonsten stehen nur relativ billige Herbergen zur Verfügung: z.B die **PENSIÓN BELLA VISTA** •-•• *(Cuesta Archidona 27, ✆ 95/284 19 97),* die **PENSIÓN EL NUMERO UNO** •-•• *(Calle Lucena 40, ✆ 95/284 25 66)* und die **PENSIÓN MADRONA** •• *(Calle Calzada 31, ✆ 95/284 00 14),* wo man für wenig Geld zwar kleine, aber nett möblierte Komfortzimmer bekommt.

GARGANTA DEL CHORRO

Das Land ist pastellfarben und sieht so aus, als wäre es zu Urzeiten mit einem Hobel bearbeitet worden. Dann ist es wieder ockerfarben und zerklüftet. Und so karg, daß die wenigen Menschen, die hier leben, wohl Lebenskraft aus Steinen zu beziehen vermögen, wie man es ja auch den Kastiliern nachsagt. In die Weite beidseitig der C-337 schmiegt sich nach rund 40 km die Ortschaft *Alora* ein. Außer ein paar Gasthäusern gibt es hier nichts, was einen halten könnte.

Ein Schild weist nach *Garganta del Chorro*, und der Weg führt hinein ins fruchtbare Tal des *Río Guadalhorce*, dessen hellblaue Wasser seidig-grün schimmernde Ölbäume ernähren. Das Tal wird zur Schlucht vor einer riesigen Felsmasse, durch die sich eine Klamm den Weg gebahnt hat, neben der selbst der *Tajo* von *Ronda* (siehe unter »Ronda«) zum Graben degradiert wird. Durch diese Klamm ergießt sich donnernd und schäumend der noch junge Río Guadalhorce ins Türkis eines kleinen Stausees. Man kann baden und einem schmalen Weg bis hoch über das Getöse folgen. Oder es von der Weinreben-Terrasse eines Gasthauses aus bestaunen.

LAND DER STAUSEEN

Die Straße endet nicht vor El Chorro, sondern verläuft vor der Klamm nach links in ein Engtal, das teilweise vom **EMBALSE GAITANEJO** ausgefüllt wird. Das Panorama ist ein wenig alpin.

Nach ein paar km geht's links ab nach **BOBASTRO**. Ist ein grünes Schild mit Aufschrift »Iglesia Mozarabe« erreicht, sollte man, will man Bobastro sehen, dem links abzweigenden Fußweg folgen, über den man nach vielleicht 10 Minuten die »Kirche« erreicht, von der freilich nicht viel mehr zu sehen ist als ihr in Fels gehauener Grundriß mit einem ebenfalls in Fels gehauenen Grab in Menschenform nahebei. Nichts Spektakuläres, aber eben eine der beiden einzigen mozarabischen Kirchen der Iberischen Halbinsel (Mozaraber hießen die unter maurischer Herrschaft stehenden Christen).

Interessanter ist es, der Straße an Bobastro vorbei bis zum Berggipfel zu folgen: der nämlich wird vom **EMBALSE TAJO DE LA ENCANTADA** bedeckt, einem ummauerten Stausee, in den das Wasser hochgepumpt wird, um es – zwecks Stromerzeugung – durch Röhren wieder in die Tiefe stürzen zu lassen. Hier kann man auch baden (das Wasser ist recht kalt) und vom Ende der Straße aus die Aussicht in das Tal von El Chorro genießen.

Fährt man wieder retour und hält sich da, wo man nach Bobastro abgebogen ist, jetzt nach links, gelangt man bald auf eine Querstraße mit Stausee dahinter. Nach links erreicht man den **EMBALSE DEL CONDE DE GUADALHORCE** mit akzeptablen Wildcampmöglichkeiten in einem lichten Eukalyptuswald. Nach rechts erreicht man den Doppelstausee **EMBALSE DEL GUADALTEBA – GUADALHORCE.** Die Landschaft ist eine Anhäufung von dicht mit Pinien bestandenen Hügeln, die zum See hin in ockerfarbene Sandsteinkuppen übergehen, zum Teil steile, z.T. sanfte Ufer bilden und in Kontrast zum türkisfarbenen Wasser stehen. Kleine kreisrunde Inselchen mit Pinien drauf runden das liebliche Bild ab. Die Uferzone unterhalb der Straße wurde zum *Parque Recreativo* ernannt: Campen ist ausdrücklich erlaubt, für Wohnmobile wurden ein paar kleine Flächen planiert, Trinkwasser kommt aus eigens dafür angelegten Leitungen, und im Sommer sind ein paar einfache Bastmatten-Restaurants bewirtschaftet. Ganzjährig geöffnet sind eine Bar und ein Restaurant am Ende der Seestraße in einer kleinen Ortschaft. Nach Ronda sind es von hier aus noch 50 km durch eine von Kornfeldern geprägte Landschaft.

◄ Das Tal von El Chorro

RONDA

1 Busbahnhof
2 Bahnhof
3 Touristeninformation
4 Pensión La Purísima
5 Pensión Ronda Sol
6 Hostal Biarritz
7 Hostal El Tajo
8 Hotel Reina Victoria
9 Parador
10 Restaurant Don Miguel
11 Restaurant Pedro Romero
12 Plaza de Toro
13 Casa del Rey Moro
14 Palacio de Salvatierra
15 Iglesia de Santa María la Mayor
16 Tajo-Schlucht
17 Puente Arabe
18 Puente San Miguel
19 Stadtpark Alameda del Tajo
20 Aussichtspunkt
21 Oficina de Turismo

Ronda

»Ich bin von Ronda, mein Herr, einer Stadt, die auf hohen, zerklüfteten Felsen erbaut ist und ständig den wilden Ost- und Westwinden trotzen muß.« – So kann man es bei *Vincente Espinel* im »Leben des Schildknappen Marcos de Obregón« nachlesen, und so kann man Ronda, das »spanische Rothenburg«, auch heute noch erleben; diese einzigartige und von einer 160 m tiefen Klamm zweigeteilte Bergstadt an den Rändern einer noch tieferen Schlucht, die in ein weißgraues und von bis zu 2000 m hohen Gebirgsketten umgebenes Hochplateau übergeht.

Neben Granada ist Ronda von der Lage her sicher eine der schönsten Siedlungen Spaniens, und keine Stadt auf der Iberischen Halbinsel hat die Dichter und Künstler aller Breiten so sehr angezogen. *Federico García Lorca* und *Francisco de Goya* gehörten zu ihren größten Verehrern; die deutschen Romantiker *Eichendorff, Achim von Arnim, Brentano* etc. – die Ronda nie zu Gesicht bekamen – haben hier das Symbol des fernen Spaniens verehrt, das Land der feurigen Weine und Gesänge. *Ernest Hemingway* hat in Ronda viele Monate seines Lebens verbracht, und für den Dichter *Rainer Maria Rilke* war Ronda eine der schönsten Städte der Welt überhaupt: »Unvergleichliche Erscheinung der auf zwei steile Felsmassen hinaufgehäuften Stadt.«

Ronda, das *Acinipo* der Phönizier, *Arunda* der Römer, ehemalige maurische Königsresidenz, uneinnehmbare Festung, Geburtsort des modernen Stierkampfes – das sind nur einige Fakten aus der glorreichen Stadthistorie. Doch Ronda, das ist nicht nur Vergangenheit und ehemaliger Glanz, das ist auch heute noch eine außerordentlich sehenswerte Stadt mit üppigen Parkanlagen, mit idyllischen und autofreien Prospektgassen und eben einem grandiosen Panorama. Das Angebot an Unterkünften ist prächtig, die regionale Küche köstlich. Das Umland gehört zum Entdeckungswürdigsten Andalusiens, und mit seinen knapp 40 000 Einwohnern wird Ronda zur ruhigen und beschaulichen Kleinstadt, wenn gegen 17 Uhr die Reisegruppen wieder zurück zur 70 km entfernten Costa del Sol gefahren werden.

ANKUNFT

BUS: Die Busse aus allen Landesteilen stoppen an der neuen *Estación de Autobuses, Avenida Andalucía,* in der Neustadt, ca. 5 Gehminuten vom Zentrum entfernt.

ZUG: Die *Estación de Ferrocarril* liegt etwas oberhalb des Busbahnhofes an der *Avenida Andalucía.*

MIT EIGENEM FAHRZEUG: Das »Centro« ist deutlich ausgeschildert und entspricht in etwa der am Rande der Neustadt gelegenen *Plaza España.* Parken entweder direkt hier, was jedoch wegen Überfüllung zumeist nicht möglich ist, oder auf dem angrenzenden, durch ein Tor zu erreichenden Hof direkt links an der Plaza (wenn man über die Brücke kommt). Falls auch der *completo* ist, gibt's noch rings um die *Plaza Socorro* bewachte Plätze.

ORIENTIERUNG

Die Schlucht des *Tajo,* von einer Brücke überspannt, teilt Ronda in eine Neu- und eine Altstadt. In der Altstadt finden sich mit Ausnahme der *Plaza de Toros* und *Alameda del Tajo* (Stadtpark) alle Sehenswürdigkeiten, zahlreiche Souvenirshops und mehrere, allerdings nahezu ausschließlich von Touristen frequentierte Restaurants. Alle anderen Einrichtungen wie Banken, Post, Turismo etc. befinden sich in der Neustadt.

UNTERKUNFT

AGROTUR, *Villanueva 1, Bajos,* ✆ *95/2876238.* Wer nicht in Ronda, sondern außerhalb der Stadt auf dem Land wohnen und mindestens ein paar Tage lang bleiben will, sollte diese Agentur kontaktieren, die Fincas etc. im Umland vermittelt.

Land- und Dorfhäuser in der Serranía de Ronda vermittelt hingegen **CENTRO DE INICIATIVAS TURISTICAS DE LA SERRANÍA DE RONDA,** *Palacio de Mondragón,* ✆ *95/287 07 47,* 📠 *287 27 46.*

PENSIÓN LA PURÍSIMA •, *Calle Sevilla 10.* Die Zimmer sind denkbar simpel, haben Lavabo und nur z.T. Fenster.

PENSIÓN RONDASOL •, *Calle Almendra 11,* ✆ *95/287 44 97.* Billig, aber sauber, und die Zimmer sind angenehm kühl.

HR BIARRITZ ••, *Calle Almendra 7,* ✆ *95/287 29 10.* Die Zimmer sind hoch und groß, sogar tapeziert, mit alten Holzbetten, Tisch und Stuhl möbliert. Falls belegt, kann man's nebenan im *HR Ronda* probieren.

HOSTAL EL TAJO •••, *Calle Doctor Cajal 7,* ✆ *95/287 62 36.* Liebloser Neubau, entsprechend steril sind die Zimmer. Das Tajo wird von Autotouristen bevorzugt, da es eine eigene Garage hat.

Das **HOTEL REINA VICTORIA ••••** *(Av. Docotor Fleming 25,* ✆ *95/287 12 40,* 📠 *287 10 75)* sucht in Bezug auf Lage und Komfort Seinesgleichen in Andalusien. Der dreigeschossige

▼ Blick auf Ronda

»Landhaus«-Bau mit den grün glasierten Dachziegeln diente schon König *Alfonso XIII.* und seiner englischen Gemahlin *Victoria Eugenia* als Wohnsitz. Auch »Rilke was here«, wie der Prospekt sagt und wie seine Büste im Park beweist. Die Aufenthaltsräume – jeder in einem anderen Stil – würden einem Palast zur Ehre gereichen. Cafeteria sowie Restaurant und Swimming-Pool blicken vom Steilhang des Ronda-Berges auf das fast 200 m tiefer gelegene Felsplateau. – Mit Zimmerpreisen ab 95 € nicht gerade billig, aber adäquat.

PARADOR DE RONDA ••••, *Plaza de España,* ✆ *95/287 75 00,* 🖷 *287 81 88.* Dieser Parador, ehemals Rondas Rathaus und erst 1994 eröffnet, präsentiert sich als eine grandiose Symphonie aus Holz, Metall, Marmor und weichen Farben und bietet direkt vom Fenster aus den freien Fall 110 m tief in die Schlucht des Tajo. Das Ambiente könnte luxuriöser nicht sein, die Lage ist absolut top, und die Zimmerpreise liegen zwischen 100 und 120 €.

CAMPING:

CAMPING EL SUR, *Contra de Algeciras, km 1,5,* ✆ *95/287 59 39;* ganzjährig. Endlich hat nun auch Ronda einen Campingplatz, und er liegt nur etwa 2 km außerhalb des Zentrums an der Straße Richtung Algeciras, bietet Panorama satt und ist sehr gut ausgestattet mit Pool, Restaurant, Shop, Fahrradverleih; auch Hütten stehen zur Vermietung.

ESSEN UND TRINKEN

Viele Dutzend Restaurants buhlen in Ronda um die Gunst der ausländischen Besucher, so daß es zu keinem Zeitpunkt ein Problem ist, hier etwas für jeden Geschmack und für jeden Geldbeutel zu finden. Die

Die Arkaden des Casa Antiguo ▼

günstigeren Lokale finden sich generell im Bereich der Neustadt, wohingegen die meisten Altstadt-Lokale auf malerisch getrimmt sind und oftmals auch ganz und gar »malerische« Preise für durchschnittliche Gerichte haben.

Für den besonderen Genuß bieten sich in Ronda insbesondere folgende Restaurants an:

Im **RESTAURANTE DON MIGUEL** (*Plaza de España 3, ✆ 95/287 10 90;* 10.–23. Januar geschlossen sowie sonntags und mittwochs zwischen Oktober und Mai) muß man einfach mal gegessen haben. Der Lage wegen – »natürlich«. Die übereinander gestaffelten Speiseterrassen sind nämlich in den Steilhang der Tajo-Schlucht geschlagen, und so sitzt man dann unter weiß-blauen Baldachinen an festlich geschmückten Tischen, guckt in die bodenlose Tiefe oder durch die Rundbögen der Brücke auf das weite Land und versucht sich z.B. an Wachteln oder an Hase im Sherrysud, an Rebhuhn oder Wildschwein, läßt hernach etwa Mandelpralinés oder Schokotrüffel auf der Zunge zergehen... – Das Don Miguel gilt in Sachen Küche, Ambiente und Lage als absolut top in dieser Region, und die Preise sind mit Gerichten um 13 € durchaus angemessen.

Das **PEDRO ROMERO** *(Calle Virgen de la Paz 18, ✆ 95/287 11 10)* heißt so wie der »Erfinder« des modernen Stierkampfes. Passenderweise liegt es auch direkt gegenüber der Arena, in der selbiger seine großen Triumphe feierte. Klar, daß sich so etwas niederschlägt. Fast jeder freie Platz an den Wänden ist mit Fotos von Toreros und Toros bedeckt. Hier baumelt ein Ochsenschwanz, da gucken stumpfe Augen aus ausgestopften Stierköpfen in den kunterbunten Raum. So etwas zieht die Blicke an, und fast jeder Passant

▼ Die Wiege des Stierkampfs: Plaza de Toros von Ronda

späht durch die Fenster. Das stört beim Essen: In der zweiten Etage sitzt sich's entspannter. Spezialitäten des Hauses sind Paellas – »natürlich« – sowie Forelle und Rebhuhn in Sherry gegart.

SEHENSWÜRDIGKEITEN

Von den eher wenigen historischen Bauwerken in der Altstadt *La Ciudad* und den *Plaza de Toros* in der Neustadt *El Mercadillo* abgesehen, ist es in allererster Linie die **LAGE**, die Ronda so unbedingt sehenswert macht. »Sightseeing« bedeutet hier also in der Hauptsache den Genuß des landschaftlichen Panoramas.

La Ciudad, die **ALTSTADT** und das eigentliche Herz Rondas, hat sich trotz seiner Paläste, den gotischen Kirchen und der teilweise modernen Straßenführung die Strukturen der ehemaligen maurischen Medina bewahrt. Halbverfallene Portale, kleine gewundene Gäßchen, winzige Plazas, schneeweiße Häuser, geschmückt mit Geranien und Nelken, üppige Patios, schmiedeeiserne Fenster- und Balkongitter – das macht diesen Stadtteil aus.

Wer etwas besichtigen möchte (der unbedingt sehenswerte maurische Königspalast *Casa del Rey Moro* an der Tajo-Schlucht ist z.Zt. leider geschlossen), der sollte sich vielleicht nicht bei den Kirchen der Stadt aufhalten, sondern z.B. den renaissancenen **PALACIO DE SALVATIERRA** besuchen (Mo bis Mi sowie Fr/Sa 11–14 und 16–18 Uhr, So nur morgens, Do geschlossen; Führung obligatorisch), der eigentlich ein kleines Möbel-, Bilder-, Keramik- und Skulpturenmuseum in einem ist und in dem Exponate aus über sechs Jahrhunderten ausgestellt sind.

Für Kirchengänger sei die **IGLESIA DE SANTA MARÍA LA MAYOR** genannt (täglich 10–12 und 16–20 Uhr), für deren Fertigstellung über 300 Jahre benötigt wurden und die so zum Sammelsurium der Baustile wurde: Spätgotik, Plateresk, Isabellinisch, Renaissance, Barock – das alles getragen von toskanischen und korinthischen Säulen.

Sehr lohnenswert ist der Abstieg in die **TAJO-SCHLUCHT** zwischen *La Ciudad* und *El Mercadillo.* Unten die ehemaligen maurischen Bäder sowie die zwei Brücken *Puente Arabe* (die arabische Brücke) und *Puente San Miguel* (die römische Brücke), von denen aus man die »hängenden Häuser«, die *casas colgadas,* aus der Höhe betrachten kann. Die Schlucht erreicht man über die 365 Stufen, die von der *Casa del Rey Moro* in die Tiefe führen und beim Beschreiten derer man verstehen kann, wieso ein Sprichwort sagt, »in Ronda stirbt man am Weinschlauchtragen«. Sollte dieser Pfad wegen Renovierungsarbeiten geschlossen sein, kann man die Schluchtsohle auch bequemer über die Neustadt-Terrassen (siehe Stadtplan) erreichen. Wer freilich eine empfindliche Nase hat, sollte sich den Abstieg überlegen: in den Tajo wird heute ein Großteil der Stadtkloake eingelassen, und das kann mitunter ganz bestialisch stinken.

FIESTAS

Der **KARNEVAL** von Ronda gilt als der farbenprächtigste Andalusiens.

Die **KARWOCHE** *Semana Santa* ist insofern herausragend, als daß die *pasos,* die Prozessions-Standbilder, nirgends so schmal sind wie hier, weil sie sonst nicht durch die engen Gassen passen würden.

Zu **FRONLEICHNAN** gibt es zahlreiche prächtige Prozessionen, und die Straßen sowie Plätze sind dann mit wahren Blumenteppichen sowie mit improvisierten Altären geschmückt.

Vom **20.–24. MAI** feiert Ronda die *Fiesta de la Reconquista,* den Rückeroberungstag. Das gipfelt in Jungstier-Kämpfen und »Rodeos«, Stierzähmungs-Wettbewerben.

Die *Misa Flamenca* ist eine Wallfahrt, die zu Ehren der *Virgen de la Cabeza* am **14. JUNI** stattfindet.

Und **IN DER ERSTEN SEPTEMBERHÄLFTE** schließlich ist ganz Ronda zur *Fiesta de Goya* herausgeputzt. Zu Ehren von *Pedro Romero,* dem »Vater« des spanischen Stierkampfes, gibt es neben einem Turnier Umzüge mit Reitern und Reiterinnen sowie ein Gesangsfestspiel.

VERSCHIEDENES

INFORMATION

OFICINA DE TURISMO, *Plaza España 1,* ✆ *95/287 12 72;* Mo–Fr 9–14 und 16.30–18 Uhr, Sa nur morgens.

SELBSTVERPFLEGER

Auf der Einkaufsstraße **CARRERA ESPINEL** finden sich auch Lebensmittelläden, aber das größte Angebot gibt's natürlich auf dem Markt, der von Mo–Sa von 8–12 Uhr hinter der *Avenida Martínez Stein* am oberen Ende der *Carrera Espinel* (ca. 10 Gehminuten) abgehalten wird.

SHOPPING

Zahlreiche Souvenirläden gibt es in der Stadt, und in aller Regel wird hier der übliche Kitsch angeboten. Zwei Ausnahmen: Im **ROJAS** an der *Plaza Carmen Abela* werden außerordentlich aufwendig verarbeitete Kunstgewerbe-Artikel angeboten, und bei **FRANCISCO CARRASCO** *(Calle Naranja 19)* steht feinste andalusische Keramik zum Verkauf.

SPORT/AUSFLÜGE

TURISMO ACTIVO *(Calle D. Ibarruri 4,* ✆ *95/287 29 54)* ist der Name einer »Outdoor-Agentur«, die z.B. Pferdetreks, MTB-Touren, Klettertouren, Wanderungen, Höhlenexkursionen etc. im Umland organisiert.

Auf Pferdetreks spezialisiert sind **AGROTUR** *(Virgen de la Paz 32,* ✆ *95/287 62 38)* sowie **LA GRANJA** *(Camino de los Molinos,* ✆ *95/287 59 56),* und Ballonflüge offeriert **AVIACIÓN DEL SOL,** ✆ *95/287 72 49.*

WEITERREISE

BUS: Der moderne Busbahnhof an der Avenida Andalucía in der Neustadt ist für alle Destinationen im Land zuständig; auch zu den kleinen Dörfern in der näheren und weiteren Umgebung bestehen gute Verbindungen.

ZUG: Die **ESTACIÓN DE FERROCARRIL** *(✆ 95/287 16 73)* liegt ebenfalls an der Avenida Andalucía in der Neustadt. Bedient wird die Route nach *Algeciras* (eine der schönsten in Spanien überhaupt!), *Málaga* und *Bobadilla* (sechsmal), dem Umsteigebahnhof für *Granada, Córdoba, Sevilla;* einmal täglich kommt auch ein Zug nach *Paris* via *Madrid* und *Irún* durch *Ronda.*

Ronda mit der berühmten Tajo-Schlucht ►

Der Stierkampf

Jeweils Mitte März beginnt in Spanien die Stierkampfsaison. Sie endet im Oktober. Oft wird der Stierkampf als grausame Tierquälerei abgelehnt; trotzdem gibt es Stierkampfliebhaber auch in der Schweiz, die jedes Jahr nach Spanien reisen: die *aficionados*. Pjotr Kraska, der durch seine Theaterexperimente (»dks – ein Dunkelkammerstück«, »wath – tholl – Theater«) und das Konzept, das er für das Projekt des Schweizer Theaterlaboratoriums formuliert hat, bekannt wurde, ist ein Kenner des Stierkampfes; er lebt seit längerer Zeit in Spanien hat und mehrere hundert *corridas* (Stierkämpfe) miterlebt. Das Gespräch mit *Pjotr Kraska* führte *Irene Prerost*.

Herr Kraska, was ein aficionado?

Ein *aficionado* ist jemand, der ganz allgemein Sinn für das Tragische hat, der die Tragödie im Stierkampf als ein Ganzes sieht und jedes einzelne Detail oder jede Phase unter diesem umfassenden Aspekt betrachtet – oder, um es mit Hemingway zu sagen: «Ein *aficionado* ist einer, der den Stierkampf im allgemeinen und im besonderen versteht und trotzdem liebt.»

Was lieben Sie an diesem grausamen und unfairen Sport, bei dem die Tiere keine Chance haben und sinnlos getötet werden?

Der Stierkampf ist kein Sport, sondern eine Kunst. Es handelt sich dabei nicht um einen Kampf zwischen zwei gleichwertigen Partnern unter gleichwertigen Bedingungen, also nicht um Fairplay, sondern es geht primär um die Vermittlung einer starken Emotion, die durch die tödliche Konfrontation zwischen *matador* und Stier entsteht. Es ist also kein sportlicher Wettbewerb, sondern eine Tragödie: Wichtig ist nicht, wer den Kampf gewinnt – der Stier muss sterben, der *matador* sollte überleben; die ganze Aufmerksamkeit richtet sich allein auf das «Wie» dieses tragischen Ablaufs. Wie formvollendet nämlich, wie ästhetisch perfekt der *matador* die Begegnung mit dem wilden Tier bis zu dessen Tod zu gestalten weiss.

Wird dabei der Stier nicht furchtbar gequält?

Für einen Spanier stellt sich diese Frage gar nicht in diesem Ausmass, weil für ihn ein Tier immer ein Tier ist und bleibt und er sich vor allem mit dem *matador* identifiziert.

Die übertriebene Tierliebe des von der Natur entfremdeten Menschen ist eine Zivilisationserscheinung ebenso wie die Degradierung des Tieres zum reinen Fleischlieferanten. Ich möchte die Frage offenlassen, was grausamer ist: Tiere unter unnatürlichen Bedingungen mit chemischen Hilfsmitteln zu mästen, sie auf engstem Raum unter künstlichem Licht zusammenzupferchen und sie dann zu Konserven zu verarbeiten oder aber die angeborene Angriffslust eines Kampfstiers, nachdem dieser vier Jahre unter besten Bedingungen auf saftigen Weiden frei gelebt hat, auszunützen und ihn dann einen Tod, der ihm gemäss ist, in der Arena sterben zu lassen.

Stierkampf ist also eine Tragödie, die mit dem Tod des Tieres endet. Wie ist es möglich, in diesem Zusammenhang von «Kunst» zu sprechen?

Der Stierkampf ist eine der wenigen institutionalisierten Kunstformen, bei denen nicht primär das Endprodukt (gemaltes Bild – toter Stier) wesentlich ist, sondern der Schöpfungsprozess, der Schöpfungsprozess hier und jetzt. Die Präsenz des Todes in den Hörnern des wilden Tieres gibt dieser Begegnung ihre eigentliche Dimension.

Der *matador* muss sich mit jedem neuen Stier wieder vollständig exponieren, sich entblössen und aus dem Hier und Jetzt heraus sein ganzes Können und Wissen beweisen und so mit jedem Kampf neu zeigen, wer er ist. Die Beziehung zwischen *matador* und Stier muss mit jedem Kampf neu aufgebaut werden. Die Entblössung seines Wesens ist so komplett, wie er auch das Wesen des Stiers freilegt, in einer Weise, wie es so offensichtlich in keiner anderen Kunst zu sehen ist.

Zwei Wesen, herausgelöst aus ihrem natürlichen Kontext, begegnen sich in einem künstlich geschaffenen, leeren Raum und haben darin die gemeinsame Ebene einer neuen Natürlichkeit zu finden, die sich in einem harmonischen Zusammenspiel äussern sollte.

Diese neue Natürlichkeit, dieser einerseits kontrollierte, anderseits inspirierte Grad wird dann erreicht, wenn der Kampf zum Spiel wird. Genauso ist auch die Essenz des echten Flamenco nur im Widerspruch zu definieren: Der Tänzer tanzt, ohne sich zu bewegen, der Sänger singt sprechend, weint, ohne Tränen zu vergiessen, lacht, ohne zu lachen ...

Wenn der Stierkampf oder der Flamenco diese höchste Ebene erreicht, sagen die Spanier: *»hay duende«* (»es hat Gespenst«), das heisst, jede feinste Äusserung des Künstlers wird in ihrer Perfektion von einer gespenstischen, mysteriösen Grazie durchdrungen. Dieser Vollzug, die Verwandlung des Menschen in das «Gespenst», der durch den Prozess sichtbar und transparent gemacht wird, entspringt dem spontanen Geschehen und erhält so seine äusserste Authentizität.

Dies ist ein Kunstkonzept, das vom Mitteleuropäer als Zuschauer schwer nachvollziehbar ist oder für ihn kaum zum Erlebnis wird, da er sein Kunstverständnis nicht in erster Linie auf das spontane Erleben richtet, sondern er Kunst vor allem als Vermittlung von Bildung geniesst. Es ist ein Konzept, wie es vielleicht noch reiner nur in der japanischen Kultur zu finden ist (No-Theater, Bogenschiessen). Dort fällt das unter Kontrolle zu bringende Triebmoment, das im Stierkampf und im Flamenco noch sichtbar ist, mit der geistigen Kontrolle in einem Punkt zusammen. So trifft beim Bogenschiessen der Schütze das Ziel, ohne es zu sehen.

Vielleicht würde es das Verständnis erleichtern, wenn Sie uns den Ablauf eines Stierkampfes schildern würden.

In einem Stierkampf *(corrida de toros)* werden normalerweise sechs Stiere von drei verschiedenen Männern *(matadores)* mit einem grossen Tuch *(capa)*, einem kleinen, scharlachroten Tuch *(muleta)* und dem Degen *(espada)* nacheinander zu Fuss bekämpft und getötet. Jeder Mann tötet normalerweise zwei Stiere.

Die Stiere müssen vier- bis fünfjährig sein; ein Veterinär hat zu junge, schlecht bewaffnete oder sonstwie mit einem sichtbaren körperlichen Schaden behaftete Stiere zurückzuweisen. Die sechs Stiere werden unter den drei Männern, die sie töten sollen, verlost.

Jeder *matador* (Töter) hat eine quadrilla: seine Mannschaft, die er bezahlt. Die *quadrilla* setzt sich aus drei *banderilleros* (sie setzen die *banderillas*, und sie unterstützen ihn mit ihren *capas*) sowie zwei *picadores* zusammen (sie haben vom Pferd aus den Stier mit der *pica*, einer Lanze, zu stechen). Alle diese Leute werden *toreros* genannt, wobei der *matador* die wichtigste Figur ist.

Der Verlauf des Kampfes unterliegt bei jedem neuen Stier demselben, aus langer Stierkampftradition herausgebildeten Ritual. Das ganze Ritual besteht aus drei Akten. Wenn nur eine Phase verschoben oder ausgelassen wird, verliert der kunstvolle Aufbau des Kampfes sein Gleichgewicht und fällt unweigerlich in sich zusammen. Die ersten zwei Teile dienen zur Vorbereitung des letzten, wichtigsten Aktes, in dem das Tier kunstgerecht getötet wird.

Im ersten Teil, dem »*tercio de varas*«, wird der Stier, der wild und angriffslustig in die Arena stürmt, vom *matador* mit einigen Figuren mit der *capa* abgefangen und zum Pferd mit dem *picador* geführt. Für den weiteren Ablauf des Kampfes ist es von grosser Bedeutung, dass der *picador* dem Stier eine Wunde zufügt. Während der Stier mit voller Kraft gegen das mit Matratzen geschützte Pferd anrennt, sticht der *picador* mit der Lanzenspitze in die Schulterpartie hinter den angeschwollenen Höcker des Werfmuskels. Jene Muskelpartie wird durch die Anstrengung des Angriffs und die gleichzeitige Verwundung ermüdet und geschwächt, so dass der *matador* später den Stier, nur mit einem Degen bewaffnet, von vorn sich über den gesenkten Kopf mit den spitzen Hörnern beugend, kunstgerecht töten kann. Dies ist der technische Zweck des Lanzenganges. Aber da man den Stierkampf nicht nur als eine Vorführung nach den Gesetzen des Zweckmässigen versteht, sondern auch des Schönen, bildet die *quite* (das Abfangen, Zum-Pferd-Führen und Ablenken des Stiers) für den Stierkämpfer den Höhepunkt der Arbeit mit der *capa*.

In diesem schönsten Zwischenspiel entstehen nun die verschiedensten Arten des Ablenkens (veronicas, faroles, chiquelinas, gaoneras, mariposas, navarra usw.). Dabei nimmt die veronica als Grundfigur eine zentrale Stellung ein:

Der Stierkämpfer stellt sich dem Stier frontal gegenüber, reizt ihn mit dem weitgeöffneten Tuch zum Angriff, wartet unbeweglich auf das Losstürzen des Tieres und führt es in dem Moment, da es in seinen Bereich gelangt, mit den Händen den Saum der *capa* fest ergreifend, um sich herum und damit an sich vorbei auf die andere Seite. Je sicherer der matador ist, um so eher stellt er sich dem Stier in der Angriffslinie gegenüber, statt schräg oder völlig im Profil zu arbeiten. Gelangt der Stier in den Bereich des *matador*, so spricht man von der »*jurisdicción*« (Rechtsprechung), denn hier stellt sich heraus, ob der *matador* den Angriff und das Vorbeikommen der Hörner richtig berechnet hat, dabei ruhig stehenbleibt oder mogelt, das heisst, den Fuss zurückzieht – oder ob er aufgespiesst wird.

Die Grundlage jeglicher Arbeit mit der *capa* und der *muleta* beruht auf den folgenden drei fundamentalen Begriffen: *parar* (ruhig stehen), *templar* (ausgleichen) und *mandar* (beherrschen). «Ruhig stehen» heisst nicht nur einfach still dastehen, sondern dem Stier keine Zugeständnisse vom eigenen Boden machen, weder beim Reizen noch beim Zusammentreffen, noch beim Beenden der Figur, wie oft man den Stier auch vorbeikommen lässt.

«Ausgleichen» heisst, eine vollkommene Entsprechung zwischen der Bewegung des Tuches und der Bewegung des Stieres zu erreichen und während einer ganzen Figur beizubehalten. Dabei ist es wichtig, dass der *matador* das Tuch jeweils wenige Zentimeter von den Hörnern entfernt führt, denn würde das Tier das Tuch berühren, so würde es unweigerlich zustossen und den *matador* mit den Hörnern treffen.

«Beherrschen» heisst, den Stier zur Verfolgung eines bestimmten Weges zu zwingen. Jeden Augenblick muss das Tier dem Willen des Stierkämpfers untertan sein.

Durch sein Wissen und seine Kenntnisse hat der *matador* den Stier zu meistern. Je graziöser, je langsamer und bewusster er dies tut, um so genussvoller wird das Zusehen. Versteht er seinen Beruf, wird er den Grad der Todesgefahr, in die er sich selbst begeben hat, steigern, und zwar um genau so viel, wie er kann und will.

Das zweite Drittel, das *»tercio de banderillas«* (das Plazieren der *banderillas*), bildet eine Ergänzung zum vorhergehenden Abschnitt des Lanzenganges. *Banderillas* sind 70 Zentimeter lange Stäbe mit Widerhaken an den Spitzen, die dem Stier wie die *pica* unter die Haut in die Schulterpartie hinter dem Muskelhöcker geschoben werden. Der Zweck der *banderillas* ist nicht nur eine weitere Ermüdung der Nackenmuskeln, damit das Tier den Kopf niedriger hält, sondern durch die *banderillas* kann die Neigung des Stiers, nach dieser oder jener Seite zuzustossen, oder eine eventuell schlecht oder falsch gesetzte *pica* ausgeglichen und korrigiert werden. Die Ausführung, das Setzen der *banderillas*, verlangt grosse Genauigkeit. Tier und Mensch treffen zusammen: der *torero* muss dem Zusammenprall, während er die *banderillas* genau über der gefährlichsten Stelle des Tieres, nämlich gerade oberhalb der Hörner hinter den Muskelhöcker setzt, ganz aufgerichtet mit ungedecktem Körper ausweichen.

Dieser Akt sollte nicht allzu lange dauern, da man dem Stier zuviel Gelegenheit gäbe, einen Mann ohne Lockmittel *(capa, muleta)* zu sehen und er dadurch verführt werden könnte, hinter dem Tuch den Mann zu suchen.

Normalerweise werden die *banderillas* von den Hilfsleuten, den *banderilleros*, plaziert, während der *matador* die Eigenheiten des Stiers bei diesem Vorgang genauestens beobachtet. Wenn der *matador* die *banderillas* selber setzt – das tut er nur, wenn der Stier eine Glanzleistung erlaubt –, wird dieser Teil von Musik begleitet. Für den Mitteleuropäer ist dies der am ehesten durchschaubare Akt, weil das Können des *torero* eindeutig sichtbar wird: nämlich wie präzis oder falsch die Stäbe gesetzt werden.

Die *banderillas* dürfen nicht in die offene Wunde der *pica*, sondern sollten um die Wunde herum gesetzt werden. Und wie die *pica* eine reine Muskelverletzung sein und nicht etwa die Schulterblätter des Tiers beschädigen oder durch eine Verletzung des Rückgrates das Tier gar lähmen sollte, so sollten die *banderillas* nur leicht unter die Haut geschoben werden, sie müssen nachher lose am Körper des Tiers herunterhängen.

Nach diesen ersten beiden Teilen des Kampfes wird der Stier in seinem

Angriff langsamer. Er greift nicht mehr so ungehemmt auf jede Bewegung reagierend, wild zustossend an, sondern er ist ernüchtert; da sich seine blinde Wut abgekühlt hat, greift er nur noch gezielt den Köder an, den der *matador* ihm anstelle seines Körpers anbietet. Dadurch wird das Tier einerseits weniger gefährlich, weil seine Angriffe berechenbarer und damit kontrollierbarer werden, andererseits aber zugleich gefährlicher, weil es nun zielbewusster angreift. Macht der *matador* eine unbedachte Bewegung, so dringt das Horn des Stieres unweigerlich in seinen Körper, und das Tier wird sich von dem einmal gefundenen Opfer nicht mehr so schnell abbringen lassen.

Das dritte Drittel, das *tercio de muerte* (Drittel des Todes), ist der Höhepunkt der *corrida*. Der *matador* tritt, ausgerüstet mit der *muleta*, einem über einen Stock gefalteten scharlachroten Tuch, und dem Degen dem Stier allein zur *faena* gegenüber. (Die Gesamtheit aller Manöver mit der *muleta* heisst *faena*.) Der Zweck dieses Teils ist, dass der *matador* das Tier so auf das Tuch einspielt und zu beherrschen beginnt, dass er es schliesslich mit dem Degen kunstgerecht töten kann. Für die *faena* stehen dem *matador* 10 Minuten zur Verfügung. Dauerte der Kampf länger, so würde das Tier zu gefährlich, weil es bei jedem Angriff hinzulernt – oder aber das Tier spielte sich so gut auf das Tuch ein, dass das Spiel leer und zu einer reinen Dressurnummer würde.

Der Prozess, aus der jeweiligen Gegebenheit hier und jetzt die Beherrschung des Tieres spontan aufzuzeigen, ist bei einer *corrida* von zentraler Bedeutung. Der Tod des Tieres ist folgerichtig, da es im Verlauf des Kampfes seine ursprüngliche Natürlichkeit verloren hat. (Vor dem Kampf kommen die Stiere nie mit unberittenen Menschen in Kontakt.) Da der Ablauf darauf ausgerichtet ist, den Prozess nur bis zum Punkt der vollkommenen Beherrschung zu führen, unterscheidet sich der Stierkampf fundamental vom Zirkus, der eine einstudierte Dressurnummer liefert, oder vom normalen Theater, das eine repetierbare Darbietung zeigt.

Mit jedem neuen Stier muss der *matador* einen Schöpfungsakt vollziehen, der nicht wiederholbar und damit jedesmal einmalig ist. Das Publikum wird zum Zeugen der Verwandlung des Menschen zum Künstler, ja es hat Anteil an diesem Schöpfungsprozess. In der Tragödie des Stierkampfes gibt es zwei Schauspieler, den Stier und den *matador*, und einen gewaltigen Chor, das Publikum.

Wie die *veronica* die zentrale Figur der Arbeit mit der *capa* ist, ist das *pase natural* die Basis der Arbeit mit der muleta. Ein Tier, das vom *matador* gut *al natural* bearbeitet ist, wird im entscheidenden Moment des Todesstosses in einem ausgezeichneten Zustand sein, die Täuschung mit der *muleta* folgsam hinnehmen und dem Stierkämpfer die Möglichkeit geben, sich über die Hörner zu beugen.

»*Natural*« heisst »natürlich«, das heisst, *natural* ist normal und richtig, ohne bei der Anwendung künstlich zu wirken, und natürlich, weil in diesem Drittel des Kampfes der *matador* seine Werkzeuge so hält, wie es tatsächlich diesem Akt entspricht: die *muleta* in der linken Hand, um das Tier zu täuschen und sich selber zu schützen, den Degen in der rechten, um es anzugreifen und zu töten.

Beim *natural* stellt sich der Stierkämpfer – analog der *veronica* – in der geraden Angriffslinie des Stieres auf. Er hält in der linken Hand dem Stier die *muleta* entgegen, und durch einen leichten Ruck des Tuches reizt er ihn zum Angriff. Sobald der Angriff erfolgt, geleitet er den Stier aus der geraden Angriffslinie heraus und führt ihn, einen Viertelkreis beschreibend, um sich herum. Er dreht sich um 180 Grad, reizt den Stier gleich wieder – und wieder und wieder – und schliesst die Serie von *naturales* möglicherweise mit einem *pase de pecho* ab, wozu er, wie beim natural (nur steht der Stier jetzt hinter ihm), mit einer leichten Bewegung der nach hinten gehaltenen *muleta* den Stier zu einem neuen Angriff reizt und ihn mit einem fegenden Schwung des scharlachroten Tuches an seiner Brust *(pecho)* vorbeiführt und in die Arena entlässt.

Weitere Figuren mit der *muleta* heissen *pases cambiados por bajo, pase cambiado por alto, trincherazo, pases ajustados, pase de la muerte, pase en redondo, derechazo, molinete, affarolado, manoletina* und so weiter. Die meisten dieser Figuren sind weit weniger verdienstvoll als das *natural*, da der *matador* sie mit der rechten Hand ausführt, dabei mit dem Degen die Fläche des Tuches vergrössert und seinen Körper dementsprechend weniger exponiert. Bei anderen Figuren wiederum lässt der *matador* den Stier gar nicht an sich vorbeigehen und begibt sich somit nicht in den Bereich der Gefahr.

Nachdem er den Stier auf die *muleta* eingespielt hat, setzt der Stierkämpfer zum höchsten Augenblick *(»el momento de la verdad«)*, zum Töten, an. Es gibt drei Arten zu töten: die gebräuchlichste ist die *volapié*. Dabei bringt der *matador* den Stier vor sich in Stellung. Das Tier soll gerade und mit möglichst geschlossenen Beinen ruhig stehen, damit die Schulterblätter die vorgeschriebene Stelle (hoch oben hinter dem Muskelhöcker in der vertikalen Verlängerung der Vorderbeine) für den Todesstoss *(estocada)* freigeben. Dem so aufgestellten Stier steht der *matador* gegenüber, zielt mit dem Degen in der rechten Hand auf die vorgeschriebene Stelle und hält in der linken die *muleta*. Dem Stier entgegengehend und wie «vorbeifliegend» *(volapié)*, reizt er nun das Tier zum Angriff. Während er sich weit über den Kopf und die Hörner beugt und den Degen bei der *estocada* in die vorgeschriebene Stelle versenkt, führt er gleichzeitig, die Arme kreuzend, mit der linken Hand den Stier aus der Begegnung heraus und rechts an sich vorbei.

Eine weitere Tötungsart wird *recibiendo* (empfangend) genannt. Dabei bleibt der *matador* ruhig stehen, reizt den Stier zum Angriff, lässt ihn auf sich zukommen, und, indem er ihn so «empfängt», bringt er ihm den Todesstoss bei. (Auch hier führt er, analog der *volapié*, den Stier mit der Linken rechts an seinem Körper vorbei.)

Die dritte Art des Tötens ist die *suerte de poder a poder* (Gewalt gegen Gewalt). Dabei gehen beide, *matador* und Stier, gleichzeitig aufeinander los und treffen mehr oder weniger im Mittelpunkt zwischen beiden Ausgangsstellungen zusammen.

Der Augenblick des Tötens wird deshalb *»el momento de la verdad«* genannt, weil hier – abgesehen vom Nicht-Können eines *matadors* – der Stier eine Chance hat, den *matador* aufzuspiessen, denn auch bei perfekter Ausführung muss dieser sich einen Augenblick lang völlig exponieren. Da der *matador* mit seinem ganzen Körper dem Degen über die Hörner des Tieres folgt, ist es ihm einen Moment lang nicht möglich, die Tuchführung zu kontrollieren: das Tuch kann die Hörner des Stiers berühren und ein Nachstossen provozieren. Es ist also kein Zufall, dass Stierkämpfer immer wieder am rechten Oberschenkel durchbohrt werden und dass schon viele beim Töten wegen einer Verletzung der Phämoralarterie (Hauptschlagader im Bein) ihr Leben lassen mussten. Manuel Rodriguez «Manolete», einer der drei grössten Stierkämpfer unseres Jahrhunderts, kam auf diese Weise ums Leben.

Die gefährlichste und zugleich schönste Tötungsart ist das »*recibiendo*«. Da der *matador* ruhig steht und den Stier auf sich zukommen lässt, wird der Vorgang des Tötens absolut durchschaubar: Der *matador* hat keine Möglichkeit, Tricks anzuwenden oder anders als mit einer vollkommen sicheren Führung der *muleta* den Hörnern auszuweichen. Sein Können und sein Einsatz in diesem Augenblick und die Todesverachtung, mit der er die mörderisch spitzen Hörner auf sich zukommen lässt und dem Tier den Tod gibt, sind etwas vom Arrogantesten und Schönsten überhaupt. Diese Art zu töten habe ich bei über tausend Stieren höchstens zehn Mal in voller Perfektion ausgeführt gesehen.

Ist der Degen richtig plaziert und das Tier stirbt nicht sofort, erhält es den Gnadenstoss, den *descabello*, wobei ihm mit einem speziellen Degen im Genick das Rückenmark durchschnitten wird und es wie vom Blitz getroffen zusammenfällt.

Nach Beendigung des Kampfes wird der *matador* seiner Leistung entsprechend vom Publikum belohnt. Die Skala reicht von »*bronca por la historia*«, einem riesigen Pfeifkonzert mit Werfen von Kissen und leeren Flaschen und dem Ruf »*que no vuelve*« (komm nie wieder) – der weltberühmte Manuel Benitez »El Cordobés« konnte zum Beispiel nach einem solchen Fiasko in Pamplona nie mehr auftreten –, über »*gran bronca*« (Pfeifen und Buhrufen), »*pitos*« (Unmutsbezeugungen), »*silencio*« (Stille), »*applausos*« (Klatschen), »*ovación*« (Ovation), »*vuelta*« (Ehrenrunde), »*dos vueltas*« (zwei Ehrenrunden), »*una oreja con vuelta*« (Ehrenrunde mit einem Ohr), »*dos orejas con vuelta*« (Ehrenrunde mit zwei Ohren), bis zu »*dos orejas y rabo con vuelta*« (Ehrenrunde mit zwei Ohren und Schwanz). Dies ist die höchste Auszeichnung, die erreicht werden kann, wenn sich die Darbietung des *matador* zu einer Apotheose steigert.

Den Wunsch, dass der *matador* Ohren des Stiers oder gar den Schwanz erhalten soll, bezeugt das Publikum durch Schwenken seiner Taschentücher. Der Präsident in der Ehrenloge (er ist Spielleiter, der durch Signale mit Taschentüchern verschiedener Farben schon die Dauer der drei Kampfabschnitte bestimmt hat) fällt die endgültige Entscheidung. Auf sein Zeichen hin schneiden Arenadiener dem toten Stier Ohren oder Schwanz ab und überreichen sie dem erfolgreichen *matador*.

Wir kennen nun den technischen Ablauf eines Stierkampfes und möchten noch einmal auf die Frage nach der «Kunst» zurückkommen. Welches sind die Voraussetzungen, die ein Stierkämpfer erfüllen muss, um zum «Künstler» zu werden?

Die Kunst des Stierkampfes setzt sich aus folgenden drei Elementen zusammen: der Technik, der Ästhetik und dem «inneren» Gefühl *(sentimiento)*. Die Technik ist das Wie, das Wo, das Was und das Warum jeder Phase des Kampfes.

Besitzt ein *matador* das nötige Wissen und die Kenntnis, kann er diese technischen Voraussetzungen erfüllen, so ist ein Element für die Kunst vorhanden. Die Perfektion und die ästhetische Vollkommenheit, mit der der *matador* die verschiedenen Figuren ausführt, bilden ein weiteres Element. Verbindet er nun Technik und Ästhetik mit einem inneren Gefühl, einer seelischen Bewegung, die sich in diesem Augenblick auch auf das Publikum überträgt, zu einem gefühlten und damit harmonischen Ganzen, dann wird seine Darbietung zur Kunst.

So wie in jeder Phase des Stierkampfs – vom Auftreten des Stiers in der Arena bis zu seinem Tod – ein rhythmisiertes und harmonisches Ganzes mit jedem neuen Stier neu erreicht werden soll, dürfen auch bei der Arbeit mit dem Tuch, zuerst mit der *capa* und dann mit der *muleta*, die einzelnen Figuren nicht willkürlich aneinandergereiht werden, sondern sie sollten jeweils in einer inspirierten, in sich geschlossenen Abfolge oder Serie auseinander hervorgehen und in einer vollendeten *estocada* kulminieren.

Erreicht ein *matador* bei all diesen Abläufen jene inspirierte künstliche, neue Natürlichkeit *(duende)*, die so vollkommen selbstverständlich und gespenstisch wirkt, so erlangt er den höchsten Grad, in dem der Kampf mit dem Tod zum Spiel wird, er den Tod gleichsam überwindet, das Hier und Jetzt transzendiert und ein Lebensgefühl vermittelt, das einen Menschen über sich selbst erhebt.

Der wichtigste Mitwirkende am Stierkampf ist ja wohl der Stier, ein wildes Tier. Ist es nicht möglich, dass der Stier die Absicht des matador, *ein vollkommenes Schauspiel zu bieten, durchkreuzt?*

Was ich Ihnen oben geschildert habe, ist nur unter den günstigsten Voraussetzungen möglich. Der *matador* braucht dazu einen tapferen Stier, ein Tier, das immer wieder gerade angreift, kehrtmacht und wieder angreift, das die Herausforderung willig annimmt. Ein solches Tier hat »Adel«: »*un noble bruto*«, wie die Spanier sagen. Beim Lanzengang, beim Angriff des Stiers auf das Pferd mit dem *picador*, der ihn gleichzeitig verwundet, ist es dem Zuschauer möglich, die Tapferkeit eines Stieres zu beurteilen. Er sieht, wie oft, aus welcher Distanz und wie gerade und willig der Stier auf das Pferd losstürmt und die Verwundung dabei auf sich nimmt.

Gibt es auch Kampfstiere, die nicht «tapfer» sind?

Ja, es gibt Stiere, die den Kampf nicht bedingungslos annehmen wollen und die sich in die Defensive zurückziehen, Diese Stiere sind ausserordentlich gefährlich, da ihr Angriff nicht berechenbar ist: Sie versuchen alles, was sich ihnen nähert, wild mit den Hörnern zustossend, abzuwehren, um ihre einmal eingenommene Stellung zu verteidigen. Gelingt es einem *matador* trotzdem, das Tier aus seiner Stellung hervorzulocken, ihm Vertrauen einzuflössen und es nach wiederholten Versuchen auf das Tuch einzuspielen, so werden Sie kein ästhetisch vollkommenes Schauspiel geniessen. Ein *aficionado* wird diese Leistung aber zu schätzen wissen – sie gilt für ihn als ebenso verdienstvoll wie eine glänzende Darbietung mit einem idealen Stier. Doch die allergefährlichsten Stiere sind diejenigen, die zwar gerade angreifen, aber auf der Höhe des *matadors* stehenbleiben und mit den Hörnern seinen Körper suchen. Die Eigenschaften eines Stieres können nicht im voraus erkannt werden (ausgenommen Äusserlichkeiten, wie z.B. Grösse, Gewicht, Grösse der Hörner, eventuelle Augenfehler oder andere offensichtliche Defekte) – sie zeigen sich erst im Verlauf des Kampfes. Die Leistung des *matador* wird nach der Möglichkeit, die der Stier mitbringt, beurteilt. Mit jedem Auftritt hofft der *matador* natürlich, auf einen idealen Stier zu treffen. Trifft er auf den erhofften Idealstier und sollte er mit ihm versagen, ist ihm eine *gran bronca* mit Flaschen- und Kissenwürfen gewiss.

Worin unterscheidet sich der Kampfstier von einem gewöhnlichen Stier?

Kampfstiere stammen in direkter Linie vom *bos taurus africanus*, einer Abart des älteren Auerochsen, ab. Sie werden auf den *dehesas*, Ranches, gezüchtet, wo sie auf ausgedehnten Weideplätzen frei umherschweifen. Die äusseren Kennzeichen des Kampfstieres sind seine dicke und starke Haut mit dem glänzenden Fell; sein kleiner Kopf mit der breiten Stirn; die Stärke und Form seiner Hörner, die gegen vorn gebogen sind; sein kurzer dicker Nacken mit dem grossen Muskelhöcker, der anschwillt, wenn das Tier wütend ist; seine breiten Schultern, sehr kleine Hufe sowie die Länge und Dünne seines Schwanzes.

Das ererbte Kampfblut, von dem seine Tapferkeit abhängt, wird durch sorgfältiges Testen der Kälber und Kühe in der Zucht rein erhalten, wobei auch die Gesundheit und Kondition einen wesentlichen Faktor bilden. Gesundheit und Kondition hängen von Weide und Wasser ab. Der Unterschied der Weide- und Wasserverhältnisse in den verschiedenen Gegenden Spaniens, bedingt durch Klimaunterschiede und ungleichartige Zusammensetzung des Bodens, bringt deshalb völlig verschiedene Typen von Kampfstieren hervor.

Im Norden, in Navarra, sind die Stiere eher klein und wendig, geschmeidig wie Katzen, während sie in Andalusien eher gross gebaut und langsamer im Angriff sind.

In seinem vierten Jahr erreicht der Stier das beste Kampfalter. In diesem Alter versteht er, seine Hörner richtig zu benutzen; er hat die nötige Erfahrung beim Kämpfen auf freiem Feld erworben. Ältere Stiere wissen ihre Waffe zu gut zu gebrauchen, was für den Kampf in der Arena allzu gefährlich wäre. Die Begegnungen zwischen Menschen und Stieren, die für die Arena bestimmt sind, werden auf ein absolutes Minimum beschränkt. Das heisst, der Mensch nähert sich den Stieren auf freiem Feld nur zu Pferd. Ohne je einem unberittenen Menschen begegnet zu sein, hat der Stier, wenn er in die Arena kommt, gerade genug Zeit zu lernen, alle Listen zu durchschauen. Auf dem Höhepunkt seiner Gefährlichkeit muss er getötet werden.

Eine weitere Voraussetzung für die Kampfbereitschaft des Stieres ist, dass er von der Herde isoliert wird. In der Herde ist er völlig zahm, wird er aber abgesondert, greift er sofort und wiederholt jeden sich bewegenden Gegenstand an, bis er zur Herde zurückgefunden hat oder getötet wird.

Das Durchschnittsgewicht eines Kampfstieres liegt zwischen 500 und 600 Kilo. Die älteste und auch berühmteste Zucht ist jene der S6hne des Eduardo Miura: die Miura-Stiere. Sie sind sehr gross und schwer gebaut, haben eine würdevolle Erscheinung und besitzen weitausladende, feine, wie Heugabeln zugespitzte Hörner; sie gelten als ausserordentlich gefährlich.

Erhalten Stiere vor dem Kampf Drogen?

Nein. Das sind Greuelmärchen, ebenso wie die Behauptung, die Stiere würden vor einer *corrida* tagelang ohne Futter in dunkle Verliese eingesperrt. Möglich ist, dass Stieren die Hörner abgefeilt werden oder, wenn sie zu jung, das heisst nicht mindestens vierjährig sind, sie mit Getreide aufgefüttert werden, um sie auf das vorgeschriebene Minimalgewicht zu bringen. Auf den Plätzen der ersten Kategorie wie zum Beispiel Madrid, Bilbao, Sevilla beträgt dieses Gewicht 460 Kilo. Wird ein Tier verdächtig, nicht den regulären Normen zu entsprechen, so untersucht es ein staatlicher Veterinär *post mortem*, und der betreffende Züchter wird gegebenenfalls mit einer Busse bestraft.

Wie lange dauert die Ausbildung eines matador?

Die Laufbahn eines *matador* beginnt mit etwa 14 oder 15 Jahren. Entweder gibt ihm ein *ganadero* (Farmer) Gelegenheit, auf seiner *dehesa* (Farm) mit weiblichen Kälbern zu üben, oder aber er muss sich seine Erfahrungen auf sogenannten *capeas* aneignen. *Capeas* sind kleine *corridas* in Dörfern, die sich keine richtigen Stierkämpfe leisten können: auf dem Dorfplatz wird mit zusammengestellten Wagen eine Arena improvisiert, in der jedermann ohne Entgelt zur allgemeinen Volksbelustigung auftreten darf. Die Stiere, die bei den *capeas* verwendet werden, sind noch nicht ausgewachsen. Ein solcher Stierkampf-Lehrling *(maletilla)* ist ständig von Dorf zu Dorf, von Fest zu Fest unterwegs, bis er genügend Kenntnisse besitzt, um als *novillero* bei einer *»novillada sin picadores«* aufzutreten. Diese *novilladas* (von *novillo toro* = junger Stier) finden in richtigen Arenen statt und werden mit dem gleichen Ritual wie eine *corrida de toros* durchgeführt, nur fehlen die *picadores*, da die Stiere noch zu jung sind, eine Verwundung mit der Lanze auszuhalten.

Der nächste Schritt ist die *novillada con picadores* mit Jungstieren, die noch nicht das «Erwachsenenalter» von vier Jahren erreicht haben, aber bereits vom *picador* im Nackenmuskel geschwächt werden müssen. Für jemanden, der noch nie einen Stierkampf gesehen hat, kann eine *novillada* sehr lehrreich sein, falls er über die Technik etwas erfahren will: Er sieht die Gefahr sehr deutlich, da die *novilleros* meist in grosser Unkenntnis mit den Stieren umgehen und daher oft aufgespiesst werden.

Nach der Lehrzeit, in der der *novillero* in etwa 50 bis 100 *novilladas* aufgetreten ist und genügend Erfahrungen gesammelt hat, folgt der Schritt zum Voll*matador*. Mit einer Zeremonie, der sogenannten *alternativa*, wird der *novillero* in die reihen der Voll*matadores* aufgenommen.

Wieviel verdient ein matador *pro* corrida, *und bestehen grosse Unterschiede zwischen den Gagen der «Stars» und der durchschnittlichen* matadores?

Je mehr Zuschauer ein *matador* in die Arena bringt, desto höher ist sein Einkommen. Ein Spitzen*matador* wie Paco Camino verdient pro Auftritt gut 100 000 Franken. Pro Jahr kämpft er an etwa 100 *corridas*, die Auftritte in Südamerika während der Wintersaison eingerechnet. Doch abgesehen von den etwa fünfzehn *matadores*, die sich an der Spitze halten, können viele mit ihrem Verdienst kaum ihren Lebensunterhalt bestreiten. Das Einkommensgefälle ist sehr gross.

Wie gross ist die Gefahr, der sich ein matador *aussetzt?*

Es gibt keinen *matador*, der während seiner Laufbahn nicht mindestens einmal aufs schwerste verwundet wird – oft ist dies das Ende einer glanzvoll begonnenen Karriere: Es kann sein, dass er daran stirbt, für den Rest seines Lebens gelähmt oder verkrüppelt bleibt oder dass er, zwar physisch vollständig geheilt, psychisch dem Kampf nicht mehr gewachsen ist. Das heisst: Er verliert seinen Mut, arbeitet zu vorsichtig oder versucht Tricks anzuwenden, was seinem Spiel das innere Gefühl, die Emotion nimmt und es uninteressant macht. Andere *matadores* erreichen gerade durch ihre erste schwere Verwundung ihre Reife und übertreffen dann ihre frühere Arbeit.

Stimmt es, dass auch heute noch matadores *in der Arena sterben?*

Ja, das kommt immer wieder vor. Vor ein paar Jahren starb zum Beispiel in der Arena von Barcelona der bekannteste portugiesische *matador*, José Falcon. Von den vielen *maletillas*, die bei *capeas* umkommen, wird in den Zeitungen kaum berichtet. Auf den *capeas*, wo die notwendige medizinische Ausrüstung und auf Hornwunden spezialisierte Chirurgen fehlen, sind Todesfälle auch heute noch sehr häufig. In den Arenen, die über Operationszimmer und eine spezialisierte Ärzteequipe verfügen, ist dies seltener. Dank dem allgemeinen Fortschritt der Medizin und seit der Entdeckung des Penizillins können heute Wunden geheilt werden, die früher tödlich waren. Früher starben *matadores* vielfach nicht direkt an Hornwunden, sondern an einer durch die Verwundung hervorgerufenen Infektion. Für die spezifische Pflege und Heilung von Hornwunden gibt es in Madrid ein spezielles Spital, das *sanatorio de toreros*, das nur Stierkämpfern offensteht.

Sie sprachen von einer Stierkampftradition in Spanien. War der Stierkampf nicht ursprünglich eine Art Turnierspiel der Adeligen gewesen?

Die Spiele mit Stieren, die an Festtagen zur allgemeinen Volksbelustigung auf Dorfplätzen veranstaltet wurden – wie die heute noch stattfindenden *capeas* –, gehören in Spanien und ebenso in Südfrankreich zu einer uralten Tradition. Dazu gehört auch das Treiben der Stiere *(encierro)* durch die Strassen eines Dorfes oder einer Stadt, wie es heute noch zum Beispiel in Pamplona üblich ist. Dabei werden die für die am Nachmittag stattfindende *corrida* bestimmten Stiere am frühen Morgen vom Bahnhof zur Arena getrieben, und viele Schaulustige und Amateurkämpfer lässen sich zu ihrem Vergnügen von ihnen jagen.

Im Mittelalter bekämpfte der Adel vom Pferd aus den Stier mit Lanzen, um sich im Kriegshandwerk zu üben. Langsam verlor das Spiel an Roheit, wurde zum Schauspiel und wechselte vom Turnierfeld auf den öffentlichen Platz.

Mit der Herrschaft der Bourbonen wandte sich der Adel vom Stierkampf ab; das Volk übernahm ihn in neuer Form. Leute aus dem Volk traten auf und versuchten zu Fuss, mit Sicheln, Dolchen und Degen bewaffnet, das wilde Tier zu verwunden und zu töten.

Gegen Ende des 18. Jahrhunderts trat eine wegweisende und einzig dastehende Figur auf: der *matador* Francisco Pedro Romero aus Ronda. Er war der *matador*, der zum ersten Mal im Kampf zu Fuss die *muleta* verwendete, um Stiere bei der estocada gegen sich anlaufen *(recibiendo)* zu lassen. Damals wurde auch die Dreiteilung des Kampfes unveränderlich festgelegt *(pica, banderillas, estocada)*. Die *picadores* sind das einzige Überbleibsel vom Stierkampf zu Pferd aus der Ritterzeit. Der nächste grosse *matador*, José Delgado «Pepe-Hillo», der tragisch auf den Hörnern eines Stiers ums Leben kam, schrieb das erste umfassende Lehrbuch: »*La tauromaquia o arte de torear*«. Aus dieser Zeit übrigens stammen die Stierkampfbilder, die *tauromaquia*, von Goya, die sehr eindrücklich die damalige Art des Kämpfens veranschaulichen. Im 19. Jahrhundert verbreitete sich der Stierkampf in dieser Form immer mehr und mehr über ganz Spanien und bis nach Südamerika und wurde zur spanischen *fiesta nacional* (Stierkampf-Nationalfest). Dafür wurden zuerst aus Holz, später aus Stein die speziell konstruierten und eingerichteten *plazas de toros*, die Arenen, gebaut. Auf den Grundlagen Romeros und Pepe-Hillos entwickelte sich der Stierkampf ständig weiter und erreichte zu Beginn dieses Jahrhunderts einen Grad der Perfektion, über den hinauszugelangen nicht möglich schien.

In dieser Situation trat der geniale Juan Belmonte auf. Er revolutionierte den Stierkampf. Juan Belmonte war körperlich benachteiligt: Er war schwach auf den Beinen, und seine Konstitution zwang ihn, sich in Gebieten und in einer solchen Nähe der Hörner zu bewegen, die man bisher gemieden hatte und die als Terrain für den Kämpfer bisher unmöglich erschienen waren. Dadurch begründete er eine Ästhetik, die alles Vorhergehende übertraf und für die Weiterentwicklung des Stierkampfes wegweisend wurde. Der Grundsatz dieser neuen Art zu kämpfen ist, dass sich vor allem der Stier bewegt und der *matador*, während er kämpft, in der Angriffslinie des Tieres ruhig stehenbleibt und mit seinen Armen den Angriff des Stiers so zu lenken weiss, dass er sich dabei nur um die eigene vertikale Achse zu drehen braucht.

Dies gab dem Stierkampf eine Dimension, die bisher unbekannt war. Der *matador* musste auf eine so gelassene Art selbstsicher sein, auf eine solche Weise auf das Tier eingehen und es dermassen gut beherrschen, was völlig neu war. Der Stier bringt die Kraft, die Bewegung, die der *matador* als ruhender Pol verwendet, um mit ihr eine lebende plastische Einheit zu schaffen. Stier und *matador* werden eins, der *matador* weiss, was der Stier tut, wie er weiss, was seine eigene Hand tut. Dadurch erreichte der Stierkampf eine so grossartige, emotionsgeladene, harmonische Schönheit, dass Belmontes Technik zur Grundlage und damit zum Prüfstein für die Arbeit mit Stieren überhaupt wurde.

Gleichzeitig mit Juan Belmonte trat ein anderes Genie auf, ein Wunderkind, das mit 16 Jahren schon jeden Stier vollkommen beherrschte: José Gomez «Joselito». Er übernahm die neue Technik und wandte sie so spielend an, wusste mit ihr und mit jedem Stier so leicht umzugehen, dass sein früher tragischer Tod in der Arena zu Talavera de la Reina am 16. Mai 1920 für ganz Spanien unfassbar war.

Während der acht Jahre vor Joselitos Tod erlebte der Stierkampf sein goldenes Zeitalter. Während dieser Periode traten Belmonte und Joselito gemeinsam auf und feuerten sich gegenseitig zu immer unwahrscheinlicheren Leistungen an.

Nach dem spanischen Bügerkrieg erschien die dritte hervorragende Figur dieses Jahrhunderts: Manuel Rodriguez «Manolete», der am 29. August 1947 auf dem Platz von Linares von einem Miura-Stier bei der *estocada* tödlich verwundet wurde. In diesem Zusammenhang muss wohl auch von Manuel Benitez »El Cordobés« gesprochen werden, dem berühmtesten und umstrittensten *matador* der sechziger Jahre, der sämtliche statistischen Rekorde schlug: Er tötete die meisten Stiere, erhielt astronomisch hohe Gagen, hatte die höchsten Zuschauerzahlen.

Weshalb war »El Cordobés« umstritten?

Solange »El Cordobés« auftrat, war Spanien in zwei Lager gespalten. Seine Art zu kämpfen wurde von den *aficionados* als Rückschritt empfunden. Für sie galt er als Zerstörer eines sublimen, aufs höchste entwickelten Kunstkonzepts. Für die anderen war er eine Attraktion, weil er auf spektakuläre Art die Gefährlichkeit des Stierkampfs vorführte. »El Cordobés« tänzelte oft, statt ruhig zu stehen, hinter dem Tuch und gab damit eine Gefährlichkeit vor, während er doch nur um so einfacher sein Mogeln verdecken konnte; ausserdem stellte er sich nie in die Angriffslinie des Stieres, sondern immer nur im Profil neben sie. Hielt er nun das Tuch in die Angriffslinie, reagierte der Stier mit Sicherheit nicht auf den bewegungslosen Körper neben der Linie, sondern auf die Bewegung des Tuches in der Linie. Hatte mit dem auf diese ungefährliche Weise erfolgten Angriff der Stier mit den Hörnern den Bereich des *matador* passiert, so warf sich «El Cordobés» nachträglich in Pose, was eine bestandene Gefahr vortäuschen sollte, für den *aficionado* aber reiner Betrug und damit lächerlich war. Ebenso exponierte er sich beim Töten nie, sondern wich, möglichst schnell einen weiten Bogen um die Hörner schlagend, aus und stach, statt von vorne mit dem Degen gerade hineinzugehen, möglichst in der Nähe der vorgeschriebenen Stelle von der Seite in das Tier. Ich glaube, hier ist es angebracht zu sagen, dass es um jeden von ihm getöteten Stier schade war, weil er gar nicht auf die Kampflust der Stiere einging, sondern sich über sie lustig machte. Was er tat, war nicht einmal eine Parodie, denn dazu hätte er die ganze Technik des Stierkampfes beherrschen müssen.

Wie erklären Sie sich dann den ausserordentlichen Erfolg von »El Cordobés«?

Die Gefährlichkeit, die durch die ästhetische Art zu kämpfen nicht mehr im Vordergrund gestanden hatte, obwohl sich dabei der *matador* objektiv mehr exponierte als »El Cordobés«, wurde von ihm absichtlich betont. Er handhabte sie so gekonnt und trickreich, dass er damit eine Emotion vermittelte, die neu war und zur eigentlichen Sensation wurde. Abgesehen von seiner Kampfweise war sein Auftreten immer spannend, denn es lag immer ein

Skandal in der Luft: sei es, dass die Stiere sehr klein waren, sei es, dass er den Präsidenten anpöbelte oder sich mit Zuschauern herumstritt. Er wurde mehr und mehr zur Skandalnudel vom Dienst, die in ihrer Schnoddrigkeit auf ihre Weise durchaus faszinierte.

Hatte «El Cordobés» einen Einfluss auf die heutigen Stierkämpfer?

Seine Art zu kämpfen war und blieb eine Ausnahmeerscheinung. Einige *matadores* versuchten, ihn zu imitieren (z. B. Julian Garcia), erreichten darin aber niemals seine Perfektion und Originalität. Vorübergehend wurden so hervorragende *matadores* wie Antonio Ordoñez, Diego Puerta, Santiago Martín «El Viti» und Paco Camino in den Hintergrund gedrängt, da sich die Auseinandersetzungen vor allem auf »El Cordobés« konzentrierten. Doch alle nachfolgenden und bedeutenden *matadores* arbeiten innerhalb des klassischen Konzeptes. Je nach Temperament verbinden sie die drei Faktoren Technik, Ästhetik und inneres Gefühl zu einer individuellen Stilart.

Wo sieht man die besten Stierkämpfe?

Falls Sie an eine *corrida* gehen sollten, werden Sie wahrscheinlich von all dem, was ich Ihnen geschildert habe, nur sehr wenig oder nichts sehen; denn sollte zufälligerweise bei Ihrer ersten *corrida* eine *faena cumbre* (Spitzen*faena*) stattfinden, wird für Sie alles zu schnell und zu wenig durchschaubar ablaufen und Sie werden höchstens an der Begeisterung des Publikums ablesen können, ob es gut war oder nicht. Doch der wahrscheinlichere Fall wird sein, dass Sie eine durchschnittliche *corrida* sehen werden, bei der dieses und jenes recht ordentlich ausgeführt wird, im ganzen aber kaum zu befriedigen vermag.

Die grösste Chance, eine gute *faena* zu sehen, wird an einer *feria* (Festwoche) in den vorher genannten Städten bestehen, bei denen an aufeinanderfolgenden Tagen eine ganze Serie von Kämpfen stattfindet. Dort werden Sie gute und schlechte *corridas* vergleichen können und dadurch vielleicht für die wesentlichen Augenblicke sensibilisiert werden. Die Gelegenheit, eine *faena cumbre* zu sehen, ergibt sich äusserst selten, nur dann nämlich, wenn die dafür bestimmenden Faktoren in einem günstigen und ausgewogenen Verhältnis zusammentreffen, wobei der Stier, wie es sein soll, das unberechenbarste Element ist. Bei gegen 700 *corridas* jährlich in Spanien finden sicher nicht mehr als dreissig solche Spitzen*faenas* statt, eine Zahl, die vielleicht schon zu hoch angesetzt ist.

Überhaupt nicht zu empfehlen sind die Plätze in Südfrankreich, die meisten der Mittelmeerküste entlang gelegenen und Barcelona. Das Publikum setzt sich dort vorwiegend aus Touristen zusammen, und ein *matador* wird sich vor einem unverständigen Publikum begreiflicherweise niemals derart exponieren wie vor einem verständigen. Er wird Figuren verwenden, die sehr effektvoll aussehen, die aber nicht eigentlich verdienstvoll sind. Ebenso wird er sich beim Töten niemals richtig exponieren.

Aficionados mögen mir verzeihen, dass ich den Stierkampf so schematisiert habe und vielleicht zu eigenmächtig auf die mir wesentlich scheinenden Punkte einging. Ich weiss, dass es zu jeder einzelnen Phase und Figur ganze Reihen von Büchern voller Kontroversen gibt.

Duende

aus »teoría y juego del duende«
von Federico Garcia Lorca.

Duende *ist nicht eine Frage des Könnens, sondern eines lebendigen Stilempfindens, das heisst, es entspringt dem Blut, das heisst, es entspringt einer uralten Kultur des spontan vollzogenen Schöpfungsaktes...*

... es nähert sich dem Bereich, in dem sich die Formen der Sehnsucht (nach Transzendenz) mit dem sichtbaren Ausdruck verschmelzen.

Duende *liebt am Abgrund mit dem Gedanken, mit dem Laut oder mit der Geste den offenen Kampf mit dem Schöpfer ... die Muse entflieht mit der Geige oder dem Rhythmus. (Im Gegensatz dazu) verletzt* duende, *und in der Heilung dieser Wunde, die sich nie schliesst, ist das Aussergewöhnliche, das neu Erschaffene in dem Werk eines Menschen ...*

Wirkt duende, *so setzt ein radikaler Umschwung ein, der sich auf alle auf alten Plänen ruhenden Formen überträgt, und vermittelt ein Gefühl einer neu entstandenen Frische ...*

Duende *wiederholt sich nie, wie sich die Formen der stürmischen See nie wiederholen.*

Duende ... donde está el duende? *Wo ist das Gespenst? Durch den leeren Bogen dringt ein geistiger Wind und weht eindringlich über die Köpfe der Toten auf der Suche nach neuen Gegenden und unbekannten Bedeutungen, ein Wind mit dem Geschmack des Speichels eines Kindes, des frisch geschnittenen Grases und des Schleiers der Medusa, der von der fortwährenden Taufe der soeben erschaffenen Dinge kündet.*

Aus

«Tod am Nachmittag»

von Ernest Hemingway

Wenn die Zuschauer wissen, dass der Matador fähig ist, eine vollkommene, aufeinanderfolgende Serie von Manövern mit der muleta *auszuführen, die Mut, Kunst, Erfahrung und vor allem Schönheit und grosse Emotion zeigt, werden sie sich mit mittelmässiger Arbeit, feiger Arbeit, ja verheerender Arbeit abfinden, weil die Hoffnung besteht, früher oder später die vollendete* faena *zu sehen, die* faena, *die einen Mann über sich selbst erhebt und die ihm, während er sie macht, ein Gefühl von Unsterblichkeit gibt, die ihn in eine Ekstase versetzt, die, obschon sie flüchtig, so tief wie irgendeine religiöse Ekstase ist, die alle Leute in der Arena gemeinsam bewegt und die in ihrem Verlauf an emotioneller Stärke zunimmt, den Stierkämpfer mit sich trägt, der durch den Stier die Menge mit fortreisst und der durch ihr Mitgehen von einer wachsenden Ekstase geordneter, formvoller, leidenschaftlicher, zunehmender Missachtung des Todes ergriffen wird, die Sie, wenn sie vorbei ist und der Stier, der all das ermöglicht hat, den Tod gefunden hat, so leer, so verändert und so traurig zurücklässt, wie es jede grosse Emotion tut.*

Stierkampf

aus »teoria y juego del duende«
von Federico Garcia Lorca

In allen Ländern ist der Tod ein Ende. Er tritt ein, und der Vorhang fällt. Nicht in Spanien. In Spanien wird er dann geöffnet. ...Spanien ist das einzige Land, in dem der Tod das Nationalschauspiel ist, in dem der Tod jeweils zu Beginn des Frühjahrs die Fanfaren bläst und dessen Kunst von einem durchdringenden duende *beherrscht wird, Dadurch hebt es sich ab, und es verleiht ihm seine Eigenständigkeit im Schöpferischen.*

Duende *erreicht beim Stierkampf seine eindrücklichsten Wirkungen, es hat einerseits mit dem Tod zu kämpfen, der es zerstören kann, und andererseits mit der Geometrie, den Regeln, die die Grundlagen dieses Festes sind. Der Stier hat einen Bereich, der* torero *den Seinen, und zwischen der einen und der anderen Weit ist der Punkt der Gefahr, der Schnittpunkt dieses schrecklichen Spiels.*

Der torero *der das Publikum mit Wagemut erschreckt, »torear-t« nicht, sondern macht sich in der Art lächerlich, die jedermann erreicht, der sein Leben blindlings aufs Spiel setzt; im Gegenteil, der* torero *der vom* duende *durchdrungen ist, gibt eine Lehre pythagoräischer Musik und lässt vergessen, dass er andauernd in Lebensgefahr schwebt.*

Es scheint, als ob sich das ganze duende *der klassischen Weit in diesem vollkommenen Fest konzentriert hätte. Es ist Ausdruck der Kultur und der grossen Feinfühligkeit eines Volkes, das im Menschen seine grösste Wut, seinen grössten Zorn und seine grösste Wehklage aufdeckt. Weder beim spanischen Tanz noch beim Stierkampf amüsiert sich jemand, das* duende *sorgt dafür, das mittels des Dramas, durch lebendige Formen gelitten wird und die Stufen zur Überwindung der sie umgebenden Realität bereitet werden ...*

Stierkampf-Glossar

aficionado	Stierkampfkenner, -liebhaber
alternativa	Formelle Investitur eines *novillero* zum Voll*matador*
aplausos	Klatschen, Applaus
banderilla	70 cm langer Stab mit Widerhaken an der Stabspitze
banderillero	*torero*, der den *matador* mit der *capa* unterstützt und auch *banderillas* setzt
bajo	tief
bronca	lärmender Protest der Missbilligung
bronca por la historia	lärmender Protest, der so gross ist, dass es nach einem solchen Fiasko für einen *matador* nicht mehr möglich ist, auf dem Platz jemals wieder aufzutreten
bruto	wildes Tier
capa oder *capote*	Umhang: grosses Tuch
capea	zwangloser Stierkampf oder Stierhetze auf Marktplätzen, an denen Amateure und Stierkampfanwärter, *maletillas*, teilnehmen
corrida oder *corrida de toros*	Stierkampf mit ausgewachsenen, mindestens vierjährigen Stieren
cumbre	Gipfel (Berges-)
dehesa	Stierfarm, Rauch
descabello	Gnadenstoss
duende	Gespenst (siehe Kasten: *duende*)
encierro	Treiben und Hetzen von Stieren durch die Strassen von Dörfern oder Städten
espada	Degen; kann auch *matador* heissen
estocada	Degenstoss, Todesstoss
faena	alle Manöver mit der *muleta*
faena cumbre	Spitzen*faena*
feria	Festwoche
fiesta nacional	Nationalfest: Stierkampf
ganadero	Stierzüchter
gitano	Zigeuner, zigeunerisch
hay	es gibt, es hat
jurisdiccion	der Augenblick, in dem bei einer Figur der Stier den matador passiert
maletilla	von *capea* zu *capea* ziehender Stierkampfanwärter
mandar	beherrschen
matador	Töter; der wichtigste *torero*, er tötet den Stier. Wird auch *espada* oder *diestro* genannt
momento	Augenblick
momento de la verdad	Augenblick der Wahrheit: das Töten
muleta	über einen hölzernen Stab gefaltetes, scharlachrotes Tuch
natural	natürlich
niño	Kind
niño sabio	weises Kind
noble	vornehm, adelig
noble bruto	Stier mit Adel
novillada	Stierkampf mit *novillos toros*
novillada con picadores	novillada mit *novillos*, die vom *picador* gestochen werden müssen
novillada sin picadores	*novillada* mit *novillos*, die vom *picador* noch nicht gestochen werden müssen
novillero	Stierkämpfer an einer *novillada*, Anwärter zum *matador*

novillo oder *novillo toro*	junger, noch nicht ausgewachsener, drei- bis vierjähriger Stier
olé	Ausruf der Zustimmung. Er entspringt dem spanischen Zuschauer oder -hörer beim spontanen Mitvollzug eines soeben geglückten Schöpfungsaktes eines Künstlers, das heisst, er setzt gleichzeitig mit dem Eintreffen des alles durchdringenden *duende* ein (siehe *duende*)
oreia	Ohr
ovacion	Ovation
parar	ruhig stehen
pase	Manöver mit der *capa* oder *muleta*
pase natural	Grundfigur der Arbeit mit der *muteta*
pase de pecho	Figur mit der *muleta*
pase en redondo	Kreiselmanöver mit der *muleta pecho* Brust
pica	Lanze
picador	*torero*, der vom Pferd aus die *pica* setzt
pitos	Unmutsbezeugungen des Publikums
plaza de toros	Stierkampfarena
quadrilla	Mannschaft des *matador*: 2 *picadores*, 3 *bandarilleros*
quite	Abfangen, Zum-Pferd-Führen und Ablenken des Stiers mit der *capa*
rabo	Schwanz
recibiendo	empfangend: Tötungsart
sabio	weise
sanatorio de toreros	Spital in Madrid, das nur Stierkämpfern offensteht
sentimiento	Gefühl
silencio	Stille, Schweigen
suerte de poder a poder	Gewalt-gegen-Gewalt-Manöver: Tötungsart
tauromaquia	Die Kunst des Stierkampfes
templar	ausgleichen
tercio de banderillas	das Drittel des Kampfes mit den *banderillas*, das zweite Drittel
tercio de muerte	das Drittel des Todes (mit *muleta* und *espada*), das dritte Drittel
tercio de vara	das Drittel mit den *picadores*, das erste Drittel
torear	Verb, das den kunstgerechten Umgang mit Stieren beim Stierkampf bezeichnet. Nicht übersetzbar
torero	ganz allgemein Stierkämpfer. Sowohl der *matador*, *banderillero* oder *picador* kann *torero* genannt werden
toro	ausgewachsender Kampfstier, minimal vierjährig
vara	Lanze, syn. *pica*
veronica	Grundfigur mit der *capa*
volapidé	mit fliegenden Füssen: Tötungsart
vuelta	Ehrenrunde

Dieser Artikel erschien erstmals im Tages-Anzeiger Magazin.
Zur Person von Kraska siehe Seite 361.

Blick von Ronda ►

CUEVA DE LA PILETA

Als gegen Ende der 4. Eiszeit, also vor etwa 50 000 bis 20 000 Jahren, die Lebensbedingungen allmählich günstiger wurden, tauchte der *homo sapiens* zum ersten Mal auf der Iberischen Halbinsel auf. Den Nachweis erbrachten wissenschaftliche Untersuchungen in der Cueva de la Pileta: mit *C-14*-Untersuchungen konnte bewiesen werden, daß die rund 1,5 km lange Höhle, die ihre Entstehung einem ehemals unterirdisch verlaufenden Fluß verdankt, wahrscheinlich bereits in der Altsteinzeit bewohnt war und bis ins Mesolithikum hinein (ca. bis 2000 v. Chr.) auch bewohnt blieb. Untersuchungsobjekte waren die zahlreichen Strichzeichnungen, die zumeist Tiere darstellen, die die Wände der Höhle in großer Anzahl bedecken. Daß diese Zeichnungen (Pferde, Wisente, Urziegen, Stiere, Fische etc.), die möglicherweise dem Bildzauber dienten, überhaupt die Jahrtausende unbeschadet überdauert haben, ist unseren Altvorderen zu verdanken, die die Grundfarben aus Ocker, Manganerde und Eisenoxid herstellten und diese mit Tierfett vermischten, wodurch sie praktisch »imprägniert« wurden.

Entdeckt wurden die Höhle und ihre Zeichnungen erst im Jahr 1905 vom Großvater des heutigen Besitzers (die Cueva ist Privatbesitz), der auf der Suche nach Vogelmist in den »Schlund der Fledermäuse« einstieg; über 30 Jahre dauerten die archäologischen Untersuchungen, bis sie 1935 ihren vorläufigen Abschluß fanden, als Wissenschaftler in einem über 70 m tiefen Schlund die Versteinerungen eines menschlichen und zweier tierischer Skelette fanden.

Seither ist die Höhle »Nationalmonument« und kann besichtigt werden: tgl. 10–13 und 16–17/18 Uhr; die Führung dauert rund 1 Stunde, erfolgt aber erst bei mindestens 3 Personen. Das Info-Telefon erreicht man unter ✆ *95/216 72 02.*

Man erreicht die Höhle über die »MA-501« ab Ronda nach rund 30 km (gut ausgeschildert). Wer kein eigenes Fahrzeug hat, nimmt ab Ronda entweder einen Zug Richtung Algeciras und steigt in *Benaoján* aus oder nimmt den zweimal täglich nach Benaoján verkehrenden Bus. Von diesem Ort aus sind es noch 5 km zu Fuß entlang ausgeschilderter Wege.

Ohne Führung keine Besichtigung, denn das Innere ist nicht ausgeleuchtet, so daß man sich mit Kerosinlampen seinen Weg ertappen muß. Die Erklärungen des Führers (und Besitzers) sind englischsprachig und fachmännisch, und sehen kann man neben den Zeichnungen kleine Seen, ein paar Knochenfunde, bodenlose Schlunde, kathedralenhohe Gewölbe und Tropfsteine in den bizarrsten Formen.

SERRANÍA DE RONDA

Die *Serranía de Ronda* ist der Sammelname für all die vielen namenlosen Sierras, die das Hochplateau von Ronda wie einen Kranz umgeben. Laut *Escriches* ist das Gebiet »eine der bedeutendsten vulkanischen Formationen der Welt«, aber man muß wohl ein versierter Geologe sein, um die frei zutage tretenden Formationen der entsprechenden Erdzeit zuordnen zu können: Kambrium und Jura, Eozän und Quartär, Oligozän und Tertiär. Auch um das angeblich überall herumliegende

Serpentin (Schlangenstein) zu finden, bedarf es des Späherblicks eines Fachmannes, wie der Laie wohl auch ahnungslos an den *Pisapos* vorbeigehen wird (vorgeschichtliche Edeltannen, »lebende Fossilien des Quartär«, die weltweit nur noch hier anzutreffen sind) sowie an *Capra Hispanica,* der »Urziege«, die sich nur noch hier herumtreiben soll.

Wer mit dem Fahrzeug unterwegs ist und nur ein paar schöne Bilder sammeln will, findet dazu reichlich Gelegenheit während einer rund 120 km langen Rundreise, die von Ronda zur *Cueva de la Pileta* führt (siehe nächstes Kapitel), der »MA-549« bis *Cortes de la Frontera* folgt, sich dann in Serpentinen zum *Peñon del Berrueco* hinaufschlängelt; hier biegt man nach links ab (gen Süden) in die ausgeschilderte *Reserva nacional de Cortes de la Frontera,* ein wildes Land mit Stein- und Korkeichenwäldern und Quellen im Wiesengrund, erreicht so *El Colmenar* im Tal des *Río Guadiaro,* folgt der »MA-512« bis *Gaucín* und zurück bis Ronda *der* Panoramastraße der Provinz Málaga, der »C-341«, von der aus man phantastische Ausblicke auf weit entrückte Felsnester, *pueblos blancos,* genießen kann, die sich wie Waben an schroffe und teils terrassierte Felshänge klammern.

NACH TARIFA

Glattgeschliffene Felsplatten haben sich wie Schollen im Packeis übereinander geschoben, sind zu Trümmerfeldern zerbrochen oder zu steinernen Baumkuchen aufgeschichtet. Die *Serranía de Ronda* gibt sich hier, beidseitig der C-341 südlich von Ronda, wüstenhaft und menschenfeindlich. Es geht steil bergan. Längst ist die 1000 m-Marke überschritten.

Nach insgesamt 30 km kann das Auge wieder aufatmen. Das Dorf *Atajate* schmiegt sich in eine mit Ölbäumen und Weinreben bepflanzte Mulde. Etwa 5 km weiter südlich bedeckt *Benadalid* einen rostroten Felsbuckel, der auf drei Seiten in einen schaurigen Abgrund blickt. Diese Schlucht, über 500 m tief und vom **RÍO GENAL** durchflossen, bestimmt das Bild auf den folgenden Kilometern. In der dunstigen Ferne ragt die *Sierra Bermeja* auf. Ihre steilen Hänge sind terrassiert und mit Grün bewachsen; winzige Ansiedlungen krallen sich wie Adlerhorste an den Fels.

Dann ist **GAUCÍN** erreicht, ein schon von den Römern zur Festung ausgebauter Pueblo Blanco. Die Ruinen der »Adlerburg« lasten schwer über dem idyllischen Dorf. Ein kleiner Aufenthalt kann sich lohnen. Zumal für Kunstreisende: Die Pfarrkirche, ein schlichter Renaissancebau aus dem 16. Jh., ist bekannt für ihre Holzbedachung im reinsten Mudéjar-Stil.

Unterkunft hier im ausgeschilderten **HOSTAL MONCADA** •-•• *(✆ 952/15 11 47),* und für das leibliche Wohl sorgt die **FONDA NACIONAL** gleich unterhalb der Burg an der *Calle San Juan de Duios 8,* in der seit über 100 Jahren schon bodenständige andalusische Gerichte serviert werden.

Bei Gaucín hat man die Qual der Wegwahl: die MA-539 schlängelt sich ab hier auf spektakulären 26 km durch die *Sierra Crestelina* zur Costa del Sol nahe Estepona. Die C-341 erreicht den Ort Jimena nach rund 23 km, die MA-512 benötigt dafür knappe 70 km. Auf diesen Umweg sollte man sich einlassen: Dunkelgrüne Wiesen weisen den Weg nach **EL COLMENAR.** Hier leben die Menschen noch so abgeschieden, daß Fremde wie Wunder bestaunt werden. Der Ort liegt in einem fruchtbaren Flußtal am Rande der **RESERVA NACIONAL DE CORTES DE LA FRONTERA.** Dieses Schutzgebiet, das die Straße in voller Länge durchquert, besticht mit Einsamkeit, malerischen Lichtungen und den vielleicht tiefsten Korkeichen-Wäldern Andalusiens. Die Vögel zwitschern, Schmetterlinge taumeln von Blüte zu Blüte, ein stets kühler Wind erfrischt, und überall sprudeln Quellen aus dem Waldesgrund. Wanderlust kommt auf – und kann befriedigt werden: Unzählige Pfade durchschneiden den hügeligen Park. Wer Glück hat, sieht Wildschweine, Rehe und Damwild.

Eine Paßhöhe ist erreicht. Und damit die C-3331, der man nach links folgen sollte, will man nicht via Cueva de la Pileta nach Ronda zurückkehren. Jetzt liegen die bewaldeten Täler des Nationalparks in der Tiefe, die alpinen Zacken der *Sierra Ubrique* in der Ferne. Und auf dem wiesigen Hochplateau, das die Straße auf dem Weg zur *Puerta de Galiz* durchschlängelt, setzen Kork- und Steineichen knorrige Akzente.

Von dort sind's noch rund 30 km, bis **JIMENA DE LA FRONTERA** aus üppigem Weideland herauswächst. Ein Schild weist in die Stadt und zum *Castillo,* von dessen Zinnen aus man ein weites Panorama genießen kann. Im Süden erfaßt der Blick die Festungsmauern von *Castellar de la Frontera* – dem nächsten Ziel –, doch bevor es dorthin weitergeht, sollte man nicht säumen, die malerischen Gassen des komplett unter Denkmalschutz stehenden alten Ortskerns zu durchschlendern.

Übernachten kann man hier auch, und zwar unterhalb der Burg in der lauschig-schönen und sehr gepflegten **PENSIÓN EL AÑON** ••-••• *(Calle Consuleo, ✆ 956/64 01 13)* sowie in der außerhalb auf dem Land gelegenen und von einem österreichischen Pärchen geleiteten **PENSIÓN RANCHO LOS LOBOS** ••• *(✆ 956/64 04 29),* wo auch Pferde vermietet werden; angeschlossen ein kleiner Pool. – Die Übernachtungspreise (inkl. Frühstück) sind mit knapp 50 € fürs Doppelzimmer wirklich angemessen; auch Halbpension ist erhältlich.

Doch nun weiter zum mittelalterlich anmutenden Burgdorf **CASTELLAR DE LA FRONTERA,** das wie ein Adlerhorst auf der Spitze eines rund 300 m hohen Felsenturms thront. Ihm zu Füßen ein Stausee und der herrliche Klosterwald des *Sanctuario Mercedarios.* Die über 700 Jahre alte Dorf-Architektur ist unangetastet und war dem Verfall preisgegeben, als sich hier in den 70er Jahren zahlreiche »Aussteiger« aus meist deutschen Landen niederließen. Die Anfänge waren schwierig, und noch Ende der 80er Jahre gab es hier manches zu beklagen. Heute aber haben sich die spanischen Nachbarn und insbesondere auch die Behörden an die »ruhiger« gewordenen Aussteiger gewöhnt, und abzuwarten bleibt nur, ob die Großkopferten der Region mit den Alternativen leben können: Sie planen nämlich schon seit langem, den bilderbuchschönen Ort in ein Zentrum für vermögende Touristen umzuwandeln.

Günstige Herbergen gibt es bislang keine, und so bleibt für die Nacht nur die etwas außerhalb im Süden des Dorfes gelegene **CASA CONVENTO** *(✆ 956/69 30 02, 🖷 69 32 14)* bei der *Finca La Almoraima.* Das Hotel in dem alten Klosterbau ist von einem weitläufigen Korkeichenhain umgeben (16 qkm groß!), den man zu Pferd und zu Fuß erforschen kann. Dem traditionsreichen Haus angeschlossen sind ein Pool sowie ein Tennisplatz, und die 11 Zimmer (um 110 €) des Hauses strahlen eine enorme Gemütlichkeit aus, wie auch das Restaurant, die Bibliothek und das im Obergeschoß untergebrachte Kaminzimmer wahrhaftig nichts zu wünschen übriglassen.

AN DIE COSTA DE LA LUZ: Kurz bevor man die »Sonnenstraße des Tourismus« erreicht, die N-340, zweigt nach rechts die CA-512 Richtung *Los Barrios* ab. Folgt man ihr und hält sich an der nächsten Kreuzung nach rechts, stößt man bald auf die CA-221. Es geht nach Süden, durch die düsteren Korkeichenwälder der *Sierra del Niño,* vorbei am wiesengebetteten *Embalse de Almodóvar.* Biegt man dann gen *Santuario de Nuestra Señora de la Luz* links ab, wandeln sich die Wälder und Schroffen der Berge in ein malerisches Butterblumenland. Eine letzte Biege: Voraus breitet sich das Tiefblau des Atlantiks aus, geht jenseits der Straße von Gibraltar ins graubraun herüberschimmernde marokkanische Rif-Gebirge über. Nach Tarifa, gen links, sind's noch 3 km.

Einsame Wege nach Jerez

Wenig mehr als eine Stunde benötigt man von *Ronda* nach *Jerez de la Frontera,* nutzt man das schnelle Asphaltband der Nationalstraße N-342. Aber es ist eine »tote« Stunde. Hundert hektische Kilometer müssen bewältigt werden. 250 einsame sind es hingegen entlang der nachfolgend beschriebenen Rundfahrt. Sie führt durch wogende Kornebenen in die windumpeitschten Höhen einer grandiosen Bergwelt, windet sich durch schattige Flußtäler zu paradiesischen Stauseen, verläuft durch archaisch anmutende Ölbaum-Ebenen und unendlich scheinendes Sonnenblumenland.

Man könnte dieser Route viele Namen geben. Ein bekannter lautet »Route der Pueblos Blancos«, denn sie verbindet nicht nur unterschiedliche Landschaften, sondern auch die »Weißen Dörfer«. Mit verworrenen Gassenlabyrinthen, prachtvollen Innenhöfen, Bogenfenstern und wie geknetet wirkenden Fassaden erinnern sie an marokkanische Medinas und erzählen vom maurischen Mittelalter in Al-Andalus.

Und am Ende der Fahrt dann der Moment des großen Kontrastes: *Jerez de la Frontera,* die für viele Landeskenner spanischste Stadt Spaniens (die unter »Provinz Cádiz« ausführlich vorgestellt wird).

AN-/WEITERREISE: Zwischen *Ronda* und *Arcos de la Frontera* verkehren täglich mehrere Busse via die »Weißen Dörfer«, so daß auch der, der mit öffentlichen Verkehrsmitteln reist, kein Problem hat, die nachfolgend beschriebene Route zu bereisen. Von *Arcos* aus dann ist es kein Problem, *Jerez, Cádiz, Sevilla* zu erreichen.

FIESTAS

Entlang der nachfolgend beschriebenen Route laden rund ums Jahr zahlreiche Festivitäten ein, von denen hier die bekanntesten kurz vorgestellt werden sollen:

Nicht sehr prunkvoll, aber außerordentlich malerisch sind die Prozessionen während der **KARWOCHE** *Semana Santa* in *Algodonales* sowie *Arcos de la Frontera.*

Zu **OSTERSONNTAG** organisiert Olvera eine auf das 18. Jh. zurückgehende Wallfahrt zur Kapelle *Virgen de los Remedios.*

FRONLEICHNAM wird am eindrucksvollsten in *Zahara de los Membrillos* und *Algodonales* gefeiert.

Am **15. MAI,** dem Tag des Heiligen Isidro, veranstalten *Algatocín, Olvera, Grazalema* und *Ubrique* Feste mit Märkten und Wallfahrten.

Am **3. MAI** feiert Ubrique die *Fiesta de los Gamones.*

Um den **22./23. JUNI,** dem Johannistag (Sonnenwende), finden Wallfahrten in *Zahara de los Membrillos* und *Algatocín* statt.

Der **16. AUGUST,** der Tag der *Virgen del Carmen,* bringt Wallfahrten, Prozessionen, Tänze, Feuerwerk und Stierkämpfe in *Algodonales, Grazalema* und *Benaoján.*

Wallfahrten, Reiterumzüge, Jungstierkämpfe sind im **AUGUST** überhaupt sehr häufig. Am buntesten dann in *Gaucín, Olvera, Setenil, Grazalema* und *Zahara de los Membrillos.*

Am **28. OKT.** schließlich feiert *Zahara de los Membrillos* den Tag der Reconquista.

DIE WEISSEN DÖRFER

Kein Ort in Andalusien – mit Ausnahme der Bergdörfer der Alpujarra – stand länger unter maurischer Herrschaft als **SETENIL.** Man hatte schlichtwegs vergessen, es zu erobern. Als man daran ging, das nachzuholen, war schon ein ganzes Jahrzehnt seit dem Fall von Granada vergangen, und längst weilte der letzte Maurenkönig in seinem Exil im marokkanischen Fez.

Das schmucke Dörfchen hat sich zwischen zackige Felsklippen und romantische Cañons unter ein monumentales Felsendach geschoben, über dem die verfallene Burg und die mittelalterliche Kirche aufragen.

Für die Nacht bietet sich hier nur die außerhalb gelegene, aber sehr empfehlenswerte **PENSIÓN ALMENDRAL** •• an (✆ *956/13 40 29;* tiptop gepflegtes Haus mit Pool, Tennis, MTB-Verleih), und für das leibliche Wohl sorgt u.a. die Tapa Bar **EL MOLINILLO** *(Calle Cueva del Sol 71),* die wildromantisch unter einem Felsgewölbe gelegen ist.

Rund 15 km weiter nördlich, schon an der N-342, liegt das von einer mittelalterlichen Festung und einer monströsen klassizistischen Kirche gekrönte **OLVERA** vor einer Bergschranke im Hintergrund. Der Anblick ist imposant, der von unzähligen verwinkelten Gassen durchzogene Ortskern bilderbuchschön, und wenn auch Olvera für ein Dorf eigentlich zu groß ist (rund 10 000 Einwohner), sollte man sich doch nicht nehmen lassen, hier zumindest für 1–2 Stunden einen Stopover einzulegen.

Zwei Herbergen stehen zur Verfügung, und sowohl die **PENSIÓN MAQUEDA** • *(Calle Calvario 35,* ✆ *956/13 07 33)* als auch die **PEN-**

SIÓN SIERRA Y CAL •• *(Av. de Nuestra Señora de los Remedios 2, ✆ 956/13 03 03)* bestechen mit sehr guten Preis-Leistungs-Verhältnissen.

Die Nationalstraße führt nach *Algodonales.* Dieser Ort ist zu groß geworden, als daß man sich hier lange aufhalten möchte. Zumal es nur noch ein paar Fahrminuten bis **ZAHARA DE LOS MEMBRILLOS** sind. Und so schön wie der Name – »Festung der Quittenblüte« –, so lieblich ist dieses Bergdorf. Einer Bienenwabe gleich klebt es über üppigen Wiesen und seidig schimmernden Obsthainen an der schroffen Felswand unter einem mittelalterlichen Burgturm. Greifvögel ziehen ihre Kreise, es duftet nach Blütenstaub, ein kleiner Stausee setzt dem Idyll das i-Tüpfelchen auf, und der alte Ortskern, als Nationalmonument unter Schutz gestellt, gilt als einer der am besten erhaltenen der gesamten Region.

Außer dem kleinen und spottbilligen Campingplatz **CORTIJO ARROYOMOLINO** *(✆ 956/23 40 79)* am o.g. Stausee lädt die komfortable und in einem alten Adelspalast im Ortskern untergebrachte **PENSIÓN MARQUÉS DE ZAHARA** •• *(Calle San Juan 3, ✆ 956/13 72 61)* ein. An der gleichen Straße befindet sich ein privatwirtschaftlich geführtes **TURISMO** *(✆ 956/12 31 14),* das geführte Wanderungen, Radtouren etc. organisiert und auch Wanderkarten der Umgebung vertreibt.

Die C-531 führt an Zahara vorbei, windet sich den Felsriegel der majestätisch und unvermittelt aufragenden *Sierra de Grazalema* hinauf und erreicht so den fast 1400 m hohen Paß **PUERTO DE LAS PALOMAS,** von dem aus der Blick nahezu 900 m senkrecht auf eine lindgrün heraufschimmernde Wiesenebene fällt, in der linear ausgerichtete Baumreihen geometrische Labyrinthmuster bilden.

Das ist ein Höhepunkt. Ein anderer schließt sich an:

GRAZALEMA: Die rund 2000 Einwohner diesen schmucken Ortes sind zu beneiden, denn wie hingehaucht wächst dieses weitere Bilderbuchdorf mit seinen blütenweiß gekalkten Häusern die Flanken eines Felskessels hinauf und blickt aus luftiger Höhe auf ein keilförmig ausladendes, immergrünes Wiesental. Für die Mauren war Grazalema gleichbedeutend mit dem Paradies auf Erden, und die Kalifen von Córdoba – in Sachen Pracht und Schönheit wahrhaftig verwöhnt – verbrachten hier regelmäßig die heißen Sommermonate.

Heute ist Grazalema wohl das bekannteste der »Weißen Dörfer«, und Jahr für Jahr wächst die Zahl der Besucher, die von hier aus das faszinierende Umland der Sierras erkunden. In der Tat ist der Ort wie geschaffen auch für einen ganzen Urlaub, und auch wer in Eile ist, sollte einen Stopover einlegen, denn die hier in Handarbeit gewebten Decken, Schals, Ponchos etc. sind in ganz Spanien berühmt. Beste Adresse für diese Mitbringsel ist die **FÁBRICA NUESTRA SEÑORA DEL CARMEN,** die gleich hinter der unübersehbaren Tankstelle gelegen ist.

In der **INFORMACIÓN TURÍSTICA** an der zentralen *Plaza de España* *(✆ 956/13 22 25, 🖷 13 20 28)* kann man Wanderkarten abrufen sowie Informationen über geführte Wanderungen, Höhlenexkursionen, Pferdetreks etc.; auch o.g. Webwaren sowie Käse und andere Sierra-Spezialitäten stehen zum Verkauf.

Mitten im Ort hinter der Plaza de España lädt die außerordentlich empfehlenswerte **PENSIÓN CASA DE LAS PIEDRAS** •• *(Calle de las Piedras 23,✆ 956/13 20 14)* ein, die gemütliche Zimmer, einen kühlen Patio sowie auch ein kleines Restaurant bietet.

Die **VILLA TURÍSTICA GRAZALEMA** •••-•••• *(Ctra. Comarcal Acceso, km 344,✆ 956/13 21 62,📠 13 22 13)* – ein anmutiger Hacienda-Bau – könnte gar nicht schöner liegen als auf dem Wiesenplateau am Rande des Dorfes. Die Innenarchitektur verbindet Maurisches mit Spanischem. Die Zimmer haben Balkone, verschnörkelte Holzbetten und arabische Sitzkissen. Das Restaurant ist trefflich, und vor der Liegewiese mit Swimming-Pool breiten sich malerische Bilder aus.

Bleibt abschließend der schlichte **CAMPING TAJO RODILLO** *(✆ 956/72 32 35)*, an der Straße nach El Bosque ausgeschildert, der ganzjährig geöffnet ist und sich mit seinen Wiesenterrassen besonders zum Zelten eignet.

Das nächste Ziel ist **UBRIQUE.** Dorthin gibt es zwei Straßen. Die C-3331 ist nicht nur mit Abstand die kürzere, sondern auch die landschaftlich reizvollste. Man fährt durch steinige Trogtäler, über weite Wiesenplateaus, vorbei an Pferde-, Ziegen- und Büffelherden, erreicht schließlich den 1400 m hoch gelegenen Ort *Benaocaz*, überblickt von hier an klaren Tagen die ganze südliche Landmasse Andalusiens und stets das über 500 m tiefer gelegene Ubrique. Auch das ist ein »Weißes Dorf«, obwohl mit 18 000 Einwohnern schon eher eine »Weiße Stadt«. Sie hockt in einer ringsum von Bergen umgebenen Wiesenmulde. Man muß hindurchfahren, aber in ihr bleiben muß man nicht unbedingt. Ubrique ist schön, insbesondere von oben.

NACH ARCOS DE LA FRONTERA

Wer in Eile ist, wählt von Ubrique aus die CA-524 nach Arcos. Aber die ist schnell und ohne sanfte Übergänge. Entlang der C-3331 bewegt man sich dagegen langsamer und Schritt für Schritt aus der Gebirgswelt hinaus, erreicht so den **PUERTO DE GALIZ,** zweigt nach rechts auf die CA-503 ab – und schon sind die Berge vergessen: Voraus liegt ein Land der »tausend« Hügel, zwischen denen junge Wasserläufe ihren Weg zum Atlantik suchen. Nachdem man rund 8 km auf dieser Straße zurückgelegt hat, weist ein Schild nach rechts zum *Embalse de los Hurones.* Aus Wiesen werden Wälder, die Hügel rücken enger zusammen und formen eine Schlucht, in die der *Río Majaceite* sein Flußbett eingefräst hat. Stichstraßen führen an sein Ufer, zu zelten ist erlaubt, man wohnt idyllisch, aber an den Wochenenden nicht ohne (spanische Picknick-)Nachbarn.

Das Tal wird wieder weiter. Eine Staumauer kommt in Sicht. Unterhalb liegt eine kleine und nett in die Natur eingepaßte Feriensiedlung, und oberhalb erstreckt sich zwischen Wiesenhügeln und Wäldern die blaueFläche des »Huronensees«. Forellen stehen hier zuhauf im klaren Wasser, doch Campieren ist verboten, Baden und Picknicken hingegen erlaubt.

Um nach Arcos zu gelangen, muß man wieder zurück zur CA-503. Nach 7 km kann man auf die CA-521 abbiegen, die erst nach *Algar* führt und dann durch ausgedehnte Ölbaumplantagen und Sonnenblumenfelder Arcos de la Frontera erreicht.

ARCOS DE LA FRONTERA

Aus welcher Richtung man auch immer anreisen mag: Arcos beeindruckt schon von der Ferne. Die über 3000 Jahre alte Stadt gilt als Musterbeispiel eines Pueblo Blanco, und ist nicht nur ihren rund 28 000 Einwohnern eine der schönsten Siedlungen der gesamten Iberischen Halbinsel. Wie ein römisches Amphitheater legt es sich in schwindelerregender Höhe um einen schroffen Felsen über die mit Inseln und Sandbänken durchsetzte Schlucht des *Río Guadalete.* Das sieht markant aus und prägte den Ausspruch: *Arcos, presto para el vuelo* – »Arcos, bereit zum Flug«.

Die Kelten sollen die ersten Siedler auf dieser natürlichen Felsfestung gewesen sein. Es folgten die Karthager und Römer. Dann die Westgoten. Schließlich die Mauren, die Arcos zu einer ihrer bedeutendsten Städte ausbauten. Aber bevor es dazu kommen konnte, mußte eine der wichtigsten Schlachten in der Geschichte Spaniens geschlagen werden: die Schlacht am Río Guadalete im Blickfeld von Arcos, in der sich das vereinigte Westgotenheer unter König *Roderich* den arabischen Truppen unter *Tarik* stellen mußte. Das begab sich im Jahre 711, und diese Zahl ist jedem Spanier ein Begriff. Denn die Germanen verloren; trotz zahlenmäßiger Überlegenheit. Das muslimische Zeitalter in Andalusien nahm seinen Anfang.

INFORMATION

Die **OFICINA DE TURISMO** (unterhalb der Altstadt an der *Plaza de Cabildo,* ✆ *956/70 22 64,* 📠 *70 09 00*) organisiert Stadtrundgänge, die von erfahrenen und mehrsprachigen Führern geleitet werden.

BUS: Der Busbahnhof von Arcos liegt unterhalb der Stadt am Fuße des Felsens an der *Calle Corregidores,* von wo aus man gut und gerne 30 Min. zu

Grazalema ▼

Fuß bis in die Altstadt unterwegs ist (der Stadtbus verkehrt halbstündlich hinauf).

Es gibt täglich zahlreiche Verbindungen mit *Jerez, Cádiz, Sevilla, Ronda* und *Málaga* sowie den o.g. »Weißen Dörfern«.

ZUG: An das Schienennetz ist Arcos nicht angeschlossen; nächster Bahnhof im nur 24 km entfernten Jerez, von wo etwa stündlich Busse nach Arcos verkehren.

Mit eigenem Fahrzeug

Wer mit dem PW anreist, mag in die von außerordentlich engen Gassen geprägte Altstadt zur zentralen Plaza de España hinauffahren, aber wer mit dem Caravan oder Wohnmobil unterwegs ist, tut gut daran, schon in der Neustadt zu parken; etwa am Busbahnhof, von wo aus ein Stadtbus alle 30 Min. zur Plaza verkehrt.

Unterkunft

GÜNSTIGE PENSIÓNES UND FONDAS finden sich unterhalb des historischen Zentrums an der Parallelstraße zur Calle San Miguel. Empfehlenswert sind u.a. die **FONDA GALVIN** • *(gegenüber Caja Ahoros de Ronda an der Calle San Miguel 11, ✆ 956/70 05 54)* und die **FONDA DEL COMERCIO** •-•• *(um die Ecke ab Fonda Galvin an der Debajo del Corral, ✆ 956/70 00 57),* mit auffallend schönen Zimmern in einem alten verwinkelten Haus.

EL CONVENTO •••-••••, *Calle Maldonado 2, ✆ / 🖷 956/70 23 33.* In Sachen Hanglage und damit Traumpanorama steht dieses in einem ehemaligen Kloster untergebrachte Hotel dem u.g. Parador um nichts nach, und wer einmal zwischen 70 und 60 € pro Nacht für ein Doppelzimmer ausgeben möchte, der sollte es unbedingt hier tun (und möglichst frühzeitig reservieren).

Das **HOTEL LOS OLIVOS** •••• *(Calle San Miguel 2, ✆ 956/70 08 11, 🖷 70 20 18)* liegt etwas unterhalb der Plaza de España an der Zufahrtstraße zum Parador. Ein eleganter Patio lädt zum sich Entspannen ein, im Aufenthaltsraum sorgen Rattanmöbel und seidengrüne Polster für Gemütlichkeit, und die Zimmer – z.T. mit Balkon – locken mit herrlicher Fernsicht, sind modern und komfortabel ausgestattet, dabei ab 55 € teuer.

Auf dem Gipfel der Stadt, 160 m über dem Land und direkt an den senkrechten Steilhang gebaut, liegt das Kleinod in der Kette der staatlich geführten spanischen Luxusherbergen: der **PARADOR NACIONAL CASA DEL CORREGIDOR** *(Plaza de España, ✆ 956/70 05 00, 🖷 70 11 16).* In dem von Arkadenreihen umgebenen Patio plätschert ein Springbrunnen; grüne Pflanzen ranken an schmalen Säulen empor. Die Zimmer (ab 110 €) sind stilvoll, blicken entweder auf die Plaza und die sie umgebenden historischen Gebäude oder – mit Balkon – in den schaurigen Abgrund des Río Guadalete.

Essen und Trinken

Wer das Besondere sucht, sowohl in Sachen Ambiente und Lage als auch Küche, der *muß* in Arcos einfach im **PARADOR-RESTAURANT** einkehren und dafür freilich auch bereit sein, ab etwa 25 € pro Person für ein Essen zu bezahlen.

Ab etwa 15 € ißt man wohl ebensolch delikate Speisen im **RESTAURANTE CONVENTO,** wo man im Patio eines ehemaligen Palastes sitzt oder im höchst stilvollen Innenraum, aber eben auf das Traumpanorama verzichten muß. Das Restaurant befindet sich übrigens nicht im gleichnamigen Hotel, sondern nahebei an der Calle Maldonado 9.

In die **CAFETERÍA EL MOLINO** *(Calle Grandillo s/n)* geht man nicht der Tapas wegen, sondern vielmehr wegen der regelmäßigen Flamenco-Abende ganz ohne touristisches Ambiente.

Sehenswürdigkeiten

Ausgangspunkt jeder Besichtigung ist die **PLAZA DE ESPAÑA,** auch bekannt als *Plaza del Cabildo.* Links steht der Parador, rechts der winzige Ayuntamiento, der für seine zwei fein gearbeiteten Artesonado-Dekken bekannt ist. Die Südseite der Plaza mündet in einen Aussichtsbalkon. Ihm gegenüber liegt die von den Westgoten gegründete, aber in der Hauptsache aus dem 16. Jh. stammende **IGLESIA SANTA MARÍA DE LA ASUNCIÓN.** Unübersehbar ihr wuchtiger quadratischer Barockturm. Im Innern (Mo bis Fr 10.30–13 und 16–18.30 Uhr, Sa nur morgens) greifen die tragenden Säulen in das Gewölbe über und bilden so das in Spanien recht selten anzutreffende »Palmbaum-Gewölbe«. Der polychrome Hauptaltar folgt der Renaissance, stellt bewegte Szene aus dem Leben Mariä dar und wird von barocken Putten gekrönt.

Eine weitere Sehenswürdigkeit an der Plaza ist das **MUSEO TESORO PARROQUIAL** (Di–So, 10–14 Uhr), in dem religiös inspirierte Gemälde sowie insbesondere maurische Goldschmiedearbeiten ausgestellt sind.

Geht man durch die Calle Pesas del Reloj um das Chorhaupt der Iglesia Santa María herum, gelangt man zur Cuesta de las Monjas. Sie führt vorbei am verfallenen Barockportal des Marktes, an der gotischen Misericordia-Kapelle, und zieht sich zur **IGLESIA SAN PABLO** hinauf. Dem Mauerwerk dieser gotischen Kirche mit Barockfassade sieht man noch an, daß sie einst Teil der maurischen Befestigungsanlage war. Ihr einschiffiges Inneres (Öffnungszeiten wie die Santa María-Kirche) gehört größtenteils der Renaissance an. Beachtenswert der Altaraufsatz, der Szenen aus dem Leben von St. Peter darstellt.

Eindrücklicher als der Kirchenbesuch ist der Aufstieg zur Spitze ihres **TURMES**. Eine körperbreite Wendeltreppe windet sich in die Höhe, führt durch die Wohnung des Glöckners und endet direkt unter den Glocken. Wer schwindelfrei ist, kann auf das mehrfach gewölbte Kirchendach hinaustreten, aber auch der Blick aus den Turmfenstern in die Guadalete-Schlucht und über das Dächermeer der Stadt entschädigt schon hinreichend für den etwas beschwerlichen Aufstieg.

RINGS UM DIE KIRCHE findet man all das, was gewöhnlich als malerisch und typisch andalusisch verstanden wird. Oft nur einen Meter breite Gäßchen krümmen und drehen sich, passen sich den Höhenunterschieden an, sind von maurisch inspirierten Bögen überspannt. Blumen tropfen die weiß getünchten Wände schlichter Häuser herab, auf schmiedeeisernen Balkonen blühen Rosen, Oleander und Bougainvilleas. Zwischen ovalen Kopfsteinen wuchert Moos. Antike Säulen tragen platereske und barocke Portale, die sich ein ums andere Mal zu intimen Patios öffnen. Und immer enden die Gassen irgendwann brüsk an den steilen Abgründen, von denen Arcos auf allen Seiten umgeben ist.

Sevilla
Marchena
Dos Hermanas
Parque Nacional de Doñana
Utrera
Morón
Lebrija
Olvera
Sanlúcar
Chipiona
Jerez de la Frontera
Arcos
Emb. de Arcos
Emb. de Guadalcacín
Emb. de los Hurones
Ubrique
El Puerto de Santa Maria
Puerto Real
Res. Nacional de Cortes de la Frontera
Cádiz
Gaucín
San Fernando
Chiclana
Medina-Sidonia
Jimena de la Frontera
Costa de la Luz
Emb. de Barbate
Parque Natural de los Alcornocales
Conil
Veier
Barbate
Algeciras
Gibraltar
Tarifa
N
Strasse von Gibraltar
0
30 km
Ceuta
Tanger
Provinz Cádiz
Marokko

Algeciras

Algeciras, die südlichste Großstadt Spaniens, ist in den letzten 40 Jahren um das Zehnfache gewachsen und zählt heute rund 170 000 Einwohner. Davon arbeiten knapp 2000 in der petrochemischen Industrie, die der gesamten Bucht von Algeciras ihren Stempel aufgedrückt hat. Die qualmenden Schlote haben dem Ausblick auf den berühmten Felsen von Gibraltar jeglichen Hauch von Liebreiz und Romantik genommen. Die restlichen 168 000 Einwohner gehen – so hat es zumindest den Anschein – recht dubiosen Geschäften nach, denn auf der Hafenpromenade und im angrenzenden Viertel lungern tagein tagaus unzählige Typen herum, die ihren Lebensunterhalt mit Handel von Drogen jeglicher Art verdienen. Kein Wunder, denn die Stadt hält zusammen mit der angewachsenen Industrieenklave La Linea den höchsten Prozentsatz an Heroinsüchtigen von ganz Europa, die Costa del Sol ist Number one in Sachen Kokain, und die Freaks auf dem Trip von Marokko decken sich hier mit ihrer Wegzehrung für die Reise durch die Iberische Halbinsel ein. Die Kriminalitätsrate ist die höchste von Spanien. »Im Gefängnis von Algeciras trifft sich die halbe Welt, und die zahlreichen Diebstähle, vor denen man nirgendwo mehr sicher ist, sind das Spiegelbild von Drogenabhängigkeit und Arbeitslosigkeit«, wie es *C. Kehr* (»Anders Reisen Andalusien«) ausdrückt.

Für den Reisenden ist Algeciras nur als Verkehrsknotenpunkt von Interesse: Hier starten Busse zu allen Destinationen in Spanien sowie nach Mitteleuropa, hier beginnt das spanische Schienennetz, und vom Hafen aus wird die Fährverbindung von und nach Tanger/Marokko aufrecht gehalten.

ANKUNFT

BUS: Algeciras hat drei Busbahnhöfe; **ESTACIÓN GOMES,** *Calle Bernardo, Ecke Carret. N-340.* Das Zentrum und der Hafen liegen ein paar Gehminuten entfernt: vor dem Gebäude nach links, immer den Schienen folgen.

Die **ESTACIÓN PORTILLO** findet sich direkt an der *Avenida de la Marina,* schräg gegenüber Hafen.

Die **ESTACIÓN LA VALENCIA/EL RÁPIDO** liegt ein paar Meter daneben gegenüber Hafen, ist für Busse aus Mitteleuropa sowie aus *Madrid, Barcelona, Córdoba, Sevilla* und *Jerez de la Frontera* zuständig.

ZUG: ESTACIÓN DE FERROCARRILES, *Carret. N-340, gegenüber Estación Gomes.*

FÄHRE: Die Fährschiffe aus *Tanger* und *Ceuta* legen an der **ESTACIÓN MARÍTIMA** an der Muelle de Tanger/Ceuta an. Die Polizei im Zollgebäude hat Hasch-Schnüffelhunde! Wer so schnell wie möglich aus Algeciras raus will und ein paar Euro nicht scheut, kann noch im Hafengelände ein Taxi für Überlandfahrten mieten.

MIT EIGENEM FAHRZEUG: Immer an den Schildern »Puerto« (nicht »Centro«) orientieren, dann kann man den Hafen nicht verfehlen. Entlang der *Avenida de la Marina* hat's zwar sehr viel Parkraum, aber nur, wer eine gute Diebstahlversicherung hat, sollte sein Auto hier (unbewacht) abstellen. Selbst Spanier aus Algeciras parkieren auf umzäunten und scharf bewachten Plätzen: etwa an der *Calle Bernardo* (ab Avenida über die Schienen, nächste rechts), der rund um die Uhr geöffnet ist.

UNTERKUNFT

Billigherbergen

In den Blocks hinter der Avenida de la Marina finden sich mehrere Dutzend einfacher und einfachster Herbergen, die aber nicht selten ziemlich heruntergekommen und von recht dubiosem Volk bewohnt sind. Empfehlen möchten wir nur das **HOSTAL SAN MIGUEL •** (*Huerta del Angel 2, ✆ 956/65 44 51;* saubere, wenn auch kleine Zimmer; ruhig), das **HOSTAL RÍO ••** (*Calle Río 2, ✆ 956/65 31 55;* Altbau, recht angenehme Zimmer) sowie das **HOSTAL GONZALES ••** *(Calle José Santacana 7, ✆ 956/65 28 43),* das in dieser Klasse wohl die gepflegtesten Zimmer bietet.

HOTEL ANGLO HISPAÑO ••-•••, *Avenida Villanueva 7, ✆ 956/57 25 90, 📠 57 26 17.* Die weiß-ockerfarbene Villa ist eines der wenigen schönen Bauwerke in Algeciras und hätte durchaus 2 oder 3 Sterne verdient. Die von Galerien umgebene Lichthalle des Foyers ist reif für ein Grand Hotel, zu den Zimmern führen marmorne Freitreppen, und die ausnehmend großen Zimmer sind etwas museal, aber sehr anheimelnd eingerichtet; mit Bad (mit Wanne) und WC. Und der bewachte Parkplatz sowie der Fährhafen liegen direkt gegenüber.

HOTEL REINA CRISTINA ••••, *Paseo Conferencia, ✆ 956/60 26 22, 📠 60 33 23.* Bestes Haus weit und breit, schon Hemingway fühlte sich in diesem nostalgischen Prunkbau wohl, der ausgestattet ist mit Golf- und Tennisplatz, Schwimmbad, aber mit Preisen um 110 € für ein Doppelzimmer auch entsprechend teuer ist.

Camping

Für eine Nacht okay scheint der ganzjährig geöffnete **CAMPING COSTASOL** *(✆ 956/66 02 19)* an der Straße N-340 Malaga–Algeciras, ca. 3 km vor dem Ort. Laubbäume und Büsche sowie Mattendächer bieten Schatten, es gibt ein kleines Restaurant und einen Shop, ein Schwimmbad kann kostenlos mitbenutzt werden, die sanitären Einrichtungen sind mittelprächtig, aber der Geräuschpegel der nahen Straßen kann einen schier um den Verstand bringen.

Der **CAMPING BAHIA** *(✆ 956/66 19 58),* rund 500 m weiter stadteinwärts Richtung Meer gelegen, ist zwar weniger gepflegt, aber auch weniger laut.

Wer aus Richtung Cádiz anreist, sollte am besten die ausgezeichneten Campingplätze bei **TARIFA** aufsuchen.

Vom **WILDCAMPEN** in der Nähe von Algeciras ist unbedingt abzuraten, zu häufig kommen nächtliche Überfälle vor. Wer aus Richtung Málaga kommt, findet rund 14 km hinter Estepona – wo die Straße noch am Meer verläuft – ein paar ganz gute und vor allem sichere Plätze. Wer allerdings ein Wohnmobil hat, der kann in Algeciras den o.g. bewachten Parkplatz anfahren und dort schlafen oder – wenn's am nächsten Tag nach Tanger/Ceuta weitergeht – auch auf dem umzäunten Parkplatz im Hafengelände die Nacht verbringen.

VERSCHIEDENES

Information

OFICINA DE TURISMO, *Calle Juan de la Cierva, ✆ 956/57 26 36 und 60 09 11, 📠 57 04 75;* Mo bis Fr 9–14 Uhr, Sa bis 13 Uhr.

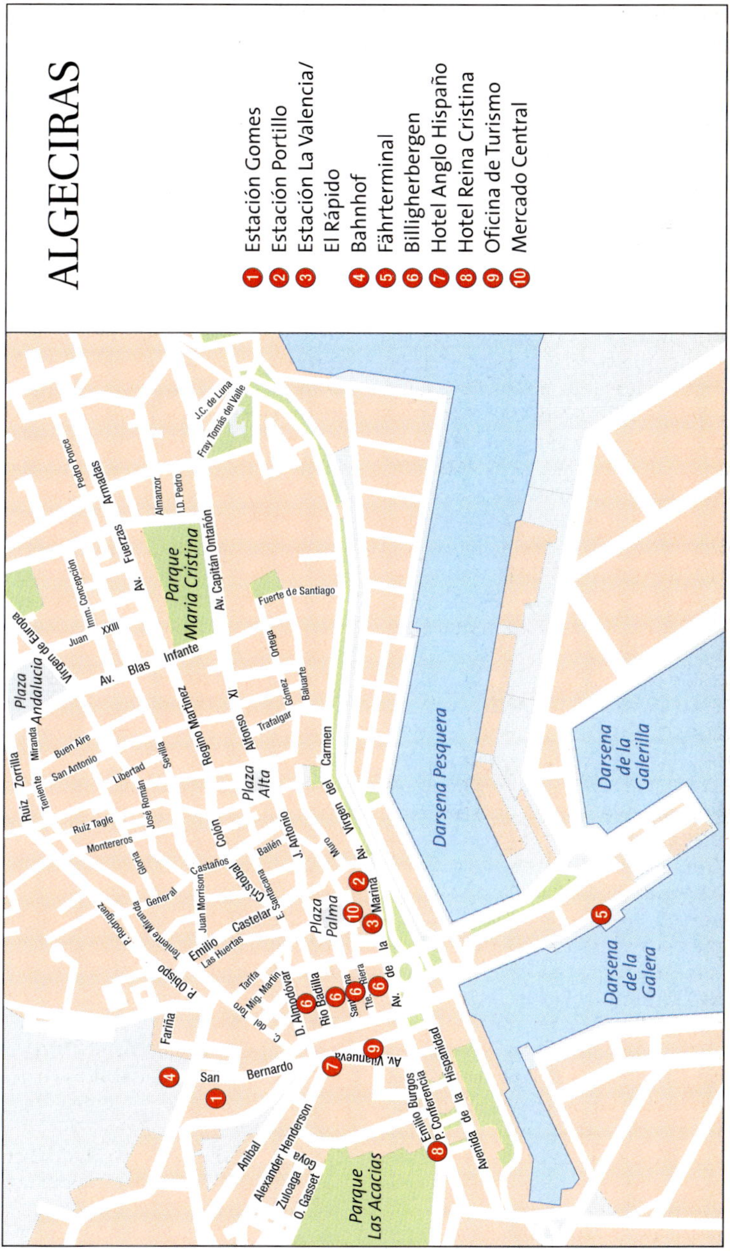
ALGECIRAS
1 Estación Gomes
2 Estación Portillo
3 Estación La Valencia/ El Rápido
4 Bahnhof
5 Fährterminal
6 Billigherbergen
7 Hotel Anglo Hispaño
8 Hotel Reina Cristina
9 Oficina de Turismo
10 Mercado Central
Parque Maria Cristina
Plaza Andalucia
Plaza Alta
Plaza Palma
Parque Las Acacias
Darsena Pesquera
Darsena de la Galerilla
Darsena de la Galera
Fuerte de Santiago
Av. Blas Infante
Av. Capitán Ontañón
Av. Virgen del Carmen
Av. de la Marina
Av. Villanueva
Avenida de la Hispanidad
San Bernardo
Alfonso XI
Regino Martinez
Emilio Castelar
Juan XXIII
Virgen de Europa
Ruiz Zorrilla
Fray Tomás del Valle
J.C. de Luna
Alexander Henderson
Emilio Burgos
P. Conferencia

DROGEN
Hunderte von Kleindealern lungern im Hafenviertel herum und versuchen, ihre Ware an den Mann zu bringen. Wer an einen Kauf denkt, muß wissen, daß die Polizei in Algeciras bei Ausländern keinen Drogenbesitz duldet und daß viele Dealer Polizeispitzel sind. – Einzige Regel also: Finger weg!

SELBSTVERPFLEGER
Kleine Lebensmittelläden finden sich en masse auf der Calle Tarifa, die von der Plaza N.S. abzweigt. Ein sehr großes Angebot an Früchten, Gemüse, Fleisch und insbesondere Fisch gibt es auf dem **MERCADO INGENIERO TORROJA** (Mo–Sa, 8–12 Uhr), *Plaza N.S.*, im überdachten Betonrondell auf der Platzmitte.

Einfache **TAPAS-BARS** und nüchterne **RESTAURANTS** säumen die *Avenida de la Marina* und die Nebenstraßen.

WEITERREISE – INLAND

BUS
PORTILLO *(Busbahnhof an der Avenida de la Marina, ✆ 956/66 22 57)* bedient mehrmals täglich *Granada, Almería* und *Madrid* sowie etwa im Stundenturnus die *Costa del Sol* bis *Málaga*.
GOMES *(Busbahnhof an der Calle Bernardo, ✆ 956/65 34 56)* fährt alle 30 Minuten nach *La Linea* (für Gibraltar), stündlich nach *Tarifa*, alle 2 Stunden nach *Cádiz* und mehrmals täglich nach *Zahara* und *Barbate, Pelayo, Palmones, Ubrique* und *Sevilla*.

Für alle anderen Verbindungen innerhalb Südspanien sind die zahlreichen Reisebüros gegenüber Hafeneinfahrt an der *Avenida de la Marina* zuständig.
ZUG: Vom Bahnhof *(✆ 956/65 44 07 und 65 49 07)* an der N-340 fahren Züge via *Ronda* nach *Málaga* oder *Granada*; von hier aus in alle Landesteile und nach Mitteleuropa.

WEITERREISE – INTERNATIONAL

NORDAFRIKA: Drei- bis fünfmal täglich fahren die großen Fährschiffe von Algeciras nach **TANGER** (ca. 2 ,5 Std.), und sechs- bis zehnmal täglich nach **CEUTA**, der spanischen Enklave in Marokko. Ticket-Reservierung ist unnötig, die Billets kauft man am besten bei **TRANSMEDITERRANEA** *(✆ 956/66 52 00, 📠 66 52 16)* im Hafengelände oder in einem der zahlreichen Reisebüros (gleiche Preise), die die *Avenida de la Marina* säumen.

ACHTUNG: Nicht auf die Schlepper hereinfallen, die einem sogar bis vors Ticketbüro nachlaufen und erzählen, die Tickets könne man bei ihnen billiger bekommen; in der Tat kosten sie gut 30% mehr!

Die Passage nach *Tanger* kostet umgerechnet rund 25 €/Person (Kinder zahlen 50%), 65 €/Auto, 25 €/Motorrad und 130 € für Wohnmobile und Caravans bis 6 m Länge; darüber hinaus wird je Meter berechnet. Nach *Ceuta* bezahlen Personen 15 €, Autos 30 €, Wohnmobile um 65 €, Motorräder um 18 €.

ACHTUNG: von *Tarifa* aus fahren ebenfalls täglich Fährschiffe (Jetfoils) nach *Tanger*; nur für Passagiere, kein Fahrzeugtransport, ca. 25 €/Person.
Nach **MITTELEUROPA/PORTUGAL/MAROKKO:** In den Reisebüros an der Avenida de la Marina hängen überall Angebote aus für Flüge, Zug- und Busfahrten nach Genf, Frankfurt, Wien, Berlin, Lissabon, Casablanca etc. – Vergleichen hilft, Geld zu sparen.

Gibraltar

Gemäß der Sage ist kein geringerer als *Herakles* für die Existenz des Felsens von Gibraltar verantwortlich, denn als es ihn auf der Suche nach den »Goldenen Äpfeln« in diese Weltgegend verschlug, schob er mit seiner immensen Kraft zwei Felsen auseinander, von denen er den einen in Europa, den anderen in Afrika aufrichtete. Die Pforte hieß fortan die »Säulen des Herakles«. Die Römer nannten die rund 4500 m lange und 1300 m breite Felsinsel, die erst durch Sandanschwemmungen landfest wurde, »Calpe«, und die Mauren, die hier im Jahre 711 landeten, tauften ihn nach ihrem Feldherrn *Tarik* zu »Dschebel ar-Tarik«, woraus »Gibraltar« entstand. 1462 wurde der 424 m hohe Kalksteinberg – der von Algeciras aus betrachtet ein bißchen an ein vor Anker liegendes Schiff erinnert – wieder christlich. Seit die Engländer ihn während des Spanischen Erbfolgekrieges 1704 im Handstreich übernahmen, ist Gibraltar bekanntermaßen britisches Hoheitsgebiet, von einem Militärgouverneur verwaltet. Daß diese Tatsache den Spaniern ein wahrer Dorn im Auge ist, scheint verständlich. So kam es in der Vergangenheit immer wieder zu Spannungen zwischen Madrid und London, was zwischen 1966 und Februar 1985 die Schließung der Landgrenze zwischen La Linea und Gibraltar zur Folge hatte.

Heute ist »Gib«, wie die Engländer sagen, wieder offen und lockt täglich Horden von Touristen an. Sie schweben mit einer Seilbahn auf den »Rock«, spähen von dort aufs Meer, nach Algeciras und in die Grotten, die den Felsen mit über 50 km langen Höhlen durchziehen; darin lagert ein umfangreiches Waffenarsenal, das eine der größten Waffenkammern der Welt bildet. Dann werden Peanuts gekauft, die an die auf dem Berg lebenden Berberaffen (die einzigen freilebenden Affen Europas) verfüttert werden, und hernach geht's in die »Town«, wo man sich auf der schmuddeligen »Main Street« dem Krimskrams-Shoppen hingibt. Auch »Fish and Chips« steht hoch im Kurs und wird zeitgemäß am liebsten von Plastiktellern genossen.

Ein Spaziergang durch die laut Prospekt »arabisch anmutenden Bazargassen« entführt den Besucher in das angegammelte Milieu etwa einer Liverpooler Vorstadt. Die vielgepriesene Kolonialatmosphäre findet ihren einzigen Ausdruck in den vor Anker liegenden Kriegsschiffen sowie in den vielrassigen Gesichtern der rund 30 000 Einwohner, die mehr Spanisch als Englisch sprechen.

AN-/WEITERREISE

BUS: Die von der Costa del Sol sowie Costa de la Luz aus verkehrenden Busse nach Gibraltar entpuppen sich als teure Ausflugsbusse. Wesentlich günstiger kommt es, einen Bus nach *La Línea* zu nehmen (halbstündlich ab Algeciras, etwa stündlich ab Málaga, Costa del Sol) und von dort aus zu Fuß über die Grenze zu gehen (nur ein paar Minuten).

MIT EIGENEM FAHRZEUG sollte man, wenn möglich, gar nicht nach Gibraltar reisen, denn die Straßen sind eng und Parkplätze äußerst knapp, dabei recht teuer.

Besser ist, in *La Linea* vor der Grenze zu parken (bewachte Parkplätze; dennoch nichts im Auto lassen!) und dann zu Fuß hinüberzugehen.

UNTERKUNFT

Grundsätzlich ist es völlig unnötig, in Gib zu übernachten, da man für diesen Trip nur einen Tag benötigt und wesentlich billiger in Algeciras schlafen kann. Wer dennoch in Gib bleiben möchte, findet nachfolgend ein paar Empfehlungen:

QUEEN'S HOTEL ••• *1 Boyd Street,* ✆ *7 40 00.* Sehr laut, ziemlich runtergekommen, aber die günstigste offizielle Unterkunft in Gibraltar.

BRISTOL HOTEL ••••, *10 Cathedral Square,* ✆ *7 68 00,* 📠 *7 76 13.* Die besten Tage hat das Haus längst hinter sich, aber der Komfort entspricht brauchbarer Mittelklasse (kleiner Pool, kleiner Garten), die Zimmer kosten ab 80 €.

THE ROCK ••••, *3 Europa Road,* ✆ *7 30 00,* 📠 *7 35 13.* Etwas außerhalb Zentrum in panoramareicher Lage zu findendes »Grandhotel« mit viel Flair, Bar, Pool, Garten, Terrasse und eigenen Parkplätzen, aber ziemlich geschmacklosen Zimmern. – Ab 100 €

ESSEN UND TRINKEN

Es herrscht kein Mangel an internationalen Restaurants. Man kann spanisch, italienisch, französisch, indisch, chinesisch und typisch englisch, also »Fish & Chips«, essen. Nähere Informationen in der Broschüre vom Tourist Office »Eating out on the holiday rock«. Empfehlen können wir:

HOUSE OF SACARELLO, *57 Irish Town.* Eines der beliebtesten Cafés der Stadt, außerdem Künstlertreff.

JIM'S DEN, *25 Prince Edward's Road.* Mehr ein Pub, außerordentlich lange Theke, aber gute und relativ günstige Gerichte, insbesondere Steaks.

STRINGS, *44 Cornwall's Lane* (So geschlossen). Sehr kleiner Speiseraum, aber *der* Treff für Gourmets in Gibraltar; ausgefallene Gerichte, hohes Preisniveau.

LA BAYUCA, *21 Turnbulls Lane.* Gilt als ältestes Restaurant der Stadt, bietet sehr gepflegtes Ambiente und gute Gerichte, die schon von »The Royals« gelobt wurden.

Die **STAR BAR** *(12 Parliament Lane)* gilt als ältester Pub der Stadt, ist relativ gemütlich.

VERSCHIEDENES

INFORMATION: Gibraltar Tourist Information Center, *18 Bomb House Lane, Gibraltar Museum,* ✆ *7 48 05;* Mo bis Fr 10 bis 18, Sa bis 13 Uhr.

TELEFONVORWAHL: Will man von Spanien aus nach Gib anrufen, wählt man die »07«, wartet den Pfeifton ab und gibt sodann »350« ein.

ZOLL: Achtung! Die erlaubten Freimengen betragen lediglich 1 Liter Spirituosen und 200 Zigaretten.

SEHENSWÜRDIGKEITEN

GIBRALTAR MUSEUM: Das Museum befindet sich in der Bomb House Lane. Es wurde über einem ehemaligen maurischen Wasserrad aus dem 14. Jh. erbaut, von dem im Keller noch einige Teile zu sehen sind. In ihm befindet sich auch ein 30 m großes Modell des »Rock«, das dessen wechselvolle Geschichte plastisch darstellt.

ST. MICHAEL'S CAVE: Diese Höhle besteht aus einer »upper hall« und aus einer kleineren, tiefer gelegenen Höhle, mit der sie durch 5 Gänge verbunden ist. Von der tiefer gelegenen Höhle wiederum führen enge Löcher zu noch tiefer gelegenen Höhlen hinab. Als man während des 2. Weltkrieges beabsichtigte, die Höhle als Notkrankenhaus zu benutzen, fand man eine weitere, steil nach unten führende Höhle, an deren Ende sich ein kleiner See befindet. Im Altertum glaubte man, daß es einen 24 km langen Gang unter der Meerenge von Gibraltar nach Afrika geben würde. Dieser Glaube führte denn wohl auch zu der Behauptung, daß die Berberaffen auf diesem Weg nach Gib gekommen seien. Für den Besucher geöffnet ist die obere Halle, in der auch Konzerte, Ballette und Dramen aufgeführt werden.

UPPER GALLERY: Die Gallerie ist ein aus dem Felsen gehauener und gesprengter Gang. Mit dem Bau wurde bereits 1782 begonnen, während Spanier und Franzosen versuchten, den Rock einzunehmen. Während die Spanier von der Landseite her schon nahe an den Fels herangerückt waren, ging es darum, Kanonen auf ein Felsband an die Nordseite des Rocks zu schaffen. Als man zwecks Luftzufuhr Löcher in die Wand sprengte, erkannte man sofort deren Bedeutung als Schießscharten. Von diesem Zeitpunkt an wurde der Gang mehr und mehr verlängert, und der Fels mit immer neuen Kanonen bestückt, die man hier heute besichtigen kann.

MOORISH CASTLE: Heute sind von dem Maurischen Schloß nur noch der weithin sichtbare Turm, das Gästehaus, alte Mauern und Bastionen zu sehen. Im Jahre 1333 wurde es von den Mauren neu errichtet, da das alte Schloß bei der damaligen Belagerung durch die Spanier zu stark beschädigt wurde.

BILLIG-SIGHTSEEING: Wer nur wenig Geld hat und wem ein Taxi/Seilbahn zu teuer ist, der sollte folgende Tour machen, die ca. 5–6 Stunden dauert. Man gehe, vom Flughafen kommend, zuerst die Main Street entlang, bis zum Convent. Von hier aus zweimal nach links, bis man in die Town Range kommt. Beim Holiday Inn-Hotel führt rechts hoch die Library Ramp. Wenn man sich jetzt rechts hält, sieht man schräg links eine Treppe nach oben führen; man erkennt sie an einer darauf gemalten englischen Flagge. Dort wo sie eben wird, führen links weitere Stufen nach oben. Über einen breiten, sandigen und felsigen Weg erreicht man nach rechts hin die Straße. Wenn man dieser nach oben folgt, sind's noch rund 10 Minuten bis zum Affenfelsen. Von hier aus geht es über die Cave Branch Road zur St. Michael's Cave, und weiter über die St. Michael's Road zur Upper Gallerys und zum Moorish Castle. Von hier aus kann man jede beliebige Straße nach unten gehen, man kommt zwangsläufig wieder auf die Main Street.

Ausflug nach Tanger

Ash hadu Allah-illahu illa-lah – Es ist die Zeit des Sonnenunterganges, die Muezzins (bzw. ihre Lautsprecher) beten von den unzähligen Minaretts zum Lobgesang ihres Herrn – »Ich bezeuge, daß es keinen Gott gibt außer Allah«. Die Reisegruppen amüsieren sich beim Bauchtanz verkitschter Folkloreshows, die Bazarhändler leeren ihre Kassen und reiben sich die Hände. Auch all die »Ali Babas« und »Saladins« und »Hadschi Halefs« – die tagsüber so lästigen Touristenschlepper – haben Feierabend und gönnen sich auf dem *Grand Socco* in den Garküchen des Volkes eine heiße und sämige Harira-Suppe, um hernach den Tag bei einem zuckersüßen Minzentee im Café Central auf dem *Petit Socco* ausklingen zu lassen. Die verwinkelten und oft nur körperbreiten Treppengassen der *Medina* gehören jetzt wieder ganz den balgenden Kindern und streunenden Hunden, es riecht nach Alter und den Gewürzen des Orients, und von der Höhe der granitenen *Kasbah* aus, hoch über der Stadt und hoch über den »Säulen des Herakles«, blinken die Lichter von Tarifa vom anderen Kontinent hinüber.

Am nächsten Morgen tauchen wir ein in das Labyrinth der Altstadt, streifen über den Brotmarkt, den Obst- und Gemüsemarkt, den Fleischmarkt, den Berber-Markt, entdecken die Gasse der Gewürzverkäufer, der Pfeifenschnitzer, der Schmiede und Sattler, schlürfen im *Café de Paris* einen Café Noir, in der Teestube des *Le Detroit* einen aus frischen Blättern bereiteten Minzentee, lassen dazu die Wasserpfeife blubbern, lauschen den langgezogenen Kadenzen der marokkanischen Musik und atmen den Orangenduft, der aus dem Innenhof in das Gemach des ehemaligen Sultanpalastes dringt.

Und wir freuen uns, wieder einmal in Tanger zu sein, nur 13 km von Andalusien entfernt und doch in einer gänzlich anderen, orientalischen Welt, die ein ums andere Mal bezaubert, und die niemand missen sollte, der sich schon in so südlichen Gefilden wie Algeciras und Tarifa bewegt.

ANKUNFT

Wer an einer organisierten 1-Tages-Tour nach Tanger teilnimmt (in jedem Reisebüro in Algeciras und Tarifa zu buchen), benötigt für die Einreise lediglich den Personalausweis oder die Identitätskarte. Wer aber individuell einreist, braucht einen Reisepaß, jedoch kein Visum. Kommt man von Tarifa, erhält man den Stempel bereits im Schiff am Hafen, kommt man hingegen von Algeciras oder Gibraltar, wird man im Hafengebäude abgefertigt.

Vom Hafen sind es etwa knapp 10 Gehminuten bis zu den Herbergen in der Alt- und Neustadt. Läßt man sich von einem »Schlepper« hinbringen (sie schwirren hier zu hunderten herum), zahlt man nicht nur Wegegeld, sondern auch Kommission im Hotel und hat obendrein eine »Klette« am Hals, die man zeit seines Aufenthaltes nur sehr schwer wieder loswird. Das beste ist, sich mit all den »Ali Babas« am Hafen erst gar nicht auf ein Gespräch einzulassen.

ORIENTIERUNG

Direkt an den Hafen schließt das Altstadtviertel der *Medina* an, deren Zentrum der *Petit Socco*, der »Kleine Bazar«, ist und die von der *Kashba*, der Stadtfestung, beherrscht wird.

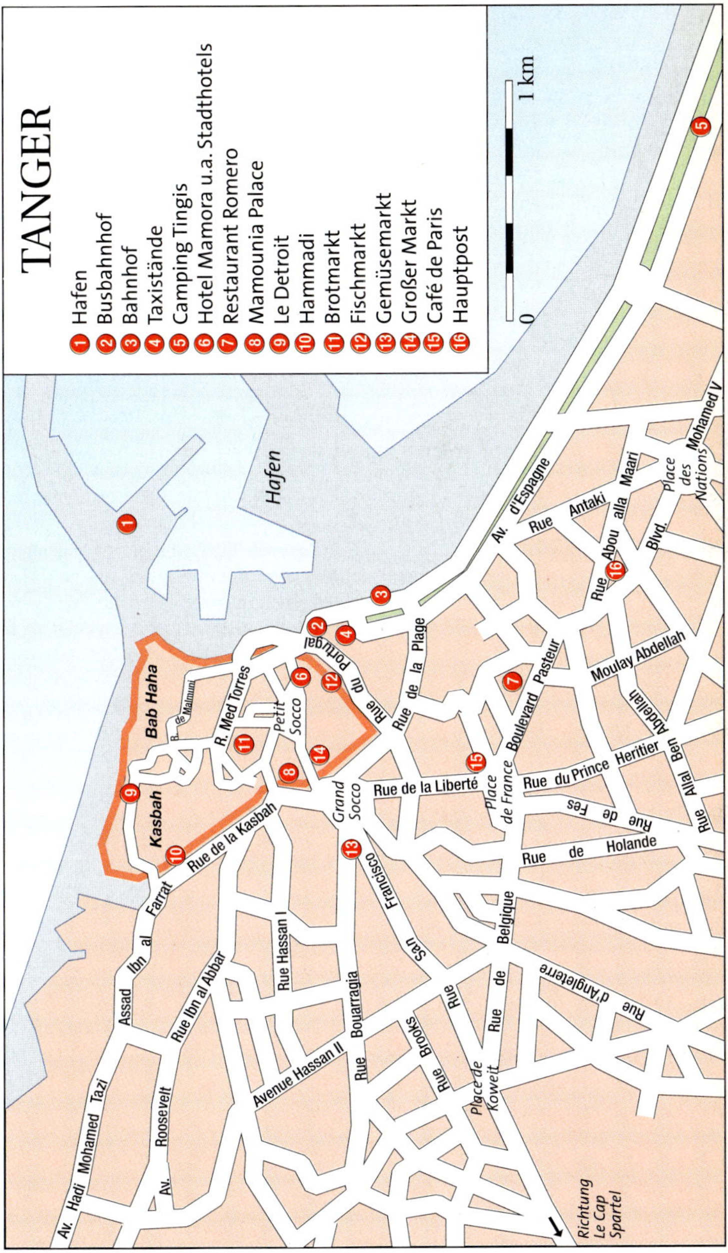
TANGER
1 Hafen
2 Busbahnhof
3 Bahnhof
4 Taxistände
5 Camping Tingis
6 Hotel Mamora u.a. Stadthotels
7 Restaurant Romero
8 Mamounia Palace
9 Le Detroit
10 Hammadi
11 Brotmarkt
12 Fischmarkt
13 Gemüsemarkt
14 Großer Markt
15 Café de Paris
16 Hauptpost
0
1 km
Hafen
Bab Haha
Kasbah
R. de Malmuni
R. Med Torres
Petit Socco
Grand Socco
Rue du Portugal
Rue de la Plage
Rue de la Kasbah
Rue de la Liberté
Place de France
Boulevard Pasteur
Av. d'Espagne
Rue Antaki
Rue Abou alla Maari
Blvd. Mohamed V
Place des Nations
Moulay Abdellah
Abdellah
Rue du Prince Heritier
Rue Allal Ben
Rue de Fes
Rue de Holande
Rue de Belgique
Rue d'Angleterre
San Francisco
Rue Hassan I
Rue Bouarragia
Avenue Hassan II
Rue Brooks
Place de Koweit
Assad Ibn al Farrat
Rue Ibn al Abbar
Av. Roosevelt
Av. Hadi Mohamed Tazi
Richtung Le Cap Spartel

Der Petit Socco ist mit den Nebengassen das Gebiet der Billigpensionen und Mittelklasseherbergen, der Restaurants und Cafés, der Märkte und natürlich der unzähligen Souvenir- und »Antiquitätenshops«. Von hier bis zum *Grand Socco*, der die Grenze zwischen Alt- und Neustadt bildet, sind es nur ein paar Meter. Der Grand Socco ist der große Zentralplatz, wo abends die billigen Essensstände aufgebaut werden, und führt über die *Rue de la Liberté* zur *Place de France*, dem modernen Kommerzzentrum von Tanger mit dem *Boulevard Pasteur*, der Einkaufsstraße, entlang der auch alle Banken, die Post, mondäne Cafés, Restaurants, Bars und Hotels liegen.

FAKTEN ZU MAROKKO

Marokko hinkt der spanischen Zeit 1 Stunde hinterher, so daß man die Uhr um 1 Stunde zurückdrehen muß.

Die **BANKEN** haben Mo–Fr von 10–14 und 16–18/19 Uhr geöffnet, Sa bis 14 Uhr. Die **MÄRKTE** sind von 7–18 Uhr geöffnet, die *Post* von 8.30–18 Uhr, die **GESCHÄFTE** von 9–12 und 14.30–19 Uhr (oft auch bis 21 Uhr), und in den Souvenirshops kann man meist auch sonntags einkaufen.

Die **WECHSELKURSE** für ausländische Währungen in *Dirham* (marokkanische Währung, im folgenden mit »Dh« abgekürzt) sind in Marokko wesentlich günstiger als in Spanien (auch Reiseschecks etc. werden akzeptiert), wobei es umgekehrt sehr ungünstig ist, zu viel Dirham einzutauschen: man kriegt sie in Marokko nur schwer und zu miserablem Kurs rückgetauscht, und in Spanien ist's noch schlechter.

UNTERKUNFT

PETIT SOCCO: Hier, im Herzen der Medina, wohnt man billigst und romantisch in alten Pensionen aus der französischen Kolonialzeit. – Etwa in der **PENSION BERCERRA** • über dem *Café Central*, wo man von kleinen schmiedeeisernen Balkonen aus das Treiben auf dem Platz betrachten kann. Gegenüber liegt die **PENSION FUENTEZ** • über dem gleichnamigen Café; in der *Rue de la Poste*, die vom *Petit Socco* abzweigt, liegt die **PALACE PENSION** •-•• mit sehr sauberen Zimmern, die sich um einen Innenhof scharen und Lavabo haben. Die **PENSION TOUAHIN** •-•• in der ebenfalls vom *Socco* abzweigenden *Rue Semmarine 7* bietet einfache, blau getünchte Zimmer, von den großen Balkonen eine gute Bazar-Aussicht, hat aber im Sinne des Wortes »beschissene« sanitäre Anlagen.

PENSION GIBRALTAR •-••, *Rue de la Liberté 62*, gegenüber Minzah-Hotel. Wer sich in der Altstadt nicht wohlfühlt, der bekommt hier mit sauberen Zimmern (Breitbett, Lavabo) und untadeligen sanitären Anlagen einen guten Gegenwert.

HOTEL MAMORA ••, *Rue de la Poste 19, ab Petit Socco.* Das Mamora ist das empfehlenswerteste Mittelklassehotel (2 Sterne) in der Medina, hat einen Aufenthaltsraum und große ansprechende Zimmer mit Bad/WC, Telefon, Tisch und Stuhl.

HOTEL LUTETIA •••, *Avenue Prince Moulay Abdellah 3.* Zu Bogart's Zeiten war's ein Top-Haus, heute ist alles etwas angegilbt: der Aufenthaltsraum, der voll verglaste *Salon de Thé*, die großen Zimmer, von denen aus man aufs Meer gucken kann.

HOTEL MINZAH ••••, *Rue de la Liberté 85,* ✆ *3 58 85.* Ein Hotel wie ein Traum aus Tausendundeinenacht!

Am Portal wird man von livrierten Pagen mitsamt Fez begrüßt, an der Rezeption wird man wie ein König empfangen, das Foyer entpuppt sich als eine Ornament- und Arabeskenhalle, die an die Salons der Alhambra erinnert, die Zimmertüren sind messingbeschlagen, und die Zimmer selbst bieten allerhöchsten Komfort mit einer Ledergruppe, Schreibtisch, Schnörkelbett, Bad/WC, Telefon, Zimmerservice, Kelim-Vorhängen etc. Ein bildhübscher Patio dient als Aufenthaltsraum und Bar, das Minzah-Restaurant bietet feinste französische und marokkanische Speisen, und einen Swimming-Pool in ansprechenden Maßen hat's ebenfalls – in einem kleinen Garten mit Blick aufs Meer.

CAMPING

Der **CAMPING INTERNATIONAL TINGIS** an der Route de Malabata, 5 km östlich Tanger (immer der Strandstraße *Avenue d'Espagne* folgen) ist einer der gepflegtesten und am besten ausgestatteten Campingplätze von ganz Nordafrika. Schwimmbad, heiße Duschen, ausgezeichnete sanitäre Anlagen, Bar, Restaurant, Supermarkt, viel Schatten auf grünen Wiesen unter Zypressen und Zedern, Eukalyptus, Pinien und Platanen. Die Entfernung zum feinen Sandstrand beträgt etwa 300 m.

DIE MÄRKTE

Supermärkte machen sich hier, an der Grenze vom Okzident zum Orient, sehr rar, und sind – falls vorhanden – unverschämt teuer. Einkaufen entweder in den unzähligen winzigen »Tante-Emma-Läden« rings um den Grand und Petit Socco sowie in der gesamten Medina, oder aber auf den Märkten.

Täglich zwischen 7 und 21 Uhr, aber hauptsächlich bis 10 Uhr, sitzen auf der Rue de la Fuente Nueva, bekannt als *Sakaya,* die Bäckersfrauen und bieten ihre riesigen **FLADENBROTE** an.

In der Rue du Portugal zwischen Grand Socco und Avenue d'Espagne ist der **FISCHMARKT** untergebracht.

An der *Rue Bouarraqia/Ecke Grand Socco* gibt's täglich einen **GEMÜSE**- und **FRÜCHTEMARKT** und samstags einen **BERBERMARKT.**

Der **LEBENSMITTELMARKT** mit einem enormen Angebot an allem, was eßbar ist, findet sich in der Medina an der Rue Semmarine nahe Grand Socco.

Sind es schließlich **GEWÜRZE**, nach denen man Ausschau hält, so muß man in die Rue du Portugal.

ESSEN UND TRINKEN

ESSENSMARKT: Zur Essenszeit, die in etwa mit dem Sonnenuntergang beginnt, verebbt der Autoverkehr auf dem Grand Socco. Die Händler und Marktfrauen, die Angestellten und Touristenführer, die Bettler und hungrigen Kinder, ja eigentlich alle, die großen Hunger, aber nur wenig Geld haben, strömen auf den zentralen Platz, um sich in einer der zahlreichen Garküchen eine deftige und vor allem billige Mahlzeit abzuholen. Man sitzt im Freien an langen Bänken oder in kleinen Lehmverschlägen, guckt in die Töpfe oder auf die Holzkohlegrills und sucht sich aus, was man möchte. Etwa eine *Harira*-Suppe, *Kebab*-Spieße, Salatteller, Eintopfgerichte, halbe Hähnchen, ganze Fische, Krabben und Krebse, Tauben und Ragouts, Pasteten und Teigwaren, Süßigkeiten und Plätzchen, Cola, Wasser, Tee, Kaffee.

LE DETROI, *Rue Riad Sultan, Kasbah,* Medina. Das rundum verglaste Nobelrestaurant hoch über der Stadt mit Fernsicht bis Tarifa gehört zu den beliebtesten Gourmet-Tempeln von Tanger und erfreut sich insbesondere in Touristenkreisen einiger Beliebtheit; will man seine Ruhe haben, sollte man den Stunden zwischen 13 und 18 Uhr den Vorzug geben. Viele Gerichte stehen nicht zur Auswahl, aber die wenigen sind von ausgezeichneter Qualität: *Mechoui* (Lammbraten), *Kebab Meghdour* (Fleischspießchen), *Harira* (6 Dh), *Couscous* (marokkanisches Nationalgericht aus Hirse, Gries und Hammel mit delikaten Gewürzen); als Dessert ist das *Briouats del Lausal* (Mandelpastete mit Honig) unschlagbar. Und nach dem opulenten Mahl setzt man sich in den **SALON DE THÉ,** in einen original erhaltenen Raum des ehemaligen Sultanpalastes (mehr darüber unter »Unterhaltung«).

HAMMADI, *Rue de la Kasbah.* Die Ober tragen grüne Kittel und rote Fez, eine »Berber-Combo« musiziert, der durch Rundbögen abgeteilte Speiseraum sieht aus wie ein Haremssalon, entspricht voll und ganz dem Orient-Klischee der Mitteleuropäer, und so werden hier denn auch hauptsächlich Reisegruppen mit Couscous gestopft. Wir fanden's interessant, aber kitschig, und das Essen war eher mittelmäßig.

MAMOUNIA PALACA, *Rue Semmarine 6, Medina, nahe Petit Socco,* gegenüber Markthalle. Die drei großen Speiseräume in der 1. Etage sind ganz im Palaststil à la Tausendundeinenacht eingerichtet, die Gerichte hingegen haben damit kaum etwas gemeinsam und sind dem Geschmack der Touristen angepaßt, die hier allabendlich im 50er-Pulk eindringen. Doch man kann, anstatt zu essen, auch genausogut nur einen Tee trinken, sich auf einen Diwan legen und der Berber-Livemusik lauschen.

UNTERHALTUNG

Im **CAFÉ DE PARIS** am *Place de France* kann man sich wirklich ein bißchen wie in Paris vorkommen: Das Publikum ist international, Marokkaner machen sich rar, die Kellner sprechen französisch, und Chansons bestimmen die Musik. Schöner als draußen (laut und stinkige Abgase) ist es im Innern des dunkel verglasten Lokals, wo schwere und bequeme Lederpolster zum Sitzen einladen, französische Zeitungen ausliegen und mehrere Schuhputzer ständig in Sorge um die modischen Stiefeletten der Gäste sind.

Weitere Cafés dieser Gattung finden sich am *Boulevard Pasteur* sowie an dessen Verlängerung, dem *Bvd. Mohammed V.*: **ZAGORA, METROPOL, CAFÉ DE LA PAIX, ...** – Wie schon beim Café de Paris gilt auch hier: viele Touristen und ortsansässige Ausländer, wenige Marokkaner.

Das gehobene Bürgertum hat von gegenüber, von Spanien, den allabendlichen Paseo übernommen und promeniert mit »Kind und Kegel« in der Palmenallee der *Avenue d'Espagne.* Die Hungrigen treffen sich auf dem Grand Socco, und die Gesättigten auf dem Petit Socco, der nun zum Dealer-Bahnhof geworden ist. Cafés, in denen »man« sitzt, sind das **CAFÉ CENTRAL** und **CAFÉ FUZETA.**

In den *Salons de Thé* von Tanger kann man sitzen oder liegen, die Füße hochlegen, dazu Tee oder auch Kaffe trinken, Gebäck knabbern, eine Wasserpfeife blubbern lassen, marokkanische (Live-)Musik hören und genießen. Der **SALON DE THÉ DAMASCUS** an der *Avenue Moulay Abdellah* ist vielleicht am üppigsten ausgestattet, wird aber auch ausschließlich von Touristen frequentiert, da's hier Bauchtanz, Berbertanz und andere Folkloreshows gibt.

Im **SALON DE THÉ MAMOUINA PALACE** (siehe »Essen und Trinken«) gibt's zwar auch zumeist Touristen, aber man kann dem damit verbundenen Lärm entfliehen und ein Plätzchen zum Entspannen finden.

Der **SALON DE THÉ LE DETROIT** hoch oben im ehemaligen Sultanspalast ist der authentischste Teesalon und wirkt obendrein überhaupt nicht kitschig, sondern ist einfach bildschön und erinnert rege an die Palacios in der Alhambra von Granada.

SEHENSWÜRDIGKEITEN

Herausragende Sehenswürdigkeiten und Baudenkmäler sucht man in Tanger vergebens.

Für Sightseeing im Sinne des Wortes eignet sich lediglich die Altstadt, die **MEDINA**: einfach planlos durch die labyrinthenen Gassen streifen, den Duft und Gestank des Orients atmen, auf die kehligen Laute der arabischen Sprache hören, auf die monoton-rhythmischen Kadenzen marokkanischer Musik, hier ein Kebab-Spießchen essen, da eine Blätterteigtasche mit Mandelpaste, sich hier in einen Teppichladen setzen, ein Täßchen Tee schlürfen, um einen Kelim feilschen, dort in ein Schmuckgeschäft, die filigranen Arbeiten betrachten, einem Schmied beim Hämmern, einem Schuster beim Flicken, einem Schneider beim Nähen, einem Tischler beim Möbelbauen zuschauen.

Hält man sich in den Gassen immer bergauf, wird man irgendwann unweigerlich vor der **KASBAH** stehen, der Zitadelle, die die Stadt wie eine Trutzburg beherrscht und in der heute ein kleines Museum untergebracht ist: *Musée d'Art Marocain* mit einer interessanten Ausstellung an alten Teppichen, Wandbehängen und Holzschnitzereien.

Unvergeßlich – aber für alleinreisende Frauen nicht zu empfehlen – auch ein **NACHTBUMMEL** durch die im schummrigen Laternenlicht liegende Medina, wenn die Bazare geschlossen sind und nur noch ganz vereinzelt ein paar teilweise verschleierte Frauen und Dschellabahbehangene Männer durch die Gassen schlurfen, wenn man durch angelehnte Türen in prachtvolle Patios blicken und hier und da ein Stück Alltagsleben erhaschen kann.

IM BAZAR

In Marokko weiß man im vorhinein niemals, was ein Gegenstand kosten wird; nichts ist an seinen Preisen aufgespießt, und kein Preis ist fix! Den Wert einer Ware kennt nur der Händler. Aber kein Käufer wird ihn je erfahren. Der kann nur versuchen, sich möglichst nah an das Geheimnis heranzutasten. Es zu lüften ist unmöglich, denn ginge das, würde einer höchst komplizierten Affäre – nämlich der des Handelns – jeglicher Reiz genommen. Wo feste Preise herrschen, kann jeder Dummkopf etwas kaufen, ohne beschwindelt zu werden. Hier hingegen ist es eine hohe Kunst, sich nicht betrügen zu lassen, denn den vom

Händler zuerst genannten Preis kennt niemand – auch der Händler nicht. Weil es nicht einen, sondern viele Preise gibt. Es gibt Preise für Stadt- und Landbewohner, Preise für In- und Ausländer, solche für Neugierige oder Behutsame, für Reiche und Arme; Preise je Tageszeit, Wochentag, Lust und Laune; Preise für einen Gegenstand, für zwei oder viele zusammen. – So viele Preise eben, wie Situationen und Konstellationen denkbar sind.

Den ersten nennt stets der Händler. Aber bevor man überhaupt nach ihm fragt, nimmt man die Ware in die Hand, läßt sich vielleicht ihre Geschichte erzählen, oder die Geschichte des Händlers, der Stadt, des Landes, nähert sich vorsichtig und tastend dem Objekt, betrachtet und befühlt es von allen Seiten, läßt sich seine Vorteile nennen, macht auf Mängel aufmerksam, äußert Zweifel, wiegt bedächtig den Kopf, läßt das Hin und Her der Prozedur eine kleine, gehaltreiche Ewigkeit andauern. Dann, ganz nebenbei, fragt man nach dem Preis.

Während des zweiten, des komplizierteren Teils der Affäre erzählt man selbst eine Geschichte, seine Geschichte, versucht Wohlwollen, Verständnis und Anteilnahme an seinen Problemen zu erzielen. Man muß ins Herz treffen, muß all seine Möglichkeiten ausschöpfen, muß mit Beredsamkeit kämpfen, so die Entschlossenheit des Gegners erweichen, und darf erst ganz am Ende, aber dann unerwartet und plötzlich, um ihn zu verwirren, ihn zu durchschauen, selber nachgeben. Und je interessanter und mitreißender der Wortzauber war, desto günstiger wird der mögliche Preis sein. Wie nah er freilich dem wahren Wert der Ware kommt, bleibt Geheimnis.

WEITERREISE

Wem es **in MAROKKO** so gut gefällt, daß er bleiben möchte, der kann sich der Transportmittel Bus und Zug bedienen: Der Busbahnhof für alle Destinationen im Land liegt direkt vor dem Hafen unter der Altstadt, und der Bahnhof liegt ein paar Meter weiter östlich an der *Avenue d'Espagne*.

Die Rückreise **NACH SPANIEN** macht man mit der Fähre, wobei es täglich mehrere Abfahrten nach Algeciras gibt und täglich mindestens eine nach Tarifa. Der Preis ist für alle Strecken identisch, die Fährdauer auch (rund 2,5 Stunden), und über die Abfahrtszeiten informiert man sich am besten in den (auch englisch-/französischsprachigen) Reisebüros an der *Avenue d'Espagne*. Aber kaufen tut man die Tickets am billigsten erst vor Abreise im Hafen bei den Fährgesellschaften vor der Zollabfertigung – die Reisebüros verlangen nämlich 10–25% Komission.

Costa de la Luz

Die »Küste des Lichts« bedeutet für verschiedene Menschen völlig verschiedene Dinge. Für die meisten ist sie nur ein Strandeldorado par excellence; für einige ein Schmelztiegel der Windsurf-Lust, für andere eine ornithologische Fundgrube, ein Wanderland, ein Hort der Ruhe ... Ihre Ausdehnung zwischen der Landspitze von Tarifa im äußeren Süden der Iberischen Halbinsel und der Guadiana-Mündung an der Grenze zur Algarve/Portugal beträgt rund 300 km. Das sind 300 km vor sauberem und stets auch ein bißchen kühlem Atlantik. Das sind schneeweiße oder goldgelbe Puderzuckerstrände im Dünen- oder Klippensaum. Einsamkeit selbst dann, wenn im Hochsommer die Geselligkeit an der Costa Blanca und Costa del Sol hautnah wird. Hier hat man stets genügend Platz, um seine Liegematte ganz ausrollen zu können. Ein kühler Wind mildert das Stechen der andalusischen Sonne, die hier an über 300 Tagen im Jahr scheint.

Geografisch kann man die Costa de la Luz in drei Abschnitte aufteilen: in einen südlichen, mittleren und nördlichen. Der südliche reicht von Tarifa an der Meerenge von Gibraltar bis zur Provinzhauptstadt Cádiz. Auf diesen 100 Kilometern ist der Atlantik schon mal rauh. Der Wind ist of stürmisch, formt hohe Dünen und trägt Feuchtigkeit ins hügelige Hinterland, macht es grün und »sommerfrisch«.

Der mittlere Teil von Cádiz bis Sanlúcar de Barrameda an der Mündung des Río Guadalquivir ist dynamisch. Das Hinterland bildet die eintönige Ebene der Campiña, und am Meer drängen sich Hafenstädte, Fischerdörfer und Militärbasen. Hier kann man mal langfahren, aber Urlaub machen möchte man wohl nicht.

Der nördliche Teil schließlich erstreckt sich zwischen der Mündung des Guadalquivir und Río Guadiana in der Provinz Huelva. Der südlichste Abschnitt grenzt an die *marismas* und ist Nationalpark. Zwischen Matalascañas und Mazagón schließt sich eine *»reserva turística«* an, und endlose Strände vor hohen Sandsteinklippen erinnern hier an die Algarve, während um Huelva herum die Schlote der Petrochemie qualmen.

Tarifa

Schon der erste Kontakt mit der wenige Kilometer hinter Algeciras beginnenden Costa de la Luz, der »Küste des Lichts«, ist überwältigend und entspricht so gar nicht der durch die Costa del Sol geprägten Vorstellung von Stränden in Südspanien. Das triste Braun-Grau einer ewig sonnenverbrannten Steppenlandschaft wandelt sich zum zarten Lindgrün eines irischen Frühlings. Butterblumen und Margeriten sprenkeln plötzlich saftige Wiesen, und an Stelle betongegossener Apartmentblocks ducken sich weiß getünchte Fischerkuben hinter sanft geschwungene Bodenwellen. Ein letzter Höhenzug, und man genießt ein atemberaubendes Panorama: zur linken Seite das Tiefblau der Straße von Gibraltar, gegenüber die scharf gezeichneten Konturen Marokkos und direkt voraus das malerische Tarifa vor dem Sandweiß eines kilometerlangen, weit geschwungenen und dünengesäumten Traumstrandes.

◄ Im Bazar von Tanger

Hier lernt man schon in wenigen Tagen, sich zu entspannen, gewöhnt sich an das ewige Sommerblau des Himmels, an die stechende Sonne Andalusiens, den kühlen, aber keineswegs kalten Atlantik und eben auch an die stete Präsenz eines frischen Windes, der – mal von West, mal von Ost – durch die Straße von Gibraltar weht. Ihm verdankt Tarifa auch seine schmückenden Beinamen wie »Windloch Europas«, »Surfer's Paradise« oder »High Wind Area« – wie's jeder zweite Autoaufkleber im Städtchen verkündet.

So wurde dieser Teil der Costa de la Luz denn auch nicht in erster Linie von den Badetouristen entdeckt, sondern – und das ist erst wenige Jahre her – von den Windsurfern. Entsprechend verstehen sich die Hotels und die Campingplätze an der *Playa de Tarifa* fast schon als kleine Sport- und Aktivzentren mit Schwerpunkt Wind. Fast überall und ganzjährig kann man Windsurf-Kurse belegen – für Anfänger oder Cracks –, Ausrüstungen ausleihen, Material reparieren lassen. Jeden Morgen gibt's das gleiche Bild: braungebranntes und meist junges Volk mit sonnengebleichten Haaren, Männer und Frauen, erwarten am Strand die Ankunft der Surfbrise, um sich schon beim ersten Auffrischen auf ihre schnellen Gleiter zu stellen, den Ozean mit kunterbunten Segeln zu schmücken.

Wer sich fit genug fühlt, aber nicht surfen will, kann sich hier in stundenlange Strand- und Dünenwanderungen ergehen, emsige Krabben beobachten und mit etwas Glück ganzen Delphinrudeln beim »Luftschnappen« zuschauen. Oder macht sich auf ins hügelige Hinterland, wo sich idyllische Wiesen zwischen würzig duftende Pinien- und Eukalyptushaine einfügen. Wo tiefe und irgendwie unheimlich wirkende Korkeichenwälder weite Ebenen zwischen skurril gezackten Felsketten bedecken, von deren Gipfeln aus man – über 300 m hoch – Afrika erspähen kann.

Wer letztlich urbanes Leben bevorzugt, geht nach Tarifa, eher ein Dorf denn eine Stadt. Epochale Bauwerke gibt es keine zu sehen. Das ist ein Glück, denn eben drum fährt die große Masse der Touristen achtlos über die neue Umgehungsstraße an den efeuüberwucherten und zinnenbewehrten Befestigungsmauern vorüber. Wenige nur treten durch das hufeisenförmige Stadttor, hinter dem blumengeschmückte Bilderbuchgäßchen an das nahe Marokko erinnern: Hier, in Tarifa, nahm im 8. Jh. n. Chr. das maurische Zeitalter von Andalusien seinen Anfang. Hier setzten die muslimischen Eroberer zum ersten Mal Fuß auf Europa und verkündeten von hier aus die Worte Allahs bis ins französische Tours und Poitiers, wo sie erst von *Karl Martell* geschlagen und wieder hinter die Pyrenäen zurückgetrieben wurden. Selbst der Name Tarifa erinnert noch an jene Zeit und geht zurück auf *Tarif ibn Malluk*, einen Maurenfürsten.

AN-/WEITERREISE/ANKUNFT

BUS: Zuständig ist die Gesellschaft **COMES** *(✆ 956/68 40 38)* an der *Calle Batalla del Salada 19,* und Verbindungen bestehen u.a. mit *Algerciras* (stündlich), *Málaga, Zahara, Barbate, Conil, Cádiz, Jerez* und *Sevilla.*

Wer an den Stränden Richtung Westen wohnt, kann an der N-340 zusteigen (außer für Algeciras und Málaga).

TARIFA – Wind- und Temperaturübersicht

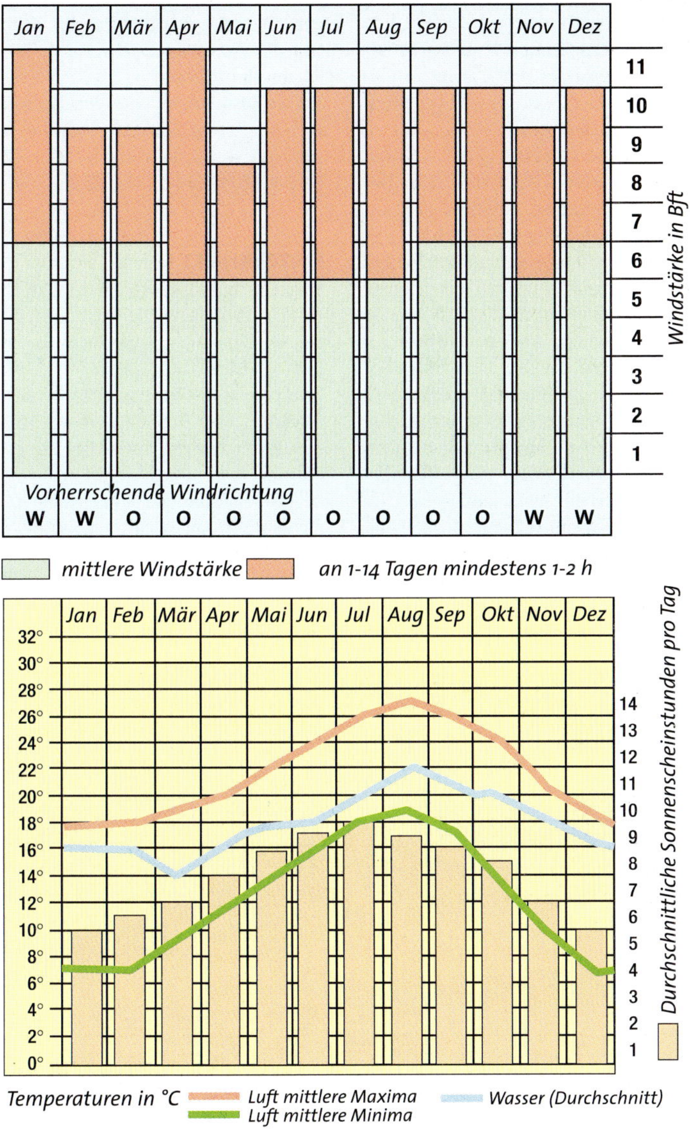

FÄHREN: Einmal täglich verkehren Fähren auf der Strecke von/nach *Tanger/Marokko,* und die Preise sind identisch mit denjenigen von *Algeciras* (siehe dort).
SCHNELLBOOTE nach *Tanger/Marokko* sind ebenfalls im Einsatz, doch scheinen sie z.Zt. nur noch für organisierte Tagestouren eingesetzt zu werden: morgens geht's rüber, abends zurück, inklusive sind Besichtigungsgänge, Mittagessen sowie Besuche diverser Geschäfte. Es genügt der Reisepass, der Preis liegt bei umgerechnet rund 60 €, und wer nur mal »hineinschnüffeln« will nach Marokko, fährt mit dieser Alternative (zu buchen über alle Unterkünfte und Campingplätze von Tarifa und Umgebung) sehr günstig.
ANKUNFT: Die Campingplätze und Strand-Unterkünfte sowie Surfertreffs liegen allesamt westlich Tarifa zwischen der N-340 und dem Meer, wohingegen die günstigeren Pensionen, Kneipen und Shops in Tarifa zu finden sind. Da das Städtchen von engen Gassen geprägt ist und es nicht gerade viele Parkplätze gibt, tut man gut daran, vor der Stadtmauer, noch im Bereich der Neustadt, zu parken.

Die **OFICINA DE TURISMO** befindet sich am *Paseo Alameda* westlich der Altstadt (ausgeschildert); ✆ *956/68 09 93* (Mo bis Fr 10–14 Uhr), 📠 *68 04 31.*

UNTERKUNFT

Hier nur eine kleine Auswahl an Unterkünften. Jahr für Jahr kommen neue hinzu, insbesondere am Strand Richtung Cádiz, und eine komplette Auflistung kann man im Turismo von Tarifa sowie im Turismo der Provinzhauptstadt Cádiz abrufen.

Alle sind ganzjährig geöffnet, und außerhalb der Sommermonate sowie der Weihnachts- und Osterzeit

▼ Strand bei Tarifa

kann man mit ein bißchen Geschick bis zu 30% Rabatt heraushandeln.

IM ZENTRUM wohnt man gut und relativ günstig in der **PENSIÓN CORREO** •-•• macht an der *Calle C. Moscardo 8*, bei der Post, ✆ *956/68 02 06*. Mitten in der Altstadt gelegen, nett eingerichtete große Zimmer, freundliche Vermieter, angeschlossen ist eine Sonnenterrasse.

Die **PENSIÓN TARIK** ••-••• (je Saison) an der *Calle San Sebastián 36 (✆ 956/68 52 40)* ist an der Straße nach Cádiz ausgeschildert und insbesondere bei Surfern sehr beliebt.

So auch das **HOTEL LA MIRANDA** •••-•••• (je Saison) an der *Calle Sebastian 43 (✆ 956/68 06 26, 🖷 68 11 62)*, das für die Mittelklasse steht.

Das **HOTEL DOS MARES** •••• *(Ctra. Cádiz, km 78, ✆ 956/68 40 35, 🖷 68 10 78)* erinnert an eine Hacienda. Es liegt ganz alleine auf einer Düne über Strand und Meer. Im Foyer empfangen Ritterrüstungen, das Kaminzimmer bietet Panorama auf Marokko. Die kleinen Bungalows sind geschickt in die Dünen integriert und praktisch, doch nett eingerichtet. Ein Tennisplatz und ein Swimming-Pool sorgen für Abwechslung, ein Windsurfzentrum mit deutschsprachigem Personal sowie ein MTB-Verleih, Sauna und Fitness-Kurse erfreuen den sportlich engagierten Touristen. Die Preise sind recht hoch (ab 75 €), aber adäquat.

Als das beste Haus am Platz gilt das **HOTEL HURRICANE** •••• *(Ctra. de Cádiz, km 77, ✆ 956/68 49 19, 🖷 68 45 08)*. Der Architekt dieses Strandhotels ließ sich von islamischer Baukunst inspirieren. Auch hier guckt man von den Komfortzimmern auf Playa und Mar, kann anstatt im Ozean auch im Swimming-Pool planschen, ansonsten MTBs mieten, Fitness-Kurse belegen, die Sauna besuchen. Angeschlossen ein hervorragendes Restaurant, und die Zimmerpreise bewegen sich von 100 € an aufwärts.

Das Drei-Sterne-Hotel **BALCÓN DE ESPAÑA** •••• *(Ctra. Cádiz, km 76, ✆ 956/68 09 63, 🖷 68 43 26)* wird durch die Küstenstraße von Strand und Meer getrennt. Aber so schlimm ist das nicht. Zumal der Garten groß, der Swimming-Pool sauber, der Tennisplatz gepflegt ist.

100% FUN •••• *(Ctra. Cádiz, km 76, ✆ / 🖷 956/78 03 30)*, ein kleines, ganz auf Surfer eingerichtetes Haus, wird auch zu 100% nur von Surfern frequentiert und ist mit Preisen ab 70 € für ein relativ bescheidenes Zimmer recht teuer. Dennoch ungemein beliebt, und angeschlossen ist ein Surfshop, ein MTB-Verleih, ein Pool sowie eine Open-Air-Bar, an der sich abends alles trifft, was in Surferkreisen Rang und Namen hat.

CAMPING

Das Wildcamp-Verbot an der Playa de Tarifa ist weniger ein Manko als vielmehr eine Garantie, daß der Strand frei von Müll und Fäkalien bleibt. Außerdem gibt es gleich mehrere Campingplätze, die alle ganzjährig geöffnet sind und auch allerhöchsten Ansprüchen genügen:

Direkt hinter dem Strand, etwa 5 km westlich Tarifa, erstreckt sich der durch Hecken unterteilte, schattenreiche und gepflegte **CAMPING RÍO JARA** *(✆ 56/68 05 70)*, dessen einziger Makel ist, daß man bis zum Meer relativ weit laufen muß. Eben deshalb finden sich hier auch eher wenige Surfer, dafür desto mehr Erholungssuchende und, im Winter, Pensionäre.

CAMPING TORRE DE LA PEÑA I, rund 8 km westlich Tarifa gelegen *(✆ 956/78 49 03),* erstreckt sich beidseits der N-340 auf Terrassen am landeinwärts gelegenen Hang (schönes Panorama auf die Straße von Gibraltar, aber relativ laut) sowie in einem lichten, meerwärts gelegenen Pinienhain mit teilweise optimalen Stellplätzen direkt auf den Sandsteinklippen über Strand und Meer. Die Ausstattung ist gut, der Strand top und direkt vor der »Haustür«, auch ein Restaurant, Shop sowie ein Beach-Café sind angeschlossen, und von allen Camps in der Umgebung ist dieser derjenige, der bei Surfern mit Abstand am beliebtesten ist.

CAMPING TORRE DE LA PEÑA II *(✆ 956/68 41 74)* liegt ein Stück weiter westlich der Straße, bietet schöne Stellplätze auf grüner Wiese, ist aber recht weit vom Strand entfernt, auch sehr laut.

Unser Lieblingsplatz ist der 12 km westlich Tarifa an der N-340 ausgeschilderte **CAMPING PUNTA PALOMA** *(✆ 956/68 42 03)* mit Stellplätzen auf einer schattigen Wiese, einem großen Schwimmbad, guter Ausstattung. Der Strand ist zwar rund 400 m entfernt, wird aber dafür durch die Riesendüne *Dunas de Valdevaqueros* begrenzt und umfaßt in Sachen Optik wohl mit Abstand den schönsten Strandabschnitt in dieser Region.

RESTAURANTS/UNTERHALTUNG

Den o.g. Campingplätzen sind gut bestückte Supermärkte angeschlossen, die allerdings extrem überzogene Preise haben. **SELBSTVERPFLEGER** sollten tunlichst in Tarifa einkaufen, wo der große, überdachte und maurisch inspirierte *Mercado* an der *Calle Santisima Trinidad* nahe der westlichen Stadtmauer alles bietet, was das Herz begehrt.

Die den Hotels und Campingplätzen angeschlossenen **RESTAURANTS** sind teuer, und am besten sowie günstigsten ißt man in Tarifa. *Der* Treff für Touristen aller Schattierungen ist hier das in der Altstadt an der *Calle el Bravo* gelegene **CAFÉ CENTRAL**, wo man, wie auch im benachbarten **LA TERRAZA**, auch draußen sitzen kann; die Gerichte sind gut und billig (ab 7 €).

In der **MESÓN EL CORTIJO** an der *Calle General Copons 4* bei der Altstadtkirche sitzt man gemütlich und ißt spanische Spezialitäten (auch gute Fischgerichte) zu mittleren Preisen.

KNEIPEN, alle auf »cool« aufgemacht, finden sich im Sommer an der Playa zu dutzenden, und dort trifft sich dann tags wie nachts die gesamte Surf-Szene. In Tarifa ist das **CAFÉ CENTRAL** (s.o.) Treff aller Windfreaks, und eine weitere Szene-Kneipe ist das **LA RUINA** an der *Calle Santa Trinidad 9* (in die Stadtmauer hineingebaute Stehbar).

SPORT

WINDSURFING: Die Meerenge von Gibraltar ist die Nahtstelle zwischen Afrika und Europa, Mittelmeer und Atlantik. Das bringt extreme Luftbewegungen mit sich. Statistisch gibt es im Jahr etwa 80 Tage mit Windstärken von 7–10 Beaufort, die der Ostwind *Levante* erreicht, und 25 Tage der gleichen Stärke des Westwindes *Poniente*. Für das ganze Jahr sind Durchschnitts-Windstärken von 5–6 Beaufort normal. Der Levante bläst ablandig und drückt den Atlantik so flach wie einen Spiegel: Die Cracks holen ihre *Guns* raus und starten zum Highspeed-Fun. Der Poniente kommt schräg auflandig, baut bald schon propere Wellen auf. Der Winkel Wind zu Welle ist ziemlich ideal. Es wird geritten und gesprungen, was das Zeugs hält.

Die Fun-Saison läuft rund ums Jahr. Um den Gleitsport von der Picke auf zu erlernen, ist das Revier zu extrem. Die zahlreichen Schulen verstehen sich als »Surfunis« für alle, die das »Gleitabi« schon in der Tasche haben. Fun- und Speedboards kann man ausleihen, Starkwindriggs ebenfalls, zahlreiche Surfshops haben sich etabliert, Custom-mades werden vor Ort geshaped und sind, wenn auch nicht billig, so doch mit Abstand günstiger als etwa in Deutschland.

Die am besten ausgestatteten Surfschulen sowie Verleihstationen sind *Club Mistral* im Hurricane Hotel (s.o.), wo Fortgeschrittene inkl. alles um 30 € für eine Schulungsstunde bezahlen, auch Anfängerkurse absolviert werden (um 130 € für 6 Std.). In der **SPIN OUT SURFBASE FANATIC FUN CENTER** *(N-340, km 76, ✆ 956/68 08 77)* zahlen Fortgeschrittene 130 € für 6 Stunden, und im **SURFCENTER DOS MARES** des o.g. *Hotel Dos Mares* werden von Fortgeschrittenen über 45 € je Stunde verlangt.

An all diesen Stationen kann man auch komplette Ausrüstungen ausleihen, wobei die Preise inkl. Neopren-Anzug bei etwa 40–50 € pro Tag liegen.

Surfshops und Surf-Reparaturwerkstätten gibt es mittlerweile dutzende in Tarifa und Umgebung, und als die besten gelten u.a. **100% FUN** im gleichnamigen Hotel (s.o.) mit den Marken Billabong, No Fear und Rip Curl, **FUN WORKS** *(Tarifa, Calle Tinto 1)* mit den Marken Gaastra und Neil Pryde, **ART OF SURFING** *(Batalla del Salado 47, Tarifa)* mit Da Kine und Gul sowie **SOUTH AND SAILS** an der *Calle Trafalgar 1*, wo man auf Segel und Segelreparaturen spezialisiert ist.

MOUNTAIN BIKING: Nahezu alle o.g. Surferhotels vermieten auch qualitativ sehr hochstehende MTBs (zwischen 18 und 30 €/Tag), und geführte MTB-Touren ins für Bikings außerordentlich prädestinierte Hinterland offeriert **INDIAN BIKE** in Tarifa an der *Batalla del Salado (✆ 956/68 18 81)*.

REITEN steht im o.g. **HURRICANE HOTEL** im Angebot (Stunde um 15 €, geführte Touren ab 45 €) sowie im bei der *Dunas de Valdevaqueros* gelegenen **CAMPINGPLATZ**, der rund 12 km westlich Tarifa nahe Camping *Punta Paloma* (s.o.) gelegen ist.

CAMPO DE GIBRALTAR

Der südlichste Zipfel der Iberischen Halbinsel, der sogenannte *Campo de Gibraltar*, liegt im Einflußbereich der feuchten atlantischen Winde und gibt sich entsprechend grün und fruchtbar. Das Land ist ein Gewirr kreuz und quer verlaufender Gebirgszüge, von denen die *Sierra de Fates*, die *Sierra del Niño* und die *Sierra de Ojén* mit bis zu 800 m die höchsten sind. In den mal schmalen, mal weiten, fast an Ebenen erinnernden Talsohlen breiten sich üppige Wiesen aus, in denen – je nach Jahreszeit – wahre Blumenmeere in allen Farben zwischen tiefviolett und knallgelb wogen. Kleine Bäche plätschern durchs Idyll, die dicht belaubten Kronen mächtiger Lorbeerbäume setzen malerische Akzente, vor kleinen schneeweißen Gehöften grasen Kühe und Pferde friedlich nebeneinander, und wo mehr Fels als Krume den Boden bedeckt, liegen die wahrscheinlich tiefsten und größten Korkeichenwälder Spaniens.

Düster ist es unter den dicken Blätterdächern, die kaum einen Sonnenstrahl hindurchlassen. Die ältesten Stämme, durchaus bis 1 m im Durchmesser, sind von Kriechwurzeln, Ranken und bunten Bartflechten umschlungen, und die jüngeren recken sich tiefbraun und nackt in die Höhe. Nackt, weil ihnen die Rinde fehlt. Jene Rinde, die einmal je Jahrzehnt (aber nur maximal 15mal) mit scharfen Äxten abgetrennt, dann gestapelt und getrocknet wird. Nach ein paar Wochen wird das Material gekocht, dann wieder getrocknet und zu Gebrauchsgegenständen verarbeitet. Etwa für Schwimmer, Schuhsohlen, Tapeten, Isolierungen und natürlich für Flaschenkorken. Erscheint uns der Korken auch als das Unwesentlichste bei einer Weinflasche, so ist er doch – geruchs- und geschmacksneutral, vakuumbildend und nahezu unbegrenzt haltbar – einer der wichtigsten Bestandteile zumindest für gute und edle Lagen: Nur in ständigem Kontakt mit dem Korken kann der Wein seine charakteristischen Duftstoffe entfalten, woraus auch verständlch wird, warum erlesene Tropfen stets liegend gelagert werden müssen.

Solche »Sehenswürdigkeiten« lassen sich natürlich nicht vom Autofenster aus entdecken. Da muß man sich schon auf die eigenen Beine besinnen, eine Wasserflasche einpacken, ein bißchen Wegzehrung, und sich auf Wanderschaft begeben. Bestimmte Wege und feste Routen gibt es keine. Aber die Straße, die dahin führt, wo's zumindest für uns am eindrucksvollsten war, ist diejenige, die direkt gegenüber der Einfahrt zum Camping *Río Jara* (ca. 3 km östlich Tarifa) ins Landesinnere abzweigt und mit »Santuario« ausgeschildert ist.

ZUM CABO DE TRAFALGAR

15 km hinter Tarifa, die N-340 verläuft jetzt durchs vielfarbig grüne Landesinnere, zweigt links ein Weg nach **BOLONIA** ab (kein Buszubringer). Viele kommen, um sich die Ausgrabungen der römischen Stadt *Bellona Claudia* anzusehen (Fundamente und Fragmente). Der menschenleere Halbmondstrand vor dem winzigen Dorf läßt aber die meisten ihren Kulturhunger vergessen. Wer den elementaren Urlaub sucht, kann hier finden, wovon er schon lange geträumt hat.

Campen allerdings ist, wie auch Windsurfen, verboten, und so bleiben nur die Pensionen, über die man teilweise auch Apartments und Ferienhäuser in der Umgebung mieten kann. Im Sommer ist hier zwar definitiv kein freies Plätzchen zu finden, aber außerhalb der Hochsaison ist es kein Problem, an diesem, wie viele meinen, schönsten Strand der Costa de la Luz ein Zimmer zu bekommen.

Es bieten sich an die **PENSIÓN JEREZANOS** • *(✆ 956/68 85 92)*, die **PENSIÓN BELLAVISTA** ••–••• *(✆ 956/68 47 18)* sowie die **PENSIÓN RÍOS** •• *(✆ 956/68 85 44)*, zu der auch mehrere Panorama-Apartments gehören.

Die Hauptstraße ist wieder erreicht, und nach weiteren 10 km Richtung Cádiz zweigt eine Straße nach links ab, die nach **ZAHARA DE LOS ATUNES** führt. Der Ort (Buszubringer ab Tarifa und Cádiz) mutet ziemlich schäbig an, der Strand ist lang und langweilig und endet im Osten an einem Stacheldrahtverhau: militärisches Sperrgebiet. Allerdings kann man hier selbst in der Hochsaison die dünengesäumte Playa sowie den Ozean noch in meist vollkommener Ruhe genießen, und da der Ort zudem Zentrum des Thunfischfangs ist (April bis Juni), lockt hier eine dichte Sammlung guter Fischrestaurants.

Unterkünfte stehen mehrere zur Verfügung, und nur ein paar Meter vom Strand entfernt findet sich die **PENSIÓN CASTRO** ••-••• *(Calle Sánchez Rodriguez, ✆ 956/43 93 59)*, die auch Balkonzimmer bietet. Benachbart das **HOTEL GRAN SOL** •••• *(✆ 956/43 90 31)*, das für die gehobene Mittelklasse steht.

Von Zahara führt eine Stichstraße gen Süden, zu dem Ferienort **ATLANTERRA.**

Das nächste Ziel heißt *Barbate de Franco*, eine auffallend dreckige und etwa 25 000 Einwohner zählende Stadt, von wo es nur noch ein kurzes Stück bis **LOS CAÑOS DE MECA** ist. Bei dieser Siedlung handelt es sich um einen beschaulichen Ferien- und Villenort in der Nähe vom **CABO DE TRAFALGAR**, vor dessen Dünenspitze sich im frühen 19. Jh. die Flotten von *Napoleon* und *Lord Nelson* ihre berühmte Seeschlacht lieferten. Die Strände im Bereich dieser mit einem Leuchtturm gekrönten Landmarke sind feinsandig, einsam und meist noch ganz unverbaut, und wer einen geruhsamen Urlaub anstrebt, sollte in Los Caños de Meca Quartier nehmen.

Zwei Campingplätze bieten sich an (**CAMPING CAÑOS DE MECA** sowie **CAMPING CAMALEÓN**), Zimmer vermieten die **PENSIÓN MIRAMAR** •-•• *(✆ 956/65 26 99)* sowie die Mittelklasse-**PENSIÓN MAR Y SOL** *(✆ 956/65 29 68)*, und ansonsten werden Apartments und Ferienhäuser vermietet (Infos u.a. über die Restaurants und Bars).

VEJER DE LA FRONTERA

Ein paar Kilometer landeinwärts, bei der Hauptstraße nach Cádiz, liegt das »Weiße Dorf« Vejer de la Frontera auf einem steil aufragenden Hügel, von dem es, wie eine Burg, die weite Landschaft der Umgebung beherrscht. Der gesamte Ort steht seit 1976 unter Denkmalschutz und ist mit seinen auf- und abführenden Kopfsteinpflastergassen, blumenübersäten Patios, seinen gepflegten weißen Häusern und der immer wieder großartigen Aussicht über das Trafalgar-Kap hinweg unbedingt einen Besuch wert.

AN-/WEITERREISE/ANKUNFT

Der Ort hat zwei **BUSTERMINALS** – einen im Bereich der unten gelegenen Neustadt und einen am Rande der Altstadt *(✆ 956/45 00 30)* –, zwischen beiden verkehren Pendelbusse (ca. 2,5 km Entfernung), und Verbindungen bestehen nach *Algeciras, Tarifa, Conil* sowie *Cádiz.*

Wer mit dem eigenen Fahrzeug anreist, sollte unbedingt an der Zufahrt zum Ort parken, denn in der Altstadt ist der Platz mehr als beschränkt.

Die **OFICINA DE TURISMO** befindet sich an der *Calle Marqués de Tamarón 10, ✆ 956/45 01 91, 🖷 45 11 49).*

UNTERKUNFT

Gut und günstig wohnt man in der **PENSIÓN LA JANDA** •• *(✆ 956/45 01 42)* an der *Calle Cerro Clarinas* (am

Ortseingang ausgeschildert; netter Neubau mit Restaurant und Terrasse) sowie in der ebenfalls an der Zufahrtstraße ausgeschilderten **PENSIÓN LA POSADA** •• *(Calle Los Remedios 21, ✆ 956/45 02 58).*

Beste Adresse der Stadt und ein Geheimtip unter Genießern ist das in einem ehemaligen Franziskanerkloster untergebrachte **CONVENTO DE SAN FRANCISCO** *(La Plazuela, ✆ 956/45 10 01, 📠 45 10 04)* an der Miniplaza der Altstadt unvergleichlich schön gelegen und ausgestattet mit 25 Zimmern, die zwar eher schlicht möbliert, aber dem 300 Jahre alten Gemäuer entsprechend romantisch sind. Die Speisen (Menüs um 20 €) werden in der festlichen Atmosphäre des alten Refektoriums eingenommen, und die Zimmerpreise sind mit 60–75 € (je Saison) sehr moderat.

Rund 4 km außerhalb Vejer befindet sich der mit einem kleinen Schwimmbad gut ausgestattete **CAMPING VEJER** *(✆ 956/45 00 98)*, der ganzjährig geöffnet, aber relativ teuer ist (2 Pers. inkl. alles zahlen rund 18 €).

Günstiger ist der ebenfalls an der N-340 ausgeschilderte und ganzjährig geöffnete **CAMPING LOS MOLINOS** *(✆ 956/45 09 88).*

CONIL DE LA FRONTERA

Man gerät ins Schwärmen, wenn man von Conil berichtet, denn der Ort, der mit seinem blendendweißen Altstadtkern direkt hinter dem breiten Goldstrand wie eine arabische Medina romantisch einen Bergrücken hinaufkriecht, ist für uns neben Tarifa das prächtigste Städtchen an allen spanischen Costas. Im Hochsommer kann es zwar ein bißchen turbulent zugehen, aber wenn man die Monate Juli und August meidet (während derer man sowieso kein freies Zimmer bekommt), findet man hier beste Voraussetzungen für einen entspannten »Pueblo«- und natürlich Badeurlaub. Richtung Südwesten erstreckt sich das Band des feinsandigen Strandes bis hinunter zum Cabo de Trafalgar, und auf der anderen Seite sorgt eine ockerfarbene Fels- und Sandsteinklippe, die schroff zum Meer hin abbricht und dabei Idyllbuchten á la Algarve ausspart, für einen postkartenreifen Kontrast.

An-/Weiterreise/Ankunft

BUS: Es bestehen Busverbindungen von/nach *Jerez* und *Cádiz, Tarifa* und *Algeciras* sowie *Sevilla, Barbate, Zahara* und *Vejer de la Frontera.* Allerdings gibt es zwei Busterminals, und liegt die **ESTACIÓN CASA DE POSTAS** fast 4 km außerhalb an der N-340, so die **ESTACIÓN CENTRAL** *(✆ 956/44 02 75)* direkt beim Ort und dem Turismo.

MIT EIGENEM AUTO: Bloß nicht ins Zentrum hineinfahren, in dem sich Jahr für Jahr unachtsame Touristen immer wieder mal festfahren. Unten an der Zufahrtstraße *Calle Carretera* beim Turismo und Strand finden sich zahlreiche Parkplätze.

INFORMATION: OFICINA DE TURISMO, *Calle Carretera (Zufahrtstraße), ✆ 956/44 05 01, 📠 44 02 82;* Mo bis Fr 10–14 Uhr und 18–20 Uhr, Sa nur morgens.

Unterkunft

Generell ist zu sagen, daß es hier im Juli sowie August nahezu unmöglich ist, ein vakantes Zimmer zu bekom-

Zweimal Strand in der Provinz Cadiz: oben Playa de los Bateles bei Conil de la Frontera; unten El Puerto de Santa María ►

men, man zu allen anderen Monaten hingegen keinerlei Probleme hat, etwas Adäquates zu finden. Guter Ansprechpartner ist stets das o.g. Turismo, das eine Liste aller Herbergen bereithält und auch Apartments sowie Stadtwohnungen in Conil vermittelt.

Eine kleine Auswahl:

BILLIGUNTERKÜNFTE sind schwach vertreten, und empfehlenswert ist die **PENSIÓN HERMANOS** • nahe der Altstadt in der *Calle Virgen 2, ✆ 956/44 01 96.*

Moderne, aber nicht sterile Zimmer bietet die **PENSIÓN HERMANOS ZARA** •–•• nahe der Altstadt an der *Calle Pascual Junquera 69, ✆ 956/44 04 66.*

IN DER ALTSTADT wohnt man fraglos am romantischsten, wenn auch nicht unbedingt am ruhigsten, und sehr gut gefielen uns hier die **PENSIÓN LA VILLA** •• *(Plaza de España 6, ✆ 956/44 10 53)* sowie die **PENSIÓN GUZMÁN** ••-••• *(Calle Hospital 5, ✆ 956/44 30 61),* die beide sehr freundliche Zimmer haben.

Das **HOTEL FLAMENCO** •••• *(Fuente del Gallo, ✆ 956/44 07 11, 🖷 44 05 42),* ein weißer Haciendabau mit grünen Gartenanlagen (Tennis und Schwimmbad), liegt auf den Klippen, bietet spektakuläre Lage und einen Hauch von »Noblesse« bei relativ moderaten Preisen (Zimmer ab 70 €).

Camping

Wildcamper sind rings um Conil nicht gern gesehen, und von den fünf Campingplätzen nahe der Stadt möchten wir folgende empfehlen:

Der 4 km außerhalb Conil gelegene **CAMPING FUENTE DE GALLO** *(✆ 956/44 01 37)* erstreckt sich auf einer baumbestandenen Wiese, ist gepflegt und relativ günstig und hat zudem gleich zwei ausnehmend schöne Strände zu bieten (ca. 300 m).

Nahebei bietet sich **CAMPING EUCALIPTOS** *(✆ 956/44 12 72)* mit schattenreichen Stellplätzen und guter Ausstattung an, doch ist er noch weiter vom Meer entfernt.

Rund 6 km außerhalb vom Ort wohnt man schattig und strandnah (ca. 400 m) auf dem **CALA DEL ACEITE** *(✆ 956/44 09 72)* in einem großen Waldgebiet etwa 500 m vom Meer entfernt.

Essen und Trinken

Für den Hochsommer braucht man keinen Restaurant-Tip. Dann ist abends sowieso fast überall jeder Stuhl belegt, und man bleibt, wo noch Platz ist. In den restlichen Monaten aber kann man Präferenzen setzen:

Auf der *Plaza de Sta. Catalina,* etwa im **PESCADOS Y MARISCOS** oder im **EL CASTILLO,** bekommt man den frischesten und günstigsten Fisch der Stadt.

So richtig à la Urlaub in España ist's auf der Hangterrasse der **MESÓN EL ROMPEOLAS** an der *Calle Cabril de la Fuente*: Man schlemmert unter Fischernetzen und guckt aufs blaue Meer.

Die **MESÓN LA FUENTE** (*Calle Cabril de la Fuente*) ist etwas ganz Spezielles: der hohe, gemauerte und mit Azulejos abgesetzte Speiseraum wird von Säulen getragen, die sich als Bulleröfen entpuppen; der Fußboden ist gepflastert wie in einem Pferdestall, große Landschaftsbilder bringen Farbe, und aus der Wand plätschert vergnügt eine Quelle hervor.

ZUM GUADALQUIVIR

Was sich von *Conil de la Frontera* bis hinauf nach *Cádiz* an Stränden präsentiert, ist häßlich und wird um so unansehnlicher und dreckiger, je näher man der Provinzhauptstadt kommt. Nördlich von Cádiz schließen sich ausgedehnte Salinenfelder und Hafenanlagen an, *El Puerto de Santa María* besticht mit Hebekränen und Ölschlick. Nur die kilometerlangen und meist dünengesäumten Strände zwischen Rota und Sanlúcar de Barrameda könnten entzücken. Doch in *Rota* haben die US-Amerikaner einen Luftwaffenstützpunkt gemietet: der damit verbundene Düsenlärm stellt den am Frankfurter Flughafen in den Schatten, und die 10 000 stationierten GIs haben das Preisgefüge gewaltig durcheinandergebracht.

Ein Großteil der Strände ist militärisches Sperrgebiet. Und wo nicht, da dienen die Sandflächen der Wegwerfgesellschaft als Mülldeponie. Oder als Picknickareal – was auf das gleiche hinausläuft.

Akzeptabel präsentiert sich die Costa de la Luz erst wieder bei **CHIPIONA**. Der Ort ist als Ferienzentrum beliebt. Das will nichts heißen, schafft aber Infrastruktur. Es gibt mehrere Dutzend Pensionen und Hotels und im Sommer stets viele Pauschalgäste aus deutschen Landen.

Auf der Straße nach **SANLÚCAR DE BARRAMEDA** bestimmen Weinfelder das Bild. Bodegas prägen die Stadt und zeugen davon, daß der rund 50 000 Einwohner große Ort zusammen mit Jerez de la Frontera das Domizil der Sherrybarone bildet. Die Kommune ist entsprechend herrschaftlich und reich an Palästen. Oberhalb der sehr eindrucksvollen Pfarrkirche *Nuestra Señora de la O* liegt das alte Kastell: idealer Aussichtspunkt, um das Dachgewirr der Stadt und das mehr als 3 km breite Band des hier in den Atlantik mündenden Río Guadalquivir zu betrachten. Sanlúcar war übrigens der Hafen, der die Abreise *Magellans* zu seiner Weltumsegelung im Jahre 1519 sah; *Kolumbus* brach hier zu seiner dritten Reise auf.

Cádiz

Gegründet um 1100 v. Chr. von den Phöniziern auf den Fundamenten einer von Iberern bewohnten Siedlung, gilt Cádiz, das phönizische *Gadir* und römische *Gades*, als eine der ältesten Städte Europas. Unter den Westgoten und den Mauren wurde Cádiz, das als erste von allen Städten auf der Iberischen Halbinsel das römische Recht und die lateinische Sprache angenommen hatte, in der Hauptsache zerstört und trat erst im 16 Jh. wieder ins Blickfeld der Weltgeschichte, als es gemeinsam mit Sevilla die Führungsposition im Handelsverkehr mit der soeben entdeckten »neuen« Welt übernahm. Unermeßlich waren die Schätze, die die legendären Gold- und Silberflotten aus dem geplünderten Amerika nach Cádiz brachten.

Doch die gehorteten Schätze reizten bald schon die Feinde Spaniens – insbesondere die Engländer: 1587 sengte *Sir Francis Drake* im Auftrag von *Elisabeth I.* den Bart des Königs von Spanien ein wenig an, indem er die gesamte im Hafen liegende Flotte zerstörte bzw. die Schiffe entführte. Und nur sechs Jahre später vernichtete *Graf Essex* – ebenfalls im

Auftrag seiner raffgierigen Majestät – während einer 14 Tage dauernden Plünderung die Stadt vollständig. Was neu errichtet wurde, fiel 1805 *Lord Nelson's* Kanonen anheim, und während der fünf Jahre dauernden Belagerung der Stadt durch die Franzosen im Spanischen Unabhängigkeitskrieg (1808–1813) wurde auch die verbliebene historische Bausubstanz ein Opfer der Flammen. So präsentiert sich Cádiz heute als Provinzmetropole, in der – einzigartig in Südspanien – kaum ein Bauwerk älter als knapp 150 Jahre ist; selbst die Kathedrale (ein klassizistisches Monstrum) stammt aus der Mitte des 19. Jh.

Doch dieser Mangel an steinernen Zeugen einer großen Vergangenheit sollte den Kunstreisenden nicht von einem Besuch der heute 175 000 Einwohner zählenden Stadt abhalten, denn das Archäologische Museum gilt als eines der besten Spaniens, im Museum der Schönen Künste hängen Gemälde von *Murillo, Zubarán, Rubens, van Eyck, Cano, Coello* und vielen anderen, und in der Kathedrale werden Schätze gehortet, die zu den wertvollsten des Landes zählen.

Wer sich aber für Solcherlei nicht interessiert (und wer hier auch nicht die Fähre zu den Kanarischen Inseln besteigen will), für den ist Cádiz ganz bestimmt kein »Muß«, denn die auf einer felsigen Landzunge weit in den Ozean vorgeschobene Stadt leidet unter extremem Platzmangel, wächst entsprechend in die Höhe und bietet nur im alten Stadtkern ganz vorne auf der Halbinsel ein paar schöne Plätze und ein bißchen mediterrane Stimmung. Der Hafen – seiner romantischen Atmosphäre wegen viel gelobt – ist ein Irrgarten aus Hebekränen, Containern und Trockendocks, die freilich mit die größten in ganz Europa sind und Schiffe bis zu einer Tragfähigkeit von einer Million Tonnen aufnehmen können.

LIBERALE UND SERVILE

Im Übergang vom 18. zum 19. Jh. hatte auch in Spanien der Gedanke der bürgerlichen Freiheit von den gebildeten Schichten Besitz ergriffen, als *Napoleon I.* den Bourbonenkönig *Ferdinand VII.* absetzte und seinen Bruder *Joseph Bonaparte* auf den Thron hievte. Da die spanische Führungsschicht nicht gewillt war, die Despotie unfähiger und degenerierter Monarchen gegen die Herrschaft eines fremden Eroberers einzutauschen, trat im Jahre 1809 in Cádiz ein vorbereitendes Komitee zusammen, das schon kurz darauf die konstituierende Nationalversammlung einberief.

Diese begann am 10. März 1810 mit ihrer Tagung, die sich über zwei Jahre hinzog: Während sich das Parlament mit Eifer den Beratungen hingab, dröhnte draußen der Schlachtenlärm um die Mauern der Stadt. Eingeschlossen von der französischen Belagerungsarmee blieb Cádiz die einzige Stadt Spaniens, die Napoleon nicht einnehmen konnte. Im März 1812 hatte das Parlament eine neue Verfassung für ganz Spanien erarbeitet, die die konstitutionelle Monarchie auf der Basis der Volkssouveränität vorsah.

Doch schon bald kristallisierten sich auf der politischen Ebene zwei völlig kontroverse Lager heraus: die Reformisten und die Traditionalisten. Die Verteidiger des freiheitlichen Standpunktes, die keinen Satz ohne das Wort *liberal* von sich ga-

Cádiz: Die Kathedrale ►

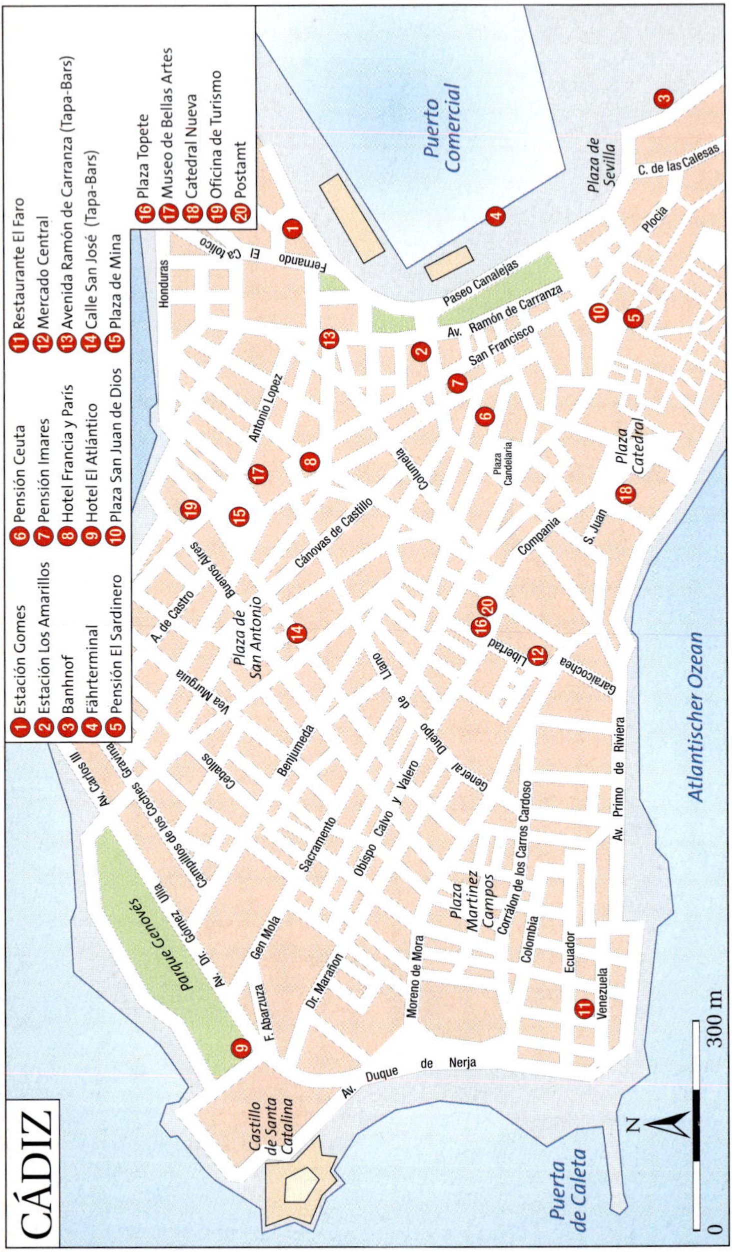
CÁDIZ
1 Estación Gomes
2 Estación Los Amarillos
3 Banhnof
4 Fährterminal
5 Pensión El Sardinero
6 Pensión Ceuta
7 Pensión Imares
8 Hotel Francia y París
9 Hotel El Atlántico
10 Plaza San Juan de Dios
11 Restaurante El Faro
12 Mercado Central
13 Avenida Ramón de Carranza (Tapa-Bars)
14 Calle San José (Tapa-Bars)
15 Plaza de Mina
16 Plaza Topete
17 Museo de Bellas Artes
18 Catedral Nueva
19 Oficina de Turismo
20 Postamt
Puerto Comercial
Plaza de Sevilla
C. de las Calesas
Plocia
Paseo Canalejas
Av. Ramón de Carranza
San Francisco
El Ca tolico
Fernando
Honduras
Antonio Lopez
Columela
Plaza Candelaria
Plaza Catedral
Cánovas de Castillo
Compañia
S. Juan
Buenos Aires
A. de Castro
Plaza de San Antonio
Vea Murguia
Llano
de
Dueño
General
Libertad
Garaicochea
Av. Primo de Riviera
Atlantischer Ozean
Benjumeda
Ceballos
Gravina
Av. Carlos III
Campillos de los Coches
Sacramento
Obispo Calvo y Valero
Plaza Martinez Campos
Corrálon de los Carros Cardoso
Colombia
Ecuador
Venezuela
Moreno de Mora
Dr. Marañon
Gen Mola
F. Abarzuza
Av. Dr. Gomez Ulla
Parque Genovés
Av. Duque de Nerja
Castillo de Santa Catalina
Puerta de Caleta
N
0
300 m

ben, trugen von da an den Namen »Die Liberalen«, ihre Gegner wurden als »Die Servilen« bezeichnet. Damit ist die Bezeichnung »liberal« von Cádiz aus in alle Sprachen eingegangen, und der Begriff selbst wurde zu einem Leitmotiv freiheitlichen Denkens in der ganzen Welt. Den Namen »Servil« mochte niemand übernehmen, obwohl ihn so viele verdienen.

ANKUNFT

Bus

Cádiz hat zwei Busbahnhöfe, die beide direkt im Zentrum am Hafen liegen:

ESTACIÓN GOMES, *Transportes General Gomes, Plaza de la Hispanidad 1* (direkt vor dem Hafeneingang).

ESTACIÓN LOS AMARILLOS, *Avenida Ramón de Carranza 31.*

ZUG: ESTACIÓN DE FERROCARRILLES, *Avenida Ana de Vija 3;* ebenfalls direkt am Hafen gelegen.

FLUG: Der **AEROPUERTO DE LA PARRA** *(Cádiz y Jerez), Carret. N-IV,* liegt rund 30 km nördlich *Cádiz,* 6 km von *Jerez de la Frontera* entfernt. Buszubringer zu beiden Städten nach jeder Landung.

FÄHRE: Die **TRANSMEDITERRANEA-FÄHRSCHIFFE** von den Kanarischen Inseln legen direkt vor dem Zentrum der Stadt an der *Estación Marítima* an *(Dársena del Puerto, Avenida del Puerto).*

MIT EIGENEM FAHRZEUG: Erst mal kilometerlang auf breiter Avenida durch die Neustadt von Cádiz, immer den Schildern »Puerto Canarias« hinterher. Wenn die Skylinemeile bewältigt und ein Torbogen durchfahren ist, liegt rechts unterhalb der Straße über dem Bahnhof ein mit weißem »P« auf blauem Schild gekennzeichneter Parkplatz, der rund um die Uhr geöffnet und eben – und das ist sehr wichtig in Cádiz – von Zäunen umgeben und bewacht ist. Am Hafen finden sich außerdem bewachte Parkhäuser.

ORIENTIERUNG: Alles, was für den Reisenden in Cádiz von Interesse sein könnte, findet sich im kompakten Stadtkern der auf drei Seiten vom Atlantik umspülten und von einer Uferstraße gesäumten Altstadt am äußeren Ende der Halbinsel von Cádiz.

Die **PLAZA SAN JUAN DE DIOS** ist nicht nur das gastronomische Zentrum: in ihrer direkten Nähe liegen sowohl der Hafen, der Bahnhof, die Busbahnhöfe, die Reisebüros, Banken und auch die meisten Herbergen.

Die Tapa-Bars häufen sich in der **CALLE SAN JOSÉ** die zur **PLAZA DE MINA** führt, an deren Nordrand das Turismo liegt.

Für Shopping ist das Gebiet zwischen der **PLAZA TOPETE** und der **PLAZA DE SAN ANTONIO** zuständig, und die meisten Herbergen finden sich in der **CALLE SAN FRANCISCO** sowie in der **CALLE URUGUAY** ab Plaza de San Juan de Dios (hier hauptsächlich die Billigstherbergen).

UNTERKUNFT

Die Billigstherbergen der Stadt möchten wir nicht empfehlen, da sie oft recht dubiosem Volk als Unterkünfte dienen und, wie mehrere Lesertipschreiber zu sagen wußten, nicht immer ganz sicher sind.

PENSIÓN EL SARDINERO ••, *Plaza San Juan de Dios 3, ✆ 956/28 53 01.* Im Zentrum gelegen und trotzdem völlig ruhig, da sich die mittelgroßen Lavabo-Zimmer um einen Lichthof gruppieren und Fenster nach innen haben. Altes, aber gepflegtes Mobiliar vermittelt Gemütlichkeit.

PENSIÓN CEUTA ••, *Calle Montañes 7,* ✆ *956/22 16 54.* Etwas düstere, aber blitzblank saubere Zimmer, die sich um einen Innenhof gruppieren und ihre 27 € (mit Bad) unbedingt wert sind.

PENSIÓN IMARES ••-•••, *Calle San Francisco 9,* ✆ *956/21 22 57.* Holzportal und Foyer würden einem Grand Hotel alle Ehre bereiten, aber die rings um einen Lichthof gelegenen Zimmer sind mehr schlicht als elegant und unpersönlich möbliert.

HOTEL FRANCIA Y PARÍS •••-••••, *Plaza de San Francisco 2,* ✆ *956/22 23 48,* 🖷 *22 24 31.* Die weiße Fassade ist eher schmucklos, über dem Foyer thront eine gläserne Kuppel, die Zimmer sind auffallend groß, haben cremefarbene Tapete, Teppichboden, Telefon, Möbel die vor 30 Jahren vielleicht der letzte Schrei waren, und ein modernes Bad. Alles in allem keine schlechte Adresse, aber bei Preisen ab 65 € erwartet man eigentlich Besseres.

HOTEL EL ATLÁNTICO ••••, *Parque Genovés 9,* ✆ *956/22 69 05,* 🖷 *21 45 82.* Mehrgeschossiger Betonbau, der Parador-Kette angeschlossen. Sehr geschmackvoll eingerichtete Komfortzimmer (ab 90 €), teils mit herrlicher Aussicht über die Bucht. Schwimmbad und Garage.

Camping

Cádiz selber hat keinen Campingplatz. Der nächstgelegene ist der **CAMPING GUADALETE** *(✆ 956/56 17 49)* nahe Puerto de Santa María an der N-IV Cádiz–Sevilla bei km 658. Das schattenreiche Terrain ist wellig und z.T. sandig, z.T. mit Wiese bestanden. Die sanitären Einrichtungen sind schlicht, heiße Duschen sind kostenlos. Außerdem gibt's einen Supermarkt, ein Restaurant, ein Schwimmbad (Eintritt) und in der Dämmerung in aller Regel recht viele winzige Moorfliegen, die insbesondere auf den wiesigen Platzabschnitten zur Plage werden.

Für **WILDCAMPER** konnten wir in der Nähe von Cádiz kein empfehlenswertes Eckchen ausmachen. An der Küste bei *Rota* ist Wildcampen zumeist verboten, die Strände bei *Chiclana de la Frontera* sind entweder Müllgruben oder nur zu Fuß erreichbar, und erst östlich *Conil de la Frontera* (siehe dort) kann man wieder fündig werden.

Wer ein Wohnmobil hat, kann freilich auf dem Parkplatz (siehe unter »Ankunft«) die Nacht verbringen.

ESSEN UND TRINKEN

Aus der Menge der Restaurants können wir folgende empfehlen:

An der Ecke *Calle San Fernando/Plaza San Juan de Dios* empfiehlt sich das zwar schlicht eingerichtete, aber gute und günstige Gerichte bietende **RESTAURANTE ANDALUZ,** in dem man durchaus schon für weniger als 6 € satt werden kann; auch zum draußen sitzen.

Das **RESTAURANTE EL SARDINERO** an der zentralen *Plaza San Juan de Dios* besticht mit einem beachtlichen kulinarischen Niveau (insbesondere Fisch und Meeresfrüchte) sowie einer nostalgisch-schönen Einrichtung.

MESÓN EL CANDIL, *Calle Javier de Burgos.* Man sitzt im Parterre oder auf einem Balkon im hohen und von Balken gestützten, weiß verputzten Innenraum unter schmiedeeisernen Kronleuchtern, von denen Schinken herabbaumeln. Ein »restaurante típico« also, obwohl sich unter den Gästen nur wenige Touristen finden. Die Speisekarte ist opulent, die Gerichte sind mit Liebe oder zumindest mit viel Können bereitet, Qualität steht vor Quantität, und die Preise spiegeln das wider: 15 € für ein Mahl muß man mindestens pro Person opfern.

EL FARO, *San Félix 15,* ✆ *956/21 10 68* (ohne Reservierung ist man chancenlos!); tgl. geöffnet. Das El Faro gilt als das beste Restaurant in der Provinz, gehört zu den Top-Restaurants von Südspanien schlechthin und hat 2 Eingänge: der eine führt direkt in den stilvollen Speiseraum, während der andere zuerst in eine Tapa-Bar geleitet, in der nicht weniger als fünf Dutzend erlesene Köstlichkeiten vor sich hinduften. Der Chefkoch gilt als Genie, und egal was man bestellt: es gibt keine Schwächen in dieser Küche! A la carte kommt so ein Schlemmerabend allerdings unerhört teuer, doch wer keinen Fehler machen will und einen Riesenhunger verspürt, sollte sich unbedingt für das täglich wechselnde 6-Gänge-Menü entscheiden, das mit rund 35 € ganz bestimmt nicht zu teuer ist.

SELBSTVERPFLEGER: Größere Supermärkte gibt es nur in der Neustadt von Cádiz. Im Zentrum muß man mit den zahlreichen »Tante Emma Läden« vorliebnehmen bzw. sich zum *Mercado Central* begeben, der hinter dem Post- und Telegrafenamt an der Plaza Topete/Calle Libertad liegt (Mo–Sa, 9–13 Uhr).

Die **TAPAS-BARS** finden sich – wie bereits unter »Orientierung« gesagt – hauptsächlich in der *Calle San José,* an der *Plaza de San Juan Dios* und an der *Avenida Ramón de Carranza.*

UNTERHALTUNG

Touristen und Trödler, Penner und Prostituierte, Matrosen und Madonnas, Jung und Alt, Reich und Arm – alles trifft sich auf der **PLAZA DE SAN JUAN DE DIOS,** dem kosmopolitischen Zentrum von Cádiz, dessen Kulisse weiße Ozeandampfer, herausgeputzte Rathausfassaden, bunte Markisen und hoch aufgeschossene Palmen sind.

Beschaulicher und wesentlich ruhiger geht's auf der **PLAZA DE MINA** zu. Ihr weites Quadrat besteht aus Wiesen und Zierbeeten, Zedern, Palmen und üppig blühenden Sträuchern; hier spielen Kinder Fangen und Verstecken, schmusen Liebespaare vor sich hin, liegen Träumer auf dem Rasen, Schläfer auf den Bänken, palavern die Rentner, zwitschern die Vögel, und kein Autoverkehr stört.

Ganz anders wieder geht es auf der **PLAZA TOPETE** zu, auf die das schwer bepackte Konsumvolk aus den angrenzenden Boutiquengassen strömt. Die Taschendiebe werden fündig, und die Bettler sind dreist und lästig.

SEHENSWÜRDIGKEITEN

MUSEO DE BELLAS ARTES/MUSEO ARQUEOLÓGICO, *Plaza de Minas;* Di–So von 10–14 Uhr.

In den ersten sechs Sälen des »Museums der Schönen Künste« hängen neben ein paar Flamen und Italienern hauptsächlich Gemälde von spanischen Künstlern: Etwa der »Ecce homo» von *Murillo,* die Kreuzabnahme von *Campana,* die »Amtseinführung des Parlamentes von Cádiz« von *Barcaza* und viele andere Werke von *Ribera, Fernandéz, Morales, Cano, Herrera, Carnero.*

Im 7. und 8. Saal dann fesselt eine gut präsentierte und über 20 Gemälde umfassende Kollektion von *Zubarán.*

Im Archäologischen Museum im Untergeschoß werden frühgeschichtliche Funde (z.B. ein iberischer Löwe, ein phönizischer Sarkophag in Menschenform, ein ionisches Kapitell etc.), ein paar römische Büsten sowie westgotische und maurische Artefakte ausgestellt.

CATEDRAL NUEVA: Der größtenteils klassizistische Komplex wurde erst im Jahre 1838 fertiggestellt, ist damit eine der jüngsten Kathedralen des Landes. Eine der am wenigsten sehenswerten obendrein, und so tut man gut daran, nach einem kurzen Blick auf das Marmor- und Bronzemonstrum des Hauptaltars und auf die korinthischen Monumentalsäulen ins Museum zu gehen (Di–Sa, 10–12.30 und 17–19 Uhr). Neben unzähligen Ritualgefäßen, vielen Gemälden, Kreuzen etc. werden hier die vielleicht wertvollsten Monstranzen der gesamten Christenheit aufbewahrt. Etwa die »Custodia«, aus reinem Silber getrieben, 6 m hoch und damit die größte und wohl auch schwerste der Welt; oder die »Custodia de Millón«, eine goldene Monstranz, einst im Besitz des Vizekönigs von Mexiko, die über und über mit Edelsteinen verziert ist; oder die silberne Monstranz, die vergoldet wurde und in zwei filigranen Stockwerken die Kathedrale von Barcelona darstellen soll, oder…

VERSCHIEDENES

INFORMATION: OFICINA DE TURISMO, *Calderón de la Barca 1,* ✆ *956/21 13 13,* 🖹 *22 84 71;* Mo–Fr 9–14 Uhr, Sa 10–13 Uhr.

FIESTAS

Gegen Mitte **FEBRUAR** wird die kunterbunte *Fiesta folclórica* abgehalten.

Der *Carnaval* von Cádiz gilt als der farbenprächtigste und ausgelassenste von ganz Spanien!

Auch die *Semana Santa* (Karwoche) von Cádiz ist landesweit berühmt, und *Corpus Cristi* (Fronleichnam-Fest) ist eine der bedeutendsten Fiestas von ganz Andalusien.

Im **AUGUST** lockt das monumentale Kulturfestival *Circuito Cultural,* und im Oktober das landesweit berühmte *Festival Ibero-Americano de Teatro de Cádiz* mit vielen Gruppen aus Süd- und Mittelamerika.

Den **JAHRESABSCHLUSS** bildet das bis nach Mitteleuropa hinauf bekannte *Festival Internacional de Títeres,* das Puppenspielfestival.

POST: Das Hauptpostamt findet sich an der *Plaza Topete* in der Altstadt.

WEITERREISE

BUS: Von der **ESTACIÓN GOMES** *(Plaza de la Hispanidad 1,* ✆ *956/21 17 63)* geht's viermal täglich nach *Alcala de los Gazules,* achtmal nach *Algeciras,* zweimal nach *Almería,* siebenmal nach *Barbate,* achtmal nach *Conil de la Frontera,* zweimal nach *Granada,* zweimal nach *Huelva,* einmal (abends) nach *Ayamonte* an die *portugiesische Grenze* (Algarve), zweimal nach *Córdoba,* zwölfmal nach *Jerez,* dreimal nach *Málaga,* achtmal nach *Medina Sidonia,* neunmal nach *Puerto de Santa María,* dreimal nach *Ronda,* stündlich nach *Sevilla,* zwölfmal nach *Zahara* und dreimal nach *La Linea (Gibraltar).*

TRANSPORTES LOS AMARILLOS

(Avenida Ramón de Carranza 31, ✆ 956/28 58 52) fährt zweimal täglich nach *Ubrique*, achtmal nach *Chipiona* und achtmal Richtung *Sanlucar* via *Rota*.

Direktbusse nach Mitteleuropa gibt es ab Cádiz nicht: dafür fährt man am besten zuerst nach *Málaga*.

ZUG: Der Bahnhof, der Cádiz via *Jerez* und *Sevilla* mit dem Rest des Landes verbindet, liegt in der *Avenida Ana de Viya 3* direkt am Hafen *(✆ 956/25 43 01)*. Ticketkauf und Information auch im **RENFE-BÜRO** an der *Avenida del Puerto 1, ✆ 956/27 50 11.*

FÄHRE: TRANSMEDITERRANEA schifft ein- bis mehrmals die Woche nach *Arrecife* (Lanzarote), *Las Palmas* (Gran Canaria) sowie *Teneriffa*. Die Tickets kauft man entweder direkt bei Transmediterranea in der *Estación Marítima, ✆ 956/22 74 21* (geöffnet Mo–Fr von 9–14 und 17–19 Uhr, Sa bis 13 Uhr) oder in einem der vielen Reisebüros rings um den Hafen.

FLUG: Vom rund 30 km von der Stadt entfernten Flughafen *(✆ 956/ 15 00 83)* bedient *Iberia (✆ 956/33 84 56)* täglich die Routen nach Barcelona, Madrid, Valencia, Zaragoza sowie nach Mallorca und insbesondere nach Las Palmas und Teneriffa. Das dauert knapp 1,5 Stunden, und kann, etwa zu den Kanaren, sogar günstiger als die Schiffspassage sein.

Fischer an der Atlantikküste bei Cadíz ▼

Jerez de la Frontera

Die meisten Touristen fahren an Jerez vorbei oder werfen nur schnelle Blicke auf die Weinfässer in einer der 500 Bodegas der Stadt. Das ist ein Superlativ, der bewirkt, daß der ausländische Besucher hier durchaus noch als Gast und nicht als Devisenbringer angesehen wird. Geld gibt's genug in der Sherry-Metropole: Das Geschäft mit dem Rebsaft bringt jährlich bis zu einer Milliarde Mark Umsatz in die Kassen. Den Reichtum kann man sehen, die Palacios der Sherry-Barone prägen das Stadtbild, Palmen- und Orangenalleen lockern auf und enden alle irgendwann vor einer Parkanlage oder einem kunsthistorischen Denkmal.

Ein paar hundert Millionen Weinreben umgeben die Stadt, in der 190 000 Menschen zwischen schätzungsweise 2 Millionen Litern Wein leben, die in über 500 Bodegas in eichenen 500-Literfässern gelagert werden. Doch der Wein ist nicht profaner Rebsaft, sondern vielmehr *Sherry*, der zu seinem Namen kam, weil schon die Mauren (und später die englischen Weinhändler) »Jerez« nicht aussprechen konnten, und es »sheriz« nannten.

So ist Jerez für die meisten Reisenden die Stadt der Weinkeller. Für manche ist es eine architektonische Schatzkammer, und für uns ist es darüber hinaus die Stadt der Plazas, der großen und kleinen, der schattigen und sonnenhellen, der verwinkelten und geometrischen, der alten und neuen Plätze. Eine Stadt auch mit heiterer Atmosphäre und einigen der vielleicht besten Restaurants von Andalusien.

ANKUNFT

BUS/ZUG: Der Busbahnhof befindet sich nahe dem Bahnhof an der *Calle Cartuja*, von wo aus man über die *Calle Medina* ins rund 1 km entfernte Zentrum gelangt.

FLUG: Der Flughafen von Jerez (und Cádiz) liegt 8 km außerhalb der Stadt. Ein Buszubringer verkehrt nicht, Taxi kostet ungefähr 8 €.

INFORMATION: OFICINA MUNICIPAL DE TURISMO, *Calle Larga 39,* ✆ *956/ 33 11 50,* 📠 *33 17 31;* Mo–Fr 9–15 und 17–19 Uhr, Sa 10–13 Uhr.

Außerordentlich informativ, nettes und kompetentes Personal.

UNTERKUNFT

JUGENDHERBERGE (Albergue Juvenil), *Av. Carrero Blanco 30,* ✆ *956/ 34 28 90;* sehr weit außerhalb (ab Zentrum rund 30 Gehminuten) in einer unschönen Wohngegend gelegen, aber von innen angenehmer, als die Umgebung vermuten läßt.

BILLIGHERBERGEN finden sich in großer Zahl entlang der *Calle Higueras.* Empfehlenswert hier u.a. die **PENSIÓN LAS PALOMAS** • *(Calle Higueras 17,* ✆ *956/34 37 73).* An der *Calle Honsario 7* lädt die **PENSIÓN GOVER** •-•• *(✆ 956/33 26 00)* ein, und billigst, aber nicht unbedingt schön, wohnt man in der **PENSIÓN SANVÍ** • an der *Calle Morenos 10,* ✆ *956/34 56 24.*

HOSTAL SAN MIGUEL ••, *Plaza San Miguel 4,* ✆ *956/34 85 62.* Dieses nette Haus besticht mit einem kleinen Innenhof und ansprechenden Zimmern, ist in dieser Preisklasse wohl das beste Haus der Stadt.

HOTEL TORRES ••-•••, *Calle Arcos 29,* ✆ *956/32 34 00,* 📠 *32 34 00.* Eine eigene Garage ist vorhanden, und die ausnehmend schönen, auch durchwegs sehr großen Zimmer blicken teilweise auf einen Patio.

Die Kathedrale und Gärten in Jerez de la Frontera ►

HOTEL CAPELE ••••, *Plaza Corredera 58,* ✆ *956/34 64 00,* 📠 *34 62 42.* Im Foyer – zwischen weißem Marmor, kraftvollen Grafiken und beigen Polstergruppen – bekommt man einen Vorgeschmack auf die Zimmer. Sie sind klassisch möbliert, mit modernen Gemälden geschmückt, haben ein wahres »Palastbad«, natürlich Klimaanlage und Telefon. Geschmackvoller geht's nicht mehr, und die Preise (ab 65 €) sind »nur« knapp halb so hoch wie im Hotel Jerez.

HOTEL JEREZ ••••, *Avenida Alcalde Alvaro Domecq 35,* ✆ *956/30 06 00,* 📠 *35 50 01.* Dieses inmitten einer tropisch anmutenden Parkanlage gelegene Haus ist nicht nur das beste und teuerste (Zimmer zu rund 110 €) der Stadt, sondern eines der komfortabelsten in ganz Andalusien. Hier kann sich der solvente Gast u.a. an einem Schwimmbad ebenso erfreuen wie an einem Tenniscourt.

MONASTERIO SAN MIGUEL ••••, *Calle Larga 27, El Puerto de Santa María,* ✆ *956/54 04 40,* 📠 *54 26 04.* Für Komfortreisende ist es keine schlechte Idee, nicht in Jerez direkt, sondern vielmehr im 11 km außerhalb gelegenen Puerto de Santa María zu wohnen, wo eines der stilvollsten Häuser von Andalusien einlädt. Das Hotel ist in einer alten Klosteranlage untergebracht, die Zimmer halten, was das rund 250 Jahre alte Gemäuer verspricht, und daß hier mitunter auch die königliche Familie absteigt, spricht für sich. Die Preise auch, denn unter 125 € ist kein Zimmer zu bekommen.

ESSEN UND TRINKEN

Die Jerezaner Küche

Jerez versteht sich als das gastronomische Herz Andalusiens. Wenn man den Chronisten Glauben schenken darf, sollen karthagische Händler schon im 6. Jh. v.Chr. die Küche der Stadt gelobt haben. Belegt ist, daß *Ibn Al-Azraq*, ein maurischer Poet, im 9. Jh. notierte, daß keine Küche der von Sheris (so hieß Jerez früher) gleichkomme. *Alexandre Dumas* nannte Jerez das gastronomische Zentrum Spaniens, und der Feinschmecker *Dionisio Pérez*, der im Jahre 1929 einen Gourmet-Führer über Spanien schrieb, sah hier gar den Olymp der Kochkunst Europas.

Der Sherry wird nicht nur als Aperitif genossen, sondern ist gleichzeitig das i-Pünktchen vieler Speisen: *Riñones al Jerez* (Nierchen) und *pollo al Jerez* (Hähnchen) sind die berühmtesten. Die Nierchen müssen vom Kalb sein, werden in kochendem Essigwasser blanchiert, in Olivenöl mit Knoblauch, Lorbeer, Petersilie, Zwiebel und Pfeffer gebraten, schließlich mit viel trockenem Sherry abgelöscht. Das Hähnchen wird zuerst goldbraun gebraten; in die Bratensauce wird Senf, Mehl, Pilze, Käse, Oliven, Pfeffer, Thymian, Knoblauch, Lorbeer und Petersilie und ebenfalls viel Sherry gegeben und mit Eigelb und frischer Sahne angedickt.

Natürlich erhält in Jerez auch eine jede Consommée den krönenden Schuß aus der Sherry-Flasche; das gilt auch für viele Suppen und insbesondere für die *sopa de esparragos* (Spargelcremesuppe). Die *ajo blanco*, die Knoblauchsuppe, wird mit Brotkrumen bestreut und mit hartgekochten Eiern garniert. Die Fischsuppe heißt hier *sopa el cuarto de hora.*

Höchster Stellenwert kommt Fisch und Meeresfrüchten zu: Der

JEREZ

1 Busbahnhof
2 Bahnhof
3 Oficina de Turismo
4 Richtung Jugendherberge
5 Pensión Gover
6 Pensión Las Palomas
7 Pensión Sanví
8 Hostal San Miguel
9 Hotel Torres
10 Hotel Capele
11 Richtung Hotel Jerez
12 Calle Pescadería Vieja
13 Richtung Restaurant El Bosque
14 Tendido 6
15 Richtung Restaurant El Cartujano
16 La Mesa Redonda
17 Bodega Gonzá les Byass
18 Bodega Sandemann
19 Bodega Williams
20 Bodega Harveys
21 Bodega Domecq
22 Escuela Española de Arte Ecuestre
23 Plaza Arenal
24 Plaza de las Angustias
25 Plaza de la Yerba
26 Plaza de la Plateros
27 Plaza de la Asuncíon
28 Plaza Domecq
29 Plaza Arroyo
30 Plaza la Mercado
31 Alcázar
32 Iglesia San Miguel
33 Museo Arqueológico
34 Iglesia San Dionisio
35 Iglesia San Salvador (auch: Catedral)

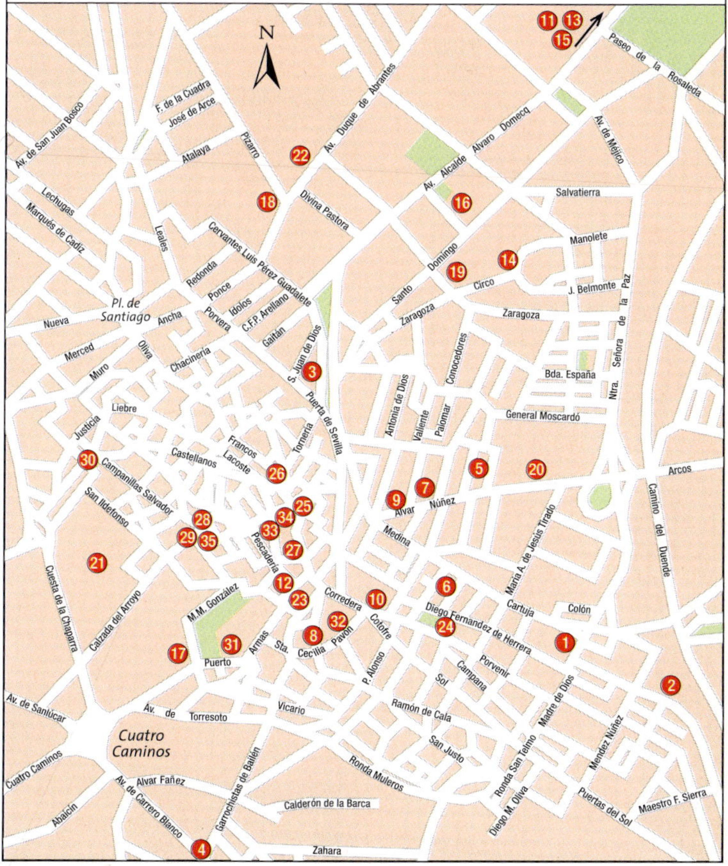

Atlantik ist nahe, und vor *Puerto de Santa María* und insbesondere vor *Sanlúcar de Barrameda* an der Mündung des Río Guadalquivir werden die besten und schmackhaftesten Meeresbewohner Spaniens gefischt. Die Liste der Gerichte nach Seemannsart nimmt kein Ende. Zu ihnen gehört der *pargo encebollado* (Pagel in Öl und Zwiebeln gedünstet), *raya en pimentón* (Rochen mit Pfeffer), Thunfisch mit Tomatenpüree und Garnelen, *pezespado en amarillo* (Schwertfisch im Safransud), *chocos con habas* (Tintenfische mit dicken Bohnen). Einen Überblick vermittelt *pescados variados fritos* mit verschiedenen Bratfischsorten, Dorsch, Seehechtscheiben und Sardinen. Wer nur Sardinen möchte, bestellt sie am besten am Spieß als *chanquete frito.*

Und das Leckerste, was Jerez an Süßem zu bieten hat, ist *turrón*: Nougat aus Honig und Mandeln.

Restaurants

Einfache Restaurants finden sich im Zentrum ohne Ende und insbesondere entlang der *Calle Pescadería* Vieja, die von der *Plaza del Arenal* abzweigt. Besonderer Tips bedarf es keiner, doch will man das kulinarische Erbe der Stadt kosten, sollte man eines der nachfolgend aufgeführten Restaurants aufsuchen.

Das **EL BOSQUE** *(Avenida Alcalde Alvaro Domecq 26, ✆ 956/30 33 33;* sonntags geschlossen) sieht aus, als wenn's früher ein Palast gewesen wäre. Sechs verschiedene Salons warten auf solvente Gäste. Wem's innen zu steif oder zu elegant ist, der speist auf der Terrasse mit einem Park als Hintergrundprospekt. Spezialitäten sind *marinerias* mit Langusten und Krabben, *almejas* (Venusmuscheln) sowie *tortillas de camarones* (Garnelen-Tortillas) und *sopa de rape*; unvergleichlich ein Dessert mit *recetas dulces del siglo XVII* (ausgesuchte Pralinen nach Art des 17. Jh.).

Rabo de toro (Stierschwanz) oder *angulas* (Glasaale) sind nur zwei der Köstlichkeiten, mit denen das **TENDIDO 6** *(Circo 10, ✆ 956/34 48 35;* sonntags geschlossen) von sich reden macht. Schmiedeeiserne Schmuckgitter verzieren die Fenster, die Decke ist holzvertäfelt, an den Wänden prunken ein Stierkopf und viele Auszeichnungen für erstklassige Küche.

Das **EL CARTUJANO** *(Avenida Alcalde Alvaro Domecq 35, ✆ 956/30 06 00)* gilt als das beste Restaurant der Stadt, ist aber den meisten Mitteleuropäern viel zu sachlich eingerichtet.

LA MESA REDONDA, *Calle Manuel de la Quintana 3, ✆ 956/34 00 69* (Mo–Sa). Ganz im eleganten Stil eines Herrenhaus-Wohnsalons gehaltener Gourmet-Tempel, in dem das Feinste der traditionellen Jerez-Küche serviert wird.

Wer eine Fahrt von 10 km nicht scheut, wird reich belohnt: in der **MESÓN LA CUEVA,** *Ctra. Jerez-Arcos, ✆ 956/32 16 20.* Vor oder nach dem Essen kann man im restauranteigenen Schwimming-Pool baden. An Speiseräumen gibt es fünf, und von der Speiseterrasse aus genießt man einen weiten Blick aufs gewellte Land. Kenner behaupten, daß der *jamón serrano* hier der beste von Andalusien ist.

Tapa-Bars

Wie die Küche von Jerez Andalusien-weit berühmt ist, so sind es auch die Tapa-Bars der Stadt, die es im

◄ Qualitätskontrolle des jamón serrano (luftgetrockneter Schinken)

Zentrum wohl zu hunderten gibt und in denen man sich für relativ wenig Geld an all den Köstlichkeiten der Region versuchen kann.

Eine Empfehlung wert scheinen uns *Juanito* (*Calle Pescadería Vieja/Plaza del Arenal*; klein und fein, tolle Auswahl), *La Bodeguilla del Bar Jamón* (*Calle Misericordia 5*; hier dreht sich alles um Wurst- und insbesondere Schinken-Tapas), *La Cruz Blanca* (*Calle Consistorio,* nahe Rathaus; schlichte Bar, Tapas der ganz deftigen Art) und *Mesón del Cabildo* (*Calle San Dionisio 2,* bei der Dionisio-Kirche; recht edler Laden, edel auch die Preise für die freilich ausgesucht guten Tapas).

Vom Sherry

Phönizier oder Griechen haben eingeleitet, daß heute Leberzirrhose eine der häufigsten Todesursachen in Spanien ist. Vor ca. 3000 Jahre nämlich führten sie hier Rebstöcke ein. Als sich im 2. Jh. die Römer auf der iberischen Halbinsel breitmachten, fanden sie jedenfalls schon Rebstöcke vor. Und der Wein aus *Ceret* (wie Jerez damals hieß) schmeckte ihnen wohl besser als der aus anderen Teilen des Landes, denn sie exportierten ihn als einzigen in großen Mengen nach Rom, wo er teuer verkauft wurde. Ob dieser Rebsaft, den sie *cerentenes* nannten, geschmacklich schon dem heutigen Sherry entsprach, ist nicht bekannt. Weil unklar ist, wann und wie es sich begab, daß die Weinbauern die Technik herausbekamen, profanen Wein in Sherry zu verwandeln. Aber wie auch immer: spätestens im 16. Jh. müssen sie es gewußt haben. Im Jahre 1588 nämlich plünderte *Sir Francis Drake* die Hafenstadt Cádiz im Auftrag seiner Königin. Er war auf Gold erpicht, schmähte aber auch rund 3000 Weinschläuche nicht. Und diese Schläuche enthielten »Sheris Sack« – wie *Shakespeare,* über alle Maßen begeistert, den Tropfen nannte. Aus Sheris Sack – so glaubt man – entstand dann der Name Sherry. Die Briten waren allesamt sehr angetan, die Nachfrage stieg ständig. Heute ist Sherry nicht nur Spaniens, sondern auch Englands Nationalgetränk, genießt Weltruhm und wird auch weltweit exportiert – in über 160 Länder.

Wie beim echten Champagner ist auch die Bezeichnung jedes anderen Weines eng mit seinem Geburtsort verbunden, ist – wie die Spanier sagen – eine *cosecha de la tierra,* ein »Produkt der Erde«. So auch der Sherry, der in erster Linie ein Produkt des kalkhaltigen *Albariza*-Bodens in Verbindung mit dem besonderen Klima in diesem Bereich des äußersten Südwesten Spaniens ist. Der Albariza-Boden ist für das Gedeihen der Reben deshalb so wichtig, weil er im relativ regenreichen Winter und Frühling wie ein Schwamm wirkt, jede Feuchtigkeit aufsaugt, sie speichert. Dann folgt der Sommer mit Extremtemperaturen von bis über 40 Grad: Der Boden wird hart wie Glas, reflektiert die Hitze zurück an die Trauben, während sich die tiefgreifenden Wurzeln des Rebstocks von den unterirdischen Feuchtigkeitsreserven ernähren.

Nach der Lese im September werden die Trauben zuerst auf Schilfmatten ausgebreitet, wo sie von mehreren Stunden bis zu 14 Tagen nachreifen. Sodann gelangen sie in riesige Kelteranlagen, die sogenannten *mostos*, wo sie gepreßt werden und wo das Produkt, der Most, so lange verbleibt, bis er sich in einer sehr starken Gärung ausgetobt hat. Erst dann kommt er in die eigentlichen Bodegas, wo er in komplizierten und langwierigen Prozeduren zum Sherry »erzogen« wird. Erzogen durch Hefezusätze (die auch nach der üblichen Gärung im Wein noch weiter arbeiten), durch einen Schuß Brandy (der die Essigbildung verhindert) und durch viel Luft. Das alles ist letztendlich für das spezielle Aroma verantwortlich.

Doch zu welcher Sherry-Sorte der Tropfen heranreift – zum trockenen *Fino*, halbtrockenen *Amontillado*, halbsüßen *Oloroso* oder süßen *Dulce* (Cream) – ist im Vorhinein nicht festzustellen und kann auch vom Kellermeister nicht gelenkt werden. Diesem bleibt nur, immer wieder zu probieren, indem er die *venecia*, eine silberne Schöpfkelle, in die Fässer taucht. Ist endlich die Entscheidung gefallen, wird der Sherry nochmals für insgesamt 8 Jahre gereift: durch das *Solera*-System. Das bedeutet nichts anderes, als ein ständiges Umfüllen von einem Faß ins andere. So wird ein bestimmter Teil des reifen Weines mit einem jüngeren gemischt, ein Teil des jüngeren mit noch jüngerem und so fort. Dieses System gewährleistet für jedes Faß und jeden Jahrgang stets eine gleichbleibende Qualität. Unterschiede – wie bei den Jahrgangsweinen – gibt es nicht.

Den genauen Werdegang vom Most zum fertigen Sherry kann man sich zeigen lassen: in einer der rund 500 Bodegas der Stadt, die vom Volksmund auch »Kathedralen des Sherry« genannt werden. Ein Besichtigungsrundgang dauert etwa zwei Stunden und wird stets von einer Sherry-Probe abgeschlossen.

Tägliche, kostenlose Führungen (Mo–Fr) veranstalten

GONZÁLES BYASS, *Calle Manuel María Gonzáles 12, ✆ 956/34 00 00.* Führungen um 10, 11 und 12 Uhr auf englisch, deutsch, französisch, italienisch; Voranmeldung erforderlich

SANDEMAN, *Calle Pizarro s/n, ✆ 956/30 11 00;* Führungen zwischen 9 und 15 Uhr auf englisch, deutsch, französisch; Voranmeldung nötig.

WILLIAMS, *Calle Nuño de Cañas, ✆ 956/34 65 39.* Führungen 12 und 13 Uhr, keine Voranmeldung nötig.

HARVEYS, *Calle Arcos 53, ✆ 956/15 10 02.* Führung um 12 Uhr, Voranmeldung erbeten.

Die berühmtesten Bodegas der Stadt sind die von **DOMECQ** *(Calle San Ildefonso 3, ✆ 956/15 15 00 und 33 19 00;* Führungen um 10 und 11 Uhr, Voranmeldung erforderlich. Der Gast wird hier mit äußerster Ehrerbietung empfangen, von sachkundigem, mehrsprachigem Personal begleitet. Hier lagern die ältesten Sherry der Welt – zum Teil über 300 Jahre alt. Die »Mezquita«, der córdobesischen Mezquita-Catedral nachempfunden, ist ein Wald aus Säulen und natürlich Fässern. Und in der **BODEGA MOLINA** kann man die Sherryfässer etwa von *Picasso, Napoleon* oder *Lord Nelson* bewundern.

Terry

Sherry: Die trockenste Art, den Durst zu löschen

Dominik K. Magyar

Schon um 1000 v. Chr. gründeten die Phönizier die Stadt Xera. Sie brachten Rebstöcke mit und machten wahrscheinlich schon selber Wein. Im Jahr 711 gewannen die Mauren die Schlacht von Guadalete und begannen ihre jahrhundertelange Domination Iberiens. Da ihnen Wein vom Propheten verboten war, machten sie aus den vielen Trauben Rosinen. Dennoch waren auch die Araber keine totalen Abstinenzler, wie aus einigen Gedichten und Schriften klar hervorgeht. Übrigens hieß Jerez auf arabisch Scherisch, was die Engländer im 17. Jahrhundert gerne als Vorlage für ihr »Sherry« benutzten, denn Jerez (sprich Cherres) war für sie unaussprechbar.

Nach der Eroberung von Jerez 1264 durch die Christen lag die Stadt bis zur endgültigen Vertreibung der Araber 1492 an der Grenzlinie zwischen Christentum und Islam. Deswegen verlieh *König Juan* 1380 der »sehr edlen und treuen Stadt« das Privileg, sich »Xeres de la Frontera« nennen zu dürfen.

Bis ins 14. Jahrhundert hinein wurde der Wein aus Jerez praktisch nur für den lokalen und regionalen Verbrauch hergestellt. Mit der Heirat *Henry VIII* von England mit *Katharina von Aragon* Anfang des 16. Jahrhunderts nahm der Export nach England drastisch zu. Das Gebiet von Jerez produzierte zu dieser Zeit mehr Wein als jedes andere der Welt.

Im 17. und 18. Jahrhundert ging die Produktion leicht zurück, vor allem nach dem 1703 geschlossenen Methuen-Abkommen zwischen Portugal und England, das den Export portugiesischer Weine nach England begünstigte. Dennoch gingen in der Zeit von 1700 bis 1788 knapp 90 Prozent aller Sherry-Exporte nach England! Allerdings war es kein Sherry, wie man ihn heute kennt. Man verschiffte junge Weine, manchmal sogar noch gärende Moste, die während des Transports vergoren und die man bei der Ankunft im Hafen dann abziehen konnte.

Wie der Portwein erlebte der Sherry im 19. Jahrhundert einen Boom. Die Kolonialmacht England war auf ihrem Höhepunkt und konnte sich die begehrten, wärmenden Tropfen aus dem Süden leisten.

Erst 1873 fing man an, Sherry im Ursprungsgebiet in Flaschen abzufüllen. Die Idee setzte sich nur langsam durch, wurden doch noch 1973 über 80 Prozent der exportierten Weine in Fässern ausgeführt. Seither nahmen die in Flaschen abgefüllten Weine stark zu und machen heute schon 70 Prozent der Exporte aus. Dieser Trend ist sehr zu begrüßen, denn jede im Ursprungsgebiet abgefüllte Flasche trägt ein Garantieband des *Consejo Regulador de la Denominación de Origen Jerez-Xérés-Sherry*. Dieses staatliche Organ degustiert den Wein und kontrolliert den Anbau der Reben, den Schnitt, den Ertrag, die produzierte Qualität, die Vinifikation, die Mindestlagerung und den Ausbau der Weine im traditionellen Solera-System. Bei Sherry, der im Ausland abgefüllt wurde, sollte man deshalb immer ein bißchen skeptisch sein.

Spaniens südlichstes Anbaugebiet

Tief unten im Südwesten Spaniens, begrenzt durch die Flüsse Guadelete, Guadalquivir und durch den Atlantik, liegt das Ursprungsgebiet des Sherry. Die Gegend ist weit und hügelig. Einige Rebberge gehen unmittelbar bis ans Meer. Dies spielt eine wichtige Rolle für den Sherry, denn die Meeresbrisen vertreiben die sich sonst einnistende Hitze und beeinflussen den Ausbau der Weine im Faß.

Im Dreieck der Städte *Jerez de la Frontera, Puerto de Santa Maria* und *Sanlúcar de Barrameda* befindet sich die Kernzone der Region, die »Grande Champagne des Sherry«, das Jerez Superior. Hier gibt es die besten Böden, die sogenannten *Albarizas,* auf denen zwei Drittel der Reben wachsen. Sie sind ganz weiß, weil sie bis zu 75 Prozent Kalk enthalten. Sie sind arm an Nährsubstanzen, so daß durch den Kampf der Rebe in diesem wenig fruchtbaren Boden die besten Trauben wachsen. Zudem sind sie durch ihre lockere Struktur leicht bearbeitbar, absorbieren gut den wenigen Regen, erhalten die Feuchtigkeit im Boden und schützen die Wurzeln vor der glühenden Hitze, indem sich an der Erdoberfläche eine harte Kruste bildet. Auf den dunkleren, lehmhaltigen Barros wird das andere Drittel der Reben angebaut, denn auf den Sandböden, den *Arenas,* wachsen keine Trauben.

Nur drei weiße Traubensorten werden im Jerez-Gebiet angebaut: *Palomino, Pedro Ximénez* und *Moscatel.* 95 Prozent sind Palomino, während die beiden anderen Sorten nur zur Herstellung vom süßen Wein gebraucht werden, den man später zur Produktion der süßen Sherries verwendet.

Die Trauben werden sofort abgebeert und gepreßt, wobei man die letzte Presse nur zur Destillation verwendet. Neben der üblichen Schwefelung gibt man dem Most auch Weinsäure und Gips (Yeso) zu, um den Säuregehalt zu erhöhen. Der Most ruht dann noch 24 Stunden – meist in großen Fiberglastanks –, bevor er abgezogen wird und zur Gärung in Edelstahltanks kommt.

Ein Blumenwunder

Der neue Wein ist trocken, hat zwischen 12 und 13 Prozent Alkohol und ist geschmacklich neutral. Seinen Charakter wird er erst mit der Alterung entwickeln. Zunächst bleibt er im Tank und wird auch nicht abgezogen. Dort entsteht dann das Wunder des Sherry, die berühmte Blume, genannt *Flor.* Das ist eine Hefedecke, die sich von selbst über dem Wein bildet und ihn vor Oxydation schützt. Das Phänomen hat seinen Ursprung in der Mikroflora der Palomino-Traube. Die natürlichen Hefen, die für die Gärung verantwortlich waren, setzten sich nach der Gärung am Faßboden ab. Da sie aus unerklärlichen Gründen plötzlich aerob werden, das heißt Sauerstoff für ihren Stoffwechsel brauchen, steigen sie langsam an den Faßseiten empor und bilden auf der Oberfläche den erwähnten Flor. Das genau gleiche geschieht im Tank. Wer schon mit einem Flugzeug hoch über einem Wolkenmeer geflogen ist, kann sich vorstellen, wie der Flor ungefähr aussieht: Weißgrau mit kleinen Wellen. Er fühlt sich ganz trocken an. Es ist, als ob man viel Mehl über den Wein gestreut hätte und dieses schön obenauf schwimmen würde.

Im Dezember und Januar nimmt der Kellermeister eine äußerst wichtige, erste Klassifikation vor. Aus den delikatesten, leichtesten und am wenigsten farbintensiven Weinen werden *Finos*, aus den fetteren, schwereren *Olorosos*. Die Weine werden nicht im Mund, sondern nur mit Augen und Nase beurteilt. Eine große Hilfe bilden auch die historischen Informationen, die man über jeden Rebberg besitzt. So weiß man, daß Finos nur aus den besten Lagen des Jerez Superior kommen und daß gewisse Rebberge traditionsgemäß Olorosos liefern. Zudem werden nur die erste Presse und der frei ablaufende Saft für die Herstellung von Finos verwendet. Alle Weine werden nach der Klassifikation abgezogen. Der Alkoholgehalt der als Olorosos bestimmten Weine wird durch Beigabe von 95prozentigem Alkohol auf 18 Grad erhöht. Das tötet die Hefen, und der Flor stirbt ab. Bei den Finos muß man behutsamer vorgehen, denn da möchte man ja den Flor erhalten. Der Alkoholgehalt der zukünftigen Finos wird deshalb auf nur 15 bis 15,5 Grad erhöht. Warum ausgerechnet soviel? Schon bei 16 Grad hat der Flor Mühe zu überleben, und noch mehr Alkohl ist für ihn tödlich. Sinkt jedoch der Alkoholgehalt unter 14,5 Grad, steigt das Risiko erheblich, daß Essigsäurebakterien überhand nehmen und den Wein verderben. Jetzt hat man also keinen Wein mehr, sondern junge Sherries – Finos mit und Olorosos ohne Flor.

Weil sie alle aus der Ernte des gleichen Jahres stammen, nennt man das jetztige Lagerungsstadium der Sherrys *Añada*. Die Finos lagern in der Añada ein bis zwei Jahre, die Olorosos zwei bis zehn Jahre.

Nach einer zweiten Klassifikation werden die Weine der Añada in das *Solera-System* integriert. Soleras sind lange Faßreihen, von denen jeweils drei bis vier übereinanderliegen. Die unterste Reihe heißt Solera, dann folgen die Criaderas. In regelmäßigen Zeitabständen zapft man aus den Fässern der Solera-Reihe einen gewissen Prozentsatz des Sherrys ab (zum Beispiel dreimal jährlich 10 Prozent), den man dann vermischt, mit Gelatine schönt, kalt stabilisiert, auf den gewünschten Alkoholgehalt bringt und abfüllt. Das Manko in der Solera füllt man mit Sherry der ersten Criadera auf, das so entstandene Manko in der ersten Criadera mit Sherry der zweiten Criadera usw. Die fehlende Menge in der obersten Criadera wird mit Sherry der Añada aufgefüllt. So erhält man ein komplexes, homogenes Markenprodukt, das Jahr für Jahr gleich bleibt. Viele der Soleras wurden vor 100 Jahren angelegt und enthalten immer noch einen kleinen Rest dieser ursprünglichen Sherries. Doch im Durchschnitt sind die Finos drei bis fünf und alle anderen Sherry-Sorten drei bis zwanzig Jahre alt. Drei Jahre ist das vorgeschriebene und kontrollierte Mindestalter jedes Sherry.

Die Flor-Hefen brauchen immer frische »Nahrung«, das heißt Sherry, sonst sterben sie ab. Das regelmäßige Umfüllen in den Soleras ist deswegen äußerst wichtig. Allerdings muß dies sehr behutsam geschehen, um den Flor nicht zu zerstören. Man gießt den Fino nicht einfach auf die Hefe, sondern füllt vorsichtig mit einem langen Trichter das Faß von unten auf. Damit es überhaupt eine Oberfläche für den Flor gibt, sind die Fässer nur zu 80 bis 90 Prozent gefüllt.

Die Olorosos muß man nicht so vorsichtig behandeln, da sie ja keinen Flor haben. Durch Oxydation und Konzentration durch Verdunstung (etwa 4 Prozent verdunsten jährlich) machen die Olorosos einen physikalischen und chemischen Alterungsprozeß durch. Die Farbe wird denn auch immer dunkler, bernsteinfarbiger, eben »oxydierter«, während das Bouquet Walnuß- und Caramelaromen annimmt. Je länger die Olorosos lagern, desto ausgeprägter werden Farbe und Geschmack.

Bei den Finos ist die Entwicklung ganz anders. Ihr Alterungsprozeß unter dem Flor ist biologischer Natur, geschützt vor Oxydation. Deswegen wird die Farbe nicht braun, sondern bleibt strohgelb und blaß. Die abgestorbenen Hefen und die Konzentration durch Verdunstung geben dem Fino noch die letzte Finesse. Das Ganze bewirkt ein delikates, mandelähnliches Bouquet.

Klima beeinflußt Lagerung

Bei der Entwicklung der verschiedenen Sherry-Typen ist der Ort der Lagerung von großer Bedeutung. Weil die Finos für ihren Flor ein möglichst feuchtes, mildes und konstantes Klima brauchen, hat sich ihre Lagerung in Meeresnähe besonders bewährt. Sie werden deshalb vor allem in den Bodegas von Puerto de Santa Maria, das am Meer liegt, gelagert. Hingegen brauchen die Olorosos und Amontillados nicht dieses ausgeprägte Meeresklima und reifen im Landesinnern, in Jerez de la Frontera. Die dritte Stadt, in der man Sherry lagern und altern darf, ist Sanlúcar de Barrameda. Auch sie liegt am Meer, und in ihren Bodegas lagern deshalb zum Großteil Finos. Allerdings haben diese Finos einen leicht unterschiedlichen Geschmack und tragen auch einen anderen Namen. Sie heißen *Manzanillas*. Ihre Herstellung ist derjenigen der Finos völlig gleich, so daß die Geschmacksdifferenz lediglich vom Lagern in einer anderen Stadt stammt. Obwohl beide Städte am Meer und nur zwanzig Kilometer auseinanderliegen, sind die Klimas nicht gleich. Großen Einfluß hat der Wind. In Puerto de Santa Maria weht der Ostwind *»Levantea«* während in Sanlúcar de Barrameda der *»Poniente«* herrscht, ein aus dem Westen über das Meer kommender Wind. Offenbar bevorzugt der Flor den Poniente und entwickelt sich in Sanlúcar de Barrameda besser. Deshalb haben Manzanillas den ausgeprägtesten Flor-Geschmack aller Sherrys. Sie sind heller in der Farbe, dünner im Mund, leicht bitter und salzig. Ihr Alkoholgehalt liegt bei 15,5 bis 16 Prozent, und sie müssen jung getrunken werden, damit ihre Feinheit und Frische zur Geltung kommt. Deswegen vertragen Manzanillas das Reisen schlecht und schmecken nirgends so gut wie in Andalusien.

Amontillado wird gerne »alter Fino« genannt, und das besagt eigentlich schon alles über seine Herstellung. Es sind Finos, die ihren Flor verloren haben und die man dann noch längere Zeit in einer speziellen Amontillado-Solera lagert. So macht ein Amontillado beide Alterungsprozesse durch, nämlich den biologischen des Fino und den physikalisch-chemischen des Oloroso, was ihn zum komplexesten Sherry macht. Die Farbe ist wie Bernstein, aber nicht so dunkel wie beim Oloroso. Das Aroma erinnert stark an Haselnüße.

Süßer Sherry fürs Ausland

Vielleicht haben Sie sich schon gefragt, wie nun eigentlich die süßen Sherries wie die »Medium« Amontillados oder die Creams entstehen? Tatsächlich waren ja alle bis jetzt beschriebenen Typen (Fino, Manzanilla, Amontillado und Oloroso) trocken. Sie alle werden ausschließlich aus der Palomino-Traube gekeltert. Um die süßen Sherries zu erhalten, fügt man noch süßen Wein aus Pedro-Ximénez und Moscatel-Trauben hinzu. Die süßen Weine haben ihre eigene Herstellungsart. Nach der Ernte werden die Pedro-Ximénez-Trauben zwei bis drei Wochen auf Strohmatten in die Sonne gelegt. Dadurch verdunstet viel Wasser, und ihr Zuckergehalt erhöht sich. Nachts bedeckt man sie mit Segeltuchplanen, um sie vor dem Tau zu schützen. Sind die fast rosinenartigen Beeren endlich süß genug, preßt man sie und setzt sie zum Gären an. Unmittelbar nach Beginn der Gärung versetzt man den Most mit Branntwein, was die Gärung stoppt. Der so erhaltene Wein ist ein klebriger, zähflüssiger, schwarzer Sirup, der sehr süß ist und stark nach Rosinen und Caramel schmeckt. Auch er wird in einer Solera gelagert und ist zum Süßen begehrter als der Moscatel-Wein.

Die Moscatel-Trauben werden nicht in der Sonne getrocknet, sondern direkt gepreßt. Auch hier stoppt man die Gärung kurz nach deren Beginn mit Branntwein: es entsteht ein goldgelber, klarer Wein mit typischem Moscatel-Aroma.

Der bekannteste süße Sherry ist der *Cream,* der ein Oloroso vermischt mit Pedro-Ximénex- und/oder Moscatel-Wein ist. Aber es gibt auch sehr viele Amontillados, die leicht gesüßt werden, was auf der Etikette meist mit »medium dry« angegeben wird.

Grundsätzlich ist Sherry kein Wein zum Lagern. Finos und Manzanillas sind am besten in den ersten sechs bis zwölf Monaten nach Flaschenabfüllung. Die anderen Sorten kann man gut bis zu zwei Jahren behalten, dunkle Olorosos und Creams sogar noch länger.

Die Ausschanktemperatur bleibt immer ein bißchen Geschmackssache, aber es ist empfehlenswert, Sherry kalt zu servieren, vor allem Finos, Manzanillas und Amontillados. Doch erlaubt ist was gefällt, und so soll jeder seinen Sherry trinken, wie er mag.

Dominik K. Magyar hat an der University of California in Davis Oenologie studiert. Er ist geschäftsführer der Vinique S.A., einer Weindienstleistungs- und Beratungsfirma mit Sitz in Zollikon, Schweiz. Seine Spezialgebiete sind der kalifornische Weinbau sowie Sherry und Porto, über die er auch verschiedene Artikel veröffentlicht hat. Dieser Sherry-Artikel wurde erstmals in der angesehenen Weinzeitschrift VINUM, Zürich, veröffentlicht

Escuela Española de Arte Ecuestre

Spanien, die Wiege der klassischen Reitkunst, besaß bis vor wenigen Jahren nicht eine einzige Schule zur Pflege seiner jahrhundertealten Tradition. Voller Neid blickte man nach Wien und nach Saumur. Bis *Alvaro Domecq* – steinreicher Sherrybaron, berühmter Reiter und Rejoneador – im Jahre 1973 Schloß und Schloßpark Las Cadenas aufkaufte und in Privatinitiative die »Andalusische Schule der Reitkunst« gründete. Dafür bekam er vom König das »Goldene Pferd« verliehen. Auch der Staat war von dem Projekt angetan, übernahm alsbald, taufte die Schule aber in »Spanische Schule der Reitkunst« um.

Hier hat alles fürstliche Dimensionen: der Park, der offene Reitplatz, die Reithalle, die Stallungen. Insgesamt 50 Pferde, ausschließlich Hengste von rein spanischem Blut, werden gehegt und gepflegt und natürlich trainiert. Letzteres an jedem Wochentag zwischen 8 und 13 Uhr. Ab 11 Uhr geht's zur eigentlichen Dressur: Passagen und Piaffen, Pas de Deux, Trab- und Galoppversalen und Pirouetten werden eingeübt. Dem kann man zuschauen: Besucher sind immer willkommen und werden von sachkundigen Damen individuell durch die gesamte Anlage geführt. Das ist kostenlos. Ein Eintrittsgeld ist nur donnerstags zu entrichten, wenn der Öffentlichkeit eine komplette Dressurshow geboten wird (12 Uhr). Als Untermalung gibt's spanische Musik, und die Reiter sind in klassische Kostüme der Vergangenheit gekleidet.

Die Escuela liegt etwa 1 km östlich des Stadtzentrums nahe dem *Hotel Jerez* an der *Avenida Duque de Abrantes s/n (✆ 956/31 11 11).*

VON PLAZA ZU PLAZA

Jerez ist nicht nur die Sherrystadt par excellence, ein Schatzhaus architektonischer Denkmäler und ein Zentrum der Zucht edler Reitpferde, sondern auch ein Kleinod lauschiger Plätze. Ein Rundgang:

Herz der Stadt ist die **PLAZA REYES CATÓLICOS** (auch *Plaza del Arenal* genannt). Ihr Wahrzeichen ist das von Sherrybaron Domecq gestiftete bronzene Reiterdenkmal, das den berühmtesten Sohn der Stadt – *Primo de Ribera* darstellt. Die Vorzüge des Platzes sind die Sherry-Stuben rings umher.

Die *Avenida General Franco* (jetzt auch »Corederra« geheißen) führt zur **PLAZA ANGUSTIAS.** Ihr Zentrum ist erhöht, mit Palmen und Blumenrabatten reich geschmückt. Ein »Obelisk« unter einem Bronzeadler dient als Brunnen. Abends spenden Gaslaternen ihr romantisches Licht.

Die *Calle Dionisio Calvo Sotelo* zweigt von der *Plaza Reyes Católicos* in die entgegengesetzte Richtung ab, führt zur *Iglesia de la Remedios,* in der kinderlose Frauen ihre abgetrennte Haarpracht dem Heiligen opfern; hunderte Zöpfe hängen an der Wand. Ein paar Schritte weiter verbreitert sich die Straße und bildet so die kopfsteingepflasterte **PLAZA DE LA YERBA;** man sitzt auf Parkbänken oder vor einer Tapa-Bar und kann das lila Blütenmeer bewundern, das im Frühsommer in den Bäumen über dem Platz wogt.

Geht man weiter, gelangt man bald zur **PLAZA DE LA PLATEROS,** einem langgestreckten Platz mit

◄ Jerez de la Frontera: oben in der Mezquita-Bodega von Domecq; unten die Escuela Española de Arte Ecuestre

schattenspendenden Baumreihen und einem Springbrunnen in der Mitte. Um die Ecke sitzt man unter Apfelsinenbäumen und meist neben Verliebten auf schmiedeeisernen Bänken.

Gegenüber prunkt die *Casa Jerezana* oder auch *Casa del cabildo vieja,* wie das alte Rathaus genannt wird, das heute das archäologische Museum beherbergt. Davor liegt die **PLAZA DE LA ASUNCIÓN** und gewährt schönen Ausblick auf die Renaissancefassaden mit Fresken und Arkadenreihen. Im Zentrum des Platzes ragt eine mit Christus gekrönte Steinsäule in den Himmel.

Die Calle Jose Luis Diez führt über die *Plaza Domecq* zur **PLAZA ARROYO.** Auf ihrer verwilderten Wiese dösen Müßiggänger. Opas schwatzen im Schatten der Bäume. Und schräg gegenüber stürmt der Steinkoloss der Stiftskirche *San Salvador* den Himmel.

Ein paar Meter weiter zweigt gegenüber der Kirche die *Calle San Ildefonso* nach rechts ab. Man passiert die *Bodegas de Pedro Domecq,* folgt der *Calle San Blas* nach rechts und erreicht so die **PLAZA DEL MERCADO**. Ein Platz zum verlieben. Weiß getünchte Häuser säumen das langgezogene Geviert, eine Palastfassade schmückt die Stirnseite, Palmen bringen Romantik ins Spiel, ein Brunnen spuckt Wasser. Das Volk trifft sich zum Plausch, kein Auto stört die Ruhe.

SEHENSWÜRDIGKEITEN

Viele Geschichten von Heldentum und Tapferkeit ranken sich um den **ALCÁZAR**, die weithin sichtbare Maurenburg mit ihrem oktagonalen Wehrturm. Eine Geschichte besagt, daß die Mauren, als sie ihre 1251 an Ferdinand den Heiligen verlorene Stadt wieder zurückeroberten, vom Mut des letzten Verteidigers der Feste so angetan waren, daß sie ihn mit Enterhaken von der Mauer zogen, in wochenlanger Arbeit seine Wunde pflegten und ihn dann – gesund und geheilt – wieder ins christliche Lager zurückschickten. Die Mauer, von der sie ihn zogen, kann man betrachten. Mehr aber auch nicht, denn das Gebäude ist Privatbesitz.

Nahebei steht die **IGLESIA SAN MIGUEL** aus dem 15. Jh. Ihren Namen hat sie vom Erzengel Michael, der zusammen mit St. Jacobus persönlich in die letzte Schlacht um Jerez eingriff, den Christen den Sieg brachte. Sehenswert ist die spätgotische Westfassade mit Mudéjarschmuck. Im Innern überwältigt ein reich verziertes Netzgewölbe sowie insbesondere der mit 9 Figurenfeldern versehene Altaraufsatz der Capilla Mayor.

Das **MUSEUO ARQUEOLÓGICO** (10–13 und 17–20 Uhr) liegt an der *Plaza de la Asunción.* Der »Himmelfahrtsplatz« wurde bereits oben näher beschrieben. Das Museum beherbergt über 20 000 und z.T. sehr seltene Bücher, sowie u.a. eine Marmorinschrift in kufischen Lettern, einen griechischen Helm (der Anlaß zu Spekulationen darüber gegeben hat, ob Jerez gleich dem antiken Xera ist), eine römische Kopfplastik.

Gegenüber entzückt der Gotik-Mudéjar-Stilmix der **IGLESIA SAN DIONISIO.** Wer die Eskapaden des Rokoko mag, wird vom 20 m hohen Retabel in der Hauptkapelle begeistert sein.

Der bedeutendste Sakralbau von Jerez ist die Stiftskirche **SAN SALVADOR.** Eine mächtige und auch mächtig baufällige Freitreppe führt zur grauen gotischen Steinmasse des Westportals, das in der Höhe – zum Schutz gegen Erdbeben – von weit ausschwingenden Strebebögen gestützt wird. Nebenan ragt der freistehende Mudéjar-Glockenturm auf. Das Innere der Kirche ist nicht sonderlich spektakulär. Desto mehr die Schatzkammer in der u.a. wertvolle Gemälde (eines von *Zurbarán*), Bücher, Briefe und eine schwarze Madonna ausgestellt sind.

FIESTAS

Am **15. JANUAR** findet nach der Pferdesegnung eine große Pferdeschau statt.

Die **SEMANA SANTA** (Karwoche) wird auch hier mit Umzügen (mehr als zwei Dutzend Prozessionen) und großer Prunkentfaltung gefeiert.

Den Höhepunkt der Festlichkeiten von Jerez markiert die *Feria del Caballo*, die **ETWA MITTE MAI** (jährlich wechselnd, aber stets um Mitte Mai herum) mit Stierkämpfen, Reiterpromenaden, Dressurreiten, Musik und Tanz einlädt. Es handelt sich hierbei um eine der ältesten und auch eine der ausgelassensten und sehenswertesten Ferias von ganz Spanien!

Bei der *Fiesta de la Bulería* **IM JUNI** handelt es sich um ein reines Flamenco-Festival, vom **15.–23. JUNI** wird *La Línea de la Concepción*, ein Sommerfest, gefeiert, und **IM SEPTEMBER** stehen zahlreiche Festlichkeiten auf dem Programm: u.a. Reiterveranstaltungen, dann natürlich die *Vendimia* – das große turbulente und »feuchte« Weinlesefest – sowie auch der *Formel I Grand Prix* auf dem »Circuito de Jerez«.

WEITERREISE

BUS: Die Busse aller Gesellschaften (insbesondere *Amarillos* und *Comes*) fahren vom modernen Busterminal an der *Calle Cartuja (✆ 956/34 52 07)*. Es gibt Verbindungen mit allen Metropolen Andalusiens sowie mit *Barcelona, Madrid* etc. Innerhalb der Provinz und Umgebung werden folgende Destinationen mehrmals täglich angefahren: *Alcala de los Gazules, Algar, Algeciras, Arcos, Barbate, Bornos, Cádiz, Chipiona, Conil, El Bosque, Espera, Grazalema, Paterna, Ronda, Ubrique, Villamartin* u.a.

ZÜGE gibt es nach *Cádiz* und *Sevilla* und ab dort in alle Teile der Iberischen Halbinsel sowie nach Mitteleuropa; der Infoschalter des Bahnhofs ist zu erreichen über ✆ *956/34 23 19.*

Für **FLÜGE** ist der 7 km außerhalb Jerez gelegene **AEROPORTO** *(✆ 956/ 15 00 83)* zuständig. **IBERIA** *(Plaza Arenal 2, ✆ 956/33 99 08)* bedient die Routen nach *Barcelona, Las Palmas, Madrid, Mallorca, Teneriffa, Valencia* und *Zaragoza.*

Provinz Huelva
Oliva de Jerez
Amareleja
Moura
Fregenal
Portugal
El Rosa de
la Frontera
Emb. de
Aracena
Galaroza
Aracena
San Telmo
Paymogo
Puebla de
Guzman
Calañas
Zalamea
Valverde
del Camino
Villanueva de
los Castillejos
Alcoutim
Gibraleón
La Palma
Emb. del
Piedras
Castro
Marim
Ayamonte
Moguer
Huelva
Almonte
Punta Umbria
Vila Real de
S. Antonio
Playa de Castilla
Atlantik
Golfo de Cádiz
Torre la Higuera
N
0
40 km

Huelva

Für die Phönizier und Griechen war hinter Huelva, dem antiken *Onuba*, die Welt zu Ende. Bis zur Zeit des *Kolumbus*, der von hier aus 1492 aufbrach, die »neue« Welt zu entdecken, war es das auch für die Könige von Spanien. Und kämen die gottesfürchtigen Majestäten heute erneut des Weges, sie würden in ihrem Glauben bestätigt, daß jenseits Huelva die Erdscheibe zur Hölle hin abbricht, ja daß Huelva die Pforte des Fegefeuers sein muß: Gleißend gelbe Flammen züngeln aus verrosteten Schloten, schwarze Rauchschwaden hüllen die Stadt in eine stinkende Wolke. Das Land ist gelb von Schwefelablagerungen, der hier mündende Fluß ist bedeckt mit grünlichen Schaumhaufen, die auf dem durch Mineralien rot gefärbten Wasser vor sich hin wabbern, und auf dem Meer schwimmen mit Geschwulsten bedeckte Fische mit den Bäuchen nach oben. – All dies eindeutige Zeichen für eine aufgeblähte und von Umweltverachtung geprägte Petrochemie.

Huelva, 140 000 Einwohner groß, ist eine der wichtigsten Industrie- und Hafenstädte Andalusiens. Baudenkmäler gibt es keine, weil alle, die es einmal gab, vom schweren Erdbeben des Jahres 1755 (dem Lissabon zum Opfer fiel) zerstört wurden. So ist Huelva heute für den Reisenden nur als Drehscheibe zu den unendlichen Sandstränden der Costa de la Luz interessant sowie auch als Verkehrsknotenpunkt auf dem Weg von und nach Portugal (Algarve).

ANKUNFT

BUS: Die Busse aus allen Teilen Südspaniens sowie von der portugiesischen Grenze (Ayamonte) stoppen an der *Estación de Autobuses*, Ecke *Avenida de Alemania* und *Avenida Portugal*. Ins Stadtzentrum ist's nah.

ZUG: Endstation für Züge aus allen Richtungen ist die *Estación de Sevilla* in einer Seitenstraße der *Avenida de Italia*. Auch von hier sind es nur ein paar Schritte ins Zentrum.

MIT EIGENEM FAHRZEUG

Das »Centro Urbano« ist sehr gut ausgeschildert. Parken entweder entlang der *Avenida Martín Alonso Pinzón* sowie rings um die *Plaza de la Monjas*, oder – bewacht – im Parkhaus am Hauptpostamt (*correos*) in der *Avenida de Italia* oder im Parkhaus an der *Via Paisajista* (über Nacht ab 20 Uhr geschlossen).

ORIENTIERUNG

Die *Plaza de las Monjas* ist das Herz der »Altstadt«, die durch die *Avenida Martín Alonso Pinzón*, die *Avenida de Italia* und die *Avenida de Alemania* umschrieben wird. Das Viertel ist klein und übersichtlich. Die *Avenida Martín Alonso Pinzón* ist die Straße der teuren Restaurants und Bars, der Reisebüros und Banken. Die Fußgängergasse *Calle Concepción*, die von der *Plaza de las Monjas* abzweigt, bildet mit ihrer Verlängerung, der *Calle Palacios* und *Calle Aro Carasa*, die Einkaufsstraße; billige Restaurants und Tapa-Bars finden sich in Massen auf der *Calle Berdigon*. Und für Discos, Musikbars, Cafés und Pubs sind der nördliche Teil der *Avenida Martín Alonso Pinzón* und die *Plaza del Punto* zuständig.

INFORMATION

OFICINA DE TURISMO, *Avenida de Alemania 14,* ✆/📠 *959/25 74 03;* Mo bis Fr 9–14 Uhr und 16.30–19 Uhr, Sa nur vormittags.

UNTERKUNFT

BILLIGHERBERGEN (•) finden sich insbesondere im Bereich der Calle Rascón und ihrer Seitenarme. Mehr als ein halbes Dutzend Häuser bietet sich hier an, und zu empfehlen ist u.a. die **PENSIÓN DELICIAS** an der *Calle Rascón 42,* ✆ *959/24 83 92.*

PENSIÓN ANDALUCÍA ••, *Calle Vázquez Lopez 22,* ✆ *959/24 56 67.* Von außen sieht's übel aus, aber innen präsentiert der Altbau schmucke Zimmer, nostalgisch möbliert.

PENSIÓN SAN MIGUEL ••-•••, *Calle Santa María 6,* ✆ *959/24 52 03* (nahe Bahnhof). Neuer Bau, propere Zimmer mit modernem Mobiliar, Bad und WC, getönten Fensterscheiben und einem kleinen Balkönchen samt Blumenkästen.

Mittelklasse bietet das **HOTEL COSTA DE LA LUZ** ••• *(Calle José María Amo 8,* ✆ *959/25 64 22).*

HOTEL TARTESSOS ••••, *Av. Martín Alonso Pinzón 13,* ✆ *959/28 27 11,* 📠 *25 06 17.* Modernistisch aufgemachter Komfortbau in zentraler Lage; eine Garage ist angeschlossen, die Zimmer kosten von 80 € an aufwärts.

Das beste Haus am Platz und auch das einzige mit internationalem Komfort (u.a. mit Schwimmbad, Tennis- und Golfplatz) ist das **LUZ HUELVA** •••• an der *Alameda Sundheim 26,* ✆ *955/25 00 11,* ✆ *25 81 80;* Zimmerpreise um 110 €.

CAMPING

Der Huelva am nächsten gelegene Campingplatz liegt 12 km entfernt in einem lichten Pinienwald nahe der unnachahmlich häßlichen Strand-Urbanisation *Punta Umbria* im Süden der Stadt. Er heißt **DERENA MAR** *(✆ 959/31 20 04),* ist von Mücken und Moorfliegen verseucht und von Dauercampern größtenteils belegt.

Schöner, sauberer, mückenfrei, weitläufig und nicht einmal teurer sind die Camps rund 20 km westlich der Stadt hinter Mazagón an der **COSTA DE LA LUZ,** die im Küstenabschnitt (siehe dort) näher vorgestellt werden.

Freunde des **WILDCAMPENS** müssen mit der Landzunge um Punta Umbria vorlieb nehmen (Nachteile s.o.), denn westlich der Stadt und westlich der petrochemischen Werke ist Wildcampen größtenteils untersagt. Und wo es keine Verbotsschilder gibt, steht man im Prinzip auf einem Müllhaufen.

WEITERREISE

BUS: Der Terminal der Busgesellschaft **DAMAS** *(✆ 959/25 69 00)* liegt an der Ecke Avenida Portugal und Avenida de Alemania. Es gibt dreimal täglich Verbindungen nach *Almonte,* dreimal nach *Aracena,* zehnmal nach *Ayamonte* (Portugal-Grenze), einmal nach *Granada,* fünfmal nach *Mazagón,* sechsmal nach *Nerva,* stündlich nach *Punta Umbria* sowie *Sevilla* und achtmal nach *Valverde.*

ZUG: Der **BAHNHOF** liegt an der *Avenida de Italia (✆ 955/24 56 14),* auf der sich auch das Ticketbüro **OFICINA DE VIAJES DE LA RENFE** findet. Es bestehen Direktverbindungen mit *Sevilla, Madrid* und *Córdoba* sowie *Zafra* (Anschluß nach *Mérida* und *Cáceres*).

Costa de la Luz

Die Costa de la Luz der Provinz Huelva ist in der touristischen Entwicklung das Stiefkind aller Costas von Spanien. Das bedeutet konkret, daß man über 100 km Küste zum Großteil noch heute so vorfindet, wie sie seit Ewigkeiten gewesen ist: unendlich lang und breit, menschenleer, auch im Juli/August nie überlaufen und noch nicht mit den bekannten Horrorvisionen anderer spanischer Feriengebiete verschandelt. »Noch« aber ist das Stichwort, denn nur »noch« ist die Küste das Stiefkind der Nation. Die Weichen zur intensiven touristischen Nutzung sind längst gestellt.

In *Matalascañas* hat man bereits einen Anfang gemacht und mit einer zigtausend Betten großen Urbanisation ein beachtenswertes Stück Häßlichkeit an den Strand gepflanzt. Am anderen Ende der Küste, an der Portugal-Grenze, wurde auf der *Isla Canela*, einer Schwemmsand-Halbinsel, ein 17000-Bettenzentrum mit Liegeplatz für 1700 Yachten errichtet; vielerorts sind Luxushotels und Campingplätze entstanden, dutzende weitere sind in Planung, und es ist nur noch eine Frage der Zeit, bis Entgleisungen à la Algarve und Costa del Sol auch hier in Beton gegossen werden.

MATALASCAÑAS

Der *Coto Doñana* (Ausführliches unter »Ausflüge«) ist mit über 60 000 Hektar eines der größten und wichtigsten Naturschutzreservate Südeuropas und zieht sich von der Mündung des Río Guadalquivir gegenüber von Sanlucar bis an die Peripherie von Matalascañas hin. Mit diesem Ort hat sich der Tourismus an dieser Küste ein erstes Ferienzentrum geschaffen, und zwischen Juni und September geht es hier bereits genauso zu wie an der nahen Algarve oder an der Costa del Sol das ganze Jahr über. Die Architektur ist zwar nur mehr- und noch nicht ziggeschossig, hier und da hat man der Natur durch das Einpflanzen einer Palme zu ihrem Recht verholfen, am Strand gibt's noch recht viel Platz – aber ein Ort des Wohlbefindens, der Entspannung ist die in Sektoren und Parzellen aufgeteilte Retortenstadt Matalascañas nicht.

AN-/WEITERREISE: Hin kommt man per Direktbus ab Sevilla; von Huelva aus (auch Mazagón) muß man erst nach Almonte und dort umsteigen.
UNTERKUNFT: Wie in allen Pauschalreisezentren ist das Angebot an individuell zu mietenden Unterkünften extrem knapp, und wer das »Glück« hat, irgendwo ein Zimmer zu finden, der muß dafür auch sehr tief in die Tasche greifen: 60 € für ein DZ ist ein ganz normaler Preis.

Wildcamper – zumeist spanische Familien – findet man an den Wochenenden, um Ostern und Pfingsten sowie im Hochsommer en masse im Dünen- und Sandsteingürtel westlich der Stadt Richtung Huelva. Die hygienischen Verhältnisse sind zum Heulen, und besser aufgehoben ist man ganz bestimmt auf dem **CAMPING EL ROCIO PLAYA** (✆ *959/4302 38)*, der rund 5000 Campern Platz bietet und damit einer der größten Campingplätze auf der gesamten Iberischen Halbinsel ist.

RICHTUNG HUELVA

Von *Matalascañas* bis zum *Camping Doñana* sind es rund 40 km. 40 km Strand, 40 km Straße, die schnurgerade unterhalb eines durchschnittlich 30–50 m hohen Dünengürtels verläuft. Keine Städte oder Dörfer, Hotels oder Camps – nichts als flaches Land und eben Strand. Wer das Elementare sucht, totale Einsamkeit und Natur pur, der kann unterhalb der Dünen so manches herrliche Urlaubsfleckchen finden und sich mit Zelt oder Wohnmobil niederlassen; das wurde bisher toleriert.

Einen Tip nur möchten wir dem Wildcamper geben: Was immer beidseits der Straße wie fester Boden aussehen mag, ist nichts als puderzuckerfeiner Flugsand, in den man – wie wir selbst erfahren haben – sehr schnell bis an die Achsen einsackt. Wir haben hier einen geschlagenen Tag verloren: nicht mit Baden, sondern mit Schaufeln und Schieben und Steine suchen und Fluchen.

Erst beim **CAMPING DOÑANA** *(✆ 959/53 62 81)* kehrt man wieder zurück in die »Zivilisation«, von der man zuerst nichts als Stacheldraht gewahrt: Doppelte Stacheldrahtreihen säumen das 20 Hektar große Sand- und Kiesareal, auf dem sich in Spitzenzeiten bis zu 6000 Menschen tummeln. Dem Einzelnen bleiben dann nach Adam Riese noch 3 qm für seine persönliche Entfaltung, die freilich dadurch beeinträchtigt wird, daß alle paar Minuten von der Rezeption jemand über Lautsprecher ans Telefon gerufen wird. Die Gemeinschaftsanlegen entsprechen denen einer mittleren Kleinstadt, die Sanitärblocks sind modern und gepflegt, und der Strand, der vom Camp durch einen Dünengürtel und eine hohe Sandsteinklippe getrennt ist, erstreckt sich beidseitig bis zum Horizont; bei Flut 5–10 m, bei Ebbe bis 50 m breit, sauber und fein und eine Wucht.

Immer eine Empfehlung ist der 6 km weiter westlich gelegene **PARADOR CRISTOBAL COLÓN** *(Ctra. Mazagón – Moguer, ✆ 959/53 63 00, 📠 53 62 28)*, der inmitten peinlich gepflegter Parkanlagen (Swimming-Pool) wie eine Hacienda hoch über dem Meer auf den Sandsteinklippen thront. An der Rezeption spricht man Deutsch, die Bungalowzimmer haben je einen Balkon mit Park-/Meersicht, sind stilvoll, aber praktisch eingerichtet. Die Aufenthaltsräume, das Restaurant und die Bar lassen zwar den gediegenen Komfort anderer Paradores vermissen, sind aber dennoch recht schmuck und von internationalem Standard, was man bei Preisen um 110 € aber auch erwarten kann.

Weitere 6 km sind es bis zur nächsten touristischen Einrichtung, zum **CAMPING MAZAGÓN,** der das naturbelassene und teilweise schattige Gelände auf und hinter der Stranddüne bedeckt. Die sanitären Anlagen sind okay, ein (sehr großes) Schwimmbad hat's auch, und zum Strand – auch hier eine Wucht – sind es etwa 300 m. Auch hier gilt wieder: Albtraum in der Hochsaison sowie an den Wochenenden zwischen Ostern und September, zu empfehlen in der restlichen Zeit.

Nahebei liegt **MAZAGÓN**, eine Ansammlung aus Fertighäusern und Apartmentblocks. Da obendrein direkt vor dem Ortsstrand der kanalisierte Río Tinto/Odiel mündet, der aus den Minengebieten der Sierra Morena kommt, bevor er in Huelva mit Kloake und wahrscheinlich auch petrochemischen Abfällen angereichert wurde, möchten wir vom Baden abraten.

ZUR ALGARVE

Angesichts von *Punta Umbria*, dem südwestlich von Huelva auf einer Landzunge gelegenen Ferienort, überkommt einen wieder die Sehnsucht nach einem Beton-Vernichtungsmittel. Alles was hier einstmals schön war, ist jetzt Skyline oder – betrachtet man den Strand – Schmutz und Müll. Man gibt am besten Gas und hält sich entlang der Küstenstraße gen Westen.

9 km weiter, bei **EL ROMPIDO,** verläuft parallel zum jetzt wieder dünengesäumten Breitstrand eine ausgedehnte Sandbank oder Sand-Landzunge, die durch Anschwemmungen des hier mündenden *Río Piedras* gebildet wird. Das bedeutet relativ warmes und stets spiegelglattes Bademeer und gleich drei Strände zur Auswahl. Wildcampen ist verboten, Herbergen gibt es keine, und wer bleiben will, ist somit auf den *Camping Catapum* angewiesen, der nur durch doppelte Stacheldrahtreihen und die Straße vom Strand getrennt ist.

Der letzte, westlichste Abschnitt vor der Grenze nach Portugal gibt sich mit den Ferienzentren **LA ANTILLA** und **ISLA CRISTINA** wieder einheitlich, also urbanisiert. Wer bis hierher gefahren ist um Urlaub zu machen, der ist besser damit beraten, noch die paar Kilometer zur Algarve dranzuhängen: da ist zwar auch nicht mehr alles so schön, wie es mal war, aber da ist es erstens fast um ein Drittel billiger, zweitens sauberer, und drittens hat man dort viel mehr Freiraum.

Wer hinüberwill nach Portugal, muß zuerst mal nach **AYAMONTE** (Buszubringer ab Sevilla und Huelva, Zug ab Huelva), der spanischen Grenzstadt, und dort auf die Fähre über den *Río Guadiana,* die zwischen halbstündlich (Sommer) und stündlich (Winter) verkehrt.

In **VILA REAL,** dem portugiesischen Grenzort, hat's direkt links hinter dem Zollgebäude Banken und ein informatives Tursimo gegenüber dem Busbahnhof.

Von Ayamonte hat man Busanschluß nach *Cádiz, La Linea* (nahe *Algeciras*/Gibraltar) *Málaga* und *Sevilla* sowie *Huelva.*

Ausflüge

PARQUE NACIONAL DE DOÑANA

Der *Río Guadalquivir,* der Wasser- und somit Lebensspender Andalusiens, bildet in seinem Mündungsdelta ein nahezu 5000 qkm großes Schwemmgebiet, bestehend aus Marschen, Sümpfen, Weiden und Steppen, das nicht nur eines der größten, sondern insbesondere eines der artenreichsten Feuchtgebiete Europas ist. Als in den 60er Jahren der Bau einer Schnellstraße durch dieses Gebiet erwogen wurde und zudem die Trockenlegung zur Landgewinnung drohte, kaufte der *World Wildlife Fond* kurzerhand das rund 500 qkm große Kernstück dieser *marisma* auf. Wenig später wurde ein erweitertes Gebiet zum Nationalpark erklärt, und seit 1994 steht das jetzt fast 800 qkm große Schutzgebiet als »Naturerbe der Menschheit« auf der World Heritage List der UNESCO.

Der Grund für diesen ganz besonderen Schutzstatus ist der, daß hier Flora und Fauna seit über einem

Jahrtausend nahezu unverändert blieben und Arten überlebt haben, die andernortes schon seit dem Mittelalter ausgestorben sind. U.a. finden sich 700 Wildpferde, 800 wilde Stiere, 9 Amphibien- und 17 Reptilienarten, Dachse, Wiesel und Luchse, Hirsche, Rehe, Wildschweine und Siebenschläfer, Stein-, Schlangen- und Königsadler, Geier und Milane, Flamingos, Möwen und Eulen, Wachteln und Moorschnepfen, sogar ein paar Dromedare sind registriert. Obendrein legen hier alljährlich Millionen von Zugvögel aus Nord- und Mitteleuropa auf ihrem Weg nach Afrika eine Ruhepause ein bzw. überwintern; so z.B. die Graugänse, die mit einem Bestand von über 60 000 Tieren rund 80% des gesamtes europäischen Bestandes ausmachen.

Doch so behütet dieses Naturschutzgebiet auch sein mag – die Umweltzerstörung macht auch vor den Stacheldrahtzäunen und Verbotschildern des Reservats nicht halt. Der Guadalquivir, dem das ganze Gebiet sein Dasein und seine Feuchtigkeit verdankt, ist hier, an seiner Mündung, eine braune Kloake aus Fäkalien, Öl und Beize, Chemikalien jeder Art, und vor allem aus Pestiziden und Isektiziden, mit denen in Andalusien noch sehr forsch, sprich: ohne Bedenken umgegangen wird. Überall werden Teile der nicht geschützten Marisma trockengelegt, Flußarme und Bäche kanalisiert.

Die **KATASTROPHE** geschah Ende April 1998: Ein Staudamm einer nahe gelegenen Erzmine war geborsten; eine toxische Schlammwelle floss in den Río Guadalquivir und vernichtete auf vierzig Kilometern Länge die gesamte Tier- und Pflanzenwelt. Europas grösstes Vogelschutzgebiet stand kurz vor dem Kollaps.

Die Felder der ansässigen Bauern, und damit ihre Lebensgrundlage, sind auf Jahre hinaus unbenutzbar.

Experten hatten jahrelang auf Risse im Staudamm aufmerksam gemacht – vergeblich. Nach dem Unglück erfuhr man: Der Giftsee entsprach schon lange nicht mehr den Vorschriften, Überwachungsgeräte waren seit Jahren kaputt – doch plötzlich wuschen alle Aufsichtsbehörden ihre Hände in Unschuld und betrieben gezielte Desinformation. Bauern und Bewohner des Landstrichs erfuhren erst Wochen nach dem Unglück genau, welcher brisante Giftcocktail aus Arsen, Blei, Cadmium, Quecksilber und Thalium ihr Land verseucht hatte. Der Abtransport der Schlämme wurde alles andere als sicher und zügig organisiert und in Angriff genommen.

Hier zeigte es sich einmal mehr, dass in Spanien Umweltschutz quer durch alle Schichten der Wegwerfgesellschaft noch immer ein Fremdwort ist. Nüchtern betrachtet ist Spanien in Sachen Umweltschutz das europäische Schlußlicht.

TOUREN: Wer das eigentliche Schutzgebiet besuchen will, kann das nur nach Voranmeldung (für den Sommer am besten schon Monate zuvor, sonst genügen 1–2 Wochen) und in Begleitung von Parkrangern mit Booten oder Geländewagen; das Angebot an Touren beläuft sich auf 4- sowie 8-Stundenfahrten, und die Preise pro Person belaufen sich auf rund 25 € bzw. 50 €.

INFORMATION UND RESERVIERUNG im Informationszentrum des **CENTRO DE INFORMACIÓN LA ROCINA** an der Straße zwischen *Matalascañas* und *El Rocio,* ✆ *959/43 04 32 und 43 04 51;* geöffnet täglich von 8–19, im Sommer bis 20 Uhr.

EL ROCIO

El Rocio ist ein »Westernstädtchen« mitsamt staubigen und ungeteerten Straßen zwischen langen Reihen hölzerner Barackenbauten. Der Dorfplatz ist so groß wie ein paar Fußballfelder, vor einer einsamen Fonda pendelt die »Saloon«-Tür, ein Hund döst auf der Veranda, eine Alte wippt im Schaukelstuhl auf und ab, und von Zeit zu Zeit schlurft einer der 400 Dorfbewohner vorüber. So ist es an 362 Tagen im Jahr.

In der Pfingstwoche aber ist alles anders: dann ist El Rocio Ziel der größten Wallfahrt der Christenheit, Parkplatz für ca. 200 000 Autos und Mopeds, 10 000 Trecker, ein paar hundert Pferdegespanne. Über 1 Million Menschen aus ganz Spanien finden sich ein, beten und büßen, aber insbesondere feiern und saufen, hinterlassen ca. 2000 Tonnen Müll, der vom Wind in die angrenzende Marisma geblasen wird. Das ganze erinnert rege ans Münchener Oktoberfest, an den Karneval in Río, an den Nürnberger Weihnachtsmarkt oder an die Kranger Kirmes. Und all dies, seit nunmehr schon über 500 Jahren, um der »Heiligen und unbefleckten Madonna vom Morgentau« zu huldigen, die sich im 13. Jh. einem Schäfer in einer Baumspalte offenbart hatte. Die Madonna gibt es heute noch, und am Pfingstmontag, am Höhepunkt des Festes, applaudieren ihr 1 Million Menschen, grölen ihr ein trunkenes *viva* entgegen und versuchen – von ein paar Tausendschaften Polizisten halbwegs gebändigt –, der »Blanca Paloma«, der weißen Taube, wie die Madonna genannt wird, ins Fruchtbarkeit übertragende Antlitz zu schauen oder – noch besser – ihr Tragegestell zu berühren. Die so erlangte Potenz sucht sich einen Weg und findet ihn unter den vielen Büschen im angrenzenden Marisma oder auf den zurückgeklappten Sitzen gardinenverhangener Autos…

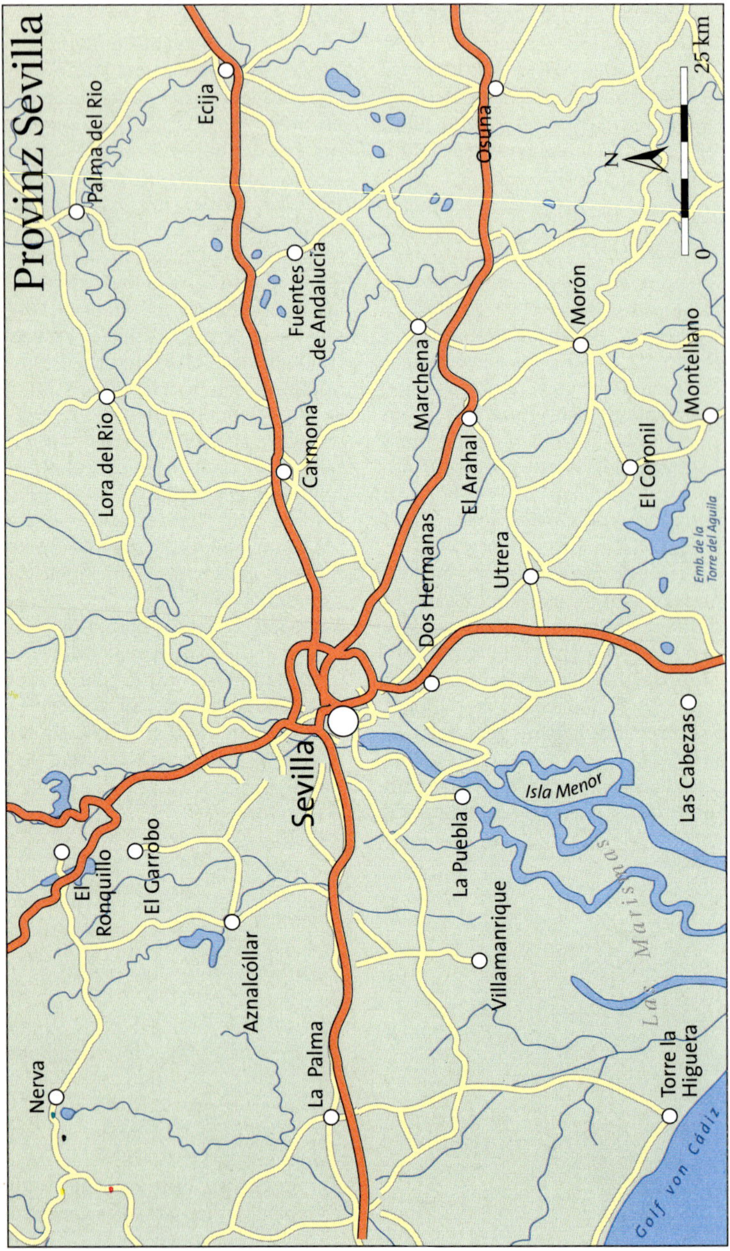
Provinz Sevilla
Palma del Rio
Ecija
Osuna
N
0
25 km
Fuentes de Andalucía
Marchena
Morón
Montellano
Lora del Río
Carmona
El Arahal
El Coronil
Emb. de la Torre del Aguila
Utrera
Dos Hermanas
Sevilla
Las Cabezas
Isla Menor
La Puebla
El Ronquillo
El Garrobo
Aznalcóllar
Villamanrique
Las Marismas
Nerva
La Palma
Torre la Higuera
Golf von Cádiz

Don Juan

Er stammt aus Sevilla, der Wüstling, der skrupellose Frauenverführer, das Sinnbild ewig ungestillter männlich-sinnlicher Leidenschaft: *Don Juan* oder *Don Giovanni*, wie er bei Mozart heißt. Der Mönch *Gabriel Téllez* schrieb das Drama *El burlador de Sevilla y convidado de piedra*, »Der Spötter von Sevilla und die steinernen Gäste«, in dem Don Juan den Komtur von Sevilla ersticht, weil dieser ihn an der Entführung seiner Tochter hindert. Als der Mörder die Statue des Toten zu einem Gastmahl einlädt, erscheint der steinerne Gast wirklich und übergibt den Wüstling der Hölle.

Die legendäre Figur des Don Juan hat Generationen von Dichtern und Musikern beschäftigt. Schon kurz nach seinem Erstdruck um 1630 erscheint er als komische Version in der italienischen *commedia dell'arte*, bei *Molière* und *Shadwell*, und im 19. Jh. wird aus dem Wüstling die Sehnsucht nach dem ewig Weiblichen. *Lord Byron, Grabbe, Schiller, Lenau, Heyse, Sternheim, G.B. Shaw* und *Puschkin* fassen ihn in Dichtung, *Gluck* in ein Ballett, *Graener, Richard Strauß* und *Mozart* in Opern. Ob Don Juan mehr Frauen oder mehr Künstler verführt hat?

Sevilla

Quien no ha visto Sevilla, no ha visto maravilla – »Wer Sevilla nicht gesehen hat, der hat noch nie ein Wunder gesehen«. So sprachen die Sevillaner der maurischen Epoche, als Sevilla Zentrum eines Taifa-Reiches war, so betonten es die christlichen Bürger, als ihre Stadt Metropole der damaligen Welt war, und so verkünden es die mittlerweile rund 800 000 Einwohner der Hauptstadt Andalusiens mit stolzer Brust noch heute.

Die »Wunder«, die sie meinen, können allerhand bedeuten, denn Sevilla – von *Herakles* gegründet, von *Caesar* befestigt und vom Heiligen König erobert (wie die Stadtgeschichte früher lakonisch am Tor Richtung Jerez zu lesen war) – gilt als Inbegriff des lebensfrohen und heiteren Andalusiens als der spanischste Ort Spaniens.

Hier wurde die Figur des *Don Juan* (Inbegriff männlicher Begierden) ebenso geschaffen wie die der *Carmen* (Urbild weiblicher Sinnlichkeit), hier sind die Ferias heiterer, ist die Semana Santa inbrünstiger als sonstwo im Land. Hier steht die größte gotische Kathedrale der Welt; ein wahres Gebirgsmassiv, das mit St. Peter in Rom und St. Paul's in London das Dreigestirn der protzigsten Gotteshäuser bildet und mit der Giralda über einen der höchsten Glockentürme der Welt verfügt. Hier steht aber auch das zweitgrößte Gebäude der Nation, die Universität und ehemalige Tabakfabrik. Das Kunstmuseum kommt direkt hinter dem Prado von Madrid, und die Altstadt liefert sich einen ständigen Schönheitswettbewerb mit der von Granada und Córdoba.

Vor allem aber ist die Metropole am Guadalquivir trotz der enormen Weitläufigkeit und Größe eine angenehme Stadt, eine schöne Stadt, vielleicht sogar – weil hier das Pittoreske nur Beiwerk ist – die schönste in Südspanien (nach Granada?!), ist bei allem Industrie- und Handelsfleiß eine lebenslustige Stadt, nach *Ortega y Gasset* gar eine »Stadt der Reflexe«. Sevilla »hat nicht Ambiente«, sondern »ist Ambiente«, wie es *J.A. Michener* formulierte.

SEMANA SANTA

Der englische Hispanist *Gerald Brenan* sah des Spaniers tiefstes Wesensmerkmal in der halb sexuellen und halb religiösen Leidenschaft, »sich mit dem Tod zu verbünden und für ihn zu arbeiten (...), alle Empfindungen, und besonders die schmerzlichen, bis zum Orgasmus zu treiben«. Wie sehr er mit dieser Meinung die spanische »Volksseele« traf, mag folgende Zeitungsmeldung erhellen:

»Zehntausend Kilo Eisen, verteilt auf 500 schwere Ketten, wurden am Freitag von den Büßern der Schweigeprozession geschleppt. (...) Und zum erstenmal in der Geschichte unserer Karwochenumzüge mußte man wegen der ungewöhnlichen Nachfrage, die in letzter Stunde entstand, als die Zeit bereits drängte, in Eisenwarenhandlungen Ketten ausleihen. (...) Zugleich wurden 5000 Holzkreuze verteilt. Eines dieser Kreuze, das immer dem heiligen Jesus des Glaubens folgt, ist aus einem ganzen Telegrafenmast gemacht. Es wiegt rund hundert Kilo und ist Privateigentum. (...) In den Devotiationsläden und in einigen Klausurklöstern sind Hunderte, um nicht zu sagen Tausende von Büßerhemden und Geißeln verkauft worden. Nonnen haben diese Büßerhemden mit Hilfe einiger Bieg- und Kneifzangen und einer Rolle Draht hergestellt. Der Teil, der den Körper berühren soll, starrt vor Stacheln, die so scharf sind wie die Schneide eines Messers. Es gibt solche Vorrichtungen für Arm, Schenkel oder Lende. (...) Die Geißeln sind eine Art Peitsche mit mehreren Riemen, deren jeder einige Knoten hat.«

Die aufwendigsten Karwochen-Prozessionen des gesamten Landes sind die von Córdoba, Málaga, Granada, aber insbesondere die von Sevilla, die am Palmsonntag beginnt und am Gründonnerstag/Karfreitag in einer hybriden Mischung aus folkloristischem Karneval und christlichem Bußeifer eskaliert. Die Stadt gleicht einem Heerlager, der Fahrzeugverkehr kommt praktisch zum Erliegen, die Geschäfte sind geschlossen, die Häuser werden mit schwarzen Tüchern und auf Halbmast gesetzten Flaggen verhangen, und das Volk ist teils mystisch verzückt, teils lärmend fröhlich.

Veranstalter und eigentliche Träger der Prozessionen sind die 52 *confradías* (Bruderschaften). Sie gehören jeweils einer *parroquia* (Pfarrbezirk) an und setzen sich meist über Generationen hinweg aus bestimmten Familien und Handwerkerzünften zusammen. Jede dieser Bruderschaften rüstet sich zwei *pasos* aus, prachtvoll geschmückte Tribünen, die – bis zu zwei Tonnen schwer – von 20 bis 60 *costaleros* getragen werden. Der erste Paso zeigt immer eine Szene aus der Passion Christi, der zweite die Jungfrau Maria als Schmerzensmutter. Begleitet werden die Pasos von den Mitgliedern der Bruderschaften, die in ihren Büßerkutten und Spitzhauben einem farbenfrohen Ku-Klux-Klan gleichen.

Jede Prozession beginnt in der zur jeweiligen Bruderschaft gehörigen Pfarrkirche, durchzieht die mit Blu-

SEVILLA
Übersicht
Mérida
Alcalá del Rio
La Rinconada
San José
de la Rinconada
Rivera de Huelva
La Algaba
Santiponce
Valdezorras
Córdoba
Flughafen
Sevilla
Camas
Huelva
Castilleja
Torreblanca
Tomares
Granada
Málaga
San Juan
Rio Guadaira
Gelves
Palomares
N
Bella-Vista
0
5 km
Utrera
Coria
Rio Guadaira
Dos
Hermanas
Rio Guadalquivir
Jerez de la Frontera
Cádiz

menteppichen bedeckten Straßen ihres Viertels und bewegt sich dann langsam zur Kathedrale, durch sie hindurch und wieder zurück. Da einige Pfarrkirchen kilometerweit entfernt sind, ziehen sich die Prozessionen über Tage und Nächte dahin, begleitet von Glockengeläut, dem Gebetsgemurmel, den rythmischen Befehlen an die Träger der schweren Pasos und dem *Jipio* der vielen Schaulustigen.

Die besten Plätze zum Zuschauen sind die Kathedrale selbst, die *Plaza Campana* (der allgemeine Treffpunkt), sowie die *Plaza de San Francisco* und die *Calle de las Sierpas*. Wann wo welche Bruderschaft loszieht und durchmarschiert, kann man kleinen Handzetteln entnehmen, die überall in der Stadt verteilt werden; auch das Turismo hält Informationen bereit. Wer's bequem haben will, der kann an der Plaza de San Francisco einen Sitzplatz auf den Tribünen mieten; Auskunft und Reservation ebenfalls über das Touristenbüro.

FRÜHLINGS-FERIA

Die Karwoche ist vergangen. Das Volk hat sich von den religiösen »Exerzitien« erholt und dürstet förmlich nach weltlichen Festlichkeiten, die ihm im Jahre 1847 von *Isabella III.* in Form einer dreitägigen Viehmesse auch zugestanden wurden. Messeplatz war und ist der *Prado de San Sebastián* im Südosten der Stadt. Da man aber für volle drei Tage nicht einfach auf einem staubigen Marktplatz leben kann, brachten die Besucher ihre *casetas* mit: aus Segeltuch erstellte Zelte mit Bastmöbeln, Bildern und Teppichen und anderem Mobiliar. Und wie so oft in Andalusien war bald schon der wahre Anlaß des Treffens vergessen. Was übrig blieb, ist die heutige Feria mit Festzügen, Pferderennen, Stierkämpfen und Feuerwerk. Gehalten haben sich auch die Casetas, und noch heute baut jede Familie, die es sich leisten kann, ihr Zelt auf. Darin wird gegessen, getrunken, werden Gäste empfangen.

WEITERE FIESTAS

Der **15. AUGUST** ist der Tag der *Virgen de los Reyes,* der Schutzpatronin von Sevilla.

ENDE SEPTEMBER entspricht die *Feria de San Miguel* mit Jahrmarkt, Stierkampf und Umzügen in etwa der Frühlings-Feria.

SEPTEMBER/OKTOBER ist die Zeit für das *Festival Internacional de Música y Danza,* die *Bienal de Flamenco* und das Gitarrenfestival *Encuentro de la Guitarra.*

ANFANG DEZEMBER findet das Jahr seinen Abschluß im bekanntesten Flamenco-Festival Andalusiens, dem 14tägigen *Quincena de Flamenco.*

ANKUNFT

BUS: Wer mit der Gesellschaft *Damas* anreist, steigt an der *Estación Damas,* Plaza de Armas, aus.

Alle anderen Busgesellschaften stoppen an der *Estación Prado San Sebastián* nahe der gleichnamigen Plaza; ins Zentrum sind's nur ein paar Gehminuten.

ZUG: Zur Expo 92 hat sich Sevilla einen neuen Zentralbahnhof geschenkt: Die *Estación de Santa Justa* an der außerhalb gelegenen Avenida Kansas City, von wo aus Zubringerbusse ins Zentrum verkehren.

FLUG: Der *Aeropuerto San Pablo* liegt rund 12 km von Sevilla entfernt an der N-IV Richtung Carmona.

◄ Oben: Die Plaza España; unten: der Patio de las Doncellas

Bustransfer ins Stadtzentrum alle 20 Minuten, Taxi kostet rund 14 €.

MIT EIGENEM FAHRZEUG: Das beste wäre freilich, gar nicht erst hinein zu fahren (die Campingplätze vor der Stadt haben Buszubringer). Aber wenn's denn sein muß, folgt man den Schildern »Centro Urbano« oder auch mal »Catedral« und sieht dann zu, einen wirklich bewachten Parkplatz zu finden (Achtung: Es wimmelt von »falschen«, nämlich selbsternannten Wächtern...), was gar nicht einfach ist) oder versucht, die Tiefgarage am Gualdalquivir zwischen der Puente de Isabel II und der Ausfallstraße nach Huelva zu erreichen (siehe Stadtplan). Dort parkt man sicher; und das ist wichtig in Sevilla, wo täglich unzählige Autos aufgeknackt werden.

ORIENTIERUNG: Sevilla wird durch den *Río Guadalquivir* in eine nördliche und eine südliche Hälfte geteilt. Quer durch die nördliche verläuft im Zentrum die *Avenida de la Constitución* zwischen der *Plaza Nueva* und der *Puerta de Jerez*, entlang derer die Banken, die Post, das Telefonamt, das Turismo und auch die Kathedrale liegen. Oberhalb der Kathedrale schließen sich der Alcázar und das Gassenlabyrinth des *Barrio Santa Cruz* an, in dem sich die meisten in diesem Buch aufgeführten Herbergen und Restaurants finden. Unterhalb der Kathedrale ist das kommerzielle Zentrum von Sevilla mit der Einkaufsstraße (*Calle Sierpes*), dem Markt, der Stierkampfarena und günstigen Restaurants/Tapa-Bars für die Mittagsstunden.

Im Gebiet rechts (östlich) der *Puerta de Jerez* (am Ende der *Avenida de la Constitución*) liegen die Universität, die monströse und museale *Plaza de España*, der Festplatz und die größten Parkanlagen der Stadt.

Das südliche Ufer des Guadalquivir, das *Barrio Triana*, wird mit unzähligen Tapa-Bars, Discos, Restaurants, Sardinenbratereien, Pubs und Rockcafés erst ab Einbruch der Dämmerung interessant.

UNTERKUNFT

So nichts anderes gesagt wird, finden sich die nachfolgend beschriebenen Unterkünfte im Bereich der Altstadt Barrio de Santa Cruz.

Generell ist zu sagen, daß die Preise in Sevilla außerordentlich hoch sind, man im Mittel um 50–60 € für ein Doppelzimmer pro Nacht ausgeben muß, und es nur sehr wenige Unterkünfte in den Kategorien • und •• gibt. Zur Zeit der Ferias übrigens verdoppeln sich üblicherweise die Preise, und unter 80 € kommt man dann kaum unter.

RESIDENCIA JUVENIL, *Calle Isaac Peral 2, ✆ 95/461 31 50.* Die Jugendherberge wurde für die Expo renoviert, ist heute wieder empfehlenswert, liegt allerdings recht weit draußen. Hin u.a. mit Bus Nr. 34 ab der Plaza Nueva.

HOSTAL SAN PANCRACIO •-••, *Plaza de las Cruzes 9, Barrio Santa Cruz, ✆ 95/441 31 04.* Teils angenehme, teils üble Zimmer, billigst im Altstadtviertel.

PENSIÓN MONTREAL ••-•••, *Calle Rodrigo Caro 8, ✆ 95/421 41 66.* Nahe der Kathedrale gelegenes Haus mit Zimmern in unterschiedlichen Komfortstufen.

PENSIÓN BIENVENIDO ••-•••, *Calle Archeros 23 (Zugang von der Calle Santa María la Blanca), ✆ 95/441 36 55.* Einfache, aber saubere Zimmer ohne jeden Schmuck. In diesem Sträßchen finden sich noch drei weitere Häuser gleicher Preislage.

HOSTAL TOLEDO •••, *Calle Santa Teresa 15, Barrio Santa Cruz,* ✆ *95/4 21 53 35.* In der weiß-ockerfarbenen Villa mit den üppigen Blumenkästen an den grün getünchten Fenstern gibt's kleine, aber feine Zimmer mit Klischeepanorama und einem hübschen Patio in der 2. Etage.

HOSTAL EL PATIO CRUCES •••, *Plaza de las Cruzes 10, Barrio Santa Cruz,* ✆ *95/4 22 60 41.* Die *Plaza de las Cruzes* ist ein Prospektplätzchen mit drei Eisenkreuzen auf drei Säulen, und die Herberge ist in erster Linie ein herrlicher Innenhof, tagsüber von einem Baldachin überspannt, in dem urbequeme Sofas zum Dösen einladen. Die Zimmer liegen in der 2. Etage, haben weiß getünchte, schiefe Wände von über 1 m Dicke, sind somit angenehm kühl, aber mit nur zwei Betten etwas arg karg möbliert.

HOTEL SIMÓN •••-••••, *Calle Garcia Vinuesa 19,* ✆ *95/4 22 66 60,* 📠 *4 56 22 41.* So schlicht wie die Fassade, so üppig ist der große Innenhof: grüne Ranken wuchern an schlanken Säulen empor, maurisch inspirierte Rundbögen überspannen marmorne Springbrunnen und locker verteilte Ledersessel. Das angeschlossene und mit Azulejos reich verzierte Restaurant bietet authentisch andalusische Speisen. Zu den mit Ölbildern und nostalgischem Mobiliar geschmückten Zimmerfluren führt eine marmorne Freitreppe. Und auch die Zimmer halten all das, was ihr Drumherum verspricht. Sie sind stilvoller als in so manchem 4-Sterne-Hotel, haben natürlich ein Lavabo, z.T. ein modernes Bad, Telefon und auch einen Balkon.

HOTEL MURILLO ••••, *Calle Lope de Rueda 7–9, Barrio Santa Cruz,* ✆ / 📠 *95/421 60 95.* Die von außen so schlichten weißen Mauern des dreigeschossigen Patrizierhauses lassen noch nichts von jenem »Ambiente tipicamente español« verspüren, mit dem im Prospekt geworben wird. Durchschreitet man jedoch das schmucklose Portal, wird man unsicher, ob man sich nun in einem Museum, einem Palast oder einer mittelalterlichen Burganlage befindet: Die illustren Räume werden von monumentalen Marmorsäulen getragen, die Decken sind der holzgewordene Traum eines Rokokokünstlers, der Marmorboden wird von schweren Teppichen bedeckt, Ritterrüstungen, Amphoren, Wappenschilder, Skulpturen schmücken jede freie Ecke und natürlich auch den Aufenthaltsraum, den TV-Raum, die Bar, das Restaurant… Die Zimmer kommen mit all dem Prunk nicht ganz mit, sind eher von schlichter Eleganz und haben die üblichen Einrichtungen eines Tophauses. Auch die Preise sind höchst interessant: ab 60 €.

HOTEL FERNANDO III ••••, *Calle San José 21, Barrio Santa Cruz,* ✆ *95/421 73 07,* 📠 *422 02 46.* Wer die kühle und weltweit identische Pracht eines »International« bervorzugt, der wird sich in diesem 156 Zimmer großen und vollständig klimatisierten Neubau wohlfühlen. Jedes Zimmer verfügt über Telefon, Terrasse, Bad und das in dieser Preisklasse übliche Drumherum. Für Autos gibt's eine Tiefgarage, für Frauen einen Friseur, wer baden will, kann das im hauseigenen Schwimmbad tun, zu Trinken gibt's in der American Bar, und als Aufenthaltsräume stehen gleich drei Salons zur Verfügung.

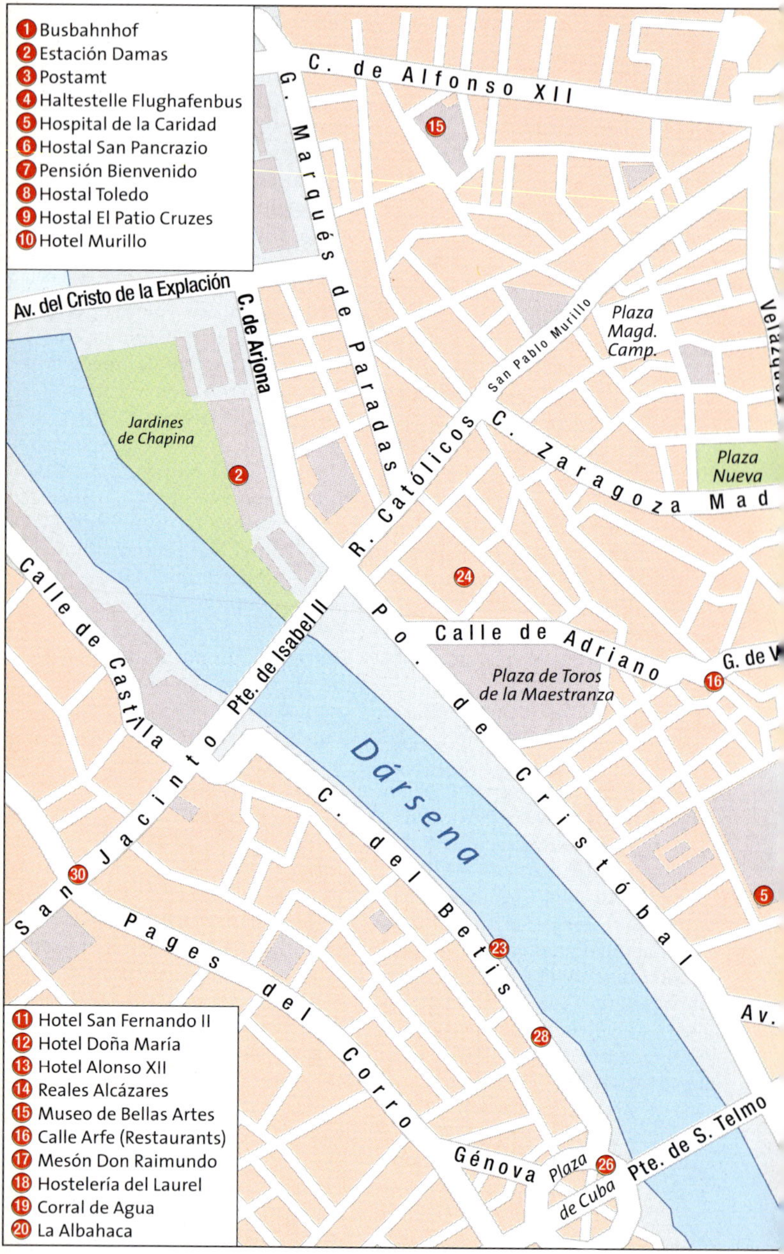
1 Busbahnhof
2 Estación Damas
3 Postamt
4 Haltestelle Flughafenbus
5 Hospital de la Caridad
6 Hostal San Pancrazio
7 Pensión Bienvenido
8 Hostal Toledo
9 Hostal El Patio Cruzes
10 Hotel Murillo
C. de Alfonso XII
G. Marqués de Paradas
Av. del Cristo de la Explación
C. de Arjona
Jardines de Chapina
San Pablo Murillo
Plaza Magd. Camp.
R. Católicos
C. Zaragoza
Plaza Nueva
Mad
Calle de Castilla
Pte. de Isabel II
Po. de Cristóbal
Calle de Adriano
G. de V
Plaza de Toros de la Maestranza
Dársena
C. del Betis
San Jacinto
Pages del Corro
Génova
Plaza de Cuba
Pte. de S. Telmo
Av.
11 Hotel San Fernando II
12 Hotel Doña María
13 Hotel Alonso XII
14 Reales Alcázares
15 Museo de Bellas Artes
16 Calle Arfe (Restaurants)
17 Mesón Don Raimundo
18 Hostelería del Laurel
19 Corral de Agua
20 La Albahaca

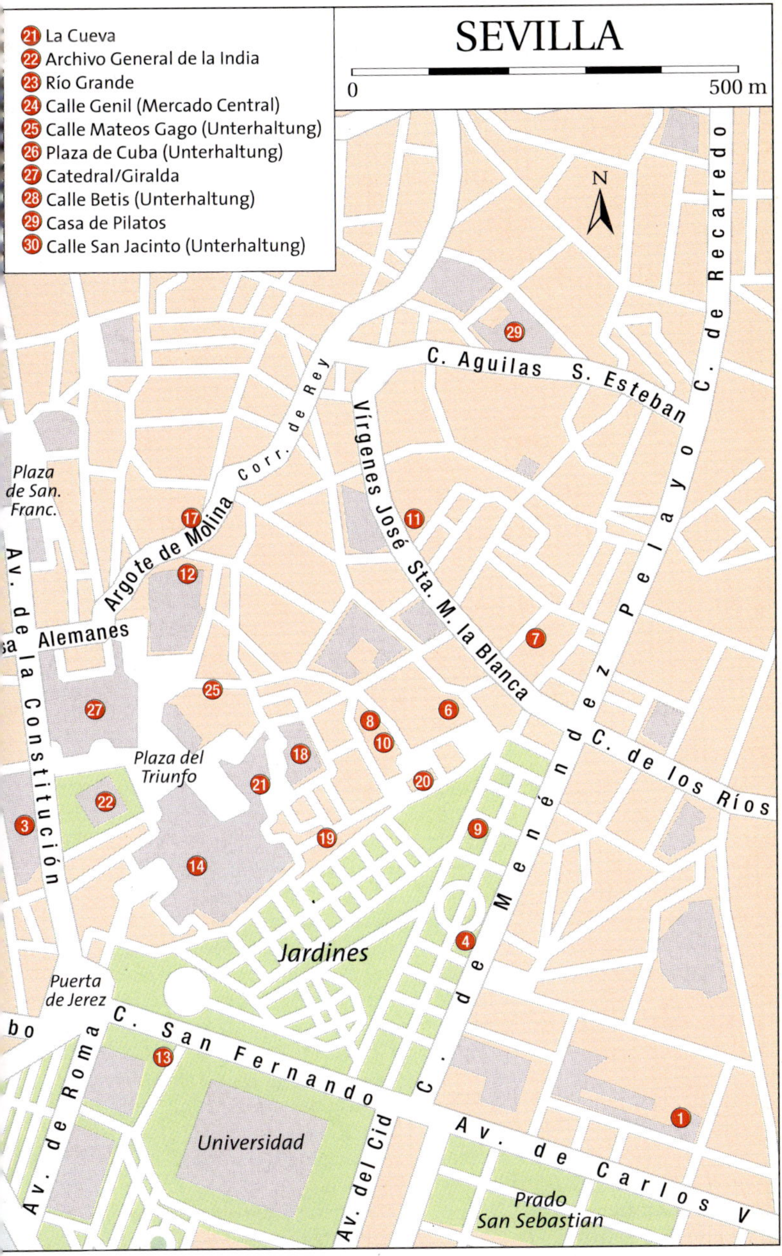
SEVILLA
0
500 m
N
21 La Cueva
22 Archivo General de la India
23 Río Grande
24 Calle Genil (Mercado Central)
25 Calle Mateos Gago (Unterhaltung)
26 Plaza de Cuba (Unterhaltung)
27 Catedral/Giralda
28 Calle Betis (Unterhaltung)
29 Casa de Pilatos
30 Calle San Jacinto (Unterhaltung)
C. de Recaredo
C. Aguilas
S. Esteban
Corr. de Rey
Vírgenes
José
Sta. M. la Blanca
Plaza de San. Franc.
Argote de Molina
Alemanes
Av. de la Constitución
C. de los Ríos
Plaza del Triunfo
C. Menéndez Pelayo
Jardines
Puerta de Jerez
C. San Fernando
Av. de Roma
Universidad
Av. del Cid
Av. de Carlos V
Prado San Sebastian

HOTEL DOÑA MARÍA ••••, *Calle Don Remondo 19, ✆ 95/422 49 90, 📠 421 95 46.* Die Lage direkt in der Altstadt mit Blick auf die Kathedrale ist ebenso hinreißend wie die Einrichtung (Plüsch, Seide, museales Mobiliar und z.T. auch Himmelbetten) der fürstlich dimensionierten Zimmer. Und nach einem besichtigungsreichen Tag, gibt's kein schöneres Fleckchen als die Dachterrasse, wo man sich im Angesicht der Giralda im Swimming-Pool tummeln kann. Zimmer ab 150 €.

Das **HOTEL ALFONSO VIII** *(Calle San Fernando 2, ✆ 95/422 28 50, 📠 421 60 33)* ist ein majestätischer Prunkbau im andalusischen Stil. Im Park zwischen den Alcázar-Gärten, dem Palacio San Telmo und dem Río Guadalquivir können sich Könige wohlfühlen. Es gibt weder ein luxuriöseres, noch ein teureres Hotel im Süden Spaniens: kein Zimmer ist unter 275 € zu bekommen, für die Suiten muß man zwischen 550 und 1700 € auf den Tisch blättern…

CAMPING

CAMPING VILLSOM, *Dos Hermanas, N-IV Sevilla–Cádiz, bei km 554,8, ✆ 95/472 08 28;* Buszubringer ab Busbahnhof. Sehr ansprechende Anlage unter Apfelsinenbäumen, mit excellenten sanitären Anlagen, Spülraum, Waschraum, Schwimmbad, Shop und kleinem Restaurant. Der Besitzer spricht Deutsch und Englisch, und von der Hauptstraße fährt alle 20 Minuten ein Bus nach Sevilla (ca. 20 Minuten).

CAMPING SEVILLA, *N-IV Sevilla–Madrid, km 533,8, nahe Flughafen, 95/451 43 79;* Buszubringer ab Busbahnhof. Guter Platz mit den üblichen Einrichtungen, einem Schwimmbad nahebei.

Wer im Umland von Sevilla **WILD CAMPEN** will, der muß weit, sehr weit fahren, bevor er einen unverbauten Platz für die Nacht findet. Wer aber ein Wohnmobil hat und im Zentrum schlafen möchte, der sollte vom *Paseo de las Delicias* (Richtung Cádiz) in die *Calle de la Rabida* abbiegen und sich in den Seitenstraßen nach einem Parkplatz umsehen: es gibt hier ein paar Ecken östlich der Universität, wo stellenweise ganze Wagenburgen entstehen, da sich viele Studenten zwar kein Zimmer, wohl aber ein altes »Wohnmobil« leisten können.

ESSEN UND TRINKEN

KÜCHE:

Verglichen mit der Küche von Jerez de la Frontera ist die regionale von Sevilla eher frugal. Beliebtestes Winter-Gericht der Sevillaner ist die *cocido andaluz*: ein eigentlich in Katalonien beheimateter Eintopf aus Kartoffeln, Gemüsen und hauptsächlich Speck, Fleisch und Wurst. Für den heißen Sommer ist das nichts. Dann gibt's an jeder Ecke *gazpacho*, die in ganz Südspanien beliebte und kalt genossene Rohkostsuppe. Immer beliebt ist das rein sevillanische Eigericht *huevos al flamenco*: der mit Eimasse bedeckte Boden eines Steingutpfännchens wird mit Tomaten, Knoblauch, Schinken und Zwiebeln belegt, dann gebacken und mit Spargelspitzen, Paprika und diversen Gemüsen garniert. *Callos* heißt »Hühneraugen« und ist eine leichte Speise, bei der Eier mit Wurst und Knoblauch in einer feuerfesten Form gebacken werden.

Auch *menudos* – Kaldaunen – kommen häufig auf den Tisch. Kenner singen Hymnen auf die *sopa de rabo de buey*, die Ochsenschwanzsuppe, oder überhaupt auf *rabo de buey*, den (gepfefferten) Ochsenschwanz. Fleisch vom Kalb (*ternera*) gibt's auch à la Sevilla: dann gespickt mit Oliven, Mandeln und Zimt. Fisch gibt's meist gebraten als *pescado frito*. Spezialität sind die *pavías*, eingeweichte Stockfischstücke, in Mehlteig mit Hefe getaucht, in heißem Öl gebraten. Weißfisch aus dem Guadalquivir heißt *Albures del Guadalquivir* und wird auf dem Kohlefeuer gebraten.

Bei den Desserts und Konditoreiwaren ist wichtig zu wissen, woher sie kommen. Liest man z.B. *...al Estepa*, kann es sich nur um Schmalzgebäck handeln. *...al Castilleja* steht für Ölkuchen, *...al Utrera* für Zuckerbrot. Nur *...al San Leonardo* hat nichts mit Lokalitäten, sondern mit mönchischer Konditorkunst zu tun: es handelt sich um Eidotterschnitten.

Restaurants

Wer nicht unbedingt auf »ambiente típico« erpicht ist, wer gute Quantität und Qualität zu günstigen Preisen sucht, der sollte für das Mittagsmahl das Barrio Santa Cruz verlassen und über die *Avenida de la Constitución* in die **CALLE ARFE** schlendern, wo auch all die im Zentrum beschäftigten Sevillaner essen. Etwa im *El Buzo*, wo hauptsächlich Fisch serviert wird, man auf dem breiten Gehsteig unter Sonnenschirmen sitzen kann; oder im *El Serranito*, wo's köstliche Platos Combinados schon ab 4 € gibt; oder im *Jabugo 1* um die Ecke, wo sich hauptsächlich Bankangestellte an den großen Raciones erfreuen.

MESÓN GIRALDILIO, *am Platz hinter dem Giralda-Turm der Kathedrale.* Hier sitzt man zusammen mit vielen anderen Touristen draußen auf der weitläufigen Plaza im Schatten der Giralda, betrachtet Pferdekutschen, Touristen und ein Wasserspiel, bekommt recht gut zubereitete, aber etwas winzige Gerichte, zahlt dafür relativ viel, aber natürlich die Lage mit.

MESÓN DON RAIMUNDO, *Argote de Molina 26, Barrio Santa Cruz.* Ein dichter Rankentunnel führt vorbei an Ritterrüstungen und düsteren Ölgemälden in den illustren und fast ausschließlich von Spaniern besuchten Speisesaal, der von einem monströsen Kamin dominiert wird und mit vielen Wappenteppichen und antiquarischem Mobiliar dekoriert ist.

HOSTELERÍA DEL LAUREL, *Plaza de los Venerables 5, Barrio Santa Cruz.* Massive Holzbalken, Trockenblumensträuße und Knoblauchketten prägen dieses rustikale Restaurant, in dem man am romantischsten freilich draußen, auf einem autofreien Platz zwischen Blumenrabatten speist. Eine echte Empfehlung für laue Sommerabende.

CORRAL DEL AGUA, *Callejón del Agua 6, Barrio Santa Cruz.* Der »Wasserhof« ist ein ummauerter Garten mit einem Springbrunnen, vielen Ranken und Blumen, in dem man an einfachen Tischen auf Bänken sitzt. Der Innenraum ist ganz hellrosa, wird von weißen Säulen getragen. Die Tagesgerichte sahen etwas dürftig aus, aber das Salatbuffet mit über 20 verschiedenen Köstlichkeiten entschädigt.

Das **LA ALBAHACA** *(Plaza Santa Cruz 12, ✆ 95/422 07 14;* sonntags geschlossen) befindet sich in einer *antigua casa señorial*, einem 400 Jahre alten Patrizierhaus im Zen-

Casa Roman
Restaurante
BAR

trum der Altstadt. Das Interieur hält, was die fürstliche Fassade verspricht. Die Speisefolgen werden vom Maître persönlich jeden Tag neu kreiert. Die Auswahl an Gerichten ist klein – nur eine Handvoll –, aber was serviert wird, sucht in Sevilla Seinesgleichen; Gerichte ab ca. 20 €.

Wem's primär auf eine malerische Umgebung ankommt, der kann im **LA CUEVA** *(Plaza de Doña Elvira s/n, Bario Santa Cruz)* sein Stamm-Restaurant finden. Auf der nahezu autofreien Plaza sitzt man idyllisch unter Apfelsinenbäumen. Der eigentliche Speiseraum sieht aus wie ein Museum für den Stierkampf, ist pittoresk, aber zu überladen, um hübsch zu wirken.

EL RINCÓN DE CURRO, *Virgen de Luján 45, Barrio Triana, ✆ 95/445 02 38;* So geschlossen, Reservierung für die Abendstunden ist zu empfehlen. Im *Guía Gastronómica* wird das Rincón zu den 100 besten Restaurants Spaniens gerechnet, auch im Michelin hat es drei Sterne. – Das spricht für sich. Der Speiseraum hat gotische Fensterbögen, eine reich verzierte Holzdecke, festlich gedeckte Tische. Auf der Karte finden sich ausgesuchte andalusische Spezialitäten ebenso wie Weltberühmtes aus der französischen Küche, und wer sich à la carte ein Menu zusammenstellt, muß mit mindestens 27 € rechnen.

Ins **RÍO GRANDE** *(Calle Betis s/n, Barrio Triana, ✆ 95/427 39 56)* geht »man« erst zur Dämmerstunde. Weil's dann von den Speiseterrassen dieses Top-Restaurants einen grandiosen Ausblick auf den Río Guadalquivir und den vom letzten Sonnenlicht golden gezeichneten Torre del Oro kostenlos gibt. Wem's hier zu teuer ist, der kann das gleiche Panorama, aber nicht die gleichen Küchenkompositionen!, auch im benachbarten **EL PUERTO** genießen.

Der **SELBSTVERPFLEGER** findet auf dem riesigen Wochenmarkt an der *Calle Genil* alles, was sein Herz begehrt; die womöglich größte Markthalle von Andalusien ist Mo–Sa von 9–12.30 Uhr geöffnet, obwohl – wer allerbeste Ware will – spätestens um 10 Uhr hier sein sollte.

FLAMENCO

Wer sich einen Flamenco ansehen will, der kann das in vier *tablaos,* sofern man keine Spanier kennt, die eine Insider-Adresse parat haben. Die Aufführungen sind – zumindest für ein nicht sachverständiges Publikum – gar nicht übel, auch wenn viel zu viel Wert auf Effekthascherei gelegt wird und der eigentliche Ablauf eines authentischen Flamencos arg durcheinander gebracht wird. Der Eintritt liegt zwischen 25 und 45 € – je nach Lokal und Saison. Man mache sich darauf gefaßt, nur auf der Bühne Spanier zu sehen.

Das Turismo empfiehlt das **LOS GALLOS** (*Plaza de Santa Cruz, ✆ 95/421 69 81,* Vorführungen 21.30–1.30 Uhr) sowie **EL ARENAL** (*Calle Rofo 7, ✆ 95/421 64 92,* Vorführungen 22–1.30 Uhr) nebst **LA TROCHA** *(Ronda de Capuchinos 23, ✆ 95/435 50 28)* und **PATIO SEVILLANO** *(Paeso de Collón 11, ✆ 95/421 41 20).*

◄ Lauschiges Plätzchen im Barrio de Santa Cruz

El grito desgarrador

Wesen und Faszination der Flamenco-Kultur

Von Kraska

José Monje, El Camarón de la Isla, der wohl bedeutendste *Cantaor* der mittleren Generation, gab am 11. Mai 1986 in einem der Zeitung «El País» gewährten Interview auf die Frage, wann er zum erstenmal gesungen habe, zu Protokoll: »*Das erstemal ... ? Als mich meine Mutter gebar, und das zweitemal, als mich mein Onkel Joseico taufte.*« Auf die Frage, was die Frau in seinem Leben bedeute, entgegnete er: »*Für mich ist die Frau die Gitarre, die Begleiterin des Gesanges – der Gesang ist die Braut.*« Damit ist umschrieben, welche Bedeutung dem *Cante jondo* eigen ist und welchen Lebensanspruch ein *Cantaor* (oder eine *Cantaora)* zu erfüllen trachtet. Auf der ewigen Suche nach dem *Duende,* jenem Aussenstehenden so schwer verständlichen Phänomen, das mit Gespenst zwar korrekt, aber nur unzulänglich übersetzt ist, lässt er alle vorgegebenen Werte fallen, damit er bereit ist für die aus der Tiefe der Bauchhöhle aufsteigende Stimme, bereit, um ihr ihren Ausdruck, ihre Form – ihre wahre Schönheit – zu verleihen. El cante jondo ist *das* Ereignis des *Flamenco. El jaleo, las palmas, los pitos, el taconeo, el zapateado* und *el toque,* das Rufen, Klatschen, Schnalzen, Stampfen und das Gitarrenspiel, das Spanienreisende oft als Erinnerung an ein touristisches Erlebnis nach Hause nehmen, sind für den *Aficionado* Accessoires, die dazu da sind, den Cantaor für seine eigentliche Aufgabe, mit jedem *Cante* die Welt neu zu erschaffen, anzufeuern – zu beflügeln ...«(¡Ay, *ay, ay ... al infierno que te vayas me tengo ir contigo, porque yendo en tu compañía llevo la gloria conmigo* ... (Zur Hölle, wohin du gehst, werde ich mit dir gehen, trage ich doch in deiner Begleitung alle Glückseligkeit mit mir) ... *ay, ay, ay!*»

«*¿Duende...? ¿Dónde está el duende?* Wo ist es, das Gespenst? Durch den leeren Bogen dringt ein geistiger Wind und weht auf der Suche nach neuen Gegenden und unbekannten Bedeutungen eindringlich über die Köpfe der Toten, ein Wind mit dem Geschmack des Speichels eines Kindes, des frischgeschnittenen Grases und des Schleiers der Medusa, der von der fortwährenden Taufe der soeben erschaffenen Werke kündet», doziert Federico García Lorca in seiner « *Teoría y juego del duende*». *«Ay, ay, ay* ... », setzt La Paquera de Jerez, ätzend Mark und Bein durchdringend, tief empfindend und geniessend zu einer neuen herzzerreissenden Sequenz ein: «*¡Ay, ay, ay ... los pajaritos y yo nos levantamos a un tiempo: ellos para cantar el alba, yo a llorar mi sentimiento* ... (Die Vögelchen und ich stehen zur gleichen Zeit auf: sie, um den Tagesanbruch zu besingen, ich, um mein Gefühl auszuweinen) ... *ay, ay, ay!*»

Es war stets der Cante, der den Flamenco durch all die Jahrhunderte hindurch bis zur Gegenwart entscheidend prägte. Der Cantaor beherrscht die Szene. Dazu steht ihm ein umfangreiches Repertoire von Liedformen zur Verfügung, wie *Bulería por soléa, Caña, Carcelera, Corríos, Debla, Liviana, Martinete, Polo, Saeta, Serrana, Siguiriya, Soléa* und *Toná,* die ihm als Grundstruktur, als *Compás,* für die individuelle Gestaltung von Form und Inhalt dienen.

Der Flamenco ist eine der wenigen Kunstformen, bei denen nicht das Endprodukt im Zentrum steht, sondern der Prozess des Erschaffens im Hier und Jetzt. Die ständige Präsenz des Abgrundes, des Nichts, der gähnenden Leere verleiht diesem Prozess Weihe.

◄ José Monje, »El Camarón de la Isla«

«Duende», fährt Federico García Lorca in seiner «Teoría» fort, «liebt am Abgrund mit dem Gedanken, mit dem Laut oder der Geste den offenen Kampf mit dem Schöpfer ... Die Muse entflieht mit der Geige oder dem Rhythmus. Duende aber verletzt, und in der Heilung der Wunde, die sich nie schliesst, ist das Aussergewöhnliche, das neu Erschaffene in dem Werk eines Menschen.» Der Sänger hat, innerhalb des Compás, mit jedem Gesang die Wechselbeziehung zwischen seinem Geist, dessen Gefäss – dem Körper – und seiner Stimme neu aufzubauen. Die Entblössung der Gefühlswelt durch das Modulieren der Stimme ist so komplett wie sonst nur noch im Stierkampf. Wie der Matador durch den Kampf mit dem Stier das Wesen des Tiers freilegt und sich dadurch selbst entblösst, entblösst sich der Cantaor durch seinen Gesang. Cantaor und Matador suchen im Dialog zwischen Gefühl und Geist dem letzten Sinn des Daseins nachzuspüren. Ein Dialog, der dann seine Vollendung erreicht, wenn der Schöpfungsprozess des Künstlers zum Spiel wird: Der Tänzer tanzt, ohne zu tanzen; der Sänger singt sprechend, weint, ohne zu weinen, lacht, ohne zu lachen. Der Matador kämpft, ohne zu kämpfen ... Wenn Stierkampf oder Flamenco diese Stufe der Vollkommenheit erreichen, sagt der Aficionado: *«Hay duende»*, das heisst, jede feinste Äusserung des Künstlers wird von einer ebenso gespenstischen wie mysteriösen Grazie durchdrungen. Diese Verwandlung des Menschen in das «Gespenst» geschieht in einem von allen Sinnen zugleich erfassten Augenblick und erhält so eine ungeheure Unmittelbarkeit.

Es ist ein Kunstkonzept, wie es möglicherweise in reinerer Form nur noch in der Zen-Kultur Japans zu finden ist – Nô-Theater, Schwertkampf, Bogenschiessen. Dort fällt das unter geistige Kontrolle zu bringende Moment des Triebes, das im Stierkampf und im Cante jondo noch wahrnehmbar und damit nachvollziehbar ist, in einem Punkt zusammen: Beim Bogenschiessen etwa trifft der Schütze das Ziel, ohne es zu sehen. «Ja», quillt es aus Nietzsches «Geburt der Tragödie aus dem Geiste der Musik»; «der Mensch ist nicht mehr Künstler, er ist Kunstwerk geworden: die Kunstgewalt der ganzen Natur, zur höchsten Wonnebefriedigung des Ur-Seins, offenbart sich hier unter den Schauern des Rausches. Der edelste Ton, der kostbarste Marmor wird hier geknetet und behauen, der Mensch, und zu den Meisselschlägen des dionysischen Weltenkünstlers tönt der eleusinische Mysterienruf: Ihr stürzt nieder, Millionen? Ahnest du den Schöpfer, Welt?»

«Si, señor», doppelt García Lorca nach; «Duende ist nicht eine Frage des Könnens, sondern eines lebendigen Stilempfindens, das heisst, es entspringt dem Blut, das heisst, es entspringt einer uralten Kultur des unmittelbar vollzogenen Schöpfungsaktes und nähert sich dein Bereich, in dem die Formen der Sehnsucht nach Transzendenz mit dem sichtbaren Ausdruck verschmelzen. Weder beim Flamenco noch beim Stierkampf amüsiert sich jemand, El Duende sorgt dafür, dass mittels des Dramas durch lebendige Formen gelitten wird und die Stufen zur Überwindung der sie umgebenden Realität bereitet werden.» Und er kommentiert Nietzsches verträumten Exkurs in die vorsokratische Antike: «Hätte er Andalusien gekannt, hätte er die von ihm durch sein ganzes Werk heraufbeschworene Glückseligkeit gefunden und wäre nicht verdammt gewesen, auf seiner unermüdlichen Suche nach dem Übermenschen auf der RialtoBrücke zu Venedig über sein unerreichbares Idol Krokodilstränen zu vergiessen.» *«Ay, ay, ay ... »*, braust es durch Antonio Mai-

rena, *el rey del cante jondo*, der als letzter Cantaor dieses Jahrhunderts von der *Afición* den *Llave de oro del cante* zugesprochen erhielt: «*¡Ay, ay, ay ... mi llanto a nadie conmueve, cantando paso la vía, mi llanto a nadie conmueve, yo soy como el ave fría que canta al pie de la nieve al amanecer el día!*» (Meine Wehklage, sie rührt niemanden, und so verfliegt mir singend das Leben, meine Wehklage, sie rührt niemanden, und ich bin wie der frierende Vogel, der am Rande des Schnees singt, um vom Anbruch des Tages zu künden.) Doch auf einmal orgelt es durch den *maestro de los niaestros*, ohne zu orgeln: «*¡Ay, ay, ay ... mis llamas llegan al cielo!* (Meine Flammen erreichen den Himmel!) *Ay, ay, ay ...*» «Wirkt Duende», belehrt uns Lorca, «so setzt ein radikaler Umschwung ein, der sich auf alle auf alten Plänen ruhenden Formen überträgt, und er vermittelt ein Gefühl einer neu entstandenen Frische.»

Was ist das für ein gesegneter Landstrich, wo man die Musse findet, eine so wunderbare, alle Sinne belebende Kunst hervorzubringen, eine Kunst, die zugleich tiefer in der Seele des Volkes verwurzelt ist als das oft verdümmelnde Folklore-Getue in anderen Gegenden dieser Welt? Wie kommt es, dass ausgerechnet am Rande Europas, in Andalusien, eine der elementarsten und zugleich höchstentwickelten Musikkulturen dieser Weit entstehen konnte, in der sich der Geist, ja die Identität eines ganzen Volkes ungebrochen widerspiegelt, eine Identität notabene, die allen wirtschaftlichen, sozialen und politischen Fährnissen zum Trotz niemals preisgegeben wurde? Vielleicht braucht es dazu jene Mischung aus Stolz und Armut, welche die Andalusier wie kaum ein anderes Volk dazu befähigt, ihrem Leiden am Hier-Sein so intensiv Ausdruck zu verleihen, auf manches Materielle zu verzichten und sich dafür zu gönnen, was sich unserer so eifrig den gesicherten Wohlstand anstrebenden Konsumgesellschaft fast verbietet: *Leidenschaft*.

An der Wiege schon wird jedem Kind dieser totale Lebensanspruch gesungen und getanzt. So werden dem Neugeborenen von einem *cantaor, bailaor o tocaor* Fuss- und Fingernägel geschnitten, damit der junge Erdenbürger für den *cante, baile o toque* das nötige Genie mit auf den Weg erhält. «*¡Ay, ay, ay ...*», hebt Fernanda de Utrera mit von Heiserkeit gezeichneter Stimme zu einer *Siguiriya* an, die schneidend in das Herz des Initiierten dringt: «*¡No soy d'esta tierra, ni en eya nasí: la fortuniya, roando, roando m'ha traío hasta aquí* (Ich bin nicht von dieser Erde, noch bin ich hier geboren: das Glück, rollend, rollend, hat mich hierher geführt) ... *ay, ay, ay!*»

Antonio Mairena,
»el rey del cante jondo«

El Lebrijano

Der Flamenco ist ein Ergebnis der wechselvollen Geschichte Andalusiens. Phönizier, Griechen, Karthager, Römer, Juden, Vandalen (von ihnen stammt der Name [V]andalusien), Westgoten, Kelten, Mauren, Zigeuner und schliesslich die Kastilier liessen sich hier nieder, und alle hinterliessen sie ihre Spuren. Altindische Notensysteme, die auf Umwegen über Persien durch den Sänger und Dichter Zyriab nach Spanien kamen, wo dieser unter dem musenfreundlichen Herrscher Abderrahman II. Gesangsschulen unterhielt, gehören ebenso zum Überlieferungsfundus wie die maurischen Gesänge und Tänze, deren Einfluss bis ins 17. Jahrhundert spürbar war, oder die jüdischen Lieder, die vom 9. bis ins 15. Jahrhundert in den Synagogen gesungen wurden. Alles fand bei dem ansässigen Mischvolk einen äusserst fruchtbaren Boden; lobte denn nicht schon Juvenal die Tänzerinnen des antiken Cádiz?

Dass aber der Flamenco zu dem wurde, was er heute ist, ist vor, allem den *Gitanos zu* verdanken. Er ist das Produkt des Akkulturationsprozesses einer verfolgten und unerwünschten Minderheit, die mit ihrer Naturbegabung aus einer Vielzahl von musikalischen Versatzstücken den *Flamenco puro – Flamenco gitano-andaluz* – entstehen liess. In ihm fanden die Gitanos ihr eigenes Ausdrucksmittel, das im *Grito desgarrador,* dem herzzerreissenden Schrei, kulminiert. «*¡Ay, ay, ay* ...», richtet sich Fosforito auf seiner *Silla* auf, während er mit seinen Händen zwei-, dreimal kurz den Compás schlägt, um sich in Stimmung zu versetzen, damit dieser Schrei wie ein Pfeil zum Himmel schiesse: «*Yo soy gerá en el vestir, calorró de nasimiento, yo no quiero ser gerá, siendo calé estoy contento* (In der Kleidung bin ich Spanier, doch Zigeuner von Geburt, Spanier will ich nicht sein, fühl' mich als Zigeuner zufrieden).»

«El flamenco», so kommentiert der Flamencologe González Climent das Phänomen, «findet seine erschreckende Spontaneität bei demjenigen Ausdruck, der auf eigene Rechnung an der Welt zu leiden weiss und in sich wie die Morgenröte die unwiderstehliche Berufung zum Schrei fühlt.» «*¡Ay, ay, ay* ...», bäumt sich José Menese gegen sein Schicksal auf: «*¡Entre la hostia y el calíz a mi Dios se lo pedí que t'ajoguen las duquelas como m'ajogan a mi* ... (Zwischen Hostie und Kelch betete ich zu Gott: Das Leid soll dich ersticken, so wie ich daran ersticke) ... *ay, ay, ay!*»

Der Flamenco wird nach Meinung des *Cantaor payo* Pepe et de la Matrona aus zwei Quellen gespeist: «Aus der Freude und aus der Traurigkeit. Dazu müssen Körper und Geist in einer idealen Weise harmonieren: Intelligenz für die Führung des Körpers beim Tanz oder die Führung der Stimme beim Gesang und Herz für die Übermittlung des Inhaltes.» Das erinnert an Antonin Artaud und sein «Theater der Grausamkeit» oder an den Polen Grotowski, der in seinem Breslauer Theater nie mehr als zwanzig Zuschauer zuliess, um die Intimität des gemeinsamen Erlebnisses zu wahren. Die Zuschauer als «Mitverschworene» der Akteure, gleich dem Chor im alten griechischen Theater. Ähnlich, wenn auch in bedeutend weiterem Rahmen, ist es beim Stierkampf. Auch dort hat der Akteur, der *Matador,* mit jedem neuen Stier einen Schöpfungsprozess zu vollziehen, der nicht wiederholbar und damit einmalig ist. Und das Publikum wird zum Zeugen der Verwandlung des Menschen in den Künstler, ja es hat – und es nimmt daran – Anteil.

Die Teilnehmer einer *Reunión flamenca* versichern sich immer wieder eines kollektiv empfundenen individuellen Dramas, das der Sänger stellvertretend für sie vollzieht – sei dies auf der Bühne, dem Felde, in der Tenne, der

Taverne oder in der Einsamkeit der Nacht. Und diese Verwurzelung im Leben seiner Schöpfer und seiner Zuhörerschaft hat der Flamenco wiederum mit dem *Blues* gemeinsam. Die schwarzen Sklaven in Amerika brauchten wie die Gitanos, um das Leben ertragen zu können, eine Form für den Ausdruck ihres Leidens. Dazu bemerkt Ricardo Molina in seinem Buche *«Misterios del arte flamenco»:* «In seiner schlichtesten Art ist er, der Flamenco, der Schrei eines Volkes, das in Armut und Unwissenheit versunken ist und für das nur die drängende Notwendigkeit des unmittelbaren Überlebens und die instinktiven Gefühle existieren.» – *«¡Ay, ay, ay ... venticinco calabozos tiene la cárcel de Utrera. Venticuatro he recorrío* y el *más oscuro me quea* (Fünfundzwanzig Verliese hat das Gefängnis von Utrera, vierundzwanzig habe ich durchlaufen und das dunkelste bleibt mir noch) ... *ay, ay, ay!»* Der Cante wurde und wird gesungen, wenn Leid und Schmerz übermächtig waren beziehungsweise sind, um durch ihn seine Pein zu lindern – sich zu befreien. *«¡Ay, ay, ay ... arbolito del campo riega el rocío, como yo riego las piedras de tu calle con llanto mío* (Das Bäumchen im Felde benetzt der Tau, wie ich das Pflaster deiner Strasse mit Tränen netze) ... *ay, ay, ay!»* Und Pepe el de la Matrona spinnt den roten Faden mit einer Martinete weiter, genüsslich zur nächsten Sequenz ansetzend: *«¡Lo mismo que aplasto el jiero pa 'jacerlo filigrana, quiero aplastá tu queré de la noche a la mañana* (So wie ich das Eisen forme zu einem Filigran, will ich vom Abend bis zum Morgen deine Liebe formen) ... *ay, ay, ay!»* An einem andern Ort spricht er zur Zukunft des Flamenco: «Kann schon sein, dass es wieder bergab geht, wie schon einmal, aber wer weiss? Vielleicht gibt es schon morgen etwas, das so gut ist wie das, was früher war – oder gar besser! Und ausserdem: Wenn Leute sagen, dass ohne Folter und Kerker der Flamenco aufhören wird, dann sage ich: Die haben unrecht. Warum? Der Mensch wird immer Gefühle haben, Freude und Leid. Die Namen und die Gebäude und weiss ich was noch – das kann sich ändern, aber alles andere, das bleibt sich gleich.» – *«¡Ay, ay, ay ... mis llamas llegan al cielo* (Meine Flammen erreichen den Himmel) ... *ay, ay, ay!»*, doppelt Antonio Mairena nach. «Duende wiederholt sich nie, wie sich die Formen der stürmischen See nie wiederholen», schliesst Federico García Lorca in seiner *«Teoría y juego del duende»* den Diskurs ab, durch den er die Wurzeln der spanischen Kultur freigelegt hat. *Ni má ni meno, ni má ni má* – nicht mehr, nicht weniger, nicht mehr, nicht mehr.

José Menese

Enrique Morente

Flamenco-Glossar

afición, la	Anhängerschaft des Flamenco oder des Stierkampfs.
aficionado, el	Liebhaber, Kenner
andaluz, Adj.	andalusisch
arte, el	Kunst
arte flamenco, el	Kunst des Flamenco
baile, el	Tanz
bailaor, el	Flamenco-Tänzer
buleria por solea, la	Die Buleria ist der Prototyp des Cante festero (Tanzgesang) mit seinem schnellen, mitreissenden Rhythmus und den spöttischen, oft spontanen Coplas. In seinen Anfängen aber soll dieser Cante sehr ernst gewesen sein. Dies spürt man auch heute noch in den Bulerías por soléa – Bulerías im Stile der Soléa.
cabal, el	«Eingeweihter» des Flamenco
caña, la	Eine der ältesten Formen des Cante jondo, wird heutzutage selten gesungen, doch viele Cantes gehen direkt oder indirekt auf die Caña zurück, wie etwa Polo, Soléa und Serrana.
campero, Adj.	ländlich, bäurisch
cante, el	Gesang
cante grande, el = *cante jondo (hondo), el*	grosser Gesang, tiefinnerer Gesang
cantaor, el	Flamenco-Sänger
cantaor payo, el	Flamenco-Sänger ohne Zigeunerblut
cárcel, la	Gefängnis
carcelera, la	Cante, entstanden in den Cárceles (Kerkern) Andalusiens. Der dramatische Ausdruck der Carcelera fordert das Äusserste an physischer Kraft von seinem Interpreten und wird meist ohne Gitarrenbegleitung gesungen, das heisst a palo seco – zum Schlag eines Stockes, wie der Martinete.
compás, el	Takt, Rhythmus
copla, la	Strophe, Vers
corríos, el	Eine Urform des Cante jondo. Heute ist dieser Cante fast vergessen.
debla, la	Sie wird zu der Gruppe der Tonás gezählt. Über ihre ursprüngliche Form ist nichts bekannt, und man nimmt heute die Version als Vorlage, die der grosse Cantor Tomás Pavón vor einigen Jahrzehnten rekonstruierte. Nur wenige Künstler sind befähigt, diesen tief- tragischen, ja sakralen Gesang zu gestalten, das heisst zu singen.

duende,el	Gespenst, Dämon; zentraler Begriff der spanischen Kultur, siehe Text («Teoría y juego del duende») von Federico García Lorca.
¡eso es!	So ist es!
fandango,el	Der Fandango taucht als andatusischer Volkstanz in ganz Spanien auf. Seine Ursprünge liegen in der arabischen Invasion. Er gilt als heiter und witzig.
flamenco, *el*	Flame, andalusischer Zigeuner, andalusische Musik
flamenco puro, el	der reine Flamenco, die reine Musik Andalusiens
flamenco gitano-andaluz, el	der Flamenco der andalusischen Zigeuner
gitano, el	Zigeuner
gitanillo, el	Zigeunerchen
jaleo, el	Anfeuern des Cantaor durch Klatschen und Zurufe
jondo, Adj.	andalusische Form für *hondo*, tief
juego, el	Spiel
liviana, la	Die Liviana entstand wahrscheinlich Mitte des 19. Jahrhunderts. Heute unterscheidet man zwischen zwei Gruppen: als Cante campero hat sie starke Bezüge zur ländlichen Thematik, und als Liviana gitana ist der Einfluss der Tonás stärker spürbar.
llanto, el	Wehklage, Weinen
llave, la	Schlüssel
llave de oro del cante, la	Der goldene Schlüssel des Gesangs. Höchste Auszeichnung für die Meisterschaft im Cante jondo. Eine Trophäe, die bis heute erst an drei Künstler vergeben wurde: Tomás El Nitri (ca. 1830–1890), ein Cantaor gitano aus Jerez de la Frontera, Manuel Vallejo (1891–1960), ein Cantaor payo aus Sevilla, sowie Antonio Mairena (1909–1983), ein Cantaor gitano aus Mairena, auch «El rey del cante jondo» genannt.
maestro, el	Meister
martinete, el	Martinete ist der bekannteste Cante aus der Gruppe der Tonás. Die Wiege dieses Gesanges sind die Schmieden der Gitanos des Triana-Viertels zu Sevilla, eine Brutstätte des Flamenco. Meist wird er ohne Begleitung oder aber zu schweren Hammerschlägen gesungen. Man unterscheidet zwischen zwei Grundtypen, dem natürlichen und dem verdoppelten; die zweite Form ist die längere und zugleich schwierigere.

matador, el	Töter, der Stierkämpfer, der den Stier tötet
misterio, el	Mysterium, Geheimnis
¡olé!	Bravo! Recht so! Ausruf der Zustimmung. Er entspringt dem spanischen Zuschauer oder -hörer beim spontanen Mitvollzug eines soeben geglückten Schöpfungsaktes, das heisst, er setzt gleichzeitig mit dem alles durchdringenden Duende ein.
oro, el	Gold
palmas, las	rhythmisches Händeklatschen, um den Compás eines Gesanges anzugeben und zu unterstützen
payo, Adj.	nichtzigeunerisch, bäurisch, tölpelhaft
polo, el	Sakrale Musik, gemischt mit einem Volkslied des 18. Jahrhunderts, ist der Ausgangspunkt dieses Gesanges zu Beginn des letzten Jahrhunderts. Es besteht eine grosse musikalische Affinität zur Caña und Soléa, deren Compás übernommen wurde.
pitos, los	Schnälzen mit den Fingern
puro, Adj.	rein
reuníon, la	Zusammenkunft, Séance
rey, el	König
saeta, la	Pfeil. Cante, der aus den liturgischen Gesängen der Karwoche heraus entwickelt wurde. Die Saeta wird bei den Osterprozessionen in den andalusischen Städten gesungen. Während der Pausen der Prozessionen stimmt der *cantaor* eine *saeta* an. Sein *ay* zerschneidet wie ein Pfeil – *saeta* – *die* Luft, und sein Gebetslied fliegt hin zur verehrten *virgen* (Jungfrau) und zum gekreuzigten Jesus Christus.
señor, el	Herr
serrana, la	Wurde wahrscheinlich im 19. Jahrhundert aus einem Volkslied übernommen. Die langen Coplas berichten aus dem Leben der Bergbewohner, von Banditen und Schmugglern.
siguiriya, la	Mit ziemlicher Sicherheit leitet sich die Siguiriya aus den Tonás ab. Während der langen Wanderung von den Gitanos vielleicht schon in Persien assimiliertes, fremdes Musikgut hat sich auch in diesem Gesang, wie überhaupt im Cante jondo, niedergeschlagen. Für den Aficionado bedeutet die Siguiriya die Essenz aller Flamenco-Kunst. Sie ist der tiefste und traurigste Ausdruck im Cante jondo. Unergründlicher Pessimismus, unstillbares Leid, Verhängnis und

	Wunde des Schicksals, Schläge, Liebesleid, Tod, die Mutter – das sind die zentralen Themen. In ihrer nuancierten Dramatik besitzt der Rhythmus der Siguiriya den grössten Schwierigkeitsgrad im Flamenco und erfordert grösstes Einfühlungsvermögen der Interpreten. Alle grossen Cantaores haben sich um diesen Gesang bemüht, und er ist auch heute noch die Krönung des Cante jondo.
silla, la	Stuhl
soléa o soleares, la	Man nimmt an, dass der heutige Soleares Stil im Zigeunerviertel von Triana zu Sevilla entstanden ist. Als eine der perfektesten Formen des Flamenco-Gesangs war die Soléa mit der Siguiriya eine der wichtigsten Wurzeln vieler anderer Gesänge und Entwicklungen des Cante jondo.
taconeo, el	Stampfen mit dem Absatz
teoria y juego del duende	«Theorie und Spiel des Duende». Fundamentaler Aufsatz von Federico García Lorca, in welchem die Wurzeln der spanischen Kultur freigelegt werden.
tocaor, el	Gitarrist
toná, la	Eine der frühesten und ehrwürdigsten Formen des Cante jondo. Stellt hohe gesangstechnische Anforderungen, da sμie keinen festen Compás hat und ohne Instrumentalbegleitung gesungen wird. Sie ist Ausdruck eines tief-tragischen Lebensgefühls.
toque, el	Gitarrenspiel, Spielart, Spielweise
zapateado, el	Stampfen mit den Schuhen

Dieser Artikel erschien erstmals im Januar 1988 in der *Neuen Zürcher Zeitung.*

Peter Johannes Kraska, korrekte Bezeichnung: *Seine Majestät König Kraska, HerrsCHer über das ZEN- und A-ZentrisCHe WELTREICH, lebt in Bilbao, Madrid und Jakarta.*

Unter dem bürgerlichen Pseudonym *Pjotr Kraska* publizierte er bis anhin folgende Bücher :

- *»Der Grosse Wurf«, ein Gedicht, Keller & Wahl, Zürich, 1979 (jetzt edition 8, Zürich)*
- *»Der Tod in Neapel«, eine Novelle, eco-Verlag, Zürich, 1981 (jetzt edition 8, Zürich)*
- *»Die Hand im Klong – und Buddha lächelt ewig«, wegweisender Roman, eco-Verlag, Zürich, 1982 (jetzt edition 8, Zürich)*

UNTERHALTUNG

Über alle Konzerte, Veranstaltungen und Vergnügungsstätten schlechthin informiert das monatlich neu erscheinende Gratisblatt *El Giraldillo,* das in aller Regel beim Turismo ausliegt.

Im **BARRIO SANTA CRUZ** laden hunderte Kneipen ein, in denen es aber eigentlich erst dann so richtig losgeht, wenn sich die Touristen so langsam verabschieden: ab 22/23 Uhr also. Schwerpunkte sind die nahe der Kathedrale gelegene *Calle Mateos Gago* sowie diverse Plazas, von denen die *Plaza San Salvador* die beliebteste ist.

Ein weiterer Schmelztiegel der Unterhaltungslust ist das auf der anderen Seite des Río Guadalquivir gelegene **BARRIO TRIANA,** wo insbesondere Nachtclubs, Bars und Discos einladen. Los geht es aber erst gegen Mitternacht, und Treffpunkte sind hier u.a. die *Plaza de Cuba* (teure Bars), die angrenzende *Calle Monte Carmelo* (kultischer Treffpunkt der Teenager in supercooler Apartmenthaus-Atmosphäre) nebst der *Calle Betis* (Promenade mit vielen Bars und Discos) und der *Calle Salado,* die aussieht, wie irgendeine Straße in irgendeiner Wohnblocksiedlung, aber nach 23 Uhr etwa *der* Treff für Sevillana-begeisterte Nachtschwärmer ist. Man tanzt ekstatisch, aber streng klassisch, am liebsten im *Blanca Paloma* oder im *La Pura* – um nur zwei der vielen Musik-Tanz-Kneipen zu nennen.

Wer jetzt aus der bunten Unterhaltungspalette immer noch nicht das Richtige für sich aussuchen konnte, der sollte mal am südlichen Ende der Calle Betis nach links auf die **CALLE SAN JACINTO** abbiegen, denn diese mit Nebenstraßen ist die Treffmeile für das ganz normale, möchten sagen: angenehm normale Volk, das sich in kleinen Brätereien mit knusprigen Sardinen verköstigt, das in unzähligen Bars und Kneipen die Bier- und Weinhähne konstant laufen läßt, ausgelassen den ewigen Alltag feiert.

VOR PRIESTERN WIRD GEWARNT

Wie die christlichen Priester zur Zeit der islamischen Maurenherrschaft in Sevilla gelebt haben, zeigen die nachfolgenden Warnungen und Ratschläge des großen Chronisten *Ben Abdun al Tudjibi*:

»Die Frauen sollten außer an religiösen Festtagen oder Gemeinschaftsbettagen niemals die Kirchen betreten dürfen, weil sie mit den Priestern essen, trinken und huren, unter denen es keinen gibt, der nicht zwei oder mehr für die Nacht bei sich behält. Das ist bei ihnen gang und gäbe, denn sie haben das Erlaubte zum Verbotenen und das Verbotene zum Erlaubten gemacht. Den christlichen Priestern muß die Ehe befohlen werden, wie es auch im Orient der Fall ist, oder man soll sie ihnen zumindest erlauben, damit sie heiraten können, wenn sie den Wunsch haben. Ferner müssen sie gezwungen werden, sich beschneiden zu lassen, wie es die Tradition auch Jesus vorschreibt (er sei gelobt und gepriesen!), und Jesus ließ sich beschneiden. Am Tage seiner Beschneidung feiern sie zwar ein großes Fest, bei dem sie ihn verherrlichen, aber seinem Beispiel folgen sie nicht.«

SEHENSWÜRDIGKEITEN

Bevor man sich in kunsthistorische Pflichtübungen stürzt, kann es sehr erbaulich sein, wenn man erst einmal mit Muße durch die pittoresken Gassen des **BARRIO DE SANTA CRUZ** schlendert. Das historische Altstadtviertel ist gespickt mit intimen Plätzen, verschwiegenen Patios und Adelspalästen.

Weniger Idyll als mehr Panorama bietet ein Bootsausflug auf den blauen Fluten des Río Guadalquivir. Am nördlichen Ufer unterhalb des Torre del Oro warten stets ein paar Schiffchen. Individuell und mit eigener Muskelkraft kann man den sanft dahinfließenden Fluß mit einem Tretboot erkunden; Verleihstationen am nördlichen Ufer unterhalb der Plaza de Toros.

KATHEDRALE SANTA MARÍA, Eingang durch die *Puerta de los Palos* von der *Plaza V. de los Reyes*; geöffnet Mo–Sa von 11–17, So 14–16 Uhr.

Die heutige Kathedrale steht auf geschichtsträchtigem Boden: unter den Römern gab es hier einen beachtlichen Tempel, unter den Westgoten entstand ein prunkvoller Dom, die maurischen Almohaden-Fürsten errichteten an dieser Stelle die zweitgrößte islamische Moschee der Welt, in der ab dem 23. November 1248, nach Rückeroberung der Stadt durch *Ferdinand den Heiligen*, auch die christlichen Gottesdienste abgehalten wurden. Erst als dieser Ziegelbau zu Beginn des 15. Jh. infolge eines Erdbebens vom Einsturz bedroht war, beschlossen die Domherren, eine Kirche zu bauen, »so herrlich und so groß, daß alle, die sie erblicken, wenn sie vollendet ist, uns für Wahnsinnige halten.« Es ist ihnen gelungen, denn sie bauten mit 130 m Länge, 76 m Breite und 65 m Höhe das größte gotische Gotteshaus der Welt und eines der drei größten überhaupt. 40 Säulenbündel tragen 69 Gewölbe über 7 Kirchenschiffen und 54 Kapellen, die 74 Fenster und 9 Portale haben; rund 70 Bildhauer und 40 Maler waren am Bau beschäftigt und es dauerte über 100 Jahre, bis die Kathedrale ihre heutige Form annahm.

Vermittelt der von unzähligen Strebebögen und plateresken Dekor geprägte Außenbau den Eindruck himmelstürmender Monumentalität, bestechen die Portale mit herrlichen Tympanons (Bogenfelsreliefs), eindrucksvollen Terracottastandbildern und moluskenhaftem *horror vacui*, so überwältigt der monumentale Innenraum mit verwirrendem Reichtum, dem diffusen Licht, das durch die mit gotischen Glasmalereien geschmückten Fenster einfällt, und den wuchtigen Säulenbündeln, die durch Höhe und Kannelierung an Schwere verlieren und in einem fantastischen Netzgewölbe in spätgotischem Flamboyant auslaufen.

Der in der Mitte der Haupthalle aufragende Chor ist ein 117teiliges gotisches Gestühl, das mit mudéjaren und plateresken Elementen verziert ist und zu den eindrucksvollsten des Landes zählt. Östlich gegenüber liegt die *Capilla Mayor*, die Hauptkapelle in der Mittelachse, die von einer gigantischen goldenen *Reja* begrenzt ist; ihr Hochaltar ist mit 20 x 23 m der größte der Welt; über 1000 Meisterwerke der Bildhauerkunst schmücken diesen Wald aus Schnitzerei, auf 45 Feldern sind Szenen aus Leben Christi und Mariä dargestellt.

Von hier ist es nur ein kurzer Weg zur *Capilla Real*, zur »Königlichen Kapelle«, die erst im späten 16. Jh. fertiggestellt wurde und größtenteils plateresk ist. In ihrer Mitte thront die im 13. Jh. aus Lerchenholz geschnitzte und stark naturalistisch wirkende Statue der Schutzpatronin von Sevilla, der *Virgen de los Reyes* (»Jungfrau der Könige«), die schmucküberstät und gekrönt ihr Jesuskind im Arm hält.

Die *Sacristía Mayor* wurde gotisch begonnen und renaissancen vollendet, ist von einer reich ornamentierten Muscheldecke überspannt, die ihrerseits von korinthischen Säulen getragen wird. Sie »leuchtet neben der Kathedrale wie ein funkelnder Planet in einer Vollmondnacht«, wie es ein spanischer Literat formulierte. Sie ist der Hort für die unermeßlichen Reichtümer des Domschatzes, etwa für eine über 3 m hohe und rund eine halbe Tonne schwere, massiv silberne Prozessionsmonstranz, für einen 7 m hohen 15armigen Bronzeleuchter, für Reliquien und Kronen, Meßgewänder, Edelsteine, Sakralobjekte und Gemälde.

Und wer nach Betrachtung all dieser erlesenen Kostbarkeiten noch aufnahmefähig ist, der kann einen Blick in die *Sala Capitular* (Kapitelsaal), in die *Sacristía de los Cálices* und natürlich in die schier unzählbaren *Capillas* (Seitenkapellen) werfen, bevor er das Wahrzeichen der Stadt, die 93 m hohe *Giralda*, über eine Rampe in 28 Absätzen besteigt. Sie wurde im 12. Jh. von den Almohaden als Minarett errichtet, findet ihre Gegenstücke in Rabat und Marrakesch (Marokko), wurde von den Christen zum Glockenturm umfunktioniert und im 16. Jh. von einer 4 m hohen und über eine Tonne schweren Bronzefigur gekrönt, die sich wie eine Wetterfahne im Wind dreht und die dem Gebäude seinen Namen gab – »Giralda«, die »Sich Drehende«.

REALES ALCÁZARES, Juni–September Di–Sa 10–13.30 und 17–19 Uhr, So bis 13 Uhr; in den restlichen Monaten Di–Sa 10.30–17, So bis 13 Uhr.

Der Alcázar, Stadtfestung der Mauren (erbaut im Jahre 712) und Residenz von *Pedro el Cruel* (dem Grausamen), *Isabella I.*, *Karl V.* und vielen anderen gekrönten Häuptern, bildet zusammen mit der benachbarten Kathedrale und der Giralda den letzten Stern aus Sevillas berühmtem Dreigestirn und gilt als eines der besten Beispiele der Mudéjar-Architektur.

Man betritt die weitläufige Anlage durch die *Puerta de León* (die »Löwenpforte«), die durch einen mächtigen Fayence-Löwen gebildet wird. Über den *Patio de la Monterá* (den »Hof der Jäger«) gelangt man auf den *Patio de Leónes* (den »Löwenhof«). Rechterhand dann der *Cuarto del Almirante*, die »Admiralsraum«, von dem aus Isabella I. u.a. *Magalhaes, Balboa* und *Kolumbus* zu ihren Expeditionen aussandte und wo die *Casa de Contratación* (die Handelskammer für die »neue« Welt) gegründet wurde. Ein Treppenhaus mit Artesonado-Decke führt in die *Königlichen Gemächer* der kastilischen Monarchen, von denen insbesondere die *Kapelle der Königin Isabella I.* (Fayencealtar) und das mit vielen Gemälden prunkende *Schlafzimmer Pedros* eine Besichtigung lohnen.

Über den Löwenhof gelangt man in den bemerkenswertesten Teil des Alcázar, in den *Palacio del Rey Pedro*, den Palast Peters des Grausamen, der mit einem rein mudéjaren Mittelstück mit Stalaktitenfriesen geschmückt und von einem kubischen Aufbau gekrönt ist. In seiner Mitte liegt der *Patio de las Doncellas*

(»Hof der Mädchen«), in dem 52 schlanke und gepaarte Marmorsäulen kunstvoll mudéjare Fächerbögen tragen. Durch den *Salón de Techo*, der seinen Namen von der kassettierten Decke hat, gelangt man in die *Sala de los Embajadores* (»Gesandtensaal«), dessen einzigartige Ausschmückung den künstlerischen Höhepunkt des Palastes bildet, und der an Glanz dem gleichnamigen Raum in der Alhambra kaum nachsteht. Der *Patio de las Muñecas* (»Puppenhof«) schließt sich an und ist das Zentrum der Privatgemächer, von denen insbesondere die *Sala de los Reyes Católicos* (»Saal der Katholischen Könige«), der *Salón de Principe* (»Prinzensaal«) und das *Dormitorio de los Reyes Moros* (»Schlafgemach der maurischen Könige«) eine Betrachtung wert sind.

Über den Löwenhof erreicht man durch eine Passage den Palast Karls V., der sich in kühler und pompöser Renaissance präsentiert und eine wertvolle Sammlung flämischer Tapisserien enthält. Von hier aus schlendert man in die *Gärten des Alcázar,* die das »ruhevollste Fleckchen Spaniens« genannt werden und in denen sich Teiche und Wasserspiele, Skulpturen und künstliche Tropfsteingrotten mit Blumenrabatten, Palmen, Zedern und Zypressen, Orangenbäumen, Myrtensträuchern zu einem paradiesischen Labyrinth vermischen.

MUSEO DE BELLAS ARTES, Di–Sa von 10–14 und 16–19 Uhr, So bis 14 Uhr, Mo geschlossen.

Das »Museum der Schönen Künste« gilt neben dem Prado in Madrid als die bedeutendste Kunstsammlung Spaniens und zeigt vor allem sevillanische Meister. Weil sich der Museumsplan ständig verändert, ist es nicht sinnvoll, die einzelnen Säle näher vorzustellen. Ein Raum ist nur den Künstlern des Mittelalters gewidmet, ein anderer den ausländischen Malern, einer den rein andalusischen (owohl hier auch ein *El Greco* hängt), in einem werden ausschließlich Gemälde von *Velázquez* ausgestellt, in einem solche von *Murillo,* in einem anderen von *Barroca,* von *Zurbarán* etc.

CASA DE PILATOS, tgl. 9–19 Uhr. Diese Sehenswürdigkeit, die zum »Muß« aller Kunstreisenden gehört, wurde im späten 15. Jh. als Kopie des Pilatus-Hauses (Haus des römischen Stadthalters in Jerusalem) erbaut und gilt wie der Alcázar als eines der besten Beispiele des Mudéjar-Stiles. Durch einen Marmorportikus erreicht man den Haupthof, dessen zweigeschossige Arkadengliederung samt einer filigranen Balustrade typisch renaissancen ist. Doch berühmter als all der Prunk des Stuck, der schlanken Marmorsäulen und gezähnten Bögen sind die Azulejokacheln, die die 4 m hohen Wände wie einen Orientteppich überziehen. Rechts schließt sich der *Salón del Pretorio* an, in dem man mudéjare Fensterläden und eine mit Elfenbeinintarsien geschmückte Kassettendecke bewundern kann, von der ornamentierte Holzkegel wie Stalaktiten oder Tannenzapfen herabhängen. Der nächste Patio ist mit winzigen ornamentalen Fliesen bedeckt, die angeschlossene Kapelle ist ein überladenes gotisch-mudéjares Goldmonstrum, im *Salón de Fuente* sind die Wände mit Azulejos verkleidet, die zu den schönsten in Spanien gezählt werden, im *Römischen Saal* finden sich Statuen und Büsten.

Ein plateresker Palast an der Plaza de América beherbergt das **MUSEO ARQUEOLÓGICO** (Di–Sa, 10–14 Uhr). Prähistorisches und Iberisches macht sich rar. Der berühmteste griechische Fund ist ein Hermes mit geflügelten Sandalen. Römisches ist mit einer Büste Trajans sowie anderen Kaiserbüsten sowie einer Diana-Statue vertreten. Von den insgesamt 24 und allesamt sehr gut gefüllten Sälen enthalten Saal V und VI die letzte große und gleichzeitig kostbarste Erwerbung des Museums: den Goldschatz von El Carambola, der im Jahre 1958 in der Nähe von Sevilla ausgegraben wurde. Er umfaßt u.a. über 20 Stücke aus schierem Gold. Wie man annimmt, stammt er aus der sagenhaften Stadt Tartessos, dem biblischen Tarschisch, aus dem Salomon Gold, Silber und Elfenbein ins Heilige Land brachte.

Nahebei liegt die monumentale Fläche der von Wasserspielen, Kanälchen und »Rialto«-Brücken aufgelockerten **PLAZA ESPAÑA.** Das pompöse, halbkreisförmige Gebilde an der Ostseite, von »Giralda«-Türmen flankiert, ist der **PALACIO ESPAÑOL** – ein eklektizistisches Stilmix zwar, aber ausgewogen und wohl proportioniert und ganz und gar spanisch.

Wer sich jetzt ausruhen möchte, kann das im benachbarten *Parque María Luisa.*

Im **ARCHIVO GENERAL DE LA INDIA** (Mo–Sa, 10–13 Uhr; Führung) kann man die Handschriften, Entdeckungsberichte und allgemeinen Dokumente über die spanischen Kolonien betrachten.

Das **HOSPITAL DE LA CARIDAD** (Mo–Sa 10–13 und 15.30–18 Uhr) beherbergt eine weitere Gemäldesammlung mit Bildern von *Murillo, Valdés Leal, Roldán* und vielen anderen.

VERSCHIEDENES

INFORMATION

OFICINA REGIONAL DE TURISMO, *Av. de la Constitución 21b,* ✆ *95/422 14 04,* 📠 *4 22 97 53;* Mo bis Sa 9–19 Uhr, So bis 14 Uhr; für Stadt und Provinz zuständig.

OFICINA DE TURISMO, *Paseo de las Delicias 9,* ✆ *95/423 44 65;* Mo bis Fr 9–18.30 Uhr.

KONSULATE

Das **DEUTSCHE KONSULAT** findet sich an der *Av. Ramón de Carranza 30 (✆ 95/445 78 11),* das **SCHWEIZER KONSULAT** an der *Av. Luis Montoto (✆ 95/457 53 55),* das **ÖSTERREICHISCHE KONSULAT** an der *Calle Marques de Parades 26 (✆ 95/222 21 62).*

POST: Hauptpostamt an der *Avenida de la Constitución 32.*

GELD: Spät abends oder an den Wochenenden kann man Geld in den Top-Hotels der Stadt wechseln.

SHOPPING: *Lonja de Artesanía,* auch bekannt als *El Postigo* (Calle Arfe) ist ein großer kommunaler Kunstgewerbebazar mit riesigem Angebot an Textilien, Keramik,-Puppen, Holzschnitzereien etc.

Alles, was zum Flamenco-Outfit gehört, bekommt man bei *Aurora Gauvino* am der Calle de Alvarez Quintero 16.

CERÁMICA SANTA ISABEL , *Calle Antillano Campos 9, Triana,* gilt als bestbestückter Keramikladen der Stadt.

Unbedingt besuchenswert sind die **FLOHMÄRKTE** der Stadt, die man donnerstags in der *Calle La Feria* findet, sonntags in der *Alameda de*

Hércules sowie auf der *Plaza del Cabildo* (Briefmarken und Münzen).

WEITERREISE

Mitfahrzentrale

COMPARTECOCHE ist der Name der (deutschsprachigen) Mitfahrzentrale, die nicht nur Fahrten vermittelt, sondern Informationen über Billigflüge, Billigbusse und günstige Zugtickets rausgibt. Zu finden ist das Büro an der *Calle Gonzáles Cuadrado 49,* ✆ *95/490 75 82.*

BUS: Ab **ESTACIÓN DAMAS** an der *Plaza de Armas (*✆ *94/422 22 72)* fährt die Gesellschaft Damas u.a. achtmal täglich nach *Almonte* (Huelva), zweimal täglich nach *El Rocío* (Huelva), viermal nach *Ayamonte* (portugiesische Grenze), viermal nach *Badajoz* (Extremadura; Portugal-Grenze), neunmal täglich nach *Huelva* und viermal nach *Matalascañas* (Huelva; Costa de la Luz). Auch die Fernbusse nach Nordspanien sowie Mitteleuropa starten in der Regel hier.

Die **ESTACIÓN PRADO SAN SEBASTIÁN** bei der gleichnamigen Plaza, ✆ *95/441 71 11,* ist für alle anderen Verbindungen zuständig. Viele Gesellschaften sind hier unter einem Dach vereint, und kaum ein Ort in Südspanien, der von hier aus nicht direkt
angefahren wird.

ZUG: Von der **ESTACIÓN DE SANTA JUSTA** *(*✆ *95/454 02 02)* an der *Av. de Kansas City* fahren die Züge in Richtung *Huelva, Córdoba, Estremadura, Madrid, Cádiz, Granada* und *Málaga.* Das Ticketoffice der **RENFE** liegt in der *Calle Zaragoza 29,* ✆ *95/441 41 11.*

FLUG: Das **IBERIA-BÜRO** liegt in der *Calle Almirante Lobo 3,* ✆ *95/422 89 01.* Geflogen wird ab **AEROPUERTO SAN PABLO** nach *Alicante, Barcelona, Frankfurt, Lanzarote, Gran Canaria, Madrid, Mallorca, Teneriffa* und *Valencia. LTU* (Flüge nach Deutschland) wird vertreten von *Servisair* am Flughafen, *Oficina 6403,* ✆ *0954/44 91 62,* 🖷 *44 91 75.*

Flamenco – die Sprache des Blutes

von Caroline Kesser

Die zwölf Tänzer und Tänzerinnen, eben noch ein Block, ein Körper, lösen sich, während die Szene im Dunkel versinkt, voneinander, und es erscheint im Zentrum der Bühne: *Antonio Gades*, der große Stern am Flamenco-Firmament. Das Publikum, das bei der Aufführung des Balletts *Antonio Gades con Cristina Hoyos* den Atem anhält, verfolgt gebannt, wie Antonio, Spannung in jedem Zoll Muskel, Cristina zum geballt erotischen Dialog herausfordert. Stürmischer Applaus bricht nach beendetem Tanz über das Paar herein.

Übersetzungs-Probleme

Mit Genugtuung, aber auch mit Skepsis hat der 1983 in Sevilla gestorbene Meister des Flamenco-Gesangs, der weitherum als größter *cantaor* aller Zeiten gefeierte *Antonio Mairena*, die heutige Situation der Flamenco-Kunst charakterisiert: Was das Ansehen, den Marktwert und die Lebensbedingungen der Künstler betreffe, erlebe der Flamenco die stärksten Momente seiner Geschichte; in bezug auf Qualitätskriterien mache sich aber eine »schreckliche Verwirrung« breit, von der man nicht wisse, wohin sie noch führen könne. Der Zigeuner Mairena hat natürlich für Spanien gesprochen. Bei uns, in den germanischen Ländern jedenfalls, hat die blinde Begeisterung für diesen »Ausdruck ungebrochener Vitalität« Gedanken zu Geschichte und Qualitäten des Flamenco schon gar nicht aufkommen lassen. Man spürt es einfach, das »südliche Temperament im nördlichen Klima«, läßt sich von ihm mitreißen, fragt nicht weiter. Daß Flamenco nicht mit spanischem Tanz identisch ist, kümmert wenige.

Es vergeht kaum ein Tag, an dem nicht irgendwo zu einer Flamenco-Aufführung geladen würde. Die Zeitungsleute, die solche Vorstellungen rezensieren müssen, sind nicht zu beneiden. Schon deshalb nicht, weil das Deutsche keine präzisen Begriffe für diese Kunstform bereithält. Weil etwa *dar palmas* mit »Händeklatschen« schlecht übersetzt ist, und »hämmerndes Fersengetrampel«, »Stampfen« oder »Steppen« den *zapateado* nicht beschreibt. Da bräuchte es schon die Sprache der Dichter, um die mangelnde Terminologie aufzuwiegen. Deutschsprachige Autoren haben zur Flamenco-Literatur denn auch wenig beigetragen.

Wie alle Ausländer auf den Spuren einer fremden Volkskultur war ich ganz besonders um deren »Ursprünglichkeit« und »Reinheit« besorgt, als ich Antonio Gades in Zürich auf diese Übersetzungsschwierigkeiten und Vermittlungsprobleme ansprach. Dabei wollte ich natürlich hören, daß wir mit wenigen Ausnahmen (zu denen ich selbstverständlich zählte) die Tiefe und Dimensionen der Flamenco-Kultur nie ganz erfassen könnten. Aber nein, für Gades ist der Applaus Beweis für ein Verständnis, und im übrigen sei es ihm einerlei, ob er für Ausländer oder Spanier, im Fußballstadion oder im kleinen Kreis tanze. Ihm komme es nur darauf an, daß die Aufführung technisch und künstlerisch gelinge und daß er damit seine Truppe erhalten könne.

Und das Mysterium, das den Flamenco durchwirkt und nach Eingeweihten verlangt? Nach García Lorca, und nicht nur nach ihm, weiß jeder Flamenco-Künstler, ob *cantaor* (Sänger), *bailaor* (Tänzer) oder *tocaor* (Gitarrist), daß ohne das Erscheinen des *duende*, den Lorca als den »Geist der Erde« oder, in

Anlehnung an Goethe, als »die mysteriöse Macht, die alle fühlen und kein Philosoph erklärt« umschreibt, keine echte Emotion aufkommen kann. Mit dem *duende* will der aufgeklärte Gades aber nichts zu tun haben. Eine gewisse Ekstase kenne er auch, aber die Beschäftigung mit diesen »Geisterchen« überlasse er lieber den Theoretikern, die sich ohnehin nur widersprechen würden.

Auffallend häufig sind es Dichter, die sich der Flamenco-Forschung widmen. Der *duende*, die entfesselte Muse, die das Ganze will, die nicht nur den Geist anhaucht, sondern den Körper aufreißt und die Seele bloßlegt, ist ein Wesen, mit dem die Zigeuner seit alters leben. *»Esto tiene duende...«* soll die Zigeunerin La Malena ausgerufen haben, als sie Brailowsky Bach spielen hörte. *Tener duende* heißt soviel wie wahr, echt und tief empfunden sein.

Dunkle Ursprünge

Voller Widersprüche ist die Theorie des Flamenco in der Tat. Schon deshalb, weil die ersten Zeugnisse dieser Kultur nur gerade 200 Jahre alt sind. Vorher hatte sie sich, von einer ins gesellschaftliche Abseits gedrängten ethnischen Gruppe getragen, in tiefer Dunkelheit entwickelt. Rätselhaft ist bereits das Wort *flamenco*, von dem die verschiedensten Etymologien in Umlauf sind. Die einfachste Version leitet *flamenco* von Flandes (Flandern) ab und erklärt es – in der Annahme, die Zigeuner seien aus den Niederlanden (und nicht wie heute gesichert aus Nordafrika) nach Spanien eingewandert – zum Synonym für Zigeuner. Den Bezug zu Flandern stellt auch eine zweite Theorie her, die aber die Gleichsetzung von *flamenco* und Zigeuner nicht auf das vermeintliche Herkunftsland, sondern auf die als *flamencos* bekannten Sänger am Hof des aus Gent stammenden Karl V. zurückführt. Verbreitet ist die Überzeugung, das Wort sei arabischen Ursprungs und leite sich entweder von *fel-lah-mangu* (singender Bauer), *fellah-mengu* (flüchtender Bauer) oder von *flahencou* (maurischer Gesang aus den Alpujarras) ab. Seit dem 19. Jahrhundert ist *flamenco* (von *flama* = *llama*, Flamme) aber auch als Slangausdruck für den mit allen Qualitäten – elegant, kräftig, draufgängerisch und dementsprechend eitel – ausgestatteten Mann verbürgt, eine Version, die plausibel erscheint. Obwohl reine Spekulation, gefällt mir eine andere Theorie besonders. Danach käme die Bezeichnung *flamenco*, der Flame, von der Tendenz der Andalusier, Dinge und Personen mit ihnen diametral entgegengesetzten Begriffen zu benennen.

So sehr der Inhalt der ältesten Flamenco-Gesänge, die dem Dichter Luis Rosales vorkamen, als wären sie Stimmen, die die Sprache noch nicht kennten, an die Geschichte der Zigeuner in Spanien gebunden ist, so wenig sind die Zigeuner die alleinigen Schöpfer dieser Kultur. Abgesehen vom offensichtlichsten Einfluß, dem arabischen, haben jüdische, byzantinische und verschiedene asiatische Elemente diese Musik bestimmt. Die Zigeuner im kulturellen Schmelztiegel Andalusien, auf ihrem Weg von Indien nach Europa schon selber von den verschiedensten Kulturen geprägt, haben den von unterschiedlichsten Völkern zurückgelassenen künstlerischen Bodensatz zu dem verarbeitet, was dann ihre ureigenste Ausdruckskunst werden sollte. Der Flamenco entwickelte sich nicht irgendwo, sondern im ziemlich klar umrissenen Gebiet zwischen Sevilla, Cadiz, Ronda und Osuna.

Kultur der Verfolgten

Daß die Flamenco-Kultur Ende des 18. Jahrhunderts, zunächst ganz zaghaft, ans Licht der Öffentlichkeit trat, ist nicht zufällig. Erst als eine Verordnung Karls III. 1783 die Zigeunerverfolgung eindämmte, konnte es diese unterdrückte Ethnie wagen, etwas von ihren geheimgehaltenen Bräuchen preiszugeben. Um ein Publikum brauchten sich die Zigeuner nicht zu sorgen. Zur Zeit des Unabhängigkeitskrieges gegen die Franzosen wurden bisher verachtete Volksgüter, als politisch verwertbar, plötzlich hoch geschätzt. Eine Rückbesinnung auf die Werte von Volkskulturen hat zu dieser Zeit aber vor allem die auch in Spanien starke Bewegung der Romantik gefordert. Mit ihrem ausgeprägten Überlebenssinn wußten sich die aus dem Untergrund aufgetauchten Zigeuner dieses neue Interesse zunutze zu machen – um den Preis allerdings, daß ihre Kultur einiges von ihrem rituellen Charakter verlor.

J. M. Caballero Bonald, einer der kompetentesten Flamenco-Kenner (Gades hat mir auf die Frage nach Literatur nur gerade seinen Namen genannt), bezeichnet den Flamenco-Gesang als »deprimierende Chronik des niederandalusischen Volks«, als »unmenschliche Bilanz einer während Jahrhunderten den schändlichsten Verfolgungen ausgesetzten ethnischen Gruppe«. Der *cantaor* und die *cantaora*, jedenfalls die Autoren/ Interpreten der alten Gesänge, erzählen – den echten Gesang »spricht« man, singt man nicht – ihre Lebensgeschichte, die immer um die gleichen Themen kreist: um Erniedrigung, Verleumdung, Freiheitsberaubung, Selbstentfremdung, Einsamkeit und Tod, um Verlust und Schmerz. Stellvertretend für ein ganzes Volk bringen diese Sänger und Sängerinnen ihr ganz persönliches Leiden zum Ausdruck. Was aus ihnen herausbricht, ist das Feuer der Verzweiflung, kaum Wut, kaum Protest. Die Texte des *cante jondo*, dieses »tiefen« (*hondo* = *jondo*, tief), rauhen und monotonen Gesangs, die meist mit ay (o weh) beginnen, sich durch häufige Wiederholungen und Drehungen von einzelnen Wörtern und Silben auszeichnen und die *madre*, den *gitano* (Zigeuner), *primo* (Vetter) oder *compañero* zum Adressaten haben, sind leidenschaftliche, aber auch resignierte Wehklagen. Auflehnung und Protest gegen die soziale Situation machen sich im Flamenco zum erstenmal in den *cantos mineros*, den Gesängen der in den Minen der andalusischen Levante arbeitenden Zigeuner, bemerkbar. Die Idee des kollektiven Widerstands tritt aber auch in diesen, von den revolutionären Bewegungen von 1898 angeregten Liedern vor dem Ausdruck des persönlichen Leids zurück.

Obwohl er sich selbst als »sehr links« bezeichnet, will Antonio Gades die direkte Anklage sozialer Mißstände nicht in seine Kunst einbringen. »Sozialer Realismus« sei auf anderen Ebenen zu praktizieren: Aus Protest gegen die 1975 von Franco angeordneten Erschießungen hatte sich Gades vorübergehend nach Kuba abgesetzt.

Den Flamenco als Aufschrei und Revolte (wieder)entdeckt haben in den letzten Jahren andere Gruppen, etwa »La Cuadra« aus Sevilla oder die Gruppe von Mario Maya. »Quejio« (von *queja*, Klage) hieß die Arbeit, mit der »La Cuadra« in den 70er Jahren in ganz Europa gastierte. In Erinnerung an ihre Ahnen, sich mit ihnen identifizierend (»Unsere Gesänge und Tänze sind die gleichen wie die unserer Urgrossväter«), haben die Mitglieder von »La Cuadra« den Schmerz und die Klagen ihrer Vorfahren in Mark und Bein durchdringende Anklagen übersetzt. Diese Musiker, Tänzer und Sänger, die in Spanien zu Beginn der siebziger Jahre als Erneuerer der Flamenco-Kunst gefeiert wurden, haben sich auch im deutschsprachigen Raum Beachtung verschafft. Begeisterungsstürme blieben indessen aus. Die explizite, nervenangreifende Darstellung von Unterdrückung und Folter hat bei uns, wenn nicht als plakativ oder propagandistisch abgelehnt, höchstens eine vage Betroffenheit ausgelöst. Dieser Flamenco, der auf jede folkloristische Note, aber auch auf virtuose Einzel- oder Gruppenleistungen verzichtet, um, wie einst, nicht Fremde zu unterhalten, sondern Zeugen des eigenen Elends zu finden, ist nicht das, wohin wir unsere Sehnsüchte projizieren können.

Das goldene Zeitalter

Die meisten Flamenco-Tänze, die heute ihr großes Publikum finden, haben sich Mitte des 19. Jahrhunderts herausgebildet, als Folge einer wachsenden Nachfrage nach dieser Ausdruckskunst. Mit der Einrichtung der *cafés cantantes*, der andalusischen Musikcafés, vollzog der Flamenco den Sprung vom häuslichen Rahmen in die Öffentlichkeit, vom kleinen Kreis der Initiierten zum Massenspektakel. Die Epoche der *cafés cantantes*, die ungefähr die zweite Hälfte des vergangenen Jahrhunderts abdeckt, ist die Zeit der Ausbreitung und Differenzierung der Flamenco-Kunst.

Wenn die *cafés cantantes* auch den »Keim der Korruption« in sich trugen, wie Antonio Machado Alvarez, der 1881 die erste Sammlung von Flamenco-Gesängen publizierte, feststellte, so haben sie doch eine schöpferische Entwicklung begünstigt und nicht zuletzt einer ethnischen Minderheit wenigstens vorübergehend soziale Achtung und eine gewisse ökonomische Grundlage verschafft.

Daß in diesen kommerziellen Etablissements Zugeständnisse gemacht werden mußten, versteht sich von selbst. Was sich nicht zur Veräusserung eignete, haben die Zigeuner aber einfach wieder nach Hause genommen und da bewahrt. Viele Lied- und Tanztypen, die heute niemand mehr missen möchte – vor allem die heiteren bis ausgelassenen *cantes chicos* (die kleinen Gesänge im Gegensatz zum großen *cante jondo*) wie die berühmten *alegrías* oder *bulerías* – entwickelten und bereicherten sich erst im *café cantante*. Dieser Einrichtung ist es auch zu verdanken, daß eine große, heute nicht mehr aus dem Flamenco-Repertoire wegzudenkende Zahl von Tänzen und Gesängen, die ursprünglich nicht von Zigeunern interpretiert wurden, von diesen entdeckt und »flamenquisiert« wurden. Nicht nur andalusische Volkstänze wie zum Beispiel die berühmte *malagueña*, auch Schöpfungen entfernterer Herkunft wie die *farruca* oder der *garrotín*, beide asturischen (nordspanischen) Ursprungs, sind in die authentische Flamenco-Kunst eingegangen. Wie könnte sonst Antonio Gades im Film »Carmen« seiner Schülerin und Geliebten im Moment größter Erregung offenbaren, erst die *farruca*, dieser männlichste der männlichen Tänze, habe ihn den Tanz verstehen lassen. An den äußersten Verzweigungen des Flamenco-Stammbaums breiten sich lateinamerikanische Einflüsse aus. Für Puristen eher fragwürdig, halten die *rumbas, milongas* oder *guajiras* in der Praxis aber ihren festen Platz. Keine Aufführung von La Singla und ihrer Truppe, die nicht mit der so beliebten, weil übermütigen und scheinbar spontanen *rumba gitana* beschlossen worden wäre.

Ein Element, das heute zum Selbstverständlichsten der Zigeunerkultur gehört, die Gitarre, wurde auch erst über die *cafés cantantes* (also nach 1842, als in Sevilla der Prototyp dieser Institution entstand) in den Flamenco integriert. Die alten Zigeunerlieder und -tänze kannten keinerlei instrumentale Begleitung. Wenn der Takt markiert werden mußte, dann geschah das durch Händeklatschen, Fingerschnalzen, Klopfen von Fingerknöcheln auf einen Tisch, durch das Aufschlagen von Absätzen, Fußballen und ganzen Füßen, durch Stockschläge auf den Boden. Eine spontane, unmittelbare Körpersprache, kommt der ursprüngliche Flamenco ohne Hilfsmittel und Requisiten aus. Fremd sind ihm auch die Kastagnetten, für Ausländer das Symbol des spanischen Tanzes, die im 19. Jh. von anderen Volkstänzen übernommen wurden.

Wie der *cantaor* vom *cantante* unterscheidet sich auch der *bailaor* vom *bailarin* dadurch, daß er, will er zu unverfälschtem Ausdruck kommen, nur der eigenen Eingebung folgen darf. Seine Kunst hat er sich in keiner Schule angeeignet; sie ist das natürliche Erbe seiner Sippe. Daß der Gegensatz zwischen dem einen und anderen nicht so unüberbrückbar ist, wie es vor allem Ausländer, die strengsten Wächter der reinen Flamenco-Seele, wahrhaben wollen, zeigt die Geschichte der *cafés cantantes* deutlich. Hervorragende Künstlerpersönlichkeiten sorgten dafür, daß die Organisation nicht die Inspiration und die Choreographie nicht die Improvisation ausschliessen mußte. Sich gewissen Regeln untergeordnet zu haben, entsprach vielleicht auch einer Inspiration: derjenigen, die vom Überlebenswillen eingegeben wurde.

Auf den Bühnen der großen Theater, die sich der Flamenco im Schlepptau anderer spanischer Tänze eroberte, war Spontaneität dann allerdings kaum mehr gefragt. Antonio Gades, einst Solotänzer an der Mailänder Scala, will für seine Ballettarbeit Improvisation zwar nicht ausschliessen.

Während sich der Tanz, vor allem derjenige der Frauen, in den organisierten Flamenco-Darbietungen ein enormes Ausdrucksspektrum aneignete, hat sich der Gesang nur in kleinstem Rahmen entwickelt. Nach wie vor erzählt der *cantaor* vom erlittenen Leid, auch wenn es immer weniger autobiographisch ist. In den *cafés cantantes* hat der *cantaor*, in weit geringerem Ausmaß auch der *bailaor*, den Wechsel vom Autor zum Interpreten vollzogen. Das ermöglichte nun auch dem *payo*, dem Nicht-Zigeuner, sich in dieser Kunst auszudrücken. Silverio Franconetti, nicht nur kein Zigeuner, sondern väterlicherseits italienischer Abstammung, der erste *cantaor payo* ist gleich als eine der größten Figuren in die Geschichte des Flamenco eingegangen. Um diese »Ungeheuerlichkeit« zu erklären, greift Felix Grande in seiner 768 Seiten starken Fleiß- und Blutarbeit »Memoria del Flamenco« zu einem plastischen Vergleich: Für die damaligen Zigeuner sei ein *cantaor payo* so unvorstellbar gewesen »wie für uns heute ein Schweizer Guerrillero«. Ob es jemals einen *guerrillero suizo* geben wird (oder allenfalls schon gegeben hat), weiß ich nicht. Daß die *cultura de la sangre*, die Kultur des Blutes, die den wahren Flamenco trägt, auch schon Schweizer(innen) erfaßte, hat vor allem die Tänzerin Suzanne Audéoud (mit José Udaeta bildete sich das berühmte Tanzpaar Susana y José) bewiesen.

Dekadenz und Wiederbelebung

Nach der Jahrhundertwende beginnt das Goldene Zeitalter der Flamenco-Kunst zu verblassen, verkommen die *cafés cantantes* immer unaufhaltsamer zu düsteren Spelunken und zweifelhaften Variétés. Mehr und mehr wird der Flamenco mit dem »Gesindel«, das solche Örtlichkeiten aufsucht, identifiziert.

Der erste große Versuch, den Untergang dieser Kultur aufzuhalten, geht von Manuel de Falla aus, der zusammen mit Federico García Lorca 1922 in Granada den *Primer Concurso del Cante Jondo* veranstaltet. Kompromißlos wollen der Musiker und der Dichter gleich zu den Wurzeln zurück: »Wir wollen diesen wunderbaren *cante jondo*, den man nicht mit dem *cante flamenco*, einer Degenerierung und fast schon Karikatur von diesem, verwechseln darf, läutern und zu neuem Leben erwecken.« Der Cante-Jondo-Wettbewerb vermochte den Flamenco zwar auch nicht schlagartig vom Odium eines Kneipenspektakels zu befreien. Was ihm aber zweifellos gelang: breiten Künstler- und Intellektuellenkreisen für diese Kultur die Augen zu öffnen. Die Dichter Rafael Alberti, López de Ayala und Juan Ramón Jiménez, der Maler Ignacio Zuloaga und der Gitarrist Andrés Segovia sind nur einige Persönlichkeiten, die sich an der Vermittlung und der Erhaltung dieser Kultur beteiligten.

Im Schoß des kultivierten Europa hat der Flamenco, wenigstens der für die Öffentlichkeit bestimmte, denn auch schlecht und recht überlebt. Wenn Manuel de Fallas Anstrengungen, das andalusisch-zigeunerische Erbe in die klassische Tanzkultur einzubringen, auch nicht die gewünschten Resultate zeitigte, so haben seine Oper »La vida breve« (1907) und seine Ballettschöpfung »El amor brujo« (1915) immerhin eine künstlerische Erneuerung des Bühnen-Flamenco bewirkt. Die Triumphe einer ganzen Anzahl *bailaoras* und einzelner *bailaores* im In- und Ausland änderten aber nichts an der Tatsache, daß sich im Spanien der Zwischenkriegszeit professionelle Flamenco-Interpreten in der Regel kaum über Wasser halten konnten. Die *fiestas* der *señoritos* seien damals die einzige Verdienstmöglichkeit gewesen, erinnert sich Antonio Mairena, der das Wiederaufblühen der Flamenco-Kunst in den fünfziger Jahren, einmal mehr, auf die Entdeckung durch die Intellektuellen zurückführt. Im Frühling 1983 hat der inzwischen verstorbene Mairena als erster *cantaor* vom Kulturministerium die Goldmedaille der Schönen Künste verliehen bekommen – ein Zeichen dafür, daß der Flamenco nun auch offiziell kulturwürdig geworden ist.

Wie tief verwurzelt die Vorurteile gegen die Zigeuner und deren Kultur waren (und sicher zum Teil noch sind), belegt ein Brief von García Lorca, 1927 an den Dichter Jorge Guillén geschrieben, in erschütternder Deutlichkeit. Selbst Lorca, der die Welt der *gitanos* wie kein zweiter in Literatur gefaßt hat, meint, sich gegenüber dem kultivierten Freund von dieser »Unkultur« absetzen zu müssen: »Mein Ruf als Zigeunertümler stört mich langsam ein bißchen. Sie verwechseln mein Leben und meinen Charakter. Das will ich auf keinen Fall. Die Zigeuner sind ein Thema. Nichts weiter. Ich könnte ebensogut Dichter von Nähnadeln oder von hydraulischen Landschaften sein. Außerdem gibt mir der *gitanismo* einen Anstrich von Unkultur und von einem *poète sauvage*, der ich, wie du gut weißt, nicht bin.«

Leidenschaft, Blut und Tod

Der *duende* kommt nicht, wenn er nicht die Möglichkeit des Todes sieht, wenn er nicht weiß, daß der Tod sein Haus umschleicht. Schöne Dichterworte, wie Gades meint? Die Häuser von García Lorca umschleicht er jedenfalls alle, der Tod. Das blanke Messer, das in seinem »Poema del Cante Jondo« oder im »Romancero Gitano« plötzlich, unberechenbar und schicksalhaft, zwischen den Zigeunern aufblitzt, wird in seinen Theaterstücken zur letzten Konsequenz einer Gesellschaft, die die Stimme des Blutes überhört. Ob in »Bluthochzeit« (1933), »Yerma« (1934) – mit umgekehrten Vorzeichen auch in »Doña Rosita bleibt ledig« (1935) – oder in »Das Haus der Bernarda Alba« (1936), immer lauert der Tod, der körperliche oder soziale, da, wo es einer beziehungsweise eine gewagt hat, den »Weg des Blutes« zu gehen.

Es sind Frauen, die für sich, wenn auch gegen besseres Wissen, beanspruchen, was Männern vorbehalten ist. Wie die Braut in »Bluthochzeit« nach vollendeter Tragödie ihrer Schwiegermutter, hat noch kaum eine Frau ihre körperverzehrende Leidenschaft beschrieben: »Ich war ein Weib, das in Gluten verbrannte, innen und außen voll ätzender Wunden, und dein Sohn war ein wenig Wasser, von dem ich Söhne, Grund und Genesung erwartete; aber der andere war ein dunkler Strom unter Zweigen, der mir das Rauschen seiner Binsen zuraunte und seinen geheimnisvollen verhaltenen Gesang. Ich ging mit deinem Sohn, der wie ein kühles Bächlein war, und der andere schickte mir Hunderte von Vögeln, und der Schlag ihrer Flügel hieß mich stehenbleiben, und aus ihren Schnäbeln fiel Reif auf meine Wunden, auf die Wunden eines armen verdorrenden Weibes, eines vom Feuer geliebkosten Mädchens.«

Kann man Lorca, wozu sich noch ganz besonders »Yerma« anzubieten scheint, vorwerfen, er reduziere die Frau auf das mythische, allesverschlingende, erdhafte Wesen? Männerphantasien? Dagegen spricht die Sprache. Daß das Patriarchat auch erhabene Ausdrucksformen gefunden hat, war mein erster Gedanke, als ich die »Bluthochzeit« von Saura/Gades sah. Trotz der großen tänzerischen Leistung von Cristina Hoyos als Braut ist diese »Bluthochzeit« eine Angelegenheit von Männern geworden. Nicht der Kampf einer sich verzehrenden Frau oder das Aufeinandertreffen zweier bebender Körper, sondern das für beide Seiten tödliche Duell, das bei Lorca nur geahnt werden kann, ist da als künstlerischer Höhepunkt inszeniert. Gefallen hat mir das auch, das stilvolle Aufbäumen von so viel Männlichkeit. Konnte ich es Gades verargen, daß er Lorca vor allem für sich benützt? Mit dem Argument, daß Kunst einiges entschuldige und der Maßstab des Emanzipationsgrades auch nicht allem gerecht wird, habe ich die Irritation, die mich befiel, besänftigt.

Ich hatte Gades' »Carmen« erst als Ballettversion, das heißt eine Probe davon, in Paris gesehen, als ich den Meister zur Rollenverteilung im Flamenco befragte. Der Mann als der triebhafte Stier, die Frau als Torero, der gleichzeitig reizt und abwehrt? Das Wort »Geschlechterkampf« will Gades für den Flamenco nicht gelten lassen. Daß dies aber gleich gesagt sei: Für ihn gäbe es keinerlei Wertunterschied zwischen Mann und Frau. Wenn im Flamenco Männer anders tanzten als Frauen, so einfach deshalb, weil da spezifische Männer- und Frauentänze, die zwei verschiedenen Schulen entsprächen, vorgeschrieben seien. Aber die große Carmen Amaya und in ihrer Nachfolge La Singla, waren die nicht zuletzt auch durch ihre Hosentänze, dadurch, daß sie sich aus fixen Rollen lösten, berühmt geworden? wandte ich ein. Seinetwegen könnten ja auch Frauen in Hosen auftreten, das sei dann ihr Problem, nicht seines, aber eine Entgleisung bleibe das auf jeden Fall. Ob ich denn von ihm verlange, daß er mit einer Schleppe über die Bühne rausche? Da gälte es vorsichtig zu sein. Wer wollte denn an biologischen Fakten rütteln?

Vom Urschrei bis zur »wilden Malerei« haben heute sämtliche Äußerungen und Bewegungen, die in vorrationalen Schichten zu gründen scheinen, hohe Zeiten. Im Zusammenhang mit dieser Suche nach dem Ursprünglichen und Urtümlichen ist auch die neue Flamenco-Begeisterung zu sehen. Was den Flamenco-Tanz, wie er sich heute präsentiert, von den meisten »Botschaften der Erde« unterscheidet, ist seine Form. Das Triebhafte, die Leidenschaft, die wirkt, ist in ein System eingebunden, das klare Grenzen markiert. Der *cantaor* darf Gläser zu Scherben singen; vom Tänzer erwartet man aber, daß er Erregung nur bis zu dem Punkt zuläßt, wo sie noch zu zügeln, zu bändigen ist. Flamenco ist ein Tanz vor dem Abgrund geworden. Die Erotik als eine der treibenden Kräfte, auch sie, sie besonders, bewahrt Form gegen das Chaos, das große Zerfließen. Verkörpert der Mann in erster Linie den blinden, dem Abgrund zustürmenden Trieb, so ist die Frau letztlich immer die Hüterin der Grenze. Wie tief im Flamenco verwurzelt diese Rollentrennung ist, läßt sich schwer feststellen. Wäre es nicht auch möglich, daß erst die Schulen, von denen Gades sprach, diese Rollenfixierungen zementierten? Im Bereich des von keiner Schulung belasteten Gesangs sind sich die Geschlechter noch näher.

Männliches und Weibliches will wieder unterschieden sein. Der langweiligen Gleichmacherei und des Leisetretens müde, sehnt man sich an die alten Fronten zurück. Wußten es die Männer schon immer, so haben es die Frauen inzwischen selber erfahren: Emanzipation ist Selbstbetrug, bringt nichts als die große Öde und Leere. Auf die Natur hören, heißt eben klare Verhältnisse akzeptieren, zwischen Mann und Frau, zwischen oben und unten.

Caroline Kesser, 1951 geboren, ist Kunsthistorikerin und Journalistin. Sie lebt in Zürich und setzt sich da seit Jahren für die Vermittlung der spanischen Kultur ein.
Dieser Artikel wurde erstmals im Tages Anzeiger Magazin, Zürich, veröffentlicht.

Sevilla: Calle de las Flores im Barrio Santa Cruz ►

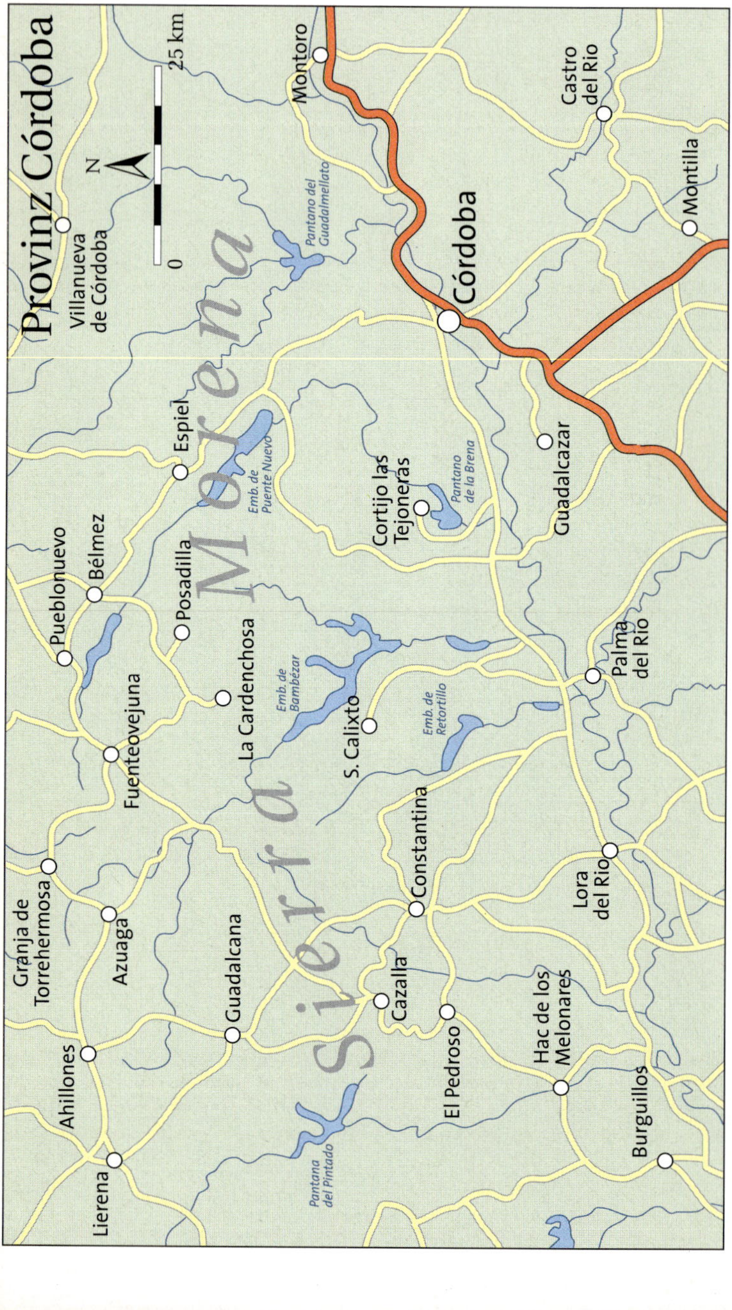
Provinz Córdoba
N
0
25 km
Villanueva de Córdoba
Montoro
Pantano del Guadalmellato
Córdoba
Castro del Rio
Montilla
Sierra Morena
Espiel
Emb. de Puente Nuevo
Pueblonuevo
Bélmez
Posadilla
Cortijo las Tejoneras
Pantano de la Brena
Guadalcazar
La Cardenchosa
Emb. de Bambézar
S. Calixto
Emb. de Retortillo
Palma del Rio
Fuenteovejuna
Granja de Torrehermosa
Azuaga
Constantina
Lora del Rio
Guadalcana
Cazalla
El Pedroso
Hac de los Melonares
Ahillones
Burguillos
Lierena
Pantana del Pintado

Córdoba

Der englische Historiker *Toynbee* hat Córdoba in seiner Rangliste zu den 20 bedeutendsten Städten der alten und neuen Welt gezählt. Natürlich bezog er sich nicht auf die Gegenwart dieser heute rund 300 000 Einwohner zählenden Provinzhauptstadt, sondern auf Córdobas phantastische Vergangenheit: etwa auf die Zeit ab 700 n.Chr., als hier neben Bagdad und Damaskus ein unabhängiges Kalifat bestand. Damals, zum Höhepunkt der Maurenherrschaft, war Córdoba mit über 800 000 Einwohnern die größte Stadt der bekannten Welt. Ein Chronist des 10. Jh. formulierte die Superlative:

»Einmal zählte ich alle Häuser der Stadt und der Vororte und stellte fest, daß es 213 077 waren. In dieser Zahl sind aber nur die der einfachen Bevölkerung wie Handwerker und Bauern enthalten, ausschließlich der Herbergen, Bäder und Tavernen. Die Paläste der Edlen, Wesire, Beamten des Hofes, der Heerführer und vermögenden Bürger, die Kasernen, Krankenhäuser, Schulen und andere öffentliche Gebäude beliefen sich auf 60 300. An Geschäften zählte ich gar 80 455.«

Die Nonne *Roswitha von Gantersheim* nannte die Stadt *Ornamentum Mundi*, »Schmuck der Welt«, denn unsere heutige Philosophie, die Geistes- und Naturwissenschaften, wären nicht denkbar, hätten nicht *Aben Massara* und *Aben Hazam*, die größten Geister der damaligen Zeit, die Schriften des *Aristoteles* übersetzt und analysiert und damit der Nachwelt erhalten. Die geistigen Erträge dieser wenigen Jahrhunderte unter den Maurenkalifen fanden Eingang in die romanische Kunst, in die lyrische Poesie der Troubadours, in die Medizinschule von Montpellier und in die mystische Dichtung Dantes. Von den großen Leistungen dieser Periode gewissermaßen befruchtet, sank Córdoba auch nach der Reconquista, nach der maurischen Glanzzeit, nie mehr zur Bedeutungslosigkeit herab, sondern beheimatete bis in die Neuzeit hinein stets große Maler, Dichter, Bildhauer und Literaten.

Deren Ambiente war die *Judería*, das ehemalige Judenviertel im Zentrum der Stadt rings um die Freitagsmoschee, die seinerzeit die größte der Welt war und selbst heute noch – umgebaut zur weltbekannten und einmaligen »Moschee-Kathedrale« – ein faszinierendes Kleinod islamischer Baukunst ist und an Pracht und Glanz den berühmtesten Gotteshäusern des Islam – der *Omaijaden-Moschee* in Damaskus und der *Al Azhar-Moschee* in Kairo – um nichts nachsteht. Auch die Judería selbst, unter den Kalifen Medina und Bazar, braucht keinen Vergleich mit den Altstädten der heutigen arabischen Welt zu scheuen. Sie ist ein Labyrinth aus schmalen winkeligen Gäßchen zwischen blütenweiß getünchten Häusern, die mit schmiedeeisernen Balkonen und üppigem Blumenschmuck verziert sind und in ihrer Mitte prachtvolle Innenhöfe aussparen, in denen Wasserspiele plätschern, Vögel zwitschern, grüne Pflanzen ranken und wo die Außenwelt ausgesperrt ist. Da dieses Viertel auch die meisten anderen Sehenswürdigkeiten beherbergt (etwa das archäologische Museum, das Kunstmuseum, die Synagoge, den Alcázar etc.) und sich hier obendrein die empfehlenswertesten Herbergen und Restaurants und Bodegas finden, gibt es für den Touristen (tagsüber) eigentlich keinen Grund, die moderne, planlos in die Ölbaumebenen wuchernde Stadt zu betreten.

»Reisender: wenn du den klaren Horizont Córdobas betrachtest, die Straßen durchläufst und die Monumente bewunderst, wenn du die blühenden und duftenden Innenhöfe besuchst und Geschichten liest und Denkmäler entdeckst, denk daran, daß du an einem der wenigen Plätze der Welt bist, wo die Rassen unter dem reinen göttlichen Mandat der Kultur lebten und wirkten.« So empfahl es der Literat *Blanco Belmonte.*

ANKUNFT

ZUG: Der funkelnagelneue Bahnhof von Córdoba scheint in seinen Ausmaßen mit der Mezquita konkurrieren zu wollen und ist wahrscheinlich der größte und pompöseste von ganz Südspanien. Er befindet sich nahe bei dem alten Bahnhof an der Av. Mozarabes, die die Avenida de América quert. Zum Zentrum geht man rund 30 Minuten, ein Taxi kostet um 6 €, aber auch Stadtbusse sind unterwegs.

FLUG: Der *Aeropuerto de Córdoba* liegt in *Finca Lavaderos,* rund 7 km außerhalb der Stadt, die mit dem Buszubringer zum *Paseo de la Victoria* erreicht werden kann.

MIT EIGENEM FAHRZEUG: Will man ins kommerzielle Zentrum rings um die *Plaza de las Tendillas,* orientiert man sich an den Schildern »Centro«; zum Campingplatz folgt man den Schildern »Parador«, und wer ins Altstadtviertel der Judería möchte, muß zusehen, daß er die nördliche Uferstraße des Guadalquivir erreicht, indem er den Schildern Richtung »Mezquita« oder »Catedral« oder »Judería« oder »Turismo« folgt.

Da auch Córdoba unter Autofahrern für seine Langfinger bekannt ist, sollte man das Fahrzeug auf gar keinen Fall unbeaufsichtigt parken! Bewachte Parkplätze sind um die *Plaza de las Tendillas* mehr als rar, so daß man in die breite Prachtstraße *Avenida Gran Capitán* abbiegen sollte, an der sich mehrere Parkhäuser finden. Im Bereich der Judería gibt es bewachte Plätze vor dem Alcázar und unterhalb der Mezquita-Kathedrale.

ORIENTIERUNG: Von touristischem Interesse ist nur das Gebiet nördlich des Guadalquivir, in erster Linie das sich direkt ans Flußufer anschließende Altstadtviertel der *Judería* mit den typischen Gassen, den berühmten Patios, dem Alcázar, der Kathedrale, den meisten Unterkünften und Restaurants, dem Turismo, einigen Banken etc.

Östlich der Judería schließt sich die eher schäbige »neue« Altstadt an, ihr Zentrum ist die *Plaza de la Corredera.* Oberhalb beider Viertel geht's ins kommerzielle Zentrum mit der *Plaza de las Tendillas,* dem Herzen der Stadt, wo sich viele »bessere« Hotels und Restaurants finden, viele Banken liegen, unzählige Straßencafes und nahebei auch das Post- und das Telefonamt. Das Gebiet zwischen der *Avenida José Cruz Conde* und der *Avenida Gran Capitán* ist die Shoppinggegend. Promenieren tut man auf dem *Paseo de la Victoria,* und die meisten Kneipen, Bars, Discos etc. findet man östlich der *Avenida José Cruz Conde.*

In der Mezquita-Kathedrale ►

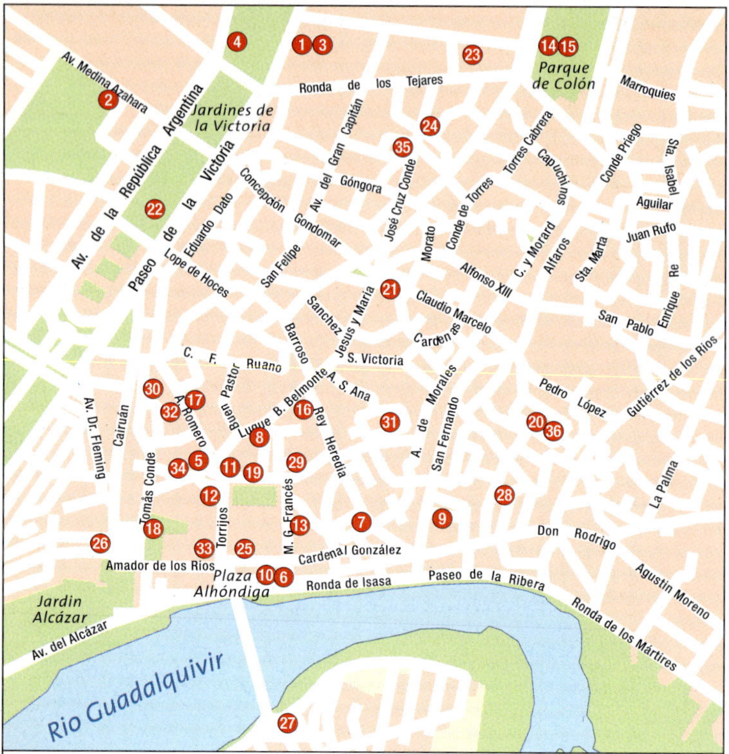

CÓRDOBA

1. Richtung neuer Busbahnhof
2. Estación Alsina Graells
3. Richtung div. Busgesellschaften
4. Richtung Bahnhof
5. Jugendherberge
6. Calle Zapatería Vieja (Pensionen)
7. Pensión Rey Heredia
8. Pensión Seneca
9. Calle Romeros Barros
10. Hostal El Trifuno
11. Hotel Marisa
12. Hotel Maimonides
13. Hotel Conquistador
14. Richtung Parador
15. Richtung Campismo
16. Rest. el Estremeño
17. El Churrasco
18. Al Mudaina
19. El Caballo Rojo
20. Plaza de la Corredera (Markt)
21. Plaza de las Tendillas (Unterhaltung)
22. Parque de la Victoria (Unterhaltung)
23. Calle Reyes Católicos (Unterhaltung)
24. Plaza Garillos (Unterhaltung)
25. Mezquita/Catedral
26. Alcázar
27. Torre la Calahorra
28. Museo de Bellas Artes
29. Calle Flores
30. Sinagoga
31. Museo Arqueológico
32. Museo de Arte Taurino
33. Oficina de Turismo de la Junta de Andalucía
34. Oficina de Turismo
35. Postamt
36. Flohmarkt

UNTERKUNFT
Während der Sommermonate kann es außerordentlich schwer sein, ohne vorherige Reservierung ein vakantes Zimmer zu finden, und während der Stadt-Festivals können die Preise nicht selten um bis über 100% nach oben klettern.

Alle nachfolgend beschriebenen Unterkünfte befinden sich im Bereich der Judería.

JUGENDHERBERGE (Residencia Juvenil), *Plaza Judá Leví,* ✆ *957/29 01 66.*

Endlich mal eine Jugendherberge mitten im Zentrum, in diesem Fall mitten in der Altstadt, gegenüber der Mezquita. Moderne Einrichtung, man kann sich wohl fühlen. Da das Haus häufig belegt ist, wird dringend empfohlen, eine rechtzeitige Reservierung vorzunehmen.

In der zentral, doch ruhig gelegenen **CALLE ZAPÁTERIA VIEJA** (die von der entlang der Mezquita verlaufenden Calle Luis de Cerda abzweigt) finden sich mehrere einfache Pensionen, in denen man gut und günstig (•) wohnen kann.

PENSIÓN REY HEREDIA •-••, *Calle Rey Heredia 26,* ✆ *957/47 41 82.* Der z.T. überdachte und mit viel antiquarischem Mobiliar zugestellte Innenhof ist stilvoll, die großen Zimmer (teils auch mit drei sowie vier Betten) haben helles Mobiliar neueren Datums, Kachelboden sowie Lavabo und sind mit Preisen knapp unter 22 € sehr günstig.

PENSIÓN SENÉCA ••, *Calle Conde y Luque 7,* ✆ *957/47 32 43.* Hier, nahe der Mezquita, hätte sich der Namensgeber *Seneca,* der große römische Philosoph und Erzieher Neros, in Córdoba geboren, wahrscheinlich sehr wohl gefühlt: Der von Ranken überwucherte Patio ist mit bemoosten Mosaiksteinchen gekachelt, ein kleiner Brunnen plätschert vor sich hin, und unter einer Arkadenreihe laden weiße Gartentischchen zum Verweilen ein. Von hier aus geht's in einen holzvertäfelten Aufenthalts- und Frühstücksraum, in der 2. Etage kann man sich auf einer verglasten Galerie in bequeme Sofas fläzen, einer Info-Wand Tips entnehmen oder in den massenhaft herumliegenden Büchern blättern. Die Zimmer sind rustikal und weiß verputzt, haben Tisch und Stühle, auf dem Breitbett prunken arabische Kelimdecken, ebensolche Vorhänge filtern das Tageslicht, und ein marokkanischer Wandteppich dient als Schmuck.

PENSIÓN LOS ARCOS••, *Calle Romero Barros 14,* ✆ *48 56 43.* Eines von gleich mehreren empfehlenswerten Häusern in dieser Straße (s.u.). Es ist ruhig, ein Patio lädt zum sich Entspannen ein, und die Zimmer sind nett und mit Liebe eingerichtet, kosten knapp unter 30 €.

PENSIÓN MAESTRE••, *Calle Romero Barros 16,* ✆ *957/47 53 95.* Mit viel Liebe, Nippes und Antiquitäten eingerichtetes Haus, dessen Zimmer sich rings um zwei hübsch begrünte Patios gruppieren. Wer mit dem Auto anreist, sollte nach Parkmöglichkeiten beim gleichnamigen Hotel (s.u.) in der gleichen Straße fragen.

HOTEL MAESTRE •••, *Calle Romero Barros 4,* ✆ *957/47 24 10,* 🖷 *47 53 95.* Zur Pensión Maestre (s.o.) gehöriges Neubau-Hotel mit eigener Garage, gleich mehreren, wenn auch nicht unbedingt romantischen Patios, und – für diese Klasse – recht komfortablen Zimmern, die sogar mit TV und Tresor ausgestattet sind. Mit Preisen zwischen 40 und 50 € unschlagbar in Córdoba.

PENSIÓN EL TRIFUNO •••, *Calle Luis de la Cerda 79, ✆ 957/47 55 00, 📠 48 46 50.* Gut eingerichtetes Mittelklasse-Haus mit modernen Zimmern in direkter Nähe der Mezquita; eine Garage gibt's um die Ecke.

Auch das **HOTEL MARISA •••-••••** *(Calle Cardenal Herrero 6, ✆ 957/ 47 31 42)* liegt optimal, nämlich direkt vor der Mezquita. Es gibt einen klassisch möblierten Aufenthaltsraum, eine kleine Cafeteria sowie einen Innenhof, schicke Flure, aber etwas kahle und sterile Zimmer.

HOTEL MAIMONIDES ••••, *Calle Torrijos 4, ✆ 957/47 15 00, ✆ 48 38 03. Maimonides,* einer der bedeutendsten jüdischen Gelehrten aller Zeiten, der hier in der Nähe zur Zeit des Kalifates gewohnt haben soll, gab diesem Top-Hotel den Namen. Nur 4 m sind's von hier zur Kathedrale (so steht's im Prospekt), von den meisten der 61 Zimmer kann man den Ausblick darauf genießen. Sie sind luxuriös möbliert, haben Bad, Telefon und Klimaanlage und halten, was das marmorne Foyer, der elegante Aufenthaltsraum und die moderne Cocktail-Bar versprechen.

Höchst romantisch und luxuriös wohnt man auch im **HOTEL CONQUISTADOR ••••** an der *Calle Magistral Gonzáles Francés 15, ✆ 48 11 02, 📠 47 46 47.* Die schlichte Altbau-Fassade blickt auf die Mezquita. Sie verbirgt ein edles Marmorfoyer, einen maurisch inspirierten Patio mit Arkadenreihen und Wasserspielen und außergewöhnlich elegante Zimmer, die denen des Parador um nichts nachstehen, mit Preisen ab 110 € auch relativ teuer sind.

Gediegenen Komfort, einen großen Garten, Schwimmbad und Tennisplatz bietet der Neubau des **PARADOR NACIONAL LA ARRUZAFA** *(Av. de la Arruzafa s/n, ✆ 957/27 59 00, 📠 28 04 09),* der an jener Stelle steht, wo sich einst das Lustschloß der Kalifen von Córdoba befand. Vor- oder Nachteil – je nach dem: das staatliche Luxushotel liegt außerhalb der Stadt (ab Zentrum gut ausgeschildert). Die Zimmer kosten ab 105 €.

CAMPING

Nur knapp 3 km sind's vom Stadtzentrum zum städtisch geführten (und von aufgeblähter Bürokratie verwalteten) **CAMPAMENTO MUNICIPAL DEL TURISMO** *(✆ 957/28 21 65)* an der *Carretera del Brillante* (immer den Schildern »Parador« folgen). Das öffentliche Freibad liegt direkt nebenan, der Platz ist ummauert und bietet viel Schatten auf ebenem Staubterrain, doch im Sommer reichen die sanitären Anlagen kaum aus. In die Stadt bestehen gute Busverbindungen, per Taxi kostet's rund 8 €.

Wer **WILD CAMPEN** möchte, sollte auf die C-431 fahren, die über die Avenida Medina Azahara erreicht wird. Zwischen Medina Azahara und Las Ermitas (s. unter "Ausflüge") gibt's viel Wald und auch viele kleine Wege, entlang derer sich ein gutes Plätzchen für die Nacht finden läßt. Wer's mit See möchte, muß bis ins rund 24 km entfernte *Almodóvar del Río* (siehe unter »Ausflüge«), dann weiter zum *Embalse de la Breña.* Sehr schön ist's auch am *Embalse de Puente Nuevo,* rund 25 km auf der N-432 Richtung *Pueblonuevo/ Zafra.*

ESSEN UND TRINKEN

KÜCHE

Auch Córdoba ist ein Zentrum des Stierkampfes, ja die berühmtesten

Toreros überhaupt – *Manolete* und *El Cordobés* – waren Söhne dieser Stadt. Wo viele Stiere sind, sind auch viele Stierschwänze. Daraus macht man *estofado de rabo de toro* (Stierschwanzbraten) oder *cola de toro guisado* (gekochten Stierschwanz), wenn nicht *sopa de rabo de toro* (Stierschwanzsuppe).

Cordero a la caldereta heißt der Lammbraten, *cordero a la belmezana* sind Lammbeine, *cochifrito* ist ein Spanferkel, *manos de cerdo a la cordobesa* Schweinshaxen. Feinschmecker versuchen sich an *ancas de rana con tomate* (Froschschenkel mit Tomatenpüree). Spargel ist ein Produkt der Provinz und wird als *espárragos trigueros* mit Ölsauce angemacht. Eier ißt man hier auf Art *a como salgan,* in das traditionelle *gazpacho* kommen außer Tomaten und Bohnen hauptsächlich Mandeln.

Zum Dessert werden nicht nur Früchte und Gebäck serviert, sondern vorzugsweise auch *queso de cabra* (Ziegenkäse). Weitere Nachtisch-Spezialitäten sind *tales como la carne de membrillo* (Quittenmus) oder *jalea de membrillo* (Quittengelee), *alfajores* (Gewürzkuchen), *granadas* (Granatäpfel), *pastel cordobés* (Blätterteiggebäck).

Restaurants

LOS PATIOS, *Calle Cardenal Herrero 14,* gegenüber Kathedrale. Das hat Seltenheitswert: ein Patio-Restaurant mit allem Drum und Dran als Self-Service-Restaurant. Doch ist es billig bei einem Maximum an Gemütlichkeit, und so sollte sich, wer knapp bei Kasse ist, ruhig hier niederlassen. Gerichte ab 5 €.

EL ESTREMEÑO, *Plaza de Benavente.* Im Restaurant möchte man wirklich nicht Platz nehmen, aber davor, unter Apfelsinenbäumen an einem nahezu autofreien Platz sitzt es sich doch sehr trefflich. Als wir hier an unseren Gambas knabberten und dazu Flamencomusik aus dem Nachbarhaus hörten, kam ein Greis des Weges, lehnte – angeregt von den Klängen – den Stock an die Wand und legte einen bühnenreifen Tanz auf den Asphalt, von den herbeiströmenden Passanten durch Klatschen rythmisch unterstützt. Das muß nicht immer so sein, aber die Gambas schmeckten stets, und auch die *Platos Combinados* mit Wein und Brot zu rund 8 € können wir nur empfehlen.

LOS 5 ARCOS, *Calle Martínez Rücker 6;* So geschlossen. Es locken ein schöner Innenhof, eine rustikale Atmosphäre und sehr leckere Gerichte (Spezialität: geschmorter Stierschwanz), die um 7–9 € kosten, damit recht günstig sind.

EL CHURRASCO, *Calle Almanzor Romero,* ✆ *957/28 08 19;* Do (sowie den gesamten August) geschlossen. Efeu umrankt die »Mezquita«-Bögen des Patios, grobe Bruchsteinmauern unterteilen den rustikalen Innenraum in kleine *Chambres séparées,* das Publikum besteht zumeist aus betuchten Spaniern, und die qualitativ sehr hochstehenden andalusischen und cordobesischen Gerichte kosten ab 10 €, wohingegen die wechselnden Tagesmenüs für 20 € zu haben sind.

Ein Palast aus dem 14. Jh. bildet die vortreffliche Kulisse des vielleicht schönsten Restaurants der Stadt, das auch zu ihren besten gehört. Manche halten das **AL MUDAINA** (*Plaza Campo Santo de los Martires 1,* ✆ *957/47 43 42;* sonntags geschlossen) für eines der stilvollsten in Andalusien. Wer's elegant mag, ißt in einem der in verschiedenen Stilen eingerichteten Speiseräume. Im prachtvollen Innenhof sitzt man zu ebener Erde unter Rankenpflanzen oder auf dem hölzernen Balkon in der ersten Etage. Der Gast ist König, an den Gerichten kann auch das Auge mitessen. Spezialitäten sind geschmorter Büffelschwanz, geräucherter Lachs, Steaks, aber auch Auberginen-, Bohnen- und Artischokkeneintopf. Zum Dessert empfiehlt man *queso manchego* oder *buñuelos a la serrana.*

Exquisit auch das **EL CABALLO ROJO** *(Calle Cardenal Herrero 28, ✆ 957/47 53 75).* Das Tursimo hält es für das beste der Stadt; das teuerste ist es in jedem Fall. An der noblen Bar im Erdgeschoß trinkt man sich Appetit an. Ein mit Kochdiplomen und Ehrenurkunden behangenes Treppenhaus führt in den Speiseraum. Die Gerichte, die maurisches und christliches Erbe vereinen, sind von höchster Qualität, doch leider herrscht hier eine derart steife Atmosphäre vor, daß manch einer die in ganz Andalusien gepriesenen Köstlichkeiten dieser Küche nicht so recht genießen kann. A la carte ist es hier mit Preisen um 32 € arg teuer, doch das täglich wechselnde 3-Gänge-Menü ist mit rund 25 € eher günstig.

Das **CASTILLO DE LA ALBAIDA** ist weniger ein Kastell, als vielmehr ein *antiguo cortijo andaluz* aus dem 15. Jh. Es liegt nicht in, sondern 4,5 km vor der Stadt *(Carretera de Trassierra, ✆ 957/27 34 93)* auf einer Anhöhe über dem bewaldeten Land. Im Patio ist's luftig, in den Speiseräumen schick, und im Weinkeller elegant. Touristen trifft man nie.

SELBSTVERPFLEGER kaufen Lebensmittel aller Art billigst in den Markthallen an der Plaza de la Corredera, die Mo–Sa von 9–12 Uhr geöffnet sind. Im südlichen Bereich der Judería (etwa in der Calle Cardenal und Gonzales) gibt's ein paar kleine Tante-Emma-Läden, an der Avenida José Cruz Conde nördlich der Plaza de las Tendillas sammeln sich die Delikatessgeschäfte, in den Nebengassen gibt's ein paar Supermärkte, und wem die Auswahl nicht reicht, der geht in eines der Kaufhäuser rings um die Avenida Gran Capitán.

UNTERHALTUNG

Sevilla para herir, Córdoba para morir – »Sevilla, die Stadt, die verwundert, Cordoba, wo man friedlich sterben kann«. So umschrieb der Dichter *García Lorca* in den 30er Jahren unseres Jahrhunderts die Ruhe der Stadt. Eine Totenruhe herrscht zwar heute nicht mehr, aber viel los ist auch nicht.

Die alle zwei Wochen erscheinende Zeitschrift **LA GUÍA DE OCIO DE CÓRDOBA** (an jedem Kiosk) informiert ausführlich über aktuelle Veranstaltungen der lokalen Unterhaltungsszene; viele Tips auch zu »In«-Kneipen und -Discos.

Im kommerziellen Zentrum der Stadt, an der **PLAZA DE LAS TENDILLAS,** trifft sich das gut situierte Bürgertum in unzähligen Bars und Cafés.

Im **PARQUE DE LA VICTORIA** ist Promenieren angesagt.

Urwüchsige Tapa- und Weinkneipen – *tascas* und *bodegas* – säumen so manche Gasse in der **JUDERÍA,** und nichts ist romantischer, als sich abends durch die nur schummrig erleuchteten Gassen der Altstadt treiben zu lassen, sich hier und da ein Gläschen zu genehmigen.

Die junge Generation der *modernos* hat mit »alt und gemütlich« nichts am Hut. Sie zieht es in die durchgestylten Pubs an der **CALLE REYES CATÓLICOS.**

Weitere Schmelztiegel der Techno-Lust säumen die **PLAZA GARILLOS,** und auch in der neuen Nachtmeile der Stadt, der außerhalb Zentrum gelegenen **CIUDAD JARDÍN** (Taxi ab Judería), finden sich reichlich Musikkneipen.

TABLAOS FLAMENCO gibt es mehrere in der Stadt, und das *Turismo* empfiehlt das *Cardenal* an der Calle Cardenal Herrero 14 bei der Mezquita (Di bis Sa, ab 23 Uhr).

Aber dort geht es mittlerweile recht touristisch zu. Flamenco-pur bieten die *peñas* der Stadt. Das sind Flamenco-Clubs, die ab und an auch Konzerte veranstalten. Auch darüber informiert das Tursimo.

FIESTAS

Am **4. SONNTAG DER FASTENZEIT** lädt die *Romería de Santo Domingo* zur Wallfahrt zum Santuario des Heiligen ein.

Die **SEMANA SANTA** von Córdoba kann nicht mit denen von etwa Granada und Sevilla konkurrieren.

Am **1. SONNTAG IM MAI** folgt die *Romería de Nuestra Señora de Linares.*

In der **ERSTEN MAIHÄLFTE** findet das farbenprächtige *Festival de los Patios* statt. Bei diesem »Fest der Innenhöfe« sind die Patios der Stadt, insbesondere der Judería, der Öffentlichkeit zugänglich. Für die Patios selbst, aber auch für Blumenpracht, Balkons etc. sind Wettbewerbe ausgeschrieben.

ENDE MAI folgt dann die *Feria de Nuestra Señora de la Salud* mit Festzügen, Stierkämpfen und Folklore.

CORPUS CRISTI (*Fronleichnam*) wird hier mit großer Prachtentfaltung gefeiert.

IM JULI geben sich die besten Gitarristen Andalusiens auf dem *Festival Internacional de Guitarra* ein Stelldichein.

Am **15. AUGUST** wird Mariä Himmelfahrt mit einem Jahrmarkt gefeiert.

ENDE SEPTEMBER findet die *Feria de Setiembre* mit Stierkampf, Folklore und Jahrmarkt statt.

Am **8. OKTOBER** steigt die *Fiesta de Nuestra Señora de la Fuensanta.*

Am **28. OKTOBER,** dem *Raphaelstag,* dominieren Tanz und Gesang.

SEHENSWÜRDIGKEITEN

MEZQUITA-CATEDRAL, April bis September tgl. 10–19 geöffnet, in den anderen Monaten bis 17 Uhr. Dies die offiziellen Besucher-Öffnungszeiten; zwischen 8.30 und 10 Uhr ist fürs »Volk« geöffnet, Touristen trifft man dann eher selten, in der Kathedrale wird eine Messe gelesen, und der Eintritt ist kostenlos; einziger Nachteil: Das Innere ist nicht beleuchtet.

Die Mezquita war die zweitgrößte Moschee der Erde. Sie repräsentiert den Augenblick des größten Glanzes des Kalifats von Córdoba und wurde nur vom allerheiligsten islamischen Gotteshaus übertroffen: von der *Kaaba* in Mekka. Der Grundriß bildet ein Rechteck von 180 m Länge und 130 m Breite. Das äußere Bild ist schlicht und unscheinbar und auch ein bißchen klobig, weil nur etwa 12 m hoch. Aber Wirkung nach außen war und ist im Islam nicht vorgesehen; alles wird auf den Glanz des Inneren angelegt.

Ein Orangenhain und sprudelndes Wasser empfängt den Besucher hinter der Umfassungsmauer. Die *Puerta de las Palmas* führt von hier in den ältesten Teil der im 8. Jh. errichteten, und bis ins 11. Jh. insgesamt dreimal umgebauten und erweiterten Moschee. Erst sieht man nicht viel, denn das Innere liegt im Zwielicht. Aber was man dann sieht, zwingt, den Atem anzuhalten! Man steht in einem Wald aus genau 856 feinverzierten Säulen und rosaweiß gestreiften Rundbögen. Die Optik täuscht. Es hat den Anschein, als ob dieser Wald nicht aufsteigen, sondern von der nur 11 m hohen Decke herabhängen würde. Der Anblick erinnert an unendlich viele Zelte, oder – wenn man so will – an unendlich viele Dattelpalmen. Das bauliche Gebilde scheint zu schweben, Tektonik ist ihm kaum anzumerken. Man fühlt sich um ein Jahrtausend zurückversetzt, vom Muezzin herbeigerufen.

Doch lange wird man nicht stehenbleiben. Der Bau verinnerlicht nicht, sondern lädt zum Herumgehen ein, zum Erfassen dessen, was die Vision der Unendlichkeit hervorruft. Hält man sich nach rechts und wandert dann geradeaus durch die Säulenalleen, läuft man genau auf die *Capilla de Villaviciosa* zu. Zum Staunen gesellt sich Ehrfurcht: Fächerbögen überschneiden sich in komplizierten Mustern, ihre Ornamentik erinnert an getriebenes Silber oder Stickereien. Und dann diese Kuppeldecke – man findet keine Adjektive, zu beschreiben, was die Augen sehen.

Der Anblick allein ist ein Höhepunkt jeder Reise nach Andalusien. Aber noch kennt man das Allerschönste nicht – das Allerheiligste: den *Mirhab.* Kenner halten die Gebetsnische für die größte künstlerische Offenbarung des Islam in Europa. An Ausgewogenheit und Schmuck soll sie sogar die Mirhabs von Kairouan, Damaskus und Jerusalem in den Schatten stellen. Persische Ornamentik, byzantinische Mosaiken, arabische Schmuckformen und kufische Lettern wirken zusammen.

Der Kopf rauscht. Was man sah, läßt sich nicht so schnell verarbeiten. Sensible Gemüter beschreiben auf dem Weg zurück zum Ausgangspunkt einen großen Bogen. Damit sie nicht sehen, was das Zentrum der ehemaligen Moschee ausmacht. Da hat man nämlich im 16. Jh. unter *Karl V.* den Säulenwald gefällt und im Namen Gottes das brutale Sakrileg begangen, mitten in dieses Wunderwerk der Architektur eine Kathedrale einzupflanzen. Das ist ein häßlicher Anblick. Aber er kann versöhnen, denn man muß sich glücklich schätzen, daß die christlichen Eiferer nicht gleich die ganze Moschee zerstörten. Immerhin hat außer der Mezquita nicht ein einziges islamisches Sakralbauwerk in Spanien »überlebt«.

DER ALCÁZAR: Kommt man gerade aus der Mezquita, macht der Alcázar (Di bis So, 9.30–13.30, zwischen April und September auch 17–19 Uhr bzw. 18–20 Uhr im Sommer) nicht viel her. Der Palast der christlichen Könige stammt aus dem 14. Jh. Die als Burg konzipierte Anlage am Ufer des Guadalquivir diente den *Reyes Católicos* vor der Niederwerfung Granadas 8 Jahre als Wohnsitz. Dann zog die Inquisition ein und blieb bis zu ihrer Auflösung. Heute deutet nichts mehr auf die blutrünstigen Schergen der Kirche hin. Die Räume und Gänge sind mit archäologischen Funden drapiert. Schön ist die Aussicht von den Burgzinnen auf den Fluß, die römische Brücke, die ihn überspannt, und den Calahorra-Turm, der einst die Brücke bewachte.

TORRE LA CALAHORRA, Mai bis Sept. 10–14 und 17.30–20 Uhr; Multimedia-Show um 10.30, 11.30, 12.30, 18 und 19 Uhr. Okt. bis April 9.30–18 Uhr, Show um 11, 12, 13, 15, 16 Uhr.

Über die auf römischen Pfeilern ruhende Brücke (früher Teil der Via Augusta von Cádiz nach Gallien) erreicht man den Kastellturm La Calahorra, dessen Besteigung sich bis vor kurzem nur wegen der Aussicht auf die Judería lohnte. Doch heute befindet sich in den Hallen dieses im 14. Jh. errichteten Bauwerks eine Multimedia-Show, die mit Hilfe von 18 Projektoren und Infrarotton über Kopfhörer die »Seele Andalusiens in ihrem Goldenen Zeitalter« wieder auferstehen läßt – wie der Prospekt sagt. Vorgeführt wird »Der Gesang der Gewässer Andalusiens«, das »Magische Modell der Alhambra von der Morgenröte bis zur Dämmerung« und der »Empfang im Palast von Medina Azahara«.

MUSEO PROVINCIAL DE BELLAS ARTES, im Sommer (Mitte Juni bis Sept.) Di–Sa von 10–13.30 und 18–20 Uhr, So nur morgens; in den restlichen Monaten jeweils 10–14 und 17–19 Uhr, So nur morgens.

Nach den Kunstsammlungen von Sevilla und Cádiz gilt das »Museum der Schönen Künste« von Córdoba als die bedeutendste Gemäldeausstellung von Südspanien. *Zurbarán* ist auch hier stark vertreten, von *Murillo* kann man eine »Unbefleckte Empfängnis« betrachten, von *Ribera* eine »Heilige Familie«, von *Goya* gleich eine ganz Wand wertvollster Bilder. Daß dem Maler *Julio Romero de Torres*, der im Córdoba des frühen 20. Jahrhunderts die Pinsel quälte, ein eigenes kleines Museum im Museum gewidmet ist, läßt die Kunstreisenden am Geschmack der Museumsleitung zweifeln, denn die meist teilentblößten Frauen, die den Betrachter »rassig« anschauen, sind bestenfalls mittlerer Durchschnitt.

Die **JUDERÍA** gehört zum »Muß« des Sightseeing-Touristen, sollte aber nicht wie eine Sehenswürdigkeit durchschritten, sondern mit viel Muße entdeckt werden. Die Patios, auf die man oft genug einen Blick erhaschen kann, gehören zu den schönsten und am reichsten verzierten von Spanien, das Gassenlabyrinth erinnert an eine arabische Medina und ist im Michelin mit zwei Sternen ausgezeichnet, die *Calle Flores* ist das Vorzeige- und Prospektsträßchen von halb Andalusien.

Die **SINAGOGA** (Di–Sa von 10–14 und 16–17.30 Uhr, So nur morgens) in der *Calle Maimonides 18* der Judería ist die einzige aus dem Mittelalter in Spanien erhaltene Synagoge überhaupt (früher gab es in Córdoba allein schon rund 300 Synagogen).

Das **MUSEO ARQUEOLÓGICO** (Di–Sa, 10–14 und 18–20 Uhr, So bis 13 Uhr) an der *Plaza Páez* breitet Exponate der Antike und des Mittelalters aus.

Das **MUSEO DE ARTE TAURINO** in der *Calle Judíos der Judería* (ganzjährig Di–Sa, 9.30–13.30, zwischen Mai und September auch 17–20 Uhr, So bis 13 Uhr) ist das am besten bestückte Stierkampfmuseum von Spanien.

VERSCHIEDENES

INFORMATION

OFICINA DE TURISMO DE LA JUNTA DE ANDALUCÍA, *Calle Torijos 10,* ✆ *957/47 12 35,* 📠 *49 17 78;* Mo bis Sa von 9.30–19, So bis 14 Uhr. Zuständig für Stadt, Provinz und ganz Andalusien.

OFICINA DE TURISMO, *Plaza de Judá Leví 3,* ✆ *957/29 07 40;* Mo–Fr 9–14 und 17.30–19 Uhr, Sa nur morgens. Zuständig nur für die Stadt.

POST

Die Hauptpost befindet sich an der *Calle José Cruz Conde 15* in der Nähe der Plaza Tendillas.

SHOPPING

KORDURAN, mit Dekomustern bedrucktes und gepreßtes Ziegenleder, gilt als beliebtestes Mitbringsel aus Córdoba. Man bekommt es u.a. bei **ARTESPAÑA** (spanische Kunsthandwerker-Vereinigung) an der *Plaza del Potro 1* in der Judería.

Jeden Vormittag herrscht auf der *Plaza de la Corredera* buntes **MARKTTREIBEN**, und jeweils Mi- und Savormittags wird hier sowie in den angrenzenden Läden unter den Arkaden ein **FLOHMARKT** abgehalten.

WEITERREISE

BUS

In Córdoba geht's ein bißchen chaotisch zu, da zur Zeit noch jede Gesellschaft ihren eigenen Busbahnhof hat. Das aber soll sich 1998 ändern, und zentrale *Estación de Autobuses* wird dann der alte Bahnhof an der Avenida de América sein.

Für den Fall aber, daß sich das schon seit langem geplante Busbahnhofs-Projekt erneut verzögert, sollen hier nachfolgend noch einmal die einzelnen Busbahnhöfe aufgeführt werden:

- **ALSINA GRAELLS,** *Avenida Medina Azahara 29,* ✆ *957/23 64 74,*
- **AUTOCARES PRIEGO,** *Paseo de la Victoria 29,* ✆ *957/29 01 58,*
- **AUTO-TRANSPORTES LÓPEZ,** *Paseo de la Victoria 5,* ✆ *957/47 75 51,*
- **EMPRESA UREÑA,** *Avenida de Cervantes 22,* ✆ *957/47 23 52.*
- Außerdem **EMPRESA CARRERA** *(✆ 957/23 14 01)* und **EMPRESA RAMIREZ** *(✆ 957/47 14 74).*

ALSINA GRAELLS bedient die Routen nach *Aguilar, Almería, Badajoz, Baena, Cabra, Cádiz, Carcabuey, Doña Mencía, Ecija, Espejo, Granada* (über 4 verschiedene Routen), *La Carlota, La Rambla, Málaga, Montalbán, Monturque, Priego* und *Santaella.*

UREÑA fährt nach *Adamuz, Algallarin, Almadén, Conquista, Ecija, El Viso, Jaén, Porcuna, Pozoblanco, Sevilla, Torrecampo, Valenzuela, Villaharta, Villanueva de Córdoba.*

LOPEZ fährt nach *Madrid, Azuaga, Alcaracejos, Los Blazques, Belalcázar, Espiel, Fuente Obejuna, Pevarroya, Villaralto, Villa del Río.*

AUTOCARES PRIEGO bedient die Routen nach *Barcelona, Valencia, Adamuz, Alcolela, Barrio del Angel, Cerro Muriano, Villafranca* und *Villaviciosa.*

ZUG

Der alte Bahnhof an der *Avenida de América* hat ausgedient (bzw. wird zum Busbahnhof ausgebaut), der neue *(✆ 957/49 02 02)* liegt etwa 300 m entfernt am oberen Ende der *Avenida de los Mozarabes* und ist so hypermodern und funktionell wie ein Großflughafen. Die Züge fahren täglich nach *Algeciras, Almería, Barcelona, Bilbao, Cádiz, Huelva, Jaén, Madrid, Málaga, Puente Genil* sowie *Sevilla,* und die Tickets bekommt man außerdem im Stadtbüro der **RENFE** an der *Ronda de los Tejares 10,* ✆ *957/47 58 84.*

FLUG

IBERIA hat ein Büro auf der *Ronda de los Tejares 3* (✆ *957/47 12 27),* und der rund 6 km außerhalb gelegene **AEROPUERTO DE CÓRDOBA** (Flüge insbesondere nach *Madrid* und *Barcelona*) ist unter ✆ *957/23 23 00* zu erreichen.

Relief in der Medina Azahara in Córdoba ▼

Ausflüge

MEDINA AZAHARA

Medina Azahara, das war einst unter *Abd-er-Rahman III.* (dem Großen) ein Landhaus, ein Lustschloß, eine kleine Stadt, wie es in ganz Spanien, ja auf der ganzen Welt keine zweite gab. In den prachtvollen Gärten, Pavillons, Hunderten von Palästen, arbeiteten über 15 000 Bedienstete, die in diesem Kleinod der maurischen Baukunst, in dieser wahren Märchenstadt, Tag und Nacht damit beschäftigt waren, dem einen, dem Kalifen, das Leben so angenehm wie irgend möglich zu machen. Der Palast für diesen höchsten Muslim auf Erden, die Krönung des Lustgartens, wurde aus Gold- und Silberziegeln erstellt. Die Türen wurden aus Messing und Kupfer getrieben, und in der Mitte des mit Saphiren und Rubinen geschmückten Innenhofes lag ein Teich aus purem Quecksilber. Er diente als Beleuchtungsanlage, denn das einfallende Sonnenlicht, durch kunstvoll angebrachte Kristalle tausendfach im Quecksilber gespiegelt, tauchte den Raum in ein so gleißendes Licht, daß – so die Chronisten – es in dem funkelnden Raum den Anschein hatte, als drehe man sich um eine imaginäre Sonnenachse.

Doch zur Zeit von *Abd-er-Rahman dem Großen* war das Kalifat Córdoba bereits sehr geschwächt: zum einen durch die einsetzende Reconquista und zum anderen durch die Bruderstreitigkeiten zwischen rivalisierenden Maurenstämmen. So wurde diese Märchenstadt, die in ihrer Feinheit und Zartheit den Untergang schon in sich trug, zerstört. Aber nicht, wie so viele andere maurische Meisterwerke, durch die christlichen Armeen, sondern durch einen streng gläubigen Berber-Herrscher, der in dieser Pracht einen Verstoß gegen den Koran sah. Was übrig blieb, ist ein riesiges Trümmerfeld, übersät mit Marmorplatten und Ornamenttafeln; nur Teile des einstmals riesigen Komplexes konnten wieder aufgebaut und nur wenige Räume komplett rekonstruiert werden.

Aber selbst dieses Wenige zu besichtigen lohnt sich unbedingt, und wer nicht an Kultur interessiert ist, dem ist der Besuch der Stätte namentlich als Landschaftserlebnis zu empfehlen.

ANREISE: Hin kommt man ab Córdoba über die *Avenida Medina Azahara*, die etwa am Bahnhof beginnt. Von dieser Straße, der C-431 (die auch nach Almodóvar führt), biegt man nach rund 7 km rechts ab; noch ca. 3 km.

Geöffnet ist die Anlage Di bis Sa von 10–14 Uhr sowie 16–18.30 Uhr, So nur morgens.

LAS ERMITAS

Rund 10 km sind es von Medina Azahara bis zur Einsiedelei Las Ermitas, und es lohnt sich, einen kleinen Umweg zum *San Jéronimo de Valparaiso* zu machen: dieses ehemalige Kloster des Hieronymus-Ordens (1855 aufgelöst) beherbergt nämlich einen gotischen Kreuzgang, der als der schönste der gesamten Provinz Córdoba gilt.

Dann kommt man in ein Gebiet, das schon zur Zeit der Römer, ab dem 4. Jh., bei Einsiedlern beliebt war. Während der Westgotenherrschaft wurden die Klausner zu kleinen Gemeinschaften zusammengeschlossen, und die zahlreichen Höhlen und Eremitagen wurden durch die muslimische Periode bis in unsere Tage bewohnt. *O Bendita soledad* ist über dem Portal zu Las Ermitas zu lesen. – »Oh gesegnete Einsamkeit«. Wer die Klause betreten will, muß die Einsamkeit zerstören, indem er an der Glocke läutet. Das erste, was man im Innern sieht, ist ein Friedhof mit einem Kruzifix und einem Totenschädel, neben dem der vielsagende Spruch zu lesen ist *Como te ves yo me vi* – »Denke an dies und sündige nicht mehr«. Der Tod spielte eine bedeutende Rolle im Leben der Einsiedler; manche tranken aus aufgesägten Totenschädeln, und alle hatten einen in ihrer Zelle, in der auch eine Sense nicht fehlen durfte. Dessen kann man sich für eine Euro-Münze vergewissern, die – neben dem Friedhof in einen Automaten gesteckt – eine »Anschauungs«-Zelle illuminiert. Sehenswert ansonsten die Kapelle der Eremitage, deren Inneres ein wahrer Dschungel von Marienbildern, Gold, Monstranzen und Altären ist.

ALMODÓVAR DEL RÍO

So stellt man sich den Wohnort eines Parzival oder König Artus vor. Das Kastell von Almodóvar del Río, eine riesige grau-braune Steinmasse, mag in den Augen des Kunstverständigen etwas überrestauriert sein, entspricht aber wohl gerade deshalb exakt den gängigen Klischeevorstellungen einer mittelalterlichen Ritterburg. Trutzig und düster erhebt sich das Kastell mit Wehrtürmen und doppeltem Mauerring auf einem steilen Kegel hoch über dem armseligen Dorf *Almodóvar* und ist – wie im Film – ringsum mit pyramidenförmigen Zinnen besetzt. Zur Zeit der Mauren nannte man die Festung – wohl wegen ihrer tiefen Verlieslöcher – »Des Christen Plage«, nach der Rückeroberung diente sie *Peter dem Grausamen* als Schatzkammer, und heute ist sie in Privatbesitz eines überaus vermögenden Marqués, der es sich in den alten Gemäuern mitsamt Swimming-Pool wohl gehen läßt.

Wer einen Gang über die Mauern, auf die Türme und in die Verliese machen möchte, den Ausblick auf den Río Guadalquivir, das Dorf und das Land genießen will, kann sich für ein Trinkgeld vom Sohn des Hausmeisters herumführen lassen. Und wen es hernach nach einem kühlen Bad gelüstet, der findet nur 3 km oberhalb den *Embalse de la Brena*, wo man entlang der Uferstraße auch nette Wildcampplätze anfahren kann.

ZWEI WEGE NACH SEVILLA

Nur knapp 140 km sind es entlang der N-IV von Córdoba nach Sevilla; allerdings 140 langweilige Kilometer auf der nur der Kunstreisende vielleicht einen kurzen Stopover in *Ecija* und später in *Carmona* einlegen wird.

In **ECIJA,** von den Griechen gegründet und als »Bratpfanne Andalusiens« bezeichnet, zählt man 6 *campanarios* (mudéjare Türme im Giralda-Stil), 11 *torres* (»normale« Kirchtürme) und 4 *espadañas* (offene Glockenstühle). Die Gassen sind von zahlreichen barocken Palastfassaden gesäumt, die *Plaza de España* ist palmengeschmückt und von festlichen Barockbauten und Arkadengängen gesäumt, und in der *Iglesia Santa María* prunkt ein 5 m hoher Tabernakel.

Von **CARMONA** ist nur die *Necrópolis romana,* die römische Gräberstadt (ab Hauptstraße ausgeschildert), sehenswert, in der man 250 von insgesamt 800 unterirdischen Grabstätten freigelegt hat. Geöffnet von Di–Sa 9–14 und 16–18 Uhr, So 10–14 Uhr.

Wer es nicht eilig hat, nach Sevilla zu kommen, und wer für seinen Geschmack genug Denkmäler besichtigt hat, der sollte einer anderen Route den Vorzug geben: jener durch die **SIERRA MORENA.** Dieses »braunschwarze« Gebirge, neben der *Betischen Kordillere* das größte Südspaniens, bietet zwar keine imposanten Felsstrukturen, keine sehenswerten Dörfer, aber dafür »100 Jahre Einsamkeit« und zahlreiche Stauseen, von denen wir hier nur zwei näher vorstellen wollen.

Den *Embalse del Puente Nuevo* kann man nach rund 50 km über die *N-432* oder nach rund 60 km ab Medina Azahara (via Sta. María de Trassiera) erreichen; bevor es an die Staumauer geht, zweigt rechts ein Staubweg ab, der direkt ans Ufer führt.

Vorbei an *Espiel, Belmez* und *Pueblonuevo,* üble Minenstädte, erreicht man *Fuente Obejuna,* wo die C-421 nach links Richtung *Cazalla* (ca. 70 km) abbiegt. Bis zu diesem Ort (in dem sich die »Füchse gute Nacht sagen«) begegneten uns lediglich zwei Autos, und hier ist es so einsam, daß uns die Fahrer, wie auch vereinzelte Bauern am Wegesrand erfreut zugewinkt haben. Die Landschaft ist wild und wird von Tausenden von Hügeln und Bodenwellen geprägt, durch die sich die Straße kurvenreich hindurchschlängelt. Hinter Cazalla geht rechts der Weg zum *Embalse del Pintado* ab. Von der Staumauer aus kann man nur den Ausblick genießen, aber hinter der Mauer führt ein Feldweg zu einem kleinen Picknickspot direkt über dem Ufer. Hier und auch oberhalb (kleine Fahrwege) kann man ganz vortrefflich wildcampen.

Die Straße führt jetzt durch idyllisches Weideland, auf dem Kampfstiere gezüchtet werden, und mündet nach insgesamt rund 33 km auf die große N-630 (Mérida–Sevilla), von wo aus es noch knapp 70 km bis Sevilla sind.

Register

Personenregister

Ortsregister